金石萃編

三

（清）王昶撰
（清）吴榮光
（清）翁方綱 等批校

國家圖書館出版社

第三册目録

古碑諸文所録每行多三十餘字宜存彼捨此。今據左諸文上以為定本

金石萃編卷六十八

賜進士出身　誥授光祿大夫刑部右侍郎加七級王昶譔

唐二十八

鄭仁愷碑

碑已斷僅存上半截高三尺五寸廣三尺三十三行每行字數無考正書

唐故密亳二州刺史贈安州都督□鄭公□碑并序

上缺遲書　通議大夫行國子司業兼修缺國史上柱國中山縣開國子崔融撰

公諱仁愷字仁愷鄭者宗周之圻內國宣王封其弟□友

爲滎陽人我武公父子代爲周司徒詩人美之其詩曰

於咸林以國爲姓京兆□其都□至下缺南新□是故今

□□之宜子弊予爻下缺清風流於四海盛德□於百代

轡爲天下甲族搢紳士大夫靡然到今猶□□宗廟

□□下缺倉曹武泉郡大守父宏諒隨安定郡法曹並列

爲君子之林稱爲英俊之□□□□□□下闕予公吸

淳耀滋靈液因地美而芝蘭生受天貞而松栢茂□□

□□□□□□□□□□下缺□既亂離而瘼矣禮樂

逃散爭携持而去之　聖唐載造區夏削平宇宙□

道焚林求□下缺主簿漢邱與鄒枚並遊□園與應劉方

駕轉幽州三水同州蒲城三縣令君述職二城□□下缺

粢不之食□米無所□□望風□□□□□聞名而

自化秩滿遷萊州刺史是時也□□下缺成之不日望之

如雲□□□□□□□□□以西傒□虞邊寄爲重

□□□授公□□下缺高宗升中岱岳預陪□□□□

□□□□□□□□州□史□□□□□□壞□□

□□□下缺城邑洞開閭閻對出□□□□□□□□

□□□□授使持節□州□軍事□□□□下缺史傳

車駢駕鼓吹旌旗故人不敢私見□□□□□□□

□□□□國爾□□□□下缺辭榮秩　優制許

焉從高志也婁娑田□□傷丑墳始□而□□□□

□□□□□下缺有六鳴呼哀哉惟公五山之精六金

之英□□所成制鍾無聲生而異狀□而□□□□□

下缺酌而罔竭延頸者日有所得傾耳者□有所聞節於

□已□於濟物四踐□□二登□□下缺全耳目逸形

神□然體命油然合道彼蒼不仁殲我明悊□□□□

□其□□一□与□□下缺州辭驥足及野送龍輴緸慕

□□□下缺祠栗田且變廣祈時彥奉讚嶽音乃建豐碑

百城行淹一紀昔年草莽間桃李□□□□□□□

式揚清德其碑□□□□□□□□□□□下缺人吏

隔於存亡仍崇頌記雖周人緬懷於郤伯未□過□□

□□□□□□□□□□□下缺刺史　皇朝贈徐

州都督臨淄定公之孫太尉□□□□□□□□□□
□□□□□下缺之餘時與叅謀政事及御車有典結
鏡言歸芬若凵□□□□□□□□□□□□□□□
下缺哀毀踰禮乃表奏男智度女光嚴出家以申追福□
□□□□□□□□□□□□□□□下缺覃錫類之恩
特降追榮之禮神龍二年二月一日制□□□□
□□□□□□□□□下缺於十載有子十人長曰愛客
萬州刺史贈□州刺史□□□□□□□□□□□□
□□□下缺京懿德寺僧次子固忠定潞許三州刺史少
府少□□□□□□□□□□□部侍郎次子下缺飛讀

先聖之文行諸侯之孝潘中郎之茹□顧慕修□□內
史□□□□□□□□□□□下缺作銘曰
大哉宣后詩歌中興武公載德緇衣是稱乃作卿士艮
哉殷肱玉鉉金幹□□□□德必□下缺廟之寶社稷
之臣其二肅肅端士宦成兩宮英英時彥□□同舞□
□□□□□太㐀□□下缺□東來白環西暨其四按節
海沂分符譙沛明明艮牧帝庭稱宸□□□□□□□
□□□□□下缺悲夢奠忽愴楹書其六漢封樂毅周祀庭
堅皇矣□聖作疇德□賢昭□□□□□□□□□□
下缺家兮忠于國人之英兮士之則朱馬南子鑾武北日

翳翳兮□□□□下缺
竇門姜氏女造像記
記高一尺八寸廣九寸五分八行行十一字或十二字正書
神龍二年七月七日清信女竇門姜爲妾夫鉅野將軍
李□苟造石像一區高六尺廣一尺願捨身存形萇隨
三保□□□□龍花樹下三會說法所願□□□□□
脫若有人毀壞之者□銘自□□□
聖容寺碑像記
記刻於座上橫廣三尺一寸五分高四寸共五十三行行三字至六字不等正書
神龍二年十月三日灑掃僧舍於家和頓進□聖容寺

額至十二月五日 勅依所請置寺仍度七僧
灑掃王福延
登士郎段□丘 文林郎楊丘 柱國孟師□ 感
妻吳大娘 感男仏奴 感女花□ 安守 □□
前仙掌縣令王湊妻于三娘 女六娘 女七娘
男寺家奴
菩薩主成敬宗并妻張 趙毅妻吳 程廉母李
女人□法雲 尹思崇 員文悊 大女嚴 麻明
俊 員優曇 女劉等慈 女員神妃 女鄭淨光
常祖妻楊 谷渾達妻常 王善妻尚 劉神惠

據洪纂本校

大女張訓　王儉妻楊　女王客口　女人王妙定　地主任口　女楊媛兒　大女尹　楊雲妻張　大女張口　口虔育　口妹子　清信女姚　吳貞母王　楊大娘　王八娘　口菩薩主任　衛州忝軍張大謙妻董法力

識法師頌盧公清德文

碑高九尺一寸廣四尺八寸五分三十四行行六十一字隸書在滎陽

大唐洛州滎陽縣頭陁逸僧識法師上頌　聖主中興得賢令盧公清德之文并序

前中書舍人內供奉劉穆之甍

瑯琊王守口書

聖唐天子中興拓跡開統迺建皇粵允矣於昭極握乾符驅駕百靈摠齊萬類貴與天乎比壽富與地乎侔資日月迴薄以淑清告象陰陽變通以樂和乘氣龍不隱德鳳不潛靈懷生之徒根著之物咸遂其性固能使河兼靜黙宇宙文明舊物惟新　昌圖啓旦大定禮樂戢藏干戈八學而還淳刑措而不用覆燾之恩溥生育之理足於是邑老田父擊壤而歌張掖而僊頣而爲頌曰康哉堂哉迺聖迺神代有非常之主必有非常之臣非常者所謂口尤桀出與時偕

運則我賢令盧公其人焉古曰聖主得賢臣今見之矣百里令長親人之要者也煩劇所鍾賢良是責故有四科堂室孔甫稱乎冉求三國股肱趙武知乎邢伯應星雷而鎮風雨類父母而若神明鄭產之開喩獲禽魯恭之垂仁及獸循聲流於簡牘良政在於歌謠斯焉取斯之子之遠若乃張英風於上國宣懿範於中都允升大猷手有成績休光終不圍盛德莫與京觀其化焉則盧公之心可知矣公名正道字貞固范陽人昔元年景辰上帝甄其九萬正月甲子太公課其八百漢祖以同日相愛利建藩維魏祖以餘風可嘉聿推楨幹或清虛而循禮與早識張華或文思而發詩書深知越石曾祖昌衡隨金州刺史儀同三司太子左庶子風神潛雅經史該博宣六察而馳熊軾翊三善而列鳳條德爲人表行士則祖寶素隨晉州別駕有禮有法于紀于綱得管輅之清談發王祥之雅詠考安壽　皇朝朝散大夫冀州司馬綿州長史蘭芬桂紫月鑒霜明珠皋則洗幘擅奇玉壘則題輿絹化公五行秀氣五色淳光忠口恭懿以立身孝敬溫良以行己涵珠孕璧懸闕澤之高名舞栢吟松動嵇康之逸韻文史足用方朔之言有徵器宇難量叔則之才可覿解褐調爲冀州信都口口薄轉

絳州太平縣丞長河之間彼汾之曲朱鉤理劇責綏安
甲鴻漸于磐鶯遷于木　勑授陝州司士參軍又
改汴州浚儀縣令佐禮帷於陝服式允清嚴綰銅墨於
梁城克敷恩信　我皇紹膺丕業嗣守珍期明一
之徽号聿崇凡百之榮階式叙神龍元年　制加
朝散大夫隨□例也居無何　制爲洛州新安縣
令又改滎陽縣令爾其索亭舊邑滎澤奧區郊連北制
地接東里上躔鶉火高控龍泉神州則帶河泝洛供漕
則通江達兼五方雲湊公騄私奔百族星稠遨時鈌利
盤根錯節允屬於升卿先教後刑必推於季子公下鳥
爲用牛刀承天理人以居其職尊五屏四以制其範開
道途焉設堤防焉陳之以禮樂導之以德義宣柔嘉恤
孤寡去末返本利用厚生至爲濟濟庠塾莘莘冠履王
渙之勸率佐吏范甯之惠養生徒人識廉讓之儀□行
俎豆之禮其崇學有如此者龍鱗促務馬骨攘灾就稽
占於五星納稼詳於十月子奇之鑄器童恢之易牛其
勸農有如此者持寬濟猛以禮代刑兩造盡其根源五
聽窮其詞色穿窬自息譸託不行歸遇臘之四原復讐
之罪桴皷罕施於道路桎梏無用於狴牢其政令有如
此者負年巡戸定賦徵傜情僞必探高卑咸若心同懸

鏡自辯妍蚩手類持衡不差輕重其平直有如此者果
行育德循己正身徐邈之有常□奮之無潤冰壺載潔
塵甑自空其清白有如此者入其境則田疇盡墾草萊
盡闢此恭敬以信故其人盡力也入其邑則墻屋甚完
樹木甚茂此忠信以寬故其人不偷也至其庭府吏甚
清閑諸下用命此明察以斷故其政不擾也可謂季路
爲宰復在於斯任人以逸從善如流耳目平而心氣和
四支全而百工理父事三人以教孝兄事五人以教悌
可謂子賤爲宰復在于斯固以得良吏之要津行古人
之至道頃者年穀不登時雨未降　聖皇減大官
之膳出幽圄之囚是歌雲漢之詩式備山川之禱恐一
物之失所慮百姓之阻飢徙有之無遂起泛舟之役賑
貧救乏爰行發廩之施公上疏　鸞澤下罄丹誠家
到戸至哀丐益寡優之柔之撫之育之里詠途歌人安
俗泰雖雲行載沐旋符以夜之期而風教特隆實荷如
春之德導揚庶美字育羣甿惠化所以周洽風流所以
藉甚豈直王譚在職時叟号其無雙張既臨官京輔稱
其第一而已河南道巡察使衛州司馬路敬潛以政術
尤異奏聞使乎使乎得其人矣是知韓稜之飛章已奏
徵入有期焦貢之行雨載馳願留難遂丞馬據主薄解

伯宗尉高賁司馬貽略道等並千將重寶新甫貞柯道可
濟時位不充量溟海郎鯤鵬所化枳棘非鸞鳳所栖翊
贊丑方聲華有裕望逸驥而將遠撫留犢以增傷孤我
德而無鄰勞我思而無極爰有等慈寺頭陁逸僧識法
師俗姓来氏漢丞相之後秀也天稟聰偉生而俊奇發
願爲　國敬造阿彌陁石碑像并頌　聖德及鑄神
鍾鄉人前巴州曾口縣尉劉虔獎錄事王虔福常守一
佐史里正等或簪纓著族夙勞州郡之班或仁義在躬
蹔屈鄉閭之任耕田鑿井遭　聖主之休明孝道
忠覲受君子之名教以爲叫　丹闕而一借未達由

衷樹翠碣而長懸方存相質惠我無疆之澤徽烈允光
恩君不樂之情德音何已(段)殷溝作頌文在玆乎其詞曰
大地山河中天朝市玉帛萬國子男百里惟索之亭惟
京之水膴膴原隰森森杞梓其一粤玆撫字須彼仁賢俗
之化者君之宰焉操我利器亭我小鮮聞歌下邑舞合
重泉其二其政不嚴其儀不忒秩秩詩禮光光道德爰務
耕桑罕施徽纆無偏無黨有典有則其三鳴琴寄賤花發
潘仁俸唯計日口乃生春視人如子臨事若神扌鷹坐
化瑞雉行馴其四自冬徂春密雲不雨曲降　絲綍載
傾赦庚沐蘭奠桂救貧濟寠旋感月離方期歲取其五祝
良何德汲黯何功達望千載寧踰一口既流膏雨克播
循風聲聞于外化協于中其六鳳使載揚驥途攸展芳菊
無絕甘棠勿剪式紀清芬爰憑翠篆歌詠不足聊稱其
善

神龍三年歲次丁未五月戊戌朔八日己巳建

李口節刻字

碑文甚縣麗可頌云身有成績以代厥字頌云琴鳴
密賤以代宓字主簿字作薄漢碑皆如此可証孟子
先簿正祭器之即薄也正道官至鄂州刺史葬在洛
陽許家營開元間李邕爲書神道碑今存史不載在

良吏傳何也劉穆之見寶刻類編有長安三年劉憚
造七寶阿彌陀像記是其書撰云在京兆今未見中州金石記
時中宗方復位碑故題中興而以頭陀逸僧冠於其
首殊爲非理此碑與聞喜長韓仁碑俱在滎陽縣儀
門蛾術編

按碑題瑯琊王守口書泐其名一字金石文字記
載雲居寺山頂石浮圖後記開元二十八年莫州
吏部常選王守泰行書此碑下距書雲居寺碑計
三十三年疑即王守泰壯年所書故不署官位也

文云昔元年景辰上帝甄其九萬此語未詳考自周以前元年之值丙辰歲者惟商王祖庚記以備考下云正月甲子太公謀其八百似謂盧氏出於姜姓齊太公之後也曰漢祖以同日相愛利建藩維謂漢之盧綰與高祖同里同日生高祖起沛綰以客從入漢為將軍擊破臧荼乃立為燕王曰魏祖以餘風可嘉聿推楨榦謂三國盧毓乃植之子仕魏至吏部尚書封容成侯曰或清虛而循典禮早識張華或文思而發詩書深知越石似指晉之盧欽盧諶皆正道先世也曰曾祖昌衡隨金州刺

史儀同三司太子左庶子昌衡隋書附盧思道傳云字子均小字龍子工草行書與從弟思道小字釋奴俱稱英妙幽州為之語曰盧家千里釋奴龍子年十七魏濟陰王元暉業召補太尉參軍事兼外兵參軍齊氏受禪歷平恩令太子舍人遷尚書金部郎周武帝平齊授司玉中士隋開皇初拜尚書祠部侍郎歲餘遷金州刺史仁壽中奉詔持節為河南道巡省大使稱旨授儀同三司乞骸骨大業初徵為太子左庶子子寶素寶允碑云祖寶素隨晉州别駕考安壽皇朝朝散大夫襄州司馬綿

州長史唐書宰相世系表寶素隋澤州內部長晉州别駕安壽綿州長史碑與表互有詳畧碑云神龍元年制以公為洛州新安縣令又改滎陽縣令河南道巡察使衛州司馬路敬潛以政術尤異奏聞唐書路敬潛附路敬淳傳但云歷懷州錄事參軍坐事繫獄免死後為遂安令久之遷衛令位中書舍人不云其為河南道巡察使衛州司馬考巡察使之置在中宗神龍二年勅左右臺內外五品以上官識理通明無屈撓者二十人分為十道巡察使二周年一替以廉按州郡語見文獻通考時

路敬潛為衛州司馬正從五品下蓋以外官應巡察之命然則敬潛之品望可知可以補路傳之畧也此碑陽刻景龍元年十月十七日賜洛州滎陽縣令盧正道勅云贈卿祿秩以褒善政事在路敬潛奏聞之後但云贈祿秩不知遷何官殆世系表所稱鄂州刺史即由是而遷歟碑題洛州滎陽縣唐書地理志鄭州滎陽縣天授二年析置武泰縣隸洛州尋省更滎陽曰武泰萬歲通天元年復為滎陽又别置武泰縣二年省更滎陽曰武泰神龍元年復故名二年來屬所謂來屬者自洛州來屬

鄭州也然志作神龍二年來屬而碑于三年猶題洛州滎陽則志或譌也識法師爲滎陽等慈寺僧檢河南通志滎陽縣不載等慈寺故無考等慈寺有碑已見前文云德爲人表行士則行士則句脫一字

盧正道勑

勑刻淸德文碑陽六行行十一字正書

皇帝問洛州滎陽縣令盧正道卿才行早著清白有聞夙夜在公課冣居首使車昇奬朕甚嘉之今賵卿祿秩以褒善政勉勗終始無替嘉聲

景龍元年十月十七日

宰相世系表正道鄂州刺史今洛陽許家營有鄂州刺史盧府君神道碑云除洛州新安宰以犯諱更滎陽又云璽書是降又云勉勗終始無替嘉聲郎謂此勑也正道生有美政至今葬處猶賴碑碣可以考知其祖父兄弟名具見世系表中州金石記

勑字大徑五寸餘碑陰刻盧公淸德文葢當神龍三年五月至八月改元後又降勑褒美按正道官至鄂州刺史見唐書宰相世系表今洛陽亦有正道神道碑予叅以此勑碑陰所記正道釋褐爲冀州信都主簿轉絳州太平縣丞授陜州司士叅軍改汴州浚儀縣令爲洛州新安縣令又改滎陽縣令攷神道碑恩除洛州新安宰以犯家諱更欽則新安未嘗之官遂改任滎陽也正道歷官始末可紀惜不爲立傳次於良吏猶幸得此勑爲之著其跡也授堂金石跋

按正道以循吏得名至于下勑褒美兩唐書已不爲立傳而河南省府志循吏傳內亦不載其人志書舛陋疏略皆如此可一喟也書此以警世之作志傳者所當詳求博攷也

口部將軍功德記

碑高四尺五寸廣三尺七寸十八行行三十一字隸書郭謙光一行篆書在太原縣天龍寺後

大唐口部將軍功德記

郭謙光文及書

咨故天龍寺者兆基有齊替虖隋季葢敎理歸寂載宅玆山之奧龕室千萬彌亘崖嵒因广增修世濟其美夫其峯巒岌嶪丹翠含赮灌木蕭森灪泉觱沸或吽而合竪諠譁者則叅虛之秀麗也雖緇徒久曠禪廡荒闃而邁種德者陟降遐險固無虛月焉大唐天兵中軍副使右金吾衛將軍上柱國遵化郡開國公口部珣本枝東海世食舊德相虞不臘之奇族行　太上候邦由余載格歷官內外以貞勤驟徙天兵重鎭實佐中軍于神

龍二年三月與內子樂浪郡夫人黑齒氏即大將軍燕
公之中女也躋京陵越巨壑出入坎窞牽攣葟蔓再休
再呬迺詹夫淨域焉於是接足禮已卻住一面瞻覩口
歷歎未曾有相與俱時發純善誓博施財具富以口七
奉爲　先尊及見存姻族敬造三世佛像并諸賢聖
刻彫口相百口莊嚴冀籍勝因圓資居往曁三年八月
功斯畢焉夫作而不記非盛德也遵化公資孝爲忠口
義而勇顯顏以國蹇連匪躬德立口行事時禮順塞既
淸只人亦寧只大蒐之隙且闕三乘然則爲業定功於
斯爲盛光昭將軍之令德可不務虖故刻此樂石以旌

厥問其詞曰
口鑠明德知終至而忠信孝敬元亨利而總戎衞服要
荒謐而乘緣詣覺歸口口口
大唐景龍元年歲在鶉首十月乙丑朔十八日口午
建
缺部選宣德郎昕　次子吏部選上柱國暕　次子
上口口口　次子缺兵部選仲容　公聟天口口軍
總管口義
今在太原縣天龍寺後將軍名珦其氏曰口部而部
上闕一字官至天兵中軍副使右金吾衞將軍上柱

據原碑校趙本

國開國公與其夫人黑齒氏造像之記其文曰本支
京海世食舊德相虞不臘之奇族行太上懷邦由余
載格蕃蕃將之歸唐者也金石文字記
右口部將軍功德記唐時并州置天兵軍口部珦以
右金吾衞將軍爲天兵中軍副使因造三世佛像於
太原之天龍寺碑文八分書而首行郭謙光文及書
六字則篆書金石文字記闕謙光之名今據石本補
之珦妻黑齒氏燕國公常之之中女常之百濟西部
人而此碑亦有本枝東海之語金石文字記作京海誤　疑珦亦
系出百濟與常之同降唐者爾碑末題景龍元年歲

在鶉首鶉首於十二次屬未是年太歲在丁未也潛研堂金石文跋尾
按此碑前題郭謙光文及書獨用篆字而文則隸
書體之異者也文云與內子樂浪郡夫人黑齒氏
撰文人稱人之妻曰內子亦尠見此碑末行記其
子又及其壻亦與他碑異例黑齒氏爲百濟複姓
唐書諸夷蕃將傳有黑齒常之爲百濟西部人是
高宗平百濟後歸朝者夫人其中女也
法琬法師碑
碑高五尺二寸廣三尺其三十行每行五十四字正
書額題大唐故比丘尼法琬碑九字篆書今在西安

府儒學

大唐□□寺故比丘尼法琬法師碑
靈安寺沙門承遠撰
左衛翊壹府翊彭城劉欽旦書
若夫瑤水之濱歌白雲而長往玉臺之上乘綵霞而不
還敬姜布閫門之規斑姬光中禁之□□□□□□叅差
異轍猶且播芳於□□□□實於紫書豈如開八正
門去塵離俗入三乘藏鑰深致遠喻栰於愛河之水傳
燈於昏衢之地見之於法師矣法師諱法琬俗姓李□
□□□道人也　應天神龍皇帝之三從姑焉原

夫馬喙高峀彰白雲之茂祉神光函谷表紫氣之仙望
清風映乎中古大命集乎□□　高祖　景
皇帝道出鱗皇功高羽帝牢籠天地運日月而揆陰陽
彈壓山川駈黎甿而濟仁壽曾祖故鄭王亮謚曰孝咸
池別派□□□枝乾垂帝子之星坤列天孫之嶽刻舟
摽智岐嶷巳稱毀搴擅奇仁心早茂由是榮開朱邸寵
盛緣車豐冠蓋之遊列山河之郡祖神□□□空荆楊
并三州大都督上柱國襄邑王謚曰恭潢漢天人紫微
帝系大禹以能平水土式叶帝俞茂先以該博知名允
諧時望惟楊奥壤□□雄藩地枕荆門郊通汝海張皂

蓋而旌舉褰彤襜而督察去思來暁德化長流五袴兩
岐甿謠式著九江士女旣聞□□之詠三晉人吏還□
戢兵之曲父德懋故金紫光祿大夫少府監宗正卿兵
部尙書上柱國臨川公謚曰孝爵列公侯地隆勳戚天
分斗極□□喉舌之榮地括□海仍受股肱之寄法師
生積善之門誕爲賢之室風神外朗慧敏內融幼懷創
髮之因固拒結褵之義臨川公寢苦在疚風樹銜哀莫
申罔極之心徒結充窮之痛去永徽六年襄邑王薨其
年奉爲亡父捨所愛之女請度出家　皇上
以孝道所聿諒資於冥福誠心克著□展於香緣奉

勅出家時年十有三也并度家人三七並以
充師第子法師卽隨故吳國公尉綱之外孫其寺吳公
之本置也尒□黃金布地尙疑須□之園白鶴成林卽
是菩提之樹日宮月殿無晦無明蓮座花臺長春長夏
法師別置一院以修道焉苦行精心與冰霜而彌勵戒
範禪結將竹栢而逾貞地迺護珠人惟杖錫故得禪枝
日茂覺蘂年芳忍鎧橫霜銛鋒頴而無極戒珠含月射
光芒而自遠至若貫花散花之典滿偈半偈之經莫不
呑若胷臆如抵諸掌至迺論堂霞闢曳祴成陰法座雲
懸飛錫連影人同竹葦衆若稻麻法師明鏡伺鑒洪鐘

珍即彌字

佇抑流言泉於玉吻鶩思風於牙扇剖疑析滯虚往實
歸固以聲華錸腹德高巢口檀林擢秀鹿苑騰芳益譬
門之棟梁緇徒之領袖矣方冀濟足授手長宏六度之
津覃思研精永啓四禪之鍵豈謂隟駒易往藤鼠難留
若東嶨之山頽類西州之石折教在運往感息化窮智
炬由是淪暉堅林以之變色以垂拱四年歲次戊子九
月己酉朔日遷神于口口寺春秋卌有九惟法師襟神
雅正操履堅明道在則尊德高爲賓法堂宴坐心可降
魔梵宇經行影能馴鴿高行鄰於初地雅譽重於珍天
成惟周拯志尙高蹈至於六時清梵想魚嶺而騰音五
夜馴行候鯨鐘而肅慮楷模梵衆雪凜冰清導揚聾俗
雲歸海赴清徒仰敎未極譬風迅景不留奄隨泡露尼
仙悟迦毗郎法師之姪女也義均猶子思承上足貞心
雪皎慧性霜凝陶善誘而日深沐慈風而歲遠悲法眼
之淪照痛禪宇之摧梁粤以景龍三年歲次己酉正月
己未朔十五日癸酉　勑起塔于雍州長安縣之神禾
原禮也崇搆崟峩前臨黃嶠之曲層基口護却枕靑城
之隅草凄晨而蘿露晞樹肅夜而松風起以爲天長地
久日月所以修環露往霜來陵谷以之遷貿昔武成之
口勒徽範於貞碑窒陵之妃昭媛德於豐碧矧乎道高

誕乎令允

龍爲德隆鵷鷺契無三之妙口入不二之元樞豈可相
質無聞受辛莫紀敢勒清風之頌庶流終古之德其銘
曰
鶴林西廢僞教東延邈矣年祀英靈罕傳挺生明慧惟
我師焉白雲凝祉紫氣浮天　皇宗赫奕　帝緒蟬聯
誕乎令譬克嗣先賢聚沙之日救蟻之年仁心夙表慧
性俄堅方釋塵累遂託眞緣心清鏡徹戒潔珠圓精誠
苦行雪凜冰鮮三乘洞曉九部咸甄時臨講肆亟陟香
筵鵷鸞雜遝龍爲駢闐一揚辯囿幾沐言泉法門棟宇
覺海舟舩四虵詎息二鼠俄遷輔仁莫驗與善徒口式
建高塔爰臨古阡南瞻豹巘北瞰龍川桑榆落日松檟
生煙山風四起隴月孤懸一銘芬烈三變桑田
景龍三年歲次己酉五月十日比丘尼仙悟迦毗等
建

右碑題云大唐故比邱尼法琬法師碑按碑法師諱
法琬神龍皇帝之三從姑鄭王亮之曾孫史稱鄭王
元懿爲小鄭王又曰惠鄭王以别于亮亮之子孫皆
有謚而無傳法琬奉勑爲尼創建祠宇又剃度女僧
三七爲弟子歿則銘碑垂後唐之佞佛此爲尤異錄
之以示一嘅碑有天分升應極升應是斗漢隸升斗

二字易訛故正書改升爲斗至唐承襲已久不應如
此之謬也金石錄補
此碑於數歲前土人鬻於市匠人方磨爲別用咸寧
令栁君見之移於碑林按唐史襄邑恭王諱神符贈
司空今碑內神字下缺一字當是符字又稱神符贈
荆州都督今碑稱荆揚并三州大都督又德懋附見
神符傳第云官少府監臨川郡公餘官及謚俱不載
皆史之缺誤也德懋捨女爲尼爲親資福誠愚孝也
其謚曰孝有以夫雍州金石記
右法琬法師碑法琬中宗之三從姑太祖景皇帝之

元孫女也父臨川公德懋嘗官宗正卿兵部尚書謚
曰孝皆史所不載史稱永徽二年襄邑王神符薨而
碑云六年薨與史不合據碑法琬以襄邑王薨之歲
奏請出家時年十有三垂拱四年卒春秋卌有九今
以永徽六年年十有三推之祇四十六歲耳竊意神
符薨于永徽二年史文未必誤其年德懋請捨所愛
女爲亡父祈福奉勑聽許而法琬之出家則在其明
年年始十三也碑以二年爲六年特書者之誤而碑
爲左衛翊壹府翊衛劉欽旦書翊一府者五府之一
以壹代一唐時公牒已多用之矣潛研堂金石文跋尾

碑云法師卽隨故吳國公尉綱之外孫尉遲綱以天
和四年卒去周亡尚十三年當言周而言隨者僧人
之筆不可以言國家之事也蛾術編
按碑云法師卽隨故吳國公尉綱之外孫其寺吳
公之本置也攷長安志嘉會坊西南隅褒義寺本
隋太保吳武公尉遲剛宅初剛兄迥置妙象寺于
故都城中移都後剛捨宅立寺名褒義材木皆舊
寺者似卽此碑所云吳公之本置也北周書有尉
遲綱傳綱字婆羅蜀國公迥之弟也以迎魏孝武
功拜殿中將軍大統元年授帳內都督討李泥破

竇泰以功封廣宗縣伯進爵爲公拜平遠將軍步
兵校尉累遷驃騎大將軍開府儀同三司加侍中
進爵昌平郡公魏帝廢立齊王仍以綱爲中領軍
總宿衛周世宗卽位進位柱國大將軍武成元年
進封吳國公累拜少傅授大司空出爲陝州刺史
天和四年薨于京師謚曰武是尉遲綱疑卽長安
志之尉遲剛而薨于周時未嘗入隋長安志誤也
然則碑題尉綱當卽尉遲綱寺名缺泐是褒義寺
也後云勅起塔于雍州長安縣之神禾原陝西通
志長安縣香積寺在城南子午谷正北神禾原上

則是神禾原在子午谷之北矣恐當時起塔卽在
香積寺未可知也此碑金石文字記云在西安府
城外賈里村葢是顧氏當時見碑之所在其後乃
移入西安府學也

金石萃編卷六十八終

金石萃編卷六十九

賜進士出身誥授光祿大夫刑部右侍郎加七級王昶譔

唐二十九

蘇瓌碑

碑連額高一丈二尺六寸廣四尺七寸六分二十八行行六十字隸書額題唐故司空文貞公蘇府君之碑十二字篆書在武功縣

唐故尚書左僕射太子少傅贈司空荊州大都督蘇文
貞公神道碑
范陽張說撰銘
盧藏用撰序并書

維唐景雲元年歲在庚戌十一月己巳太子少傅許國
蘇公薨于崇仁里之私第春秋七十有二嗚呼哀哉粤
明年三月己酉　制葬我公于武功之先塋禮也公諱
瓌字昌容京兆武功人其先盖自帝高陽襲靡曰黎實
勤火正逮昆吾之子始封於蘇以國受氏公其後也　暨
漢平陵侯子建安侍中嘉魏侍中則晉尚書遜□聯華
國圖代載明德公高祖周度支尚書邳國公諱綽立言
成務垂於後昆公曾祖隨尚書右僕射開府儀同三司
邳國公諱威嘉謩成績懿于當代大父隨尚書職方郎
鴻臚卿諱夔理綜羣品識覃衆妙烈考秘書丞池台二

州刺史口岐州刺史諱亶遊藪聚學素風不隕公系上
聖之遐緒鍾盛德之泉茂資元和以體仁稣清明以成
美初孩而孤稟絳郡夫人之慈訓幼而岐嶷聰敏冠常
爵讀山棲志一覽便誦及長博綜經文尤善屬詞年十
八進士高第補寧州叅軍轉恒州司灋丁絳郡夫人憂
自中山涉襄既從至京兆哭不絕聲性以禮危形以哀
瘠左庶子張大安以孝悌士聞服闋拜恭陵丞轉相府
錄事叅軍大上改封豫官亦隨府上即帝位拜朝散
大夫尚書水部員外郎未幾兼侍御史淮南廉按俄拜
夏官員外兼官尹丞歷水部祠部郎中兼判司禮事以

親聯出爲朗州刺史轉歙州刺史并州武興令檢校冀
州刺史累遷汾鼎同汴揚陝以累最入爲尚書右丞加
銀青光祿大夫遷尚書左丞戶部尚書又拜侍中京師
留守兼理冤滯車駕還京持節河北按撫加金紫光
祿大夫轉吏部尚書東都留守尋復還守本職廷拜尚
書右僕射同中書門下三品封許國公監修國史今
上踐祚拜尚書左僕射屢亢詞乞骸優荅不許拜太子
少傅公有子七人長子頲字庭碩歷給事中中書舍人
修文館學士太常少卿口掌綸誥與公聯侍紫墀接
機黃閤前後之拜近古未有公體道貞固立心簡直多

識前言遍詳舊事自周隨損益家牒可紀公則紹之网
不畢綜故閨門之內孝悌成則朋友之閒忠信戶舉其
在叅佐也婉孌柔嘉醜夷不爭其事潛郎也從容諷議
賓僚是仰四爲郎而彌綸之功布于省閣九爲牧而循
良之績著于州郡周旋二轄婷懽文昌迴翔兩宮輝鑠
巖廟版圖國之信而五教在寬冢宰八之紀而九流式
叙左右端揆盡訏謨之略東西掖闥備忠讜之美德逾
盛而心益下位彌大而行益恭用能高而不危長守富
貴考父三命謙光以朝平仲一心中孚累聖非至德淑
慎疇至此哉夫其仁恕篤審清廉簡惠躬儉約以自持

蹈名教以撿物祿以周急不積於家財以睦親必均於
衆故義廣而私謁之逸阻名揚而兼濟之道宣亦叔敖
之賢國僑之懿也幾深通志精墳默識文以體實靡徇
其華學以辯微固信於己故始終機揆舉無遺策斯又
子房之智孔明之能也造膝沃心務存匡救引過稱善
不近於名故聲聞于天而口無擇纊宣於外而事网專
蓋封子之仁孔光之慎也兼斯衆善以會明德方將三
階載理前宮更曜天命不祐奄忽遷殂朝喪其楨人殞
所戴天子悼焉遣太府卿李從遠將書弔祭輟朝三
日有司備禮發哀追贈司空荊州大都督賻絹布八百

段粟米八百石凶事葬事並官給賜東園秘器大鴻臚
監護將作立碑太常考行謚曰文貞禮也　皇太子別
次發哀遣洗馬弔祭賻物二百段　祖載之日□□□官
□□于開遠門外別遣左常侍徐□宣　旨送于郊□
令遣洗馬如初禮宮臣已下畢赴朱旂載路班劍啟行
哀榮之禮備矣諸侯之孝終矣公　家代尚儉　載在　縑竹
其生也堂無宴客門無立嬪其終也塋無樹隧無碑　表
大漸之始遺令遵行公卿暨親戚賵襚弔祭一無所受
周身之外唯□車一乘　頲等泣血受命罔有踰越雖廹
朝旨不　旌　墳壙　建碑於塋北一十五里故臨大節而

不奪見大義而能勇經緯之迹文藝之行備于國章　布
在人　口懽遵先訓皆略而不書　中書侍郎同中書門下
平章事□文館學士兼修國史皇太子侍讀范陽張說
雅俗之鎮具瞻令德文章之雄談者爲楷偉公道德之
首徽猷可行　刊石紀頌詞如清風其辭曰
斤斤蘇公體正含道稟靈淳粹爲唐元老忠以衛主孝
以立身文以經國惠以安人　司牧九郡九郡　惟靜　平章
百工百工爰整　千載典憲三朝綱領上纘先人五代相
國下垂餘慶七子令德　帝謂庭碩伊公是似接侍　玉
墀序拜金陀聯華疊潤佐我天子於戲彼蒼國幹云亡

地頹五嶽天坼三光備禮詔葬羣官會喪掌史司德刊
銘路旁
關西道雍州武功縣蘇許公墓在縣西一十里蘇村
神道碑存　太平寰宇記
蘇許公褒武功人景雲元年十一月葬于武功碑隷
書剝蝕過半存者才十三書法猶有漢魏遺意金石
略云盧藏用書而金石錄云藏用撰書攷文苑英華
藏用撰序張說撰銘今碑后猶有范陽張說字鄭趙
二公未見耶　石墨鐫華
碑已漫滅存八百餘字金石文字記云盧藏用序并

八分書張說銘景雲元年十一月石墨鐫華云碑後
有范陽張說字今碑中猶隱隱可讀　雍州金石記
碑文與唐書本傳並合惟神龍初爲尚書右丞後會
封懷縣男碑不及之耳　關中金石記
右司空蘇瓌碑首行漫漶篆額十二字特完好其文
云維唐景雲元年歲在庚戌太子少傅許國蘇公薨
于崇仁里之私第粤明年三月己酉葬我公于武功
之先塋趙德甫金石錄題爲景雲元年十一月葬未
撿其全文也文苑英華曾載此文以石文按之頗多
異同如曾祖隋尚書右僕射開府儀同三司雍州牧

諱威石刻作邳國公不作雍州牧大父隋職方郎中石刻無中字攷隋文帝父諱忠故改中書爲內史諸曹郎皆去中字不當稱郎中蘇威亦未爲雍州牧皆石本之可信者又碑稱中書侍郎同中書門下平章事范陽張公石刻平章事之下又有昭文館學士兼修國史皇太子侍讀十四字攷唐史中宗朝張說以兵部侍郎兼修文館學士至是爲宰相仍領學士昭文館卽修文改名也宰相世系表蘇氏魏都亭剛侯則第三子遁八世孫綽此碑述其先世有魏侍中則晉尚書遜遜與遁古字通碑稱瓌有子七人銘詞亦

有七子令德之語今攷世系表止有六人益史之漏

潛研堂金石文跋尾

按此碑文約千五百餘字存者千二百餘字較石墨鐫華云存者才十三固已倍其二郎雍州金石記云存八百餘字亦增多三之一也銘序二人分撰而張說撰銘則署里貫曰范陽盧藏用撰序并書而不自署其貫至張說官階藏用詳載序中而藏用歷官亦不自署以傳考之乃幽州范陽人景龍中爲吏部侍郎又遷黃門侍郎兼昭文館學士轉工部侍郎尚書右丞也又碑有額而不題篆者

姓名文首叙卒葬年月而後述公之諱字先世及生平事實皆例之別者也文有云粵明年三月己酉葬我公于武功之先塋今搨本已泐諸家皆未見惟潛研堂跋有之文云先世自帝高陽(下闕)始封于蘇以國受氏唐書宰相世系表蘇氏出自己姓顓頊裔孫昆吾之子封於蘇其地鄴西蘇城是也通志氏族畧亦同按黃帝有熊氏姬公孫長于姬水又以姬爲姓子名摯姓己是爲少昊金天氏其弟昌意生子曰顓頊高陽氏姓姬今碑云自帝高陽則當云出自姬姓若出自己姓則當自帝少昊

矣至碑云以國受氏而氏族畧列于以邑爲氏條下想國與邑亦可通稱也碑云建安侍中嘉魏侍中則晉尚書遜聯華國圖代載明德世系表漢代郡太守建自武功杜陵徙扶風平陵三子長子嘉官奉車都尉(碑作侍中)六世孫南陽太守中陵鄉侯純生章官并州刺史章五世孫魏東平相(碑作侍中)都亭剛侯則四子第三子遁(碑作晉尚書)八世孫綽周度支尚書邳公(碑同)生威隋左僕射房公(碑作尚書右僕射開府儀同三司邳國公)此碑與表之五異者也嘉後漢書無傳則三國魏書有傳字文師起家爲酒泉太守轉安定武

都通河西道徙爲金城太守文帝時加護羌尉賜爵關內侯河西平還金城進封都亭侯徵拜侍中黃初四年左遷東平相未至薨謚曰剛侯是表載最後之官碑則紀身任之職也遜晉書無傳高祖綽周書傳字令綽周太祖名爲行臺郎中除著作佐郎拜大行臺左丞大統四年加衛將軍右光祿大夫封美陽子加通直散騎常侍進爵爲伯十年授大行臺度支尚書領著作兼司農卿十二年卒子位子威嗣襲爵美陽伯隋開皇初追封邳國公曾祖威隋書傳字無畏周太祖時襲爵美陽縣公

周書作伯仕郡功曹授使持節車騎大將軍儀同三司改封懷遠縣公武帝拜稍伯下大夫宣帝嗣位就拜開府隋高祖受禪徵拜太子少保追贈其父爲邳國公以威襲焉兼納言民部尚書兼大理卿京兆尹御史大夫拜刑部尚書京兆尹廢檢校雍州別駕遷吏部尚書兼領國子祭酒拜尚書右僕射坐朋黨事免官爵歲餘復爵邳公使突厥以勤勞進位大將軍仁壽初復拜尚書右僕射煬帝嗣位累進光祿大夫賜爵寧陵侯進封房公後除名爲民碑稱邳國公者是襲其父追封爵表作左僕射

而云房公者是用其最後之封若文苑英華作雍州牧据傳惟于高祖時曾檢校雍州別駕未嘗爲牧且逾年已久矣大父夔隋書附威傳字伯尼起家太子通事舍人煬帝嗣位遷太子洗馬歷尚書職方郎拜朝散大夫鴻臚少卿進位通議大夫父亶無傳碑云沁台二州刺史岐州刺史唐世系表則但云台州刺史也瓌兩唐書有傳碑與傳之不同者如舊傳云父勗貞觀中台州刺史新傳無碑則云烈考諱亶新書世系表夔長子勖官吏部侍郎駙馬都尉次子亶台州刺史瓌實亶之子非勗之

子也新傳云瓌擢進士第補恒州參軍舊傳無碑則云年十八進士高第補寧州參軍轉恒州司瀘新傳云居母喪左庶子張大安表舉孝悌與碑同舊傳無擢豫王府錄事參軍碑則云丁絳郡夫人憂服闋拜恭陵丞兩傳無恭陵者高宗太子宏孝敬皇帝陵百官志諸陵丞各一人從七品下轉相府錄事參軍上改封豫官亦隨府睿宗紀始封殷王徙封豫王又封冀王累遷右金吾衛大將軍洛州牧徙封相王復封豫王碑故叙瓌官由相改豫也碑云上即帝位中宗嗣聖拜朝散大夫尚書水部員外郎字闕三侍御史字闕五拜夏官員外兼官尹丞

歷水部祠部郎中兼判司禮事以上兩傳俱無以親聯出
爲朗州刺史轉欽州刺史并州武興令撿校冀州
刺史累遷汾□□汴□陝以下闕四字新傳但云歷朗
欽二州刺史舊傳無久之轉揚州大都督府長史舊傳同
徙同州刺史奏宿衛兵月賜增半糧却進獻罷
營造罷十道使括亡戸罷浮圖廟塔諸役費武后
善其言已上舊傳與碑俱無碑云尚書右丞兩傳云神龍初新傳此下有
封懷縣男碑與舊傳俱無加銀青光祿大夫舊傳同新傳無遷尚書左
丞兩傳俱無戸部尚書又拜侍中兩傳同有封淮陽縣子碑舊傳此下與
新傳俱無京師畱守兼理寃滯兩傳有收鄭普思繫獄事車駕還京

此指中宗復辟持節河北按撫加金紫光祿大夫兩傳俱無轉
吏部尚書東都畱守新傳無舊傳云遷吏部尚書進封淮陽縣侯新傳與碑
皆無進封侯事尋復還守本職廷拜尚書右僕射同中書
門下三品封許國公兩傳俱有舊傳云景龍三年監修國史舊傳
云是歲六月與唐休璟並加監修國史新書無今上踐祚此指睿宗拜尚書左
僕射兩傳同乞骸拜太子少傅兩傳俱云景雲元年凡此皆碑
與兩史傳彼此詳畧及叙次不同者也長安志崇
仁坊東門之北尚書左僕射許國公蘇瓌宅注云
沅案盧藏用撰神道碑序云瓌終崇仁里第卽謂
此碑序也今撿序無此語必在首行泐文中畢尚

據趙本校

據唐文百篇校 字旁加○者皆百篇本所同

錢本作功佯

百篇粹作性

書校刻長安志時及見此數字也文後云建碑于
塋北一十五里詳玩此語知其墳塋北向而碑建
十五里外則神道亦甚遠矣當時公卿墓制史無
專條亦想見西北地多間曠故墓域能如是之寬
也

蕭思亮墓志

石方廣二尺三寸七分二十六行行二十六字正書在長安縣

唐故朝議郎行雍州長安縣丞上柱國蕭府君墓誌銘并序

中大夫行薛王友顏惟貞撰

君諱思亮字孔明蘭陵人也公侯慶緒鍾鼎華宗遠則
文終翼漢口佯於二八近則武皇祚梁業光乎三五英
賢繼踵簪紱騈輝詳乎史諜可略言矣曾祖翹梁貞毅
將軍郢州刺史新興侯祖季符　皇朝尚食奉御員外
散騎常侍贈光祿卿洪鄂等八州諸軍事洪州刺史武
昌縣開國公竝才兼文武秩榮中外郢中歌雪畫隼翻
旟騎省連雲豊貂曜冕象河咨嶽禮備於飾終列爵疏
封寵隆於利建父温恭修文館學生渝州司功參軍事
譽光黌序位屈巴賓未騁高衢先摧逸足君資靈上善
稟粹中和言爲士則行成物範張華雅思掞奇藻於鵠

鷄終軍洽聞摽敏識於鼴鼠好學不倦綜涉羣言手自繕寫盈於簡素解褐補益州金堂縣尉歷雍州同官縣尉武功主簿乾封縣尉長安主簿歲滿爲丞再歷畿甸三遷京邑職事塡委剖之如決流爭訟紛挐鑒之若懸鏡嗟乎道長運促時亨命屯未施構廈之材俄軫奠楹之夢以景雲二年歲次丁亥正月卌日終於京崇化里第春秋六十有七嗚呼哀哉即以其年二月景子朔十五日庚寅遷窆于神和原禮也夫人譙郡熊氏故左金吾將軍元逸之女柔婉成性言容具美以景龍二年九月十三日寢疾而終嗚呼哀哉龍門之桐始半生而半

死襄城之劍竟先沉而後沉同穴有歸雙魂是祔嗣子遜孔門之鯉幼即聞詩楊氏之烏童而擬易未極庭闈之養遽纏屺岵之悲擗厚地而崩心訴高穹而泣血期我以先執託我以斯文僕也不才義深寮舊追感平昔承驗無從敬述芳猷誌于幽隧銘曰

麗鳥降辟克生于商枝分萊蔓源濬流長載誕明哲如珪如璋夷險其貌寵辱齊忘文含綺續學富縑緗爰來卑位其道弥光孰云與善奄歎殲良馬鬣開隧龜謀允臧松門蒿里兮縠雙魂於此地春蘭秋菊兮歷萬□而逾芳

右誌題云中大夫行薛王友顏惟貞撰而無書人姓名又云君諱思亮字孔明祖父皆仕于隋唐爲顯官以景雲二年二月葬按顏氏家廟碑魯公之父名惟貞字叔堅受筆法于舅殷仲容氏以草隸擅名此碑字畫工緻當爲惟貞書也惟貞書武丞規墓誌與此碑相似碑近出西安府城南神和原土中金石錄補

右雍州長安縣丞蕭思亮墓誌文云景雲二年歲次丁亥攷是年乃辛亥書者之誤也思亮曾祖翹梁貞毅將軍郢州刺史新興侯梁書南史俱不載其爲梁宗室與否不可攷矣文猶沿唐初駢偶之習有云孔

門之鯉幼即聞詩楊氏之烏童而擬易屬對殊可喜也潛研堂金石文跋尾

唐時墓志篆蓋皆缺此獨存關中金石記

按撰文者行薛王友顏惟貞唐書三宗諸子傳睿宗第五子惠宣太子業始王趙降封中山授都水使者徙彭城兼陳州別駕進王薛爲羽林大將軍荆州大都督以好學授秘書監開元初進太子少保此碑立于景雲二年在開元以前是初王薛時顏惟貞爲之友也蕭思亮遷窆於神和原長安縣子午谷有神禾原說已詳法琬碑此作神和或當

據碑校

時禾和通稱也

獨孤仁政碑

碑連額高六尺五寸二分廣三尺三寸八分三十四行行四十八字正書額題大唐故上護軍獨孤府君之碑篆書十二字今在孟縣學忠義祠

大唐故朝議郎行兖州都督府　方與縣令上護軍獨孤
府君之碑銘并序
□□劉待價撰
聞夫乾蓋上闢星緯分其纏舍坤輿下蟠河岳裂其封
域是以觀象體物建百里之庶邦敦俗牧人置千石之
多士則有威霽風雨稱明鏡於當時德洽絃歌号靈元龜

於後葉其有繼美宣化教肅刑清作根本於　巖
廊爲睽命於黔庶休明一代映徹九泉歷選徽塵歸獨
孤府君矣
公諱仁政字仁政河南洛陽人也本姓劉氏導擾龍之
巨源長河不竭疏斷虵之曾岫連岳無窮屬逐鹿於中
原乃避時於北漠因山易姓以氣稚邊及魏室之爵興
服衮論道遷周邦而扈從衣錦還鄉吐弈葉而增昌朝
盈紫綬登本枝而逾懋郡接朱轓茵藹紛綸可略而述
高祖永業齊中書舍人南道行臺右丞洛州刺史遷左
丞卯散騎常侍儀同三司特進行臺左僕射封夏州啟

寧縣開國公武安郡開國公廣州德廣郡開國公西平
郡開國公瀛州章武郡開國公彭城郡開國公各食邑
二千戶賜鼓吹一部絹布各二千疋錢卅万伻回三百
餘人馬五十疋轉七兵尚書兼吏部尚書入周拜司徒
公行臺尚書令冊臨川王大司寇少右弼謚曰貞佩金
章於黃閣綰盤綬於玳筵內助理於萬機外佐平於百
揆奇籌獨運戶邑光於六封雅樂相喧鼓吹標於四錫
曾祖子佳周柱國直閤將軍武安郡開國公華州刺史
儀同三司隨大將軍洮州刺史應國公拜壇虎將祠黃
石以傳書刺郡神君褰赤帷而察俗賞茅土於輿襄以

荅元功進儀服於太階還尊懋德祖義恭隨京兆郡富
平縣令唐　秦王府倉曹參軍事荊王府長史右衛
郎將左衛中郎將左監門率温汾歸褒四州諸軍事褒
州刺史上柱國高平縣開國侯雍容朱邸陪文雅之良
遊巡警紫微膺爪牙之重任百城宣化得賈父之
能名五等開封獲通侯之美稱父士賛唐靈宏文生
文德皇后挽郎虞庠之胄必擇士林楚挽之郎寔資門
蔭選授霍王府戶曹參軍事密王府兵曹參軍事原州
都督府戶曹參軍事轉汴州尉氏縣令遷坊州鄜城縣
令上騎都尉行丹州司馬襲爵高平縣開國侯幕府端

嘗聞爲善之寂樂列曹從務佐澂濁以增清叔孝擒姧
智窮於耳粟伯騫鷹士語重於罰金孫氏龔侯尚食漢
閒之地謝庭蘊玉還光席上之珎惟公騰秀二儀降精
五緯髫年對日綺歲黍諱(元)成千里之權奇望雲驤首刷
五色之毛羽抱義賓王起家　皇朝左勳衛左金吾
引駕出警入蹕統式道之朱麾夜儆朝巡司禦戎之金
革解褐恩州司倉參軍事像水之平法絃之直遊刃盈
庭之訟發蒙列局之疑掌十三(一)之人天致菽粟之流衍
改授宣州溧陽縣丞南服水鄉北斗(斗)星分吳越雜錯士
吏剽輕公賛銅章以化人持水鏡而照物季俗爲之懲

革淳風由是興行轉朝議郎上護軍行兗州都督府方
與縣令法三異之化振百里之雷敦禮義以教人薄賦
斂以富俗女修織絍不下三齊男務耕耘還登九穀推
理止息桴鼓於是稀鳴囹圄室虛開牘以之無事既而
焦延罷職上書願留劉寵去官攀轅而送方同胡紹專
城之任克遷遽等宣尼倚戶之吟斯作以景龍三(三)年三
月廿九日遘疾卒於河內郡之私第春秋七十有七士
喪衣冠道亡儒墨德音何在恨九言之不追魂氣何之
痛百身之無贖惟公抱素懷璞蹈孝履忠蘊智成囊含
明作鏡散生(生)白之虛室汎登仙之桂舟酌其流而蔵淺

深庇其宇而忘寒暑儒林畢月武庫驚雷六義分落錦
之篇八體下崩雲之陣阮公琴酒情盤脩竹之間尸子
登臨神王長松之下淸門赴吊無雜兮之賓儉室奉終
靡一金之產可謂至德君子人之楨幹者也以景雲二
年歲次辛亥二月景子朔廿七日壬寅遷窆于洛州河
陽西北韓城鄉龍臺里之平原禮也馬啟滕城鳥飛揚
墓晚風含怨託松栢以揚聲斜日緘(緘)愁向煙雲而沮色
嗣子宗業隆堂構孝極天經攀翠栢以長悲奉諱(元)醪而
永慕想諱(元)成之祖德遂述家風鑒陳寔之貞碑爰題翠
琰(琰)庶陵移谷變竹帛非堅而懿德嘉聲乾坤等固其詞

曰
櫌巃蹤泒新馳分族遇乱中原避時北服田山易姓待
時干祿其一北魏稱帝佐命爲臣爰從鳳躍式返雞津祚
茅食采華轂朱輪其二踵德誕美韶姿令器渾金璞玉霜
鶴雲驥論起談天詞成擲地其三振翼鳳池統武兵欄捧
戟侍　帝綰綬除官霜凝吏道花飛筆端其四一同花
俗五美興化剸刼懲姧嗤眩息詐女修纂續(續)男務耕稼
其五攝官稱謝攀轅告歸佇遷高木奄落斜暉昊天不慭
與吾何違其六相彼青烏啟茲諱(元)室縞駟發軔丹旐颺日
九原不返千秋永畢其七睊人悲而結悄吊鶴思而氤氳

薤灑泣珠之露松纏慘玉之雲爰勒銘於靈石以作固
於清氛其八
吏部常選宏廟諱農劉珉書
襄陵賈行表鐫

右獨孤府君碑額字陰文凸起三行篆書文序其家世特詳其云高祖永業者北史及北齊書皆有傳謂其本姓劉中山人隨母改適獨孤氏遂從其姓今按碑中所云導援龍之巨源疏斷虵之曾岫逐鹿中原避時北漠因山易姓以氣雄邊者則俱指獨孤永業之先世出於劉氏者而言非謂永業之身之出於劉

氏者也按唐書宰相世系表載獨孤世系所稱易姓之由略與碑應而於永業之父冀不言永業爲其身生與否又按唐獨孤及自作其父通理墓碑所稱易姓之由亦與世系表大同小異而就其中所云歸生冀冀生永業者觀之則永業并非隨母冒姓之謂矣又北史及北齊書載永業生平歷官與碑詳略互見不必深論唯稱永業在齊時封臨川郡王與獨孤通理墓碑所稱亦同而此碑則謂入周冊臨川郡王與獨孤世系表所載冀周司徒臨川郡王者又同其間彼此互異良由世代久遠俱難意斷又獨孤及以一代文伯自序其先世封爵而其中亦別有失於考據者其碑內所稱先世略云獨孤之先出自劉氏後漢世祖光武皇帝之裔世祖生沛獻王輔輔生釐釐生定定生節節生丏丏生長子廣嗣王位少子廙爲洛陽令廙生穆穆生進伯爲度遼將軍擊匈奴兵少援不至戰敗爲單于所獲遷居獨孤山下生尸利單于加以谷蠡王之位號獨孤部尸利生烏和烏和生二子長曰去卑爲左賢王建安中李郭之亂左賢王率其部衛帝自長安還洛後歸國卒次弟猛代立生富論富論生路孤路孤生眷眷生羅辰從魏孝文帝遷

都洛陽始以獨孤部爲氏爵永安公定州刺史生萬齡官至廷尉萬齡生稽又官廷尉爲鎮東將軍稽生歸又爲鎮東生冀官至征南將軍定州刺史贈司徒生永業即通理之高祖云云而唐書獨孤世系表則云漢世祖生沛獻王輔輔生釐王定以釐爲定謚但爲一人又云定生節王丏節又丏謚但爲一人是又彼此互異及考後漢書光武十王列傳內載沛獻王輔薨子釐王定嗣定薨子節王正嗣正薨子孝王廣嗣則通理碑與唐書世系表以正爲丏者固字體小誤而通理碑以二人爲四人者誠誤矣且其間尤有

錯誤足以自累其世系而并以累人之世系者則通理碑中所言以去卑爲烏和之長子劉猛之兄者按唐書獨孤世系表亦謂去卑爲烏和之長子劉猛之兄烏和卽烏孫和蓋孫字之誤此又不必論但論去卑非烏和之長子亦并非劉猛之兄而已今按魏書鐵弗劉虎傳云虎爲南單于之苗裔左賢王去卑之孫北部劉猛之從子魏與晉并州刺史劉琨合討之虎走歸劉聰聰以其宗室拜安北將軍云云又按晉書劉元海傳述其先世爲冒頓之後以母爲漢高祖宗女遂冒姓劉氏觀其初立國時所下國中之令可

見聰爲元海之子以劉虎爲宗室則虎之祖去卑其爲冒頓之裔甚明今獨孤通理墓碑與唐書獨孤世系表并謂劉去卑與劉猛同父是不將使人疑劉猛之亦出於冒頓卽獨孤亦出於冒頓之後而此碑亦誤耶今試仍卽魏書劉虎傳所云虎爲去卑之孫而猛之從子者推之則去卑之視猛猶猛之視虎皆從子耳何兄弟耶故二人旣尚非兄弟況於同父卽魏書所謂從子者亦當爲同姓不宗之從子耳竊以爲劉猛自當出於進伯之後下開獨孤永業獨孤仁政獨孤通理之屬去卑當爲冒頓之後下開劉庫仁與

劉虎及其孫劉務桓劉衛辰以至於赫連勃勃之屬分爲二派則按之晉魏諸史庶皆兩無所妨而如獨孤通理墓碑以及唐書獨孤世系表皆難專據者迺不若梁肅作獨孤及之弟獨孤正墓誌銘謂其出自進伯因部易姓隨云其後有羅辰臨川王永業渾而言之與此碑之略舉大意者皆不以去卑闌入之爲愈也且唐書於獨孤世系旣以劉去卑闌入爲劉猛之兄而於河南劉氏世系表更謂河南劉氏本出匈奴之族漢高祖以宗女妻冒頓其族貴者皆從母姓因改爲劉氏左賢王去卑裔孫庫仁南部大人淩江

將軍弟眷生羅辰爲定州刺史其後徙居河南羅辰五世孫仕雋卽宰相崇望之十代祖云夫謂去卑之出自冒頓則誠當矣而謂其裔孫庫仁卽劉眷之兄故劉眷之後皆冒頓之裔此甚非也去卑與劉猛不同所自出則庫仁安得謂劉眷爲弟哉卽以弟言亦不過同姓不宗之弟耳而遽謂其子孫皆冒頓之後可乎夫以劉去卑一人而於獨孤世系表則謂爲劉進伯之裔於河南劉氏表則又謂冒頓之裔以劉眷一人於獨孤世系表則謂爲劉猛之孫出自進伯於河南劉氏表則謂爲劉庫仁之弟出自冒頓一人而

二本始分而末合其自相矛盾多所牴牾如此其謂之何今按去卑之孫即上所謂劉庫仁及劉虎並其孫劉務桓等當爲冒頓後裔一族而初不必以劉眷之後又爲河南劉氏者上冒之蓋河南劉氏與獨孤同出自劉眷即同出自劉進伯者即如此碑書撰皆劉姓而又皆宏農人當即所云河南劉氏之派此亦可見其與獨孤甚親其言獨孤先世無異自言故能詳悉若此是可即此碑書撰人之於獨孤有關合者以并正唐書世系表謂河南劉氏出自冒頓之誤焉又獨孤世系表於永業父冀官爵下載其謚法而於

永業官爵下不載謚法又北史及北齊書本傳但稱永業後爲崔彥穆所殺壹似不應得謚者而碑乃有謚曰貞之文茲考周書崔彥穆傳謂彥穆爲行軍總管討司馬消難軍次荊州彥穆疑荊州總管獨孤永業有異志遂收而戮之頃之永業家自理得雪彥穆坐除名云云即北史崔彥穆傳亦略同據此則永業之戮乃但出於彥穆之疑而碑所言謚曰貞者必其家自理得雪後所予之謚是又可以補世系表及本傳不載其謚之缺焉至表所載永業子子佳隋淮州刺史武安公者按隋書地理志無淮州唯南海郡有

含洭縣註云梁置衡州陽山郡平陳州改洭州廢郡二十年州廢今碑云曾祖子佳隋大將軍洭州刺史者正與隋書地理志相應乃洭州尚未廢爲含洭縣之時而正可以訂以洭爲淮之誤又表謂子佳爲武安公者亦指隋言今按碑載子佳在周爲武安郡開國公在隋爲應國公亦當以碑爲正又世系表於子佳之子義恭名下略不載其官爵而於其族人爲主簿都尉參軍之類皆載之今按碑所載義恭在唐歷官至溫汾歸嬀四州諸軍事嬀州刺史高平縣侯其官爵尤不當略是宜據以補世系之缺至義恭之子

士貫即仁政之父與仁政之子宗其名字官爵世系表皆缺載是尤宜據碑補入者也蓋唐書之闕誤見於吳縝新唐書糾謬者至多而其可據此碑而補正又旁及他史者亦不一而足焉　碑并螭首高五尺四寸廣二尺二寸初問耕出都無一字後郡學生劉世俊自請往訪始知其字在下方而出之碑甚完好無缺其文既深美希風徐庾而書亦騫秀具體六朝蓋兼得歐虞之意又尚不染唐人間架觚稜末習懸而觀之始知其妙爾頃搜訪孟地碑碣所錄魏志諸刻殊稱佳妙而此碑在唐刻中尤爲不易得者其崖

據趙本校

沒已千餘年一旦復覩豈非快事然非劉生請行亦
未必得也茲遂爲移置縣學云孟縣志

景龍觀鐘銘

銘高二尺五寸八分廣二尺九寸四分共十八行行十七字正書在西安府城臬署旁

原夫一氣疑眞含紫虛而構極三淸韞秘控碧落而崇
因雖大道無爲濟物歸于善貸而妙門有教滅咎在於
希聲景龍觀者　中宗孝和皇帝之所造也曾城
寫質閬苑圖形但名在鶴林而韻停鐘簴朕翹情八素
締想九元命彼鳧氏鑄斯無射考虡匪之懿濩得晉曠
之宏規廣召鮮工遠徵晁匠耶溪集寶麗壑收珍警風

雨之辰節昏明之候飛廉扇炭屏翳營鑪蒼鶴呈姿蹲
熊發狀角而京不震侈而克揚庶其曉散靈音鎮入鵷鸞
之殿夕騰仙韻恒流鳷鵲之闈聾俗聽而咸悛迷方聞
而永悟洪鈞式啟寶字攸鐫其銘曰
紫宸御曆歷青元樹因傾巖集寶竭府收珍杜夔律應張
求規陳形包九乳儀鉻萬鈞上資七廟傍延兆人風嚴
韻急霜重音新自茲千歲從今億春懸玉京而薦禕
銅史而司辰
景雲二季太歲辛亥金九月癸酉金朔一十五日丁
亥土鑄成

景龍觀者中宗所作景雲二年睿宗爲之鑄鐘製銘
世字正書而稍兼篆隸奇偉可觀鐘今在西安府城
鐘樓石墨鐫華

景龍觀鍾銘睿宗御書初唐人作字尚有八分遺意
正書之中往往雜出篆體無論歐虞諸子即睿宗書
亦如此猶之初唐律詩稍似古風平仄不盡穩順開
元以後書法日盛而古意遂亡遂以篆楷爲必不相
通分爲兩部然而蚩之从㞢邑之从巴黎之从勿辥
之从𠂤虛之从丱鼎之从析甾益之从橫出此皆見
行於今代者而不察其爲篆也詩篇書法日以圓熟

而俗筆生焉亦世道升降之一端矣金石文字記

景龍觀唐中宗所起睿宗復爲煉銅鑄鐘而銘之今
在西安鐘樓余曾手摩其文書復古雅拙樸其源出
自興和年李仲琁修孔子廟碑劑之以雅故睠余敢
金石文數百種除彝器款識惟此爲金耳金石史

右銅鐘銘眞跡十八行銘每行十七字鑄銘處高一
尺八寸濶二尺鐘高八尺圍一丈五尺在西安府鐘
樓上景雲二年御書西北向金石圖

此唐睿宗御書也觀久毀鐘移西安府臬署西鐘樓
上恐搨印者下窺官舍往往禁不令搨近令搨工以

蔣薇樓東一面而以草塞其內氊裹於外方能得之其難如此而其書又沉鬱古奧為東坡之祖洵可寶也　睿宗書不多見見者唯孔子廟堂碑額順陵碑文及此銘耳順陵碑與廟堂額係僞周朝為相王時篆此則即位後書徵褉隸體古奧有致當與比干銅盤焦山鼎銘共寶矣鐵函齋書跋

今在西安府城迎祥觀序銘共二百九十二字大徑寸許鐘甚鉅厚七寸餘搨之稍輕則不聞聲䯚朧云必塞其內空方可搨之葢出於傳聞未嘗目覩也景龍觀創自中宗睿宗鑄鐘作銘開元時曰迎老子玉

像改今名樓築於層臺之上為城中偉觀石墨鐫華

金石文字記俱云在西安府鐘樓上誤鐘樓在朱雀街之中非迎祥觀鐘樓也雍州金石記

按鐘銘本在景龍觀銘文可据曝書亭集以為景雲觀在修業坊見宋次道長安志今檢長安志竝無修業坊惟朱雀街東第二街北務本坊南街之北有先天觀景龍三年韋庶人立為翊聖女冠觀景雲元年改景雲觀天寶八載改為龍興道士觀至德三載改先天觀不知即竹垞所稱之景雲觀否也又檢長安志崇仁坊西南隅有元眞觀半以

東本尚書左僕射申國公高士廉宅西北隅本左金吾衛神龍元年併為長寧公主第東有山池別院即舊東陽公主亭子韋庶人敗公主隨夫為外官遂奏請為景龍觀仍以中宗年號為名天寶十二載改為元眞觀然不載有睿宗書銘鑄鐘之事則非即此景龍觀明矣雍州金石記云今在西安府城迎祥觀此語差可據然尚是未移臬署以前之語也陝西通志載迎祥觀在西安府城內廣濟街東迎祥觀即景龍觀也創自唐景龍二年按蘇靈芝書老君應現碑開元二十九年元宗夢見老

君曰吾乃汝遠祖有像在京城西南百餘里汝遣人求之吾合與汝於興慶相見覺而異之即命尚書張九齡道士蕭元裕尋訪於盩厔聞仙峪果得老君玉像高三尺餘以進其日元宗在興慶宮遂親迎謁置於殿內次日送景龍觀大同殿安置瞻仰與夢中所見無異即改景龍為迎祥觀今鐘樓為懸鐘所睿宗景雲鐘銘刻其上此則是景龍觀鐘銘之所在也然長安志何以不載迎祥觀所未詳矣唐書方技葉法善傳睿宗即位法善有冥助力先天二年拜鴻臚卿封越國公止于京師景龍

觀盡鑄鐘時尚是景龍觀初建鐘成而觀亦竣工于是葉法善以先天二年止居是觀也睿宗得位出于法善冥助然則建景龍觀睿宗亦爲法善地也銘序云命彼鼓延鑄斯無射爲九月之律盡預定以九月鑄成也云辛亥金癸酉金丁亥土納音辛亥釵釧金癸酉劍鋒金丁亥屋上土唐人造作多有以年月日干支用納音書入金石者想亦當時所尚未必有所取義也文內節昏明之候之字作㞢不見他碑此鐘今在臬署之右昶在西安官臬司三年暇輒過而觀之然工人椎搨多用硃而不用墨與搨他處鐘款者異

涼州衛大雲寺碑

碑高七尺三寸七分廣三尺三寸三分二十六行行五十八字正書篆額

涼州衛大雲寺古刹功德碑

前涼修文關學士劉秀撰

朝行郎涼州神烏縣主簿譙郡夏侯湛篆額

夫無爲者靜而常樂應物者成而不有是知冥權弗符瀰綸大悲可主方便於三界之中汲引四生霹宣八政非八萬四千無以開其妙門之路三十七品宏其淨土之衢者也大雲寺者晉涼州牧張天錫昇平之年所置也本名宏藏寺後改爲大雲因　則天大聖皇妃臨朝之日創諸州各置大雲隨改號爲天賜庵其地接四郡境控三邊衝要脩蒼松而環城珍白蘭而作鎮捉日影占星表三時說法已布金沙四柱成臺遠分瓔珞當陽有花樓重閣院有三門迴廊依寶林而秀出干瑤光而直上洵人天之福地爲善信所皈依也時有明牧右武將軍右御史中丞內供奉持節西河諸君節度大使赤水軍大使九姓大使監秦涼州倉庫使檢校涼州都督河內司馬名逸實晉南陽王模十三代系也英瑋明允特達聰亮負經濟之偉才屬會昌之鴻運學綜羣玉文擅擲金撫俗安邊式昭神武加以宿植善因深究霹

理按部餘暇虔誠淨土重興般若之臺廣塑眞如之像兼赤水軍副使右衛將軍陳宗北左金吾衛翊府中郎將安忠敬軍長史萬徹軍司馬王休禪神烏縣令胡宗輔並門承詩禮世襲箕裘席工文墨兼悟兵機深達般若樂脩檀行乃慫恿司馬等僉議裝嚴於北面化十善十惡四面行廊則兵爲喜捨樹檀那之副明曠劫之因於堂中面畫淨土變面西化地獄畫高僧変並列傳贊院山門內各畫神王二東西兩門各畫金剛其後地獄變中觀音菩薩二地藏一齊空放光久而不滅花樓院有

七層木浮圖卽張氏建寺之日造高一百八十尺層列
周圍二十八間面列四戶八窻一一相似屋巍巍以崇
立殿赫赫以宏敞擬瑀臺之懸居狀層城之始構年代
綿遠其下層微有凋落欲加繕補人力未就俄而東西
三間忽然摧倒因掘舊基得古錢一甕以助工後司馬
公復與軍州共爲營搆摠別四面更敞重檐於南禪院
迴廊盡付法藏羅漢聖僧變摩騰法東萊變七女變北
禪院盡三界圖九相觀音福比丘翻譯經典有造經房
一所梓匠呈材河宗獻寶資銑以三品訪丹於九區扺
鵲無遺埸蛇咸錄郢人運成風之巧晉臣洒翰墨之耀

雲聯梵殿烟凝珍館目屬寶坊儼焉相對雕甍鏤角仝
鳳棨龍刊名模金分身留影地土聿廣樓閣相連變現
無方感通隨念至若須彌地主盧宮梵王是名菩薩月
光童子如請說經猶言護法內控六賊外伏四魔[illegible]
祖師同申戒律心悟一乘行開正果道存八方廣施[illegible]
度爲現在楷梯乃將來龜鏡寺主雪獻法師俗姓安氏
姑臧人驃騎大將軍安公子孫高蓋駟馬平生不屑受
坐經行深心自悟該四攝言絕二邊營事伽藍備盡
精力所有營搆悉禀規模上座證淨法師俗姓王氏太
原人高邁非常曉近無等操尚遠情利益維那元證法

師崇隸前上座守廉等並志誠明瞻風神踈朗共圖經
始大願成就加以崇草園林列蒔花果琪樹爭妍瑀臺
森列價重香山名高鷲圃法城之侶朝夕來遊行李之
徒瞻仰不輟誠西極之慈航而五京之勝事也况乎義
冠人天福禔中外萬祺無疆千秋莫朽爰記其事兼讚
以偈

逖聽人代博求古今至宮不宰法乳無音罕通惠樹直
敞稠林何以出音惟聞覺地出俗云何證在煩惱修持
奚故達在生老利物非遠古今未早無去無來曰法曰
道雖在譬喻言說皆空雖在圖像無有是同跡權混實

理契感通智周惟理匪我求蒙教法兆基伽藍土地梵
宇宮殿經臺樓閣寶鏡垂蘇璇題流鐸光陰耀烟霞
忽霍三休槃曰千尋倒影花散梅樑蓮披藻井鵷鶴不
及元態自逞超土伏歷王人摩頂既安靈館式紹禪關
頓漸成學廣施積善道彌有路義總無餘一超色相求
敦居諸

大唐景雲二年

按碑題前滇脩文閣學士劉秀撰前須二字未詳
朝行郎涼州神烏縣主簿譙郡夏侯湛篆額而不
列書碑銜名夏侯湛又不云并書亦莫曉也唐書

百官志無朝行郎之階神烏縣屬涼州武威郡武德三年置總章元年改曰武威神龍元年復故名夏侯湛官主簿在神烏復故之後七年也百官志下縣主簿從九品上階曰文林郎神烏是下縣則主簿當是文林郎不知碑何以作朝行也文云則天大聖皇妃臨朝之日創諸州各置大雲武后于長安五年正月中宗復位上后號曰則天大聖皇帝碑何以稱皇妃也新唐書武后紀天授元年七月頒大雲經于天下長安志懷遠坊東南隅大雲經寺武太后初此寺沙門宣政進大雲經經中有

女主之符因改爲大雲經寺遂令天下每州置一大雲經寺涼州之有大雲始于此也文云大雲寺者晉涼州牧張天錫昇平之年所置也本名宏藏寺晉書張天錫附張軌傳云是大都督大將軍校尉涼州牧西平公元靚之叔興寧元年天錫入禁門潛害元靚國人立天錫亦號大將軍校尉涼州牧西平公若升平在興寧之前其時天錫尚未爲涼州牧葢年遠誤記也又云司馬逸實晉南陽王模十三代系也晉書宗室傳南陽王模乃高密文獻王泰之子略略之弟即模也字元表少好學與元帝及范陽王虓俱有稱于宗室初封平昌公累遷鎮東大將軍鎮許昌進爵南陽王事在永興初年下逮開元初歷四百餘年宜乎司馬逸爲十三代系也碑係重刻如諸軍作君畫付作盡東來作萊雕薨作甍皆譌字則恐前須朝行及不列書人亦皆脫誤也

據唐文百篇校　字旁加○者百篇本所同

郭思訓墓志

石高二尺一寸五分廣二尺八分二十五行行二十七字正書在洛陽史家灣王宅

唐故孝子朝議郎行大理司直上柱國郭府君墓誌銘并序

公諱思訓字逸太原平陽人也昔姬文作周運璿璣而一宇宙虢叔命氏錫介珪而列山河爵爲國師燕臺竭

起誕降人毋金穴擴開廿緒蟬聯公侯克復　曾祖興周上黨郡守平東將軍青綬登朝朱旗絳野執霸戈而問罪方塹水而澄心　祖則隨淮陵郡守度支郎銀青光祿大夫□珥金貂而伏奏鳧舄將飛齊亂繩以臨人牛刀自解　父敬同徙居洛陽今爲洛陽人也幽素舉及第以孝不仕弄烏承顏恥毛生之捧檄懸雞就養式茅容之致□歡不屈道而期榮穆真風而自逸公乾綱之精融宻泉潔學以天授言以行成藝門緒解

褐睦州建德縣主簿應吏職清白舉及第轉滄州樂陵
縣丞南郡地狹屈仇香而佐時六安路遙坐桓譚而不
樂　勑除溫王府兵曹叅軍事轉太子典膳監芙
蓉瑛水攀桂樹而逢仙蓮葧□（韋）□（風）坐搖山而和鼎應孝
悌廉讓舉及第　勑授大理司直灼□□（四）方開（簡）孚
其正哀敬折獄對霜練而論刑上帝弗諷泣丹毫而書
罪彼蒼不吊殲我良圖以景雲二年九月十三日寢疾
終於長安醴泉里之私第公孝友溫恭文行忠信哀昊
天之囚極式閭巷以光時蔭棠棣而聚星肅閨門之有
禮奄棄於代與善何徵辭北寺之榮班稽車長謝塋東

周之故里旅櫬空歸夫人清河張氏平陽柴氏並穠華
貰春輕雲蔽月結縭作儷乘（樂）旭鴈而移天采蘋是羞應
鵲巢而主饋昔時南斗兩劍分輝今日西階雙魂共穴
以景雲二年歲次辛亥十二月辛丑朔十五日乙卯遷
合于洛陽北部鄉之原陪葬　先塋之壬地禮也靑
烏卜地白鶴摽墳桂酒□（蘭）脊（肴）無復平生之賞佳城繐帳
空餘冥漠之悲嗣子番之弟雍州武功縣尉思讜□（乃）攀
號擗踴灑泣摧心長懷陟岵之哀永結在原之思嗚呼
哀哉迺爲銘曰
榮寂之緒累代重昌其人如玉邦家有光道全忠孝德
裕巖廊士林蕭索人之云亡寒郊慘兮山門險松扃閉
兮宿草荒
碑云弟雍州武功縣尉思讜思讜亦有墓志兄弟俱
應孝弟廉讓舉可想見其家風之美云遷合于洛陽
北部鄉之原陪葬先塋之壬地予覽方志此墓漏畧
而二郭孝行人物亦不載因表出之（中州金石記）
右孝子郭思訓墓誌無撰書人姓名思訓始應吏職
清白舉及第再應孝悌廉讓舉及第攷唐制諸州歲
舉孝廉盎郎碑所云孝悌廉讓舉也吏職清白舉則
馬端臨所述唐制科名目未之及焉（潛研堂金石文跋尾）

王璬石浮屠銘
石高廣俱二尺九寸共二十一行行十八字至二十字不等行書
石浮屠銘幷序
上騎都尉甯思道書
此浮屠者唐中興七年歲次辛亥夏□月八日宣義郎
守幽州都督府法曹叅軍上輕車都尉貝州王璬上爲
聖唐皇帝下爲法界蒼生次逮七葉先亡俯□見存
眷屬之所建也究夫溺川思拯必□□楫之功火宅懷
離載俟牛車之力矧乎迦維聖濟非視聽所□□□賢
刼乃慈悲之理璬以頑薮□事□隅左右□□聿加非

據趙氏金石續鈔校

谷誓息輸歸妙造竦□□□□□□□□□□□彼岸矣豈
非丈夫潛施確□□□□□□靈焉□戾是故乃□捨
衣命搆□□□石□□巖祇□寶樹基□界則獨莅
增□□□□□□黃陂萬項却臨雲嶠翠嶨千重信
□□□□乃昇龍之別業者也庶夫瀛桑百變□□□
□在我此功與天亡極銘曰
倏抃傑聖□德有□□我嬰枉惠予般仁得免時濟實
賴慈□□□□□運此名斤餌離崛起鳳跱天辰諸劫
有□□□□□
景雲三年歲次辛亥夏四月八日建

上柱國丁處約鐫文　賈泰山

田義起石浮圖頌

碑高二尺八寸七分廣二尺八寸共二十二行行十九字至二十二字不等行書

大唐易州石亭府左果毅都尉葪縣田義起石浮圖頌
和州歷陽丞王利貞文
詳夫釋氏大慈能仁廣運一揮惠劒則結獄峯摧壍駕
寶船則流海波息若迺豐牛步坦香烏登津福祉夙昭
解行先備非功德修淨其有與於此乎浮圖主石亭府
果毅田公者孝乎惟孝忠爲令德秉武腰文遊仁踐義
富潤石室貨積銅山保性□閑□足知止尊崇法門福
求無上奉爲七代先亡見存太夫人合家大小敬造石
浮圖七級釋迦像二菩薩神王等一鋪尒其索寶幽谷
獲馨崇巖異濟北之神期匪河西之馬瑞歘焉搆迥不
日而成狀雀離之從天猶多寶之湧地虬簷霧舉寶鐸
風吟晬容如在神儀儼若炅朝日以舒鑒爍幽霄以放
光伏願寘資先靈七代爰以昭祈慶及見存與惠日而
長懸同定水之無竭贊歎功德而述頌云
惟佛與佛法所皆空能仁富智廣度多功有清信士產
積豐崇檀波羅密莵馨雕碧輪高擢露鐸迥吟風晬穆
如在與天地終福霑一切於何不隆

太極元年四月八日建
弟燕州大雲寺僧智崇　妹明度寺尼護念
弟義冲陪戎副尉上柱國
弟義隆昭武校尉上柱國雍州興國府右果毅都尉
合家供養
右碑題大唐易州石亭府左果毅都尉葪縣田義起
石浮圖頌太極元年四月八日建爲文者歷陽丞王
利貞也考唐書地理志易州軍府有古亭無石亭盖
字相涉而誤爾府兵之制唐中葉已廢地理志所載
諸府名已不能詳雍州置府百三十一志止得其十

空格錢本作自

一餘皆逸之此碑末載義起弟義冲雍州興國府右果毅都尉於是又知有興國府之名故史家不可以不博聞也碑以蓟爲葪亦異文潛研堂金石文跋尾

史公石像銘

石刻銘處横廣一尺二寸四分高七尺共十五行行十三字正書

唐故將軍柱國史公石像銘

口從戎旅竭鯁忠誠居家有理理之風在職著勤勤之德屬西蕃獻屢入和親遂建鴻勲名芳麟閣自謂年逾耳順汞閟泉扃痛深巾札之情悲愴克諧之道今罄盡家資爲造功德伏惟幽途所感昭察志心光其不朽之

錢本作縣名下缺一字

名以表芳猷之勲嗚呼哀哉乃爲銘曰

日轉星迴暑往寒來陵夷海變功立人摧痛悲總悵哀結夜臺千秋兮万歲厥德兮隆該

延和元年歲次壬子七月戊辰朔十□日壬午夫人襄邑縣□□氏建

邛州刺史狄公碑

碑僅存上截連額高六尺七寸廣四尺七寸三十一行字數無考正書篆額

大唐贈使持節邛州諸軍事邛州刺史狄公之碑并序

君子進德修業以佐時哲后求賢審官以成務有才無命賈誼服於長沙□下缺程昱旣卒雖增車騎之榮劉毅

孫本載此缺處皆有字數可計今校在孫本宜存彼捨此

云亡徒表直臣之禮□而追贈何補衮章□下缺后稷克播靈苗承積德之鴻休藉基王之茂緒周封孝伯因受氏於狄城孔下缺代龍馬浮江九州幅裂四溟版蕩樂平公出將入相豹變於秦庭□□□□下缺虎賁居潘岳之才坐悲秋興曾祖叔湛魏平西將軍□邑子齊□□□□下缺專征卷懷庸蜀建旟作牧首登循吏之科開國承家俯入功臣之□□□□下缺緒唐行軍總管大將軍金紫光祿大夫尚書左丞使持節汴州諸軍事□□下缺傅長虞嚴持左轄八座澄清蔣子通常侍乘輿萬機宏益六條出守鎮梁□下缺臨潁公之第五子也龍章鳳姿

地靈天縱神情秀發則白日雲□□□下缺黄絹之詞敬業樂羣早茂青襟之譽起家以國子明經擢第補東宮内直□下缺州司兵叅軍兼鄭王府兵曹叅軍漢川南紀總錄衆曹鄭□東門職司鍵閉下缺封降彼親賢守兹陋隘大開藩邸博訪英髦□授□□梁州都督府錄事叅下缺坐君不與焉豈惟曾國憍親每慙田叔汝南人吏常畏范滂而已乎俄除越下缺州鄭縣令竹箭長瀾浸于關輔蓮花峻岳鎮若都畿□恕之理宏農惟聞惠下缺周景之題輿御王祥之别乘屈汝頴之高節□理譙都振海沂之康歌表清下缺之寇盜更相劫掠久患兼并爲官

擇人非君莫可卽除夔州都督府長史□下缺沸鼎而游
魚知懼招集亡散戶□□增敦勸農桒京坻歲積嵬擴
□□□□下缺朝廷籍甚　璽書優洽坐墜公車佇登
廊廟豈□祆延二豎夢奠兩楹□下缺郡吏□攀更甚莊
遵之死　□□□魏文之錄舊考周禮之易名贈使持
節下缺鳳皇于飛生享從夫之秩蛟龍既沒死偕同穴之
榮初封太谷縣君追贈□下缺而好學有黃童之儁逸世
号無雙有顏子之庶幾共推知什容□端肅識□下缺欲
弼諧□道□亮天工作神化之丹青爲　聖朝之
元凱豈知□隨有下缺死贈嫡子故□書令尚書右僕射

贈司空梁國文惠公明謨光於　帝下缺宅兆以爲
崗巒起伏雖封白玉之棺陵谷遷移須勒黃金之碣顏
齡溘謝敬下缺性之酷惟孝將成父之志見何□之羸毀
孰不哀憐頌陳寔之□猷吾無愧下缺
上缺實知禮義存載籍□爲巨儒志在宏益其一秦推樂平
魏得安成伏波曜武臨下缺年短折散騎常侍匡時杖節
武帳前鋒文□左轄戡濟寓縣肅清朝列盛德下缺總錄
望重諸曹非君作宰誰與操刀其四剡本吳縣鄭稱京輔
銅墨外臨□紘下缺岷波万勞剌割載穆康歌青江灝漾
赤甲嵯峨賓渝始附寇盜仍多微我君下缺來集卧龍不

起一歎頹山長悲閱水其七恩覃死贈禮□哀榮寘寘□
穴昭彰下缺
右邛州刺史狄公碑諸家未有發明文中有嫡子
故中書令尚書右僕射贈司空梁國文惠知爲仁
傑之父無疑梁公一代偉人而新唐書已不能譜
其世系碑又復斷闕不全邛州君之名已亡可見
者曾祖叔湛魏平西將軍□邑子又曰緒唐行軍
總管大將軍金紫光祿大夫尚書左丞使持節汴
州諸軍事又曰臨潁公之第五子也起家以國子
明經擢第補東宮內直□州司兵參軍兼鄭王府

兵曹參軍梁州都督府錄事參軍俄除越州剡縣
令華州鄭縣令又除夔州都督府長史卒贈使持
節邛州諸軍事邛州刺史舊唐書狄仁傑傳載祖
孝緒貞觀中尚書左丞父知遜夔州長史而不載
叔湛宰相世系表則云狄氏爲孔子弟子狄黑裔
孫漢博士山世居天水後秦樂平侯伯支裔孫恭
居太原生湛東魏帳內正都督臨邑子孫孝緒此
碑云叔湛表脫叔字而碑于邑子上泐一字乃臨
字也惟叔湛歷官表與碑不同叔湛孫孝緒碑尚
存緒字泐其上一字乃孝字也仁傑傳稱孝緒爲

祖知遜爲父則孝緒爲知遜之父此碑所稱卭州
刺史卽知遜也据碑卭州刺史是贈官夔州長史
是最後歷官仁傑傳葢略其贈官也然世系表稱
知遜爲越州刺史据碑當除越州剡縣令並未爲
刺史則表誤矣碑云爲臨潁公之第五子臨潁卽
謂孝緒表稱孝緒官尚書左丞封臨潁男也碑所
叙叔湛以下及知遜稽之魏書北史兩唐書皆無
傳仁傑傳稱仁傑孝友絶人閻立本薦授并州都
督府法曹其親在河陽別業仁傑赴并州登太行
山南望見白雲孤飛謂左右曰吾親所居在此雲

下瞻望佇立久之雲移乃行其親卽謂知遜也此
碑缺泐其居河陽別業事不可得見矣然猶賴有
此碑可以畧見其父之事蹟宋時狄襄武不欲自
附梁公後則似狄氏譜牒宋初猶存歐宋撰唐書
槩置不錄并劉史傳所載盡刪之何也又据杜工
部詩集有寄狄明府博濟詩朱鶴齡注云當是大
歷二年夔州作詩有云梁公曾孫我姨弟不見十
年官濟濟大賢之後竟陵遲浩蕩古今同一體比
看伯叔四十人有才無命百寮底今者兄弟一百
人幾人卓絶秉周禮然則梁公之孫有四十人曾

孫且百人其子當不止三人而世系表所載梁公
之子僅光嗣光遠光昭孫且缺而不書曾孫只載
通一人此下惟元孫元範一人餘俱不載是狄氏
之譜牒在唐時已多缺略矣此碑無立石年月傳
稱仁傑中宗返正追贈司空睿宗追封梁國公碑
已有嫡子司空梁國之語是當立於睿宗時玩銘
序之末有惟孝將成父之志云云是梁公卒後其
子體梁公之志追立此碑也梁公子三人碑所稱
惟孝者不知是何人矣

金石萃編卷六十九終

據鈔本校

金石萃編卷七十

賜進士出身　誥授光祿大夫刑部右侍郎加七級王昶譔

唐三十

馮本紀孝碑

碑下闕一字連額約高八尺九寸三分廣四尺一寸二十六行行五十字隸書篆額今在高陵縣

大唐故亳州錄事參軍事上騎都尉馮府君紀孝之碑

正議大夫□□□書少□□□朝隱撰

嫡子銀青光祿大夫晉直昭文館上柱國長樂縣開國男敎直書

夫元亨利貞開物之緄鍵也典謩訓誥設範之源流也

變通周於三古而□□其情浸潤洽於九區而人乘其利□□之播蕨探其微如簪之折日取其半萬代而不盡　府君之道歟　府君諱本字□□長樂信都人也周之爲主天子授㠯丕基晉則有八丞□登其寵渥自後衣冠代迟組綬駢驅邦家必聞出幽都而獨秀名敎可樂入魏國而先鳴　曾祖□後魏外兵參軍北地郡丞昂藏絕羣耿介負俗其功可立思奥主而吁嚧其道不行視危邦而傲睨　祖悅宇文朝驃騎將軍定安□郎中令與隋文帝有舊辟命不出去病㠯威名動俗昇之驃騎雖齒㠯故舊生實封㠯什方國歩亟清出爲嘉州峨嵋縣令仁恩浹於旋軺信義流於閭椙　父賢隋按書郎國初率子弟應接義旗加通議大夫檢挍定州北平縣令耆定篆籀之指歸陰陽數術之城府莫不備窮制造妙盡精微建功則與天會留委質□□□□□重規沓矩驤□鵬飛爲珠則漢水聯華爲玉則崑山動色　公波瀾萬仞節目千丈□衣辟水見硎升之爲文鼓□□□□□□成字草隸斯盡筋宍備存或取以龜圖或詳諸鳥跡或理窮靡妙或思盡豪芒以□□形顉脫於芻載以之會意□□□□□□□□□解褐利州參軍徙綿州參軍顛丁憂去職結廬在墓負土成

墳父兮母兮鞠□□我取敬取愛以尊㠯嚴事□□□□□□荼蓼陟岵而不見行碎屏□僅全毀滅之中重起簪裾之內服闋遷淄州錄事□□乾封中入計上臨軒問□□□□□□□王是臨奇獸不入九十百爲日月歲貣艸稭盡有爲之門倉坫虛不急之事□□庾壹粒積成九稔之儲露□□□□□□之產　陛下以損爲未損微□㠯安爲未安爰下　天書載收垌澤有犯無隱皆□□也尋擢亳州錄事參軍如□□□□□□□　如網提綱得鳥期於一目功無所蔽過無所容巡察使以清白聞秩未進於□□名已

登於岱籙吕咸亨四□□□□□□□□□於官春秋六十
有四人吏傷心仰徽容其若疚友朋交觪顧支體其如
失　夫人恒農揚氏繼夫人上□□□□□□□
交接爲國則土宇齊封陽數奇陰數偶吕久視元年五
月廿二日合祔於　先塋禮也嗣子銀青光祿□□□
□□□□□□直昭文館襃直曾輿至孝閔□醇心公
才備於四科　帝奬隆於三篋若韋□□銘寶器若李
斯之篆銅人挺生間起角立傑出兼張華之博物若孔
光之深慎剖析疑滯則明鏡見膽鎔裁得失則利劒吹
毛□□劬勞未盡罔極之報匍匐慼咽庶祈不朽之文

朝隱竹簡舊遊蓬山遺老有企無愧考行直書迺銘其
言俾刻於石冀東鹵南□□夫子之墳焉其辭曰
爪瓞緜〻系於周季畢公是出畢萬是遷仕晉何代封
魏何季食菜命氏馮鄉有焉荷運代起水火戔□□燕
稱孤入魏爲相士流模楷名教宗匠冠冕搢紳允歸時
望光〻郡丞挺生其後昂藏獨得耿介自守辭疾丘園
養高林藪雖卽千駟非義不受赫〻驃騎聲雄五都盈
只美玉徑寸明珠盧綰卽舊雍齒何幸或出或處與時
並驅爰降異靈是生艮宰陰陽數術篆籒文彩擒驚未
振潛龍有待吕忠事君其跡斯在鳳鶵有鶵□□有駒

鶵鳴鏘〻駒行昂〻登□胄子擢於上庠參卿軍事其
道逾光盡節匡旹受命河洛典茲制舉繩違景亳物情
刻祀代務□□無謂我固藏舟於壑哀〻嗣子惴〻餘
生孝友成性忠貞令名通於天地感於神明冀搖雄筆
以紀頌聲千秋萬歲灌木豐草子孫盈門軒車□道或
青或紫吕拜吕掃披其遺文與天同老
先天元年歲次壬子十一月景寅朔□日壬申封
供□□□□愼非鐫字

右碑中斷金石家以上截作亳州錄事參軍殘碑下
截作紀孝碑者非是　關中金石記

右亳州錄事參軍馮本紀孝碑在高陵縣碑已斷中
央損五十餘字撰文者名朝隱而闕其姓考唐書文
藝傳閻朝隱先天中爲祕書少監此碑文云朝隱竹
簡舊遊蓬山遺老題銜書少二字可辨祕字亦存其
半知爲閻朝隱無疑也馮君卒於咸亨四年以久視
元年葬先天元年樹碑距葬時已十三年矣碑爲嗣
子銀青光祿大夫爵直昭文館敦直所書歐趙諸家
俱未收錄顧氏記金石文字始錄之又別出亳州錄
事參軍一碑其實卽此碑之上半誤分爲二目碑書
昳作瓞敦作袞皆別體　潛研堂金石文跋尾

據金石續鈔校

據鈔本校

按銘詞云瓜瓠縣縣系於周年畢公是出畢萬是
遷仕晉何氏封魏何年食萊命氏馮鄉有焉通志
氏族略云馮氏姓纂云周文王第十五子畢公高
之後畢萬封魏支孫食采於馮城因氏焉漢書秦
末馮亭爲上黨太守入趙其宗族或畱潞或在趙
秦丞相去疾御史大夫劫漢博成侯毋擇並亭之
後也碑敘先世大略與此合祖悅父賢周隋書俱
無傳碑稱父賢蒼疋篆籀之指歸陰陽數術之城
府又稱公善草隸或取龜圖或詳鳥跡稽之書譜
俱不載此碑爲嫡子敦直隸書足徵其家學淵源
矣

契苾明碑

碑高一丈三尺五寸廣六尺共三十六行行七十七字正書額題大唐故大將軍涼國公契苾府君之碑篆書今在咸陽縣

大周故鎮軍大將軍行左鷹揚衛大將軍兼賀蘭州都
督上柱國涼國公契苾府君之碑銘并序
肅政御史大夫上柱國婁師德製文
左肅政御史殷元祚書
原夫哲后時乘聖人貞觀必俟風雲之應以光朝列尤
資棟榦之材式隆王道若乃傑出文武挺生才俊道符
忠孝性□清白□視於□買之前獨步於韓彭之上勝
響名敎蟬聯□組許□焉可儔金張莫能匹四海慕其
風範千里仰其談柄玉質金箱探賾索隱沒而不朽其
惟賀蘭都督涼國公之謂哉君諱明字若水本出武威
姑臧人也　壟期爰始賜貫神京而香逐芝蘭辛
隨薑桂今屬洛州永昌縣以光盛業焉原夫仙窟延祉
呑雹昭慶因白鹿而上騰事光圖諜遇奇峰而南逝義
隆縑簡邑恒於是巨精鮮卑由其統魄恤廣於前涼之
境茂族於洪源之埜昆史□焉此可略而□也曾祖哥
論易勿施莫賀可汗遞襲珪璜夙傳弓治共捿梧而比

翼與昆玉而齊價濯如春柳勁逾霜竹英名振白山雄
圖光紫塞祖繼莫賀特勒積代爲英傑之先光圖絢史
保家爲名教之首□今□昔宏材膠葛洪源浩汗暎竹
史而騰芬綴緗書而擅響父河力鎮軍大將軍行左衛
大將軍檢校鴻臚卿檢校左羽林大將軍上柱國涼國
公贈輔國大將軍使持節并汾箕嵐四州諸軍事并州
大都督謚曰□公埜積膏腴門摽英偉發言會規矩動
容成指則學該流略文超賈馬威青海而安白道光三
部而截九夷揆務□司爲羣僚之宗□膺榮蘭錡成立
戎之准的而鐘漏斯盡　而贈崇班聿加千里之

趙本亦無起家二字

榮俄處六條之位哀榮之禮旣洽朝野式瞻送終之典
更隆搢紳翹德公赤野生姿青田嬌翰家著古賢之操
門傳高士之節季甫一歲穪上柱國封漁陽縣開國公
食邑一千戶八歲起家穪太子左千牛十一穪朝散大
夫太子通事舍人裏行十二穪奉輦大夫若夫紫禁青
規之所必擇賢而方穪　玉階金闕之前實高門
之□處所以榮加髫丱澤及綺紈鳴玉錯金光前映後
乃八物之儀表實衣冠之領袖重以河山險要惟賢是
居爪牙任切非親莫委麟德季中穪左武衛大將軍賀
蘭州都督自非承家奔□累代衣纓焉可內奉□□外

膺剌舉者矣相府在藩爲□州道元帥以公爲左□軍
揔管侍中姜恪爲涼州鎭守大使以公爲副然則朝端
妙選實佇異能望重材高允膺僉屬後以鼈海未清蛐
川尚阻戎車所及□□莫將從中書令直敬元征吐蕃
公爲□□道絶□□於是南討吐蕃北征突厥累摧兇
醜勳績居多後狠山及單于餘黨復相聚結奉
制討擊應時平殄前後賞勞不可勝紀改穪左驍衛大
將軍襲爵涼國公食邑三千戶賜錦袍寶□金銀器物
雜綵綾錦等數千件穪長男挺三品以酬功也仍改爲
燕然道鎭守大使撿挍九姓及契苾部落公俶裝遵遠

望赤水而前驅勁騎騰空指白蘭而長騖左縈右拂八
校於是爭先斬將搴旗□軍以之作氣遂得降
綵言以隆爵命自　　而府而錫珎奇金貝咸紆緒
錦交集列鼎而光祖袮分茅以惠子孫策勳居宂又穪
鷄田□大揔管至烏德□山南□降二萬餘帳縱使李
牧寧部□□和戎推昔授今當季冈二尋穪右豹韜衞
大將軍未幾復改穪左豹韜衞將軍并充懷遠軍經略
大使又依舊知燕然道大使公高望重亟膺獎擢□入
之譽聞於朝野惟　大周革命重懸□□擢穪鎭
軍大將軍行左鷹揚衞大將軍餘竝如故有　制

曰鎭軍大將軍行左鷹揚衞大將軍兼賀蘭州都督契
苾明妻涼國夫人李柔順成姿幽□植性聿脩婦德每
□於□□叶贊夫家必存於忠義旣竭由衷之請宜覃
賜族之恩并及毋臨洮縣主竝蒙賜姓武氏公侯必復
河洛冑賢屬　寶運之開基接　仙潢而錫
派惠貞無替□□金氏表□承□□高石□後
穪朔方道揔管兼涼□肅瓜沙五州經略使度玉關而
去張掖弃置一生瞰弱水而望沙場橫行萬里幄中有
策閫外宣威豈直操履冰霜固亦心符筠玉名高一代
氣逸九霄者矣旣而□寇逝川俄結頹山之□將軍大

樹行聞斷石之嗟悲夫以奉璧元季臘㊊廿三㊐遘疾
薨於涼州姑臧縣之里第春秋卌有六　制曰惇
往贈榮經邦之懿典飾終加等列代之徽猷諒以襃德
□(勸)能念勞追舊者也故鎮軍大將軍行左鷹揚衛大將
軍兼賀蘭都督上柱國涼國公契苾明理識開舉局量
沉雄家著勤誠代彰忠懇早膺朝寵夙紹庭規秩峻銜
珠寄隆賜鉞入□(綵)巡□(警)□(滯)慎之譽必聞出綏藩落威惠
之聲兼濟□(日)戀不留夜舟俄徙未窮遠略奄謝昭途眷
想嘉庸良深矜歎宜申殊澤式旌幽壤可贈使持節都
督涼州諸軍事涼州刺史餘如故賜物三百段便於涼

州給付所緣葬一事以上並令官供仍□(差)涼州都督府
長史元仁儼監護仍令朝散大夫通事舍人內供奉邊
懷秀弔祭既而居諸易遠宅兆攸資金鳧泛泉玉鷄伺
旦粵以　大周萬歲通天元季歲次景申八㊊庚
午朔十五㊐□(甲)申葬於咸陽縣之先塋禮也禮司謚曰
公夙承門閥早踐通班茂績昭宣聲望顯著學該流略
藝揔兵鈐以孝安親以忠奉國終始如一存沒不渝旌
善易名宜彝典實按謚法寬樂令終曰靖請謚曰靖公
惟公降淳粹而蓄瓌奇稟淸忠而挺才望韶儀淹雅難
窺於得失逸調淸通不測其涯涘抑揚人傑彫績士林

等桃李之無言若朱藍之在性先仏而後己鄙利而尚
賢亭亭有千丈之幹其高非易仰汪汪如萬頃之陂(波)其
深不可測有碩學焉有令問焉擅班馬之雄辯蓄靈虵
之雅作逸氣上煙霞之表高名振朝野之際五公七侯
之盛僅可執鞭曜蟬鳴玉之榮纔堪捧轂如揚彪之承
伯起若班固之嗣叔皮加以懸榻翹賢分庭接士衣裘
肇馬朝成夕費兼濟之性光映人物乃構廈之良材映
車之名寶者矣夫人唐膠西公孝義之長女也齊輝婺
彩擢榦瓊枝莊敬率由於自然抑揚女史溫柔稟之於
本性光輝內則既而雄劍潛鋒崩城起恨毀瘠逾於大

禮攀號洎乎剪髮夷夏足其悲哀搢紳增其慘感屈己
而遵女誡飭躬而宣婦道可謂承家稟訓執仁□(紋)行者
歟長子左豹韜衛大將軍兼賀蘭州都督上柱國涼國
公嵩(贊)次子右武威衛郎將上柱國姑臧縣開國子嵩右
玉鈐衛郎將上柱國番禾縣開國子崇等並早涉義方
夙延庭訓孝心冥契至德純深□(切)□(觸)□(氣)纏憂先□(當)空□
充窮盈感孺慕增悲棘□(兒)由乎絕□樂毀幾於滅性可
謂至道冠幽明窮迷傷骨髓哀號擗踴獨超前輩雖罔
極之誠踐霜露而逾感相質之重映今古而垂裕是用
傍求翠琬式樹豐碑家風祖德君□(其)在斯用以光士行

用以芳本枝歷千秋兮無斁經百代兮無虧銘曰
東井蒼蒼西土茫茫而開分野壑列封疆門多英毅代
産忠良偉哉人物分乎典章（其一）前涼後涼乃祖乃父赫
奕冠蓋蟬聯文武金箱玉質光□□輔至德符孝貞心
翼主（其二）可汗嗣□抑揚流□業盛□昆道隆前矞遐迩
欽挹夷夏欣戴四海英髦共推貞槩（其三）特勤垂裕搏風
振翼孔席中歡嵇松比直智水游泳仁山止息討本尋
源斯摽岐嶷（其四）毅公雅□莫之與京既忠且孝王佐人
英研精流略指□良平昭昭餘慶恤𨟻膺榮（其五）挺生異
材鄰雲振響未盈小學亟承恩獎門閥易隆墉仞難仰

學行無斁名實逾廣（其六）露冕關河式清邊儌遽宣威德
聿敷名教□彼夷落鎮茲□要入□德宇窮□盡妙（其七）
綏邊寄重允資望族顯允奇材悠然嗣爾外清荒懮內
膺榮祿摠戎之寄聲連祕牘（其八）詵詵于隰屢警邊城侵
□躍馬槩□揚旌橫雲列陣背水開營未經千俄夢
兩楹（其九）□駕□畱居諸易□旋悲□珮遽傷埋玉松蔭
隴兮均青草縈墳兮吐綠式鐫貞琬以光勝躅（其十）
先天元年歲次壬子十二月十六日辛亥孤子息特
進上柱國涼國公嵩立
父碑

明契苾何力子也婁師德製文殷元祚書筆法亦瘦
勁可觀碑中契苾何力作河力史謚曰毅疑史爲誤
碑中敘明子前曰長男嵸后曰聳二字自相牴牾且
明長子嵸襲封涼公而后云孤子息涼國公嵩立又
何也明葬於萬歲通天元年碑立於先天二年仍稱
大周革命仍用武氏製字都不可曉（石墨鐫華）
此碑立於先天元年十二月乃元宗受禪之後其中
特勤字再見皆特勒之訛按北史突厥傳大官有葉
護次特勒唐書突厥傳可汗者猶古之單于其子弟
謂之特勒（通典同温公通鑑考異曰諸書或作勅勤今從新舊二唐書）迴紇傳依

託高車臣屬特厥近謂之特勒無君長契苾何力傳
父葛隋大業中繼爲莫賀咄特勒隋書高祖紀突厥
雍虞閭可汗遣其特勒來朝李崇傳突厥遣使謂崇
曰若來降者封爲特勒史傳中稱特勒者甚多此乃
作特勤又柳公權神策軍碑亦云大特勤嗢沒斯此
皆書者之誤若其中有云玉質金相作箱鷹揚字前
从木後从才又其小失也（金石文字記）
右契苾明碑按史何力十二遷爲本輩大夫碑作奉
輦大夫當以碑爲正碑云公三子長曰嵸次曰嵩次
曰崇史云聳襲爵碑稱涼國公嵸固矣碑末又云涼

國公嵩立父碑何也且從古碑文無父碑二字考開
元改元在先天二年之十一月立碑在前猶稱二年
題云大周者明蓋葬于萬歲通天之元年必葬時製
文及書故云大周革命并用武后所製之字也金石錄補
右碑在縣北五里雙泉洞微東北上崖字近下面碎
落僅可意會識之上面則猶初然也咸陽金石遺文
按唐書契苾明傳悉與碑合石墨鐫華云長子嵩襲封
涼國公而後云孤子息涼國公嵩立又何也明葬於
萬歲通天元年碑立於先天元年仍稱周革命仍用
武后製字都不可曉金石文字記亦以此爲疑愚謂

此蓋明葬時婁爲之製文殷爲之書是以稱大周用
武后所製字其碑中稱李孝義爲唐膠西公以在周
時不得不稱唐也碑文已書而未立至先天二年始
立耳不然婁師德卒於聖歷元年至先天元年已十
餘年矣焉能起而爲之製文其先天元年數行書法
似別出一手且所書俱不用武后字可爲明驗無疑
至立碑乃次子嵩或製文書碑時三子無恙至先天
時聳已故焉知非次子嵩襲爵葬時嵩與崇不過子
爵今嵩稱涼國公涼爲契苾氏世爵此亦一明驗史
止言聳襲爵不言嵩又襲爵何知非史之闕耶雍州金石記

右涼國公契苾明碑文稱長子左豹韜衛大將軍兼
賀蘭州都督涼國公名已漫漶然上半從字猶依稀
可辨据唐書本傳云子聳襲爵則是聳字但此碑前
云授長男從三品而次子嵩崇爵名皆從山又疑當
爲嵸字蓋即嵸而移其山於下耳末題先天元年十
二月十六日孤子息特進上柱國涼國公嵩蓋立石
距製文之時已十有六年長子沒而更以嵩襲公爵
亦史所失載也碑用武后新製字惟府君之君聖人
貞觀之聖仍書本字潛研堂金石文跋尾

唐時單于稱可汗其次謂之特勤又或作勅勤亦謂
之特勒按北魏書有宿勤明達北史作宿勒其誤與
此同關中金石記
余近得拓本僅得其半就文內與史有可參校者新
唐書明本傳年十二遷本蕃大夫今碑作稅奉輦大
夫稅即授字亦作稅百官志掌輦四十二人奉舉十五人然
則本輦亦依碑作奉輦而史云擢嫡子三品官下云
子聳襲爵今以碑証之有云稅長男從三品與傳同
下文列明子嵩崇等並以行次從山而史但作聳誤
也明父史作何力此碑何作河益漢碑何多作河如

據原碑校
據趙本校
據偃師金石記校

吳公碑逢盛碑㮊何字皆作河則何與河古用字亦可通也碑立于先天二年十二月爲元宗受禪已後故碑首行云式隆王道隆字闕中畫又有埜璧元年埜卽證唐君臣正論武后改易新字以永圭久王爲證此又以永圭入王爲證 授堂金石跋

按契苾明爲何力之子李義山詩集有贈別前蔚州契苾使君詩原注云使君遠祖國初功臣葢指何力父子也義山爲文宗時人距國初二百餘年則與義山同時者必是何力之八九世孫玩義山詩云夜掩牙旗千帳雪朝飛羽騎一河冰則亦有戰功可紀卽其高曾之世亦似有勤王之功著于實錄詩故又有奕世勤王國史稱之語惜兩書不載其文故附記于此

周公祠碑

碑高七尺廣三尺五寸五分二十七行行三十四字正書篆額在偃師縣學

周公祠碑并序

朝議郎行偃師縣尉賈□(正)義撰

原夫陰陽不測之謂神變化無窮之謂聖聖也者範圍天地□(備)萬物□(而)不□(有)其功神也者探賾窈冥降□(百)□(祥)而不□(昧)其感持太虛之幹運日月□(齊)明振中古之蓍猷乾坤合度盛業冠於百代美化流於四國其□也□我爲光輔其逝也薦我爲明□(靈)所謂有始有終可久可大者也公字朝明文王之子武王之弟成王之叔父也昔堯臣以披□踐祚初開□(相)地□(之)宜搬伯以積惠累仁終翦格天之業□(歷)太極而承元吉資中和而誕賢聖知微表於幼顏繼體分於正氣兵戈已偃西周之諱(歷)數攸歸宅土□封東魯之衣冠允集故能勤勞家國翊亮台衡植珪璧而拜三壇御晃旒而朝萬寓鳴鴞救其衰亂狼跋明其□(終)始尊嚴其父孝理也炯誡其子卑牧也七月艱難陳業也三年征伐敘功也復子寶□(位)不虧忠敬之誠開我金縢迺得風雷之意於是測四方以定都邑分六職以明典刑制□(大)□(禮)□(以)安上理人則俎豆之□(法)行揖讓之儀備(作)制大樂以移風易俗則和感之音暢舞詠之情宣詳八卦而究精微演六爻而告疑□(滯)所謂極深研精立功成器以爲天下利者也敢問元(先)王之慮何以加於□(斷)乎若迺示諸仁藏諸用道藝可以激揚今古軌摸可以粉澤人倫懸寓煥□(然)不假一二談也嗟乎天遺有盈虛人事有□(存)沒猶使百年黎庶謳軒帝之威靈四序蒸嘗用君王之典則非天下之至聖孰能與於此哉偃師縣祠堂者按圖經云後人懷□(遲)恩所置也負陽岑之巖

偃師記百代作五代
偃師記明靈作明神

險面通谷之縈紆四水以爲川二室以爲鎭重檐累棟
登玉戺而三階洞室迴廊列金楹而四合壽宮肅肅備
物嚴嚴宛若居攝之仁明穆如行化之易簡孝若之俳
佪庭廡未足賛其精微靈均之倦瓠階除不能訶其恠
異易稱王假所以致孝享詩稱天作所以祀王公崇敬
則遐迩同臻嘉祥則賢愚共被若廼日之吉辰之良銀
輦繡軸溢通莊會舞安歌紛滿堂樽酌奠兮斛桂璅鏘
鳴兮琳瑯下禱爇兮介福上歆馨兮樂康雖盛凝之持
戒練心傾恇不怠劉長之去邪歸道拜謁逾勤正直聰
明於是乎□□以癸丑秋末迄于甲寅夏首西郊不雨

南畞冘陽八溪以□渚濱河罕植青草　九重以握珪
沉璧□□□華闕□無鶴立之徵田夫有狠顧之懼尹
上柱國武威縣開國子隴西李傑山河開氣廊廟宏材
允四海之具瞻裁三川之景化西京佇潤稍□分陝之
郊東都思理再臨惟洛之邑奸豪懲而疑滯剖鰥寡悅
而禮義行惠澤布濩頌聲洋溢正議大夫行少尹護軍
彭城劉禎正議大夫行少尹上柱國博陵縣開國男□
元□竝星象之奇衣冠之秀器惟經國六藝襲於班楊
□以佳時令望昇於臺閣佐官司錄柳齊物等竝陟遐
自邇始當州府之勞擇士用才終踐公侯之望朝請大

夫行令博陽縣開國男彭城劉體微金枝玉葉之門上
善通賢之量歷雙臺之鯁直聞雷邑之風□□義□欺
兼并自息通直郎行丞王鈍朝議郎行主簿李循古承
議郎行尉崔延祚莫不珪璋比惠麟鳳成文藏用於東
畿安卑於西亳咸以分官濟俗共理經邦欽若
皇情特憐黔首吁嗟廟宇中至理之馨香拜起靈壇奠
明祈之蘋□誠敬如在神聽無違言未畢而布油雲禮
未終而澍甘液三農有慶八政□□□□□□□□
□□而家邦可制非聖人之利物豈能與於此者是有
黃髮兒齒之徒相與而稱曰昔文翁以化漸蜀川猶存

古廟子產以政行鄭國尚列遺祠況乎道惠均雨儀神
靈庇萬代而頌章斯闕盛事莫傳蒙少黍青衿晚紆黃
綬勤誠不夢登吾道之將衰遊□難言冀斯文之未喪
頌曰
伊太初兮惟混惟茫曁中古兮無制無防犬忠勤國兮
輔我君王至道被物兮明□典章乾坤可測兮陰陽會
合威儀不差兮禮樂鏗鏘上□□□兮先靈如在下人
蒙庇兮遺惠不忘春夏炎赫兮銷流金石官寮祈請兮
拜伏壇場神聽之兮密雲已灑人賴之兮零雨其霈喜
大田之多稼望高廩之盈倉羞蘋蘩於祭禮建碑頌於

祠堂松柏森沉兮歲久煙霞□□兮山荒謁明神於此
地降福祚之穰穰
建
大唐開元二年歲次甲寅十二月甲寅朔五日戊午
上柱國子□□□□□仙鐫勒
按碑所載偃師縣祠□者按圖經云後人懷□恩所
置也首陽岑之巖險面□谷之縈紆其文述祠之始
末基宇略可推見如此伽藍記首陽舊有周公廟世
隆欲以太原功比周公故立此廟廟成爲火所焚今
是碑舊在縣西之石橋堡石橋與首陽比近碑亦云

首陽岑則祠即爾朱時所營造由其廟焚以後唐猶
依其故址也碑又云以癸丑秋末迄於甲寅夏首西
郊不雨南畝亢陽按新唐書元宗紀開元二年五月
壬午以關內旱求直諫云云據此則東都亦旱矣史
文或有闕記也五行志開元二年春大旱按碑云癸
丑秋末迄於甲寅夏首則旱已隔歲非僅一春旱也
文內有云公諱旦字朝明公字他書皆無聞獨見於
唐碑疑皆後人附會之詞不足據今府志採入謂補
史傳之闕蓋失考也 偃師金石遺文記
右周公祠碑朝議郎行偃師縣尉賈□義撰文多漫
漶不見書人姓名詳其文義蓋以河南尹隴西李行
正少尹彭城劉禎偃師令彭城劉體微等禱雨周公
祠有應立石頌之也考舊唐書本紀開元二年正月
關中自去秋至于是月不雨人多饑乏遣使賑給名
山大川並令祈祭是時明皇親政姚元之當國民隱
不壅于下而守令亦能勤于民事祈禱之誠如響斯
荅良足稱已 潛研堂金石文跋尾
按文載河南尹李傑少尹劉禎□元□司錄柳齊
物令劉體微丞王鈍主簿李循古尉崔延祚凡八
人獨李傑兩唐書有傳云傑本名務光相州滏陽

人其先自隴西徙焉舉明經累遷天官員外郎神
龍初累遷衛尉少卿爲河東巡察黜陟使開元初
爲河南尹勤于聽理當食無廢處斷寡婦有告其
子不孝者物色一道士按問乃與婦私殺而內於
棺濬梁公堰省功速就刊石水濱以紀績此皆見
於傳者碑所謂奸豪懲而疑滯剖鰥寡悅而禮義
行蓋約略言之也兩傳俱云以護橋陵作賜爵武
威子橋陵爲睿宗陵開元四年始葬此碑立于開
元二年已云武威縣開國子則在護橋陵之先二
年矣恐傳誤也文內凡用字俱闕筆作用當必有

所避耳

少林寺戒壇銘

石橫廣一尺四寸六分高一尺三寸二十一行行十八字正書

唐少林寺戒壇銘有序

三藏法師義淨製

括州刺史李邕書

粵以長安四年歲次甲辰四月七日此寺綱維寺主義

獎上座智寶都維那大擧法濟禪師及德衆是以少林

山寺重結戒壇欲令受戒儀共遵其處迺遂之都下

屈諸大德殷勤致禮延就山門是時我老苾蒭義淨及

護律師璉禪師思禪師恂禪師暉律師偘律師威律師

等既至寺所解舊結新僉議此邊名爲小戒摽相未定

冀無疑惑于是獲鷲邱之嘉士無召自來得草結之英

賢不期而會數逾一百行道三旬共繫頸珠俱脩趺足

誠五濁之希有慕四依之住持虛往實歸紹隆無替庶

乎桑田屢改長存立石之基砂界時遷無爽布金之地

恐地成碧海頌變靑川迷此結辰乃爲銘曰

羯磨法在聖教不淪式傳金口是敬是遵目覩西域杖

錫東壁覩盛事而隨喜略刊紀乎斯文

開元三年正月十五日建

沙門如通立石　伏靈芝刻字

少林寺戒壇銘泰和書之最小者且刻字稱伏靈芝

乃泰和所自勒尤是其絕矜意之作然考都氏金薤

琳瑯所載文同而款特異爲南館學生張傑書余未

見張本疑不能釋豈此或繫重刻歟然觀其筆法蒼

秀定非重刻及以此本細按金薤琳瑯彼闕九字此

一字無闕其間多寡異同者又有數字然後知當時

蓋有兩刻而曹秋岳金石表亦並載之其爲兩刻無

疑也戒壇始於長安四年碑建於開元三年舊史邕

貶括州司馬在開元三年以後十三年以前然爲括

州司馬未嘗爲括州刺史也其爲括州刺史在配流

嶺南後新史云開元二十三年起爲括州刺史而此

銘立於開元三年正月已稱括州刺史豈兩史皆誤

歟虛舟題跋

許靈長先生跋云余見北海書數十種用筆各異唯

岳麓雲麾相似此帙世不概見出奇無窮抑先生晚

年之筆與每作志傳皆手自勒石伏靈芝黃仙鶴皆

寓言也許故書家善鑒別以此碑筆妙并信其手勒

其推重此碑如此按金薤琳琅記戒壇碑其云三藏

法師義淨製開元三年正月十五日立皆同碑末獨

於書人則云南館學生張傑又注闕字凡九不似碑本之無一闕字明是李張各有一碑矣獨不應立碑之同月日也是不可解也弇州續稿云少林戒壇銘開元三年爲學生張傑書當是時傑應尚少且不以書名而筆法老成乃爾又時未盡習帝書故猶有瘦勁意此條與金薤琳琅俱是作張碑跋不及李碑誠無足怪而嵩山志云張傑書天下金石志云張傑八分書俱言張而不及李豈於李碑皆未之見耶觀妙金石文考略

按碑題括州刺史李邕書開元三年正月十五日建舊唐書李邕傳中宗時出爲南和令貶富州司戶唐隆元年元宗清內難召拜左臺殿中侍御史改戶部員外郎又貶崖州舍城丞開元三年擢爲戶部郎中時姜皎用事謀引邕爲憲官中書姚崇嫉邕左遷括州司馬新書惟無開元三年餘同唐書宰相表姚元之自開元元年自同州刺史入爲兵部尚書同中書門下三品兼紫微令至四年閏十二月罷邕以三年內擢必在正月之後其被姚相忌嫉左遷亦在三四兩年之閒其官郎中從五品上若上州刺史從三品中下州刺史正四品下州司馬上州

從五品下中下州從六品上邕以郎中出爲司馬故云左遷若爲刺史階在郎中上安得謂之左遷乎且碑建于三年正月十五日其時邕尚在崖州即已內召亦當在途若文爲三年以前所書似乎由中州遠致崖州碑文非鉅製在少林亦未必若是之跋涉遠求也頗疑所謂邕者竟是託名蓋其時少林寺正當興建戒壇之時寺僧立碑假邕書以取重但据傳聞邕在括州遂以爲必是刺史也若使邕自署其官豈有誤書之理且其字蹟秀潤不類北海生平書又疑既是託名則并年月亦是追題似建碑實在邕左遷括州司馬之後或開元三年正月十五日是建戒壇之年月日也銘詞云目覩西域杖錫東埵据上下用韻是淪遵文則當作東墳方叶韻非東埵也禮擅弓注土之高者曰墳孔安國尚書序三墳言大道也此碑云東墳即東土之義

劉君幡竿銘

碑高四尺五寸五分廣二尺九寸六分二十二行行三十四字正書

大唐蒲州虞鄉縣令劉君幡竿銘并序

粵我　皇唐之經六合揔萬方撫綠圖尊紫極九十

有八年矣實用進忠直黜佞邪尚有功任有德一臻斯
道而天下密如雖堯舜之治禹湯之政對而爲語誠固
何軛然以股肱要□物務殷綜俾將撫字寔藉惟良任
難其人博選髦傑則有我　劉公首膺榮命上□
天心詢事考言　帝俞則寄章朱紱而就職擁墨綬
以臨人察察焉兢兢焉允允　明王之舉也故嘗以
德惟善政政在養人言念孤弱殆將流沸於是設教敷
化寬獄緩刑黜吏移心兕渠束手誨我子弟植我田疇
庶績其凝入用胥悅加以鐏搖晚酌息前庭之訟端琴
弄宵閑坐北堂之微月則使雙童鬻妾咸曰來蘇杖老

耕夫僉謀再倡然公以志崇靈寂契入道眞悟法性空
不生不滅解如來意無我無人則鐘鼎非度廿之資軒
裳豈出塵之具方欲潔誠洗慮高致清虛解帶抽簪遐
累天壤廼□茲緣□發此淨心敬樹幡竿於栢梯山寺
之西南岑也錯綜繒綺雕飾梓材匠人盡斧斤之奇女
工窮綾繡之妙規摸逾逸今古莫儔追而察之有若神
化然則前臨峻嶠北頁平原崢嶸萬仞蕭條千里風生
壯谷韻清響於禪林澗入猴池靜涓流於定水長蘿挂
日層峯擁雲幽溪不春蓬壑無景殊形言狀不可殫論
信由岳之神秀靈仙之所窟宅然僕識□□□材行庸

疎式踐文場猶迷闖閾初航學海未辯波瀾好事必虛
常有其志□□□寺都維那法泰上人爲予傳之偉其
事績目睹□覩耳所暫聞紛墨抽毫式銘景福其□曰
於赫有唐紹統三光功侔往帝名超上皇四海無外率
土賓王剋明克□俗阜人康其一英英　劉公恪□榮秩
臣道斯備黃裳元吉取則韋弦性兼舒疾人□宗□□
猶冬日其二思絕鍾鼎契入幽眞念茲含識幾慟心神廼
眷南顧廣樹冥因華幡□日雕竿倚雲其三直侵黃道迥
瞰紫微晴虹偶影度鳥驚飛莊嚴孔備功德巍巍配山
河兮永固与天地而同歸

開元三年歲次乙卯正月甲申朔廿八日辛亥畢功
上坐崇簡
寺主彥琮

按碑題虞鄉縣令劉君而文中不著其名文云敬
樹幡竿於柏梯山寺之西南岑也山西通志虞鄉
縣山川條載柏梯山在柏梯村即檀山半也巒巘
懸絕連木乃陟百梯方降鑿石闢蹊憑崖標閣下
引劉行忠幡竿銘數語與此碑文合是縣令爲劉
行忠矣又通志寺觀條下虞鄉縣石佛寺在縣西
南三里即古百梯寺司空圖有上百梯寺懷舊僧

詩下引虞鄉令劉行忠幡竿銘數語亦即同此碑
則此寺爲幡竿之所在矣柏梯百梯想通稱也

醴泉寺誌公碑

文從裴本錄出碑之高廣尺寸行字數皆無考正書篆額今在鄒平縣

大唐齊州章丘縣常白山醴泉寺誌公之碑
上闕京大薦福寺奉敕□慶綴文沙門元傘
上闕薦福寺□□翻經院校勘沙門正智寺都維□僧
道寂建此寺下闕
□□曇花未出肅詎知寂滅之名覺日猶□曷嘗識苦
空之相□夫金儀下降含靈□淨月之光寶敎旁流□

□□□雲之潤三車□駕下闕化工□□□香不息所以
化身周流於別土神□□□於塵沙或十大聲聞駐形
□□一方菩薩納景涼臺觀□背嶺以宣慈淸辯起下闕
未掩白足□□佛法之□□□月□咸□王城之舍蓋
□生□道□境發□若不人□具□□□□諦幢高□
者與今此醴泉寺者是宋齊下闕經文師郎□□身之菩
薩□遊神境來届茲山棲託巘阿聿脩禪寂以爲此地
元武之分靑龍□□□□首以開疆據天齊而劃野却
下闕尚父之□居九合一匡齊桓公之霸國爾其常白山
者迺塵天□地晻映薮䕡抱泉石以娛神出雲□而□

性山毛地髮名花將歎草連芳下闕人□□繪□□形勝
□□招提自後七級崇圖□起舍佉之扌五層□重
標職勝之門海目山亭妙相彈於變態虹梁鳥革大壯
下闕䌽畫□□塵凡□□香□水調八解之□風□五音
之誤息心之輩見流注以超昇迴面之徒仰幽關而悟
入時逢□□代屬下闕金林玉□寥落幽巘我國家灌頂
円天纂圖千帝以佛乘爲爲馬用道品爲城郭八方起
塔□□道形九□聚盥情殷下闕佛□□此精廬□通堯
日三齊族姓向梵境以翹誠四履□□仰釋天而矯首
又屬中宗孝和皇帝龍興漢道入天經下闕周法界去景

龍二年歲次景午爰有齊州正智寺都維僧仁萬俗姓
李字道寂慨茲隳墜抗表□宗天鑒至誠特賜名下闕否
而還泰山靈掩以重開法俗歡康人神一悅初師之行
進表也夢乘船上山及翌□赴朝所下闕無礙豈非興廢
□定通□懸期下闕假裝東上將□□州□□三藏義淨
法師各代高僧天下重德先奉敕於大薦福寺□□□
律以□□□□□□勝緣□城在東倍增下闕四□降靈
五□德□人天之表名揚宇宙之間聖□難□神功叵
測及將命星發載達京□□□□□□□□□時有
下闕身□□輟絃歌歲□□□郎以二月八日親率合境

老幼大會新寺表慶天恩又於□□之□尊卑就列属
行齋聽闕忽見有醴泉□□□□三四尺深淺三尺餘
丕淨味甘爰符瑞典挹酌同飲咸覺蠲痾豈不以□福
□圓三靈允答光揚寶□滋液金場故闕下上聞□□璽
感有敕改名爲醴泉寺仍更抽入冊九僧住持行道自
傳波再委王題重開日殿赫而□昇月宮華而桂滿若
乃闕下海精勤以齊深戒月澄空□□密霧禪燈焰室巧
遊輕風灑□□之龍□洗毗□之鳥眼長祛五住遠劫
四心刷□鴈以飛雲巒闕下拾生之地績桂□□有情根
軌足方□鳴金鼓□功不朽流福無窮斯並先帝之本

願莊嚴法師幽贊威神之所致也又師遊戲生死示闕下
儼如親對卽平時所將黑犬亦繇具□□厥□□無願
不從廼至有患心痛者但取廟前少土和水服之應時
便愈遺形是託神靈保持由是闕下梁寺史傳師本俗姓
朱氏金城人也少出家□□道林寺僧儉法師爲和上
業存禪□宋太始初漸彰異迹居止不定飲食無時長
髮跣足每闕下詞同讖記言不虛發應驗如神或□親通
於北□分形遍於南國奇怪忽恍不可殫論以天監十
三年歲次甲午十二月八日闕下相奄然示終時有異香
□□芬馥特敕厚加殯送葬於鍾山獨龍阜仍於墓所

□開善精舍敕陸倕製銘於家內王筠勒碑於寺闕下
生及其去也以精靈度物哀憐庶類福祚皇王且彼誌
鍾山此依常白彼葬龍阜此□龍臺前王挹風建開善
之墳　後帝傾□□醴闕下至今大唐太極元年歲次壬
子皇帝御天下之三載凡一百九十九年化化之緣古
今無盡明明之德日月彌新其所變現之便概闕下之□
衆所未諒恭敬者隨時受福疑慢者應念立徵事迹繁
夥不可備載當嘉聲上徹先帝令左臺監察御史宋務
先親加檢覆闕下八正所以知歸一屬□緣獲未曾有□
□復命倍沃天心刺史楊元禧分符北極露冕東藩□

雨遂於行車仁風隨於轉扇黃金闕下追鳥跡於上乘想
□□□□□□縄寶地□動天宮薦瑞香圓延光帝載
縣丞主簿縣尉□舍闕下羣物揚舲彼岸錄事□□鄉□
等門滋蘭□□□□芽忠信滿於州閭因果□於□□
□□虔命□奉闕下地荷於津通貝樹披春帝王之遺
文秩矣金□□□諸佛之正道通矣迷津□路菩薩還
載之乘行矣□□□□□□□□之闕下況靈天大造充
溢於盡空淨域鴻緣牢籠於無外昔迦□□□如來垂
讚歎之□□彌勒當□□□表歌揚之偈若稽古訓式
樹□碑仍於闕下銘曰

義天兆眛優花未披但迷五□孰辨三伊□□火宅耀
我金儀神足繼軌□□揚趓 其一 □有□成觀方□□戴
表靈□□開 闕下 綱殿我寶地壞我金場花殘鷺沼湮輟
龍香霞標歇滅石徑荒涼 其三 萬寓乘皇千齡纂帝日月
連□飛行□埶□念新□□□□□高 闕下 精標五門玉
墀假感銀□輿存 其五 欲赴天泉□覢國德寄誠墳廟傳
詞翰墨瑞醴通流嘉□允塞重光佛□□題宸極 其六 紺
軒加 闕下 沙 其七 先帝聖靈聿資神境冥扶默贊分形散影
旣墓彼山又墳茲嶺寶鐸雙振金繩共炳化□□□貟
身永永 其八 功□泉□□□□□天 闕下 宣閩諸典故鐫金

鏤玉道該緇素式讚王猷□□淨度勒像賢劫刊碑覽
路 其十
開元三年歲次乙卯二月己酉朔十五日癸亥 闕下
額云大唐齊州章丘縣常白山醴泉寺誌公之碑今
仍在寺中而其地已割入鄒平矣　按此所述是梁
之寶誌與陸倕文略同而曰旣墓彼山又墳茲嶺則
此地亦有誌公墳也按雒陽伽藍記別有一寶公豈
即其人而作文者誤以爲梁之寶誌乎不然何以一
人兩葬也 金石文字記
常白山醴泉寺誌公碑唐開元乙卯立文作齊梁體

據唐文百篇及阮本校過

可辨者十之三書法圓勁在歐虞閒每行凡七十九
字其下多斷斷不存其碑陰乃誌公像也 池北偶談
右碑文三十六行字徑八分下截已斷陷入趺中文
字殘蝕不全每行祇存五十四字寺在鄒平縣碑額
則稱章邱縣據鄒平縣志載黌堂嶺在城西南三十
三里距章邱三十里以山脊爲界西屬章邱東屬鄒
平今醴泉寺在黌堂嶺之東麓宜屬鄒平想唐時章
邱界址必逾嶺而東也長白山碑作常白山醴泉寺
碑作醴原寺皆通用字醴泉在寺右百步石壁下讀
此碑知醴泉之出始於道寂修寺之年碑云景龍二

年歲次景午按中宗神龍二年是丙午若景龍二年
爲戊申不知碑何以致誤也 山左金石志

馮氏婦墓誌

石高廣皆一尺三寸六分十三行行十三字正書額題唐故馮氏婦墓誌之銘篆書

唐將作監主薄孟友直女墓誌 并序
女十一娘字心河閒人也年十九適馮貞祐敬極如賓
禮優侍櫛雖靡他之誓將固於同心而与善之徵竟虧
於異物嗚呼哀哉春秋廿以開元二年七月廿日終于
洋州興道縣廨舍開元三年四月九日葬于陳倉縣之
新平原禮也惟父与母恩深骨肉痛切哀憐方備儀於

據洪賓本 唐文百篇本校

幽隧用留念于終天廼爲銘曰
天道懸遠神理難明嗟彼淑譽淪乎此生荒埏月照古
樹風驚人誰不死不獨傷情
按此石以乾隆己卯年出土從前金石家所未著錄
者關中金石記

胡佺墓志

石高二尺五分廣二尺二十行行二十字行書

大唐處士故君胡君墓誌并序
君諱佺字尚眞安定人也遠祖𡇒宦遂居介休夫檏樣
是佐錯胡綜之文章淸白知名見胡威之父子光光懿

烈不替先風簡諫詳諸可略言矣 祖買隋孝廉舉文
林郎幼洽詩書長崇禮樂太初玉樹鳳擅嘉聲韋氏金
籯遠昇高第 父端養素不仕情貪野薜志篤裘裳道
王业琴跡存山水君濯濯儀形汪汪軌度珠胎孕月光
彩絕倫蘭若銜風幽芳自遠鄉里稱善喻彼少游文籍
自娛同夫孟陋遺累躙滓傲性煙霄簪軒不分於懷寵
辱不驚其慮歲臨辰巳鄭康成於是云亡月犯少微謝
慶緒俄而致殞春秋七十卒于私第夫人石氏穠荷比
秀美箭齊貞宜其室家和如琴瑟翰林之鳥始雙飛而
隻飛龍門之桐俄半生而半死嗣子懷爽懷玉怙恃長
違霜露增感𥠖以開元三季歲次乙卯龍集單閼十月
己酉朔廿五日癸酉遷窆於介休縣東廿里平原禮也
縣上山傍昭餘澤右懼陵谷而驟易思封樹而永懷乃
爲銘曰
盤根安定散葉汾壖乃祖乃父光後光前惟君節槩業
尚虛邈謙鬼瞰庭宇鳥鳴座筵不逢石髓俄歸玉泉一閟
丘隴長嗟逝川
按文敘胡氏先世有曰檏樣是佐錯胡綜之文章
淸白知名見胡威之父子三國志吳書胡綜傳綜
字偉則汝南固始人也仕吳主權時凡自權統事

諸文誥策命鄰國書符略皆綜之所造也傳後評
曰是儀徐詳胡綜皆孫權之時幹興事業者也儀
淸恪貞素詳數通使命綜文采才用各見信任碑
之廣夏其檏樣之佐乎晉書胡威傳威字伯武壽
春人質子父子俱以淸愼聞其云祖買父端則無
傳可考

金石萃編卷七十終

據原碑趙本校

金石萃編卷七十一

賜進士出身　誥授光祿大夫刑部右侍郎加七級王昶譔

唐三十一

法藏禪師塔銘

銘横廣三尺三寸高二尺九寸共三十六行行三十字正書首題隸書

大唐淨域寺故大德法藏禪師塔銘并序

京兆府前鄉貢進士田休光撰文

世之業生滅若輪環者則雖塵沙作數草木爲籌了無遺纖芥可不可知者其惟流浪乎夫木性生火水中有月以凡筌聖從道場而至道場□因及果非前際而於後際行之於彼得之於此禪師諱法藏緣氏諸葛蘇州吳縣人昔羣雄角力三方鼎峙蜀光有龍吳恃其虎瑾之後裕蟬聯姑蘇曾祖晉吳郡太守蘇州刺史秘書監銀青光祿大夫上柱國開國男大父穎隨閬州刺史銀青光祿大夫父禮　皇唐少府監丞吳會旗裘東南旖旎洗墨而清夷落衣錦而燭江鄉山海禁錢蓬萊秘府屢遊清貫歷拜寵章禪師卽蘇州使君之曾孫少府監丞之第二子也年甫二六其殆庶幾知微知章克岐克嶷此寺大德欽禪師廣世界津航入非鑽仰禪師伏膺寂行□備師資因誦經至永徽中頗以妙年經業[illegible]

長奉　勑爲濮王度所謂天孫利益禪門得人禪師自少出家卽與衆生作大善知識道行第一入天殊勝開普門之幽鑰酌慈源之蜜波由恐日月居諸天地消息每對天龍八部晝夜六時如救頭然曾未蹔捨非乞之食不以食以至于頭陀非掃之衣不以衣得之於蘭若禪師自少于老驢騾象馬莫之聞乘也以爲鎔金爲像非本也裂素抄經是末也欲使賤末貴本背僞歸眞求諸如來取諸佛性卅二相八十種好衆生對面而不識奈何修假以望眞且夫萬行之宗衆相之本生善之地修善之境禪師了了見之矣夫鍾鼓在庭聲出于外如意元年　大聖天后聞禪師解行精最奉

制請於東都大福先寺檢校无盡藏長安年

制請檢校化度寺无盡藏其年又奉

制請爲薦福寺大德非禪師或固居龍象之首淸淨開人倫之目不然焉使　天文屢降和衆相推揚覺路之威儀總禪庭之準的護珠圓明智刃雄鳴伏違順之鬼魔碎身心之株杌廢情屬境卑以自居如谷王之流謙百川委輸若周公之吐哺天下歸心菩薩下入名在衆生之上悲夫三界　卽火宅之所四大將歲時之速旣從道來亦從道去遂拂衣掩室脫屣繩牀惟惚惟

慇 即慇字

碑 頌作頌

元闕

慌不驚不怖粤以開元二年十二月十九日捨生于寺
報齡七十有八門人若喪考妣乃相謂曰和上云亡吾
徒安放乃攱血相視仰天椎心即以其年十二月廿口
日施身于終南山梗梓谷屍陁林由是積以香薪然諸
花疊收其舍利建窣睹波于禪師塔右自佛般入涅槃
于今千五百年矣聖人不見正法陵夷即有善華月法
師樂見離車菩薩慈悲絕紐並演三階其教未行咸遭
弑戮有隨信行禪師與在世造舟爲梁大開普敬認惡
之宗將藥破病之說撰成數十餘卷名曰三階集錄禪
師靡不探賾索隱鉤深致遠守而勿失作禮奉行是故

弟子將恐頽其風聲乃撥諸景行記之于石銘曰
有若禪人凝稜心不易兮身世頽洞探討賾兮寂行
沖融澳若氷釋兮軒裳蟬聯晴暉相射兮弈裹不染乾
乾衣錫兮蕭灑誼譁地自虛僻兮靡關洞開亡珠可索
兮吾將斯人兔夫過隙兮魂兮何之聲流道格若使天
地長久而可知即相與摭實刊之于石兮
開元四年歲次景辰五月景子朔廿七日壬寅建
右碑題云大唐淨域寺故大德法藏禪師塔銘八分
書京兆府前鄉貢進士田休光撰文正書無姓名或
即休光書也開元四年五月廿七日建按序俗氏諸

葛蘇州吳縣人爲瑾之後曾祖詧吳郡太守蘇州刺
史大父頴隨閬州刺史父禮皇唐少府監丞以名賢
後裔不應舍族披緇但云年甫二六奉勅爲濮王度
則當時爲后主太子諸王剃染者皆搢紳子弟可知
也濮王即太宗子魏王泰泰以貞觀二十一年改封
碑云師于開元二年捨生報齡七十有八則剃度在
永徽三年正泰開府置僚屬時也金石錄補
按碑稱隨信行禪師撰三階集錄數十卷隋經籍唐
藝文志皆未載予又攷隋書文學傳有諸葛頴者丹
陽建康人官著作郎終正議大夫未嘗爲閬州刺史

其父名規梁義陽太守亦不名詧則與法藏之祖雖
同時而非一人矣潛研堂金石文跋尾
按田休光非工文者碑文語多踈謬如敘禪師之
曾祖詧既云吳郡太守又云蘇州刺史隋書地理
志吳郡陳置吳州隋平陳改曰蘇州大業初復曰
吳州隋書百官志郡置太守州置刺史文獻通考
云開皇三年罷天下諸郡以州統縣大業三年又
改州爲郡郡置太守至唐武德元年又改郡爲州
改太守爲刺史詧仕隋時若在開皇以後則當稱
蘇州刺史大業以後當稱吳郡太守二者斷無同

據唐文百篇校

時並稱之理下云上柱國開國男不著所封某縣之爵又既敘曾祖習銜名于前矣而後又復云蘇州使君之曾孫皆行文之無法者文稱如意元年奉制于東都大福先寺檢校无盡藏河南通志福先寺在河南府城東三里唐神龍元年則天剏建據碑如意元年已有福先寺不待神龍元年殆河南志誤也文又云長安年奉制檢校化度寺无盡藏長安志皇城義寧坊南門之東化度寺本隋眞寂寺武德二年改化度寺寺中有無盡藏院敬宗賜化度經院金字額文又云其年又奉制請爲薦

福寺大德長安志開化坊南大薦福寺本襄城公主第襄城薨市爲英王宅文明元年高宗崩後百日立爲大獻福寺度僧二百人以實之天授元年改爲薦福寺中宗卽位大加營飾自神龍以後翻譯佛經並於此寺據碑則長安年已請師爲大德其時薦福必非頹廢者是營飾之役不待中宗時矣然長安志要自有據碑葢鋪陳師之歷主大寺爲朝廷所隆禮如此恐非盡實錄也

賀蘭氏墓誌銘

石高一尺七寸七分廣一尺六寸四分廿六行行廿七字正書

大唐太常協律郎裴公故妻賀蘭氏墓誌銘序并

夫人賀蘭氏曾祖虔隨上柱國祖静　皇朝左千牛父元悊潞州司士並宏翰深識布聲於代夫人卽協律之姑女也童姿粉姸笄態瓊淑惟德是與乃賓我裴公宜其鏘鏘和鳴晏晏偕老女也不愍天胡降灾綿聯沉痾三浹其歲洎大漸移寢於濟法寺之方丈葢攘哀也粵翌日奄臻其凶春秋卌有四卽開元四年十二月十日至十九日遷殯於鵄鳴塠實陪信行禪師之塔禮也夫坦化妙域歸眞香塋之冥果則已无量有子太元等或孩提而孤擗摽以泣嗚呼生人之至艱也裴公傷奉倩之神痛安仁之簟圖範貞石碑光泉門銘曰

芙容劒兮蛟龍質梧桐枝兮鳳凰匹天何爲兮降斯疾俾雄雌兮歡不卒延津女牀奄相失千年万古哀白日

按此碑題曰太常協律郎裴公故妻賀蘭氏與集古錄所載陸贄撰之賀蘭夫人墓誌葢別一碑彼碑是秘書監陸公夫人贄之曾從祖母也賀蘭氏北周書賀蘭祥傳云先世與魏俱起有紇伏者爲賀蘭莫何弗因以爲氏後有鎭武川者因家焉碑敘先世曾祖虔祖静父元悊隋唐書俱無傳文云洎大漸移寢於濟法寺之方丈葢攘哀也攘哀二

據唐文百篇校

字未詳下云遷殯於鵾鳴塠實陪信行禪師之塔鵾鳴塠即楩梓谷在長安縣南六十里信行禪師塔院即百塔寺賀蘭夫人病則移寢於濟法寺之方丈殯則遷陪禪師之塔不知其何謂而碑猶謂之禮也此果何禮耶其時夫人卒年四十四其夫裴公尚在又不言與寺僧有何瓜葛而卒於寺附於塔恬不爲怪可知唐時士大夫於喪禮之廢蓋已久矣

葉有道碑

裴本高廣行字俱無考行書

唐故葉有道先生神道碑并序

栝州刺史李邕文并書

昔者誕發老君道純天地生得夫子身負日月且時宰不宗主人勿用矧乎埋照後谷潛盤窮山幽姿蛻於塵容素尚允於仙類豈辟命行矣爵服縶之而已哉公諱國重字雅鎮南陽葉縣人也自少典錫羨高辛纂緒陶唐重熙后稷邁種文王之龗乃食於沈尹戌之子載封於葉受氏亭國大武遐乎逖乎祖乾昱克壯其猶赤子於德墐戶習隱塞兌億坤碩膚長材通理博藝雖安車累至而堅卧固辭故慶祚克開眉壽維永矣厥考道興

性守宮庭道敷邦國居鬼從地卒神從天受籙以怛之飛符以北之扼魍魎之邪劉臺台之祟有足奇也至於揮札落紝引弓貫革特起五部廣推大餘侯諱嗣哉先生靈承道宗異聞訓誘弱喪文貌幼尚純篤仙骨有豢童心不萌專精五龍遍遊羣岳聰以達遠明以察微達死生之占體物氣之變嘗靜貞動耗息影歸止雲外□堅林巢仙居人絕不鄰道阻且右獨往幽勝永歌隱淪放闇保和習虛致靜捃五石之髓擷三芝之英時哉不留歲聿其逝緇髮純深韶顏渥丹事適鑒同神與道媾惟寂惟寞不飲不食數十載於茲乃昇聞帝庭駿發皇

眷蔺才受命降尊加禮將之以文馬速之以暢轂先生盱眙長揖握手高謝曰自昔帝舜登庸德輝允鑠光武繼統吏道孔嘉且薛方逢萌備外臣之禮虞仲夷逸終處子之業豈垢俗疵物偏貢介性將採道慕類坐致奇齡使者蓄而之疑申遂行之旨乃周覽廬室躬省倉廥考疇人之疆畮詳家童之作業皆儉以遵約安能維始味不甘口色無養目信以爲著誠去僞敢守難奪順風可即強起曷至焉遂虛覲復命懃歎聞列朝廷企其高渴其道聆嘉聲而屬□者豈勝言哉有司以天元書缺星度官虧亡五德之運謬四時之分荆鬼越祥不知所

況子亥母癸烏識其原皆乘遽遠尋請益傳受可謂纏
誠列而曲直徵衡誠懸而輕重立粤惟博物君子豈伊
小說瓤生嗚呼天不持久人將復歸積年迫於期頤遠
志屈於摧落卜兆幽石託墳清林逸人不追國士靡憲
泉石沮色鄉縣失聲豈無他人惟子之故䶵子慧明贈
銀青光祿大夫欽州刺史公因替厥繇代增其業啓秘
籙之高妙揚䶵津之洪波道微若聲心歷若氣吹律燰
谷運䶵知天屢下辟書終不應命孫子景龍觀道士鴻
臚卿越國公幼得父書早傳成法貧念有訓邁迹自身
讀天下之書備方外之術火滌淫祀劍誅羣妖恩開五

君名動四國其人也排金鎖謁紫庭爲帝傲吏出也法
玉京坐䶵寺作仁宗師故能大匠道門冢卿朝右禮食
軒座寓直禁籞矣嘗以理氣自強登老益壯雖暮景急
節而純孝孔哀是獻封章願拜墳墓有勅帝念載形王
言神札以飛傳瑞乃發羣公帳餞列蕃郊迎朝章有輝
鄉人皆慶任以末技揚於孝心惟先志以追遠立豐碑
以紀德夫何間然其詞曰
宗門素履家代隱仙道一相孕薪火交傳黃公術左赤
水珠聯道開幽鍵性與真全一門累祖四世百年抗迹
巖谷消聲天地卓尒遐舉藹然高致爵以顯榮以明

墜人則有心徵亦不至保身匪媮全樸爲利孝孫增業
明辟順風志嘗無忝事或不同徵賢朝滿舉逸山空曷
由高枕克謝代工測微達變盡規納忠皇眷雖遲孝思
亦深章服粲粲傳駟駸駸載違延闕是展墳林紀石追
遠昭銘率心孝終事立榮歿寵今遐超古始永憲江南
開元五年歲在丁巳三月七日侍者青溪觀主唐元一下口呂
此碑似經重刻乃李字之瘦勁有骨力者莫過于此
而始終全完如此石者更不易得葉先生種種奇行
知非虛設北海記載隱而不没略而不漏深得述二
氏異端之法始知人主一心不但四海生人望之督

導即萬靈幽闕受其鞭策漢之武唐之䶵奇人幻術
類集一堂不可誣也唯宋之真徽無二帝之才殆兒
戲耳使移其心于文帝之清淨文皇之仁義則于人
道之近王道之易豈不更臻其上理哉後世曲士言
及怪異以爲矯僞是以于吾儒祈天永命之法亦昧
以爲幽遠而不可幾世之下衰亡感也回評此碑而
并及之以告後通天人之故者 墨林快事
有道先生葉公碑李邕行書石在山東金鄉縣 居隆考槃餘事
有道之子慧明孫法善三世爲道士明皇時法善見

爲寵其祖若父之墓碑邕皆撰而書之可謂濫矣書
法秀逸閑雅不見欹側之態蔡君謨謂是邕書最佳
者良然金石文字記
唐開元間松陽葉法善以道術遭遇元宗時李邕爲
處州刺史邕以詞翰名世法善求邕與其祖有道先
生國重作碑邕從之文成請并書弗許一夕夢法善
請曰向辱雄文光賁泉壤敢再求書邕喜而爲書未
竟鐘鳴夢覺至丁字下數點而止法善刻畢持墨本
往謝邕驚曰始以爲夢乃眞邪世傳此碑爲追魂碑
處州府志

按此碑立于開元五年亦題栝州刺史李邕文并
書與開元三年少林寺戒壇銘之題括州刺史李
邕者同邕左遷括州司馬不爲刺史彼碑已言之
詳矣此不必辨据書譜引高似孫緯略載李邕所
遺諸碑名少林戒壇碑本不在數內而有道先生
葉公碑則有之似不得又謂之託名也然開元三
年邕左遷括州司馬史傳昭然不能援碑以誣史
誤則此疑終不能明矣書譜又引法帖神品目云
追魂碑李邕書在松陽永寧觀處州府志遂謂邕
爲處州刺史法善求邕與其祖有道先生國重作

碑即追魂碑也此語尤謬不足置辨葉國重兩唐
書無傳其孫法善傳亦但及其父云先天二年贈
歙州刺史即碑所云允子慧明贈銀青光祿大夫
歙州刺史也傳又稱法善自曾祖三代爲道士皆
有攝養占卜之法而不詳列其名以此碑證之則
曾祖爲國重之父道興祖即國重父即慧明已合
于傳曾祖三代之語而碑又有道興之父乾昱亦
墐戸習隱塞兌億坤是爲法善之高祖下逮法善
是五世爲道士矣史稱法善括州括蒼縣人碑稱
國重南陽葉縣人蓋括蒼是其遷居南陽是其族

望也下云文王之允乃食于沈尹戌之子載封于
葉受氏享國大其邈乎風俗通沈尹戌生諸梁字
子高食菜于葉因氏焉通志氏族畧葉氏舊音攝
後世乃與木葉同音也碑後云孫子景龍觀道士
鴻臚卿越國公而不署其名即法善也傳稱睿宗
即位法善有冥助之力先天二年拜鴻臚卿封越
國公止于京師景龍觀又贈其父爲歙州刺史碑
言法善雖暮景急節而純孝孔哀是獻封章願拜
墳墓惟先志以追遠立豐碑以紀德云云是即先
天二年得父封後即自長安回栝蒼立碑于祖父

鈔本校

之墳墓也先天二年即開元元年碑則立于得父
封後之五年法善生卒之歲兩傳皆有誤文舊傳
云法善生于隋大業丙子死于開元庚子凡一百
七歲八年卒所謂八年必是開元是年庚申非庚
子也自大業丙子至開元庚申祇一百五歲非一
百七歲也新傳云開元八年卒或言生隋大業丙
子死庚子蓋百十歲云則亦誤也而要之法善生
隋大業丙子推其祖國重之生約畧前五六十年
是在南朝梁陳之交碑所云將之以文馬速之以
暢轂不知何朝何帝之事碑未明言無從考矣

姚彝神道碑

碑高七尺三寸廣四尺九寸三十二行行僅四十九字正書在洛陽許家營

大唐朝議大夫光祿少卿虢縣開國子□□(吳興)姚府君神
道之碑并序
朝議郎檢校秘書少監□(博陵)□□□撰
正議□(大)□(夫)□(行)□(將)□(作)□(少)□□□書
原夫道之所運坦乎大方情之所鍾慟非恒數積善餘
慶則吳有延陵喪子□(於)□(嬴博)□□□□(壽)則曾有□□□
□□□□□□□下闕哀詞載感行路況乎華歲陽止擢
蘭秀於謝庭□(望)月□(暉)明落珠□(暉)於隨掌□(无)□(成)□(象)□□□

□(上)□茂纚□□□□□□□□□其下闕□會搆蕃於
夏棐克生俊彥必復公侯□(圖)勲烈而載□□(常)席寵□□(而)
□(紆)□(珪)□(組)□□(諸)□□□□□□□□□□□□□□□
□□下闕嗣祖善意　皇朝銀青光祿大夫□(陝)州刺
史□□□(二)□(州)□(都)□(督)□(長)□(沙)□(縣)□(開)□(國)□(男)□(贈)□□□□□□
□□□□□□□□□下闕翼子於三台歿爲貴神榮
親於八座父崇紫微令兼兵部尚書梁國公開府儀同
□(三)□(司)□(又)□□□□□□□□□□□□□下闕也亶
五常之精粹含六氣之淳和幼而韶明長而英達學禮
而立行中□(惟)□學詩以言文□黼藻□□□□□□

□□□□□下闕警衛升雲陛以周旋惟彼儲闈幸求端
士出納初命尤籍正人乃除君太子通事舍人□(敷)□(奏)□(詳)
□詞令□□□□□□□□□□下闕國所資尤(九)重符節
大夫元服　天子信臣妙季兼之可謂□(殊)□(寵)□(遷)□(郎)
□(冰)□(陵)□(諸)考□□之□(宜)□□□之□□□□□□□□□
下闕勝暫迂令望言佐近藩出爲延州司馬雖屈我□(直)□
蹭蹬□(栖)□□(而)□(安)□(卑)□□(位)□(從)□□□(默)□□□□□□□
□□□□□□□下闕晉城寶利將□(有)□(范)金軍國所儲於
是爲大乃除君隴州□(長)□(史)未到官□(又)□(轉)□(爲)□□□□□
□□□□□□□□□□□□□□□下闕以清白□(升)進

朝□休之封號縣開國子食邑四百戸奄宅方國傳之
子孫□□□□□□□□□□□□□□□□□□□
□□闕下□鄧之境乃拜鄧州刺史兼檢校商州運漕武
關之外方城□臨□□□□□□□□□□□□□□
□□□□□□□□□□闕下就□將何克堪况奠川滌
源疏山通道盡賦不足以供郵傳□□□□□□□□
□□□□□□□□□□□□□□□□□□闕下使人
勞而無怨義然後稅均不患貧□州□軍莫敢□䟛□
濬舉□□□□之功□□□□□□□□□□□□□
□□□□□闕下恂會稽之辭劉寵不是過也　上
以形于遠方尤技能吏竟抑而不□□□□□□□□
□□□□□□□□□□□□□闕下命坐爲泉藪亂繩
易擾棼絲不綱君褰帷到官乘傳按部威令頗振□□
□□□境□然□□□□□□□□□□□□□□□
闕下豪傑□禁專任以怨而人不忍欺大削煩苛而物皆
遂性　朝廷□之□拜光祿少卿□州□□□□□□
□□□□□□□□闕下厥政貳金鼎之重司玉食之珎
□行職修名飭身泰□時令公□□□曰丕承
　睿□□□□□□□□□□□□□□闕下兒無驕盈
之色九班畱滯四載不□方於朝賢□□□候未有若

斯之□者也允所謂謙謙君子無競惟時温温恭人□
□□闕下祐粤以開元四年歲次景辰八月廿六日遘
疾終於東都慈惠里第春秋□　上初聞□有疾
頻遣使問　□□□□闕下藥奉御李宗乘馹就療
嗟乎異方靈草不植中原近古名香無聞今日營魂莫
返□命何言　　主上聞之□□□□□□闕下美
促而禮備哀榮以其年十一月癸酉朔十八日庚寅葬
於東都萬安山之南原禮也平□□□□□□□□□
□□□□□闕下存惟君至性過人少而□□宦于
外遊必有方恒營□□□□□□□□□□□□□□
□□□□□□□□□□□□□□闕下實因心□邀浮
名允愼內□□□後進賞接名流纖能□□□□□□
□□□□□□□□□□□□□□□□□□□□□
□闕下疾衆賢□歎□□憂惶咸□由衷有逾恒禮□□
□□□□□□□□□□□□□□□□□□□□□
□□□□□□□□□闕下公以□子□爲家之寶存不
伸其用殄必揚其名□□□□□□□□□□□□□
儒□□□□□□□□□□□□□□然□□闕下
邁德□□□□□疆祚分虞后績著□□施于□□□
□□□□□□□□□忠良□□□□□□□□□

□□□□□□□子沖年□□侍從丹禁優遊□
□□□岳□□□□□□□□□竭誠□
□□□□□□□□□□□□下闕宸展慼徹台
㢠郊原寂寂埏埏冥冥夜臺不曉泉□長扃式□百行
□□千齡其五
開元五年四月廿七日弟正議大夫行太子中舍人
上柱□□縣□□□建
開元五年四月立崔沔撰徐嶠之正書在洛陽許家
營　寶刻類編有此碑云崔沔撰今碑缺沔字劉昫
唐書姚崇傳云長子彝開元初光祿少卿宰相世系

表彝鄧海二州刺史碑云拜鄧州刺史金石略有徐
嶠之書光祿少卿姚彝碑注云西京碑雖缺名知卽
是也彝卽懿之孫祖孫墓[illegible]嶠之所書墨池編稱
唐之工書者多求其三葉[illegible]惟徐氏新唐書徐
浩傳稱浩父嶠之善書以法授浩今其書疏秀方整
有初唐虞褚遺意懿碑云葬於硤石此云葬於東都
萬安山之南原孫不祔祖未知何故其墓則猶可蹤
跡也中州金石記
右光祿少卿姚彝碑趙氏金石錄云撰人姓名殘闕
寶刻類編則以爲崔沔撰今檢石本姓名雖漫漶其

據趙本校

上有朝議郎檢校秘書少卿博陵字甚完好博陵爲
崔之望則沔所撰審矣彝官終於光祿少卿而宰相
世系表但云鄧海二州刺史亦攷之未審碑書葉作
枼避太宗諱改世爲云也其書天作夭唐人石刻多
有之潛研堂金石文跋尾
新唐書姚崇傳三子彝异弈皆至卿刺史此碑云光
祿少卿者卽彝也碑下截剝殘不復成文惟上截載
彝歷官始末有除君太子通事舍人遷都水使者出
爲延州司馬又除君隴州刺史未到官又封虢縣開
國子拜鄧州刺史兼檢校商州又有徵拜光祿少卿

其卒在開元四年八月較之宰相世系表但云彝海
鄧二州刺史者爲詳後有題弟正議大夫行太子中
舍人下缺名者以史證之爲弈也授堂金石跋

尹尊師碑

碑高一丈一尺一寸廣五尺二十六行每行七十一字隸書額題大唐尹尊師碑六字篆書今在盩厔縣樓觀

大唐故宗聖觀主銀青光祿大夫天水尹尊師碑并序
銀青光祿大夫行太子右諭德兼崇文館學士上柱
國平涼縣開國公員半千撰
聞夫眞人者出巨轂歷倚杵騎蜚廉從敦圉□□公妾

宻妃朝濯髮於湯泉夕晞首於暘谷仍丹丘以長嘯戴
翠華以高遊自非植因曠刼肅恭太浩從事於金房之
前鏤心於玉晨之上攜青童而應黃簶者奚以成後來
之妙相虖□□景而䨺希聲則尊師其人矣尊師　諱□
□字景先隴西天水人也後秦尚書僕射緯之後緯仕
長安故爲扈人焉若乃欝爲帝師降迹於唐助之代光
乎王佐應命於周武之翰家藉代□可略言矣曾祖洪
宇文翰商州長史大父舒隋文州别駕昭考琮皇朝□
散大夫尊師特禀異氣垂實寘華始降迹也其母袁氏
夜夢䨺妙玉女授以九老丈人之符數月而聞腹中誦

經聲且時時有異光繞身矣及載弄之始目光炯然睟
子轉眄若有所見及勝衣之日自識文字唯誦老子及
孝經迺曰此兩經者天地之心也此後見好殺之字若
蹈水火覩𥁕禮之文□□泉谷稍長聞有尹真福庭迺
精心事之不近俗事因讀西昇靈寶等經漸達真教既
得䨺味便葬黃中聞師者傳道之父母行道之神明𧀼
數刼來妙經是出不因師學謂之長昏遂□□無已求
師不暇時有周𤀹師者内音之先鳴上皇之高足迺願
糸軒効駕陪景嘯空奔走禮謁以申宿志𤀹師見之迺
謂尊師曰汝於刼會之中已受龜山之籙也便訓以紫

雲之□□授以青羽之隱𤀹壹入其心謂赤松王子喬
可與撫煙月矣年十五道行已周有名於遠近矣屬
　文德皇后遵上景而委中宮于時搜訪道林博採真
迹尊師卽應䨺景行預籙□□　勑出家配住宗聖
觀雖翦芝之瓊園採琳䨺隴意娟遠出未近謝也將欲沐
浴東井棲遲南昌保護崑崙窺窬混沌矣故屬想丹煙
遊心紫度遍尋五岳備涉九元尋三君之祖氣□□□
之慧眼旋謁𤀹師便屆終南寂慮於温泉寘精於寒谷
有年日矣既通八景又達九天知來藏往多所曉悟若
有神曰𤀹師上遷及省所屆已去順也貞觀末年行喪

既畢永徽三年□□太白入重䨺也見所未見聞所未
聞此後丹字紫書三五順行之𤀹扶晨接書九六逆取
之方咸得其要尊師所有遊山異迹祈醮靈應並有别
錄此不載之至於顯慶已來國家□□入供奉功德諸
量救代度人轉經行道䨺壇黃屋帝座天言東都西京
少陽太壹九城二華展敬推誠三十餘年以日繫月始
終不絶有感必通凡是効驗君臣同悉　勑書往復
□□□迴神道昭章歳時交積者不可具載並傳於
　帝屆□二要者略舉其日初尊師遊太白高頂雲霧
四周聲振萬壑忽湧圓光去地千仞復有像充九色其

高十仞欣然長往者□□□爲　高宗之在九
成宮有孛彗經天長數丈以問尊師尊師對曰此天誡
子也子能敬父君能順天納諫徵賢斥邪遠佞罷役休
征責躬勵行以會天心當不日而滅　上依而
行之應時消矣是故　高宗以晉府舊宅爲
太宗造昊天觀以尊師爲觀主儀鳳四年
上在東都先請尊師於老君廟修功德及
上親□□□咸從　上及皇后諸王公主等
同見老君乘白馬左右神物莫得名言騰空而來降于
壇所內外號叫舞躍再拜　親承聖音□非尊師之

誠感也由是奉　勅修譔□□聖□一部凡十卷
總百廿篇篇別有贊時半千爲尊師□□紀贊異秩繕
寫進之　高宗大悅終日□□不離玉案迺授
尊師銀青光祿大夫行太常少卿尊師固讓不得□□
官而□□職焉永淳二年天中有望失成有日萬乘雷
□□騎風馳　天子乘閣道而御帝車羣官陪六儀
□□七曜將禮于天樞幸中岳也金繩未舉玉撿猶潛
而六龍頓轡三□□色　聖體□安□于皇極屬
紫微□□□□□□國號訴四方遏密
太后詔訪尊師尊師□□坊仙境亦著代謝物有榮悴

必□以下趙本全缺

氣有初終大道之常幸虧神器　□宜存思謝閑
極想欽明睿理百神潛庇萬姓文操人間地上物裏天
中所有靈明皆百祈請亦望二十四結火燒而憂盡七
十二教水鍊而灋成皆見先徵以明後事迺著祛惑論
四□□魔論卅卷先師傳壹卷垂拱四年將賓玉帝也
上足時道成咸願奏章以延福蔭尊師止之曰有順宜
遵不可犯禁言訖委化顏色如常粵以長壽四年四月
十二日遷兆於終南文□□弟子侯少微等追思龍漢
遠慕龜巖冀德音與天地同久神道共陰陽齊化昭庇
鶴林寘滋栢樹俾斯貞石文若三光其詞曰

去矣大僊悠哉上譔玉谷白芝之座金闕紫□□前旣
觴景於瓊札固交歡於碧泉出三萬六千之厚地入三
萬六千之遠天咀九華之翠菊坐五色之紅蓮常吟外
景每握內篇春霞飛虖絳雪秋風生虖紫煙徘徊高黃
嶺顧步太□□三秦四塞帝王國京兆長安龍鳳川煌
煌兮四明路浩浩兮八景年今已向上襲前果何時來
下降宿緣當乘道之氣應傳道之味必□氤氳六合中
自然昌揚萬劫通稽首寧謌步□□乘九華天下同此
心非獨騫之林
開元五年十月二日弟子侯少微等建

尊師出世於唐之貞觀碑建於開元甲子十周字畫
昏蝕慮歲久益舛先迹無攷□重摹于石目壽其傳
大元大德元年三月朔提點聶志眞敬識
員半千之取名謬爲應運五百者碑文殊不稱可笑
碑叙文操遊太白覩異像以爲奇葢太白名山至今
多見靈異不足奇也至謂老子降于壇間萬衆共覩
則近誕矣書分隸遒古不著姓名且經元朝翻刻失
眞可惜石墨鐫華
右宗聖觀主尹尊師碑師名文操隴西天水人遠祖
緯仕後秦因家於鄠漢書地理志右扶風鄠縣古國

有扈谷亭夏啟所伐是扈鄠本一字故碑云扈人也
高宗以晉府故宅爲昊天觀爲文皇祈福以文操爲
觀主嘗授銀青光祿大夫行太常少卿固辭不得已
乃受散官葢其時緇黃之侶猶畏公議不敢輒玷清
班至開元中葉法善授鴻臚卿大歷中梵僧不空授
鴻臚卿宴然居之不爲怪矣員半千傳稱封平原郡
公碑作平涼縣開國公傳云入宏文館爲學士碑作
崇文館學士皆當以碑爲正古書虙宓二字恒相亂
仲尼弟子宓不齊本當爲虙後人誤讀如密今本史
記遂誤作密字此碑虙妃字亦誤爲宓矣碑爲元人

重摹有提點聶志眞跋今亦中斷潛研堂金石文跋尾
按碑云尊師諱下二字泐賴文操二字後文有之
文云後秦尚書僕射緯之後晉書後秦姚興載記
緯字景亮天水人苻堅敗緯輔翼姚萇萇遣緯詣
堅堅問緯曰卿于朕何官緯曰尚書令堅歎曰卿
宰相材王景略之儔而朕不知卿亡也不亦宜乎
即尊師之遠祖也下云鬱爲帝師降迹於唐勛之
代此指唐堯時之尹壽也壽爲堯師居河陽說道
德經教以無爲之道語見古今人表又云光乎王
佐應命於周武之朝此未詳所指周時尹姓之可

爲王佐者惟尹吉甫足以當之然非周武朝也尊
師曾祖洪大父舒昭考珍周隋唐史俱無傳又云
師因讀西昇靈寶等經漸達眞教新唐書藝文志
神仙家有戴詵老子西升經義一卷韋處元集解
老子西升經一卷又有洞元靈寶五岳名山朝儀
經一卷殆即此靈寶經也文云高宗在九成宮有
字彗經天長數丈問尊師云云高宗紀總章元年
二月戊寅如九成宮四月丙辰有彗星出于五車
避正殿減膳徹樂詔內外官言事碑即指此年事
唐書五行志書乾封二年四月丙辰有彗星于東

北在五車畢昴間乙亥不見而無總章元年事据
碑言在九成宮則非乾封二年五行志誤先一年
也文云儀鳳四年上在東都先請尊師於老君廟
修功德云云高宗紀儀鳳四年即調露元年是年
不幸東都明年改永隆元年二月乙丑如東都八
月丁未又如東都而八月以前不書至自東都史
之畧也是年兩幸東都不知碑所云見老君乘白
馬事是此年否且或在二月或在八月不能詳也
河南通志載河南府城北八里有上清宮世傳老
子修鍊之所正殿梁柱及瓦皆範鐵為之不知高

宗之見老子即此宮否耶文云奉勅修元□□□
聖□一部凡十卷總百廿篇篇別有贊以舊唐書
經籍志證之乃太上老君元元皇帝聖紀十卷注
云尹文操撰也其袪惑論四卷□魔論卅卷先師
傳一卷兩唐書經籍藝文皆不載稽之道藏亦不
著錄開元時有尹愔者亦為道士見新唐書儒林
傳云愔秦州天水人則與尊師同貫又云愔父思
貞字季弱明春秋擢高第官四門助教夢天官錫
臺交辟寤而會親族聚訣二日卒愔通老子書初
為道士元宗尚元言有薦愔者召對喜甚厚禮之

拜諫議大夫集賢院學士兼修國史固辭詔以道
士服視事乃就職開元末卒似皆尊師族屬而輩
行稍後者也

正覺浮圖銘

石橫廣一尺七寸五分高一尺四寸十五行行十三字正書在汜水縣多寶院

幽棲寺尼正覺浮圖之銘

夫登涅槃山者要馮戒足入仏法海者必藉慈航幽棲
寺尼正覺□香䂓𩮄定水澄清潤三草而布慈雲警四
生而雷法鼓不謂三龍從毒蔭宅將兒二鼠挻灾憂殘
意樹遂即傾天秘寶攢此蜂臺竭地藏珎將營鴈塔其

塔乃岧嶢入漢與玉兔而爭暉嵬業侵雲共金烏而合
曜即願危蘗永茂朽樹長春覩遺情塵聞銷意垢□□
其詞曰
皎見顧高菁此臺塔妍嚴疑語凝源擬業
開元六年歲次戊午七月癸巳朔十五日丁未建

文不甚工字帶隸體云入仏法海者即佛字闕中有
鄭州刺史為子禱疾疏亦作此警四生而雷法鼓雷
字之省文也銘云皎見顧高葺此臺塔妍巖疑語凝
源擬業皆以雙聲成文 中州金石記

移置唐興寺碑

碑高七尺九寸廣四尺二十三行行四十八字隸書在聞喜縣

大唐朝議大夫行聞喜縣令上柱國臨淄縣開國男于
君請移置　唐興寺碑并序
殿中侍御史判職方員外郎高陽許景先撰
觀道寺主僧師口書

先萬物者始道德爲宗窮言象者以乾坤爲大豈若道洽沙界盤古無以化其跡功包鐵圍谿首不能紀其要前後際斷衆妙入於眞乘色相皆空定慧生於正覺言之不極其波若之蘊乎聞喜唐興寺者我國家草昧之所置也時櫜弓矢締搆龍宮懸玉鏡於方丈運實圖於

羅衛將袪八難式護四禪乃於西山建斯精舍布金幽逕樹福琁衡經始險蹊人跡罕到雖三空屢說給園之衆不俱八解常流方廣之途尚阻吒俗常迷於夢幻聚落不聞口口口口使十地空存四生無拯爰初搆趾數十百年舊令因循不改其制長者居士旣渴日於寶坊淸信比丘徒挈餅於諦議時縣令朝議大夫東海于公名光庭即銀靑光祿大夫瀛州刺史東海郡公士俊之孫金紫光祿大夫中書侍郎同中書門下三品東海憲公之第五子也承五鼎之華胄稟三辰之粹精陰德未沫亢宗有後在躬而禮義克舉餘力而文章見稱好學

多能以爲入官之具淸愼寡欲弥見在公之心由也仁科豺乎一貫理必合於投刃事無遺於下轄故能變魋睟之風展蒲盧之化始鄉遐而脩里我有昌言終里遐而修家人無遺善此其操刀有裕彈琴自閑亦旣宣於王程將又崇於佛事爲蒲之所不及理鄰之所未行加以識洞眞扃智融覺鍵伏忍於三昧懸解於六通身若明珠淨無瑕穢心猶平地能生衆善且偹調御時現宰官精三異之妙術敷六度之津要由是歷請天府將徙梵宮雙樹移堅固之林八座改耆闍之岫金山赫赫與紫殿而飛來紺宇皖皖化靑樓而涌出城池故絳井邑

新田士女溢於康莊象馬闐於里閈一一香埜懸寶縷之幢種種天花散金燈之地得未曾有聞所未聞方將洗貪欲之腸賢開盲聾之耳目納須弥於小芥詎是難思置海水於虛空未爲希有僉以法雲西蔭佛日有鄰家之昧今智炬東摧迷途咍牽復之象豈非如來滅後將有住持時夏縣威神寺法師俗姓張法名忽碑其先衣冠出南陽精持律儀薰修戒行德超於四果理貫於三伊大道未行同孔丘之歷聘衆有有病等璧王之授手遂乘杯涑澨振錫北亭扶聾俗於愛河誘焚如於火宅示方便居享波若流亡羊於九部之津去馬於三乘

之際莫不爭持寶蓋競解□□□耨池之棟宇爲苦海
之舟航起予者商繄我明宰時縣丞淸河張佑仁主簿
驩農楊浩尉太原王臨尉太原王銑等竝瑚璉名器鸞
皇勁翮才無滯用政有異聲鄉三老進而言曰今敦禮
勸農嘉惠也樹法拯人深慈也我宰君善化前古罕儔
豈使浚儀豐碑空銘景行龍宮後偈獨闕微言載勒堅
金永傳沙界銘曰
佛言能淨一刹土是謂世間良福田今我莊嚴招提宇
度脫功德海無邊猶如法雲覆羣品亦如佛日在中天
皆是宰官惠明德羣甿安樂離苦緣樹碑紀功永不朽

銖衣拂石億萬年
開元六年歲次戊午九月壬辰朔二日癸巳建
右唐唐興寺碑殿中侍御史許景先撰寺在山西聞
喜縣縣令于光庭爲移置之景先之文由是而作光
庭之在聞喜不聞其有善政而乃汲汲爲僧移寺非
賢令也金薤琳瑯
按唐興寺在聞喜縣據碑文寺爲唐初所建在西
山人跡罕到至開元初于光庭爲縣令乃移建于
大道旁而立此碑以紀縣令之功德也山西通志
聞喜縣寺觀條下不載唐興寺今以碑文有唐興
寺者我國家草昧之所置也一語參之通志惟載
有鐵牛峪寺云在鐵牛峪西神僧餉兵處相傳太
宗行軍至美陽鄉乏糧寺僧智旻以沙鍋煮飯餉
軍胥獲飽及即位勅建廣教寺以報之又云廣教
寺在縣南二十里寺頭村土人名沙渠寺相傳唐
太宗勅建併鐵牛寺入焉又於山川條下載鐵牛
峪云在縣南三十里相傳有鐵牛流峪中水峪有
興國寺頗疑興國即唐興寺所改而其初舊額即
鐵牛峪寺與廣教寺也年代寖遠名跡俱湮不能
確指其所在矣縣令于光庭爲東海郡公士俊之

孫東海憲公第五子兩唐書俱無傳以唐書宰相
世系表攷之俱不載其名大抵與于志寧等不同
系也然世系表中如知微克勤却封東海郡公殆
是爵偶同耳山西通志名宦卷光庭亦無傳

于知微碑

碑高九尺八寸廣四尺四寸四分三十四行行七十五字正書在三原縣

兗州都督于知微碑

姚崇撰

□□□□□□□□□□□□□□□□□乃有□□
□□□其有高山峻極□□磊□而不窮大川靈長淸

瀾浩汗而無絕□芳□□□□雲□者其惟于□□□
□乎君諱知微字辯機其先周封□□□□□□□□
□□□東海□爲□□其後仕于魏亦家于代□代□
謹左僕射太子太師雍州牧子孫相承故今爲京兆萬
年人也高祖□周涇州刺史□安郡守驃騎大將軍開
府儀同三司瓜潼兖邵四州刺史涇州總管建平郡公
謚曰剛曾祖宣道周儀同大將軍隨內史舍人左衛率
上儀同□安子　皇朝贈涼州刺史謚曰獻平執珪璧
累傳茅土履□遍於文武聲華被於中外祖志寧　皇
朝秦王友禮部尚書侍中尚書左僕射太子太傅太師

蒲岐華三州刺史上柱國燕國公贈幽州都督謚曰定
山河授□星象降精負明□之□□佐綵綸之大業謀
猷　瑣闥動合全撰詳綜禮闈言成故事聲徽滿於天
下位望極於人臣父立政　皇朝吏部郎中國子司業
太子率更令渠號二州刺史太僕少卿公子公孫多才
多藝□□□□□□聲實豈唯臺閣取則抑亦河海稱
宜公丹穴融姿生而五色青田表質動則千里言爲士
範行乃人師包括藝文□詞場而獨步甄明政理登□
□而先□朝澣□□之衣心□地義夕寢□□之被性
篤天倫行必由信不負黃金之諾舉無失德適慎白珪

原缺第三十二葉

郎中□□□著□兼五勲昔稱歸□是膺俊選阮籍之
東平孫盛之思小邑願從所好天且不違乃出爲許
州司馬累除蒲晉潤三州長史龍驗一□驥足載馳
下河史亟展□輿之政延陵□瀆累□歸□□既□
人謠遂紆朝獎長壽二年制授鄂州刺史無何又累除
道利二州刺史化被荊楚威覃蜀漢去獸遷蝗以奉
伐枳□□以□□□□□州界□有光大賊剽劫相仍充
斥爲患雖經討□曾不衰止有果州流溪縣丞邢曇之
等聞公政術深思拯庇仰隣燭之延佇慕河潤以傾勤
曇之因使入京乃以父老等狀上請情詞懇到□□

天心乃降　優旨授公撿挍果州刺史褰帷一視羣□
出奔下車三令□境□息神功之歲復除恒閬二州刺
史礪岳北臨劒門南峙是爲襟要實頼才雄公以身率
人令行禁止河朔拒二天之謠漢中興五袴之歌惟揚
奧區是□重鎮事兼□□允藉親賢久視元年又改授
揚州大都督府長史地總淮海路兼嶺蜀僞舊相□良
猾莫分攘敓爲恒推埋所聚公懸明鏡以臨照稱物無
□擣利劒以斷割隨機有裕補張綱之□政紹何武之
遺績江汜之□於是乎在長安二年改授常州刺史毗
陵大藩寔要良守輟已成之務就有待之司顧盼而洗

俗自淸咄嗟而□政咸理公每懷敬止恐□□之漸蕪
願近鄉閭雖執鞭而可仕屢陳章表具列款誠□時任
鳳閣侍郎預知□政備悉情素嘗爲贊成乃屆資除雍
州司馬從其好也粤以宏才俯從□尹□晞□□有犯
□□□□□□惟賢是□能名播於京輦公心□□人
吏旣推循德□□舊資朝廷稱歎聲聞　旒扆乃加銀
靑光祿大夫改授絳州刺史州管軍府戶多彫散惟良
之任自昔稱難公隨方撫馭應時□理紓盜畏威而□
境流□感恩而復業以公□舊正人德業斯重講□之
任髦俊是□乃除太子左庶子又遷太僕少卿并累封

東海郡侯行本忠良器實高茂膺負璽之淸級播恭愼
之嘉聲鄒魯□番□摽舊國闡揚文教馮藉師資乃除
兖州都督公五百挺生博聞强記三千受業發瞽振聾
撫俗則黃霸重生講藝則顏回不死俎豆益先生之餼
歌詠光夫子之門發餘燧於槐檀導末流於洙泗公讀
□□傳乃慨然歎□古人云□相視盡□壽共□兒□
□□□殘光詎幾昏中□壁餘歲可知乃懷鼓缶之娛
遂抗懸車之請至誠上達優旨旋許追二疎之逸軌訪
四皓之幽居張禹韋□之流魏舒□□之輩遂異代□
□殊塗同歸者焉景雲二年封□海郡公又擒拔鴻臚

少卿公遠覽夜行之誡自傷月告之年僶俛承　恩斯
須罷職嗟乎鄭辰甫及謝酉難移旣勞息之有期豈桐
□之可救以□□二年六月廿五日薨於長安常樂之
里第春秋七十九太山其頹仰會峰而何及長河旣竭
望淸瀾而遽遠以開元二年十一月十八日遷祔于京
兆府三原縣萬壽鄉長坳原舊塋禮也公□海□族三
台□胄行爲摸揩言成准的居家盡孝奉國竭忠情叶
段干直以道義爲富性符徐邈唯以詩書自娛歷居官
次每著殊尤之績薦於文道非虧然諾之心嗟乎□慭
溫□永往子安何□□□仙鶴之聲元伯長□□有素

車之□平原四望□□春□荒隧千年蔓草秋露拴旐
佪而復舉簫鼓咽而不鳴涕淚咸冰瞻昔　恩而未重
柱檻皆素顧今禮而爲多嗣子朝議大夫行密州別駕
上柱國東海郡開國男克勤次子朝議郎行左監門率
府長史上柱國武陽縣開國男克搆朝議郎行華州司
戶參軍上柱國黎陽縣開國男克懋等聿修祖德不墜
家風冬日將夏日相輝金　友與玉昆交映□□□□
以□義相規別□逾□□□□遂□良友旣沒誰堪
制服之悲知音者者空輟絕絃之痛罷馬之室本不分
於客主管鮑之契固無限於存亡見□爲文辭不獲免

平生言行誠僕所知揄揚事業則吾豈敢將□□□之
迹□題無愧之詞云尔
江河泒别兮靈長芝蘭挺秀兮芬芳象賢襲慶兮忠良
過庭承訓兮義方本百枝兮無疆弥七葉兮未央心懸
明鏡兮氣蓄干將化成雉狎兮德□鸞翔或□□而馳
譽或□□而爲光烈爵窮於五等爲尹邁乎三王入龍
樓兮膺侍接擁鳩杖兮體歸藏東川不待西域無香盧
敖仰兮無逮王喬去兮何常思武子之可作歎公業之
不亡露□泣於□□□□□於□□□□玉兮長想臨
挂劒兮增傷

開元七年歲次己未六月戊午朔三日庚申建
右碑殘缺卽姓名亦不可見有五代祖謹知爲于氏
及考趙錄目註建碑年月始定爲知微也父立政見
志寧傳知微自釋褐歷官至兖州都督皆有惠政撰
文者姚崇也末云平生言行實僕所知揄揚事功則
吾豈敢竊謂不知其人視其友武氏之臣苟爲姚宋
所與建碑庶幾不媿惜三原之鄉人鑱泐其文爲無
識也公侯子孫非奇才異績不得附見國史向錄大
猷碑喜于氏復得三人此碑云子克勤克搆克懋皆
顯官合知微而四于氏之傳于今者非碑版之故耶
于氏諸碑皆在今三原縣墓上 金石後錄
據金石文字記爲姚崇撰石殘缺無書名按辯機燕
公志寧之長孫吏部郎中立政子刺史大猷之兄封
東海郡公贈兖州都督碑曰葬於三原縣萬壽鄉之
先塋余特謁燕公墓辯機大猷二碑相去不遠大猷
墓僅存如堵牆辯機墓已平耳其碑存 來齋金石刻考略
按知微乃立政之子與大猷同父其世次與大猷碑
及唐史有小異讀者當自得之至唐史志寧傳贈幽
州都督大猷碑稱志寧贈幽州刺史今知微碑又與
大猷碑同則志寧之爲幽州都督爲史之誤無疑也

雍州金石記
知微燕國公志寧之孫也碑書志寧所歷官頗詳其
云秦王友禮部尚書新舊史皆未載又云蒲岐華三
州刺史新史則云出爲榮州刺史改華州以蒲爲榮
又不云岐州是其鈌誤也碑敘先世譜系及諸子俱
與宰相世系表合碑稱知微高祖義周涇州刺史隨
瓜潼兖部四州刺史涇州總管而表云隋潼州總管
碑稱曾祖宣道周儀同大將軍隨內史舍人左衛率
上儀同皇朝贈涼州刺史表惟云隋上儀同舊書志
寧傳惟云隋內史舍人而已是其畧也碑云京兆萬

年人而史云京兆高陵人當以碑爲正（潛研堂金石文跋尾）

按碑云高祖口周涇州刺史口安郡守瓜潼兗部四州刺史涇州總管建平郡公謚曰剛（于大猷碑不叙高祖）高祖名泐据世系表乃于義也隋書義傳義卽謹之子周閔帝受禪累遷安武太守歷西兗瓜邵三州刺史尋拜潼州總管與碑不同曾祖宣道碑云上儀同口安子泐其爵一字（大猷碑泐此字）亦据世系表是威安子也祖志寧唐書傳所載歷官俱與碑同惟傳載高祖入關授元帥府記室遷天策府中郎文學館學士而碑則云爲秦王友也（大猷碑無此語）又薨

贈幽州都督與兩唐書本傳同獨于大猷碑作幽州刺史雍州金石記以爲史誤然大猷碑云贈使持節都督幽易嬀檀口口六州諸軍事幽州刺史贈銜本與兩傳及此碑不同或者當時書銜之例詳言之則既稱都督又可稱刺史而約舉之則直云都督而已似未可謂史誤也父立政無傳銜與大猷碑同世系表但言官太僕少卿虢州刺史而碑則云渠虢二州刺史也碑云公授魏州貴鄉縣令連夏大旱入境卽降雨施及公私尋被巡察使昇進制加朝散大夫行城門郎事在長壽以前文獻通考云神龍二年勅左右臺內外五品以上官識理通明無屈撓者二十人分爲十道巡察使二周年一替以廉按州郡以此碑證之則巡察之官武后時已置之不待神龍二年而通考則又云天授二年發十道存撫使以右肅政御史中丞知大夫事李嗣眞等爲之知微之昇進正在是時然通考以存撫巡察分晰言之必不致誤闕疑可也知微歷官終于檢校鴻臚少卿世系表則繫以兗州都督是在鴻臚前也嗣子三人官爵與世系表互勘惟第三子克懋碑言黎陽縣開國男表略而不

載餘俱同也

金石萃編卷七十一終

據古碑證文校
據趙氏金石續鈔校

金石萃編卷七十二

賜進士出身　誥授光祿大夫刑部右侍郎加七級王昶譔

唐三十二

修孔子廟碑

碑連額高一丈五尺九寸廣五尺八寸二十一行行六十字隸書額題魯孔夫子廟碑六字篆書在曲阜孔廟

朝散大夫使持節渝州諸軍事守渝州刺史江夏李邕文

正議大夫使持節宋州諸軍事守宋州刺史上柱國范陽張庭珪書

嘗觀元化陰藏上帝靈造雖道遠不際而運行有符揚摧大柢宣孝神用建人統之可復補天秩之將積其揆一也昔者蚩尤怙賊厥弟驕兵巳力多徒合緒連禍則黃帝與聖首出羣龍推下濟巳君人儆勤略巳戡亂逮至橫流方割包山其浴轉死爲魚鱉食不粒則堯禹竝跡扶振隱憂道百川康四國粤若殷禮鈌周德微宋公用鄙楚子問鼎則夫子卓立粲然成章闢邦家之正門播今昔之彝憲此天所巳不言而成化聖所巳有開而必先其若是也故夫子之道消息乎兩儀夫子之德經營乎三代豈徒小說蓋有異聞夫亭之者莫如天蓊之者莫如地教之者莫如夫子且沐其亭而不識其道則不如勿口荷其蓊而不由其德則不如勿運固曰消息乎兩儀者也夫博之者莫如文約之者莫如禮行之者莫如夫子且會其文而不揚其業則不如勿傳經其禮而不敬其致則不如勿學上代有巳焯序中代有巳宗師後代有巳丕訓固曰經營乎三代者也意虞舜之美不必至是讚而大者進聖君也夏桀之惡不必至是擠而毀者激庸主也伊尹之忠不必至是演而數者勉誠節也趙遁之逆不必至是抑而書者誅賊臣也至若論慈廣孝輔仁寵義職此之由於是君臣之位序父子之

碑原本作趙遁

證文作偕理濟
時無空格

道明友朋之事興夫婦之倫得雖朕日開覺膏雨潤黷和風淸扇安足喻哉偕如九皇繼統而政醇七聖同年而道合雖事業廣運偕理濟口時未有溥遊大夫僻居下國德較旣往言滿方來廟食列邦不假手於後續君長萬葉畢歸心於綮王若此之盛是巳騰跨百辟孤絕一人曷成名可稱取與爲大者巳

我國家儒教浹寓文思戾天伸吏曹巳追尊逮禮官巳崇祀侯襃聖於人爵尸奠亨於國庠是用大起學流錫類孝行敦悅施於方國光覆彌於靈宗三十五代孫嗣襃聖侯璲之字藏暉洎族賢元亨等或專門碩儒罔墜于緒或餘波明

準克揚厥聲乃相與合而謀曰夫墟墓之地禮曰自哀
聽訟之樹詩云勿翦一則遇事遺愛一則感物允懷斂
乎大聖烈風吾祖鴻美故國封井舊居岀鬱歟宜其悚
神馳魄蹠行膜拜陳齋祭首嚴祠樹繚垣㠯設防刊豐
石㠯爲表兗州牧京兆韋君元珪字　王國
周親人才懿德明敭風績休有名教長史河南源晉賓
字光國賢操孤與清節相遠納人㠯禮成俗於師司馬
天水狄光昭字子亮相門克開雅道踵武聞義必立從
事可行錄事參軍東海徐仲連功曹成陽蓋寡疑倉曹
太原王道渟𨽻農楊萬石戶曹博陵崔口連𨽻農楊履
𨽻兵曹太原王光超范陽張博望法曹安定皇甫悛東
海于光彥士曹滎陽鄭瑋參軍事博陵崔調扶風竇光
訓河東裴瑨隴西李紹烈口口口口儀傳口南陽樊利
貞曲阜縣令鴈門田思昭丞河閒劉思廉主薄吳興施
文尉清河晏𨽻楷等宦序通德儒林秀士昇堂覩奧遊
聖欽風僉同演成乃口終始其詞曰
元天陰隲大明虛鏡神不利淫物將與正凡曰投艱在
此逢聖吞沙荐虛軒黃庭定襄陵北災夏禹文命周道
失序夫子應聘刪詩述史盛禮張樂雅頌穆清訓詞昭
灼片言一字勸美懲惡誘進後人啟明先覺六順勅興

四維借作元功濟古至道納來首出列聖席卷羣才大
名震曜廣學天開蒸嘗市寓誦習窮垓　帝念居室
㠯光壽宮建侯于嗣環封厥中孫謀不泯祖德斯崇乃
刊聖烈克廣休風
大唐開元七年歲在己未十月乙酉朔十五日己亥
建
碑兩側題記
兩側各廣二尺四寸二分共唐宋金元題名十三段第一段五行行十四字左行正書
門人徐泗節度掌書記殿中侍御史內供奉賜緋魚
袋杜兼　童子高質　大唐貞元七年辛未歲二月
八日　祗謁拜奠
又　四行行七字六字不等左行正書
轉運使王純臣奉　詔專詣登萊密三州賑卹恭謁
先聖祠下　嘉祐癸卯正月廿三日
又　七行行十三字或十二字二十字不等左行正書
宋熙寧六年館閣校勘呂升卿奉　勅祭訪京東路
十月初六日自郡率官屬同謁　祠下勾當公事官
律學教授方希益監南京鴻慶宮蔡堪穎州推官陳
祐甫眞州楊子縣令歐陽成　縣主簿龔衍聖公孔
若蒙許州舞陽主簿王佐同來

又前六行行八字九字後三行行十三字十二字各不等俱左行正書
宣義郎權發遣提舉京東西路學事程振率州學教
授辛炳同謁　先聖廟下因奠　林冢政和元年九
月廿六日
明年四月十二日振以職事再過
闕里同管句文字官劉詢奠謁　冢廟
又五行行十字左行行書
政和改元被　旨修飾祠宇京東路轉運使陳知存
點檢役事恭謁　宣聖時季秋廿八日謹題姪鐸侍
行

又五行行九字左行正書
政和丙申浴沂之月莆陽陳國瑞按行學政取道闕
里修謁　廟庭觀手植檜及連理木從至者屬官焦
百祿
又五行行十五字正書
奉政大夫應奉翰林文字同知　制誥兼　國史編
修李子昜因馳驛至同　朝散大夫泰寧軍節度副
使兼兖州管內觀察副使劉瑋恭拜　廟下大定十
七年四月初九日
又三行行二十三字正書

朝請大夫東平少尹兼山東西路兵馬副都總管提
舉學校事李幾說被檄之徐州因得奠拜　聖師林
廟明昌二年十月初七日
又二行行十六字正書
明昌三年十二月初四日范陽王肩元奉　命過
魯祗拜　林廟
又六行行八字正書
中山趙充馳驛道出曲阜敬謁　先聖祠下時承安
改元之明年秋二十有四日趙漁陽李奕里人郝无
咎與焉

又八行行三十一字正書
維年月日國子助教除山東東西道肅政廉訪司照
磨于欽謹昭告于　大成至聖文宣王維　王德同
太極道侔元氣集厥大成垂訓萬世於赫事功拔聖
之萃　王祀萬年魯廟有歸泰山可頽魯宮巍巍河
海可竭魯黌業業壁魯有年今始魯游春風沂水瑟
音悠悠登降有嚴洋洋珮璆敢不肅恭以承　神休
延祐庚申春二月　詔振臺綱　山東廉訪司照
磨于君思容乘傳經曲阜適上丁有事于　先聖以
使禮與祭　衍聖公請君令儒嘗師成均特具章服

行事爰有祝文孔顔孟三氏子孫教授王不矜學正
藍氏信請誌于石君益都人思容字也
又三行行十五字正書
眞州吏劉宗煥馳驛押運碑亭木植至闕里瞻拜
林廟至元六年八月十二日記

碑陰題記
共二段第一段十一行行十五字正書
僕鄉爲令長山被檄泰安嘗謁 宣聖廟歷觀前人
碑志自漢魏以來代無不修其舊制稍隘未足以副
天下之望茲者 朝廷右文命開州刺史高公旻卿

特爲增葺凡弊者新之狹者廣之下者高之舊所無
者創之莫不曲盡其善僕與公有一日之雅喜而謂
曰公爲吾儒獲膺此委而能大其規模俾雄麗如此
可謂無負矣明昌辛亥復因奠拜過此安陽赫㻒十
月二十有七日題
又十行行約十字行書
乙未歲二月廿有二日古兖謝彦實遼海王萬度來
自任城敬謁 廟下因賦詩一章謹題於此
聖道遺宗主干戈隔歲年相傳周禮樂曾照魯山川
日月輝光實乾坤氣象全 東家典形在喬木冷參

天
夫子廟碑爲渝州刺史李邕撰宋州刺史張庭珪書
邕語亦似知尊夫子者第任書可耳不當遂任文也
庭珪官至太子詹事著直聲家藏二王墨蹟甚夥書
小史謂邕所撰碑碣必請庭珪書此亦其證也弇州山人續稿
舊唐書張廷珪傳廷珪素與陳州刺史李邕親善屢
上表薦之邕所撰碑碣之文必請廷珪八分書之庭
字作廷邕傳同金石文字記
案舊唐書邕本傳云開元三年擢爲戸部郎中左遷

括州司馬後徵爲陳州刺史十三年元宗車駕東封
迴云云據碑立于開元七年邕署銜爲渝州刺史當
由左遷括州司馬時巳轉渝州而史失書也廷珪傳
出爲沔州刺史又歷蘇宋魏三州刺史與碑言守宋
州刺史合惟勳爲上柱國亦從略尔廷珪與邕親善
屢上表薦之邕所撰碑文必請廷珪八分書書之今
此廟碑亦其一也碑載三十五代孫嗣褒聖侯璲之
字藏暉宰相世系表璲之字藏暉都水使者襲文宣
公玟璲之襲封褒聖侯當開元五年共進封文宣公
在二十七年故碑惟言其初襲封也碑中列兖州牧

京兆韋君元珪字王國長史河南源晉賓字光國司馬天水狄光昭字子亮元珪附子堅傳云先天中銀青光祿大夫開元初兗州刺史即稱兗州牧是也志稱京兆河南太原等府三府牧各一員兗州既升爲大都督府宜有牧矣狄光昭見世系表云字子亮職方員外郎碑後又載錄事參軍東海徐仲連等名案職官志大都督府錄事參軍事二人兗州既屬上都督府此碑列錄事參軍惟徐仲連一人與中下府同功士二曹各一員餘曹各二員正與志符至志載開元元年十二月改錄事參軍爲司錄參軍今碑在開

元七年猶稱錄事所未審也碑陰辛亥爲明昌二年案明昌元年三月詔修闕里孔子廟降錢七萬六千四百緡據此題乃知董其役者高曼卿也又乙未歲題并詩不著時代据作者爲遯海王萬慶斷非宋人而詩云干戈隔歲年或是金之大定十五年或是蒙古太宗七年也兩側題名自上而下以次錄之凡十三段明以後概不及何夢華云碑陰額間尚有元人題名墨蹟數行惜無人拂拭之山左金石志

按碑書趙盾作趙遁石墨鐫華皆不解其故檢諸字書亦未有盾可與遁通用者然盾有隱蔽之義劉熙釋名云遯也跪其後避以隱遯也据此則盾作遁似亦可通矣碑兩側題名唐人一段杜兼兩唐書有傳云兼字處宏相州洹水人正倫五世孫舊傳作京兆人建中初進士高第徐泗節度使張建封表置其府積勞爲濠州刺史此碑題名有殿中侍御史內供奉則兩傳所無也宋人五段內王純臣有一詩見厲鶚宋詩紀事題是賀岷州太守种諠破鬼章而於純臣事蹟不詳程振辛炳宋史俱有傳程振字伯起饒州樂平人入太學徽宗幸學以諸生右職除官爲辟雍錄升博士遷太常博士提舉

京東西路學事請立廟于鄒祀孟軻以公孫丑萬章樂正克等配食從之辛炳字如晦福州侯官人登元符三年進士第累官至監察御史兼權殿中侍御史金人四段元人三段內于欽字思容益都人歷官兵部侍郎撰齊乘六卷至元五年蘇天爵序此碑題延祐庚申在至元前二十年也餘俱無攷

王仁皎碑

碑連額高一丈五尺六寸廣五尺七寸二十二行行五十四字隸書額題御書二字正書末右羽衞一行亦正書在同州府大荔縣

唐故開府儀同三司贈太尉益州大都督上柱國祁國
昭宣　王公碑
□□天命帝于萬邦維坤配乾毋萬物以親九族□父
之屬尊□□百官□□□□□□□□□□□□□□
祁公□□□□□□□□□□□□諱仁皎字鳴鶴太
原祁人王子賓天啟靈僊之族司徒衍□大忠義之門
□□□□□賢□□祖□□□□□□□□□□□□
□□□□□刺史考文涓贈右僕射纘戎前烈啟迪後
人公之生也膺□靈之禎體□□□禮□□□□□□
□□□於□□□□□□□□□□□□□不兆而養

之以蒙智周無際而處之以默故實勝於文行□於譽
其隱德也□□不□其□□也□□□□□□□□□
□□□□□□□□□兵應將帥舉授甘泉府果毅遷
左衛中郎將上昇春宮□□□□擢將作大匠□時工
□□□□□□大□□□□□□□□□□□□□□
內禪引俤外戚懷榮畏滿猒劇思閑公既深辭以職□
□□□之□散□□□□之禮□□公□□開府儀同
□□□□□□□□□□□□戸三千實賦三百公於
是寓情宴喜□逃朝行人告嘉猷□而人莫□□□□
□□□而人莫知□不□□於□□□□□於□□□

□□經曰明明天子擇賢共理瑣瑣姻婭則無膴仕不
識不知□□有已譱矣□□□□□□□□□白□外
□□□□□□□□□□若□□□□□退事不事而
懸解爲不爲而理會一以無□□之□□□無□□之
□所□□□□行中□歟後之人中□歟後之人□□
□□□□□□而蹈高軌也享年六十有九開元七年
歲次己未四月□未朔廿日戊寅薨於京師□上□爲
設以大□□□□□□□□□□□□□□□□追贈
太尉益州大都督賜東園秘器含襚賵錫率加□禮乃
命尚書彭城□□知□□□□□□□□□□□□□

□□□爲□□□□南安侯寵承宗持節弔祭左庶
子白□慎倅焉公卿命□更弔□愉溢巷塡門爲□□
□□□□□□□□□□□□□□□□□□□□□
□□□□夫天作聖合必起大邦故軒妃美於西陵周
嫡□於東海公□□之慶□□二十□□或□□□□
□□□□□□□□元女□□□□禁業參□石內被
螽斯之德外偃關雎之化門風□□也如彼□□惟力
□君□心□□□□□□□□□□□□□□□□□
□□□□□□有才子八族我盈其□□王有理臣十
人家□其□□□□史□□前聞有□□□□□□□

□□□□□□□□□□□□□□□□□□□華□
□指要則皇帝所爲也詞臣承詔作之銘□
□□□□□□祁公誕靈□享有□其慶□之外□高
□□□□□□□□□□□□□□□□□□□□□
□□□□□□□□□□□□□□□□□□□□元
社帝曰欽哉祁公之德柔嘉維則令儀令□□心□□
如□□□□□□□□□□□□□□□□□□□□
□□□□□□□□□□□□□□此□□休閒其永
豐□□□□□□□□□□□□□□□□□
開元七年歲次已未十一月乙丑朔□□□

右羽衛將軍□撿校幽州都督節度下闕

舊唐書仁皎本傳仁皎以開元七年卒令張說爲其碑文元宗親書石焉攷兩書本傳所載並合惟擢將作大匠後轉太僕正卿新書不之及耳碑自歐趙至今從未著錄關中金石記、

按仁皎明皇廢后王氏之父也唐書后妃傳稱同州下邽人碑云太原祁人者舉其族望也碑文張燕公所撰而明皇親書之額題御書二大字不審出何人筆潛研堂金石文跋尾

按碑多殘闕然所存者考其歷官多與史合文云王子賓天啟靈德之族司徒衍□大忠義之門太原王氏出周靈王太子晉之後所謂王子賓天者是也後漢王允太原祁人少好大節有志立功累官豫州刺史討破黃巾後拜司徒所謂司徒衍□者是也祖諱已泐考諱文洎唐書王皇后及仁皎傳俱不載其父名賴此碑猶存王皇后傳獨舉其先世爲梁冀州刺史神念之裔孫而不及其他神念梁書有傳太原祁人好儒術明內典普通中累官使持節散騎常侍爪牙將軍仁皎傳則無一語及其先世者仁皎小字阿忠亦見王皇后傳碑所

不及也仁皎以開元七年四月□未朔廿日戊寅薨泐朔日一字則已未也其時飾終之禮極隆燕公文御書碑恩榮無與比通鑑綱目載其子駙馬都尉守一請同竇孝諶例築墳高五丈一尺上許之宋璟蘇頲諫而止越四年王皇后廢子守一賜死恩澤遽替此在仁皎未嘗不以早死爲幸也碑末右羽衛將軍一行下泐其半不知何謂

李思訓碑

碑高一丈一尺三寸六分廣四尺八寸五分三十行每行七十字行書在蒲城縣

唐故雲麾將軍右武衛大將軍贈秦州都督彭國公謚

曰昭公李府君神道碑并序

族子□□□□□（州刺史邕）撰并書

觀夫地高公族才秀□國華德名昭宣沖用微婉動必

藹久言必典彝人之儀形□以爲□□□□□□□□

□□□□□□□□□□□□□□□□□□□□□

□□□□□□□守中轄重養福亢宗以長其代邁德

以閲其門者其惟我彭國公歟公諱思訓字建隴西狄

道人也□□□□□□□□□□□□□□□□□□

□□□□□□□□□□□□□□至信徒於秦克復

其任子仲翔討叛羌于狄道子伯考回家焉洎孫漢前

將軍廣子侍中□十四代孫暠□□□□□□□□□

□□□曾祖□□□□□□□□□□□□□□□□

卿諱叔良都原州長史華陽縣開國公贈寧州刺史諱

孝斌或集事雲雷擁旄爲將或□光　日月□□□

□□□□□禮以□□以□□□□□□□□□□□

□□□□□□然寡欲超然遠尋好山海圖慕神仙

事且東以名教阻於從遊乃博覽羣書精慮□藝百□

偕妙一□□知□□□□□□□□□□□□□□□

□□□□□□□□□□□□□□聳義直道首公非

忠益之論不關於言非侯度之謩不介其意夫如此可

以近大化漸家□功烈　□□□□□□□□□

□□□□□□□□□□□□□□□□□□□□□

畢子贊禹甘生相秦莫可得而聞已十有四禰崇文生

舉經明行修科甲明年吏□以文翰擢□□□□□□

□□□□□□□□□□□□□□□□□□□□□

□□□未幾加朝散大夫滿歲除常州司倉參軍事

出納之恡職司其憂葢小小者于時也鼎湖　龍昇□

□□□□□□□□□□□□□□□□□□□□□

□□□□□□□□□□□輿二□之歎近關而向

罔知所從臨河而還復將安處僶俛轉楊州江都宰公

曰五行四時十二月□□爲□　五音六律□□□

□□□□□之多□□□□□□□□□□□義□

其□情敷祐話言所以廣德化扇揚和氣所以暢仁心

及履霜堅氷終風折木公歎曰天□□□□□□□

□□□□□□□□□□□□□□□□□□□

□□□□以□家□訴侯時變名求活所恨南陽宗

子未舉勤王西京宰臣不聞復　辟者曠十有六載及

□□□□□□□□　□□□□□□□□□□

□□□□□□□□位莫非其人徵拜太常寺丞漸

也未月遷太府員外少卿五旬擢宗正卿眞形伯加隴

西郡開國公食邑二千戶□□□□□□□□□□
□□□□□□□□□□□□□□□□□□□□
□□吠傷嗣害 國誘關通之邪甘言悲詞隽讒巧之
譖助逆封己害正亂朝公寄奏封章累□戚沃□□□
□□□□□□□□□□□□□□ □□□
□□動卒□迴□納□夔之詇開臣禍之北放逐勳舊
慰鷹㲉雛后族握兵黨與屯衛仡仡賈勇凶凶作威持
戟□其□□□□□□□□□□□□□□□□□
□□□□□□或□□□□□□之□或外廷揣
摩飛白烏之難然以楚兵致討嘗懼季良淮南荐凶獨
防汲贖出公爲岐州刺史累□□□□□□□□□
□□□□□□□□□□□□□□□□□□□以
□□□舊也家富勢足目指氣使駈掠以爲浮費劒戟
以爲盜夸公乃急於長碓緩於□□峻□□□□□
□□□□□□□□□□□□□□□□□□□□
□□□□□ 國朝以時泰崇文事危尚武取 申 忠義
具屈才能以左屯衛將軍徵家□並給傳乘議者以爲
式是□□□□□□□□□ □□□□□□
□□□□□□□□□□□義□□□嶠則文雅
洽通故散騎平遷侍中兼掌旹也所重今之所難公得

之矣復換散騎常侍□□□應□□□□□□□□
□□□□□□□□□□□□□□□□之一□以
圖書□此之再任以心膂昇故一從一橫一文一武丈
夫也君子哉尋拜右羽林衛大將軍以 □□□□
□□□□□□□□□□□□□□□□□□□□
□□□□□□□□□渝考中上又更右武衛大將
軍且師冉廉貞則拜斯職宋昌心腹三登厥官或以□
□□□□□□□□□□□ □□□於□□□
□□□□□□□□□□□□□□□□門也因假
開逾是究竟談以實明宗非差別行其道流也黙論祭
[illegible]諱深□見聖始作□於不□□□於□□□□□
□□□□地之紀導□□之□□□之□□□□□
□□翼皇道決策謀府經德智囊而日月有除霧露成
疾莫可救藥誰能度思嗚呼春秋六十六以開元□年
八月□□□□□□□第 □□□□□
□□□□□□□州郡督賵布絹四百端匹米粟四
百石葬日官給謚曰昭公宜家魏國夫人竇氏德心守
彝禮容宏矩□□□□□□□□□□□□嗚呼□
□□□□□□□□□□□□□不□悲夫以八年六
月廿八日合祔陪于 橋陵園禮也姪吏部尚書

兼中書令集賢院學士修國史□□公□□□□□
□□□□□一□□□□□□□□□□□□□□
□□□布和宏恕以歸序刑器有典軌物有倫嘗追如
父之恩是切加人之感相與公之長子朝議大夫魏州
別駕□□□□□□□□□□□□□□□□□□
□□□□□□□□賢院昭道等並才名用譽業尚
居多至性純深終天孔亟嘗恐竹□紀事未極聲華石
□□□揚風烈□□□□□□□□□□□□之□
□名□之□□□□□□□
麟定時秀人才　國工詩書樂地典禮良弓率心載

德濟義輸忠湖海雅度□□清風乃□槐集□□□□
伊昔□□□□□窮□□□□□□　□
□□□□□通赫赫復　□振振秩宗三思齊禍
諸韋荐兇憂纏家　國氣薄華□□□□□□□
同□□□□□□□銜□□□□□□雄□□□□
□□□□□□□□□□□□子惟孝靈龜是從
桐栢烈烈碑闕崇崇盛業何許佳城此中
□李北海翩翩自肆此雲麾將軍碑尤著者將軍名思
□訓畫品在神妙間碑辭絕不之及豈古人以藝為諱
耶弇州山人稿

雲麾官銜也其碑有三一在關中一在良鄉一在楚
中關中者乃李思訓碑雖殘缺猶可搨燕楚兩通今
罕傳不知係何人碑想石亡久矣書畫跋跋
碑在蒲城楊用修謂已斷正德中劉遠夫御史以鐵
東之又謂已亡朱秉器又謂良鄉亦有此碑蒲城者
為趙文敏臨書令蒲城碑尚在未斷無有鐵束事且
蒲城李思訓葬處北海眞蹟的非文敏所能良鄉本
肥媚文敏書無疑石墨鐫華
李北海有兩雲麾碑一李思訓一李秀官同姓又同
思訓碑在陝西秀碑在良鄉秦人著名墨鐫華者誤

以為一碑且以此碑為趙文敏所臨誤矣良鄉碑不
知何時入都城宛平令掘地得六礎洗視乃雲麾碑
建古墨齋以貯之不知何時又移至少京兆署中止
二礎其四礎傳謂萬歷中京兆王惟儉攜去汴中金
石錄云明皇以天寶三年改年為載今此碑元年正
月立而稱元載附記之俟考庚子銷夏記
右雲麾將軍李思訓碑文稱姪吏部尚書兼中書令
集賢院學士修國史晉國公林甫攷唐書宰相表開
元二十二年五月林甫自黃門侍郎為禮部尚書同
中書門下三品二十四年七月為兵部尚書十一月

兼中書令然則北海製文當在廿四年已後而金石
錄寶刻類編諸書皆題爲開元八年葢因碑文有八
年六月廿八日合祔之文而不知祔葬之與立碑非
一時也顧文學言唐人日曰二字同一書法惟曰字
左角稍缺此碑謚曰昭公字兩見皆作日左角亦不
缺筆邕於思訓自稱族子然新舊史邕傳不言出于
宗室未知其審潛研堂金石文跋尾

按碑叙其先世前段已泐存者云至信徙于秦克
復其任子仲翔討叛羌狄道子伯考因家焉洎孫
漢前將軍廣子侍中口十四代孫嵩云云唐書宗

室世系表李氏出自嬴姓其後有名汪者秦將軍
生曇趙柏人侯入秦爲御史大夫生四子崇辨昭
璣崇爲隴西房官隴西守生二子次曰瑤南郡守
狄道侯生信字有成大將軍隴西侯生超超生二
子次曰仲翔河東太守征西將軍討叛羌于素昌
戰沒贈太尉葬隴西狄道東川因家焉生伯考隴
西河東二郡太守生尚成紀令因居成紀尚生廣
前將軍二子次曰敢敢生禹禹生丞公丞公生先
先生長宗長宗生君況君況生本本生次公次公
生軌軌生隆隆生艾艾生雍雍生二子次曰柔柔

生弇弇生昶昶生嵩其世次之可考者如此碑云
曾祖下文泐下云諱叔良都此都字未詳原州長史華
陽縣開國公贈寧州刺史諱孝斌考宗室世系表
郇王房郇王禕陳留太守長平郡公二子長伯良
武陵郡王次叔良長平肅王叔良之子長郇國公
孝協次即孝斌華陽郡公原州長史與碑作華陽
縣公者小異孝斌之子即思訓然則孝斌爲思訓
之父叔良爲思訓之祖其曾祖即郇王禕也碑載
思訓薨年已泐僅存開元字下乃云八年六月廿
八日合祔陪于橋陵園春秋六十六則以開元八

年推之其生當在永徽六年則碑所謂鼎湖龍昇
當指高宗其履霜堅冰終風折木口詬俟時變名
求活南陽宗子未舉勤王西京宰臣不聞復辟者
曠十有六載云云是指武后臨朝誅唐宗室中宗
在房州等事也其時思訓纔三十餘歲其徵拜太
常寺丞加隴西郡公皆是中宗復辟時事則年已
五十餘矣橋陵爲睿宗之陵其姪爲林甫碑泐其
名兄弟之子稱姪始見此碑思訓兄弟諸子中官
位與碑合者惟林甫宗室表林甫爲思訓弟思誨
長子林甫之官吏部尚書兼中書令以宰相表攷

據趙本校原碑

之在開元二十七年距合葬之歲垂二十年當葬
時並無別故陪葬帝陵亦爲鉅典碑敘思訓之子
雖多缺泐然核其文則褔道復道昭道等似皆具
存何以立碑蹉跎至二十年之久李邕書碑若在
開元八年是左遷括州司馬時若在二十七八年
是官北海太守日惜其署銜又泐不能確定其何
時也雲麾將軍武散官從三品上階右武衛大將
軍正三品官與階不甚懸殊思訓善畫號大李將
軍是其工畫在武后臨朝變名求活之時而其得
盛名在中宗復辟後歷官將軍之日然唐朝名畫

錄載其天寶中明皇名畫大同殿壁一事則傳譌
矣

華嶽精享昭應碑

碑高一丈廣四尺三寸十九行行四十九字隸書額題華嶽精享昭應之碑八字篆書在西岳廟

華嶽精享昭應之碑

宣義郎行華州華陰縣主簿平陽咸廙撰

夫神其止也虛其行也亘是以感生焉夫祀其事也大
其聲也德是以福生焉維嶽有高屋兒曰華天作峻極
厥仞五千降靈集祉啓封王國故風雨昔若必應休明
玉帛之享亦豐其報致天人之咊者功莫大焉歲在涒灘

皇帝以開元嗣極今八載也文德被武功成　垂拱
而天下理纘服而庶邦正於戲聖之配天不逆灾祥之
數而務脩其德天之降福或彰譴告之荐而終與其譱
是以成湯興而炎暵遘周宣懼而頌聲作問自日在奎
雷始電迨乎畢春氣達萌牙山川如焚密雲不雨千耦
適野胥病於失時百室崇墉將空於成歲
我皇畏昊天之命憫烝人之艱自郊徂宮靡神不舉乃
分命舊相尚書許國公蘇頲以瑞祝之辭旅于西嶽將
以蒙嘉氣獲豐年公時膺保衡代修袞職克永先正對
揚　王休　天子以才難九人

允歸同德公是用僉諮八座懋廣疇咨有文章焉有禮
樂焉既亨冢位乃司宗伯實佐咊邦敬恭明祀爰届爰
處威儀孔將闕是亭廟有來斯啟州命長史河東薛縉
俾焉協事於外宗人相禮展器執書告備於內肅雍萃
止耆艾並作幣尊六號王冊兩圭焚燎舉而禮容祗若
昧爽交而神光有粲粵三月庚申陳薦請也公已事復
命式遄其歸時厥翌日旋於闕下車轔轔而響止履鏘
鏘而聲入則已浹周四溟澍洽千里拜獻純嘏天臨在
歡嘉公克誠神冊影響　制書褒賜束帛有
差既禮而祠古之義也丘不與祭　帝有[illegible]

趙本末後行又錄崔漢衡等題名三行與此無涉

焉乃申命秩宗寵終厥事則有牲牷樂奏之備以昭配焉癸卯告賽如前禮夫陰陽不測至妙也因變感情至教也六府三事大功也四望六宗大禮也后王卿士如彼歲月其道不易時惟康哉蘇公乃言曰惟
我后之德格于上下神武其霈今茲臣人可纍述已於是重費以謀始因物(以)昌書伐倬彼金石載刊其陰俾夫後之敬事者知景福之攸在其辭曰

於鑠大華降神西畤惟王荒之配天有祀雲雨成物馨香叶祉明明
天子禧(禱)于愆陽肅肅蘇公
王命是將克誠攸亨(享)離畢其滂年之用康祀事惟政非昵非假禮崇其敬祠而報焉以永終慶惟靈感咊幽賛而生有豐者石刊之則貞蘇公作頌孔碩其聲

殿中侍御史彭城劉升書

銀青光祿大夫撿校華州刺史上柱國李休光題額

右碑序頌華陰主簿咸廙爲故相許國蘇文憲公頲祈雨獲澍而作者也侍御史劉升書按趙明誠金石錄於唐碑搜訪殆徧而獨遺此升書亦僅一見於此碑而已 弇州山人藁

此唐開元帝遣蘇頲禱雨華山有應而建碑也書者

爲御史劉升升見金石略僅二碑而遺此 石墨鐫華

華嶽精享昭應之碑其文卽刻於後周天和二年頌碑之陰宣碑之右旁有顏魯公大字題名乾元元年十月左旁有賈餗謁華嶽廟詩元和元年十月作并書太和六年四月姪男宣義郎行華州衆軍叔重修碑之下方亦有唐人題名此碑前後空處爲宋人攙入題名甚多幸正文皆八分書題名或隷或行不相混耳廟中古碑嘉靖末地震多毀唐碑惟此與述聖頌二通僅存 古碑陰多無刻字故後周之碑而唐人得以刻之觀此一碑而周人之質樸唐人之謙約兩見之矣按此爲華陰縣主簿咸廙而新唐書趙冬曦傳有大理評事咸廙業亦開元時人恐卽是一人 金石文字記

右碑彭城劉升書升素以書名如造觀音像徐州刺史蘇詵碑行于世此碑隷法古勁無唐人習氣可愛也 金石錄補

審餘王室是邇字變金作走省爾爲尒也懋廣嗨咨卽咨字增口爲日也旣亨家位當是享字與銘詞中克誠攸亨同帝有毖爲是毖字變比爲二口也三國志注引會稽典錄吳孫亮時有山陰朱育依體像類

造作異字千名以上魏書太武帝始光二年三月初造新字千餘頒之遠近以爲楷式故李仲琁修孔廟碑魏孝文弔比干文之類皆雜用篆籀隸楷以及變體別搆之字然此風自唐以來久變不謂至開元時劉君乃獨嗜之耳又碑中如皇帝天子等字或空四字五字或空六字十字不一惟我皇及帝字平格前天子字空六字銘文明明天子句又復平格皆不知其義 金石存

攷蘇頲以開元八年正月罷相爲禮部尚書本傳不載遣禱雨西岳事闕之也碑左方又有八分書蓮華巍巍竹箭喧豗浩浩今古憧憧往來十六字則銀青光祿大夫守兵部尚書博陵郡開國公崔漢衡所題而華陰縣令盧倣書其時興元元年十二月也又有銀青光祿大夫檢校華州刺史上柱國李休光題額二十字驗其字體亦出盧倣手蓋勒碑之後又六十餘年而始題其額耳碑前兩行下半空處有貞元元年二月檢校水部員外郎崔頻華州司功參軍鄭齊㖡華陰縣令韋綬三人題名其下則宋元豐五年正月通直郎劉陶題名碑中空處又有政和壬辰二月顯謨閣直學士席旦及子奎益題名其餘明人題名不及載 潛研堂金石文跋尾

碑在嶽廟尚全整金石文字記跋此謂古碑陰多無刻字故後周之碑而唐人得以刻之然攷水經注樊城西有曹仁記水碑杜元凱重刻其後書伐吳之事蓋古人簡便不重煩如此又渭水內載漢文帝廟數碑一碑是建安中立漢鎮遠將軍段煨更修祠堂碑文漢給事黃門侍郎張昶造昶自書之魏文帝又刻其碑陰二十餘字此又碑陰刻字更在杜征南之前者若至近世磨滅往代碑碣欲以自張其迹未幾而亦頹殘作柱礎矣悲夫 授堂金石跋

按碑云歲在涒灘皇帝以開元嗣極之八載也歲在申曰涒灘開元八年歲在庚申也下云閒自日在奎雷始電迨乎畢昏氣達萌芽山川如焚密雲不雨仲春之月日在奎則是一春大旱也兩唐書元宗紀八年皆不書春旱而七年則舊史書七月以亢陽日久上親錄囚徒新史書閏七月以旱避正殿徹樂減膳慮囚五行志則并七年秋旱亦皆不書史文之詳略不同如此資治通鑑則七年不書於八年正月書大旱有魃優人作魃狀戲于上前云云則八年之旱正月已然矣下云分命舊相

尚書許國公蘇頲以瑞祝之辭旅于西嶽傳稱頲
自景龍後與張說以文章顯稱望略等時號燕許
大手筆帝愛其文令別錄副本署臣某撰當即中
此時以旱因令頲撰祝辭并往祈于西嶽也是年
正月頲罷相爲禮部尚書俄撿校益州大都督長
史碑故稱之爲舊相尚書而其禱西嶽則在未撿
挍益州長史之前也撰文者宣義郎華州華陰縣
主簿平陽咸廙開元時有咸冀爲十八學士之一
圖形含象亭又咸廙業唐書附趙冬曦傳由大理
評事入集賢院修撰坐事左遷餘杭令似與此撰

文之咸廙皆不合姑識之書碑者殿中侍御史彭
城劉升唐書作劉昇附見劉德威傳云德威彭城
人德威子審禮審禮弟延景延景子昇開元中累
遷中書舍人太子右庶子能文善草隸似即此劉
升惟不言其官殿中侍御史與碑不同耳篆額之
李休光無傳碑書用字俱闕筆作冈

金石萃編卷七十二終

金石萃編卷七十三

賜進士出身　誥授光祿大夫刑部右侍郎加七級王昶譔

唐三十三

本願寺舍利塔碑

碑連額高九尺二寸廣四尺二十四行行五十
二字行書額題大唐本願寺舍利塔八字正書

宇宙之外有聖人焉乘時而來知變而逝道不可以終
喪故授之以像是以聖人之體見乎舍利聖人之容見
乎廟聖人之尊嚴見於塔三者廣大悉備聖人之化業
存矣曰鹿泉信士畢瑜張成道心之權焉者也歸或是
興聲塵若弃高尚淨名之事欽惟睿覺之風悉心勵行

屬意遐遠乃聚其族而令其家曰金玉束帛吾知之矣
適足以馳慮喪神不可以經綸界劫吾將虔崇妙事丕
建靈塔百歲之後亘無間然爾其念哉於是子孫咸跪
悅敬諾乃謀奥勝卜華敞周爰咨度遂定於本願之伽
藍焉旣其徇名山採貞石肅志潔慮以精以析旬有五
日果獲眞美暉山韞玉渥靈含潤旣瑯旣發粲然可觀
轜而推之雷奔谷響千唱百和不植地而致焉乃鑿□
璞之口而礱之濁澤精密不瑕不磷審高下明廣輪疊
而成階積以曾峻巉嶫峯起嵯峨山磐周際濇合間不
容髮儼若地湧鬱猶渾成巋哉實荒劫之宏鎮也初眞

策之設也思厥舍利冈知所請乃誠克念匪皇底寧斯
無所有送釋惠起所致者廿有四粒以屬焉既獲厥心
豁若符契非夫靈聖嘿運其孰能與於此乎乃考彝範
本元儀黃金其棺白銀其槨周以石篋櫬以琉璃香物
万選名花數百既散既屬封之奄之堅林之事宛然斯
在令范楊盧公字從運夫人滎陽鄭氏慨大師之永往
仰勝會而興懷雨泣輸誠大捨服翫士女千万徘徊獻
心延慕金容覬全身而樹多福者信亦繁矣因斯而觀
則耳目之外界趣之中密逾周旋崇禧致遠者又惡可
得其源倪哉口口口四博鑿華龕製金容廣良業厥有

砥信昌言左右維南有佛實維慈氏畢公所立崇願將
來冀其下生北面而事爰有淨邑長老王口口口五十
二人欽若神界洗心安養凊修其本式建弥陁乃西其
居以正厥位太原胡仙經弥勒于北所以發其蒙也高
屋明惠設能仁於東所以昭其本也四子各以其志競
心方面彫粹渥飾有休有倫庨綴四方姧魔自喪蕩蕩
幻境居然化淳嗟乎不覩於兹安知天地大寶之所在
也先是故寺主振法師故都維那知悉法師桒門之道
勝也寺主僧希名都維那僧惠仙上坐僧惠超威儀僧
道光法師僧智秀律師口道瑗律師僧湛寂前上坐頭

陁僧道解乃起合寺諸釋鄉城長幼及篤信麴客良等
爲　國建釋迦石像於北殿其高二丈有八尺開
鑿啓發其功甚廣亦既搆立崇崇㠜然煥乎金光寂矣
神峙紺目海視玉豪山轉泉美繁衍熊熊鏡天瓌壯偉
麗城中所絕左藥王右藥上其高廿有五尺二者枩前
丞王務光張成之所造也渥彩曜靈光相暉炳峨峨抑
抑信生人之眞救焉夫惟王公博孝之君子也母氏聖
善卒於兹邑銜恤在疚莫知所從以爲俎豆牲牢不足
以光贊營魄乃樹斯妙業以展寒泉之心相此則寶林
德水之必然也日　有唐開元八年緒理

畢經始于今廿有五載是時碑既未倫而振孫俱殁王
以又從職於壽陽法門智秀有恒其德仰兹廣業追惟
聚散恐歲月浸遠元由莫聞越九年作噩歲春仲望乃
與前塔合而爲頌宣之豐石以存万古其詞曰
巋哉靈塔既口其崇舍利內德光暉外融四德既位万
德咸豐作鎭荒劫皇哉覺風㶷彼曾廟有靈其㠜擢擢
皇皇紫金維色法雲亞聖左右翼翼既淸昏波與時偕
極眞源淳淳合變而身刹兹像設又倍遺塵不有軌迹
孰知所臻勒銘金石作鎭天人
此碑獲鹿孫按察家掘地得之乃鹿泉信士畢瑜造

據古碑證文校
據洪纂本校加字旁
者皆洪本所同
洪本作亭

塔藏舍利者行草亦不惡石理脆亡其眞耳石墨鐫華

北岳府君碑

碑連額高九尺六寸廣四尺九寸七分二十九行每行四十七字行書額正書在曲陽縣北岳廟

大唐北岳府君之碑
御史中丞韋虛心撰
宣義郎前邠王府叅軍直祕書省頴川陳懷志書

嘗試論之曰融爲瀆結爲阜則詞人之體物詳之矣智樂水仁樂山則聖人之微言列之矣或乃叅里愚谷因居以制号紫蓋白𩬊像形而定極分石帆而爲破石對射的而云射堂武關之啓地門下都之建天柱莫不万

彙斯毓五精是應必請魑魅之塗式作隱淪之宅傳諸簡牒備乎聞見竊比岳宗自均魁父北岳恒山者北方之巨鎮也尔其崗巒紛糺根底盤薄或壁立或砥平傍匡千嶺下括衆壑珎禽奇獸葢虞之目駭不能名芳草甘木棄鸒之心討莫之數瓊膏石髓慶忌牀兵時時間出往往迭見舒丹氣籠翠微薈蔚朝隮披重壤以雲口騷屑暮起吸万籟以風怒漢宗聽宋昌之策以諱遷常趙主從姑布之談以賢臨代林麓之富何有何無但觀夫㟪容峭峙地勢坱軋迤太行而緜碣石負寒谷而面氷川限華夷之表裏壯宇宙之隘害培塿九折㾊胎四

五岳古碑證文作岳廟
禮古碑證文作載
欽字古碑證文作甘字然據之文義非是
豫證文作象

口一佇望州載磔瞻呇崇巘似畫匪阽危以增巋清廟如在不加敬而自祗夫其重扃固護交軒窈匆三間四表神漠漠以扶傾東序西廂心猑猑而發悖朱鳥拂棟玉女窺牕藻繢丹靑侔赤城之霞起圖寫精異疑絳河之仙集恍恍忽忽若陰若陽吁可畏乎其駭也以先天二年有瀛州淸苑縣人魏名確爰因行李至岳廟之前乃見二人一者白衣一者紫服侍從甚肅進止不凡自云我是五岳大使發兵馬六十万衆爲國討賊五岳大神九月三日俱來此山大爲歡會名確遷延未去諸神遂乃作怒牽至廟中用申責罰視史楊仙童親見其事

乃馳告官司州將駭之隨以聞奏勅遣上宮及內謁者齎神衣禮物以赴會期凡厥寮寀共陪亭祭惟神妙略遐舉猛鋭長驅不勞戴鷸之師已決陣蚍之効國家德邁堯封道兼虞覲盛唐入詠竭南服以登潸訓夏從遊窮西荒以銘弇壓首貫匈之族俗有望雲文鋮碧砮之責府無虚月蹇峯沉渚不爽於告成五禮四朝自遵乎升道書云十有一月北巡守至於北岳豈不以崇望秩之儀備矣得諸侯之度宏矣以爲不嚴而理本乎禮樂旣富而教寄以循良晤口棠之臣坐借長孺之高卧剌史高豫化以亂繩導規長者搽其宣布託飆虛儀一澄

洪本作等

洪本作庚

洪本作烛

缺字證文作冢

睎於露冕幾揚仁於風扇長史嚴德珪司馬董□漢編
傅逵西蜀明其犯斗胥政記言南史推其直筆恒陽縣
令劉元宗系肇御龍位光馴雉蒲城務簡歎淹中以勿
欺丞王晏洛㳘浮仙淮流襲慶楚國在壇之寶庚室豐
年之玉文章碓伯昔入仲宣之跪人物雌黃今得林宗
之拜主簿姚繪之尉閻宏摶扶逸翮未遷振鷺之行縱
壑巨鱗且仕亭鮮之輔岳令司徒乾趙和光偶俗內剛
外柔不附膏庾自安下仕鄉望等並海岳精靈燕趙奇
傑賓從弈弈遝徒於擁篲之賢氣調凜凜結友於負荊
之將平原旅食是日處囊太子新交乘風聽筑地極殷

阜莜服如雲俗尙儒術靑衿成市侶琴罇以卒歲優哉
遊哉狎泉石之娛老無營無欲手舞足蹈異□同音詢
壘客於千里摽黃爾於億載故能屈蔡中郞之詞彩以
紀豐碑訪王右軍之神蹤以鐫金石其詞曰
土之聚兮成山山巃嵸兮石㸌班屹常岳兮作鎭拔重
壤兮聳千仞將觀日以齊宗兼極天而比峻跨荆巠迤
遂壺挾慕容之舊都帶簡子之藏符列眞宇兮隱淪宅
巖花開兮樹菓坼既□天地險又作華夷隔巖祠沕穆
神儀儼雅迫而察之駭人也雕楹翕艴兮赧駮綠霤淸
冷兮露灑薦虡咆哮□荐北郊岳靈赫怒兮殄落傾巢

銘十角於燕嶺獵隻輪於晉崤　皇道貞明兮太階
平梯山驟水兮奄禪瀛□出豫兮勒功成一巡肆覲兮
考幽明寄剖竹兮仁風淸召題輿兮康哥行郞出□兮
百里榮桓不樂兮□安輕州縣□職兮人之英恒碣降
神兮岳之精詢謀僉同兮表志□披文相質兮蹟堅貞
懸一字兮莫與京俾千祀兮昭令名㩳騄風塵兮垂頌
聲

開元九年三月廿六日立

碑陰

李㒹詩十九行行八字正書

五言　晩秋登恒岳晨望有懷　定州司馬李㒹
二儀均四序五岳分九州靈造艮難測神功匪易酬
恒山北臨代秀㟧東跨幽澒洞鎭河朔嵯峨冠嵩丘
禋祠彰舊典壇廟列平疇古樹侵雲密飛泉界道流
從官叨佐理衙　命奉琛羞薦玉申誠効鏘金諒
有由郊原照初日林薄委徂秋塞近風聲厲川長霧
氣收他鄉饒感激歸望切祈求景福如光願私門當
復侯

高遜等題記五行行十一字或十字十二字不等左行行書

義武支度副使撿校秘書少監前易州刺史兼御史

大夫高述弟左贊善大夫兼御史中丞遇元和三年
四月三日同　禱祀
周載題記四行行八字九字不等左行正書
義武軍節度掌書記監察御史裹行周載元和十年
三月十四日奉　命來祭
鄭志等題記八行行十四字十三字不等左行正書
勑元和十一年十月八日立冬祭
初獻節度衙推將仕郎守試秘書省秘書郎兼殿中
侍御史前定州大都督府錄事參軍鄭志
亞獻將仕郎前守恒陽縣尉攝恒陽縣令兼防城兵

馬使李欽
終獻朝請郎前行汝州郟城縣尉攝恒陽縣主簿鄧
公楚
薛鍜等題記七行行十二十三字不等左行正書
勑大和五年九月廿四日立冬祭
初獻攝節度巡官朝請郎前試武衛兵曹參軍薛鍜
亞獻將仕郎守易州滿城縣令攝曲陽縣令顧文賞
終獻宣德郎前試左衛率府胄曹參軍攝曲陽縣尉
辛次儒
薛嗣立等題記八行行十四十三字不等左行正書

勑大和七年九月十七日立冬祭
初獻節度巡官登仕郎試太常寺太祝騎都尉薛嗣
立
亞獻將仕郎守易州滿城縣令攝曲陽縣令顧文賞
終獻鄉貢進士攝曲陽縣尉趙勤
太祝官節度逐要通直郎試邑王府長史攝曲陽縣
尉并攝岳令李寬
又七行行十三字或十字十一字不等左行正書
勑大和八年九月廿七日立冬祭
初獻節度巡官試太常寺太祝騎都尉薛嗣立

亞獻將仕郎守易州滿城縣令攝曲陽縣令顧文賞
終獻將仕郎前試太常寺奉禮郎攝曲陽縣尉趙勤
薛襄等題記六行行十二字十字不等正書
觀察推官試詹事府司直薛襄
前右武衛胄曹參軍薛誨
攝曲陽縣令薛護
開成五年八月廿六日奉　尚書潁川公命拜
北嶽廟禮畢而退
陳去疾題記六行行十字十一字不等正書
攝節度判官權知州事給事郎前守蔡州司馬陳去

疾

會昌四年仲春月　幕府率由舊章去疾承　命

有事于　安天大王廿一月題

鄭放張宜悔等題記

判史鄭放　別駕李克嗣　宣義郎行恒陽縣丞張

宜悔　長史寇瓚　司馬張朏　專□官儒林郎行

恒陽縣尉李嗣元　錄事參軍畢彥孫　觀察支使

監察御史裏行薛襄

會昌四年八月七日奉　命秋祭

梁兢等題記五行行十字左行正書

眞定中山府路廉訪使者梁兢同弟承信郎存挈家

恭詣　嶽廟修祠事宣和壬寅歲臘月望日謹識

碑兩側

仇文義等題記五行行二十二十三字不等正書

易定監軍使正議大夫行內侍省內謁者監員外置

同正員上柱國南安縣開國男食邑三百戶賜紫金

魚袋仇文義

內養充易定別　勑判官朝議大夫行內府局令員

外置同正員上柱國奇章郡開國男食邑三百戶辛

廣祐

大和八年十月七日到祭　岳鎸記

薛㢘等題記四行行二十一字二十字不等左行正書

勑開成元年九月十九日立冬祭

初獻觀察支使登仕郎試太常寺協律郎騎都尉薛

㢘

亞獻儒林郎前行易州容城主簿攝曲陽縣令元沂

終獻將仕郎前試太常寺奉禮郎攝曲陽縣尉趙勤

李濟等題記四行行二十一字十九字不等左行正書

勑開成二年十月一日立冬祭

初獻攝節度巡官朝請郎前試左武衞兵曹參軍李

濟

亞獻承奉郎試左衞兵曹參軍攝曲陽縣令趙斌

終獻文林郎試太子通事舍人攝曲陽縣尉元實

崔元藻等題記四行行二十八十八十六字不等左行正書

勑會昌四年九月十七日立冬祭

初獻攝易定等州觀察判官文林郎前試大理評事

兼監察御史崔元藻

亞獻攝館遞迎官將仕郎前守深澤縣令苗紃

終獻朝請郎前行曲陽縣尉攝尉李宏敏

高品等題記七行行廿二廿三字不等正書

維大宋　大中祥符二載歲次己酉四月丙戌朔八
內內侍省內侍高品朱允宗奉　命馳騎於北嶽
安天王并真君觀開啓祈雨道場各三晝夜罷散
日致祭設醮至二十五日迴鐫記
亞獻官右班殿直知曲陽縣兼兵馬監押沿邊諸山
口寨巡撿勾管廟觀牛修已
終獻官本州節度推官宣德郎試大理評事高學古
悳價等題記七行行廿四廿八三十字不等正書
大中祥符三年八月十五日辛酉奉直郎守太子左
贊善大夫武騎尉賜緋魚袋悳價奉　命馳騎於

北嶽祭告來春有事于　后土
亞獻宣德郎守殿中丞通判定州兼制置營田勸農
事盧士宗
終獻右班殿直知曲陽縣兼兵馬監押沿邊諸山口
寨巡撿勾管北嶽廟觀牛修已
攝太祝節度推官宣德郎試大理評事高學古
陳懷志此碑在李北海雲麾之下法華之上葢以其
筋骨有餘而丰度微遜爾蒼潤軒帖跋
按開元禮諸嶽鎮海瀆每年一祭各以五郊迎氣
日祭之前一日嶽令瀆令清埽內外贊禮者設初
獻位于壇東南亞獻終獻於初獻南少退祭日行
事唐書禮儀志北岳恒山祭于定州文獻通考其
牲皆用太牢祀官以當界都督刺史充此碑碑陰
所紀祭日皆以立冬祭官皆定州守土者姓名分
列三獻與諸書合也文述先天二年清苑人魏名
確至岳廟前見二人云是五岳大使發兵六十萬
衆爲國討賊九月三日俱來此山大爲歡會州將
聞奏勅遣上宮及內謁者齋神衣禮物以赴會期
凡厥寮寀其陪享祭云云事涉神異史志皆所不
載考舊唐書元宗紀先天二年七月三日竇懷貞

等與太平公主同謀期以其月四日以羽林軍作
亂上密知之皆執諸人斬之碑所謂爲國討賊者
殆指此事也碑文韋虛心撰陳懷志書唐書韋湊
傳云虛心字無逸景龍中遷御史中丞歷荆潞揚
三大都督府長史入爲工部尚書東京留守累封
南皮郡子此碑開元九年立而猶題御史中丞則
其官中丞歷十餘年之久矣陳懷志史無傳其官
邠王府參軍唐書章懷太子賢傳次子守禮嗣王
唐隆元年進封邠王懷志爲其府中參軍碑陰碑
側皆元和以後歷次祀官題記後有宋大中祥符

題記二段并附之　又按北嶽恒山在五嶽中最爲橫亘綿長故起自山西之渾源州迄于直隸定州之曲陽皆有恒山之名禹貢太行恒山至于碣石入於海孔安國注二山連延至碣石也是恒山與太行皆連延也管子云其山北臨代南俯趙東接河漢之間胡三省通鑑注恒山挺峙于冀州之中爲東西屏蔽巖穴高深道路險阻出奇者所必由也山西通志云北嶽恒山在渾源州城南二十里高十里周百三十里由恒山南行爲太行王屋西南盡于河東行爲紫荊居庸而東北盡于海畿輔通志云恒山在定州曲陽縣西北一百四十里亘保定府西境及山西大同府東境蓋曲陽之西北近渾源之東南壤地不甚相遠也然稽之元和郡縣志及兩唐書地理志惟于河北道定州曲陽縣注有恒嶽有岳祠其今之渾源州在唐末謂之渾源縣在隋爲平寇縣地在兩漢魏晉爲崞縣地後魏改名爲崞山縣後屬繁畤縣見大清一統志表攷元和志及兩唐書繁畤崞縣並屬河東道代州而無渾源之名疑是後唐所置兩五代史又不詳且不注恒山在其縣蓋在唐時專以恒山屬之曲陽也其渾源之立廟始于前明馬文升之疏　本朝遂著爲定制文升疏云恒山北嶽在今大同府渾源州歷秦漢隋唐俱于山所致祭五代河北失據宋承石晉割賂之後以白溝爲界遂祭恒山于眞定府曲陽縣歷元迄本朝因循未曾釐正文皇帝遷都北平眞定反在都南當時禮官不能建明尚循舊陋夫周禮曰恒山爲并州鎭在正北一統志曰恒山在渾源州南二十里又渾源廟址猶存故老傳說的的不虛乞行禮部再加詳考於渾源州恒山廟舊址增修如制云云顧寧人辨之曰古之帝王其立五嶽之祭不必皆於山之巓其祭四瀆不必皆於其水之源也恒山綿亘幾三百里而曲陽之邑於平地其去山趾又一百四十里馬文升所以有改祀之請也考之虞書十有一月朔巡狩至于北嶽周禮并州其山鎭曰恒爾雅恒山爲北嶽注並指爲上曲陽三代以上雖無其迹而史記云常山王有罪遷天子封其弟于眞定以續先王祀而以常山爲郡然後五嶽皆在天子之邦漢書云常山之祠於上曲陽應劭風俗通云廟在中山上曲陽縣後漢書章帝元和三年春二月戊辰幸中山遣使者祠北

嶽於上曲陽郡國志中山國上曲陽故屬常山恒
山在西北則其來舊矣水經注乃謂此爲恒山下
廟漢末喪亂山道不通而祭之于此則不知班氏
已先言之乃孝宣之詔太常非漢末也魏書明元
帝泰常四年秋八月辛未東巡遣使祭恒嶽太武
帝太延元年冬十一月丙子幸鄴十二月癸卯遣
使者以太牢祀北嶽太平眞君四年春正月庚午
至中山二月丙子車駕至于恒山之陽詔有司刊
石勒銘十一年冬十一月南征逕恒山祀以太牢
文成帝和平元年春正月幸中山過恒嶽禮其神

而反明年南巡過石門遣使者用玉璧牲牢禮恒
嶽夫魏都平城在恒山之北而必南祭于曲陽遵
古先之命祀而不變者猶之周都豐鎬漢都長安
而東祭於華山仍謂之西嶽也故吳寬以爲帝王
之都邑無常而五嶽有定歷代之制改都而不改
嶽太史公所謂秦稱帝都咸陽而五嶽四瀆皆并
在東方者也隋書大業四年秋八月辛酉帝親祠
恒嶽唐書定州曲陽縣元和十五年更恒嶽曰鎮
嶽有嶽祠又言張嘉貞爲定州刺史於恒嶽廟中
立頌予嘗親至其廟則嘉貞碑故在又有唐鄭子

春韋虛心李荃劉端碑文凡四范希朝李克用題
名各一而碑陰及兩旁刻大歷貞元元和長慶寶
歷大和開成會昌大中天祐年號某月某日祭初
獻亞獻終獻某官姓名凡百數十行宋初廟爲契
丹所焚淳化二年重建而唐之碑刻未嘗毀至宋
之醮文碑記尤多不勝錄也自唐以上徵于史者
如彼自唐以下得于碑者如此於是知北嶽之祭
於上曲陽也自古然矣水經注曰上曲陽故城本
嶽牧朝宿之邑也古者天子巡狩常山歲十一月
至于北嶽侯伯皆有湯沐邑以自齋潔周衰巡狩

禮廢邑郭仍存秦以立縣縣在山曲之陽是曰曲
陽有下故此爲上矣而文升乃謂宋失雲中始祭
恒山于此豈不謬哉渾源之說始于文升自成化
以前初無此語渾源之廟並無古蹟不知作于何
時如泰山華山之上亦各有言而大廟俱在其下
特曲陽相距稍遠而今制又分直隸山西二轄人
遂因此疑之疏中所云故老傳說正足見其不出
于史書而得諸野人之口也先是倪岳爲禮部尚
書已不從文升議而萬歷中沈鯉駁大同撫臣胡
來貢之請又申言之皆據經史之文而未至其地

是吳字是吳非吳顧亭林錢辛楣皆誤

子故先至曲陽役登渾源而書所見以告後之人
云按亭林此辨作于北嶽未定制之先今以其語
引據此碑爲證多所發明爲存其說附于此

吳文碑

碑僅存下截高三尺一寸廣四尺二寸三十五行字數無攷行書

缺碑在京興福寺陪常住
缺大雅集　晉右軍將軍王羲之行書勒上
缺也肇自石樓東鎮守　封司地之班金冊西符啓命將
軍之秩雖缺師中尉㧾南宮之禁其或膽對如鐵捺緊
明霜酌龍豹之神韜缺榮名溢寰海功埋動植其誰由
然哉惟大將軍吳公諱文字寺缺大夫行内給事父節
皇朝金紫光祿大夫行内常侍七貂缺之德是
使金鋪接慶玉璽承官長哉興於司宫高門聰於寺伯
公缺雅局就於孩年量轉奇規英斷裁於稚齒源之乎
鵬之爲鳥不飛缺法勵己荷公不私補過愕愕於宮闈
匪懈兢兢於夙夜缺勞撫公以秩授公文林郎遵舉從
班也公謹密居體謙光潛旬問缺之賞非公而何冬十
二月又　制轉公右監門衛大將軍建缺宸神龍
三年又　制舉公鎮軍大將軍行右監門衛缺社
固以鋒交衛霍擁衝田竇攢需步於朱軒跪　龍

顔於青缺土之祿敢對敭　天子之休命也唐元
年又　制進封缺之冊三階應歷八命騰遷持大
義而不可棄保元勲而若無有則缺皇上欽膜心之寄
也公平均七政恭踐五朝樹德務滋循躬缺成脩乃奏
乞骸骨身歸常樂　詔許公爲尚書謝病非無給
缺彩窺四序之畱難秋蓬颯飛收百年之卷促賈長沙
之憤結庾鵬缺呼維公開國承祉正家崇秩葉嗣傳於
紱紱鼎胄曳於黃雲元戎缺魚之行乎大塋其量府也
黃金白玉兮滿君之北堂其賓賢也虬缺風軌物傑臣
飛將其在公乎夫人恒國李氏圓姿替月潤臉呈花缺
口七年十一月十二日先公而殯公以開元九年十月
廿三日偱窆缺口落松扃金雞鳴而春不曉玉犬吠而
秋以暮塋將軍於地下意氣缺口卧於平生宿帳殊於
窀穸則公夫人之顧命頗不合於雙揞焉於缺議大夫
行内常侍上柱國處行明姿鑒俗謹身從道元方長子
高缺郎行内僕局丞上柱國昇行及厭塵滓開心大乘
出俗網之三灾迴缺進局丞騎都尉處昂等並痛切終
天悲銜歃血雖復合進花萼聰缺口五色詞騰七步王
公在昕　聖主承知夢八門而出飛居五缺
缺神出自天秀蓋非常人復禮由已依仁立身舉圖攅

海公乎動鱗缺有珪詩莪孟子相舉王稽南山之壽崿
立其齊西山之照不意仝缺伯銘金頴川故事遵揚德
音杳杳藤樛青青柏林旌勳表頌孝子缺
缺林郎直將作監徐思忠等刻字
菩提像一鋪居士張愛造
此碑斷缺棄西安城南隍中王生堯惠輩見之以語
郡守㚿置頻宮碑爲大將軍吳文立宏福寺僧大雅
集右軍書余觀其筆法去聖教遠甚應是集字者不
及懷仁而碑中有開元九年字疑又從聖教序諸刻
中摹集非右軍眞蹟也石墨鐫華

此碑刼少上半其敘之人只存其名而已姓亦不存
集人大雅乃興福寺僧故世謂之興福帖其集王字
顧獨得其精神筋力儼如生動不比懷仁只得其形
模并其古澹之趣而已是以書家重之墨林快事
其文有曰夫人李氏圖姿替月潤臉呈花唐人寫狀
婦容云爾猶有碩人詩意今人以爲嫌不肯作此語
矣金石文字記
此碑破碎視之已無碑形余手摩其文止餘□□□
字文已不可讀尚存宏福寺僧大雅集右軍書爲大
將軍吳文立又有開元九年字若神鬼呵護並姓名

年代無一殘闕亦奇矣此石萬歷間王文學堯惠遊
於西安府隍中見之亟語郡守移置頻宮余聞吾家
有道碑遭一儒生布氈其下嚇賞良久一夕失所在
跡之無蹤今刻惡道匿跡訖無傳之者與成土灰何
異堯惠自我得之不私諸己使右軍遺跡亡而復存
賢矣哉金石史
古今碑刻集右軍書見諸載記者凡十八家皆從聖
教序出此碑其最著者也鐵函齋書跋
文中神龍三年下有所謂唐元年者應是唐隆元年
避元宗諱去一字耳關中金石記

右鎮軍大將軍吳文碑失其上半有云長戟棨于司
宮高門聯於寺伯又銘辭云詩徵孟子相舉王稽知
其爲內侍也文之祖內給事父內常侍其子或官內
常侍或官內僕局丞或官掖庭局丞身爲宦者何由
有兒而子孫相承至于四世盇權勢所在必由附麗
以進內侍之養子恆爲內侍謬種流傳理之所宜有
者降至末季遂有以士大夫而願爲中官養子者矣
其云公夫人之顧命願不合於雙棺則文妻未嘗合
葬也史載高力士娶呂元晤女李輔國娶元擢女而
文亦有妻李氏然則唐之宦者固多有妻以宦者而

據唐文百篇校

抑艮家以爲胖合詎宜以同穴之禮責之也哉潛研堂金石文跋尾

碑斷立失其上半文多不屬其中推次成句者有云以秩授公文林郎適舉從班也又制轉公右監門大將軍神龍三年又制舉公鎮軍大將軍行右監門衛又奏乞骸骨身歸常樂葢以宦寺引年非恬寵於終也其云平均七政恭踐五朝則上逮高宗皆已服事宮掖矣後又云公夫人之顧命願不合於雙棺顧命之義上下亦得通稱葢起于葉公之顧命又後漢書趙咨傳子允不忍父體與土并合欲更改殯衹建譬

以顧命蔡中郎集朱公叔墓前石碑其孤野受顧命陳太邱碑臨歿顧命司空臨晉侯楊公碑寢疾顧命是也文諸子名位俱存于碑者三人行內常侍上柱國處行行內僕局丞上柱國昇行□庭局丞騎都尉處昇授堂金石跋

郭思謨墓志

石高廣各二尺五寸六分三十行每行三十字正書今在洛陽

大唐故蘇州常熟縣令孝子太原郭府君墓誌銘并序

進士吳郡孫翌文

夫孝者百行之本故詩美張仲傳稱潁考叔所以軌物而

宍即肉字

前乎人用也悠悠千古誰其似之實我府君能錫類矣

公諱思謨太原平陽人其先出自有周豨豻之譬史諜詳之矣尔其隗以奇榮立丹以志業聞泰以人倫稱象以文學著隤祉積慶世不隕德　曾王父昇周朝東平將軍上儻郡守　大父則隨銀青光祿大夫尚書度支郎中淮陵郡守隴右巡農使邊鄙不聳寔資介胄之雄儲偫已均方知會計之力專城無警奉使有光矣嚴考敬同　皇幽素舉高第養親不仕易曰幽人貞吉又曰素履無咎幽素之義其大矣哉　幽素府君有三子其季曰　我公俱仁孝絕倫感通天地　太夫人嘗

有疾□羊肉時禁屠宰犯者加刑日號泣於旻天而不知其所出忽有慈烏銜宍置之階上故得以馨絜其膳猶疑其儻然他時憶菴蘿菓屬廲發之辰有類求芙蓉於木末不可得也兄弟仰天而歎庭樹爲之犯雪霜華而實矣　公取以充養且獻之　北闕于時　天后造周驚歎者久矣命史臣褒贊特加旌表無幾何憶新筍復如向時之菀結又無告焉後園叢篁忽笣而出所居從善里其竹樹存焉異乎哉書傳所闕者今見之矣公始以孝子徵解褐拜定州安平縣丞下車未幾而東胡作孽虜劉我士卒撓亂我邊陲恒代之間亭候無守

河决非獲賛能制原燎豈負甕可加而　公之小邑亦
受屠矣身被囚虜命懸鋒鏑出於萬死之中興其一切
之計大殺寇盜載完郛郭雖田單之復齊城曹沫之歸
魯地蔑以過也招慰使奏加　公朱紱撝讓不受屬內
憂服闋轉江陽縣丞又應廉讓舉擢武功尉秩滿遷常
熟令凡佐三邑而宰一縣所居必化所在必理專務於
德夫何不臧　公□二昆長曰思誨易州司馬次曰思
訓大理司直不永介福俱已先世遺孤凡十有三人或
在髫亂或居襁褓公撫之育之出入腹之子漸乎義方
女嬪于他族人不知其諸父蓋孝悌之至也稟命不融

春秋五十九開元九年正月二日寢疾終於官舍以其
年十一月甲辰朔十七日庚申祔葬洛陽東門平川禮
也初　公娶于彭城劉氏無子而卒再娶河南元氏有
二女亦先朝露矣琴瑟不可以終徹享祀不可以無繼
又婚清河張氏故江州刺史嘉言之孫奉禮郎愼思之
女作配君子俾有列光彼蒼如何殲我良人有子曰寀
曰案倫俾幼沖未知飾終追遠之禮易州府君冢嫡字
採他山之石昭銘景行其詞曰
循陔者子兮行通神明家邦必達兮俾矣清聲天難忱
斯兮胡不永齡哀哀羣稚兮泣盡孤塋

開元九年孫翌撰并書石在洛陽城內董金甌家金石
文字記補遺
碑記思謨事母孝感異蹟及武后旌表之事云祔葬
洛陽東門平川碑中肉字作宍蔑作蔑皆異文宍字
見吳越春秋又見漢史晨後碑蔑字見漢書表又以
上黨郡作上儻因知儻即黨字之俗故漢書倜儻只
作俶黨也孫翌字季良偃師人所撰又有高福墓志
在長安題云麗正殿修撰孫翌季良會要稱其以校
書郎爲集賢院直學士中州金石記
郭君思謨與思訓昆弟也前思訓誌載曾祖興周上

黨郡守平東將軍此誌獨以爲名昇莫識所謂思謨
始以孝子徵解褐拜定州安平縣丞轉江陽縣丞擢
武功尉遷常熟令又載其仁孝之感慈烏銜肉菴蘿
冬實取以供母當時上之天后命史臣褒贊又云憶
新筍叢篁忽笣而出從善里竹樹存焉孝感如此而
新書孝友傳不附其名或者亦飾爲之與思謨父幽
素舉而身又應孝讓舉以見唐制之繁如此授堂金石跋
按郭思謨兩唐書無傳碑敘其曾王父昇大父則
考孝同亦俱無攷下云皇幽素舉高弟皇謂皇朝
也幽素舉者舉幽素科也文獻通考唐制科名目

據金石續鈔校

及中制科八姓名惟載乾封元年一條幽素科蘇瓌解琬苗神容格輔元徐昭劉納言崔谷神及第並無郭敬同姓名前後亦別無舉幽素科之事碑云菴蘿菓屬隮發之辰兄弟仰天而歎庭樹爲之犯雪霜華而實矣法苑珠林龍告如來言吾憶往昔曾于寺舍中入樹林下盜取現在僧物十菴羅果而私食之本草菴羅果樹生若林檎而極大又名菴摩羅伽果然皆不言實于何時要之非隆冬所有也碑云天后造周公始以孝子徵解褐拜定州安平縣丞下車未幾而東方作孽公之小邑亦

受屠矣云云唐書則天紀聖歷元年八月突厥寇定州刺史孫彥高死之碑載思謨爲安平丞殺寇盜完郛郭即是時也

李文安石浮圖銘

碑高三尺九寸七分廣二尺九寸五分十八行行廿二字行書

大唐易州新安府折衝李公石浮圖之銘

夫至道潛運不言而化成大象孕霊不宰之功遂斯則神元妙賾雖日用而莫知況耳目不該豈視聽之能識由是給園多士並赴緇林方丈比丘咸歸奈菀有想非想住法非常樂之宗色空即空生滅豈菩提之果於是淸信士易州新安府折衝都尉李文安遊心正覺妙達苦空知劳生之有涯該津梁於彼岸迺於范陽縣西雲居寺爲亡妻河東郡君薛氏敬造石浮圖一所旁求琬琰響荇岫爲之獻琛遠召良工班輸以之呈巧盤螭隱伏與雲雾而相交霊鳳將翔共陽烏而接翼飛空七級狀多寶之移來騰虛四迥疑泉仙之涌出兼以山含萬象地韞霊奇蓮沼澄光似猴池之浴日松枝引籟若祇樹之吟風衆妙難名約敷厥美冀同拂石万劫茲山銘曰麗哉宏孌辟出矣崑山磨礱不日神儀婉然亭亭淨域巍巍給園光浮十界色照三天一衆妙功德莫惟斯重鏤

鳳傍螭雕龍上聳買地有菓果福田無種利益潛通存沒偕奉二

開元十年四月八日建

易州前遂城縣書助教梁高望書

奉先寺像龕記

碑高四尺廣二尺三寸三分共二十行行二十八字左行行書

河洛上都龍門之陽　大盧舍那像龕記

大唐高宗天皇大帝之所建也佛身通光座高八十五尺二菩薩七十尺迦葉阿難金剛神王各高五十尺粤以咸亨三年壬申之歲四月一日　皇后武氏助脂

粉錢二万貫奉　勑撿挍僧西京實際寺善道禪師
法海寺主惠𨻶法師大使司農寺卿韋機副使東面監
上柱國樊元則支料匠李君瓚成仁威姚師積等至上
元二年乙亥十二月卅日畢功調露元年己卯八月十
五日奉　勑於大像南置大奉先寺簡召高僧行解
兼備者二七人闕即續填創基住持範法英律而爲上
首至二年正月十五日　大帝書額前後別度僧一
十六人並戒行精勤住持爲務恐年代綿邈芳紀莫傳
勒之頌銘庶貽永劫云尒　佛非有上法界爲身垂形
化物俯迹同人有感即現無罪乃親愚迷永隔唯憑信

因寔賴我　皇圖茲靈質相好希有鴻顏無匹大慈
大悲如月如日瞻容垢盡祈誠願畢正教東流七百餘
載口龕功德唯此爲最縱廣兮十有二丈矣上下兮百
卅尺耳
牒　勑旨龍花寺宜合作奉先寺
　開元十年十二月五日
河南𨛰　牒奉先寺
牒被符奉　勑旨如右請錄白入司施行牒舉者
牒寺准狀者今以狀　牒牒至准狀故牒
　開元十年十二月十二日史樊宗牒

水經伊水出南陽縣西東北過陸渾縣南又東北過
伊闕酈道元注昔大禹疏以通水兩山相對望之若
闕春秋之闕塞是也韋應物詩鑿山導伊流中斷若
天闕而司馬君實之言曰龍門伊闕天所爲非山橫
其前水壅其流禹始鑿之然後通也斯言其信矣夫
山有八寺其一曰奉先像建自咸淳三年而以調露
二年賜額盖闕去洛陽三十五里而近兩岸洞龕佛
像累千合夾侍坐立者幾盈萬此杜少陵詩所云氣
色皇居近金銀佛寺開也碑闕書者姓名或云袤元
哲竢考正續書之康熙戊子竹垞八十翁彝尊識曝書亭集

右大盧舍那像龕記後附開元十年十二月牒云勑
旨龍花寺宜合作奉先寺盖調露賜額本云龍花寺
記作于開元中追稱爲大奉先寺爾婁機漢隸字原
云漢碑凡元亨字皆作享至子孫享之之類又皆作
亨攷之九經字樣凡元亨之亨享獻之享亨飪之亨
只是一字經典相承隸省作享者音響作亨者音赫
平又音魄平後人復別出烹字其實皆可通用也予
初見張阿難碑書咸亨爲咸享疑其下筆之誤今此
碑亦作享又唐書杜審言傳稱咸亨初盖唐時雖用

楷書猶存篆隸遺法咸亨卽咸亨正是從古朱錫鬯跋誤作咸淳不知高宗紀元有咸亨有永淳無咸淳也記末題進士都仲容記字體頗不類左旁又有政和六年題字以筆法驗之如出一手皆宋人所添入也潛研堂金石文跋尾

盧舍那者釋元應大方廣佛華嚴經音義云或云嚧祏那亦言盧折羅此譯云照謂徧照也以報佛淨色徧周法界故也又日月燈光徧周一切處亦名盧舍那其義是也記文左行按左行之體仿于瘞鶴銘當由厓上書丹手勢便利耳此亦用之疑當時牒文之體後卽牒也記爲殷仲容撰仲容曾摹孔子十字篆書之人準字作准後人以爲避寇萊公諱至今用之據此碑巳然按元重刻漢桐柏淮源廟碑云准則大聖五經文字云字林作准元應賢劫經音義准平注說文作準同則明准字自古有之俗云避寇準諱顧炎武又以爲宋順帝名準故沈約宋書平準令王準之皆作准益未然矣中州金石記

按奉先寺河南通志寺觀卷河南府奉先寺在府城西南三十里闕塞山後魏時建似卽此碑所在之奉先寺通志特未詳言咸亨造像調露建寺之事耳想調露時因後魏寺址而施功也自咸亨三年四月造像至調露二年書額前後閱十年而藏事也造像則皇后武氏助脂粉錢二万貫攷太眞外傳楊太眞有姊三人明皇並封國夫人之號皆月給錢十萬爲脂粉之資据此碑則武氏已先有脂粉錢之給矣又或謂之粧粉錢白香山詩四季徒支粧粉錢是也記後刻開元十年牒文碑無撰書龕記人名中州金石記謂爲殷仲容撰書舊唐書稱仲容則天愛其才官至申州刺史則當開元十年仲容之在亾不可知矣疑書龕記在調露二年建寺之時而立碑在開元十年給牒之時也然記末云縱廣兮十有二丈矣上下兮百卌尺耳文體鄙拙仲容不至如是疑寺僧託名也

尉行忠造像記

記刻座上刻記處高三寸五分廣二寸五行行八字十字不等正書

開元十一年五月五日尉行忠妻爲亡男設　七齋敬
造浮圖一塔又脩故像一　區合家一心供養　仏時

珪禪師塔記

石高一尺四寸橫廣二尺十五行行十二字隸書

大唐嵩岳閑居寺故大德珪禪師塔記

據趙本校

大師諱元珪李氏河南伊闕人也上元弌載孝敬崩度
隸寺焉宿殖德本無師自悟及少林尊者開示大乘諮
稟至道晚年屆龐塢阿蘭若遠近緇素受道者不復勝
記至開元四年歲次景辰秋八月甲辰朔十日癸丑終
于龐塢春秋七十有三十三日景辰權厝于寺北岡之
東至十一年歲次癸亥秋七月乃營塔於浮圖東嶺之
佐大師味淨之所而庭栢存焉癸巳晦奉遷于塔從僧
儀也弟子比丘僧仁素等刊此貞石以旌不朽

婆羅樹碑

碑本高廣尺寸行字俱不計行書石在淮安府治

楚州淮陰縣婆羅樹碑并序

海州刺史李邕文并書

觀厥好德存樹愛人及鳥有情不忘雖小可作夫施及
者也則有宗廟加敬墟墓增悲覩物可懷比事斯廣此
觸類者也矧乃通感靈變釁符聖迹根柢淨土磧茂
佛時蠲金山之景彰驪玉豪之殊相至若泥日法會荼
毗應身妙有雙樹之間光覆僧祇之衆安可混曜散木
比列濟林議上茅之挺生喻堅固之神造者也婆羅樹
者非中夏物土所宜有者已婆娑十畝映蔚千人密幄
足以綴飛飈高蓋足以却流景惡禽翔而不集好鳥止

而不巢有以多矣然深識者雖徘徊仰止而莫知冥植
博物者雖沉吟稱引而莫辯嘉名華葉自奇榮枯嘗異
隨所方面頗徵靈應東瘁則青郊苦而歲不稔西茂則
白藏泰而秋有成唯南匪他自北常尔或季春肇發或
仲夏萌生早先豐隨晚暮儉若且槁萯後吐芬絛前秀
差池旬日奄忽齊同無今昔可殊非物理所測古老多
恠時俗每驚巫者占於鬼謀議者詠於神樹證聖載有
三藏義淨還自西域逮茲中休信宿旦依齋戒瞻歎演
夫本處徵之舊聞源其始也榮灼道成之際究其末也
推蔵薪盡之餘或森列四方或合并二體常青不壞應

現分榮變白有終不滅同盡昔與釋迦蔭首今爲羣生
立緣夫 佛病從人大慈感故樹萎曰物深悲理然
化能分身半枯卽是心有合相後茂還齊宜其表正聖
神靈睨品彙以變見一攝而稱讚十方者也淮陰縣者
江海通津淮楚巨防弥越走蜀會閩驛吳七發枚乘之
丘三傑楚王之窟勝引飛轡商旅接艫每至同雲冒山
終風振壑宦子愓息槁工疚懷魚貫遡其萬艘霧集坌
於旨渚莫不膜拜圍遶焚香護持復悔多尤迴祈景福
於是風水相借物色同和挂帆齊行方岫驟邁浮山嶇
起而疏巘慶雲亂飛而比峰雖電彪施鞭夸父拔策冈

可喻其神速曷云狀其詺怏者哉州牧宗子名仲康廣
孝惟家大忠形國播淸政以主郡儀古式以在人知微
知章有禮有樂別駕扶風竇公名誡盈盛門貴仕懿德
令名利用以厚生明略以營道上交不諂下交不黷司
馬宗子名景虛受賢交幹用柔克退遂中律先後自公
且觀麟定之詩未（宏）廱驥子之任邑宰淸河張公名松質
藐自雉節忽乎博聞始於能賦而彰中於成器而立牧
人通急徇物合攉威肅儼於神明慈惠安其父母豈伊
政理自有才名莫不淨慮一乘追攀八樹歎後植而多
感惟化生而永懷大啓上緣率心檀施碩德道𠃭寺主

道廱上座道絢都維那曇一等皆妙覺圓常釋門上首
痛金棺而旣往駛堅林而在茲卿（鄉）望司徒廱（元）藺藏廱（元）景
王廱（元）珪張仁藝王懷儼劉元隱沈信詳等夙悟大師深
入眞際勤行進力護供莊嚴揚州東大雲寺法師希廱（元）
廣派法流固極德本戒行有以鎮浮俗利言有以誨蒙
求旣憑藉於衆心亦謀明於獨得是摽靈跡乃建豐碑
其詞曰
政化之理兮甘棠猶存寶乘之妙兮娑羅是敦欽厥道
成兮八相克尊感乎示迹兮一歸可門與　佛合緣兮
榮落同時歎尔化生兮感變誰思休徵各嶽兮何察不

欺流俗莫識兮綿曠驚疑土人西還兮覩止增悲發皇
靈應兮堅固在茲方國傳聞兮想象悽其迴首正信兮
頂禮護持優曇千年兮曷足議之
開元十一年十月二日建
刻石東海元省已
李公邕在唐有詞翰名其所書娑羅樹碑尤奇余浮
淮問之無有也豈遭兵燹邪吳子承恩偶得舊刻一
紙出以示余余讀而愛之夫泰和書法品者等河岳
固虔禮淸臣之匹乃比茲樹於甘棠中多名言云吳
子从衕善書法以爲此北海眞筆中脫十餘字今所

傳者多贗本耳余刻諸石李書不見海內郎蒲城雲
麾碑久斷劉公遠夫用鐵束完之而楊用脩以爲有
神物護持安知娑羅之存顧不有神乎且徐公子與
書來言二吳高士咄咄仲舉設搨待之可也余懷日
苦水旱渓愧其言今碑成于二仲之手亦郡乘奇事
也
明隆慶壬申秋日　沔陽陳文燭囊
張弨曰其末曰一歸可門可門者何門也考說文誰
何之何本單作可其从人者則爲儋何之何易何校
滅耳詩何蓑何笠爾雅何鼓謂之牽牛是也後借爲

誰何之何叟以擔荷爲儋何字字日繁而忘其本矣此文以可爲何可見開元時文字尚存古法金石文字記

去臺懷二十餘里有古樹高二丈許枝幹盤虬相傳爲娑羅樹也廣韻作杪欏盛宏之荊州記巴陵縣南有古寺僧房床下忽生一木隨伐隨長道人移房避之木長便進但極婉秀有外國沙門見之名爲娑羅也彼僧所憩之蔭常著花細如白雪段成式酉陽雜俎天寶初安西道進娑羅枝唐李邕楚州淮陰縣娑羅樹碑婆娑十畝蔚映千人云云洪邁容齋隨筆宣和中向子諲過淮陰見此樹今有二本方廣丈餘蓋

非故物矣吳興芮國器有從沈文伯乞娑羅樹碑詩云楚州淮陰娑羅樹霜霧榮悴今何如能令草木死不朽當時爲有北海書荒碑雨侵澀苔蘚尚想墨本傳東吳正賦此也高士奇扈從西巡日錄

右娑羅樹碑娑羅本西域之木不知何時移植淮陰土人莫之識也武后證聖中僧義淨還自西域過而名之開元中李北海始爲之記碑石久亡明隆慶壬申沔陽陳文燭知淮安府得舊搨本重刻于郡齋陳所得者蔑界之本卽用横石刻之故行欵皆失其舊唐人碑惟國子學九經横刻取其便于諷誦此外無横刻也余本有食遮切之音荼从余聲尓疋檟苦荼卽荼茗字也茶乃荼之省文流俗誤分荼茶爲二此碑荼毗字作茶可見唐人猶識古音也邕自海州刺史新舊史本傳俱失載碑云州牧宗子仲康者高平王道立之孫由主客郎中出爲楚州刺史其云司馬宗子景虛則宗室表所未載也竇誠盈官至青州刺史見宰相世系表金石錄有張松質與李邕書碑所載邑宰清河張公松質卽其人也潛研堂金石文跋尾

按李邕書各碑題銜皆有可疑者少林寺戒壇銘開元三年立是邕左遷括州司馬時而題括州刺

史已於彼碑辨之詳矣葉有道碑開元五年立亦題括州刺史又於彼碑闕疑識之修孔子廟碑開元七年立邕撰文而題守渝州刺史史不載此官惟雲麾將軍李思訓碑無立碑歲月題銜及姓名俱泐然傳世已久信是邕書固無庸辨此碑立于開元十一年十月以邕傳稽之當是由括州司馬起爲陳州刺史時以下文帝封太山還邕見帝汴州事在開元十三年則十一年當守陳州也而碑乃云海州刺史此碑係重刻本不能信其無誤假使不誤則邕碑之署銜與史不合者多矣太平御

覽引魏王花木志曰娑羅樹細葉子似椒味如羅
勒嶺北人呼爲大娑羅此碑文云至若泥日法會
荼毗應身妙有雙樹之間喻堅固之神造云云翻
譯名義集云娑羅此云堅固北遠云冬夏不改故
名堅固西域記云其樹類斛而皮青白葉甚光潤
四樹特高華嚴音義翻爲高遠其林森聳出於餘
林也後分云娑羅林間縱廣十二由旬天人大衆
皆悉徧滿尖頭針峯受無邊衆間無空缺不相障
蔽大經云東方雙者喻常無常南方雙者喻樂無
樂西方雙者喻我無我北方雙者喻淨不淨四方

各雙故名雙樹方面皆悉一枯一榮後分云東方
一雙在於佛後西方一雙在於佛前南方一雙在
於佛足北方一雙在於佛首入涅槃已東西二雙
合爲一樹南北二雙亦合爲一二合皆悉垂覆如
來其樹慘然皆悉變白此碑所云皆本此也

金石萃編卷七十三終

據碑校

金石萃編卷七十四

賜進士出身誥授光祿大夫刑部右侍郎加七級王昶譔

唐三十四

少林寺柏谷塢莊碑

石高三尺二寸八分橫廣五尺一寸三十八行行二十六字正書在少林寺

皇唐太宗文皇帝賜少林寺柏谷塢莊　御書碑
紀
開元神武皇帝　御書額
文見前不錄
少林寺　賜地肆拾頃　賜水碾壹具

教前件地及碾寺廢之日國司取以量莊寺今旣立地
等宜並還寺
武德八年二月十五日兼記室參軍臨淄侯房元齡
宣
兼主簿元道白奉
教如右請付外奉行謹諮
武德八年二月十五日
二月十六日錄事郭君信受
錄事參軍事師仁付田曹
依諮此二字行書

陝東道大行臺尚書省　牒少林寺
牒今得京省秦王府牒稱奉　教連寫如右此已
准
教下洛州并牒秦府留後國司准　教牒至准
教故牒
武德八年二月廿二日令史胄威幹牒
主事
膳部郎中判屯田君允
司戶　牒少林寺　賜地肆拾頃　水
碾壹具

牒上件地及碾被符奉　教前件地及碾寺癈之
日國司取以置莊寺今既立地等宜並還寺者以狀錄
牒任即准　教故牒
武德八年二月廿七日史張德威
尉權判丞張開
太宗文皇帝教書一本　御書碑額一本
牒奉　勑付一行師賜少林寺謹牒
開元十一年十一月四日內品官陳忠牒
右栢谷塢碑題云唐太宗文皇帝賜少林寺栢谷塢
莊御書碑記開元神武皇帝御書額所謂碑紀者即

據碑校

少林寺碑上所載太宗爲秦王時討王世充宣諭寺
僧之文也此碑前錄告文附賜地水碾還寺教書武
德八年二月十五日兼記室參軍臨淄侯房元齡宣
又主簿元道白奉行謹諮則系以依諮二字又陝東
道大行臺尚書省牒付少林寺并牒秦府留後則武
德八年二月二十二日也又司戶牒少林寺則是月
廿七日也皆列錄事錄事參軍令史主事判屯田史
尉丞姓名後附開元十一年十一月四日內品官陳
忠牒少林寺一行則立碑之年月也或云告文非太
宗書中閒行草世民二字則御書耳按諸牒後凡錄

事令史等姓下皆另一筆書名似與告文相類但告
文書法迥出諸牒文上而開元皇帝又御書額以紀
之爲文皇書無疑諸牒文必胥史所作而字畫精拔
如此宜學士大夫以書知名者之多也金石錄補

少林寺賜田勑

碑高五尺九寸五分廣二尺六寸六分二十行行五十三字正書

少林寺今得牒稱上件地往因寺莊飜城歸國有大殊
勳據格合得良田一百頃去武德八年二月蒙
勑賜寺前件地爲常住僧田供養僧衆計勳仍少六十
頃至九年爲都維那故惠義不閑　勑意妄注賜地爲

口分田僧等比來知此非理每欲諮改今既有　勑普
令改正請依籍次附爲賜田者又問僧彥等既云飜城
有勳准格合得賜田當時因何不早陳論飜城之時頭
首是誰復誰委知得款稱但少林及栢谷莊去武德四
年四月飜城歸國其時即蒙賞物千段准格合得者未
被酬賚之間至五年以寺居僞地總被廢省僧徒還俗
各從徭役於後以有飜城之功不伏減省上表申訴至
七年七月蒙別　勑少林寺聽依舊置立至八年二月
又蒙別　勑少林寺賜地肆拾頃水碾磑一具前寺廢
之日國司取以置莊寺今既立地等並宜還寺其　教

勑案今並在府縣少林若無功勳即是雷同廢限以
有勳勳別　勑更聽存立其地既張頃數
恩　勑還僧尋省事原豈非賜田不早改正只是僧等
不閑憲法今謹量審始復申論其飜城僧曇宗志操惠
瑒等餘僧合寺爲從僧等不顧官爵唯求出家行道報
國若論少林功勳與武牢不殊武牢勳賞合地一百頃
自餘合賞物及闕地數不敢重論其地肆拾頃特　勑
還寺既蒙此賚請爲賜田乞附籍從正又准格以論未
蒙僉賞但以出家之人不求榮利少亦爲足其飜城之
時是誰知委者僞轘州司馬趙孝宰僞羅州縣令劉翁

重及李昌運王少逸等並具委者依問僧彥孝宰等所
在款稱其人屬遊仙鄉任饒州弋陽縣令無身劉翁重
住在偃師縣李昌運王少逸等二人屬當縣見在者依
狀牒偃師勘問翁重得報稱依追劉重勘問得報稱少
林寺去武德四年四月內衆僧等飜轘州歸國是實當
飜城之時重見在城所恚者又追李昌運等問得款与
翁重牒狀扶同者又問僧彥等既稱少林僧等爲歸國
有功勳未知寺僧得何官欵稱僧等去武德四年四月
廿七日飜城歸國其月卅日即蒙　勑書慰勞　勑書
今並見在又至武德八年二月奉　勑還僧地肆拾頃

勑書今並見在當時即授僧等官職但僧等止願出
家行道禮拜仰報國　恩不取官位其寺僧曇宗蒙授
大將軍趙孝宰蒙授上開府李昌運蒙授儀同身並見
在者并追在手勑教及還僧地符等勘驗有實者少林
僧等先在世充僞地寺經廢省爲其有功飜柏谷塢功
績可嘉道俗俱蒙官賞特　勑依舊置立其寺寺即蒙
立還地不計俗數足明賚田非惑今以狀牒帳次准
勑從賓改正不得因茲浪有出沒故牒
貞觀六年六月廿九日
丞萬壽　佐董師史吉海

勅麗正殿修書使
牒少林寺主慧覺
牒謹連勅白如前事須處分牒東都使中書令判牒東
都留守及河南府并錄勅牒少林寺主撿按了日狀報
勅書額及太宗與寺衆書並分付寺主慧覺師取領者
准判牒所由者此已各牒訖牒至准狀故牒
開元十一年十二月廿一日牒
判官殿中侍御史趙冬曦
用秘書行從印
副使國子祭酒徐堅

中書令都知麗正修書張說
牒刻裴漼少林寺碑陰無書人姓名蓋當時寺僧錄
賜田牒由刊石者也書法修整故自可觀其上方刻
太宗爲秦王時教並武德年月官名曰貞觀六年六
月廿九日丞萬壽佐董師史吉海開元十一年十二
月二十一日牒判官殿中侍御史趙冬曦副使國子
祭酒徐堅中書令都知麗正修書張說用秘書行從
印唐武德四年太宗文皇帝勅授少林寺柏谷莊立
功僧名上座僧善護寺主僧志操都維那僧惠瑒大
將軍□□□同立功僧普惠明嵩靈憲普勝智守道

廣智興滿豐說嵩
牒錄當時賜田緣由勒之于石後題銜有判官殿中
侍御史趙冬曦副使國子祭酒徐堅中書令都知麗
正修書張說三子爲唐顯人並見新書本傳然證之
于史冬曦開元初監察御史坐事遷岳州還復官不
言爲判官殿中侍御史堅自始末歷官亦不言其當
開元時爲國子祭酒舊唐書而獨見之此牒張說傳下
制改麗正書院爲集賢殿書院授說院學士知院事
舊唐書徐堅傳開元十三年改麗正書院爲集賢院百官志開元十一年置麗
正院修書置院使今牒在十一年與志旣相符而說

卽首膺是任亦已榮矣然不見諸史者史有闕也非
是牒後世其孰知之嗚呼此予集錄之勤且煩其有
以也夫又容齋三筆唐世符帖文書今存者絕少隆
興府摠持寺有一碑凡三牒今按此牒亦足以知唐
勅牒之制如此又不獨如洪氏所見也授堂金石跋
按少林寺裴漼碑陰分上下二截上截刻武德四
年太宗賜少林寺教下截刻武德八年及貞觀六
年賜田勅牒末題開元十一年十二月廿一日牒
蓋是時少林寺方當重新整理之時觀其開元三
年刻戒壇銘至此年又刻此碑則寺主慧覺之爲

據趙本校

功于寺也大矣太宗教書于武德四年既不與貞觀六年牒同時且不與牒文一類雖同爲開元十一年所刻自當列于武德四年其貞觀六年牒乃本寺賜田所繫故牒尚在中書至是年始奉勅中書判牒東都留守歸于寺僧檢校而後刻石自當繫于是年然其請牒刋石之由碑不復詳記則寺僧之庸可知矣且此牒又尚有可疑者貞觀六年距武德四年祇十一年係太宗及身之事寺有翻城之功太宗親賜教以告論朝廷豈無人稔知之者何以牒內有詰問當時因何不早陳論之語假

係事隔多年因而反覆辨詰然牒實是貞觀六年所給而請而刻石在開元十一年相距又九十二年何耶是皆不能明者姑存而不論云

御史臺精舍碑

碑高四尺一寸廣三尺七寸三分十八行行三十字隸書額題御史臺精舍碑六字篆書在西安府學

大唐御史臺精舍碑銘并序

中書令崔湜任璧中侍御史日篹文

易曰吉凶悔吝生乎動也傳曰禍福無門惟人所召則蹈網罟嬰黴纆聯桁楊貫桎梏可怨天尤人哉左臺精舍者諸御史導羣愚之所作也蓋先生用刑所以彰善

側即貨字趙作則誤
泯泯即泯泯

癉惡聖人明罰是以小懲大誡故崇崇淸憲以糺以繩而禱杌頑嚚罔知攸畏冒于側賄貪于飲食弃蜂不歇猘犮自噬棼棼泯泯而陷于兹者歲以千計羣公等目而感之乃言曰天陵可逃自咎難逭夫能度壹切苦厄者其惟世尊乎所以僉捨衆貲議立斯宇欲令見者勇發道惠勤揆妙根悟有漏之緣證波羅之果纓珞爲施菩薩之尊引衆生塔廟有成天人之護持正灋不有善者人爲賴哉長安初湜始自左補闕拜殿中侍御史至止之日其搆適就遊於斯詠於斯稽首於斯各夫衆寶嚴身非如來之意方丈爲室蓋維摩之心故立像不務

於珍華度堂罔圖其豐壯至若丹雘竝棄剞劂都捐則歸依之心或未多也君子之作其得中爲觀其椽之橐之是尋是尺掎徂來之松攻荆藍之石疊櫨駢栱規櫕欒亘錯磐螭以頓梲鏤躋贇以銜鋪綠窗黙炯丹柱皜日香泉數曲環繞琉璃之地靈草百品叢蒔黃金之階信可滌慮洗心逃殃窴福爲利甚博獲報無量羣公以予忝文儒之林固以碑表相託辭不獲已而作銘曰

惟佛之國黃金界道于嗟下人誓不相好胡不歸命以自保惟佛之土白銀爲臺于嗟下人爲惡不迴胡不稽首以道災彼君子兮福所履兮是度揆兮不日成兮若

神營𠀋利羣生𠀋

開元十一年　殿中侍御史梁昇卿追書

趙□禮　□鐫

碑陰及兩側題名

陰高二尺七寸廣二尺五寸三十一行分作三截書每截字數自十二至三十三不等其兩側一五行行五十七字一六行行六十字各不等正書

侍御史并內供奉

盧懷愼　鄭　愔　賈虛舟　李福業

張守絜　張行岌　張思義　楊虛受

舟祖雅　崔日用　王踐睦　田貞幹

李　愢　王志愔　崔　琬　姚紹之

李朝隱　孟溫禮　李　詳　姬處遜

靳　恒　崔宣道　楊茂謙　袁從之

宋庭璘　薛　昭　黃守禮　倪若水

裴　觀　崔　皎　崔　宣　張損之

韋虛心　蔣欽緒　楊　孚　常彥瑋

潘好禮　崔　涖　張　暐　洪子輿

慕容珣　齊處冲　任正名　李懷讓

趙履冲　王上客　褚　璪　劉嘉言

霍庭玉　艾敬直　王　旭　康　濯

楊　瑒　吳　訢　崔希喬　杜　暹

楊軌臣　郭　震　王執言　游子騫

馮　宗　張　遊　徐知仁　杜令昭

錢元敬　李承家　張　洸　陳希烈

張冠宗　宋　遾　朱渭輔　高庭芝

宇文融　翟　璋　劉　升　馮紹烈

張　樽　楊　瑶　羅承錫　高夢松

解忠順　張明允　宋　遥　劉彥回

張　珣　長孫處仁　夏侯宜　班景倩

王　琇　姚　賊　封希顏　宋　詢

薛偘偘　張景明　宋溫瑗　元彥冲

邊冲寂　張　浚　鄭觀藝　雍惟良

韓　宣　李　濯　李　昂　裴　曠

長孫孝紀　李知柔　郭虛己　裴敦復

崔季友　竹承搆　盧見義　許　融

裴　曠　裴令臣　王審禮　竹承搆

雍惟良　裴　歆　張　倚　韋伯詳

李喬年　張光奇　鮮于仲通　崔□

殿中侍御史并內供奉

崔　湜　陸景初　王守廉　程行諶　裴　漼

封無待　高恂　田貞幹　王璵　王志愔
王道洽　辛長𢁉　呂延祚　馬懷素　張思義
魏奉古　宋慶禮　鄭景復　柳詮　韋抗
楊虛受　張應　傅黃中　楊滔　姬處遜
齊處沖　袁守一　王履道　崔琬　宋庭璘
鄭勉　崔子源　鄭瑶　樊欽賁　趙昇卿
任奉先　李乂　韋仲昌　邵炅　李誠
獨孤冊　茵延嗣　司馬銓　崔液　陳惠滿
蔣欽緒　韋鏗　格遵　李察　翁嵩
敬昭道　和逢堯　趙履沖　張晤　崔沔
霍庭玉　楊執臣　李全昌　柳澤　梁渙
翅先冲　崔安儼　杜令昭　李庭口　游子騫
王執言　張遊　貟嘉靜　朱渭輔　王易從
李全交　徐知仁　張敬輿　崔鹰甫　李庭誨
李畬　郭震　崔悰　徐元之　杜咸
高力範　王旭　李謹度　宋璟　張冠宗
楊瑒　元光大　張䄙　張烈　張搏
康濯　許景先　楊光羽　張沇　羅承錫
劉升　韓琬　陸景獻　趙冬曦　王沛之
皇甫翼　韓朝宗　馮宗　杜暹　王琇

鄭溥　封希顏　宋温瑗　宇文融　姚珹
宋鼎　焦如璧　張景明　辛怡諫　薛自勸
梁昇卿　許融　長孫處仁　劉昂　韋洽
趙頤貞　夏侯宜　李濯　薛珣　元彥沖
崔希逸　馮紹烈　孫濟　李知柔　楊珹
崔季友　長孫孝紀　楊珹　宋宣遠　韓宣
盧怡　何千里　夏侯銛　劉日正　咸庾業
崔季友　張倚　張晉明　樊希一　薛偘偘
雍惟良　李秀芝　霍栖梧　竹承搆　劉彤
高夢松　康珽　韋恒　張倚　許融
趙彥晊　劉彥回　馬光淑　裴歆　鄭宏之
李昂　班景倩　康狄履温　馮光嗣　唐堯臣
李頎　楊愻舊名奉一　宋詢　王熹　李宙
郭銓　李麟　郭虛己　李燈　裴令臣
源光譽　盧見義　裴藏暐　源元楷　楊汪
徐惲　陽潤　姚子彥　吉温　賀蘭進明
監察御史　并□□□並是立碑至今　李頎行　賀遂涉二人在監察字之下
陸景初　辛長𢁉　柳詮　裴子餘　王守廉
司□□　□□□　□□濤　李元璥　路紉玉

王　景　張　佶　李　誠　王　怡　李朝隱
祖夙口　口口口　口從訓　蕭　嵩　褚　璆
李　愰　李懷讓　楊　挺　李庭言　宋庭瑾
冨嘉謩　陸大亨　譚　瓌　齊　澣　柳　澤
郭　震　李　畬　魏傳弓　封　愔　裴　漼
姬處遜　嚴識元　袁從之　苗延嗣　宋宣遠
鄭　溥　趙履冲　林　洋　王沛之　王志愔
韋　鏗　閻吞心　陳　璬　陳惠濟　崔希喬
張　列　張　遊　王道濬　宋　逖　崔　琬
袁守一　郤　炅　李守質　杜　咸　陸惟逸

負嘉靜　楊　瑶　郢守敬　鄭齊嬰　魏奉古
崔子原　程文英　王　掐　盧微明　楊元瑶
張　嵩　鄭　力　劉　沼　楊軌臣　司馬銓
齊處冲　李尚隱　樂山甫　鄭溫琦　蔣　岑
劉　升　程九臯　梁　渙　夏侯宜　趙昇卿
高昌瑀　王上客　洪子輿　竇慈遜　張　晤
陸景獻　韓朝宗　張敬輿　徐元之　鄭　瑶
崔　琮　敬昭道　賈彥璿　李知古　李全交
梁昇卿　楊　瑊　朱涓輔　徐知仁　慕容珣
負　峴　李　瑱　韓昭允　張　浤　郭　震

徐　惲　孫　濟　蕭隱之　李如璧　盧　廙
陳希烈　杜　暹　張李瑀　張宣明　蔣　挺
蕭　誠　劉太童　皇甫翼　蕭　識　王　邱
韋　紹　杜令昭　宋　鼎　崔　液　翟　璋
劉日正　宋溫瑗　張景明　羅承錫　趙先冲
崔愼從　宋　遥　慕容琦　鄭虛心　呂元泰
張　珣　杜　昱　韋　洽　崔　訓　楊至元
馬光淑　張　樽　魏季隨　許　融　穆思泰
薛自勸　呂　霈　盧　怡　李　諶　盧金友
馮光嗣　高夢松　胡景濟　樊希一　霍庭玉

慕容琦　霍栖梧　庫狄履溫　李庭誨　韓　琬
崔　頌　宋希玉　裴令臣　李　珣　吳太元
馮紹烈　竹承構　梁　勔　楊光羽　李　畬
呂　霈　苻子璋　崔　譚　崔季重　張　昶
班景倩　郭　佺　何千里　封希顏　韋伯昌
李　昂　張貝瞻　劉同昇　周擇從　元光謙
宋　詢　韋　恒　王　翼　程　烈　李謹度
裴敦復　趙　賓　杜庭誠　陳九言　鄭　溥
李　憕　李秀芝　賈　晉　夏侯銛　張　浣
嚴　杲　張利貞　房自謙　彭　杲　席　豫

于薦卿　馬光淑　楊奉一　李承先　盧襲秀
崔先讓　蕭　諒　張　環　董　琓　王執言
咸廙業　裴令臣　張景明　楊仲昌　姚　𥅆
常無欲　徐履道　李　𪿙　李元成　鄭　力
王　𢡁　薛　𤸃　霍栖梧　莫行愔　趙彥𧿹
李　觀　裴藏暐　鄭　昉　楊眘金　宇文融
郭庭倩　何　宬　許誠惑　常無欲　苗晉卿
陳　伾　張思鼎　張元愔　權　徹　薛自勸
元彥冲　孫　翃　馬元直　李　觀　盧茂伯
郭虛己　劉遵睿　明虛己　姜立祐　薛侶侶

康　珽　徐光期　苻子璋　苗晉卿　王靈漸
郭　佺　李　級　張　曉　鄔元昌　竹承搆
宇文順　靳　豫　李　昂　郭　佺　賈　昇
王　惲　王　翼　薛　巘　房　琯　邵瓊之
雍惟艮　裴　朏　陳　伾　盧茂伯　王　璿
劉　綰　馬思祭　趙輝庭　穆庭㜷　顏眞卿
裴　曠　王大鑚　郭虛己　王靈漸　薛　忻
吳　肇　楊　汪　陳　綵　裴子建　平　□
徐　建　程荊杞　裴季通　韋諴奢　宋若思
薛榮先　蔣　沇　薛　揔　□　□　崔　□

碑陰下層題名
周　□　韓　賞　王　維　元　撝　豆盧友
康　瀾　梁　沄　楊　惠　盧　紘　蔡九皐
盧執□　羅希□　于履□　許　論　姜紹□
楊　釗　崔　寓　源少良　韋　鎰　王　琠
楊日休　張惟一　賈彥璋　宋少貞　楊　諫
鄭　毓　胡　□　□　□
碑中嵌入題名
鄭　愚　薛　誠二人書在并序二字之下　鄭韜會二十七日寓
直九字二行左行在撰文字下　韋退之　馮　緘　薛　眈三人書在銘末

庚午歲三字在開元字之左
碑左棱題名
□　杜　王叔達　王　翼　李志遠　章仇兼瓊
吳　肇　韋　恒　邵　□　王叔達　楊愼矜
達奚珣　房自厚　趙陵陽　周子諒　常從心
韋　芝　康　灟　鄭欽說　韋叔將　許　遠
沈　震　鮮于仲通　蔡希周　張　□
碑右棱題名
劉紡復　崔　寓　姜超羣　吕　述　殷中趙廣徵
李　憯　元孝綽　王元瑾　皇甫侊　李之芳

李彥超　周德遠　韓賞　王維　柳□
□□　胡曇倩　王曾　蔣思之　□琯
□□

碑陰左棱題名

王維　趙廣微　李憺　元孝緯　王元璉
皇甫侁　李之芳　宋□　王縉　崔寓
劉芬　蔣思之　周德遠　成同　孟匡朝
盧播　張□　□□　杜□

碑陰右棱題名

楊愼矜　姚閎　崔冲　李麟　董琬

姜立祐　劉濛　陳縣　鄭昭　呂周
明虚己　張景淑　蔣列　王佶　蔣濱
鄭審　羅文信　賈賁　趙廣微　李憺
元孝緯　□　□

碑左側題名

郭佺　郭虚己　李昂　盧茂伯　賈昇
盧見義　顏允臧　康雲開　鄭宏之　王瓚
張利貞　袁楚客　徐履道　氾雲將　李融
郭虚己　李常　李暐　韋恒　裴敦復
裴曠　馬元直　許誠惑　常無欲　李觀

苗晉卿　王大鎮　盧茂伯　王靈漸　賈昇
趙實　張具瞻　獨孤通理　薛忻　崔譚
王瑨　韋虚舟　韋恒　張利貞　蕭諒
徐履道　張思鼎　靳觀　王翼　李級
張烜　氾雲將　范□則　許誠惑　鄭昉
魏方進　董琬　李暐　賈昇　張具瞻
獨孤通理　趙實　張子漸　薛忻　王瑨
劉遵睿　張秀明　蕭諒　裴藏暐　張利貞
李崗　李□　徐履道　張思鼎　王翼
李級　氾雲將　楊愼矜　崔冲　張景淑

權徹　姜立祐　李挺之　房自厚　崔譚
劉同昇　杜庭誠　魏方進　呂周　達奚珣
邢巨　李珦　鄭章　趙陵陽　周子諒
常從心　崔灌　庾光先　尹中言　徐浩
李抗　王可觀　王鉷　李丹　杜嶠
王掄　崔翰　張重光　李鼎　薛兢
呂指南　黄麟　曾崇穎　李遇　邢巨
竇顓　崔伯陽　陽陟　馬晛　李華
趙悅　楊玘　康羽　李彥允　李晊
張省躬　沈庠　馮損　趙克忠　韋儇

韋之□ 李舒 史□ 祁順之 杜敏
李□ 張瑄 楊□
碑右側題名
侍御史兼殿中
鄭澥 崔丸庚午歲 唐技 陳會 李元
張萱 劉芬 楊釗 胡曼倩 李彥允
李彥超 王維 柳弈 李抗 崔倫
賀遂回 李宓 盧覇 崔審交 趙蕃
崔冲 吳□之 姚閈 賈彥璋 穆庭裴
盧鉉 羅文信 李槁年 王伋 張曉

崔倫 李抗 蔡九皐 蔣洌 張光奇
趙輝庭 賀遂回 趙艮器 源少艮 王鉷
盧埶顏 鄭審 楊恂 陽潤 姚子彥
鄔元昌 李光輔 王佶 蘇震 王璵
任淳 王光大 司馬垂 羅希奭 姜超□
蔣演 呂指南 鄭章 鄭炅之 邵瓊之
吳伋 杜孝友 曾崇頴 崔□ 王興
楊日休 黃□ □□ 韓賞 楊釗
平洌 鄭欽說 蘇震 獨孤問俗 劉㯶
負錫 王端 □□ 趙克忠 李彥□

沈震 源洧 楊玘 □□□□
李瞎 李舒 張□ 馮損 蔡希周
韋□□ □□□ 李抗 司馬垂 侍御史楊愼矜
穆庭裴 王光大 □□□ 李彥允 張萱
趙艮器 王鉷 鄔元昌 黃麟 劉芬
崔浩 王佶 許遠 李遇 許遠
宋銛 楊玘 源洧 李彥允 □□
裴周南 王端 張瑄 □□ 李抗
元恕□ 韋貴裳 劉芬 元從 王元□
皇甫先 李之芳 監察□□房 休崔倫

鄭日進 李□ 盧□□ 楊式南 郭順□
□□□□
碑額題名
監察御史
鄭權 李師素 蕭佐 常署 崔宣
李抏 皇甫衡 李樞 楊翃 羅讓
賈全 薛貢 盧深威 崔鄭 鄭豖
韋璋 鄭膺甫 段平仲 陳歸 韋顥
獨孤朗 崔鄯 □□道 劉元質 馬暢
韋貞伯 吳丹 盧虔 裴復 孫革

于中 徐宏毅 裴次元 盧侃 李宣
崔師本 李儋 唐武 殷台 劉師光
嚴潤 常仲儒
碑陰額題名
知雜侍御史 自天寶元載已後
孫景商 崔罕 殷台 楊嗣復 張士階
楊泰 路巽 楊慎矜 王鉷 張瑄
楊釗 崔寓 盧埶顏 吉温 顏眞卿
裴冕 竇華 張惟一 崔灌 顏允臧
韋審規 韋中立 唐武 高宏簡 劉瑀之

馬錫 姚高栵 鄭昂之 趙□ 侍御史楊申
盧虔 監察御史敬騫 平致和 李彤
李鈗 馮邈 羅讓 韋顒 張邕
鄭楚相 裴埭 監察楊翃武 徹 常著
蔣鍊 長孫繹 竇鞏 邵說 袁滂
王沐

御史臺精舍記崔湜篹梁昇卿書讀其文則湜於佛可謂篤信者矣唐書列傳云桓彥範等當國畏武三思使湜陰伺其姦而三思恩寵日盛湜反以彥範等計告之遂勸三思速殺彥範等以絶人望因薦其外兄周利正以害彥範等又云湜貶襄州刺史以譙王事當死賴劉幽求張說救護得免後宰相陷幽求嶺表諷周利正殺之不果又與太平公主逐張說其餘傾邪險惡不可勝紀世言佛之徒能以禍福怖小人使不爲惡又爲虛語矣以斯記之言驗湜所爲可知也故錄之於此其碑首題名多知名士小字頗佳可愛也集古錄

御史臺精舍記唐中書令崔湜撰梁昇卿八分書漢承秦制御史爲丞相貳其後以寺隸之然立精舍以居書傳所見最先包咸東海立精舍教授在西漢末

顧湜謂此佛之所舍昔漢處摩騰洛陽西建精舍爲始誤也按釋書以靜居爲精舍致一爲精不使雜也古之齋心服形其居必有可黙存者今人猶闘屋爲齋謂如齋戒以守獨不可以精舍名乎蕭摹之請興塔寺精舍詣二千石庾子輿造佛寺因立精舍嶺南原明僧紹住弇榆山栖雲精舍此皆謂梵所居然書生立學昔傳此名豈致道之所惟精一得之邪昔魏武嘗曰譙東五里卜築精舍秋夏讀書其後徐度折節學問精舍唐僧淵立精舍豫章阮孝緒以一鹿車爲精舍徐伯珍立精舍袪蒙山陳寔立精舍講授張

邵戴冉立黃鵠山竹林精舍張漢直其弟出精舍數
里遇之佰珍家由立精舍則古人於其居以名自警
思致其精也後世便以爲精舍皆寺淇之嗜利蔑學
其可責以此哉廣川書跋
漢史列傳具載包咸劉淑檀敷李充所立精舍而唐
御史臺精舍史闕弗錄蓋彼四人者皆以講授諸生
此則以奉浮屠氏故略之耳幸有此碑可存當時故
事也黃文獻公集
唐史稱梁昇卿善八分東封朝覲碑聲華爲一時冠
此帖亦可寶也獨御史臺持憲之地乃立精舍倡諸

繫者禮佛懺悔昔獄吏命祝咎繇范孟博猶非之況
佞佛乎崔中令湜固盛言因利結西方緣矣不知附
禁臠事發曳銀鐺時佛亦當庇引之否爲之一笑弇州山人四部稿
此梁昇卿追書崔湜文湜人品殊汚入齒頰而昇卿
尚追書其文何也豈唐世重佞佛湜之立精舍于御
史臺適投時好耶但昇卿分隸聲動一時東封朝覲
碑史冊稱之今觀此碑名不虛耳　碑陰題侍御史
并內供奉殿中侍御史並內供奉監察御史名共六
百餘人參差不齊分書者五六人餘皆正書書有法

年崔隱甫
李乾

不似后世胥吏書也石墨鐫華
碑陰題名表其上格曰侍御史并內供奉列盧懷慎
等名中格曰殿中侍御史并內供奉列崔湜等名下
格曰監察御史下有一并字下缺不全列陸景初等
名其盧崔陸三人姓名並八分書蓋梁筆也餘則正
書乃後人續書之者　碑額空處前後皆有刻前刻
監察御史及姓名後刻知雜侍御史及姓名有自天
寶元載以後七字按天寶三年始改年爲載不當云
元載恐是追書　宋趙彥衛雲麓漫鈔曰唐有三院
御史侍御史謂之臺院殿中侍御史謂之殿院監察

御史謂之監院　讀此文知唐時御史臺有獄又於
其旁立精舍援引釋典以勸人回心作善然考之舊
唐書開元十四年[illegible]隱甫爲御史大夫在職強正無
所迴避自貞觀年[illegible]祐爲御史大夫別置臺獄有
所鞫訊便輒繫之由是自中丞侍御史以下各自禁
人牢扉常滿隱甫引故事奏以爲不便遂摧去之則
其獄未幾而廢又言溫造爲御史中丞大和二年十
一月宮中昭德寺火宰臣兩省京兆尹中尉樞密皆
環立於日華門外令神策兵士救之唯臺官不到造
奏以臺有繫囚恐緣爲姦追集人吏隄防所以至朝

堂在後則又不知何時而復置也新書隱甫傳云其後患囚往來或漏泄復繫之尉院云宋時亦有臺獄會肇記云始自開寶五年金石文字記

唐自貞觀中李乾祐爲御史大夫別置臺獄四當訊就近拘繫之其漸也侍御史東西推監察御史糾視刑獄各禁其囚迨武后時來俊臣侯思正皆爲御史制獄之外臺獄圜扉恒滿崔隱甫總臺務言于朝搵去於是旁列精舍以釋典懺之崔湜爲文梁昇卿書以八分開元十一年勒諸石碑陰列侍御史殿中侍御史監察御史并內供奉銜題名僅盧懷慎崔湜陸

景初三人亦昇卿分書自懷慎以下正書百二十二人侍御史也自湜以下正書百八十四人殿中侍御史也自景初以下正書三百四十七人監察御史也碑額又有天寶元載以後侍御史知雜侍御史監察御史共五十八人而碑之左右椎拓不及焉中有薛偘偘者二名重文碑凡三見此唐一代所僅有也昇卿自監察御史歷殿中侍御史遷侍御史再遷太子右庶子曝書亭集

朱彝尊云唐自貞觀中李乾祐爲御史大夫別置臺獄崔隱甫總臺務言于朝掘去于是旁列精舍以釋典懺之按舊唐書隱甫爲御史大夫在開元十四年碑云長安初湜自右補闕擢殿中侍御史至止之日其搆適就是去臺獄作精舍在隱甫爲御史大夫二十餘年以前何得云自隱甫始也金石存

文云左臺精舍者諸御史導羣愚之所作也長安初湜自左補闕拜殿中侍御史至止之日其搆適就蓋自武氏稱制告密之法熾羅織之經行日殺無辜如封羊豕其後周興侯思止來俊臣之徒相繼伏誅用刑稍平而歲繫臺獄者猶以千計於是執法之吏於獄旁作精舍假佛法以懺之雖云導人作善道災亦

痛逝者之含冤地下不得已而爲資其冥福也潛研堂金石文跋尾

按碑題御史臺精舍長安志載皇城承天門街之西第六横街之北御史臺元和四年御史臺佛舍火罰直御史李膺一季俸料此佛舍似即碑所謂精舍也文爲中書令崔湜任殿中侍御史日所纂湜之官中書令在先天元年八月其任殿中侍御史以修三教珠英得遷在神龍以前其罷中書令流竇州在開元元年七月行至荆州賜死此碑立于開元十一年距其纂文之日又十九年不知何

因而追書其文以刻石也書碑者梁昇卿唐書附韋抗傳工八分書歷廣州都督碑陰題名上截凡侍御史并內供奉一百二十二人殿中侍御史并內供奉四百九十七人下截及左右棱不書官位者一百十九人中間攙入鄭翰會二十七日寓直一行左側題一百三十三人右側題侍御史兼殿中一百三十八人碑額題監察御史四十二人碑陰額題知雜事御史五十一人而知雜事御史之下有云自天寶元載已後則非開元十一年一時所刻矣揣其情當由御史臺官因崔湜爲中書令追書湜之文欲刻臺中而未果至開元十一年始爲刻石距湜之死又十一年矣碑陰題名重複自再見以至三見四見者不一而足或由前後屢任則屢書之然亦不盡符合者今撮舉數人與兩唐書傳攷之如顏眞卿再見傳云開元中舉進士四命爲監察御史遷殿中侍御史轉侍御史据碑侍御史內不列眞卿名殿中侍御史及知雜侍御史有之苗晉卿三見傳載進士擢第由萬年縣尉遷侍御史此後不云再任御史王維三見傳云開元九年進士歷監察御史後亦不云再任楊愼矜再見傳云開元中拜監察御史丁父憂二十六年服闋累遷侍御史授大理評事攝監察御史數年又專知雜事天寶二年權判御史中丞是不止于再任矣餘如鮮于仲通獨孤通理李彥超苗延嗣徐履道王翼張利貞達奚珣皆再見趙廣微三見李彥允四見皆無傳可攷無從定其合否大抵此碑出于吏胥工人之手殆不足深据也題名中凡單名者姓下闕一格書令與二名者齊此例始見于此

沁州刺史馮公碑

碑連額高九尺八寸廣三尺八寸五分二十行行三十七字隸書額題大唐故朝散大夫守沁州刺史馮公之碑十六字篆書在咸陽縣

崔尚撰

吾聞□君□曰古之孝者□□德□□□碑□明示於後代也故今之孝者馮氏三子道□崇□□□論□□□□□□□□□□□文曰公諱仁□字□譯長樂人夫馮文王之譯也畢萬□封于魏文□□□□馮□□□有自來矣□□流長枝分葉散衣冠八物史諜存焉曾祖□□□隨官□尚書兵部郎贈銀靑光祿大夫吏部尚書昌黎公謚曰壯武望重一時氣雄

千載□□□□外臣嘉遯不仕□壽祖若□□□嗣幽
貞□于我公復修祖業特有奇稟識窖洞微德暉內藏
道氣潛運□可□□□無爲□不□俗□□洎其眞羣
居冈見其□處會通猒養空而浮代莫能知釁以□守
□□□□□□淸□之□□□以琴書□娛優式□□
□□□□所謂逃名遯聲□已會景龍□年　　　　□
□□□公之誠孝精忠道士道力意(得)德釁(元)珠諫(謀)參黃石
同心戴舜以爲　天子□□□□銀靑光祿
大夫鴻臚卿冀國公實封三百戶銀印靑綬昭其□也
皂蓋朱轓昭其位也□□□□昭其□也□□□□昭
其□也公□□厥子克□于邦　帝用嘉之拜公爲
朝散大夫使持節沁州諸軍事沁州剌史仍聽□□時
人榮之　制有踰天官□名年八十九以□□十有一
年夏五月庚午終于京師□□□□惟十有一月十日
壬申葬我公于咸陽北原禮也□□□□□□□□□
其宅兆而安厝之□□□□銘曰
□□□□□□□□□□□□□□□□遊藝依仁從
吾所好□□□□□物之奧□□□□　□□
□□□□□□怨□乃箴訓嘉□□功是□予□
是敬予衷汝作□□□□□□□□□□□□□□□

□□□□□□□孝子□□垂□無窮
上闕大夫下闕監丞太原郭謙光書上闕十日壬申立
此當是道士馮道力父名仁□字太元道力與劉成
祖占元宗當受命潛布款誠開元中拜道力銀青光
祿大夫冀國公而又拜其父朝散大夫使持節池州
諸軍事池州剌史也開元十一年五月卒十一月壬
申葬咸陽北原建碑今在長陵西碑云意得元珠謀
參黃石同心戴舜以爲天子葢指元宗受命事也書
者爲國子監丞郭謙光謙光又嘗書韋維碑見鄭樵
金石畧朱長文古碑考則其書亦小有聲者此碑分
隸自是名家惜剝蝕不可搨余與王咸陽從碑上錄
之王公刻入金石遺文字多舛謬攷道力與劉承祖
同事承祖開元十年坐姜皎事配雷州詔百官不得
與卜祝之人往來而道力父向爾建碑禍不及耶以
道力事不顯故參攷而著之石墨鐫華

右碑在縣東四十里漢長陵西下里許野中字八分
書剝落過半存者儘有可玩近下半入土中北望平
行莫識墓之所在拂拭苔蘚辨別形似讀之如右郭
監丞當時名筆又分書唐太子右庶子韋維碑右碑
考載在京兆向未搜得見是碑亦差慰想董誼咸陽金石

遺文

右沁州刺史馮公碑文多漫漶其篆額云大唐故朝散大夫守沁州刺史馮公之碑凡四行十六字完好可讀此碑歐趙錄皆無之始見於寶刻類編近世金石家題爲池州由未審篆文之故攷唐書地理志池州武德四年以宣州之秋浦南陵二縣置貞觀元年州廢永泰元年復析宣州之秋浦青陽饒州之至德置碑立于開元中其時未有池州也據寶刻類編云碑以開元廿二年立今摩滅莫能辨矣潛研堂金石文跋尾

按碑題諸家皆作池州今驗碑實是沁州此州元

和郡縣志新唐書地理志所載互異元和志云沁州陽城郡開皇十六年置大業二年省武德元年重置新唐書云沁州陽城郡本義寧郡義寧元年置天寶元年更郡名舊唐書地理志則云隋上黨郡之沁源縣義寧元年置義寧郡武德元年改爲沁州天寶元年改沁州爲陽城縣乾元元年復爲沁州是舊史較詳于元和及新書也要之天寶元年始改州爲縣此碑立于開元十一年尚有沁州之名也碑無歲月但据文云以□□十有一年夏五月庚午終于京邸十有一月十日壬申葬[illegible]咸

陽北原末云十日壬申立以通鑑目錄證之開元十一年十一月壬戌朔則壬申是十一日非十日此十日字似碑微有泐文當作一日也是歲四月乙未朔六月甲午朔則五月或乙丑朔或甲子朔庚午在初六七日也据此是可定爲開元十一年矣文稱其先世曰馮文王之允也畢萬封于魏云云語本元和姓纂周文王第十五子畢公高之後畢萬封魏支孫食采于馮城因氏焉碑敘曾祖以下名諱俱泐無可攷長樂馮氏之列于唐書者惟附見儒學唐子元傳有云上谷侯行果平陽敬會

眞長樂馮朝隱同進講朝隱能推索老莊祕義終太子右諭德亦開元初人不知于馮公是何輩行也馮公之子道士馮道力舊唐書元宗紀稱道力與處士劉承祖皆善于占兆詣上布誠欵上乃與太平公主謀誅韋氏又與寶昌寺僧普潤等定策誅之蓋定策誅韋氏時普潤在其列道力不與也新唐書元宗紀則云與道士馮處澄僧普潤定策討亂處澄似卽道力別名是道力與普潤同定策矣資治通鑑則云兵部侍郎崔日用素附韋氏與宗楚客善知楚客謀恐禍及己遣寶昌寺僧普潤

咨詣陛基告之勸其速發是但有僧普潤亦及
道士馮道力紀事本末卽引通鑑之文通鑑綱目
則并普潤名削之馮道力兩唐書方技無傳無從
攷其事跡據葉法善傳云睿宗卽位法善有冥助
之力可知當時道士之術力傾動人主者非一人
矣道力定策事爲兩史本紀所書則碑所云意得
元珠謀參黃石云云信非虛語書碑者郭謙光集
古録載崔敬嗣碑景龍二年胡皓撰謙光書稱其
字畫筆法不減韓蔡李史四家而名獨不著是又
不獨書葉維碑也

金石萃編卷七十四終

據趙本校
據唐文[illegible]篇校
據碑校

金石萃編卷七十五

賜進士出身誥授光祿大夫刑部右侍郎加七級王昶譔

唐三十五

高延福墓誌

石高廣俱三尺一寸五分二十七行行二十七字行書

大唐故中大夫守內侍上柱國渤海高府君墓誌銘并序

麗正殿修撰學士校書郎孫翌字季良撰

夫勞息之理達人一之然時當　大明蹴近
皇位父子倂肩而事　主君臣同體而多歡而
万石之慶一朝無怙可不悲矣府君諱福字延福渤海
人也啓土受氏明諸典策曾祖權祖祖乂護並砅如石
焉厥有全掾安時處順憂患不能大懲忿窒慾軒冕莫
之榮且冢貴隨時雅明尊祖我府君始議從政有光前
烈傳曰九變復貫知言之選此之謂矣府君幼而聰名
長而藏用體敬仲之愼兼伯楚之忠解褐拜文林郎守
奚官丞秩滿遷本局令稍轉宮闈令兼謁者監寵以聖
人之教父因子貴府君之寵嗣曰力士　我大君
之信臣也頃國步多艱而守謀立賢以功拜右監門大
將軍兼食本邑盡力　王室志存匡輔元勲爛然

天眷攸屬府君以大將軍之故特贈朝議大夫
守內侍員外置尋遷中大夫正除本官出入四代凡更
六職行不違仁言必合禮由是無黜櫝無怨尤恭而能
和簡而且肅德着於宮掖名成乎寮友而稟命不融識
者歔欷以開元十一年十二月廿五日終于未庭里之
私第春秋六十有三大斂之日　天王遣中使臨
弔賵絹三百匹明年太歲在甲子正月壬戌朔廿一日
壬午遷窆於京兆府白鹿原之西隅禮也緣喪事儀衛
並皆官給可謂哀榮始終禮洎泉壤初府君旁通物情
往往造極以為生者神之主死者神之歸歸乎本真曷

足懷也乃謀龜筮相川原經兆域奋封墜自為安神之
所而松櫝蒼然矣君子謂高公於是乎知命府君自公
之餘存乎上善每持專一之行深入不二之門範聖容
寫真偈雖衣食所窘此心不易斯又迴嚮之能事也將
軍茹荼長號哀遊舊德竊慙不敏敢讓其詞銘曰
佳城一閉兮三千年棘人欒欒兮叩窮泉出郭門而一
望兮見隴樹之生煙君寧見宦御之惻然皆撫墳而涕
漣
右內侍高福墓誌按唐書力士傳力士本馮盎之曾
孫中人高延福養為子史不云名福者以字行也碑
云頊國步多艱而守謀立順謂誅蕭岑等功也尹知
章傳季良偃師人一名翌仕歷左拾遺集賢院直學
士趙冬曦傳與校書郎孫季良入集賢院修撰碑稱
麗正殿修撰學士者開元十三年始改麗正修書院
為集賢殿書院其時尚未改名也季良以字行故書
名兼及其字　潛研堂金石文跋尾
福字延福武后時中人初為奚官局丞轉局令再轉
官闈局令兼內謁者監以養子力士貴拜中大夫守
內侍上柱國新書力士傳云力士幼與母麥相失後
嶺南節度使得之隴州帝為封越國夫人而追贈其

父廣州大都督延福與妻侍養亦與麥均舊書云力
士義父高延福夫妻正授供奉與碑稱彷彿皆合力
士以誅蕭岑功拜右監門衛將軍碑云大將軍葢史
是唐制左右監門衛大將軍正三品將軍從三品力
士之封大將軍在天寶初此時未得稱此也中官以
內侍為最貴內侍拜將軍自開元以前無之唐六典
云中官之貴極于內侍若有殊勛懋績則有拜大將
軍者然仍兼本職六典作于是時殆即因此等事言
之耳　此碑向在農家幾為柱礎者數矣乾隆辛丑
五月余以二萬錢購得之今移置于靈巖山館　關中金石

記
張說爲高力士撰祭父文云小子不天夙齡凶閔身
嬰寇剽家值虜裂幸充掃灑遂蒙侍從又云阿母遠
至於京華妹兄自拔於泥滓與新唐書力士本傳語
合而如孫翌墓志則一字不提直云聖人之教父因
子貴府君之寵嗣曰力士云云殊失紀實之道然據
張說云云則力士特一粤東姓馮者耳而力士碑乃
妄以爲馮盎之後則非也蛾術編
按碑云府君諱福字延福兩唐書高力士傳俱直
作高延福舊唐書傳云高力士潘州人本姓馮少
金石萃編卷七十五　唐三十五　四
閹與同類金剛二人聖歷二年嶺南討擊使李千
里進入宮則天令給事左右後因小過撻而逐之
內官高延福收爲假子延福出自武三思家力士
遂往來三思第開元初力士加右監門衛將軍知
內侍省事義父高延福夫妻正授供奉嶺南節度
使於潘州求其本母麥氏送長安令兩媪在堂備
于甘脆金吾大將軍程伯獻與力士結爲兄弟麥
氏亡伯獻於靈筵散髮具縗絰受賓弔荅十七年
贈力士父廣州都督麥氏越國夫人新書傳云高
力士馮盎曾孫也力士幼與母麥相失後嶺南節
度使得之瀧州迎還不復記識母曰胷有七黑子
在否力士袒示之如言母出金環曰兒所服者乃
相持號慟餘與舊史同新書馮盎傳盎字明達高州良
德人隨煬帝時拜漢陽太守遷左武衛大將軍隨
亾奔還嶺表據有番禺蒼梧朱崖地自號總管武
德五年降高祖授上柱國高州總管封越國公子
智戴春州刺史智彧東合州刺史盎徙封耿盎卒
贈左驍衛大將軍荊州都督子三十人据傳稱力
士爲盎之曾孫据馮君衡墓誌銘張說撰詳下文則力士
爲盎次子智玳之孫君衡之子不知因何君衡亡
金石萃編卷七十五　唐三十五　三
後寇剽虜裂致有麥氏與力士母子相失之事碑
云聖人之教父因子貴府君之寵嗣曰力士葢不
直言繼子也攷張燕公集有內侍高君神道碑則
云內侍高延福者將軍力士之嗣父也將軍本系
馮亭代家南越未知父母來奉宮闈老而無子曰
悲幼而失親曰若父子之名旣定姓氏之目因移
至矣哉高氏之子以思親之願而展親以欲報之
誠而報德乃有傍求聖善提挈炎州二紀積離萬
里遙至音容莫識涕對茫然驗七星於子心認雙
環於母臂於是盡歡兩媪兼敬三人羣公賀虞潭

之親天子恤馮勤之母內侍享年六十有四開元
十三年終于來庭里明年五月葬于長樂原繼子
力士喪禮慕而加等葬馨誠而備物云云此文載
碑爲詳覈且可與兩史傳所載馮氏父母事互相
發明也惟是享年六十四碑作六十三開元十二
年終于來庭里碑作十一年明年五月葬于長樂
原碑作正月彼此不同据碑云太歲在甲子正月
壬戌朔廿一日壬午以通鑑目錄推之甲子歲是
開元十二年爲高福卒之明年是歲二月辛卯朔
正月是壬戌朔與碑合則燕公集傳刻誤也碑云

遷窆于京兆府白鹿原之西隅燕公撰神道碑作
長樂原按元和郡縣志白鹿原在京兆萬年縣東
二十里長安志云在縣東南二十里至長安志有
長樂坡無長樂原疑卽長樂坡在長安縣東北一
十里卽滻水之西岸十道志曰舊名滻阪隋文帝
惡之改曰長樂坡漢長樂宮在其西北也是長樂
坡與白鹿原道里有東南東北之別則未詳孰是
矣碑云謀龜筮相川原經兆域畚封墜自爲安神
之所松檟蒼然此葢自營生壙也墓志記生壙始
見于此力士之本生父馮君亦見張燕公集有贈

據原碑校過無誤
又據洪纂本校過
廸卽延字

潘州刺史馮君神道碑云公諱君衡（文苑英華無君字）字
正平祖盎二子知璣（新唐書馮盎傳作智戴）高州刺史（傳作春州）
子知玳（傳作智彧）恩州刺史（傳作東合州）公荊州之孫恩州
之子開元十七年五月十二日薨于西京來庭里
粤八月二十二日（文苑英華作二十六日）安厝于長樂原之
新域（英華作城）恩詔追贈潘州刺史招魂而合葬焉此
文亦可與高福碑誌及兩史傳互相發明因附錄
之招魂合葬事亦始見此文

淨業法師塔銘

石高二尺六寸廣二尺八寸二十六行行二十四字正書在長安縣香積寺

大唐龍興大德香積寺主淨業法師靈塔銘并序
邑字畢彥雄文
禪月西隱戒燈東炤談眞利俗稀代稱賢智炬增輝法
師一人矣法師諱象字淨業趙姓族著天水代家南陽
冠冕相輝才名繼美因官從屬今爲京兆人也父廸天
馬監沉默攸傳安舁適務時英間出弃蒙於儒門從法
化生獨鍾於釋子法師卽監之仲子也器宇恢嶷風儀
宏偉長河毓量汪然梧地之姿秀岳標形峻矣干天之
氣髫年慕法弱冠辭榮　高宗忌辰方階落彩帔緇
七日旋登法座觀經疑論剖析元微念定生因抑揚理

要法師夙棹元津早開靈鍵入如來密藏踐菩薩之空門凡所闡揚無不悅可歎未曾有發菩提心禀其歸戒者日逾千計法師博濟冥懷沖用利物嘗以大雄旣沒法僧爲本每至元正創啓周飾淨埸廣延高僧轉讀眞詮洊興勝會法服精鮮受用道資出於百品頂茲位者應其成數所施之物各發一願願力宏博量其志焉夙雨不已廿餘載菩薩以定慧力而大捨法財此之謂也無適非可住必營建厥功居多思力如竭粤延和元年龍集壬子而身見微疾心淸志凝夫依風以興隨煙而散來旣無所去復何歸夏六月十五日誡誨門賢端坐

瞪視念佛告滅嗚呼生歷五十有八卽以其年十月廿五日陪窆于神禾原大善導闍梨域內崇靈塔也道俗闐湊號慟盈衢不可制止者億百千矣門人思頊等乃追芳舊簡撫美遺編永言風軌思崇前迹空留鎖骨之形敢勒銖衣之石其銘曰

佛日旣隱賢雲乃生傳持正法必寄時英時英伊何猗嗟上人捐軀利物愛道忘身磨而不磷湼而不緇博濟羣有是眞法師定慧通悟檀那上施願力宏廣成無住義應眞而來代謝而往哀哀門人撫膺何仰靈德若在休風可想敢勒遺塵銘徽泉壤

據原碑校過

開元十二年甲子之歲六月十五日建

正字畢彥雄撰文而無書者名正書法亦習褚登善者楊修齡侍御在長安日亟賞之遂多搨者 石墨鐫華

碑云師以延和元年六月見微疾而告滅按睿宗景雲三年正月改元太極五月改元延和八月元宗卽位改元先天一年之中三次改元故司馬公通鑑冠以先天而太極延和則附見于其後乃紀事法也若此碑直序法師寂滅之時適當延和初改則以爲延和元年而已 金石錄補

淨業姓趙氏父尅爲天馬監唐書百官志太僕之屬有沙苑樓煩天馬監開元二十三年廢卽其職也字

書無尅字葢尅之別 潛研堂金石文跋尾

虢國公楊花臺銘

序石高八寸五分廣二尺二寸二十五行行九字銘石高一尺廣二尺五寸七分十九行行八字並正書在西安府花塔寺

虢國公楊花臺銘并序

判官亳州臨渙縣尉申屠液撰

原夫眞性卽空從色聲而有相道源無體因法教以沿流所以人天捨千萬之資神鬼建由旬之塔金衣紺髮盡留多寶之臺銀疊靑蓮竝入眞珠之藏湛然釋氏一

錢本銘詞別爲一篇題云楊將軍新莊像銘 趙本未收

千餘年輔國大將軍獮國公楊等皆　天子貴臣忠義盡節布衣脫粟將軍有丞相之風牛車鹿裘驃騎減中人之產爰抽淨俸申庄嚴之事也華蓋覆像盡垂交露之珠玉砌連龕更飾雄黃之寶風箏逸韻飛妙響於天宮花雨依微灑輕香於世界猶恐蓬萊𣪻變石折不周仍雋長者之經必勒輪王之偈書工絕事廼爲銘曰昭昭大覺巍巍聖功身融刹海類洽虛空開衆趣以窒惕闢𨷲門以包衆物成緣而必應理無幽而不通有美至人股肱良臣受　聖寄任閒難經綸英謀貫古韜略通神一衆　金鉞屢建華勳善代不伐功成不居功歸　天子善託真如乃貢靈相用荅冥符　佛心雖空　佛福常在顒普此因同臻性海

開元十二年十月八日

右銘題云虢國公楊花臺銘并序判官亳州臨渙縣尉申屠液撰而無書人姓氏及建碑年月碑係裴成銘詞脫落殊爲可恨按序云輔國將軍虢國公楊等皆天子貴臣忠義盡節爰抽淨俸申庄嚴之事也似非一人獨鐫佛像而不具姓名即虢國公有姓不名而題額中楊花二字連及殆所弗解然臺名楊花亦風韻可喜不必深求之也　又碑有銘無序題云楊將軍新庄像銘不具名與字金石錄補

按題曰揚花臺銘并序今有序無銘疑別有銘遺亡不存耳金石文字記載號國公主花臺銘顧林亭所記豈爲精確不知此碑何誤乃爾又此銘無年月楊將軍新庄像銘乃開元十二年以俱在花塔寺故記於此　西安府南門內花塔寺各種銘讚俱書於石佛座下諸佛悉在殿之後簷及後殿之前簷寺僧云石佛舊在塔內塔毀重修不復安塔中故安於殿前後耳雍州金石記

右虢國公楊花臺銘虢國公楊者內侍楊思勗也書姓不書名蓋碑之變例文爲亳州臨渙縣尉申屠液撰唐志亳州無臨渙縣亦史之闕也潛研堂金石文跋尾

虢國公者楊思勗也思勗以開元十二年平覃行章進輔國大將軍封虢國公像即其時造也是銘爲二石前石有序無銘自廿二行乃爲銘曰以後但署撰人姓名而無歲月後石有銘無序自十七行以後記開元歲月而無撰人二石寔是一物舊分爲二者誤也關中金石記

予友趙君晉齋有此碑題云虢國公楊花臺銘并序而銘曰之後即署判官亳州臨渙縣尉申屠液撰原

無銘詞非脫落也揚花揚字不從木葢卽散花之義碑云花雨依微灑輕香于世界是已前又有一碑卽楊將軍新莊像銘也後云開元十二年十月八日無書撰人姓名書仿褚河南與臺銘如出一手而碑之大小亦相等予疑像銘之楊將軍卽臺銘之虢國公楊因檢舊唐書宦官楊思勗傳開元初安南首領梅元成叛詔思勗討之擒斬元成十二年五谿首領覃行璋作亂思勗復受詔討之生擒行璋以軍功累加輔國大將軍後從東封加驃騎大將軍封虢國公則此二碑均屬思勗明矣像銘刻于開元十二年在討

行璋之後故云受聖寄任間難經綸英謀貫古韜略通神一棠金鉞屢建華勛善代不伐功成不居功歸天子善託冥加葢紀其事也考元宗本紀討行璋時思勗官書鎮國將軍故此碑題曰楊將軍其臺銘稱輔國大將軍虢國公及云牛車鹿裘驃騎臧中人之產當刻于十三年東封以後也按顧氏金石文字記云虢國公主花臺銘在西安府南門內華塔寺以揚作主亭林親至碑所不應舛謬至此當由亭林文集刻于身後校讐疎略偶然筆誤耳近時秀水李子中氏刻金石考略引用古林金石表遂引唐書順宗女

虢國公主以實之竟以申屠液爲順宗時人訛以滋訛幾成信讞此孟子所以有不如無書之歎也碑中布衣脫粟有丞相之風相字失寫旁添想字思勗本姓蘇羅州石城人爲內官楊氏所養因姓楊氏史稱其殘忍好殺奉命殺牛仙童至探取其心截去手足割而啖之其慘酷至此乃建塔造像以邀冥祐亦愚矣哉鮑廷博跋

按花塔寺陝西通志寶慶寺在咸寧縣安仁坊俗名花塔隋仁壽初建隋文帝唐中宗嘗臨幸焉文宗感蛤蜊觀音像建五色塔此卽花塔寺之所由

名也然未建五色塔以前先有花臺并有此碑通志皆不詳長安志亦不載此寺及中宗臨幸文宗建塔事皆漏略也昶在西安常過此寺摩挲此碑又零星所得殘碑凡十三種嵌之于左右故得其詳碑題亳州臨渙縣尉申屠液撰淵研跋云唐志亳州無臨渙縣謂史之闕按新唐書地理志臨渙縣載在宿州元和郡縣志云本漢銍縣梁普通中置臨渙郡以臨渙水爲名後魏改爲渙北縣隋改臨渙縣屬譙郡大業三年改屬亳州武德四年屬譙州貞觀十七年廢譙州縣隸亳州舊唐書地

理志云隋置譙州領縣四貞觀十七年省以臨渙
永城山桑屬亳州臨渙縣本治經城十七年移治
所于廢譙州元和九年割入宿州此新書所以載
入宿州也文云華蓋覆像盡垂交露之珠玉御連
龕更飾雄黃之寶此語正謂花臺也華蓋者花也
連龕者臺也麓山寺碑云誦習山頂創立花臺要
皆當時佛寺之制可與此花臺作證然則謂臺名
楊花風韻可喜又謂湯花當作楊花即散花之義
者似皆曲解此碑舊以序與銘誤分爲二今更正
之序後即與銘連屬而以諸跋列於銘後

涼國長公主碑

碑連額高一丈三尺四寸廣六尺三寸八分十八行行四十五字隸書額題大唐故涼國長公主碑文篆書首行撰人銜名正書在蒲城縣

御書
銀青光祿大夫守禮部尚書上柱國□□□□□撰
□
乾坤既將象爲攸配變則成女終於歸妹惟長公主乎
公主諱㒟字花粧 我 典 家邦天錫 宗社
昌運及五 聖眞享鴻名 聖期至六神武
膺駿命道□□□ □□□爲絪緼構極偉彼雲

漢的瀝棄春華如桃李順顏承志約禮知節得繭館從
蠶之儀採公宮習史之藝載瞻湯沐爰賦井田其創也
與多於僊源其徙也稱長於涼國故丞相虞公太原溫
彥博曾孫曦台揆門閥風流儒雅僉諧是圖歷選伊尚
君子至止碩人其頎協時之吉備典之實雜珮明璫襲
衣錦裳熒熒煌煌有秀有芳居迴典以虹倚動羣超而
羣翔媛成肅雍候守祿位貴則能降降而不驕勞而在
勤勤則不匱未嘗有也 皇嘉之而謂曰台和臥
樂變乎風揮五絃之盡美觀百物之從令欲同聽乃親
故特傳於汝公主濤揚神潔妙指心開猶白雪之詞冥

通則應類青谿之曲多領悟皆賞初榮賜以得後誠盈
而散 思過曾元王豈上邑寵逾實太 帝
豈□□每絕館陶之祈自無昭平之贖辨溢而斂帶好
而詳以北渚之愁若何西方之聖如是大修圓果深入
至空竟而瑤草淪霜桂枝辭月開元十二載八月辛巳
遘疾薨於京邸永嘉里第享年卅八嗚呼哀哉上撤懸
久悼臨次增涕京尹護喪群司蒇事其年仲冬壬午陪
葬于 橋陵生資敬愛歿効充奉蕭史樓中鳳音何
望軒轅臺下 龍□乃攀子西華等扶杖而立茹
荼以泣潺湲赴賓惘然觀者羽葆容裔翰林酸嘶又昭

乎遺風誰著缺簡番厥後代諒憑刊刻豐碑□立睿禮
親紆捧戴則奔馳四靈光華則迴薄七曜明山可轉況
連於鈇鍐虧譚圖惟積連錯於瑱玕俾銅縷之湮沉由寶
書而飛動禮臣不佞敢作銘曰
天其有章銀漢玉潢我則有祥霄明燭光汞祇不忒芳
問允塞何彼禯矣其儀是則鳳凰于飛公子同歸琴瑟
在御德音莫違何沈寥之粱秋兮獨杳杳之龘夜何闇
忽之誰忍兮痛明靈之不借凊霜晶月楚挽將發流吹
結雲秦聲不闕惟□□兮固金石憶長□兮森松柏□
以悼之兮長不戳

右唐凉國長公主碑蘇頲撰明皇書公主睿宗女也
新唐書列傳云字華莊而碑云諱㒨字花糚傳云下
嫁薛伯陽而碑云嫁溫彥博曾孫曦按新史睿宗第
三女荊山公主已嫁薛伯陽當以碑爲正金石錄
右凉國長公主碑碑辭大半可讀攷之唐史睿宗第
六女字華莊始封仙源下嫁薛伯陽今碑內封爵先
後同而字乃從花糚非華莊也又稱歸故丞相虞公
溫彥博曾孫曦及攷彥博傳曾孫曦尚凉國長公主
伯陽傳尚仙源公主坐父稷誅流嶺表自殺然則公
主固嫁薛伯陽再嫁溫曦史遺曦而碑諱伯陽也弇州

山人稿
其文有云開元十二載八月辛丑薨于京永嘉里第
按唐書天寶三年正月丙辰朔改年爲載而此在其
前二十年已云載矣蓋文字中偶一用之後乃施之
詔令符牒耳金石文字記
公主睿宗第六女名㒨字華莊元美謂碑爲華莊史
作花莊而不言名子函石墨鐫華直以字爲名亞公
似俱未見其碑也余嘗從叔兄至奉先遊唐諸陵歸
而得數碑此石臥草間字跡完好如新于時恨楮墨
不具後遣工搨得已爲土人擊朴損半恐一經採訪

官使或搨不勝誅求故也金石史
按此碑金石錄云是蘇頲撰碑題但有結銜云銀
青光祿大夫守禮部尚書上柱國而泐其姓名兩
唐書頲傳皆云開元八年罷爲禮部尚書俄知益
州大都督府長史十三年從駕東封撰朝覲碑文
又知吏部選事此碑立于十二年仲冬則其時已
還京師乃得爲公主撰文然傳竟不言頲之還京
在于何年傳之畧也文多闕泐賴文苑英華有此
文取以校補其碑有而英華無者是英華小有刪
節不足深論首句乾坤旣將義不可曉英華作乾

凡作○者皆與鈔本同　據原碑舊鈔本挍

碑額隸書唐故右武衛將軍乙速孤公碑據原石分三行直行四字非篆

坤旣分則文義斷矣碑云公主諱䆮字花粧英華云諱某字某其不能詳者何也䆮廣韻奴鈎切爾雅釋獸註江東呼兎子曰䨲集韻云䨲或作䆮公主以是命名似亦小名之類故英華不著也碑云開元十二載八月辛丑遘疾英華作八月辛巳据通鑑目錄八月是丁亥朔則辛巳在七月英華誤也

華山銘殘字 隸書只八四字 在華陰嶽廟

駕如　陽孕

明皇華山銘殘字今只存駕如陽孕四字駕如者仙駕如聞句也陽孕者陰陽孕育句也碑爲黃巢所燬故自歐趙以來不著錄 關中金石記

華山銘明皇御製并八分書開元十二年十一月今惟存四字亦殘闕 錢大昭金石後錄

乙速孤行儼碑

碑高九尺二寸廣三尺九寸三十行行六十七字隸書額題右武衛將軍乙速孤府君碑銘十二字篆書在醴泉縣吒千村

大唐故右武衛將軍上柱國乙速孤府君碑銘 并序

正議□□□秘書監修文□學士兼修國史上柱國

劉憲撰

朝議郎行秘書郎白義晊書

□□□□文德而競□陰之□功□□□□利用厚生□□古以來折衝禦侮之材何代蔑有秦之強也起翦恬賁用其兵漢之盛也辛李衛霍爲其將大唐操升□□□陳帶甲百萬□鉞□七其有中分麾下□堂堂正正之師□□敵國負起起桓桓之稱者在於乙速孤府君矣公諱行儼字行儼本姓王氏太原人也五代祖有功於魏□□□焉因居京兆之醴泉縣王子晉之□仙□□□□車千秋之作相重錫華宗家

何代而乏賢人何時而不貴曾祖安齊前鋒都督右武候右六府驃騎將軍開府儀同三司□□□州刺史隨益州□□襲封和仁郡□國公□孝移忠還虞事夏司馬安之四至晏平仲之一心祖晟　皇朝上開府右武候右壯府左車騎將軍驃騎將軍藏□□□□時□用功參□將寵盛與□父神慶右虞□副率檢校右□□□衛將軍氣岸瓌傑志力雄武持軍以禮陰德有徵才子挺生將門所在公鍾家代之休剡奉韜鈐之成訓鵰□□於霄漢□□溢於風飈得□瀖於□□習軍容於嬉戲子房智勇□其無敵郤縠詩書頗亦兼諳永

嶶中司戍生擢第顯慶中丁父憂性實過人俯而就禮
麟德初授宣德□□府□□參軍事□□□□□
□□□□其間首席□□咸亨元年以將門子弟授振
威校尉守普濟府左果毅都尉丁太夫人憂哭泣之節
饘粥之數復如居府君之喪儀鳳二年　勅除與
國府右果毅都尉鎮河源軍定州道□□□河陽橋
拱二年授游擊將軍黄城府左果毅都尉致果爲毅□
戎以偉洗兵鹽澤秣馬中山護濁河之橋綰黄圖之府
智謀洋溢威武紛□□静朔垂□雄京邑□□元年
制除朝散大夫嶲州司馬天授二年加朝議大夫長壽
二年除資州長史延載元年加中散大夫題興縣□展
□資中風俗所同政教如壹□□元年　制除使持節
萬州諸軍事萬州刺史萬歲通天元年　制加中大夫
二年加大中大夫其年撿挍承州刺史聖曆二年授使
持節督都夔歸忠萬渝涪□等七州諸軍事守夔州刺
史三年授使持節都督廣韶端康封岡等□二州諸軍
事守廣州刺史長安三年授使持節泉州諸軍事守泉
州刺史神龍元年授使持節都督黔□沅等州諸軍事
守黔州刺史其年加正議大夫神授政理□材天挺公
侯之表故能方州典郡盡周官牧伯之尊越海凌山窮

禹貢荆揚之域控御數千里周旋廿年化洽夷夏功□
□□□□祠之□□□□畏清酒之盟于今□□神
龍二年　墨制授忠武將軍守右武衛將軍員外置同
正員特　勅停南衙上下專委北軍事羽林之任
歷代爲□□□□□而後安名宋□而先□以公確乎忠
信厲然壯勇□命卿之秩掌孤兒之軍宿衛陛殿而逾
嚴徼巡巖廊而匪懈壘垣增肅軒禁穆清錫御府之金
錢分大官之玉食□殊□所逮□中使相望□□□持
戟筋力爲倦輸節竭誠心衛俱盡神用疲而致損滕理
勞而生疾其歲夏中遇病聽事半體□癈經時未瘳頻
休攝於家庭遂遲廻於　□闕陳情拜疏理切詞殫□
感　宸衷特聽致仕仍襃美績更惜羸痾　睿旨殷勤
形乎綍翰公結欲而辭　雲陛投迹而返私門懸廣德
之安車施仲翁之行馬仙方上藥□□性而延齡芳醞
嘉羞且忘憂而□□而公[illegible]息譬命昆弟之子令從
爲嗣鞠育侔於己生仕爲太子通事舍人坐外氏累左
除溱州扶𩦲縣令公天屬爲重旣切猶子之慈門寄所
鍾何深舐犢之念亦旣離□舊疾暴增春龝七十有二
景龍元年十二月十五日薨于大寧里第嗚呼哀哉惟
公盛德温恭雅懷寬肅行□文飾言不浮華出身入仕

□□形□靡欺暗室獨運虛舟於人之善無所遺於人
之惡無所記可疑之地投足莫踐弗稽之謀揩心所絕
親友信而敬之老少安而懷之唯汲汲以行仁豈遑遑
而求利防衛之際屢有奇功撫字之方□彰靈感公之
在永州也屬時□不登士人多餒罄倉儲而穿瞻捁山
谷而無貲所部界中粢饒穡竹盤根合翠弥漫蒼然忽
於一朝結實咸　若五穀之□□油然可觀比千箱之
□詠□□□給人皆□□□□盜路公仍持數石奏進
京師　聖旨咨嗟歎其靈味公之在夔州也隣界不虞
羣蠻□擾侵軼城郭殘傷吏人公不俟　制命□□致
討威靈震蕩氣□□清稽額咽於□□□□□於江水
　天朝命將甫戒於師期邊郡飛書已聞於戰捷雖耿
弇之不遺賊於君父亦□以□茲時嘉乃□□□□慰
勉□□之□□□□長遺□□□□日吾遭遇　□□
□□卅餘載恨無以報不□絲毫有負於　聖朝家業
素貧喪葬所須務從節儉勿違吾平生志也所樹碑務
令□實無爲虛□□□吾眞爾□唯淸唯愼勿矜勿伐
則吾死而無恨矣夫人常樂縣君賀若氏朱公弼之姪
孫開州刺史懷武之第六女門宗之□鐘鼎連華家室
之歡□□齊契春秋五十一證聖元年八月五日亡於

萬州官舍維景龍二年歲次景申二月辛卯朔十六日
景午合葬於雍州醴泉縣白鹿鄉李中川先府君之塋
次禮也嗣子令從叫叫穹蒼哀哀霜露永□言誓終身
奉行子壻右□衛鎧曹參軍安□粱望之代業通家□
賢長者冰淸玉潤常懷國士之恩石字金書顯託中郎
之筆□□□□乃作銘云　　公侯子孫必復其始
將門有將其來久矣伊我將軍□代爲□壯勇傑出威
稜巉峙文則□艮六條千里武以侍衛巖除軍壘黃覇
匪儔朱□寧擬中外從□□□勤止年至禮優神□疾
起□□終□令問不□□□伏波誠其兄子
大唐開元十三年歲次乙丑□月景辰朔十六日辛
未令從自曹州濟陰縣令秩滿建　勃海徐元禮鐫
行儼字行儼神慶子也墓相去不十餘步二碑并峙
余皆摩之而因以知神慶尚有子行儼仕爲右武衛
將軍也碑爲劉憲撰白義晊分書攷歐陽公有神慶
碑而未見行儼碑且前碑五代祖五字甚明而公以
爲闕文或所見偶闕本耳
林同人曰趙子函以萬歷戊午遊昭陵家本秦又得
賢主人極搜討之樂顧瞻低佪穹碑豐碣仆者起之
埋者出之百六十殘篇斷簡猶二十餘種至崇禎丁

丑方二十年苟公好善修醴泉縣志所載昭陵碑目
悉同趙子函所見又二十八年爲康熙甲辰余過昭
陵經鼎革之後耳目非舊而余乃倩工搜搨僅得英
衛房馬諸公十六碑字之存者已不能如趙公所云
耳後予重遊西凉過關中時秦方大饑百里斷人烟
昭陵一徑化爲萑苻之藪行旅裹足竊意前所存十
六碑將復沉沒於寒烟衰草中後人不得而見也每
翻閱碑本愈加珍重作爲昭陵石蹟考略三卷來齋金石刻考略

右右武衛將軍乙速孤行儼碑金石錄所載又有乙

速孤晟碑今已亾矣惟神慶父子兩碑巋然獨存乙
速孤氏名不見于正史而家世譜系更千百年班班
可考古人欲揚其親而刻石以託不朽詎無益哉行
儼以神龍二年墨制授右武衛將軍員外置同正員
墨制猶云墨敕不由中書門下而出自禁中者也中
宗之世政出多門後宮貴戚墨勑斜封凡員外同正
試攝檢校判知官大都以賄得之行儼殆亦以賄進
歟普濟興國黄城三軍府之名唐書地理志皆無之
予嘗得田義起石浮圖頌始知興國爲雍州百三十
一府之一其二府則未知其在何州也潛研堂金石文跋尾

行儼神慶之子于高宗時爲普濟府左果毅垂拱初
爲黄城府左果毅新唐書地理志不載二府名未詳
所屬碑稱顯慶爲明慶避中宗諱改關中金石記

按乙速孤元和姓纂云代人隨魏南徙魏書官氏
志獨不載此姓北史節義傳有乙速孤佛保者孝
武帝時爲直閤將軍從入關封蒲子縣公大統初
梁將蘭欽陷漢中佛保時爲都督力戰死見于史
傳者惟此一人此碑撰者爲劉憲新唐書文藝傳
憲字元度宋州寧陵人武后末出爲渝州刺史除
太僕少卿修國史兼修文館學士遷太子詹事碑

銜有祕書監傳所無也書者白義晊無攷碑叙行
儼之曾祖安祖晟父神慶史俱無傳集古錄有乙
速孤神慶碑跋云乙速孤氏在唐無顯人惟以其
姓見于當時者神慶一人而已其先王氏太原人
有闕文代祖顯爲後魏驃騎大將軍賜姓乙速孤氏
遂爲京兆醴泉人曾祖貴隨河州刺史和仁郡公
祖安隨益州都督父晟唐驃騎將軍神慶唐初仕
三衛高宗時爲太子右虞候副率以卒所載與此
碑同而增多遠祖顯曾祖貴二人神慶之曾祖郎
行儼之高祖也碑云公素無息允命昆弟之子令

從爲嗣仕爲太子通事舍人坐外氏累左除溱州
扶驪縣令兩唐書地理志並無溱州扶驪縣之名
惟元和郡縣志云蔡州古豫州之域漢立汝南郡
宋文帝置司州魏太武改豫州周大象改舒州隋
文改豫州仁壽四年改爲溱州大業二年改蔡州
三年罷爲汝南郡武德四年復置豫州寶應元年
復改蔡州是溱州之名僅一見于仁壽之時其後
不置至扶驪縣則從無此名碑文所未詳也碑云
夫人常樂縣君賀若氏宋公弼之姪孫開州刺史
懷武之第六女弼爲敦之子周書賀若敦傳敦子

弼敦弟誼官至柱國海陵縣公隋書賀若弼傳高
祖時定三吳加位上柱國進爵宋國公大業三年
從駕北巡坐私議得失爲人所奏誅死妻子爲官
奴婢羣從從邊此所稱姪孫及懷武不知是族姪
孫抑或是誼之子孫事隔異代復歸內地而爲行
儼之夫人耶夫人以證聖元年卒先仁儼十三年
碑云以景龍二年歲次景申二月辛丣朔十六日
景午合葬景龍二年是戊申歲碑云景申者誤也
碑書辛丣朔丣卽酉字据十六日是丙午則朔日
是辛卯文當作丣非辛酉也但以通鑑目錄證之

是年二月甲子朔非辛酉亦非辛卯通前後考之
惟聖歷元年戊戌歲二月是辛卯朔碑之誤又所
未詳也碑云令葬于雍州醴泉縣白鹿鄉李中川
先府君之塋次長安志醴泉縣唐十六鄉有白鹿
長樂瑤臺修文四鄉餘不傳又云太宗昭陵在醴
泉縣西北六十里九嵕山白鹿長樂瑤臺三鄉界
又云九嵕山在縣西四十里其李中川無攷又据
長安志昭陵圖陵北有三墓曰乙速孤晟墓曰乙
速孤行儼墓曰乙速孤神慶墓自東而西三墓平
列蓋晟爲行儼祖神慶爲行儼父碑所謂先府君

之塋次者是也此二墓官位亦不應在陪葬之列
碑本無陪葬之文不過墓地近昭陵之北耳長安
志圖誤列于昭陵圖內故孫觀察星衍醴泉縣志
昭陵陪葬考云善乎宮燿亮之言乙速孤父子墓
在叱干邨九嵕山後三十里不在昭陵一百二十
里墓田之內安得謂之陪葬也碑未題開元十三
年歲次乙丑□月景辰朔十六日辛未建距景龍
二年葬後十八年始取劉白二人舊所撰書而刻
之然攷通鑑目錄是年月朔無丙辰者丙辰朔已
見於上年閏十二月至是年二月已爲乙卯朔但

据下云十六日辛未則朔是丙辰不誤又碑之所
未詳也
鄎國長公主碑
碑高一丈一尺六寸廣六尺一寸四分
二十三行行五十二字隸書在蒲城縣
大唐鄎國長公主神道碑銘
御書
中書令修國史上柱國兼燕國公張說撰
臣聞堯有娥英季九族之敦叙舜有宵燭動百里之光
曜大聖之後天必縱之積善之家神所慶矣豈唯上帝
之女雲漢為靈平王之孫肅邕其德連華前志代有其

人 皇唐鄎國長公主者 睿宗之第七女
也母曰崔貴妃構累聖而成門合濟美而為室蘊乾坤
之純粹演日月之淸明神媛誕靈常言所絕免懷之歲
天奪 聖善不食三日哀比成人文母流胎教之慈
曾子得生知之孝由是宮闈延矚邦國遠聞玉笄耀首
油軿在馭錫之美地邑以荆山求之令族嬪于薛氏爾
其居玩圖史動循灋度服其浣濯恭儉之教與鼓其瑟
琴敬讓之風被其行己也安親惠下之謂仁敬宗好合
之謂義降貴接卑之謂禮恕情周物之謂智推心而行
罔不該備其理家也視膳饔餗之均和主饋醴醶之品

齊絲竹七音之徽靡纂組九華之縟麗經目所涉罔不
精詣每至三元上賀五日中參進對詳華折旋舒婉故
以式瞻貴里儀範通門如千花之泛惠風百卉之涵膏
露窈窕之宜克舉繁衍之福大來有男子四女子五瑶
碧生階芝蘭滿室者也習禮明詩日漸閨庭之訓銀章
艾綬地連恩澤之侯自 先朝徹扆之辰迄公主成笄
之日外除過制內疚餘哀手寫金字梵經三部躬繡綵
線佛象二鋪貝葉真偈現心相於銀鈎蓮花妙容呈意
生於玉指孝思惟則道遠乎哉開元繼明推恩由巳進
封鄎國長公主食邑一千四百戸田賦廣而彌儉禮秩

尊而益恭其後君子晨歌夫人晝哭未亡為稱生意盡
矣撫視遺孤將守栢舟之誓志祈剃落永從柰苑之遊
朝制斷恩改降鄭氏陵谷可易隨和之德不昧寒暑有
遷松竹之性如一均養七子麻蔭二宗汾陰之室忽亡
滎陽之黨相慶旣而善福虛應寢疾彌留盡國醫之伎
遠方畢至供御府之藥中使相望命之必至不可支也
堂邑山林忽焉瘁色平陽歌舞適足愁人開元十三年
二月庚午薨于河南縣之修榮里春秋卅有七震悼
紫庭哀傷朱邸傾家若墜舉國同悲有 詔
光祿卿孟德監護喪葬京兆少尹能延休副焉窀穸之

禮一如涼國長公主故事夏四月　恩旨陪葬于
橋陵不祔不從古之道也　皇上念同氣
之懿美感閼川之永謝恨棣華之半缺悲瑤草之先化
乃命國史昭銘懿迹降　恩禮於雲露寫哀詞於
金石水非湘渚還起帝子之祠山是洛陽仰封天妹之
塚銘曰
帝系白雲僊源紫氣派家成國承天作貴赫赫
聖祖曰文曰武皇皇　睿宗一變萬邦挺生淑媛
慈和孝恭淸臚如神娥眉無雙邸第立官湯沐建封年
及笄總禮施環珮鳴鳳獻祥乘龍擇對帝唐降女天乙

歸妹珠玉過庭蘋蘩正內蛟門早闢龍湖忽上無地何
載無天何仰金灑書經華絲繡偽欲報之德昊天罔極
孰是言歸艮人永違銀鑪煙斷羅幕霜飛悲纓毀形託
身壞衣不諒人只改嬪他士稟命曰從從人曰順息嬀
繩楚懷嬴霸晉反經合權與道同韻煥休二室均歡等
潤四海謠淸九族和平萬物向榮衆雛未成心戀盛明
形隨落英祖載鼎城歸窆咸京挽歌數聲鹵簿因行哀
哀　聖情惻惻同生橋山斥石千秋令名
右碑題云大唐鄎國長公主神道碑銘明皇隸書撰
文姓名殘泐而存中書令修國史等字宰相表開元

十三年張說以右丞相兼中書令則撰文者必說也
碑云公主睿宗之第七女而新唐書傳云第八女與
碑異又云母崔貴妃薨公主方三歲不食三日哀如
成人下嫁薛儆又嫁鄭孝義皆與碑同碑云求之令
族殯于薛氏有男子四女子五又云改嫁鄭氏均養
七子休蔭二宗云云夫公主改適名節所繫而當時
大臣勒諸碑板恬不知耻至于乃爾可深嘆也金石錄補
公主睿宗弟八女碑云弟七者以安興昭懷蚤死故
也公主崔貴妃所生始嫁薛儆又嫁鄭孝義前有子
四後有子三碑皆不諱今碑殘缺文載唐文粹甚詳

大概皆與史合惟言食邑一千二百戶爲稍異耳亦
無足重輕也關中金石記
按此碑文苑英華唐文粹俱載其文今取兩書互
勘碑云母曰崔貴妃唐書同英華同文粹誤作崔國妃絲
竹口音之徵靡音上碑泐一字英華作七音文粹
又作五音互異食邑一千四百戶唐書同英華文粹
俱作二百戶薨于河南縣之修榮里兩書俱作修
業里光祿卿孟德兩書俱作孟禮京兆少尹兩書
無少字能延休能姓不多見史惟唐書孝友傳有
能君德鄭縣人又見于正字通者唐有能延壽能

元皓宋有能迪此延休或與延壽同弟兄歟下云
金澱書經文粹同英華作金殿按此即謂手寫金字
梵經澱有泥滓之義金澱猶言泥金也對下文華
絲繡像則澱字爲是歸窆咸京英華同文粹作歸穸
此皆互異者其餘小有異同不足論也文云錫之
美地邑以荆山開元繼照推恩由己進封鄎國長
公主語與史合蓋荆山爲睿宗時始封鄎國爲開
元初進封也鄎國即新息縣鄎與息通用春秋哀
十年公會吳伐齊南鄎師于鄎註鄎齊地漢書地
理志作息孟康注曰故息國後徙東故加新鄎今

汝南府息縣即息地唐書地理志武德四年置息
州貞觀初廢爲縣屬河南道蔡州汝南郡

述聖頌

碑高六尺五寸七分廣三尺四寸十九行行三十七字正書在華陰縣岳廟

述聖頌并序

京兆府富平縣尉達奚珣撰序

左補闕集賢殿直學士呂向撰頌并書

曰懸象著明莫大乎日月　我聖人之文也發祥
隤祉莫大乎神祇文之所繇興也原夫天作太華氣雄
群山秉靈伊何受命如嚮自神元之所開拓虞帝之所
巡遊祀典雖存宏圖蓋闕洞陰陽之不測其惟
大聖歟於是乎藻翰自天發揮神化建碑于廟以光寵
焉乃命朝英實司其事經始勿亟庶人子來徒觀其神
輸坤珎美石次玉追琢之際厥聲洽然磨礱之後其光
洞納樹之平地嶷若斷山六龍盤薄糺其上群神離立
負其下藝事既畢　宸章乃開竊以洪鑪大造之
時天動地業秘籙聿來之日風搖雲起詞義至廣含元
氣而運行翰墨至精吐奎星而飛動剛柔相錯神妙無
方合而五光照離而萬象列宇宙之間□如也繇是發
巖巒之氣色益祠廟之風稜不怒而威有來加敬益曰

大君之一顧也寵秩榮幸不其至共初有司以
法駕時巡路直茲地將選巨石先期虔功
天意若曰夫人神之主也嚴神以爲人也今稽事未已
工徒復興人饑失業神將何據方待歲暮以須後圖學
若碑版業乎刊刻通其變則人不倦節其用而財不傷
俾夫役者逸於從事　天之臨下其道有無曲成
万物何往非宜時厥使臣乃昌言曰國之大事在祀神
之所歆在德以德舉事　吾君有光比夫周銘弇
山存乎車轍馬跡漢祠少室蓋欲遊與輕舉至誠達下
可同年而道□頌聲未作詞客之過小人固陋遊聖難

名實賴文宗繼其不遠敢託呂補闕向爲之頌云
天輔　聖德配極而崇帝者祖予神行　慈
百布澤而洽人之父予叶命高嶽喻壽其齊招靈祐予
飛文孤標灑翰又類使物覩予騰雄激烈交天聲芬偃
上古予發潤飄清摠此光氣覆下土予探異閱妙意力
猶懸空作矩予徵注到口辭聽相授無與伍予
碑在華陰縣岳廟中達奚珣撰序呂向撰頌并書不
著年月攷呂向開元中召入翰林此碑稱集賢殿直
學士當是開元中立碑云藻翰自天發揮神化建碑
于廟以光寵焉又云樹之平地嶷若斷山六龍盤薄
紀其上羣神離立負其下當是頌元宗所建華岳碑
也今其碑已裂趺尚存如山上存二字大可徑四寸
許分隸不減太山銘而呂向此書尚完在一道士院
中向書昔人稱其草隸峻巧又能一筆環寫百字號
連綿書石墨鐫華
碑陰上方有韓賞告嶽神文韓擇木八分書下方有
大歷九年華陰令盧朝徹謁嶽廟文有貞元九年十
三年題名左旁有乾元二年張惟一祈雨記右旁有
上元元年華陰縣令王宥等題名李樞書上爲篆下
爲八分金石文字記

元宗所建華嶽碑已燬尚存塊石巋然如山頌稱其
光洞納不可復見至云嶷若斷山眞成碑讖又云羣
神離立負其下髣髴猶存尚餘兩字徑數寸甚奇偉
飛動恍如龍翔鳳舞昔向曾以美人賦諫幾死張說
爲請即拜補闕賜銀章朱紱不可謂不遇也建碑時
帝侈心既萌且謂岳神來迎頌不以諷何也金石史
頌以述聖名者以元宗有西嶽碑銘因述而頌之也
元宗銘曰十有二載孟冬之月步自京邑幸于洛師
停鑾廟下以唐本紀攷之即十二年十一月庚午如
東都事碑云孟冬史云十一月微有異向本傳叙向
以開元十年召入翰林院兼集賢院校理擢左拾遺
進左補闕帝爲文勒石西嶽詔向爲鐫勒使以起居
舍人從東巡元宗之封太山在十三年十一月案孫
逖有春初送呂補闕往西嶽勒碑詩是向以是年春
奉命華山後即從往太山矣攷會要華嶽碑十三年
七月七日成則向之進起居舍人即以鐫勒功而從
太山在七月後更可知又向本傳不及向爲集賢殿
直學士趙冬曦傳云冬曦與秘書少監賀知章校書
郎孫季良大理評事咸廙業入集賢院修撰是時翰
林供奉呂向爲校理踰年並爲直學士此史家互見

之例非缺略也但云踰年並爲直學士而集賢院郎以十三年改名此碑立于十三年六月則向之爲直學士猶未踰年矣珣後由御史爲河南尹從祿山爲右相至德二年伏誅趙氏金石錄置此于開元無歲月諸碑內因未見額陰所題故也關中金石記

金石萃編卷七十六

賜進士出身　誥授光祿大夫刑部右侍郎加七級王昶譔

唐三十六

漢鄭康成碑

碑不連額高七尺餘廣四尺餘二十九行行七十九字正書篆額今在高密縣鄭公祠

後漢大司農鄭公之碑

唐銀青光祿大夫使持節邢州諸軍事邢州刺史上柱國琅琊郡開國男史承節撰

夫囊括宇宙者文字發明道業者典墳所以聖人作而萬物覩賢人述而百代通禮樂得之以昭明日月失之而悉忒宣尼彰刪緝之功秦始速焚燒之禍迫乎羣儒在漢傳注瑤口莫不珠玉交輝纖微洞迹同見集於芸閣獨有輟於環林豈若經教與義圖緯深術兼行者多無如我鄭公也公諱玄字康成北海高密人也八世祖崇哀帝時爲尚書僕射公少爲鄉嗇夫不樂爲吏遂造太學受業師事京兆第五元始通京氏易公羊春秋三統曆九章算術又從東郡張欽祖受周官禮記左氏春秋韓詩古文尚書攝齋問道摳衣請益去山東而入關右因盧植而見馬融考論圖緯乃名見而升樓精通禮樂以將東而起歎三載在門十年歸邑及黨事起遂杜

門不出隱修經業於是鍼左氏之膏肓起穀梁之廢疾
而又操入室之戈矛發何休之壘守陳元李育校論古
今劉瓌范升憲章文議何進延於几杖經宿而逃袁隗
表爲侍中緣喪不赴孔融之相北海屣履造門陶謙之
牧徐州接以帀禮比南山之園皓鄉曰鄭公類東海之
于君門稱通德漢公車徵爲大司農給安車一乘所過
長吏送迎公乃以病自乞還家董卓遷都長安公卿舉
公爲趙相道斷不至會黃巾寇青部乃避地徐州建安
元年自徐州還道遇黃巾賊數萬見公皆拜相約不敢
入縣境時大將軍袁紹總兵冀州遣使邀公大會賓客

迺延升上坐身長八尺飲酒一斛秀眉明目儀容溫偉
客多豪儁並有才說見公儒者未以通人許之競設異
端百家互起公依方辨荅咸出問表皆得所未聞莫不
嗟服時汝南應劭亦歸於紹因自贊曰故太山守應仲
遠北面稱弟子何如公笑曰仲尼之門考以三科回賜
之徒不稱官閥劭有慙色門人相與撰公荅諸弟子問
五經依論語作鄭志八篇公所注周易尚書毛詩儀禮
周官禮記孝經尚書大傳中候乾象曆又著天文七政
論魯禮禘祫義六藝論毛詩譜駮許慎五經異義荅臨
孝莊周禮難凡百餘萬言經傳洽熟稱爲純儒其所撰

注今並通習是知書有萬卷公覽八千也齊魯間宗之
公後嘗疾篤自慮以書戒其子益恩曰吾家舊貧爲父
母羣弟所容去厮役之吏游學周秦之都往來幽并兗
豫之域大儒得意有所受焉遂博稽六藝粗覽傳記時
覩秘書緯術之奧年過三十乃歸鄉假田播殖以娛朝
夕後舉方正賢良有道辟大將軍三司府公車再徵比
牒併名早爲宰相惟彼數公懿德大雅克堪王臣故宜
式叙吾自忖度無□□□□□□□之元意思整百
家之不齊亦庶幾以竭吾才故聞命罔從而黃巾爲害
萍浮南北復歸鄉邦入此歲來已七十矣宿素衰落仍

有失誤案之禮典便合傳家今我告尒以老歸爾以事
將閑居以安性覃思以終業自非拜國君之命問族親
之憂展敬墳墓觀省野物胡嘗扶杖出門乎家事大小
汝一承之咨爾煢煢一夫曾無同生相依勗求君子之
道研鑽勿替敬慎威儀以近有德顯譽成于僚友德行
立於己志若致聲稱亦有榮於所生可不深念耶可不
深念耶吾雖無紱冕之緒亦有讓爵之高自樂以論贊
之功庶不遺後人羞凡某所憤憤者徒以吾親墳壠未
成所好羣書率皆腐弊不得於禮堂寫定傳與後人日
西方暮其可圖乎家今差多於昔勤力務時無恤飢寒

菲飲食薄衣服節夫二者尚可令吾寡恨若忽忘不識
亦已焉哉ㄨ年春夢孔子告之曰起起今年歲在辰來
年歲在巳旣寤以讖合之知命當終有頃寢疾享年七
十有四以其年六月卒遺令薄葬自郡守以下嘗受業
者縗絰赴會千餘人迺葬於高密縣城西北一十五里
礪阜山之原嗚呼哀哉有子益恩孔融在北海舉爲孝
廉及融爲黄巾所圍遂赴難隕身有遺腹子公以其手
文似己名曰小同精通六經鄉人尊之時爲侍中嘗詣
司馬文王文王有密疏未之屏也如厠還問曰卿見吾
密疏乎荅曰不見文王曰寧我負卿無卿負我致鴆而

卒悲夫自夫子沒後大道方睽公之綱羅遺典探賾今
猶特立鬱然埒季途屯志不苟變全身遠害猗歟美歟
及范曄作論有曰王父豫章君每考先儒經訓長於公
常以爲仲尼之門不能過也及傳受生徒專以鄭氏家
注云晉中興戴逵字安道以鷄卵汁溲白瓦屑爲公作
碑手自書寫文口口口語亦妙絕年代古而碑闕亡德
音夐而詩書在承節以萬歲通天元年奉勅於河南道
訪察觀風省俗激濁揚清行至州界見高密父老云鄭
先生漢代鴻儒見無碑記不以膚妄遂託爲文往以會
府務殷口無暇景歲序遷貿執筆無由今者罷職含香

忝居分竹屬以閑隙乃加修撰耆舊者惟聞其名後生
者不覩其事今故尋源討本握槧懷鉛無疏本傳之文
並序前言之目發九泉之寘昧播千載之口口竊以繁
華不爲雕飾文先成訖石又精磨碑未建而承節卒正
議大夫使持節密州軍州事刺史上柱國鄭杳以開元
十三年秋八月巡茲屬縣敬謁先宗欽承墳墓之間籌
度碑石之側公心至清不欲費口公性至靜不欲勞煩
迺命參軍劉朏校理舊文規模新勒未間朏又罷職仍
令終事冬閏十二月公伺其歲隙因遣巡團便令建立
惠而不費允協人神承節銘曰

煥乎人文圖籍典墳煩亂事竊定自孔君中途湮沒秦
帝俱焚漢與儒教鄭氏超羣膺腴美地鬱紱宏規喬夫
罷署京兆尋師中候乾象左氏韓詩雖稱積學殆若生
知公之挺生大雅之懿囊括墳典精窮奥秘六藝殊科
五經通義小無不盡大無不備好學慕道深思遠慮來
往周秦經過兗豫侍中不仕司農罷署盧植東遇馬融
西去作者謂聖述者謂明躬遵三辟門傳五更周官東
部漢璧西京白玉遍地黄金滿籯占卜潛橋行途過沛
陶謙師友孔融高蓋山啓賁扉草生書帶七十歸老三
年赴會經傳洽熟齊魯攸宗爵祿不受贊論爲功禮樂

今去吾道皆東類于標德比皓稱公閭尹擅貴禁錮連年乃逢宥罪方從舉賢南城避難東萊假田誕膺五百終覽八千今年在辰來年在巳嗚呼不憖于嗟到此勞我以生息我以死道該八索神交千祀濰水之曲礪阜之陽通德爲里鄭公爲鄉雲愁廟古月暗墳荒舊碑先没新石再彰詞愧黃絹心淒白□明於不朽終古騰芳

鄉貢進士□安中書丹

徵事郎前行密州高密縣主簿兼管勾常平倉事綦□奇篆額

大金承安五年歲次庚申三月一日勒成

紫淵立石

濰陽劉元紀仙本店于全刊字

漢高密鄭司農祠墓在濰水旁礪阜山下承祀式微不能捍禾樵者濰沙乘風內侵其深及牆祠宇頹没元季官士修之祠南門外積沙深遠遂改門東向植松楊行栗于西南以殺風勢修齊正殿改書木主增建旁屋三楹爲官吏祭宿地建坊書通德門以復孔文舉之舊祠外田廬號鄭公莊者三散據高密安邱昌邑三縣地鄭氏苗裔百數十人居之務農少文而譜系世守猶可考擇其裔孫憲書請於禮部剳爲奉祀生給田廬使耕且讀是役也掘沙之工半於土木

趙商漢碑見於著錄今求之不得得金承安重刻唐萬歲通天史承節所撰碑搨其文讀之知承節之文乃兼取謝承諸史非蔚宗一家之學其補正范書昭雪古賢心迹非淺也碑文凡二十九行字徑八分承節以萬歲通天元年奉勑於河南道訪察至高密因父老之請爲文文成未書碑而卒開元十三年八月密州刺史鄭杳始命參軍劉朏刻石于墓唐所刻石今無存賴金承安五年三月所重刻知之據金石錄云承節碑乃雙思貞行書今金碑改爲正書創唐人

書碑舊名然其文則皆因唐舊無所竄改元以范書鄭康成列傳校之傳先始通京氏易碑無先字傳東郡張恭祖碑作欽祖傳徵爲大司農及與袁紹之會數事碑並次於與子益恩書前傳故太山太守應中遠碑作太山守傳所注周易尚書毛詩儀禮禮記論語孝經碑多周官無論語傳答臨孝存碑作孝莊傳不爲父母羣弟所容碑無不字傳獲覲乎在位通人處逸大儒咸從捧手有所受焉碑省其文作大儒得意有所受焉傳乃歸供養碑作乃歸鄉傳遇閹尹擅勢坐黨禁錮碑載其事入銘辭中傳舉賢良方正碑

作方正賢良傳公車再名碑作再徵傳其曷求君子之道碑無其字傳末所憤憤者碑作凡某所憤憤者傳亡親墳壟未成碑作吾親凡此異同比而核之可釋學者積疑蓋有三焉司農戒子益恩書乃歸老疾篤時事故宜在漢公車徵爲大司農及袁紹邀至冀州諸事後而范書反載書文於前使事蹟先後倒置一也所注儀禮周官禮記范書無周官案司農周官注完善無缺世所共學而范書遺之二也爲父母羣弟所容者言徒學不能爲吏以益生產爲父母羣弟所含容始得去厮役之吏游學周秦故傳曰少爲鄉

嗇夫得休歸常詣學官不樂爲吏父數怒之夫父怒之而已云爲所容此儒者言也范書因爲父怒而妄加不字與司農本意相反三也至於易恭祖爲欽祖者金避顯宗允恭諱也孝存作孝莊者唐碑本行書石或剝落金時不省而誤存爲莊莊爲漢諱未有不避者其他異同與范書可互校正故急表而錄之以告同志鄭杳見宰相世系表北祖房官至婺州刺史劉朏亦見表彭城房官至汴州刺史山左金石志

按碑文云八世祖崇哀帝時爲尚書僕射漢書鄭崇傳崇字子游高密大族少爲郡文學史至丞相大車弟立與高武侯傳喜同門學相友善喜爲大司馬薦崇哀帝擢爲尚書僕射碑又云公少爲鄉嗇夫漢書百官公卿表鄉有嗇夫職聽訟收賦稅碑又云師事京兆第五元始通京氏易公羊春秋三統歷九章算術後漢書無第五元傳其通京氏易僅見此碑諸書論經學源流者未之及也隋經籍志但有鄭元周易注九卷而于京氏易別無著述則元之通京氏易亦僅見此碑其爲公羊春秋也隋志有何休公羊墨守十四卷與左氏膏肓十卷穀梁廢疾三卷並列之陳振孫書錄解題云鄭

康成因作鍼膏肓起廢疾發墨守排之即碑下文所謂鍼左氏之膏肓起穀梁之廢疾而又操入室之戈矛發何休之墨守者是也隋志又有駁何氏漢議二卷叙一卷其曰三統歷則隋志有二部一曰三統歷法三卷劉歆撰梁有今亡一曰魏甲子元三統歷一卷鄭氏之所通者殆劉氏本也其曰九章算術晁公武讀書志有九章算經九卷未詳撰人姓氏或曰周公撰魏劉徽唐李淳風嘗爲之注則此術起于漢之前鄭氏所通者或即此也碑又云從東郡張欽祖受周官禮記左氏春秋韓詩

據趙本校
據阮本校
據洪頤煊本校

古文尚書隋志有鄭氏周官禮注十二卷而不見有張欽祖周官之論著即鄭自述云世祖以來通人達士大中大夫鄭少贛及子大司農仲師議郎衛次仲侍中賈君景伯南郡太守馬季良皆作周禮解詁而獨不及張欽祖其禮記以下則隋志有禮記注二十卷七錄有春秋左氏分野十二卷春秋十二公名一卷其於詩則隋志有毛詩箋二十卷陸德明云鄭氏作箋申明毛義以難三家于是三家遂廢朱子亦曰詩自齊魯韓之說不得傳而天下之學者盡宗毛氏毛氏之學傳者亦衆而今

皆不存則推衍其說者獨鄭氏之箋而已則是鄭學宗毛而廢韓者碑獨舉韓詩何也其于書則有尚書注九卷尚書大傳注三卷尚書音一卷隋志謂梁陳所講有孔鄭二家齊代惟傳鄭義至隋孔鄭並行而鄭氏甚微碑所敘鄭氏之經學與諸著錄參校有同有異如此其餘碑傳互異之處山左金石志已詳攷於前不更贅云

紀太山銘

摩崖高二丈六尺廣一丈五尺二十四行行五十一字額題紀太山銘四字並隸書惟御製御書四字及末行年月並正書在泰山東嶽廟後石崖南向

洪本九寓作九服

趙無於字

紀太山銘

御製御書

朕宅帝位十有四載顧惟不德懵于至道任夫難任安夫難安茲朕未知獲戾於上下心之浩盪若涉於大川賴　上帝垂休　先后儲慶宰衡庶尹交修皇極四海會同五典敷暢歲云嘉熟人用大和百辟僉謀唱余封禪謂孝莫大於嚴父謂禮莫尊於告天天符既至人望既積固請不已固辭不獲肆余與夫二三臣稽虞典繹漢制張皇六師震疊九寓旌旗有列士馬無譁肅肅邕邕翼翼溶溶以至于　宗順也爾

雅曰太山為東嶽周官曰兗州之鎮山實惟天帝之孫羣靈之府其方處萬物之始故稱岱焉其位居五嶽之伯故稱宗焉自昔王者受命易姓於是乎啟天地薦成功序圖錄紀氏號朕統承先王茲率厥典實欲報玄天之眷命為蒼生之祈福豈敢高視千古自比九皇哉故設壇場於山下受羣方之助祭躬封燎於山上曁一獻之通神斯亦因高崇天就廣增地之義也乃仲冬庚寅有事東嶽類於　上帝配　我高祖在天之神罔不畢降粵翌日禪於社首侑我聖考祀於　皇祗在地之神罔不咸舉曁壬辰覲羣后

趙無五字

速兩速字古迹字也

上公進曰天子膺天符納介福羣臣拜稽首千萬歲慶
荅歡同陳　試以德大渾叶度彝倫攸敘三事百揆時
乃之功萬物由庚兆人允植列牧衆宰時乃之功一二
兄弟篤行孝友錫類萬國時惟休哉我儒制禮我史作
樂天地擾順時惟休哉蠻夷戎狄重譯來貢
累聖之化朕何慕焉五靈百寶日來月集會昌之運
朕何感焉凡今而後儆乃在位一王度齊象灋搉舊章
補缺政存易簡去煩苛思立人極乃見天則於戲天生
蒸人惟后時乂能以美利利天下事天明矣地德載物
惟后時相能以厚生生萬人事地察矣天地明察鬼神
著矣惟　我藝祖文考精爽在天其曰懿余
幼孫克享　上帝惟　帝時若馨香其
下丕乃曰有唐氏文武之曾孫隆基誕錫新命纘戎舊
業永保天祿子孫其承之余小子敢對揚　上
帝之休命則亦與百執事尚綏兆人將多于前功而毖
彼後患一夫不獲萬方其罪予一人有終上天其知我
朕維寶行三德曰慈儉謙慈者覆無疆之言儉者崇將
來之訓自滿者人損自謙者天益苟如是則軌迹易循
基構易守磨石壁刻金記後之人聽詞而見心觀末而
知本銘曰

維天生人立君以理維君受命奉天爲子代去不留人
來無已德涼者滅道高斯起赫赫
高祖明明　太宗爰革隨政奄有萬邦罄
天張宇盡地開封武稱有截文表時邕
高宗稽古德施周溥茫茫九夷削平一鼓禮備封禪功
齊舜禹巖巖岱宗衛我神主　中宗紹運
舊邦惟新　睿宗繼明天下歸仁恭
已南面氤氳化淳告成之禮留諸後人緬余小子重基
五聖匪功伐高匪德矜盛欽若祀典丕
承永命至誠動天福我万姓古封太山七十二君或禪
奕弈或禪云云其迹不見其名可聞祇遹
文祖光昭舊勲方士虛誕儒書齷齪佚后求僊誣神
撿玉秦災風雨漢污編錄德未合天或承之辱道在觀
政名非從欲銘心絕巖播告羣嶽
大唐開元十四年歲在景寅九月乙亥朔十二日景
戌建
記太山銘者唐元宗皇帝御撰及書字徑六寸許雖
小變漢法而婉縟雄逸有飛動之勢余嘗登太山轉
天門則見東可二里穹崖造天銘書若鸞鳳翔舞於
雲煙之表爲之色飛既摩挲久之惜其下三尺許爲

搨工人惡寒篝火焚蝕遂闕百餘字傍有蘇丞相頲
東封頌正書閩人林焞以四大字刻其上惡札題名
縱橫漶滅不可讀悵然而下後人事事可憎殆不特
此弇州山人藁
紀太山銘唐開元帝製及手書相傳燕許修其辭韓
史潤其筆以故文頗雅馴不猥弱予旣讀而愛之然
竊有慨于帝之侈心也未有蝕蠹入焉當時天下幾
小康帝意以前薄秦皇漢武不足道而不知太眞林
甫國忠祿山之徒固已乘其侈而入之蠧矣繼得浯
州中興頌時置壘池傍閱之其治亂始末有大足相

發者噫嘻可畏哉弇州山人四部稿
莊周稱易姓而王封太山者七十二家勒石千八百
餘處歷千万禩而石䃂玉牒後人莫得見其形兆果
明神爲之守護邪祖龍肇始立碑久已埽迹兩漢迄
唐閒世一修時邁之典開元天子允文武百寮之請
於十三年冬十一月式遵故實有事于太山詔中書
令張說右散騎常侍徐堅太常少卿韋縚秘書少監
康子元國子博士侯行果於集賢書院撰儀注己丑
日南至法駕詣山下御馬以登行升中之禮天子製
紀太山銘親札勒于山頂之石以十四年九月景戌

告成於是中書令張說撰封祀壇頌侍中源乾曜撰
社首壇頌禮部尚書蘇頲撰朝覲壇頌趙明誠金石
錄目載太山銘側有題名三列今已亡之而頲頌授
梁昇卿書刋御製銘右明有俗吏以忠孝廉節四大
字鑱其上頌文毀去者半可憾也山高四千九百丈
二尺行旅出于塗者車前馬首仰視略可覩歲在巳
酉五宿茲山之麓未克叩天關陟環道手摸其文詢
之野老必架木緣絙而上然後椎拓功可施又山高
多風兼慮日曝紙幅易裂若是其難也曩者先後裝
界三本悉爲好事者所奪己丑夏同里沈秀才翼能

分書獲此本于白下雖有闕文乃百年以前舊搨爰
審定而書其本末于冊尾曝書亭集
唐太宗時羣臣請封禪不許曰卿等以封禪爲帝王
盛事朕意不然誠令天下乂安家給人足不封禪何
損今天下殫敝人物凋耗卽封禪愈靡靡矣昔秦始
皇封禪而漢文帝不封禪後世豈以漢文帝不及始
皇耶且古者事天埽地而祭天神降焉何必登太山
之巔封數尺之土然後展其誠敬乎已而羣臣請不
已許之魏鄭公獨爭以爲未可帝曰公不欲朕封禪
以功未高耶曰高矣德未厚耶曰厚矣以中國未安

四境未服年穀未豐天瑞符應未至耶對曰陛下兼此而有之矣然則卿斷斷云不可封禪何也對曰陛下雖有此六者然百姓當大亂之後戶口未復倉廩尚虛呻吟未起而東巡卽供億煩費其未易任也且陛下封禪萬國君長皆當扈蹕今伊洛以東至於海岱灌莽極目此爲引戎人入腹中而示之以空虛況賞賚不豐則不能厭其望必豐之雖給復連年固不償百姓勞矣崇虛名而受實害將焉用之帝大感悟事竟寢鄭公匡救愷切當上心如此開元帝致治庶幾貞觀不免侈心漸生姚崇旣死宋璟罷相張說處中書文章信美矣骨鯁安敢望鄭公未幾林甫國忠進而天下幾亡讀唐史至開元天寶之際惘乎有餘憾焉（來齋金石刻考略）

碑在泰山之巓御製御書字大如掌摩崖勒石葢自漢以來碑碣之雄壯未有及者下截模糊百餘字當由歲久水土侵蝕或爲樵夫牧豎所擊傷王元美以爲搨工惡寒篝火燒殘竊意泰山高寒冬時决不可搨必無篝火燒殘之理傍有蘇丞相頲東封頌闕人林焯竊朱子忠孝廉節四大字爲己書鐫刻其上以致損壞俗夫妄意留名徒博千古笑罵可恨可恨（竹雲

題跋

碧霞廟北懸崖削壁爲大觀峰一曰彌高殿有唐元宗紀泰山銘世謂之摩厓碑高二丈九尺寬一丈六尺七寸額高三尺九寸寬四尺開元十四年九月御製八分書并題額字徑五寸額字徑一尺九寸濟南府志碑下截剜落葉彬補書按彬所補百八字形似小異後列從臣題名字差小好事者以古篆鑱毀猶有開國公臣李仁德上柱國臣李元紘臣尉大雅臣王敬之三十餘字空處亦有題名惟顏眞卿題名巳亡（聶鈫泰山道里記）

紀太山銘以其文與舊唐書禮儀志參較朕宅位十有四載石本作宅帝位若涉大川石本涉字下多於字宰相庶尹石本相作衛禮莫尊於告石本禮字上多謂字告字下多天字震讋九寓石本作震疊以至岱宗石本至下多于字實萬物之始石本作實惟天帝之孫羣靈之府其方處萬物之始爲蒼生而祈福石本而作之呼萬歲石本呼作千慶合歡同石本合作荅迺陳誡以德石本無迺字懿尔幼孫石本尔作余刻金石石本石作記冀後人之聽詞而見心石本無冀字又作後之人衛我神主石本衛作衎中宗紹

運舊邦惟新石本於此下多睿宗繼明天下歸仁二
句或禪亭亭石本亭亭作奕奕儒書不足石本不足
作齷齪案文之異者容所據見或有不同若銘列祖
而獨遺睿宗則下文恭己無爲正以睿皇禪位爲詞
若接屬中宗義便不相屬又儒書齷齪葢指議封禪
儒生所錄故以齷齪鄙之作史者嫌其過詆儒書遂
删易以不足當之斯不達其旨矣銘後題開元十四
年銘叙又作十四載年載通稱互文非如天寶元年
改年爲載始有專名也 授堂金石跋
此文唐書所載不全岱史及泰安志亦有駁異碑後

刻諸王羣臣題名凡四列字徑一寸四分有方界格
皆爲明人加刻大字橫貫交錯遂使湮毀無傳茲就
空隙處細爲審辨補圖于右庶使後之覽者得有依
據上列開府儀同下有憲字以唐書傳紀證之憲爲
睿宗長子讓皇帝憲也岐王臣範者睿宗第四子本
名隆範後避元宗雙名改稱範睿宗踐祚進封岐王
太子下空五格存業字睿宗第五子本名隆業後亦
改單名睿宗時進封薛王開元八年遷太子太保是
缺處當作太保薛王臣也司空邠案章懷第二子名
守禮神龍中遺詔進封邠王先天二年遷司空後以

開元二十九年薨司空邠下字雖殘闕爲守禮無疑
元宗紀開元十三年改豳州爲邠州此刻於十四年
故從新改作邠阝王臣涓即鄂王涓元宗子初名嗣
初後改名瑤亻王臣氵恐是儀王臣維元宗子璲初
名維永王口下案元宗子璘封永王初名澤殆即其
入口王臣清元宗第十八子瑁初名清封爲壽王也
延王臣下祇存氵旁案元宗第二十子玢初名洄封
延王盛王臣沐元宗第二十一子沐封盛王改名琦
嗣韓王臣訥宗室世系表有嗣韓王太僕卿訥以上
諸王名號皆與史傳合後段姓名可辨者惟盧從愿

盧龍秀二人龍秀附見唐書桓彥傳中宗時官監察
御史傳作龔秀當依石刻爲正次列可辨者庭珪李
仁德庭珪闕姓殆即張庭珪也三列姓名皆殘毀四
列有李元紘孫元慶陸去泰尉大雅王敬之譚崇德
諸銜名案本紀十四年四月丁巳戶部侍郎李元紘
同中書門下平章事碑稱遙知造碑使者似非扈從
之臣陸去泰附見唐書儒學褚无量傳歷官左右補
闕內供奉今銜名存左補二字正相合也 山左金石志
按此碑磨崖高約三丈椎拓不易故流傳者少今
所得搨本文字完善惟人望既積望字在地之神

之字多于前功前字俱半缺震疊九寓寓字至于
岱宗岱字俱全缺此五字之外他無缺也盖皆爲
葉彬所補足王元美王良常所見皆謂缺百餘字
尚是未補足之本也不知此五字是補後缺耶抑
先已缺耶文之見于史籍者若舊唐書載此文其
字句不同之處授堂已校之詳矣外如冊府元龜
載此文朕宅帝位十有四載無帝字故設壇墠于
山下至上帝之休命共删去三百七十餘字直云
故設壇墠荅休命予一人有終人作心刻金記記
作字後之人上多冀字睿宗繼明二句全無儒書

齷齪作儒書不足誣神檢玉誣作巫又唐文粹載
此文歲云嘉孰嘉作再旌旗有列旗作旅以至于
岱宗順也順作項自昔王者受命易姓作曰昔者
受命易姓類於上帝作類于昊天上帝羣臣拜稽
首千萬歲作羣臣拜手稽首稱千萬歲篤行孝友
作篤以齊象法作齊衆法存易簡作存簡易地德
載物作坤厚聲香其下至乃曰無下字有唐氏文
武之曾孫隆基誕錫新命作曾我之文武曾孫其
誕錫新命纘戎舊業戎作我予一人有終人作心
奉天爲子作奉爲天子衍我神主作衍我元神或

禪奕奕作或禪社首其不同又如此冊府不同者
或傳刻有脫誤不足深論文粹之不同則似當時
從唐人別本集錄者如曾孫隆基是元宗御名此
是述藝祖文考語意故直書帝名至文字傳寫則
避而改易其迹顯然然他處亦有臆改而與碑不
合者銘序全用對偶體類于上帝與下配我高祖
爲偶不應增昊天二字羣臣拜稽首千萬歲對上
天子膺天符納介福不應增手稱二字聲香其下
對上惟帝時若爲言若删下字其字屬下句矣奉
天爲子對上維君受命不應作奉爲天子衍我神
主與上周溥一鼓舜禹叶合爲四韻若作元神則
上少一韻下文維新等多一韻矣或禪奕奕對或

禪云云奕奕似詩所謂奕奕梁山也亦不必改社
首凡此若不據碑以正之則石本既艱于流傳而
誤書反垂諸日久承訛襲謬伊何底耶此外如岱
史泰安志之互異其書視冊府文粹不啻費檢之
比無足辨也碑云百辟僉謀唱余封禪固請不已
固辭不獲舊唐書禮儀志新書不詳開元十二年文武
百寮朝集使皇親及四方文學之士皆以理化昇
平時穀屢稔上書請修封禪之禮并獻賦頌者前

後千有餘篇元宗謙沖不許中書令張說又累日固請乃下制從之册府元龜開元十二年閏十二月辛酉文武百官吏部尚書裴漼等上請封東嶽帝手詔報不允甲子侍中臣乾曜中書令臣說等奏請帝又手詔報不允乾曜說等又上言又詔報不允乾曜說等又再上言時儒生墨客獻賦頌者數百計帝不得已下詔從之碑又云肆余與夫二三臣稽虞典繹漢制張皇六師震疊九㝢旌旗有列士馬無譁肅肅邕邕翼翼溶溶以至于岱宗順也禮儀志云詔中書令張說右散騎常侍徐堅太

常少卿韋縚秘書少監康子元國子博士侯行果等與禮官於集賢書院刊撰儀注册府元龜又載四門助教施敬本駁奏舊封禪禮八條元宗令張說徐堅召敬本與之對議詳定禮儀志又云十三年十一月丙戌至泰山壬辰元宗御朝覲之帳殿大備陳布文武百僚二王後孔子後諸方朝集使岳牧舉賢良及儒生文士上賦頌者戎狄夷蠻羌胡朝獻之國突厥頡利發契丹奚等王大食謝䫻五天十姓崑崙日本新羅靺鞨之侍子及使內臣之番高麗朝鮮王伯濟帶方王十姓摩阿史那興

昔可汗三十姓左右賢王日南西竺鑿齒雕題牂柯烏滸之酋長咸在位册府元龜己丑日南至帝備法駕登山旌旗天仗雲屯百餘里環衛于嶽下資治通鑑十月辛酉車駕發東都百官貴戚四夷酋長從行每置頓數十里中人畜被野有司輦載供具之物數百里不絕十一月丙戌至泰山下御馬登山留從官于谷口考異曰實錄唐歷統紀皆云備法駕登泰山開天傳信記云上將封泰山益州進白騾上親乘之不知登降之倦碑又云庚寅有事東嶽類于上帝配我高祖翌日禪於社首侑

我聖考祀于皇祇禮儀志云庚寅祀昊天上帝于山上封臺之前壇高祖神堯皇帝配享辛卯享皇地祇于社首之泰圻壇睿宗大聖眞皇帝配祀以上諸倂碑與諸書參考雖各有詳略而皆合也又禮儀志載祀昊天上帝于山上邠王守禮亞獻寧王憲終獻册府元龜亦同文獻通考則云張說韋堅等議三獻禮上初獻邠王守禮亞獻宋王成器終獻新唐書三宗諸子傳高宗諸子章懷太子賢次子守禮唐隆元年進封邠王讓皇帝憲本名成器避昭成太后諡改今名唐隆元年進封宋王元宗討定

據仍本校
仍本碑上每行更缺六字就可見者校之

蕭岑之難徙王寧是寧王憲即宋王成器張說等議禮之時爲宋王成器及行禮之時爲寧王憲也冊府元龜又載帝在行宮致齋時有雄野鷄飛入齋宮馴而不去久之飛入仗衛忽不見邠王守禮等賀云云蓋守禮爲元宗之兄于諸王爲最長故用以爲亞獻且進賀亦以爲首也銘西側有從封諸王羣臣題名二王爵與名尚有存字可辨也

北嶽恒山祠碑

碑高一丈三尺六寸五分廣六尺六寸五分廿二行行四十六字行書在曲陽縣北嶽廟

北嶽恒山祠碑幷序

□□□□□□□□□□〔部〕尚書兼□□〔州〕□〔刺〕□〔史〕□□平軍使

上柱國河東縣開國侯張嘉貞文泉書

有國者殷薦于天地望秩于山川故災沴不生矣有家者嚴敬于鬼神克諧于禮樂故休祐斯應矣由是上下交泰幽明相協五精同朗辰爲水其味鹹五鎮俱清恒爲冬其音羽大哉茲岳殊於衆山嵩華乃踢乎近甸衡泰不踰乎方域孰與夫包括綿長經綸中外外夷有四昴宿主胡則延袤以限之中郡有百寶符在代則高襄以臨之其頂也上扶乾門黑帝之宮觀其足也下捺巛軸元靈神之都府豈止劈冀魏截幽燕拒洪河撐大襄頂洞合沓半天下之襟帶嵯峨巉嵒一字內之標格者也故知惟土有精惟山有靈窅窅冥冥其道至乎其德至貞氤氳馨馨目之不覩夫形耳之不聞夫聲陰陽不測夫奧所以存象設建祠庭矣稽彼上古洎于中運五載巡狩百神懷柔皇王令典以之祚數昌朔以之永降臻嬴漢爰逮周隋匪彝匪虔或替或僭不勤于省者其政缺非美而封者其事訛鳴戲黷祭虛陳昭靈罔荅更張禮秩固待邕熙粵若我唐正百王頹教龔惟我后揚五聖丕烈人祇允浹動植和暢乃藉北鎮柴南壇碑西岳泥東岱是用告厥功祐其祀也故穰穰介福獲於彼響顒顒衆心傒於此而今獫狁不熾已萬餘辰邊隅於是乎靜雨雪其滂乃屢盈尺稼穡於是乎豊豊以阜人靜以安俗俗安而人阜　君睿而神總惟神幽贊已成惟　君能事斯畢北巡之禮胥詠其蘇雖熙輅纁旗未由冬覲而圜珪方璧每自天來或事舉必祈福行宜賽則有公卿而奉新命也或四時薦熟三獻酌洗則有侯牧而率舊章也非夫昭信雅直豈常享於　明代哉是以河朔人風絜誠而禱蠶穀者衆矣春終炢孟冬首三之月尤劇蘋藻自羞若從官鍛椎蘇不禁孰能私伐蓋威靈感通

以致尒與其淫諂而求者異乎夫道莫先乎眞政莫先乎淳　參造化以成萬物莫先乎神資帝王以富四棄莫先乎人護神莫先乎君公理人莫先乎師長景寅歲乃命菲才謬兼軍郡欽若　明詔持兵導俗無敢懈息名山大川著乎典式靡不加敬於昭神寢于岳之陽伊岳致神伊神主岳高祠古幹幽蔚陰翳俯仰瞻對精魂肅恭慄然何爲故以嗟嘆嘆之不足於是詠哥哥以發言言以彰德事可追於風雅詞無隱於聞見神而聽之頌斯作曰

五篟熒煌風政休各上見乎乾綱　我君順之祚乃久兮五宗盤薄陰化成敗下彰乎㣺絡　我君欽之福乃來兮天平地成神道助貞人事以寧兮皇極帝力神道助直人事以息兮禎祥日新既祠既禋國萬斯春兮風雨時若是耕是穫家勤于作兮至誠神通兮昭冥叶味至道默兮對揚頌哥大恒如礪明德惟嶢

開元丁卯□□□□（歲仲秋）望立　年号尚書名位太中大夫行定州別駕上騎都尉盧國公李克嗣題

大宋宣和庚子歲庚辰月丙辰日入內供奉官王潭被　命爲去歲冬祀禮畢賚　御香來謝　嶽祠因讀唐丞相張公所述碑數字剝落恐其漸就訛缺迺將完本名刻工以碑□所有字補足之庶古跡自茲復完云

恒山祠碑今在曲陽縣北嶽廟中舊唐書本傳嘉貞爲定州刺史至州於恒嶽廟中立頌自爲文書於石其碑用白石爲之素質黑文甚爲奇麗先是嶽祠爲遠近祈賽有錢數百萬嘉貞自以爲頌文之功納其數萬今白石碑尚在本傳又言嘉貞官至宰相不爲子孫立業豈好貨者乎或矜夸其文則有之然唐人以文取錢未嘗以官取錢嘉貞於此又僅百而取一古之疾也今也或是之亡矣金石文字記

按此碑爲張嘉貞撰書前題云張嘉貞文臮書臮即暨字及也古文尚書舜典臮咎繇今文作暨史記夏本紀蠙珠臮魚注古暨字也此云臮書與實濟寺碑懷惲及書同意碑題銜泐十餘字但存尚書字平軍使上柱國河東縣開國侯字舊唐書張嘉貞傳嘉貞新書云字嘉貞蒲州猗氏人開元八年累擢爲中書侍郎同中書門下平章事加銀青光祿大夫遷中書令十一年出爲幽州刺史明年復拜戶部尚書兼益州長史判都督事又明年左轉台州

刺史遷工部尚書定州刺史知北平軍事累封河東侯至州於恒嶽廟中立頌自爲其文乃書于石新史不載立頌餘同即此碑也据此則碑所泐者乃工部尚書兼定州刺史北平軍使也碑文嘉貞書而文前銜名及末年號爲李克嗣題此又書碑之變例也碑文泐者三十餘字今檢唐文粹有此文校補增注于旁文云景寅歲乃命菲才謬兼軍郡丙寅爲開元十四年然則嘉貞之刺定州在開元十四年而史于十一年之後兩稱明年似係十三年者有踈略也碑題立于丁卯乃十五年

金石萃編卷七十六終

據古碑證文校 證文前後多三行餘錄於下

則字以文義擬之未必確

證文以承之下神足之上尚有先照二字當在第幾格不可知也

金石萃編卷七十七

賜進士出身 誥授光祿大夫刑部右侍郎加七級王昶譔

唐三十七

上缺 蕭左驍衛大將軍知內侍上柱國虢國公像銘并序

上缺 集□□□葱源縣開國公徐□撰

上缺 騎都尉直集賢院張□

虢國公造像記

石橫廣四尺九寸高二尺餘三十一行行十三字後五行偶皆十四字行書在洛陽龍門

□□□□□□□□□□□□□□莫不□□□

□□示□□□□□□六□□除□有窺法□□□

肇苦海之津梁則虢國公□□□其人也立身幹蠱英

謀駿□橫行邊徼追馬援之功□□庭□□曾參之養

自保釐□□□□□心揚名顯親忠孝□□□□□

祿位深鏡真如覺□蘊□□□□□非實知三世□□

□□□□□□迹泥朝倫而心□□□以爲□臒之飾

點風塵□□□□□□□歲月而先朽□□□□□

□□□□□奉爲烈□□□□□□□先□□□妣

□□□□□□□鑿石龕造十□□□□□□□□

藏菩薩各一□□□□□□好□□□儼然□□□□

□□紺□垂瓔珞以嚴身□□□□□□以承□□

□□□□□禰足同于塵□□□□□□□□□而

□□□□□戳□□□□□□□非□□崇高□

□□□揭□□□丕業福祐無窮□以鏤功□□□德

據趙本校
据偃師金石遺文記校 字旁加○者皆偃師記所同
又據唐文百篇校 字旁加□者皆百篇本所同

重宣此義而□偈云
□□欷賕二菩薩　大庇衆生臻□□妙□□□本
通達　□□□□□像□　□哉靈山山幾重　一彫
一琢現□□　透迤□路迩會參　攝心迴□□相□
純孝□□□竭力　殑伽沙□□□□
開元□□□□四月廿三□□
記文巳殘滅首稱虢國公下名氏缺惟存一功字盇
勗字脫其上半攷唐書宦者傳楊思勗封虢國公卽
其人也記稱横行邊徼追馬援之功以傳證之開元
初安南蠻渠梅叔鸞叛思勗繇馬援故道出不意賊

駭貽不暇謀遂大敗封尸爲京觀而還記所指謂此
又封虢國公在從封泰山時元宗本紀開元十三年
十一月庚寅封于泰山今記文缺年當亦屬十三年
後也　授堂金石跋

按虢國公有楊花臺銘此碑虢國公亦卽其人

陳憲墓誌銘

石高廣均二尺一寸六分廿四行行廿五字隸書題殘缺止存唐銀青光祿大六字在偃師縣學明倫堂

撰書人缺

公諱憲字令將平陽臨汾人□□□□□□□□□□
□□□□爲氏洎七葉有漢大□軍棘蒲侯武又□□

百篇本不就作不起
偃師記任官作任官

□□□□□□□□□平陽侯子孫家焉祖遠雄武多大
略徵晉昌令不□□□□□高量畟辭辟命没諡貞
隱先生積德未享是用有後公□□□氣降虛明之
神清暢條理夷雅閑秀詞學優深操行無玷□□□
不徇速達年卅鄉貢進士對策上第其年解褐榮澤主
薄□□師尉明堂尉閿鄉令秩滿受　詔關內覆
囚旋拜右臺□□侍御史轉庫部吏部二員外郎丁內
艱哀毀過禮服闋除禮部□功二郎中遷給事中中書
舍人策勳上柱國除大理少卿出爲□州刺史復大理
少卿遷工部侍郎又出爲兗州都督入拜衞尉少卿復

工部侍郎又出爲蒲州刺史入拜太子右庶子遷太子
賓客累加封嶽陽縣開國伯食邑五百戸凡所歷官咸
著成績皆任官以祐物不激譽而干進休名自著僉舉
允諧喪仲弟哀感成疾以開元十三季九月廿五日薨
于東都審敎里第春秋七十八粤以開元十四年歲次
景寅十一月乙亥朔十六日庚寅葬于偃師縣龍池鄉
之北原祔　先塋禮也惟公宅乎中庸樂在名敎體
忠悔吝德全終始者朝廷壹人而已又嘗著中道通敎
二論註周易撰三傳通誌廿卷集內經藥類四卷合新
舊本草十卷並行於代噫可謂立德立言殁而不朽者

錢本㐄作左

滕 鈔本趙本 技

矣嗣子長安縣尉少儀等孝思純至永懷揚□乃刊不
勒銘以誌幽宅其辭曰
盛惪之後兮寔生哲人文義博暢兮志業淸純孚政光
國兮懋寵榮親立言不朽兮全道歸眞
碑缺一角故撰書人不可考云公諱憲字令將平陽
臨汝人又云洎七葉有漢大將軍棘蒲侯武者按漢
書文帝紀云三年以棘蒲侯柴武爲大將軍臣瓚曰
漢帝年紀爲陳武此云柴武爲有二姓功臣表作陳
武然則憲姓陳又云葬于偃師縣龍池鄉之北原祔
先塋今鄉名既失墓亦不載于方志又云又嘗著中

道通致二論注周易撰三傳通誌廿卷集內經藥類
四卷合新舊本草十卷並行於代唐志既皆未著錄
而大觀本草稱引最博亦無藥類書之難成而易失
如此中州金石記

思恒律師墓誌
石高廣俱三尺五分二十八行行二十八字正書
蓋題大唐故大德思恒律師墓誌文十二字篆書
唐大薦福寺故大德思恒律師誌文并序
鄠縣尉常□□□文
道不虛行必將有授受聖教者非律師而誰律師諱思
恒俗姓顧氏吳郡人也曾祖明周左監門大將軍祖元

錢本作皇朝

錢本作金口

錢本作皆所研精

錢本作杜口

隨門下上儀同三司蓨蕪郡開國公使持節洪州諸軍
事行洪州剌史父藝　皇上恒州錄事參軍並東
南之美江海之靈係丞相之端嚴散騎之仁厚以積善
之慶是用誕我律師爲律師禀正眞之氣含太和之粹
生而有志出乎其類越在幼冲性與道合兒戲則聚沙
爲塔冥感而然指誓心乃受業於持廿法師咸亭中
勅名大德入太原寺而持廿與薄塵法師皆預焉律師
深爲塵公所重每歎曰興聖教者其在茲乎遂承
制而度年廿而登具戒經八夏即預臨壇喿修素律
師新疏講八十餘遍弟子五千餘人以爲一切諸經所

以通覺路也如來金口之言靡不該涉菩薩寶坊之論
皆研研精天下靈境所以示聖跡也乃陟方山五臺聞
空聲異氣幽巖勝寺無不經行感而遂通所以昭靈應
也嘗致舍利七粒後自增多移在新𨪐潛歸舊所有爲
之福所以濟群品也造善提像一鋪施者不能愛其寶
建塗山寺一所仁者於是乎而來洗僧乞食以生爲限
寫經設齋惟財所㯝忘形杜口所以歸定門也詣秀禪
師受微妙理一悟眞諦果符宿心窮尓無生而法身常
在湛然不動而至化滂流於是能事畢矣福德具矣以
見身爲過去則弃愛易明以遺形爲息言則證理斯切

錢本作人廿乃世字

錢本作戒師

錢本作應廿

碑文撰者姓常其名已泐趙氏云此家東名顧托勝固云云是其人名東名也

乃脫落人廿示歸其眞開元十四年十一月廿六日終
於京大薦福寺年七十有六初　和帝代召入內
道場命爲菩薩戒師充十大德統知天下佛法僧事圖
像於林光殿　御製畫讚云云律師固辭
恩命屢請歸閑歲餘方見許焉其靜退皆此類也屬纊
之夜靈香滿室空樂臨門悠尒而逝若有迎者蓋應廿
斯來自天宮而蹔降終事則往非人衆之可留弟子智
舟等彼岸仍遥津梁中奪心猨未去龍爲先歸禪座何
依但追墳塔法侶悲送且傾都鄙其年十二月十五日
葬神禾原塗山寺東各頒託滕曰思陳盛美法教常轉
自莘於圓珠雕斲斯文有慙於方石銘曰
聖立萬法法無二門以身觀化從流討源有爲捨械無
生之猨律師盡妙像教斯存我有至靜永用息言示以
形逝留乎道尊有緣有福求我祇園
　按碑敘思恒俗姓顧氏吳郡人其曾祖明祖元父
藝仕于周隋唐代史皆無傳其云祖元蓀蕪郡開
國公遍檢諸地理書從無蓀蕪郡名蓀字見集韻
但云艸名而已其蕪字之見于地名者惟兗州曾
郡有萊蕪縣亦非郡名此碑之所未詳也大薦福
寺在長安開化坊南自神龍以後翻譯佛經並于

此寺思恒終于寺中殆在寺有講明律疏之功也
文又云初和帝代召入內道場命爲菩薩戒師充
十大德統知天下佛法僧事圖像林光殿唐之西
內但有佛光寺在甘露殿之左不云有林光殿知
天下佛法僧事者僧職也此職亦不見於諸書律
寺設戒三壇菩薩戒在三壇之內有律師十人證
明之十大德或卽證明十師思恒殆嘗充菩薩戒
律師也又裴漼撰少林寺碑云景龍中勅中岳少
林寺置大德十人則十大德亦各寺之僧職也和
帝卽中宗謚太和大聖大昭孝皇帝下卷法澄塔
銘云中宗和帝可證也葬神禾原塗山寺東神禾
原在長安城南子午谷陜西通志但有香積寺在
原上不云有塗山寺葢荒原廢刹爲志乘之所漏
略者多矣碑書世字皆闕筆作廿用字闕筆作用

端州石室記

摩崖高四尺四寸五分廣三尺二寸十八
行行二十三字正書在肇慶府七星巖

日者託宿秘篆寄傲神府撰奇討異注靈通感冥搜海
□遐矚坤樞敞金闕疏玉堂河漢未際其源今昔□聆
其語□□究此山郭不在江瀆薄入寰鷰物外妙有特
起靈表□□綺田亞乎錦幛聳立峯允洞穴延袤中堂

慼悭（起）形以□□□□（高峽呀地）勢以千變伏虎奔象浮粱抗柱激
濤海而洪波沸□□□（滿壑杳篠）而羣峯嵯峨飛動逼人屹聳
鷟靦寥微微而三□□□□（分地道風蕭）蕭而一變天時賁乳練
於玉顔石牀列於仙座隔□□□（閣塵境延）集福庭穿子家子
恍乎惚乎使營魄九昇替慾雙□□□（遺體若希）羽翼志若摩
雲天秦漢之間莫知代祀義皇之上□□□（自謂遐邈）當是時
也慕名者執雖而退徇物者守心而安求道者□□（息慮）而
凝懷書者□□（陋古）而黜有若邢伯畢公守恭廣孝聞□□（家至）
□（忠）觀國政門□□□（尤跡謀者）不容於□（口）義心亭□（行）遊者每□（籍）
□□□（於名枝）能吏術其□□□□（方人樂其）業流冗歸止介特乂安於
是□□□（命友倐縱）琴酌一歌一□□□（詠以遨）以遊莫不觧榻於斯
張樂於斯□□（騰駕五）龍遺士（去）驅馬□□（豈惟）避暑廬（處）室締賞林
巒擊石如□□（鐘酌）泉□□（如醴）固亦轉丹竃掇紫芝迹叅蓂（寥）之
遠心推習隱之幽致者也

開元十五年正月廿五日李邕記

右端州石室記唐李邕撰不著書人名氏考其筆蹟
似張庭珪書疑庭珪所書也集古錄

唐李邕端州石室記在今肇慶府城北數里七星巖巖稱斗光洞洞門外鑿石壁而爲之開元十五年正月十五日也後又有宋乾道己丑秋九月等字歐陽公嘗定以爲張庭珪書然攷廷珪孔林隸碑字頗不類盖此刻遇夏潦一至輒爲所渰浸磨蘯且或經宋時重刻當已失眞矣葉盛菉竹堂稿

肇慶府北七星巖古名定山亦曰崧臺有洞通明究委記刻在洞門石壁不類北海書集古錄疑爲張庭珪書庭珪長於八分凡邕文而庭珪書之者皆八分此則正書恐未然也記中云有若邢伯畢公開元時有畢刺史者爲宋璟所稱畢當作畢是摹刻之誤金石文字記

李北海端州石室記正書字逕寸許在大巖洞口凡三百八十字可辨者三百四十八字後刻云宋乾道己丑秋九月乙丑陶定觀巖□又有北海書景福二大字字長寬各四尺有奇畫痕已淺今拓工以硃傳之方板盡失神氣粤人多取其福字張於屏障者而莫知其爲北海書也粤東金石略

按文爲開元十五年李邕撰唐書邕傳邕由括州司馬起爲陳州刺史帝封太山還邕見帝汴州諂獻詞賦帝悅邕素輕張說與相惡會仇人告邕贓貸疑當作貸枉法下獄當死許昌男子孔璋上書得減死貶遵化尉地理志遵化縣屬嶺南道欽州寧越

郡元宗封太山在開元十三年十一月其時張説正爲右相邕之下獄及貶遵化當在十四年四月以前至四月則説已罷相矣此記作於十五年是貶遵化時所作也端州與欽州同屬嶺南此碑無書人姓名集古録疑爲張廷珪書不獨廷珪長八分此是正書爲不合即以情事而論廷珪由御史出爲沔州刺史從蘇宋魏三州入爲太子詹事致仕歷官多在北方去嶺南有數千里之遠似不至以石室短記往返遠求則益知非廷珪書矣文云有若邦伯皐公守恭記焉爲邦伯而作下文缺泐不能見其事蹟爲可惜也

雲居寺石浮圖銘

石高三尺七寸五分廣二尺十二行行二十六字正書在易州

大唐雲居寺石浮圖銘并敘

太原王大悦撰

敘曰法所務善示儀生念物莫堅石晶形則多伊童丱之壝砂彼豐家之巖竇不孟不季非泰非約建茲浮圖于此門右者鄭氏字元泰今范陽人也祟中宜利用廣蓋所以兼仰正法恵浹多生俾臧與嘉不潰惟永迺竭產充賈罄工制奇璞散艮劾形都信美素璵鮮色皓瓊

據泉碑校

大業以下碑本無字

級之峨峨黄金明耀燭寶層之擢擢東旭銜珠而更淨南風動鈴而不喧神儀譓門而雄雄威如聖象端室以穆穆響若庶幾乎　上帝萬壽先人百福夫蠢之類凡生之儔莫不覃茲利有如是木皆燼滅土亦塵散惟石之永瞻其有恒緊法之堅念茲無㬪銘曰

高塔峨峨示延遐矚多生壞壞動善群觸一其茲設茲利無疑無疆其福豐衍其貲廣長二其彼石惟堅我性亦定永永不滅覩以知正三其

開元十五年歲次單閼仲春八日建

道安禪師碑銘

碑已殘缺廣四尺七寸二十八行字數無考行書額題唐嵩山故道安禪師碑九字隸書今在嵩山會善寺

上闕□□□□□□□曠劫誰比次有□　大禪師乎禪師法諱道安俗姓李□缺□□□□□被艱難行洞精苦越生于開皇洎夫大業缺□戰在野□人□頋□家而塵垢惟深不霾珠曜氷霜惟悚不奪松貞缺□□揚□以叟□□池冽淨以通原是日　大師龐懇傳禪要於蘄下□缺□客□□□□□片言洞□□念□則□□□□法身圓月湛於清空□□缺達摩□□□□戊海摠君□以□身一香普聞于

光分照□□而□□□□缺大師大師□□□子常有頓
當令一切俱如妙門□所安樂□□多矣□□□缺□
□□□□□□□禪師順退避位□美於玉泉□□
□通也從此就□□缺□□□□□□□□而遊不樂□求竟
居嵩山會善寺焉夫日登渾天若遙夜者□□缺□誓
塗我□拂衣而起邪遊以辭益指於荊州玉泉已而返
覆年序矣□□□缺□容□耶則無務薄言神梵儀耶
則無聞往教　哲后躬親禪宿咨□道門缺□□年
□道妙動於時能仁感於俗安至如是乎遂不得已而
心副於世　缺以□□遺義維□悟之者意谿而無

住昧之者思絕而失常□詬□揚而□□缺天得之同
體日月融朗得以同暉始自山門徧于天下□烏感鄙
樂者羨克□缺　禪師有之惟景龍二年二月三日
中夜　禪師忽而合門弟子等□缺□□□□山無
□無□滌以林□因之野火□焚而滅惟吾之初□也
□□化□缺□□書馳□□□□□相渝至八日遂□閣
戶去八□勝□□而□詢諸耆宿□缺　其聖□□其
歲□故莫得實其□□也嗚呼是生如電隨風□□□□
風□□缺不能盡造希聲者不能畢闡門八之閫故有
自身請代□血□□而不得者□缺□□□□朝可其

付託侯王哀赴甯以禮儀道□惟□□□□□嵩嶽焚
餘□缺結□□林□異虹□烏首□連見□感盛□□
去也以子度　禪師之□缺高斯閫道以生□德
惟天縱者也以□教□稱師□有雙峯之學貞不□俗
□缺□披□師資一爲聖□一爲師寶是以弟子慧遠
□韓明承□演末裕□東傳缺精深□永慕師道長懷
友風□幽石以□言向遺履以投軀或貢墨容而揚德
缺
缺□□□慧以之明空復伊何淸照萬有□復伊何明
徹重垢是訓是學惟德惟缺□萬法都胎五蘊何□堂

堂如月光流不極撫照餘暉耿拾無得衆所瞻仰香缺
會同然永痛斯□載春何年觧吾八之愠妙覺常存化
吾八之道淨或賔尊勿缺
缺　元十五年十月廿日建
右碑在嵩山廣平宋儋撰兼書開元十五年建道安
爲宏忍大師之弟子忍受法于達摩所謂一花五葉
之一也安以隋開皇四年生唐景龍二年卒百三十
有四歲碑云是生如電隨風電盡卽風如我隨電亦
空直瞿曇氏牙後慧耳書法遒緊豐贍爲唐名家按
儋字藏諸廣平八高尙不仕呂揔云儋書如春花

發夏柳枝低蓋傚鍾繇而側戾放縱者開元末舉場中多師之（金石錄補）

道安禪師碑在戒壇西南按傳梅嵩書道安禪師碑宋儋書文尚可讀末云建塔僧破竈下損一字袁中郎謂神僧破竈墮子細辨損處下從木不似墮字豈嵩山有兩稱破竈者乎碑於萬歷時雷轟爲兩截下截爲土所瘞踰二尺許掘地出之糢糊不可讀（嵩陽石刻記）

碑在會善寺戒壇西南壟中首行大唐嵩山會善寺故大德道安禪師下闕廣平宋儋撰兼書黃伯思東觀餘論曰宋儋唐明皇時人學鍾書但作側戾殊失天勢王著錄與斯邈並列不知爲唐士也儋有嵩山圭禪師碑傳於世字不甚工（說嵩）

按釋氏有南北二宗慧能爲南宗神秀爲北宗傳燈錄如來以正法付迦葉傳至達磨來此爲初祖曁五祖二弟子慧能住嶺南神秀在北得法雖一而開導發悟頓漸不同故曰南頓北漸此南北二宗之旨也據金石錄補謂道安爲宏忍大師弟子忍受法于達摩云云考達磨爲東土初祖共二祖爲慧可三祖爲僧璨四祖爲道信五祖爲宏忍六祖爲慧能以紫金鉢相傳是爲一花五葉宏忍得衣鉢于道信非受法于達摩宏忍心印傳于慧能其自神秀以下及旁出法嗣俱無道安之名金石錄補豈別有所據耶道安爲東林慧遠之師遠公建東林在晉太元十一年詳見下卷東林寺碑此碑建於開元十五年而碑云道安俗姓李生于開皇洎夫大業又云景龍二年二月三日中夜合門又云弟子慧遠口襲明承口演末裕云云並非追敘緣起之語又不似別一道安疑不能明也

據碑校過

少林寺碑

碑高八尺七寸廣五尺三寸三十九行行六十餘字不等正書在登封少林寺鐘樓下

皇唐嵩岳少林寺口

銀青光祿大夫守吏部尚書上柱國正平縣開國子

裴漼文并書

原夫星垂梵界聖緣開萬化之先日照王宮神跡蘊三靈之始包至虛以見世象教久傳於曠劫籠羣有以示凡法身初應於中古見神通之力廣拔苦因開智惠之門深明樂界鶴林變色觀其戀慕之心鴈塔開扉通其瞻仰之路少林寺者後魏孝文之所立也東京近甸大室西偏正氣居六合之中清都控九州之會緱山北

跱亘宛洛之天門潁水南流連荆河之雲澤信帝畿之
靈境陽城之福地沙門跋陁者天竺人也空心元粹惠
性淹遠傳不二法門有甚深道業緬自西域來遊國都
孝文屈黄屋之尊申紬(緇)林之敬太和中詔有司於此寺
處之淨供法衣取給公府法師迺於寺西臺造舍利塔
塔後造翻經堂香水成塗金繩爲約苦心精力俾夜作
晝多寶全身之地不日就功如來金口(口)之說連雲可庇
西篠長澗夾松栢之蕭森北拒深崖覆筠篁之冥窈烟
花濃靄暝下天香泉籟清音曉傳空樂跋陁息心玆地
樂靜安居感而遂通境來斯證寂寐之際若有神人致

石磬一長四尺規制自然聲律咸具得之河曲空聞漢
使之談浮于泗濱徒入夏王之貢嘗終風夜合清響於
中天鍾梵霜晨諧妙因於上刼時有三藏法師勒那黻
譯經論遊集剎土稠禪師探求正法住持塔廟虬箭不
居光塵易遠虹梁所指象設猶存周武帝建德中口(納)元
嵩之說斷釋老之教率土伽藍咸從廢毀明　皇帝繼
明正位追崇景福大象中初復佛象及天尊象廼於兩
京各立一寺因孝思所置以陟岵爲名其洛中陟岵郎
此寺也隨高　祖受禪正朔既改徽號已殊唯此寺名
特令仍舊開皇中有詔二教初興四方普洽山林學徒

錢本作潛依文
義似應從僭

歸依者衆其栢谷屯地一百頃宜賜少林寺大業之末
九服分崩羣盜攻剽無限眞俗此寺爲山賊所刼僧徒
拒之賊遂縱火焚塔院院中衆宇倏焉同滅瞻言靈塔
巋然獨存天龍保持山祇福護神力所及昔未曾有寺
西北五十里有栢谷墅羣峯合沓深谷逶迤復磴縈雲
術(潛)窺龍界高頂拂日傍臨鳥道居晉成塢在齊爲郡王
充僭號署曰轅州乘其地險以立峯戍擁兵洛邑將圖
梵宮　皇唐應五運之休期受千齡之景命掃長蛇荐
食之患拯生人塗炭之灾　太宗文皇帝龍躍太原軍
次廣武大開幕府躬踐戎行僧志操惠瑒曇宗等審靈

睠之所往辯謳歌之有屬率衆以拒僞師抗表以明大
順執充姪仁則以歸本朝　太宗嘉其義烈頻降璽書
宣慰既奉優教兼承寵錫賜地卌頃水碾一具即栢谷
莊是也迨海寓既平憲章云始僞主寺觀盡令廢除僧
善護洞曉三門遂該三行詣　闕進表特蒙量立武德
中寺有白雀見貞觀中明禪師造重塔之辰白雀復瑞(見)
睿圖肇啓初欲呈祥寶殿纔興遽聞相賀　高宗
天皇大帝光緒鴻業欽明至理嘗因豫遊每延聖敬咸
亨中　乘輿戾止　御飛白書題金字波若碑畱皤象
及施物永淳中　御札又飛白書一飛字題寺壁雲開

顧鶴電搏遊龍神草競秀於树塗雲泉迴飛於鍚石雕
甍增耀若綴春葩金疊分輝似懸秋露　天皇升遐
則天大聖皇后爲　先聖造功德垂拱中有冬竹抽笋
塔院後復有藤生證聖中中使送錢於藤生處終理階
陛寺上方普光堂功德隨日終造自尔飛鳥莫敢翔集
此寺跋陁䟽疊業造神微　皇家尊崇事光幽秘珎荐
荐臻於動植靈應亟發於庭除　累聖属心每須渥澤
王言宸翰旣疊暎於雞峯寶像珠幡亦交馳於龍鑾
皇上睿圖廣運神用多能藉明臺之化淸繹天池之墨
妙以此寺有先聖締構之跡御書碑額七字十一年冬

爰降　恩旨付一行師賜少林寺鎸勒梵天宮殿懸日
月之光華佛地園林動煙雲之氣色漢元魏武徒衒奇
於篆素鍾繇蔡雍虛致美於緗簡日者　明勑令天下
寺觀田莊一切括責　皇上以此寺地及碾先聖光錫
多歷年所襟帶名山延袤靈跡羣仙是宅邁羅閱之金
峯上德居之掩育王之石室特還寺衆不入官收曾是
國土崇絶天人歸仰固以名冠諸境禮殊恒刹矣高僧
跋陁明三藏心禪諸門弟子惠光道房稠禪師等精勤
梵行克傳勝業惠光弟子僧達曇隱法上法師等十大
德亦㒗仁英復有達摩禪師深入惠門津梁是寄弟子

惠可禪師等元悟法寶嘗託玆山周大象中寺初復選
沙門中德業灼然者置菩薩僧一百廿人惠遠法師洪
遵律師卽其數也　皇唐貞觀之後有明遵慈雲元素
智勤律師虛求一義洞眞諦之源復有大師諱法如爲
定門之首傳燈妙理弟子惠超妙思奇極遠契元蹤支
翰僕然宗塗易曉景龍中　勑中岳少林寺置大德十
人數內有闕寺中擇補人不外假座無虛授澄什聯華
林遠接武星霜殆周於二紀蘭菊每芳於十步上座寺
主都維那等牢籠法藏遊息禪林德鑒神珠戒成甘露
海內靈岳莫如嵩山山中道口玆爲勝殿二室迴合八

谷瀉漫地迴貝花門連石柱妙樓香閣俯瞰高林金刹
寶鈴上搖淸漢法界之幽贊如彼　皇家之福應如此
天長地久不傳忉利之宫刼盡塵微孰記鐵圍之會精
求貞石博訪良工將因墨客之詞或頌金仙之德聿宣
了義遠喻眞空其詞曰
恒沙國土微塵品類妄見飛奔正心蘊櫃昏途莫曉淨
根將墜樂於蓋纏若要夢寐丞哉大聖降跡閻浮潛迴
寶轂廣運慈舟實無滅度示有降柔紺宮西闢白馬東
流迷因悞生悟爲信起玉刹斯建寶山載峙花臺竹林
淸泉妙不歸唯眞相湛然攸止巖巖嵩嶺河洛巨鎭下

屬九溪上千千仞天磴重阻仙都淸峻式創招提是賁
誘進婉彼上德載誕耆闍傳業西土演教中華孝文申
敬恩錫仍加經營宴室迴出雲霞中岳北阯嵩高西麓
斜界玉泄洞開栖谷紆餘崗澗連延水木鬱起旃檀云
誰卜築吾師苦行淸修道場勵精像宇專力經堂金界
繩直樹塗木香散花有地栖禪得方解空應真默識開
士乘盃遊集振錫屛止飜譯幽偈粲揮妙理仙磬感靈
神雀降祉運交土木代歷周隨刧火遄起魔風競吹法
身咸翳淨國同瞑或聞興復詎振崩離神尭應期撥亂
反正皇矣覺力大宏福慶式遏醜徒聿怢輿　聖累降

恩旨兼敷錫命　高宗時豫先后卜征亟迴雕輦屢倚
虹旌巖題玉札地振金聲琁符存至在物斯呈　我皇
龍興有典咸秩懿玆上界式諸神筆雲搖天大圍鸞迴少
室草垂仙露林昇佛日護持八正每候能仁戢施降德
稠公有隣厥後眞侶更傳了因辯才高行無替淸塵倬
焉梵衆代有明哲今我諸公蘊彼禪悅芳越蘅杜淨踰
氷雪遠締津梁無非苦節頡上靈岳山間寶殿秀出梵
天孤標神縣芥城可竭桑田有變貞石永刊靈花常遍
開元十六年七月十五日建
裴懿公漼書少林寺碑開元十六年建久在嵩山而

金石録不載何也裴少時負文筆號霹靂手而雅不
以八法名此碑鋒至沓拖不可讀而書頗秀勁多媚
態得非時代為之耶傳不載階封此書銀青光祿大
夫正平縣子亦可補傳之闕弇州山人稿
右唐嵩岳少林寺碑守吏部尚書裴漼撰并正書少
林寺在河南登封縣少室山麓去嵩岳二十里嵩岳
一稱太室故有少室而此寺曰嵩岳者統于尊也予
正德癸酉嘗遊嵩岳少室留宿寺中見殿後有立雪
堂相傳昔達磨之徒惠可欲嗣其法雪深至腰不去
此即其處寺右上山三里有達磨洞洞有石達磨面

之九年形宛然石上其事甚異達磨為釋氏西來初
祖可稱二祖碑雖及其人而二事皆不之載寺復有
太宗與僧教書石刻蓋太宗為秦王時寺之僧禽王
世充以獻故太宗賜書襃美而碑云僧執世充姪仁
則以歸與教書不同予故書之以見古人之文無不
缺誤如此然非予之親歷則亦莫能知也金薤琳瑯
碑內王字俱鑴去按金史海陵正隆二年二月癸卯
改定親王以下封爵等第命置局追取存亾告身公
私文書但有王爵字者皆立限毀抹雖墳墓碑誌並
發而毀之則知前代封爵之碑有王字者多毀仆於

此時而此碑以梵力獨存乃其間王宮夏王王言育王等字亦從而鐫去矣完顏之不通文義而肆爲無道可勝歎哉 唐碑遇帝號必空三字此碑所紀宇文周事有明皇帝皇上空三字有隋高祖祖上空三字而前有周武帝却不空蓋緇流不通古今者之所爲也金石文字記

少林寺碑裴漼撰並書王元美謂懿公少負文筆號霹靂手此漼父炎之事炎之爲同州司戸參軍甚少不主曹務刺史李崇義內輕之積案數百讓使趣斷炎之命吏連紙進筆爲省決一日都盡與奪當理詞

筆勁妙崇義驚曰子何自晦成吾過耶由是名動一州號霹靂手子漼仕至吏部尚書曾諫止造玉真金仙觀嘗時稱長于敷陳碑復繁蕪書頗得褚河南之勁俊而無宕映春林之致金石史

裴漼新舊史皆立傳其封正平縣子則史所失載也或謂子男五等封爵之細於史傳可不書然嘗攷之唐史如魏徵嘗封鉅鹿縣男杜如梅封建平縣男孔頴達封曲阜縣男又進爵爲子歐陽詢封渤海縣男歐陽通封渤海縣子韋虛心封南皮縣子吳兢封長垣縣男柳冲封河東縣男俱載於本傳未嘗從略則此之不書者難免疎漏之譏矣潛研堂金石文跋尾

據原碑按

錢本无作元

賜進士出身　誥授光祿大夫刑部右侍郎加七級王昶譔

唐三十八

興聖寺尼法澄塔銘

碑高三尺七寸廣二尺九寸二十五行行三十二字正書在西安府咸寧縣城外馬頭空

大唐故興聖寺主尼法澄塔銘并序

宗正卿上柱國嗣彭王志暕撰并書

法師諱法澄字无元所得俗姓孫氏樂安人也吳帝權之後祖榮涪州刺史父同同州馮翊縣令法師弟二女降精粹之氣含宏量之誠大惠宿持靈心早啓鑒浮生不

住知常樂可依託事蔣王求爲離俗遂於上元二年出家威儀戒行覺觀禪思跡履眞如空用恒捨遂持瓶鉢一十八事頭陀山林有豹隨行逢神擁護於至相寺康藏師處聽法探微洞悟同彼善才調伏堅持寧殊海意康藏師每指法師謂師徒曰住持佛法者卽此師也如意之歲淫刑肆逞誣及法師將揚狀汝南謀其義舉坐入宮掖故法師於是大開聖教宣暢正法歸投者如羽翮趍林藪若鱗介赴江海昔菩薩化爲女身於王後宮說法今古雖殊利人一也　中宗和帝知名放出中使供承朝夕不絕景龍二年大德三藏等奏請法師爲紹唐寺主　勅依所請　今上在春宮幸興聖寺施錢一千貫充脩理寺以法師德望崇高勑補爲興聖寺主法師脩葺畢功不逾旬月又於寺內畫花嚴海藏變造八角浮圖馬頭空起舍利塔皆法師指受規摸及造自餘功德不可稱數勵心濟物遍法界以馳神廣運冥功滿虛空而遇化不能祗理事塗請解寺主遂抄花嚴疏義三卷及翻盂蘭盆經溫室經等專精博思日起異聞廢寢不生誦經行道視同居士風疾現身乃卧經二旬飲食絕口起謂弟子曰我欲捨壽不知死亦大難爲當因緣未盡後月餘儼然坐繩牀七日

不動唯聞齋時鍾聲卽喫水忽謂弟子曰扶我卧我不能坐死卧訖遷神春秋九十開元十七年十一月三日也以其月廿三日安神於龍首山馬頭空塔所門人師徒弟子等未登證果豈知鶴林非永滅之場鷲嶺是安禪之所號慕之情有如雙樹法師仁孝幼懷容儀美麗講經論義應對如流王公等所施悉爲功德弟子嗣彭王女尼弥多羅等恐人事隨化陵谷遷移紀德雋功乃爲不朽銘曰

易高惟一道尊自然大法雄振登日同年優陁花色曇弥善賢錯落倫次師在其間濟彼愛河拯斯苦海導引

羣類將離纏蓋不虛不溢常住三昧是相無定隨現去來雙林言滅金棺復開有緣既盡歸向蓮臺衆生戀慕今古同哀

刻字朱曜光

右興唐寺主尼法澄塔銘嗣彭王志暕撰并書志暕嘗爲宗正卿唐書宗室世系所未載也志暕女彌多羅出家爲法澄弟子而法澄祖父亦皆列官于朝葢唐時朱門世胄無不欽信佛法以帝女之貴且有出家學道者其它固難悉數矣文云如意之歲淫刑肆逞誣及法師將扶汝南謀其義舉坐入宮掖中宗和

帝知名放出葢武后時嘗沒爲宮婢者古人命字或取三字如張天錫字公純嘏崔宏度字摩訶衍之類法澄字无所得亦三字也潛研堂金石文跋尾

麓山寺碑

碑高一丈七寸八分廣五尺三寸八分二十八行行五十六字行書額題麓山寺碑四字篆書在長沙衡山縣嶽麓書院

夫天之道也東仁而首西義而成故淸泰所居指於成事者巳地之德也川浮而動岳鎮而安故耆闍□□□□□□□□□□大抵厥旨元同□以迴向度門蹤于郭右仰止淨域列乎巖巔寶堂㞤業於太虛道樹森捎於曾渚無風而林壑肅穆□□□□□□□□□□未眞梵天猶俗名稱殆絕地位嘗□者不其盛歟麓山寺者晉太始四年之所立也有若法祟禪師者振錫江左除結□□□□□□□□□□□□廟棟宇接近雲霧晦冥赤豹文狸女蘿薜帶山祇見於法眼寶后依於佛光至請舊居特爲新寺禪師泊翌□宏聚謀分衆□□□□□□□□□丘墟盡平太康二載有若法導禪師莫知何許人也黙受智印深入證源不壞外緣而見心本無作眞性而注福河大起前功重啓靈應神僧銀色化身丈餘指定全模摽建方面法物增備擅供益崇廣以

凌雲之臺疏以布金之地有若法懸禪師者江夏人也空慧雙銓寂用同轡慈目相視淨心相續綜覈萬法安住一歸注大道經究上乘理永託茲嶺克終厥生逮宋元徽中尚書令湘州刺史王公諱僧虔右軍之孫也信尚敬□作爲塔廟追存寶相加名寶山效乎弓冶筆精陶甄意匠留書藏石緘妙俟時候法宇之傾佰期珎價以輿葺遠慮將久遺事未彰梁天監三年刺史夏侯公諱祥了義重元別搆正殿紹泰二年刺史王公諱琳律師法賢或在家出家或聞□眼見建涅槃像開甘露門長沙內史蕭沆振起法皷宏演梵言繼捷□於景鍾□

貝葉於會閣陳司空吳明徹隨侍中鎮南晉安王樂陽
王竝佛性森然國楨秀者莊迴廊以雲構蔚愁居以天
覆開皇九年天台大禪師守護法□□清悲海巖幢摽
聳智火融明襲如來堂坐法華定四行樂而不取三賢
登而更遷有若曇捷法師者伐林及樹染法與衣不墜
一滴之油有需大根之雨摠管大將軍齊郡公擢公諱
武福德莊嚴喜慧方便疏寫四部鎮重百城有若智謙
法師者願廣於天心細於氣誦習山頂創立花臺有若
摩訶衍禪師者五力圓常四無清淨以因因而入果果
以滅滅而會如如有若首楞法師者文史早通道釋後

得遠涉吳會幽尋天台法界圖□剡中眞訣論於湘上
具究竟戒敷解說筵一法開無量之門一音警無邊之
衆方等有以復悔雙林有以追遠竝建場所耳為住持
惟□□禪師者□其武憑其高超乎雲門絕彼塵網深
以為性有習道有因止於心反於照習也者坐乎樹居
乎山因也者因習而無因則不住因而無習則不證是
□區和正覺阿若㝠搜想息而精進甲堅受除而煩惱
殼散百川到海同味於鹹千葉在蓮比色於淨起定不
離於平等發慧乜及於慈悲故能□□順□□□□□
□□牧伯萃止皇華洊臻啓焚香之上緣託成佛之嘉

願上座惠□寺主惠亶都維那興哲等皆靜慮演成妙
輪轉次因差別而非法□□□□□□□見而入流
牽一心而辦事成□形勝之會如彼脩行之迹如此而
豐碑未勒盛業不書安可默而已哉將何以發揮頌聲
披揚宿志□□□□□□□公名彥澄碩德高闡紹賢
遠□□□□厚撿撩冰清厲以師長□□攝行隨手以
家而形於孝友以已而廣於詩書以重而雅俗□□
□□□□若且猶歸心淨土□□□□□□□□外
幢興開示之眞語□謀羣吏乃命下寮顧蚊山之易疲
歎龍宮之難□其詞曰

天地有象□賢建極宴坐中巖成道西域後代襲武前
良作則安□□□□□□□□□□契三歸願塞 其一
金方置廟衡麓開場龍象擁□人天□香鬼神賜
土蠢化度堂重鎮牧伯上游侯王光昭法侶大啓禪房
其二□□□□□□□□郭萬家帶江千里玉□布
飛石林雲起□□□□□□月窺窻裏花臺隨足天樂盈耳
其三人與地靈心將法滅既往在此比明齊哲□□□
□□□□連牽順風驅驪欽烈□□□□□馳□絕
其四碑□莫建軌物未宏和合是請佐貳是膺政敷大
郚信發廣乘願言有述以訪無能惟石可□□□□□

前陳州刺史李邕文并書
大唐開元十八年歲次庚午九月
英英披霧其德允爍卓立雋才摽□□□
余友俞仲蔚爲余言李北海岳麓寺碑勝雲麾余亟購得之題名稱前陳州刺史按邕謁上太山還獻詞賦上悅會有仇人發其贓者張說忌之下獄論死許昌男子孔璋救之得免謫尉遵化此其赴謫時道書也碑文頗庸陋又於杜拾遺集見其一詩稱語殆不可曉何以負十將莫邪稱於世耶邕以織文獲名以虛名獲死以佳書獲嘗皆所不虞者因附識之弇州山人槀

是碑筆勢雄健刻字亦出公手大凡李公書言黃鶴仙伏靈芝元省己者皆託名也蒼潤軒碑跋

文云元徽中尚書令湘州刺史王公僧虔右軍之孫也以晉宋齊史考之僧虔爲丞相導之元孫於義之爲族曾孫不當云孫也又云梁天監二年刺史夏侯公譔祥按梁書南史俱作詳古書祥詳二文恒通用潛研堂金石文跋尾

碑舊爲集錄者所收僅見碑陽而已其陰則自予遊長沙始得之者也此碑爲世所重然惟題曰嶽麓寺碑今證以題額作方篆陰文凸起蓋爲麓山寺碑再證之文內亦云麓山寺者晉太始四年之所作也而杜工部詩又稱麓山之南則向所名嶽麓寺碑疑爲非實又石墨鐫華云在岳州府金石文字記云今在寺中皆得之傳聞予以目驗覩是碑在書院之右十餘步碑陰列銜書名爲妄庸人題名交午橫貫以致損蝕不可次第予稍就其可辨者志之第一層有功曹參軍字倉部員外同正李字戶曹參軍士曹參軍參軍趙參軍劉利器字又錄事王敬撰博士張長卿可見者三人又下博士王獨存姓而已又郴令姓名

闕贊尚可尋讀成句有曰禮樂仕門闕君子同官比能隣闕爲美坦坦爲懷謙謙虛己有力豐碑下漫滅第二層首行長沙字可辨三行康楚元名四行成麟字五行上柱國懷靖字皆彷彿可辨下數行并有尉員外同正字闕行亦有贊名家闕意君子德心闕木繁林階下無訟堂上有琴大絃以雅小絃不淫又有醴陵令李仁丞張道主簿張思己尉李靈尉張光庭衡山令劉咸之丞劉員外尉王光大尉周待微湘鄉令王武信下闕不全者陽令孟瀏陽令主簿張字又贊華宗舊德利器闕播政震雷闕有典有則字可見

第三層有鄧洪敏石泰桓嗣宗張輝楊庭訓朱封禋祀仁期姓名悉存此以予考之碑陰諸列名者皆不顯于唐世而所見又剝蝕無餘然喜由予而收錄使後世知有其名者必自此發之也坦字闕書以避睿宗諱旦故書之如此地理志衡州下衡山本隸潭州神龍三年來屬今碑在開元十八年則衡山隸衡州久矣然衡山令猶列讚于此何也豈與守潭者有舊識與今守潭者名在碑陽獨彥澄字存百餘有政和題名一淳熙題名下牛元若題名一其大書橫勒者則前明提學郭登庸也 授堂金石跋

按碑在嶽麓書院躬數過長沙渡湘江詣書院親至碑下見是碑上多裂文土人作亭碑嵌亭壁甚固碑陰所題今不可復見矣碑爲李邕書李邕自開元十三年十一月後獲罪貶遵化尉至是蓋五年矣弇州山人謂此碑是邕赴謫時道中所書然則當時謫貶卑官竟可遷延不赴觀其題銜作前陳州刺史而不云遵化尉又可見謫官亦不必入之題署矣下篇東林寺碑與此同碑云紹泰二年刺史王公諱琳梁書王份傳份長子琳字孝章舉南徐州秀才累由爲明威將軍東陽太守不云其爲湘州刺史則非碑所稱王琳碑所稱者當是北齊書所載王琳字子珩會稽山陰人少好武爲將帥遷岳陽内史以軍功封建寧縣侯拜湘州刺史事在隨王僧辯破侯景之後與碑稱紹泰年相符碑云陳司空吳明徹陳書明徹傳載其爲司空在太建八年碑云隨侍中鎮南晉安王樂陽王並佛性森然國楨秀者隋書諸王傳無晉安樂陽二王惟陳書有世祖第六子伯恭立爲晉安王而樂陽亦無考碑云總管大將軍齊郡公權公諱武福德莊嚴喜慧方便疏寫四部鎮重百城隋書權武傳

武字武揜以忠臣子起家拜開府襲爵齊郡公高祖受禪拜淅州刺史伐陳之役以行軍總管從晉王出六合後以創業之舊進位大將軍檢校潭州總管碑所載當在此時王弇州謂碑文庸陋并論邕詩多稚語詩附見杜少陵集即登歷下古城員外孫新亭詩

大忍寺門樓碑

裴本高廣行字皆不計隸書

唐開元十有八年定之深澤大忍寺尼脩巨靈分守以威不若惟裦與隩復樓之三拱於□□□□□□

□□□□□□□參差竦□以□□垣巖廊於亦制立
張皇前殿以爲一寺之表此寺也始聞於晉魏代歷於
周隨有舍利之感無憂之跡靈龕□闕然恒所嗟怏今
斯一舉可謂盡美夫其欂櫨□□嵯峨山峙偃□日月
棲□風壓□□微坐俯檐遏視數百若指諸掌縱因遐
觀則左碧海而右[illegible]依遶諸梵之宮俄不知川原并
邑之所在請循其□正象之紀也始以經論成□終以
功福宅心故建茲樓用周所願蓋式資□之不可以志
也則所以誓□言護建寺綱列釋合志存誠於是閭閻
首豪無非悅服大捨者卅有三戮力者五十轉勸者百

有八千餘室同欲共貫竭款効勤終始一心有死無二
凡社保婚娉之禮牲幣之費則歸之所謂從闇入明信
異郡殊方從善如流靡讓黃式競者不可勝紀入材是購
□□如雲茂積有孚職迺歸木石之攻也已陰判於巖
壤之間收之果與度量合揵輪既□不勸而奔推轂排
轅其指可掬者萬數先是深數丈及茲可揭力未其神
功也歟天恩越自恒典百足貢務所以凝也□就業□
匪朝價善且不孤恭惟大師以解脫之身宅無漏之界
而猶不我遐棄紫金其容從悲願也然則鴻濤沸于貢
乎海且晏然化愿云滅乃今靈儀在殿雖不□於往來

而神足潛遊心每陪於履踐則雰然作爲紺宇祇陁氏
高尚其事不利黃金以今而觀有足係也超忽時事杳
然刊諸峨峨茲樓嬌嬌首出萬搆爭竦橫雲造日峻墄
仰壓靈□□□擢擢金容魂態可悉超超自功可久其
利匪一海獄灰揚此焉終吉刺史段公崇簡動中權言
合道德惟淳懿政不苛煩故百姓安□　別駕符公子
珪長史逖佐理之德實難其人　司功李公眞縣令劉
公遂昌好寬厚之德行和乃心茲樓故獲終吉　丞齊
公賢主簿樊公璆尉張公懷尉張公仲良前尉乘公璡
以道聯□□□□□□□□□　闕

唐大忍寺門樓碑沙門釋具撰裴抗八分書開元十
八年 金石錄

東林寺碑記

碑高一丈三寸七分廣五尺六寸三分二十四行行五十二字行書在九江府東林寺

前陳州刺史□夏李邕文并書

上闕尼丘啓於夫子鷲嶺保於釋迦衡身之託思天台之
樓顗豈徒然也故知土不厚則巨材不生地不靈下闕開
宿根果於福庭大□萌於淨土其來尚矣東林寺者晉
太元九年慧遠法師之所建也世居鴈門樓煩俗姓下闕
初涉華學不讀非聖之書中習範經尤邃是田之說嘗

就恒岳覲止道安火遇於薪玉成於器雖根種諸佛（下闕）
喻維摩詰荅更了空門安住四依脩捨二法和上歎曰
吾道行者惟此人焉屬朱序尋戈緇徒逃海道由（下闕）崇
勝有足庶居居地若無流池曷云法宇大誰神廟特異
蓮峯結跏一心開口五力以杖刺地應時涌泉（下闕）濆妙
乘浮囊毒流木鐸正教首唱南部轉覺後人以智慧刀
斷煩惱鑠由是眞僧益廣妙口曰宗隘其（下闕）安棲口曇
現之門生隣慧永之阿若相與撰平圖踰曾巖在山之
陽居水之右經其始而未究其末（下闕）司人柄乾國鈞以
福庄嚴因憍檀施書日力之費盡土木之功繚垣雲連

廈屋天聳如來之室宛化（下闕）若奧宇冬燠高臺夏清玉
水文階而碧沙瑤林藻庭而朱實瑠璃之地月照灼而
徘徊旃檀之龕（下闕）什致其澡瓶巧窮雙口姚泓奉其雕
像工極五年殷堪攝衣而每談盧循避席而累贊道靈
三界（下闕）首覩其育王贖罪文殊降形蹈海不沉驗於陶
偘迫火不爇夢於僧珎願苟存誠祈必通感既多口口
口日乍積陽（下闕）舍利東化或塔踊於地或光屬於大謝
客欣味而成文劉斐諷詞而覃思所以山岀五岳江比
口口口憑法而自高物（下闕）有崇禪師者傳燈習明安心
樂行指拳猶口薪盡如生次有果口二法師僧寶所欽

克和止觀口口口大用繼住持上座（下闕）維那道貞等皆
沐浴福河棲止淨業諸結已盡白黑雙遣衆生可度名
口兩忘慕盛名於舊口口口意於今作重建雅（下闕）有懃
豈云傷手握筆餘勇曷議齊賢但相如好仁慕藺名而
激節伯喈聞義讀曹碑而敘口口口口於藍冰寒於水
非日口口口口口口其詞曰
靈山兆發眞僧感通刺口口口口神致功法儀外濆禪
心內融性除遍執門開大空　其一　瞻禮雲集庶居峯薄
越嶺高勝降口口口口臣檀施護供興作大起重階口
口口閣　其二　嚴幢踊出寶塔飛來尊容月滿法宇天開

化城改築道樹移栽松清梵樂石口口口口口金容海
游法影山薦毒龍業消口口心變萬里西傳一時東現
華戎異聞穹厚驚盱　其四　遠寶法主謝惟文日光頌累
彰口口口口口起江山聲流金石一言可追千載口激
其五　了性了義或古或今止持紹律定慧通心覩物情
至懷（下闕）
大唐開元十九年七月十五日建
皇元至元三年歲次後丁丑四月乙巳口初八日戊
寅當代住山沙門慶哲重立石
廬山之勝甲天下而東林又山之勝處也由遠法師

居之而名益重至宋照覺捴公易爲禪林而寺始大其間名賢□闕世所珍延祐七年寺火碑壞住山古智禪師既新其寺復取李碑舊本重摹刻之或謂道無今古時有廢興而文□□闕□取焉而禪師之言曰道外事乎事外道乎華嚴法界世俗衆藝皆爲道用且吾以興復之勞欲後之繼吾居者□□闕□□者而述之於將來也故吾之刻石庶有勸於後云龍翔法弟大訢聞而識其說于下時至元三年二月

闕翰想見風彩洪州刺史兼御史中丞裴休

觀李北海書東林寺碑題記正書一行

又正書兩行左行

元豐四年□月十六日楚國米黻

李邕虞集東林寺二碑在寺東山麓多剝落嘉靖乙卯戶部主事田汝麟始構亭覆之桑喬廬山紀事

北海守李公作東林寺碑手筆一軸俾模而刊石藏於寺者凡百一十三歲釋雲皋一旦視碑卷歎曰莫石莫刊將焉用僧遂募緣成其事會河東裴公開府鍾陵聞皋志願亦垂信施因自染翰贊列爵秩名氏於卷末皋乃得模而刊於碑張又新東林寺建碑記略

開元李北海譔東林碑書凡一千零三十七字洪州刺史裴休題云覽北海詞翰想見風采即米黻蔣之奇咸有款識延祐七年寺火碑壞住山古智禪師復取李碑重摹刻之立於虎溪三笑橋萬歷丁酉竟爲醉髡所斷毀去全文四十七字自眞老僧以栗木鑲箝移擬神運殿中又嵌碎碑一十五字補之其呵護翰墨良云摯矣張□椒園隨筆

按毛德琦廬山志廬山舍利墖南爲東林寺晉沙門惠遠之道場也初遠公自樓煩至廬山結庵于西林之東以居曰龍泉精舍其後刺史桓伊爲請立寺曰東林而名殿曰神運張天覺神運殿記曰釋迦文佛殿徧天下以萬計而此殿獨曰神運何也初遠法師過江將適羅浮宿廬山逆旅感山神託夢徘徊登覽溪流散漫無足廬者一夕雷雨晦瞑山水暴至向之中流化爲平陵花木羅列其上九江太守桓伊聞而神之爲之請建寺以居神運之名蓋得諸此云又按十八高賢傳慧遠姓賈氏雁門樓煩人幼而好學年十三博綜六經二十一欲渡江從學范甯南路梗塞有志不遂時釋道安建刹于太行常山一面盡敬以爲眞吾師也遂與母弟慧持投簪受業因求直道場沙門曇翼每給

燈燭之費安師嘗臨泉歎曰使道流中國者其在
遠乎後隨安師南遊襄陽值秦將苻丕爲寇乃分
張徒屬各隨所往師乃與弟子數十人南適荆州
居上明寺念舊與同門慧永約結屋於羅浮太元
六年至潯陽見廬山閒曠可以息心乃立精舍以
去水猶遠舉杖扣地曰若此可居當使朽壤抽泉
言畢清流涌出潯陽亢旱師詣池側讀龍王經忽
有神蛇從池而出須臾大雨歲竟有秋因名龍泉
精舍永師先居廬山西林欲邀同止而師學侶寖
衆永乃謂刺史桓伊乃爲建刹名其殿曰神運以
在永師舍東故號東林時太元十一年也先是潯
陽陶侃（碑作陶偘）刺廣州漁人見海中有神光綳之得
金像文殊誌云阿育王所造後商人於海東獲一
圓光持以就像若彌縫然侃以送武昌寒溪及侃
移督江州迎像將還至舟而溺及寺成師至江上
虔禱之像忽浮出遂迎至神運殿造重閣以居之
因製文殊瑞像贊此遠公刱建東林寺之大凡也
此碑雖闕泐其文存者大半多合可以參考而得
其詳矣碑建於開元十九年似係崇禪師等重建
東林記其興作之事而述遠公緣起得十之七八

碑爲李邕撰書亦題前陳州刺史與麓山寺碑同

支提龕銘

石約高六尺廣四尺三十二行行四十八字行書

三尊眞容像支提龕銘

陳晉蔡景撰

原夫至道寥廓等寂寞以無言眞智如如湛然□□之
外應權變化運神用於無邊至於無生之生示現非相
之相灑甘露於塵界普洽四生轉法輪於大千哀矜六
趣□大悲□□孰能預於斯焉　我大師造化神功此
地多形勝之所金門梵響振萬古之音聲豁谷伽藍樹
芳回於億劫隣兹福階之□□靈瑞之幽巖仰瞻鷲嶽
之峯俯接祇園之地非直溪谷幽邃抑亦聖跡昭然康
哉大哉故無德而稱矣爰有遺法弟子　義紭乾壽
等宿乘妙業俱崇勝因稟質天資人靈特秀懼暴流之
巨度建愛渚之津梁□乃運用奇功依巖起塔雕龕鏤
室窮匠□之神綺餝莊嚴竭工輸之妙望之如日自有
昭昭之暉仰之如天非復蒼蒼之色大千世界悉現於
寶蓋之中應化三尊處□思議之一室梵宮晃耀此乃
非殊相好圓明光同月愛恐桒田變海陵谷俄遷用紀
微功刊兹貞石其詞曰

邈矣大聖耀質金軀三身化現四智如如不生不滅非
實非虛有無所有無無所無其一眞容毫相光流月愛常
遊十方恒在三昧示入生滅無罣無礙脫屣鄙塵超然
物外其二粤我三尊惠力難量慈雲廣被普治無壃應權
利物導引隨方群生舟檝苦海津梁其三仙巖聖跡式建
支提斜連麓岫俯瞰幽溪天長地久日月昭迴金門動
響石室方開其四

述二大德道行記　弟子蔡景口

大德檀越門徒情深道義惠燈傳照朗晤心靈示誨之
恩碎軀難報今矚讚佛之次述二師之至誠輒申毫末

之辞式頌弥天之德庶望將來君子知三寶之住持敬
題行記書之如左

法師義紹字嚳譚濟東魏鄴城人也俗姓張氏年七歲依
口馬寺口口口口口息慈弟子天縱英靈聰惠明哲文
明初歲落髮染衣住嵡谷寺勤於藝業內外俱贍解行
雙美妙善悉曇奉　勅徵口口口口口二京翻譯於是
參詳聖旨口闡梵言譯金光明經薩婆多律掌弥訃等
三百餘卷並詮辞證義筆授綴文又補充口僧統司修
窣堵波撿挍尋被抽入薦福寺滿世大德百坐講說頻
登勝席殿庭論議擢以令名法師學海宏深辞林迴茂
闡揚口口名播二京其時僧衆咸号法師東魏大乘紹
矣又補京慈悲寺都維那復於內道場佛光殿轉經行
道面奉　口口口口口口菩提迎接經像至乾陁羅國
迎得三藏鄔帝弟婆將眞容畫像廿鋪舍利千餘粒三
藏梵本二部至京聞奏　聖口嚴駕口口法師馳騁王
城方窮異域往來四載途經一萬八千供奉　二朝十
有三祀前後　勅賜法衣道具隨得轉施不以自資口
口之懷無以加也覲省　重奏請歸口道俗欽風屈爲
嵡谷寺主其時州將賀蘭温六篠儒雅八正居懷輟口
寺口口口補充大雲寺法師教授於是宣揚妙旨咸庶
品之津梁演暢微言啓含生之耳目衆又舉法師以爲

上座綱紀寺衆口口口口口准　勅再滌釋門甄明
戒律重補充淸滌上座法師精勤攝念策勵持經維摩
法華日誦一遍或定惠解詎測淺口口口口口式題斯
記

法師乾壽字崇詮義紹同郡人也俗姓李氏年廿歲依
化樂寺崇口法師爲傳法弟子學法華經唯識俱舍因
明等論皆理極精微妙窮法相證聖之歲剃落披緇住
嵡谷寺奉別　勅補充當寺教授法師於是廣演談嚳譚
深攻理趣威儀肅物雅操超群又補都維那綱紀衆事

據唐文百篇校過

利益常住軌範僧亻修復伽藍咸皆壯麗故得寶坊金地月殿重明嚴飾山門光揚佛日緇徒濟濟士庶鏘鏘三寶藉興四衆攸仰者其惟法師住持之德也又以崎嶇山路剪拓修夷枯涸川原疏泉汲引哀矜物類濟乏賙無悲敬雙修廣行□捨此者法師大悲之行也又乃天資妙女巧惠殊倫智用合宜動中規矩內懷至孝無忝所親生事愛敬死事哀慼是謂孝道畢矣恭穆仁慈謹敬謙□是謂禮儀備矣未有已任孝別起津梁者哉故經云孝名爲戒亦名制止法師志崇清淨之福以報鞠育之恩神用研精敬□□室於是依山搆宇備設堂

儀鑿石疏□宏開洞室池引八功之水爐焚六銖之香七物咸珎衆事周贍長時供養通俗聖凡法師四攝利生三悲靄□融心二諦觀照五停積德難量解行弥廣略陳綱紀題斯記焉

唐開元十九年歲次辛未九月廿五日建

堅行禪師塔銘

石高八寸廣六寸七分十二行行十三字正書在西安府城南

大唐宣化寺故比丘尼堅行禪師塔銘

禪師諱堅行俗姓魚氏京兆府櫟陽人也惟師貞儀苦節精懃厥志捐別俗而遵普道欽四行而造眞門豈柰

據古碑陰證文校

晨霜易晞夕露難久寢疾牀枕藥餌無徵嗚呼哀哉以開元十二年十月廿一日遷化於本院春秋七十有六夏卅矣臨命遺囑令門人等造空施身至開元廿一年親弟大雲僧志叶弟子四禪賢首法空淨意等收骨起塔以申仰荅罔極之志閏三月十日

代國長公主碑

碑高九尺五寸廣四尺八寸三十一行行六十一字正書在蒲城縣

大唐故代國長公主碑

駙馬都尉鄭萬鈞撰文

男聰書

□□□□□我□唐□　□聖□天下　□

□　睿宗□□□□□□　□□□□□□

我□□□□　二后□地中□　□□誕□

□□爲□□爲□公主諱華字花婉　世祖神堯

皇帝之元孫　睿宗大聖□皇帝之第四女

今上之仲妹也　母曰　肅明皇　垩氏肇

開湯沐冊號永昌後適相攸降□于鄭時年□十有□

□□□□□既嫁□象歸妹□作嬪之義築以外館錫

之美邑食封一千四百戶置□官焉開元初加崇代國

長公主植性而智因心則靈道亮于懷色温於貌美髮

可鑑素□□□惠聲□□仁澤潛暢言有餘味倩無近
屬服慈友敦孝敬昔在諒闇殆將毀滅聰明銳澈韻清
慮遠耳目所經無不諷誦簡謐恬睟融融如也每樗蒲
□□□□□盡得微妙至於箜篌笛琴□琵琶七絃阮
咸箏隔簾□之隨手便合有若天與寔同生知冰碧在
躬學無不通聰捷若神聲皆絕倫騁蕙心以□□□□
□而添□內範一部尤加精練畫恒不寐留情翰墨書
薦福寺經柱三百餘言拂石雲散垂鉤露凝宛轉仙毫
初從夜月靡霏烟墨盡落天花初　則天太后御明
堂宴　聖上年十六歲爲楚王舞長命□□□年十

二爲　皇孫作安公子岐王年五歲爲衞王弄蘭陵王
兼爲行王詞曰衞王入□咒願　神聖神皇萬歲孫
子成行公主年四歲與壽昌公□對舞西涼殿上羣臣
咸呼萬歲蒙自奉朱顏卌餘載洎乎暑月衣服如賓讌
婉之情不以□□見棄□□□恩遇弥深男二女四
教之以□長子左贊善大夫□聰爲吾耳次子右贊善
大夫明明爲吾目明使海內見聰使天下聞於國忠於
家孝合則雙美□爲□□傳云以德命爲義□聰爲駙
馬都尉恨未親迎長女□范陽盧氏有肅邕之譽二女
琇博陵崔氏貧明艷之容三女璸范陽盧氏多慈孝之

美四女□□□□□□純粹之行勗之曰玉以比德四
合天則洵翳瑤彩式昭宮事懋乃衷潔作吾女儀逮乎
晚年歸心聖域六齋蔬食二時靜念□誦金剛經兩部
□華嚴八□□寶積一百卄大般若六百法華藥師大
集等經領晤了然色空不著撤聲樂投珠㔶十有餘年
矣又於僧義福跪受禪觀又於金剛三□受陀羅尼□
是相非相以心照心逍遙眞宗寂歷虛景去年忽謂
蒙曰昨夜夢念珠□斷急手自拾一箇不得是不祥他
日又夢入法堂見一空屋有人指之此四公主□□明
年□□乃後數月偵其儀刑稍稍顚頓以開元廿二年

六月廿□日憖然不食安寢不起神氣晏如有同入定
　聖上愛切□□□□□□□中八饋藥
朝觀夕察有加無瘳蒙泣而諭之久作兜率天業正念
莫散勿顧男女荅蒙自解在也未去莫不□又向尼梵
海云生則有死不□□□□□□每讀經徹卷□
□願願□第四天□和先許奴不□罪翌日　勅
使來問□自附奏　在上千□珎重深憶
在上□□時孝順□□精神錯亂言語不得合掌奉辭
至其□□衆忽云有　勅使□索香水頮浴於正
寢而寐齋時炯然開目告別諸王公主及諸親等

□府□□□□□一切揔放不情願者於諸莊安置
先是司農小兒亦准此家生者不在此限品官給使放
歸上臺封分一半施寺觀家餘平分與女請陪葬
　橋陵不得厚葬莫著金銀銅器執蒙手曰恩愛斷也
有不是處莫怪更住辛苦屋裏入去去年少在莫更請
出家蒙遂奉一杯水別飲畢長逝詞□清明宛若□□
以其月廿□日薨于河南修業里第享年卌八初公主
禮遵善寺尼□和者因說弥勒宮事云阿婆未成更十
年不知計至薨日今正十年嗚呼報應之兆有期□□
之言何驗下生輪□之室還上天宮嬉遊正遍之門是
登雲□　皇帝輟朝三日使尚宮弔祭賜衣五十
副所□喪葬□供□作□□□□□永穆公主及駙
馬王繇同安王洵送往并爲寫一切經以其年十二月
三日陪葬　橋陵孝也天常与善兹言妄作曷殞
濃華□□緊□□□宵傾嚴霜夏落□□紆其如慕悲
展轉其奚□嗚呼月辭　天闕兮星沒
皇宮翟服裂衣不可逢花飄粉田兮菜萎沁水油軒畫
□長已矣嗟乎□□□膺□門流涕容儀既□錦茵期
□夏屋□□□□儼設楚□齊引驪駒啓行丹旐飖空
素衣皓野撫靈軒而增慘仰空山而泣血夫敘德必□

□親議賢□崇乎直既親且直蒙何愧諸敢述流芳悲
題翠□其詞曰
於爍有唐系乎天光承天者　帝嗣　帝稱
　皇猗鄘　昭□作　皇之對厥生貴
主爲　天之妹　天妹伊何窈窕如玉浹洽
　恩被綢繆禮縟道□娥英德光宵燭其行成軌
其言可服烝烝孝敬抑抑威儀九族敦敘百禮罔僭學
非從傳書乃臨池歸眞捨逸了靜絕爲曰仁者壽天何
不諒指座先徵遺珠見相慇勤自勉誣誘無忘□□憖
留□然遐颺　帝心悼惻傾家殞喪大匠監□□
□送葬蒙也何罪忽奪天人借如可贖願百其身穠李
萎曉蕣華祕春金釭罷焰玉座生塵馬鬣□封龍輴即
路畫翣□轂丹旐指墓□薤挽於霜飈□笳簫於隴霧
霜飈隴霧相披紛薤挽笳簫咽不聞珠襦玉匣盡元夜
　軒后陵邊　皇女墳
開元廿二年十二月三日建
右唐代國長公主碑云公主睿宗第四女也新唐史
以爲第五女蓋史誤碑云公主壻鄭萬鈞撰 金石錄
右代國長公主碑碑云公主字花婉而傳作華婉又
云肇開湯沐冊號永昌後乃相攸下歸于鄭錫之美

邑一千四百戶開元初加崇代國長公主傳不書封邑之數而開元初加號長公主亦略之未免失之簡矣考唐書十一宗諸子列傳云開元後天子敦睦兄弟故寧王戶至五千五百岐薛五千申王四千邠府千八百帝妹戶千而公主傳鄎國公主開元初封邑至千四百戶此碑所載代國公主食邑亦千四百戶則公主封邑未嘗以千戶爲限也潛研堂金石文跋尾

按此碑爲駙馬都尉鄭萬鈞撰文男聦書葢夫爲妻撰文子爲母書碑亦墓碑之一例也子書母碑猶于志寧王仁求子書父碑之例鄭萬鈞父子本

皆工書張說般若心經贊序稱萬鈞深藝之士也學有傳癖書成草聖揮灑手翰鐫刻心經云云可知聦之能書源本家學觀此碑筆法婉麗極似河南顧書譜但有萬鈞名而不及聦亦偶略也文內萬鈞自稱曰蒙與莊子同義蒙卦疏蒙微昧闇弱之名萬鈞自謂義殆仿此萬鈞兩唐書無傳宰相世系表鄭氏有北祖南祖二房及滎陽滄州兩派俱無萬鈞名公主傳但云下嫁鄭萬鈞不詳其事蹟無從考也代國長公主本睿宗第五女而碑云四女者葢安興昭懷公主早薨不在數內猶鄎國

長公主本第八女而碑亦作第七女非史誤也長安志載大薦福寺不詳寺中之制據此碑云公主畱情翰墨書薦福寺經柱三百餘言則寺中有柱皆書經者矣長安志駙馬都尉鄭萬鈞宅在左親仁坊北門之東杜工部有鄭駙馬宅詩郎碑云築以外館錫之美邑者是也碑云則天太后御明堂宴聖上年六歲爲楚王□□年十二爲皇孫岐王年五歲公主年四歲與壽昌公主對舞西凉殿上云云聖上者元宗也元宗以寶應元年四月崩年七十八推其生在嗣聖二年年六歲爲天后載初

二年是年九月改天授元年舊唐書禮儀志天后自永昌元年正月元日始親享明堂大赦改元其月四日御明堂布政頒九條以訓于百官翌日又御明堂饗羣臣其年冬正月日南至復親饗明堂大赦改元載初用周正翌日布政于羣后其年二月又御明堂大開三教天授二年正月日南至親享明堂是天后之享明堂非一次据碑則御明堂與諸皇孫孫女宴在元宗六歲之時爲載初二年或行於改元天授之時亦在九月而史志於是年不載宴明堂之事元宗之封楚王在垂拱三年其

時年十二爲皇孫者乃襄皇帝憲初以睿宗爲皇帝憲立爲皇太子睿宗降爲皇嗣更冊爲皇孫岐王年五歲者乃惠文太子範初王鄭改封衞俄降封巴陵進王岐壽昌公主乃睿宗長女下嫁崔真者也公主二男長聰爲駙馬都尉恨未親迎唐書元宗諸女未見有下嫁鄭聰者据杜工部集有鄭駙馬宴洞中詩朱鶴齡註引唐史臨晉公主皇甫淑妃所生下嫁鄭潛曜又引杜工部所撰皇甫淑妃碑云鄭潛曜尚臨晉公主乃代國長公主之子官曰光祿卿爵曰駙馬都尉甫忝鄭莊之賓客遊

竇主之山林据此則鄭潛曜卽鄭聰當是幼名聰後改潛曜當代國薨時聰年尚幼故碑云恨未親迎也（汲古閣本唐書公主傳誤作郭潛曜）文前敘公主樗蒲絃管實同生知後敘公主蔬食誦經了然領悟舉止前後如出兩人雖文飾太過然其大致似非虛語卽如其言則其嗜好之進于淸淨可知矣後云敕使來問口自附奏在上深憶在上云云在上猶言皇上也當時之稱謂如此又有云不情願者諸莊安置司農小兒亦准此家生者不在此限此似處分府中奴僕男女之語也家生二字始見于此又云永

穆公主及駙馬王繇同安王洵送往永穆公主乃元宗長女下嫁王繇是公主之姪也同安王洵宜爲元宗諸子唐書載元宗三十子初名从水開元二十三年悉改从玉傳載光王琚本名涺與儀王濰潁王澐永王澤壽王淸延王洄盛王沭濟王溢信王沔義王漼陳王沚豐王澄恒王潓涼王漎沐王滔同改而不見有名洵者卽宗室世系表亦無考豈表傳有漏略歟凡書碑之例皆云某年月日葬于某原禮也此碑則云以其年十二月三日陪葬橋陵孝也與諸碑例別

裴耀卿書奏

（裴本高廣行字皆不計正書）

唐侍中裴耀卿書

奚契丹兩蕃

右奚及契丹尤近邊鄙侵軼是虞式遏成勞臣庶常情唯欲防禦所謂長筞無出此者陛下獨斷　宸襟高奪羣議以爲頓兵塞下轉粟邊軍曠日持久役無寧歲若不因利乘便一舉遂平使遷善者自新爲惡者就戮事若不尔無息我人且令大兵臨之凶徒必潰不出此歲當並成擒臣等初奉聖謀高深未測及聞凱捷晷候

不差而兩蕃遺噍莫不稽顙緣邊戍卒咸已返耕臥鼓
滅烽誠自此始斯皆　陛下睿謀先定　神武非
常觀變早於未萌必取預於無象臣伏以成功不宰君
人所以爲量有美不宣臣子所以成罪臣雖蒙瞽安敢
無言既預聞　始謀又幸見成事豈可使　天功
處往而日用不知竹帛相傳復紀何事請具狀宣付史
館垂示將來仍許將吏等刊石勒頌以紀功德臣耀卿
等不勝區區抃躍之至謹奉狀以聞謹奏
開元廿三年二月十二日禮部尚書同中書門下三
品上柱國臣李林甫奏

中書令集賢院學士修國史上柱國曲江縣開國男
臣張九齡
侍中廮文館學士上護軍臣裴耀卿
元宗批荅裴耀卿等奏
裴本高廣行字皆不計行書
事有難易因圖可否小蕃背誕惡貫已盈人神弃之指
期可滅今之刻定偶會夙心記以史官銘之樂石頗矜
功伐不顧爲之伯獻前請朕已不納卿等苦論載用多
愧使桓山之頌復在兹乎
按石刻二種一爲契丹傳首李林甫等奏請勒碑
紀功而裴耀卿書之石刻在陳息園秀鹿軒帖中
一爲元宗批荅手敕刻入淳熙續秘閣帖中手敕
字徑七寸許筆勢雄偉豈當時手敕之制如是耶
然他敕又不皆如是者何也裴書奏語祇得其後
半前半不具非全本葢法帖大率闕略之病爲多
也奏後列銜李林甫張九齡裴耀卿三人據韋述
集賢注開元二十三年十月制加皇子榮王已下
官爵令宰相及朝臣工書者就集賢院寫告身以
進於是宰相已下十三人各寫一通裝褾進內上
大悅十三人中首列者即此三人皆在工書之列

此奏主名又爲林甫不知何以耀卿獨書之且所
書又非用以入奏者所未詳也奏爲開元廿三年
二月十二日上三人結銜皆以二十二年五月戊
子所加石刻與史合舊唐書傳九齡以二十三年
加金紫光祿大夫累封始興縣伯此碑稱曲江縣
開國男者尚是二月以前之爵也舊書契丹傳契
丹居黃水之南黃龍之北鮮卑之故地在京城東
北五千三百里東與高麗鄰西與奚國接武德六
年始入貢貞觀中太宗伐高麗至營州會其君長
賜物有差二十二年窟哥等部內屬置松漠都督

府賜姓李氏其曾孫祜莫離則天時封歸順郡王又契丹有別部酋帥孫敖曹武德四年內附至曾孫萬榮垂拱初封永樂縣公萬歲通天中萬榮與松漠都督李盡忠舉兵殺營州都督趙翽作亂則天下詔改萬榮名爲萬斬盡忠爲盡滅詔令張元遇等率兵討之俄而李盡滅死萬斬爲其奴斬之傳首東都開元三年其首領李失活內附封爲松漠郡王失活死從父弟娑固代統其衆其大臣可突于反娑固奔營州都督許欽澹徵奚王李大輔者及娑固合衆以討可突于皆被殺可突于立娑固從父弟鬱于爲主遣使請罪十年封鬱于爲松漠郡王明年鬱于病死弟吐于代統其衆與可突于復相猜阻十三年吐于來奔可突于立李盡忠弟邵固爲主其冬車駕東巡邵固詣行在所改封廣化郡王邵固還蕃又遣可突于入朝中書侍郎李元紘不禮焉可突于怏怏而去十八年可突于殺邵固率部落并脅奚衆降于突厥於是詔中書舍人裴寬等討之師竟不行二十年詔信安王禕爲行軍副大總管出塞擊破之可突于遠遁奚衆盡降禕乃班師明年可突于又來抄掠幽州長史

據趙本
原碑 校

薛楚玉等追擊之官軍大敗詔以張守珪爲幽州長史以經略之時契丹衙官李過折與可突于不叶夜勒兵斬之二十三年正月傳首東都封過折爲北平郡王此中國與奚契丹用兵征討之本末也新書與此大同傳首在正月林甫等請刻碑在二月而元宗荅敕有伯獻前請朕已不納卿等苦論載用多愧之語伯獻者程伯獻也新書載裴寬等進討之時有帥程伯獻張文儼宋之悌李東蒙趙萬功郭英傑等爲八總管兵以擊契丹既又以信安王禕出塞捕虜以二蕃來俘告廟伯獻當即於此時請立碑紀功而元宗不納故批荅內及之又考舊唐書張守珪傳契丹別將李過折率衆以降守珪因出師次于紫蒙川大閱軍實讌賞將士二十三年春守珪詣東都獻捷上賦詩以褒美之仍詔於幽州立碑以紀功賞是此後仍從燿卿之奏也

景賢大師身塔記

碑高三尺橫廣四尺五分三十行行二十一字行書在嵩山會善寺

唐嵩山會善寺故景賢大師身塔石記

左拾遺□山羊愉篹

沙門溫古書

趙○○○○如一字字無可解以碑形似辨之或是寺字
趙無相字

大師諱景賢菩提大通法嗣也本姓薛氏汾陰人世爲著族容貌秀偉見者肅然幼而神明周覽傳記弱冠投心大覺宿好都遺問道於□□智寶禪師師言法王大寶世傳其人今運鍾江陵玉泉次一佛出世亦難遭矣則星馳駿邁而得大通發言求哀揮汗成血大通照彼精懇喻以方便一見悟入回然照洗屬世議迫隘遠迹幽絕容居巴峽三抗山中山尋覓必□□□虎搏蠱毒癘蒸薾而我歲時宴居初無惱害豈□爲之守而神靈保綏良可知也久之廣大圓極惓心以獻大通怡然克荷相許付寶藏傳明燈爲不讓矣時神龍□□□中宗聞風　詔請內度法衆仰德□□西都下大師雅尚山林追以祈懇或出或處存乎利濟化自南國被乎東京向風靡然一變於代蓋三世諸佛□□□印妙極之用言外之功不可得而聞也觀乎□□蠢蠢於黑闇千界熙熙於熱毒如來有以登大明灑甘露□相示寂滅而業遵龍象則我先佛法身湛然常□者矣始先祖師達磨西來歷五葉而授大通赫赫大通濟濟□□寂成福藏爛□□□同波泒流分景並照亦東□之盛也嘻世相不實□盡誰□菩薩知時□□於物開元十一年龍集癸亥歲八月在嵩山會善道場現有微疾沐

浴宴坐神情儼然翌日而謝春秋六十有四雲山慘毒庭樹凋摧矧夫情靈痛可言也門人比丘法宣比丘慧巘比丘敬言比丘慧林等不勝感戀奉爲建塔迢亭㩲赫出於嵩半　主上追懷震悼賜書塔額署曰□□恩存沒榮幸山川光㷔廿年又起身塔於北巖下永奉安焉若其積微成著之勤乘定發慧之用堅剛勇猛之操大悲廣衍之□卒皆碑版所詳不復多載也

開元廿五年歲次乙亥八月十二日建

羊愉撰沙門溫古行書開元二十五年八月葉封曰按王維有留別溫古上人兄詩云宗兄此削髮蓋其族人亦必可稱者也　金石文字記

右景賢法師碑塔高三丈闊二丈五尺在登封縣西北十里許會善寺後山坡閒北向　金石圖

記載景賢沒于開元十一年八月春秋六十有四唐文集如柳子厚誌僧年皆作僧臘蓋彼敎法謂出世即不復以俗年計筭而此獨書春秋與隆闡法師碑同豈亦不襲浮屠氏語耶書逸峭未以其僧徒易之也　授堂金石跋

按此碑題開元廿五年歲次乙亥八月十二日建開元廿五年是丁丑歲非乙亥碑蓋誤書廿三爲

廿五也自金石文字記以來諸家皆未加審意並
承其譌作廿五年今正之

金石萃編卷七十九

賜進士出身　誥授光祿大夫刑部右侍郎加七級王昶譔

唐三十九

鄭虔華嶽題名

碑已殘缺僅存縱橫尺許六行首行一字次行兩字三行六字四行五字五行七字六行四字隸書

懸　昭應　方逵婁宗臣之　在本事　明神　主
薄常龔敘元撝　史子華刻

唐鄭虔題名云開元二十三年四月二十三日滎澤鄭虔彪鄉道之智覺同登華山回步而謝于神云云其□□四六排偶共百五十餘字史子華刻分書彷史□□骨氣卑下非唐隸之佳者金石錄補

碑只存六行共三十四字不可句讀惟簿尉二名可識又有史子華刻字字樣史子華者卽刻大智禪師之碑者也關中金石記

李憺華嶽題名

在華嶽頌碑左側李仲昌題名下共四行行十四字正書

鄭縣尉李憺以開廿四六月六日充勑簡募飛騎使判官向陝虢州點覆其月十四日事了迴便充京畿採訪使句覆判官此過赴京

右李憺華嶽題名其文刻於華嶽頌之左側開下脫

元字予嘗論明皇仿周官修六典省臺寺監官各有司欲去冗濫之弊而因事置使名目猥多楊國忠以度支郎中兼領十五餘使及至宰相領四十餘使使名之濫如此古人謂省官不如省事良有以也國忠所領有名募劍南健兒使此簡募飛騎亦其類蓋自府兵壞而召募之使四出然健兒身手終不能當漁陽之鼙鼓者文具而實不至爾採訪使之下有句覆判官唐書百官志亦未載（潛研堂金石文跋尾）

蘇頲題名

在華嶽頌碑左側孫廣題名下行行十四字左行正書

開元廿六年八月廿七日朝請大夫守別駕臨潼縣開國易蘇頲從　內使奉　勅祭

又（正書在蘇頲下二行六字）

郊社丞蘇炎記

謁金天王祠題記

在華嶽頌碑右側第五琦題名下四行行二十二字正書

顏眞卿書

皇唐乾元元年歲次戊戌冬十月戊申眞卿自蒲州刺史蒙　恩除饒州刺史十有二日辛亥次于華陰與監察御史王延昌大理評事攝監察御史穆寧評事張澹華陰令劉暠主簿鄭鎮同謁　金天王之神祠顏眞卿題記

今在華嶽碑之右旁王伯厚言華嶽題名五百十一人再題三十一人自開元訖清泰今存者惟此與述聖頌二碑不過二十餘人而已又因地震之後以碎石裝砌嶽廟大門牆上亦有唐人題名今王無異所搨得者通共九十二人有裴士淹李德裕李商隱名

魯公每遊名山必刻已姓名一置高山之顛一投深谷之內曰焉知後世不有陵谷之變耶古人重名所以重其身今人不重其身只因不重名耳（金石文字記）

公以乾元元年三月自馮翊太守改刺蒲州尋為御史唐旻誣搆郎於是年十月改刺饒州道經華陰乃與監察御史王延昌等同遊華岳題名金天王祠當是時公內忌於宦官外誣於酷吏連遭貶斥罷於奔命殆無虛日而從容暇豫題名華岳如無所事者然蓋公之義命自安不為威武所屈貧賤所移此可見矣　金天王華岳神也舊史元宗紀開元元年九月封華岳神為金天王（虛舟題跋）

顏眞卿題記以唐書本傳及留元剛年譜攷之公以肅宗二年十一月出為馮翊太守三年三月改蒲州

刺史十月又改饒州刺史也其貶饒州爲唐旻所誣因亮行狀曰天寶十五載元宗以公爲戸部侍郎依前平原太守充本郡防禦使公以景城長史李暐爲副前侍御史沈震爲判官又詔公爲河北採訪處置使公又以前成陽尉王延昌爲判官張澹爲友是年秋祿山遣將史思明尹子奇等併力攻河北諸郡前後百餘日饒陽河間景城樂安相次而陷所存者平原博平清河三郡而已人心潰亂不可復制公乃將麾下騎數百棄平原渡河取路朝肅宗于鳳翔初公之未渡河也謂判官穆寧張澹曰賊勢既爾若委命

待擒必爲所快心今計徑赴行在公以爲何如寧澹與諸將然之遂行朝廷除公爲憲部尚書令狐峘神道碑曰時前殿中侍御史沈震鹽山尉穆寧武邑丞李銑清河主簿張澹各抒器能參贊成務此王延昌穆寧張澹等與偕之所自來然攷穆寧傳寧以明經調鹽山尉祿山反寧募兵斬僞景城守劉道元聞眞卿拒祿山卽馳謁謂曰我可從公死旣而賊攻平原寧勸固守眞卿不從夜亡過河見肅宗行在帝問狀眞卿對不用寧言以至此帝異之名寧將以諫議大夫任之會眞卿以直忤旨寧亦罷上元初擢殿中侍御史與行狀寧澹與諸將然之之說有不合則當以史爲正者矣年譜曰是年九月有祭姪季明文十月有華嶽廟題名至東京拜掃有祭伯父豪州刺史文關中金石記

張惟一等祈雨記

在述聖頌碑左側四行行三十七字隸書

大唐中興勉復兩京後乾元元年自十月不雨至于明年春朝散大夫使持節華州諸軍事撿挍華州刺史平原郡開國公賜紫金魚袋張惟一與華陰縣令劉暠丞□岣丞員外置同正員李綏主簿鄭鎭尉王禁尉高佩

尉崔季陽於　西嶽金天王廟祈請初發言雲與倏登車雨降蓋精意所感致明神應期庶似潁川之能不懃方伯之事時二月十日題紀　前金州刺史李權書

右碑隸書前金州刺史李權書也按華陰一縣于令之外設二丞一簿三尉有唐官制之濫史所傳載語云一羊九牧民生日蹙天寶之亂所由來也金石錄補

書史會要李權唐宗室李平均叔也工八分官金州刺史惟一名見宰相世系表關中金石記

右張惟一祈雨記刻於述聖頌之左側据宰相世系表惟一望出清河東武城宰相錫之孫官至華州刺

史此記正在剌華時與唐表合新舊史皆不爲惟一立傳王定保摭言載蕭茂挺父爲莒丞得罪淸河張惟一時佐廉使按成之茂挺初登科自洛還莒道遂車發辭哀乞惟一涕下卽日舍之且曰蕭贊府生一賢方資天下風教吾由是得罪無憾也宋子京嘗采其事入頴士傳益其好賢之誠有足多者又嘗爲荆州長史見呂諲傳 潛研堂金石文跋尾

王宥等謁嶽祠題記

題名刻述聖頌碑右側作兩截書上年月四行行五字篆書下人名四行行十六字隸書

大唐上元元季冬十有弍月十壹日同詣嶽祠書記

右在上截

華陰縣令王宥 前令王紓 丞王沐 尉李齊㑹尉口頌甄縣主簿張彬尉竇彧下邽縣丞李演尉邢涉處士王季友張彪著作郎孟昌原京兆府戶曹參軍李樞書

右在下截

并篆

釋文

大唐上元元季冬十有弍月十壹日同詣嶽祠書記

華陰縣令王宥 前令王紓 丞王沐 尉李齊㑹尉口頌甄縣主簿張彬尉竇彧下邽縣丞李演尉邢涉處士王季友張彪著作郎孟昌原京兆府戶曹參軍李樞書并篆

唐有兩上元年號此則肅宗時也 金石文字記

樞李權弟述書賦注云李權淮安王神通曾孫工八分弟樞工小篆内有處士王季友卽杜甫所稱鄷城客子是也豫章圖經云季友鄷城人家貧賣履博極羣書李勉引爲賓客甚敬之 關中金石記

太州別駕殘題名

在告華岳文之後一行十三字正書

正議大夫太僕少卿兼太州別駕

案文只存十三字云正議大夫太僕少卿兼太州別駕攷華州以上元二年改名太州則此爲肅宗時人所題矣 關中金石記

邱據題名

石橫廣一尺二寸高一尺一寸六行行八字正書

陳鄭澤潞等州節度行軍司馬殿中侍御史丘據再隨使主赴上都 朝謁往來皆虔拜 神祠時寶應二年六月八日記

右邱據題名完好無缺案寶應肅宗改號是年帝崩代宗以四月即位明年七月改元廣德故于六月猶稱寶應二年也方鎮表寶應元年澤潞節度增領鄭州又增領陳邢洺趙四州是年以趙州隸成德軍此題載陳鄭据增領者言之與表相符據見唐書蓺文志有邱據相國凉公錄一卷李抱玉事據諫議大夫蓋以其所終之官書之 授堂金石跋

右邱據題名其云使主者節度使李抱玉也抱玉本陳鄭潁亳節度使代宗即位兼澤潞節度使方鎮表寶應元年澤潞節度增領鄭州又增領陳邢洺趙四

州正抱玉爲帥之日德宗以後陳鄭與澤潞各自爲鎮不復相統攝 潛研堂金石文跋尾

李懷讓題名殘字

三行上下缺 左行正書

軍兼同華兩州節
卿使持節華州諸
丞上柱國汧國公

右只存三行每行七字共二十一字攷唐常衮華州刺史李公墓誌云公諱懷讓以佐命功特授鎮國大將軍加特進兼鴻臚卿封汧國公充潼關鎮國軍使同華等州節度使華州刺史以廣德元年九月薨于華州軍府詔陪葬建陵則此乃懷讓題名也再攷唐會要敘陪陵名位建陵只及汾陽王郭子儀一人而無懷讓應爲缺略懷讓薨于廣德改元故附置于此 關中金石記

劉士深等題名

石高一尺廣六寸七行字數不等正書

前藍田縣尉劉士深
前奉天縣尉劉士淸
京兆府倉曹參軍李廸

前告成縣丞李遜
商州豐陽縣令李遷
下邽縣尉李遠
時廣德元年三月紀

內李遜李迪李遷李遠四人名宰相世系表俱有在東祖李氏下 關中金石記

右題名正書按此題列名皆以地望爲先後藍田奉天兩縣尉居首重京邑也告成縣丞書在豐陽令上者告成屬河南府亦爲東都故耳北嶽神廟碑有安喜縣尉李遜與此稱告成縣丞者或即其人未可知

也新唐書藝文志李遠詩集一卷字求古大中建州刺史若以廣德紀元方爲尉則至大中時八十餘年矣疑别爲一人（授堂金石跋）

韋口題名

石高一尺廣七寸七行行十字正書

銀青光祿大夫守太常卿使持節延州都督侍御史上柱國岐陽縣開國男韋口以廣德二年二口口七日越自師旅將詣朝廷口口口神式祈景福時與口口口口口秀之同謁

題云以廣德二年二口口七日越自師旅將詣朝廷

云云者以是時僕固懷恩叛也韋君不詳其名（關中金石記）

李仲昌等題名

在華嶽頌碑左側賈竦詩下六行字數不等正書

朝議郎行太子司議郎兼華陰縣令李仲昌

行丞田遊蒙　行丞同正韋澣

行主簿韋涚　行尉崔頲

行尉王卓　行尉蘇淮陽

廣德口年三月韋澣書記

宰相世系表云澣官昭應令案此云行華陰縣丞同正當在未爲昭應令之先又有云行尉崔頲表以爲頲終同州刺史（關中金石記）

韋公右等題名

石殘缺現存横廣一尺五寸高八寸八行行五字六字不等正書

缺郎行華陰縣缺寮吏以時麥缺明神咸列名缺

行令韋公右　行丞同正韋澣　行尉李晛　行尉劉口儔　按書郎盧舒口

又在韋澣左右空處二行行七字左行行書

大梁趙令矜恭謁　聖帝祠下（壬辰四月六日）

孫廣等題名

在華嶽頌碑左側賈竦詩下三行行七字十字不等正書

朝散郎行下邽縣丞孫廣

試衛尉少卿田遇

廣德二年六月十三日記

焦鍰題名

石横廣一尺二寸高一尺三行行十字十一字不等正書

前大理司直焦鍰與緱氏縣焦琳華州司倉參軍焦賁

永泰元口春同遊此廟

又在焦鍰之左二行行九字十字不等正書

内供奉開國公上柱國賜紫金魚袋蔣羅漢

又在焦錢之右三行字數不等正書

內侍省掖庭局□王嘉欽弟景暉

押衙左金吾大將軍賜紫金魚袋高

許州許昌縣丞于賁

第五公等題名

在華嶽頌碑右側顏魯公題名上十一行行九字十字不等正書

前相國京兆第五公自戶部侍郎出牧栝州子聟關內河東副元帥判官禮部郎中兼侍御史虞當自中都濟河於華陰拜見從謁 靈祠因紀貞石時 大唐大曆五年六月四日

司勳郎中兼侍御史李國清

倉部員外兼侍御史張曇

大理正兼監察御史王翃 右衛錄事叅軍第五準

文云前相國第五公自戶部侍郎出牧栝州盖坐與魚朝恩善貶也又云子壻虞當子壻之稱自此始壻作聟者子祿字書云聟聟壻上俗中通下正壻一變爲堳再變爲壻三變爲聓四變爲聟皆由胥變爲肙致誤又茸或亦寫作肙故月耳相溷 關中金石記

蘇敦等題名

在昭應碑下截作兩段書前一段八行後一段九行每行六字七字八字不等正書

沃州司馬蘇敦

弟華陰縣令發

弟咸陽縣主簿敘

弟前華原縣丞徹

弟太常寺主簿敞

弟吏部常選璬

弟少府監主簿教

弟儆 時年十一

大曆中發任華陰縣令時禮部尚書河東裴公出牧鄴陽敦與發徹同送至此拜謁 金天便過東驛不避炎暑亭午而迴故列名於前刻石題記

五年夏六月六日

宰相世系表蘇氏河南尹震有七子敦發教徹璬政儆此云汝州司馬敦弟華陰縣令發弟咸陽縣主簿敘弟前華原縣丞徹弟太常寺主簿敞弟吏部常選璬弟少府監主簿教弟儆不同者璬疑卽是璬有敦不應後有璬也政疑卽是敞字形相近此等要當以碑爲正 關中金石記

按𢿱字廣韻玉篇諸書俱不收惟梅氏字彙云所斬切窄也恐未必取此爲名世系表作教似可從

疑碑有泐訛又字書無璥字自當從碑作璥

裴士淹題名 在華嶽頌碑左側上截七行行四字左行正書

禮部尚書裴士淹出爲饒州刺史大曆五年六月六日

於此禮謁

盧綸等題名 石橫廣二尺一寸高八寸六行行七字十字不等左行正書

大曆六年二月二日綸赴

前華州參軍□漸

前王屋縣令陸汞

前同官主簿陸涓

將仕郎守閿鄉縣尉盧綸

前國子進士趙鄖

歷覽前賢題名庚子

右題名殘斷不相屬舊唐書盧簡辭傳云父綸大歷初宰相王縉奏爲集賢學士秘書省校書郎會縉得罪坐累久之乃調陝府戶曹河南密縣令不見作尉閿鄉事惟新唐書有之云大歷初數舉進士不第元載取綸文以進補閿鄉尉與此合 授堂金石跋

庾□等題名

石殘缺現存橫廣一尺六寸五分高八寸十二行行五字六字七字不等左行正書

缺華州刺史兼御缺殿中侍御史庾缺監察御史李亘

缺太常博士□缺太華三峯野客缺新安縣尉盧缺監

採藥使翰林缺監軍判官尹懷缺監軍判官劉□缺太

華山人段藩□缺押衙左金吾衛大缺

大曆六年乙亥缺

按大歷六年歲次辛亥非乙亥

崔微等題名

石高一尺廣四寸四行行十字左行正書

前開州刺史崔微 男蔇

前緱氏縣令康洽

前鄉貢進士侯季文

大曆七年三月廿日西上

右題名正書自左起宰相世系表清河大房有微河南少尹子溉太常少卿此題蔇從艹不從水又元和十年題名華陰縣令崔蔇亦卽其人皆與表異文苑英華穆員陸渾尉崔沭墓誌云河南少尹微之子又云君長兄河南府尹司錄參君案君當作軍溉不勝其哀崔少尹盧氏墓誌云唐河南少尹清河崔微則微字傳誤也溉亦從水並誤 授堂金石跋

韋弸題名

石高廣俱九寸三行行六字正書

醴泉縣令韋弸

大曆七年十月廿八日題記

元澄等題名

石高九寸横廣一尺六寸共八行行五字六字不等左行行書

尚書虞部員外郎兼殿中侍御史元澄與大理評事盧

恒華陰縣丞裴言則以唐大曆八年十二月三日題紀

題内有大理評事盧恒宰相世系表恒殿中侍御史

關中金石記

韋涗杜錫題名

石横廣一尺六寸高九寸共九行行六字左行正書

朝散大夫前鄭州陽武縣令韋涗

大曆九年四月廿二日謁祠題記

平陸主簿杜錫

芮城主簿杜梅

建□三月廿三日

李諶等題名

在韋弸題名之右三行行八字十字不等正書

前鳳翔府司錄參軍李諶

前長安縣主簿李融

大曆九年十月十三日題

右題名正書舊唐書德宗紀貞元九年五月甲辰以鄭州刺史李融爲滑州刺史義成軍節度使蓋即此題稱前長安縣主簿者也攷紀文前書五月庚申則甲辰當爲六月紀於此脱文矣融又見李適之傳子季卿孫融立性嚴整善吏事貞元十年歴官至渭州節度使卒渭當作滑傳刻誤也宗室世系表列適之相元宗下惟書雲而季卿及融俱失載融又見裴光庭傳加宏文館大學士引壽安丞李融令直宏文館是融初從仕亦以文學見引非獨善吏事矣予故綜其前後論之以見名不虚附也 授堂金石跋

上官沼題名

在昭應碑下截蘇敦之左三行字數不等行書

侍御史上官沼大曆十三年七月廿九日赴東臺謁嶽過

宰相世系有上官詔當即其人表宜從碑作沼爲是

關中金石記

右題名正書案東臺之名因語錄云武后朝御史臺有左右肅政之號當時謂之左臺右臺則憲府未嘗

有東西臺之稱惟俗間呼在京爲西臺東都爲東臺攷舊唐書獨孤郁傳憲府故事三院御史由大夫中丞自辟請命于朝時崔晃鄭居中不由憲長而除勅命雖行朗拒而不納晃竟改太常博士居中分司東臺盧杞傳父奕天寶末爲東臺御史中丞昌黎集故虞部張君墓誌銘拜監察御史經二年拜眞御史明年分司東臺轉殿中呂和叔集故太子少保贈尚書左僕射韋府君神道碑銘遷監察御史內供奉東都留守卽拜東臺侍御史司空表聖集盧知猷神道碑遷侍御史專領東臺之務以此題名証之則當時見于史傳文集皆稱東臺決非從俗爲之因話錄撿審不精妄爲此議也 授堂金石跋

金石萃編卷七十九終

金石萃編卷八十

賜進士出身 誥授光祿大夫刑部右侍郎加七級王昶撰

唐四十

崔漢衡題名

在昭應碑後李休光題額字下三行字數不等隸書

蓮華魏嵬竹箭喧豗浩〻今古幢〻往來

銀青光祿大夫守兵部尚書博陵郡開國公崔漢衡

興元元年十二月廿三日華陰縣令盧傚書

題云守兵部尚書博陵郡開國公唐書載漢衡官爵甚詳不言封博陵郡公亦是缺略婁機漢隸字源云漢樊毅復華下民租碑唐興元中華陰縣令盧傚求得而爲之記八分書于碑末卽此人 關中金石記

崔頻等題名

在昭應碑前咸廣字下三行行六字九字不等左行行書

撿挍水部員外郎崔頻

華陰縣令韋綬

貞元元年二月六日記

又 一行在崔頻之下行書

華州司功叅軍鄭齊册

唐書韋綬傳綬字子章京兆萬年人建中中爲長安

尉朱泚亂羸服走奉天拜華陰令案唐有兩韋綬一
爲韋貫之兄非此人關中金石記

裴濟等題名

在告華岳文碑正中七行字數不等左行正書

前萬年縣尉裴堪

前華陰縣丞盧佩

懷州河內縣丞盧渚

鄭驕

進士裴諫　裴諲

貞元九季七月廿五日參軍事裴濟題

請雨文

濟河東聞喜人善隸書唐書有傳宣和書譜云濟隸書爲時推重晚歲行草尤勝攷濟以蔭起家此稱參軍事而不著地當即是華州諸參但未辯何司耳題內又有盧渚盧佩渚名見宰相世系表佩名見河東記關中金石記

右題名正書在盧朝徹謁嶽文之後舊唐書列傳裴濟河東人少篤學善隸書以門蔭入仕元和初累遷右拾遺轉左補闕新唐書同據題名貞元九年方爲參軍事此卽以門蔭入仕時也沈亞之河中府參軍廳記

國朝設官無高卑皆以職授任不職而居任者獨參軍焉觀其意蓋欲以清人賢胄之子弟將命試任使以雅地任之耳文苑英華關中金石記攷濟以蔭起家此稱參軍事而不著地當即是華州諸司但未辨何司寸攷職官志上州司功司倉司戶司兵司法司士六曹參軍事各一人外又有參軍事四人華州爲上輔於設官當四人然則濟稱參軍事即四人中之一非六曹諸司也題名字體端勁必濟之自書得此益見善隸書非虛美矣授堂金石跋

鄭全濟等題名

在告華岳文碑裴濟之下五行字數不等左行正書

將□□守尉鄭全濟字巨舟

□□縣尉李端士

□□縣尉鄭暐

貞元十三年三月廿四日題記

內有華陰縣尉鄭暐世系表有之關中金石記

尉旻題名

石高一尺二寸廣五寸三行字數不等正書

寧遠將軍守左金吾衞□□軍試太常卿尉旻

元和元年正月廿日題

野客李口
元和四年九月十九日
右題名正書自左起按薛存下缺字當作誠舊唐書薛存誠傳裴垍作相用爲起居郎轉司勲員外與題名合柳澗附見韓愈傳云華州刺史閻濟美以公事停華陰令柳澗縣務俾攝掾曹居數月濟美罷郡出居公館澗遂諷百姓遮道索前年軍頓役直後刺史趙昌按得澗罪以聞貶房州司馬愈因使過華知其事以爲刺史相黨上疏理澗留中不下詔監察御史按驗得澗贓狀再貶澗封溪尉又皇甫湜韓文公神

道碑云華州刺史奏華陰令柳澗贓詔貶澗官澗任華陰坐貶始末如是然則澗之挾怨煽衆固黠吏所爲而刺史相黨必致之罪亦昔情哉授堂金石跋

協律郎李口等題名
石横廣一尺一寸高七寸八行行八字左行正書
太常寺協律郎李口
華陰縣令崔蔇
華陰縣尉鄭公幹
華陰縣尉裴混
華陰縣尉陶洪

郭豐等題名
在華岳頌碑左側裴士淹下十行行六字七字八字不等左行正書
華州司士叅軍郭豐
華陰縣丞李泙
華陰縣主簿姚鵬擧
華陰縣尉韓塯
華陰縣尉苗華
華陰縣尉崔杙
門下典儀李誠明
元和元年七月十日同會於此　杙題
題内有門下典儀李誠明門下典儀者門下省屬官

也關中金石記

薛存等題名
石横廣一尺九寸高八寸八行字數不等左行正書
司勲員外郎薛存
華陰縣令柳澗
華陰縣主簿裴袟
華陰縣尉杜文擧
前鄭縣丞韋殷
前華陰縣尉王沂

進士蘇珏

元和十年五月十二口　謁嶽

謁嶽廟題名殘石

石橫廣一尺二寸高五寸後有李朝式題名十一行行六字左行正書

前容府口口　官試右衛口曹　参軍口口口　鄉貢

進士口口　慶口口華州　覲省弟谷　京

元和十四年正月一日題

李朝式元和十四年正月十一日題

宗室世系表有容府經略推官李慶之容府經略使左庶子李景仁容府者卽容州都督府也屬嶺南道

關中金石記

張常慶題名

在盧綸題名石之右二行行五字九字不等正書

判官張常慶

元和十五年七月七日

王璠題名

在盧綸題名石之右四行行七字八字不等左行正書

起居舍人賜緋魚袋王璠元和拾伍年口壹月貳拾陸日口

使鎭州　宣慰口

右題名正書自左起文云起居舍人賜緋魚袋王璠舊唐書璠本傳元和中入朝爲監察御史再遷起居舍人副鄭覃宣慰于鎭州新唐書璠以起居舍人副鄭覃宣慰鎭州此題稱元和十五年與傳合而璠出使重鎭宜賜章服以寵其行傳失紀此事盖從略也授堂金石跋

裴顏題名

石橫廣一尺五寸高八寸七行行六字七字不等左行正書

長慶元口口口十三日朝散大夫行華陰縣令上柱國

裴顏奉勾當再修中門屋至廿五日功畢

廟令張從本題此行古篆書

又在盧綸題名石之左七行行字數不等左行以無號年附錄於此正書

口口口口口口口口

口散大夫行華陰縣口口柱國裴顏

華陰縣丞薛仲歸

華陰縣主簿黎煉

華陰縣尉高懿

口口口

右題名正書自左起案宰相世系表東眷房裴顏衛尉卿駙馬都尉諸公主列傳齊國公主下嫁張垍又嫁裴顏年代差遠當別爲一人南來吳房亦有顏官

左淸道率府兵曹參軍或即是題名者與授堂金石跋

方叅等嶽祠題名

石高廣俱一尺二寸題名二段前五行行十六字左行正書

鈇執籩豆爲　國討叛思契丹懇敬祭敬拜牢傔畢陳

所期感通昭鑒不昧列旌旗於緑野羅冠劒於　明庭

共展禮容因以題記

大和二年八月廿八日

男守左驍衛倉曹叅軍上柱國賜緋魚袋方叅侍從

朝覲

右題名正書自左起按此題執下字殘其半以名氏

度之似蕃將臣於唐者然無所徵實以攷其迹惟叛思契丹在新唐書列傳言太和開成閒朝獻凡四然天子惡其外附回鶻不復官爵渠長舊唐書傳亦云元和長慶寶歷太和開成時遣使來朝貢則當大和二年必有叛附故遣將聲討加以醜名曰叛思亦猶武后更號孫萬榮爲萬斬李盡忠曰盡滅默啜爲斬啜也是討叛思契丹一事可以補新舊書之闕葢非細也授堂金石跋

按爲國討叛句思契丹懇句契有勤合之義丹懇猶言丹誠下云敬祭敬拜謂竭其勤懇丹誠以祭拜也舊唐書文宗紀大和二年五月王廷湊出兵侵鄰藩欲撓王師以援李同捷㴝義劉從諫請出軍討之七月甲辰詔宰臣集三署四品巳上常參官議討王廷湊可否九月甲午詔削奪王廷湊在身官爵隣邑接界隨便進討新書紀八月己巳王廷湊反是月甲寅朔則己巳爲十六日也今此題記在大和二年八月廿八日其時所云爲國討叛者正指王廷湊事非契丹也北狄列傳歷叙契丹朝獻次數云大和開成閒凡四並不言有叛附征討之事葢授堂句讀偶誤耳

李璠題名

在焦鐩題名之右一行十五字正書

隴西李璠大和三年十一月十五日題

韋公式題名

石高一尺廣七寸共七行行十四字左行正書

□冐京兆府功曹前秘書郎韋公式　外甥鄭縣尉攝

華陰縣主簿裴虔

右公式頃年佐理斯邑自役向逾一紀六變官曹今者慮以官成身有所繫奔馬到此追尋舊遊覽前題處豈勝□□

大和四年上元日題

右題名正書自左起案以後向逾一紀推之此題在大和四年前題當元和十二三年間矣官成以周禮鄭氏註謂官府之成事品式公式率爾留記蹇蹇不忘于此信非俗吏也 授堂金石跋

李虞仲題名

石橫廣一尺二寸高八寸共十行行九字左行正書

正議大夫使持節華州諸軍事守華州刺史 御史中丞充潼關□□國軍等使上柱國□□□開國男食邑三□□□□金魚袋李虞仲 大和四年七月十□

詔以立秋修祀 南都團練判官□□□□事□

柳乘同來□□

虞仲李端之子唐書本傳虞仲字見之第進士宏詞累遷太常博士寶歷初以兵部郎中知制誥遷中書舍人出爲華州刺史歷吏部侍郎未有云判官事柳乘同來乘名又見懷素聖母帖後蓋以大理評事出判華州事也 關中金石記

右題名自左向右舊唐書列傳李虞仲大和四年出爲華州刺史兼御史大夫依題名乃爲中丞而非大夫至於勳上柱國爵開國男皆未之及立秋修祀華嶽以刺史攝祭亦禮儀志文所不具南都按之新唐書地理志上元元年號南都爲府二年罷都是年又號南都尋罷都則江陵久不名都矣題名猶稱此者襲舊名也呂諲傳上言請於江陵置南都敕改荆州爲江陵府永平軍團練三千人以遏吳蜀之衝 據舊唐書傳文 南都置團練判官蓋由於此也 授堂金石跋

竇存辭等題名

石高九寸廣七寸五行行七字八字不等左行正書

□縣主薄竇存辭鄉貢進士馮珫開成二年四月存辭請假赴洛珫 侍從祈□ 缺

□庚題名

石後缺現存高廣俱五寸五行行五字六字不等左行正書

開成二年九月五日庚將赴京告辭 金天王遇還於此便同道 缺

李景讓題名

石橫廣一尺七寸高一尺十二行行字數不等正書

□□□史兼御史中丞李景讓

□監察御史裏行盧□季

前右龍武軍錄事參□李映

□士劉灌

□□李景裕

□□盧蘽
□□鄭蘩
□士鄭縠
開成四季六月十九日
景讓字後己李憕之孫也唐書本傳稱景讓入爲尚
書左丞至大中始進御史大夫葝免爲侍御史據此
則開成時已爲此官也當是爲節度使時兼攝之官
故史不記之耳關中金石記
右題名新唐書列傳景讓寶歷初遷右拾遺以題名
所題兼御史中丞此當由寶歷至開成十餘年官序

如此而史失載也景讓性好奬士類拔孤仄今附名
如進士李灌凡五人從之遊覽亦其宏雅所致足爲
世勸也授堂金石跋
陳商題名
石高一尺廣六寸六行行十字十二字不等正書
□門郎中史館修撰陳商會昌元年七月廿五日商祗
召赴　闕與盧溪處士鄧君蟠同題時□□□□□
商題後六年自禮部侍郎出鎮□陝又與鄧支使同來
十月□□
此題云司門郎中史館修撰題後又有後六年商自
禮部侍郎出鎮分陝云云攷商以禮部侍郎主文以
延英對見辭不稱旨改授王起即其出鎮之事也見
唐摭言唐書云商字述聖官至秘書監封許昌縣男
關中金石記
右題名正書自左起舊唐書宣宗紀會昌六年迎神
主下百寮議皆言准故事無兩都俱置之禮惟禮部
侍郎陳商議云周之文武有鎬洛二廟今兩都異廟
可也然不宜置主於廟主宜依禮瘞於廟之北墉下
今此題稱禮部侍郎出鎮陝者即其人昌黎集荅陳
商書時猶未第後元和九年進士第此於題名時致

通顯矣鄧支使不書名當爲鄧君蟠也百官志監察
御史十五人凡十道巡按以判官二人爲佐務繁則
有支使授堂金石跋
常侍□□祀嶽廟殘詩
石高廣俱八寸七行行七字十字不等正書
□□□□□□□□□□□□□□□□
□□□鬼神陪質明三獻雖終禮祈　壽千年別上杯
豈是璵材□祀事宏農　太守主□來常侍曾領此郡故有□句
會昌二年六月廿二日立秋
崔鄲等題名

石高一尺廣八寸五行行十字十五字不等正書

正議大夫守京兆尹賜紫金魚袋崔郇　華州華陰縣

令崔宏會昌二年六月十六日郇自汝海將赴　闕庭

時與宏同謁　廟而過

宰相世系表郇官至大理卿崔邠之弟鄲之兄也關中金石記

右題名自左起按郇見宰相世系表亦見權載之集崔陲神道碑曰郇今爲廷尉實當會昌元年是此題云守京兆尹葢由廷尉擢是職也汝海卽汝州游宦紀聞稱坡公元豐七年自黃量移汝海葢唐時巳有

此名矣授堂金石跋

崔愼由等題名

在尉旻題名之右三行字數不等左行正書

殿中侍御史集賢殿直學士崔愼由

右補闕李當

鄉貢進士崔安潛

會昌五年二月八日同赴

愼由爲宣宗相寓尺柬於所知必稱安潛故時人有王凝裴瓚舍弟安潛之語後亦位至侍中古人之升沈後進若此關中金石記

右題名正書自左起案愼由見新舊書傳當會昌五年並失錄其爲殿中侍御史集賢殿直學士安潛舊書本傳稱大中三年登進士第此在會昌五年固宜以鄉貢自題也授堂金石跋

李口方題名

石高八寸廣四寸五分三行行八字左行正書

右議大夫李口方

大中元年三月　口口雨

按雍州金石記作李祁方今字巳泐

楊漢公題名殘石

石殘缺僅高六寸廣五寸二行左行正書

缺中楊漢公

缺五月

漢公隨越公後裔字用乂官至天平軍節度使檢校戶部尚書題稱其官爲給事中當在爲同州刺史之前唐書本傳不及之者略也關中金石記

李貽孫祈雪題記

石橫廣一尺六寸高一尺五分七行行七字八字不等左行正書

左諫議大夫充宏文館學士判館事賜紫金魚袋李貽

孫大中三年十二月八日奉　制祈雪小男進士同吉

學究靜復從行

右題名大書自左起貽孫史不爲立傳予攷歐陽行周文集序爲貽孫所撰序云大和中爲福建團練副使大中六年又爲觀察使其前結銜特詳所記實爲福建等州都團練觀察處置等使正議大夫使持節都督福州諸軍事福州刺史兼御史中丞上柱國賜紫金魚袋以此題證之當大中三年嘗官于朝至六年任於外矣全唐詩話元賓終于四門助教李貽孫序其文元賓李觀也與行周同年進士早沒而貽孫于其遺集爲之表章如此廣川書跋鄭都宮陰眞人

祠刻詩三章唐貞元中刺史李貽孫書蓋大中之前又爲刺史於忠州矣貞元中至大中越五六十年貽孫少致通顯至此已八十餘疑貞元字尚有誤爲附識于此貽孫好文喜奇於斯可想其爲人而題名當亦貽孫所自書故可寶也授堂金石跋

按後又有大中五年七月廿七日李貽孫題云達都團練觀察處置等使兼御史中丞則是貽孫之任外不待六年矣

鄭復等題名

石高廣俱八寸五行行六字左行隸書

河東縣尉鄭復

臨晉縣令甄損

隴州參軍鄭孚

鄉貢進士盧璥

大中四季九月五日紀

損時爲臨晉縣令璥鄉貢進士宰相世系表損字慶遠禮部尚書璥魏州刺史關中金石記

李貽孫題名

石高八寸五分廣七寸六行行七字至九字不等左行正書

福建都團練觀察處置等使兼御史中丞李貽孫大中五年七月廿七日□鎮將男意承文蔚□復含昭謁嶽而退

于德晦等題名

在李虞仲題名之左三行字數不等左行正書

監察御史于德晦

□州鎮國軍判官試大理評事□□

大中六年三月廿四日同謁金天

題名正書自左起新唐書宰相世系表德晦官同州刺史其見於史者惟此而已長安志務本坊有左散騎常侍于德晦宅授堂金石跋

李植題名

石橫廣八寸高六寸五行行五字至七字不等左行正書

侍御史內供奉李植大中十一年十一月十三日自浙

右赴闕

李蠙祈雪題名

石橫廣一尺九寸高八寸五分四行字數不等正書

左諫議大夫賜緋魚袋李蠙咸通元年十二月廿九日

奉　恩命祈雪

許環等題名

在右叅題名之左四行字數不等左行正書

鄭縣丞攝尉許環

宇文珪

華陰縣尉薛殷圖

咸通十一年十月十七日題

司空圖嶽廟殘詩

在崔恭崔昌等題名之後二行行七字正書

岳前大旆討淮西

從此中原息戰鼙

唐摭言云裴晉公赴敵淮西題名岳廟之闕門大順中戶部侍郎司空圖以一絕紀之曰嶽前大隊赴淮西從此中原息戰鼙石闕莫教苔蘚上分明認取晉公題今此詩只存首二句作嶽前大旆討淮西則有二字異矣圖書世所罕見則此十四字可寶也關中金石記

右詩存者惟有岳前大旆討淮西從此中原息戰鼙二句按此爲司空圖覩晉公赴敵淮西題名紀之一絕也晉公題名亡佚不可見今詩石又斷下二句矣說見王定保唐摭言又全唐詩話亦載此詩云大順中戶部侍郎司空圖紀者然則題詩年代猶可攷也

巖口題名

授堂金石跋

石橫廣一尺七寸高九寸行數不辨每行五字正書

監察御史裏行巖口乙卯歲八月庚寅奉使東周展敬

按乙卯爲昭宗乾寧二年八月乙酉朔庚寅是初六日也

崔恭伯等題名

石殘缺存高一尺廣七寸五分三行字數不等左行正書

河南府叅軍崔恭伯

華州叅軍韋口

安邑縣尉　缺

李竟等題名

石高八寸五分廣四寸三行行六字正書

下邽縣丞李境

進士李賁

進士李□

趙宗儒等題名

在華岳頌碑右側顏魯公題名下四行行七字九字不等正書

宏文館校書郎趙宗儒

義陽府左果毅丁希□

前鄭縣主簿李益

三人同謁

唐有兩李益一宰相撰族官禮部尚書一官太子庶子此未知孰是

穆準等題名

在華岳頌碑右側下截趙宗儒題名之右四行行三字四字不等正書

前潞府參軍穆準

懷州□嘉縣尉穆戒

裴賁等題名

在昭應碑右李休光題額之側一行隸書

朝議郎行華陰縣令裴賁　丞柳升　主簿霍晃

按華嶽題名共得搨本七十二段皆分刻于華嶽

頌碑述聖頌碑精享昭應碑告華嶽文碑之左右凡姓名三百餘人其有事蹟可攷者分記於各段之後茲不更贅計始自開元二十三年迄于唐末各段俱總附于鄭虔題名之後不復析出分年件繫俾覽者連類及之便於詳檢循聖教序岱嶽觀碑陁羅尼經幢之例也

金石萃編卷八十一
賜進士出身 誥授光祿大夫刑部右侍郎加七級王昶譔
唐四十一
北嶽神廟碑 碑高廣尺寸行字皆不詳隸書在曲陽縣北嶽廟
大唐北嶽廟靈之碑并序
陳州長史鄭子春譔
博陵崔鐶書
安喜縣尉李遜篆
夫清明著象廣大成形聖人則之作紀資始列於王典

祀已三公率由典常靡不祡燎維厥恒岫□爲首稱者
知碣石太行萬里延袤闕聳河滸盤薄海隅畢卯降开
精淶易疏其浸設險以分中外通氣以出雲雷非陰陽
不測之神其孰能與於此也爾其峯巒星聯草樹烟鬱
靈僊表其窟宅珍怪產其高深感通應見必契誠德藏
珽者知將亡之兆制勝者劾率然之奇龍蛇羽毛安可
詳悉幽贊設教神道有孚登臨極目如抵諸掌其陰則
常嶽廣武林胡樓煩其陽則燕趙殷衛面河沂維自冀
州旣載惟彼陶唐隄封庶品波委霧合財力豪贍貨殖
繁滋遺風祠宇巋然無易敬神綏福不孤德隣歆類誕

靈安可勝紀定人禦侮陳迹昭然易知簡能可大可久
且收藏曰義生長曰仁仁義所攝祈禱如市有年登稔
穰穰滿家和平是恃不生災害　我唐列聖重光再
造區宇邦本胥悅俊人用彰天工所代無非淑哲惟良
共此枝賢責成彼美循吏其猶踵武自昇中檢玉再展
岱宗方岳省巡鉊行未給今之故事牧守是遵敬遠之
規載在王府使持節刺史段公字崇簡學古入官政貴
清靜人荷其惠吏懾其威慱考前聞肅祗明祀每鉊行
奠享愷悌不忘靈之所勞必在君子夫爲設靈宇睟容
凝湛未施敬而自敬不有威而自威而簷廡階闥尚多

湫隘未增閎敞折衷有虧長松靡柏逕隧猶褊公乃審
面勢規曲直延觀宇劃垣墉高閈閎通□術周覽彌望
列樹豐碑容衛森蘿藻繪彪駮納日月於扃牖駐雲物
於軒楹光色焜煌爛如貝錦不費財力而忽贍不徵力
役而自成求諸志誠不亦冥助先是冀方遐邇溥擭元
吉初求後報其徒寔繁如□如流委輸祈積物無遺乏
人不勤勞易於從事百姓無擾商農工賈孚信不遺休
徵允集是依是賴自□□逆命多歷歲季推亡固存
天心獨鄗適□大使輔國大將軍左羽林衛大將軍幽
府長史兼御史大夫經略軍支度營田節度副大使兼

知河北道採訪使南陽郡開國公張守珪分閫董戎假
節專制抗稜運策兇渠喪元屈人不戰種落夷謐初有
高陽人田登封於此祈福神君降形而謂之曰吾方助
順取彼𡿨孽殄殲元惡懸諸槀街果如其期止暴寧亂
兵不血刃野不曝骸乃聖乃神幽贊斯在雖霍山之祐
無憮新城之見申生以此寄言曾何等級由是尨眉耈
老𦒿皤然被黃髮者相率而言曰某等上從祖悳下及
孫謀百有餘年沐浴　皇傀鼓腹擊壤賡歌太平今
屬牧守仁明正身率下我有枳棘岑公不伐而自除莒
無濤稀廉叔聿來而稱足別駕苻子珪長史高元泰司

馬李夐等咸輔邇忠益克表緹紬詢謀公道實毗方嶽
兒乎廣運不測幽明協味謀無遺筭人不勞止刊石紀
事不亦宜乎子春才愧色絲學非博物課虛杼軸敢讓
當仁詞曰
巍巍巨鎮幽都是託上接蒼旻傍分寥廓併吞冀野抗
倚沙漠華夷險界隔閡斯作其弌　凡所敬遵必惟鬼神
代昭祀典大庇烝人奇歷無作政教日新不孤其德必
有其鄰其弍　水火金木配神作主允茲岳靈實司朔土
東生南長西成北聚會庫閉藏爰及垣庚其弎　五載肆
覲今古有殊豐約異軌禮物分區明德無替潔粢不渝

神理昭晣感應冥符其四　昇中告禪名山有五禮亦從
宜何必循古率先岱宗望秩周普精壹無差允膺福祐
其五　隨時珍薦必俟王言或降卿士或命司存執禮必
備恭惟駿奔式禋明德荷畜乾坤其六　我皇立極阜俗
寧亂賢才是旨凶族咸竄蕞爾林胡假息離叛殲魁撫
脅人聖協贊其七　疇咨牧守口獲我公既敷惠渥亦扇
仁風有菅斯廟陋彼前功隘狹增廣廊廡傍通其八　庭
廡遂敞容衛爾飾纘事從素昭彰歆饗工無遺巧人不
勞力垣墉徑隧內方外直其九　門閈高從豐碑列樹相
質匪工受辛寧喻小子何讓敢忘畏慕紀功書實慨

我王度其十
檢校官錄事史歸宗
專知官恒陽主簿郝英質
碑鄭子春撰崔鐶書鐶無書名此碑分隸道逸眞當
韓蔡雁行而無樹碑年月攷其時張守珪鎮幽州當
在開元之末耳諸家無錄者何也石墨鐫華
神字作疊下從旦禮記郊特牲所以交於旦明之義
也鄭康成曰旦當爲神篆字之誤也莊子有旦宅而
情死亦讀爲神昔之傳書者遺其上半因誤爲旦耳
畢卯乃是帛字省日作畢卯已異又加一點用爲貽

卯之卯豈古人夘卯通用歟金史有斜卯氏本並作
卯而潞州五龍祠明昌癸丑祈晴碑有上黨尉斜卯
温玉竟作夕旁从卩與此碑畢卯之卯同碑陰紀段
使君德政崔鑁撰并八分書 金石文字記
右碑陰紀段公德政崔鑁八分書段公者前碑字而
不名此云諱憬字從簡也顧炎武金石文字記無年
月可考者以此碑爲首予按碑陰後云我唐二年歲
次乙亥閏十一月壬午朔廿二日癸卯建高宗上元
二年乙亥無閏月志云開元二十三年閏十一月朔
壬午食斗南十一度合朔與此碑同是年明皇欲相

張守珪而張九齡曰宰相非賞功之官前碑極言守
珪平定之功立碑應在此時決非上元可知所謂二
年者爲唐曆第二次之乙亥也文人好作隱語故上
無紀元或前碑已有開元年月而殘泐也顧氏考據
最詳何未及此 金石錄補
碑首列陳州長史鄭子春纂博陵崔鑁書安喜縣尉
李遜篆後列張守珪唐書守珪本傳徙幽州長史河
北節度副大使俄加採訪處置等使二十三年入見
天子加輔國大將軍右羽林大將軍以碑証之當作
左羽林又開國南陽已列公爵史皆失書傳稱幽州

碑作幽府幽州爲大都督府二名亦可通也經畧軍
在幽州城內支度營田攷舊唐書職官志凡天下邊
軍有支度使以計軍資糧仗之用每歲所費皆申度
支會計以長行旨爲準劉全諒傳授客奴柳城郡太
守攝御史大夫平盧節度支度營田李希烈傳加御
史大夫充淮西支度營田觀察使李自良傳河東節
度支度營田觀察使嚴綬傳充河東節度支度營田
觀察處置等使今守珪所領亦猶是也世多混以支
度同于度支故附著之碑又載高陽人田登封於此
祈福神君降形而謂之曰吾方助順取彼殘孽殄殲

元惡懸諸槀街云云傳稱守珪次紫蒙川大閱軍實
賞將士傳屈剌突于首于東都即指其事而神君降
形之言史不具錄以其涉妄也 下截載屬吏名其
詞亦用駢體屬頌不具錄名之可見者別駕符子珪
轉金州刺史長史高元奉司馬李復錄事叅軍崔曦
范光烈司功叅軍李眞司倉叅軍呼延傑尹光暉司
戶叅軍崔巘陽楚容車元福司兵叅軍張景運司法
叅軍梁憓張嗣臣攝官義豐縣尉宋季駁司士叅軍
李鎭韋望叅軍盧邑龎涉王鋭李孚博士宋殷禮錄
事史歸宗梁明禮市令張知什恒陽縣令裴延祜丞

李免主薄郝英質尉王嶠尉夏侯庭玉嶽令牛懷貴
按此皆定州刺史所屬吏也定州爲上州証之舊唐
書職官志別駕長史司馬錄事參軍事各一人相符
而碑不載錄事三人唐書百官志錄事二人司功司倉司戶司
兵司法司士六曹參軍事各一人百官志司戶參軍事二人司法參軍
事二人又多司田參軍事一人而碑於倉曹有二人戶曹有三人兵
曹有二人經學博士醫學博士各一人百官志醫學博士一人
而碑惟載博士一人亦不言其何屬蓋官制更張改
併因時權事而不齊一雖兩史所收亦不備矣碑不
列司田參軍定非屯田之州不置營田使故司田無

所置也諸曹參軍不作叅軍事省文也李夐見所題
恒嶽晨望有懷詩稱爲定州司馬與此碑合而詩云
景福如光願私門當復侯然則夐先世固有封爵旣
失而祈祐於神其可推見又如此　碑陰第一層紀
段使君德政是爲博陵崔鏶詞並書及篆其石斷裂
文微有不屬而字尚完具首序段公諱愔字崇簡五
代祖榮字子茂後魏十遷都督一拜尚書二統將軍
六爲刺史儀同三司食邑八百戶追贈左僕射大尉
公武威王謚曰景配享高祖四代祖韶字孝先魏驃
騎大將軍尚書右僕射以功封平原郡王曰司徒大

將軍尚書令增邑二千戶領太子太師除大司馬錄
尚書事謚曰忠武曾王父濟字德堪歷仕齊周隋並
口開府儀同三司大將軍相繼五州刺史齊封上郡
王謚曰貞王父乾字寶元唐刑部郎中遷給事中刑
部侍郎尚書左右丞洛州刺史建都授洛州長史烈
考嗣皇韓王府功曹潤州司士滄州東光縣令按榮
韶濟史並有傳齊書稱榮授鎮北將軍定州刺史轉
授瀛州尋行相州後爲濟州轉行泰州凡五爲刺史北史則云
由定瀛二州尋歷相濟秦是碑所紀六爲刺史較二
史多書一州二史俱言謚曰昭景碑惟書謚曰景此

又爲少異韶歷官北史傳與碑合其封平原郡王而
齊書本傳亦稱爲平原郡王濟字德堪齊書稱韶第
七子德堪而漏其名北史又稱亮字德堪名亦與碑
異至爲五州刺史與封王及謚二史皆未之錄碑所
據當本其家牒書宜詳審於史也愔居官以碑証之
大聖天后封中告成公以閑清高才貌兼秀調魏州
參軍轉蜀州司法岐州司兵華陰奉天二縣令轉少
府口監原州刺史京兆少尹定州刺史上柱國兼北
平軍使而頌詞所紀徽爲謚美矣碑殘剝失其年代
按碑陽載張守珪加輔國大將軍左羽林大將軍在

開元二十三年今碑我唐下闕尚有二年歲次乙亥
閏十一月壬午朔二十三日癸卯建字則碑之立卽
開元二十三年也金石文字刻列入無年月葢失攷
也授堂金石跋
按此碑失搨碑陰但據碑陽錄之前題神廟之神
字文中亦有二處用古文作𥛱其字从示从旬从旦顧氏
但引郊特牲旦明之義鄭注謂旦當爲神篆字之
誤而未解其所从之義竊謂古文亦有六書可說
者从示卽示之省从旬从旦者交于神明皆貴質
明行事儀禮宗人曰旦明行事主人曰諾乃退注

旦明旦日質明也周禮春官大宗伯帥執事而卜
日肆師凡祭祀之卜日宿爲期詔相其禮注曰宿
先卜祭之夕疏曰卜日宿爲期則是卜前之夕與
卜者及諸執事者以明旦爲期也又禮曲禮凡卜
筮日旬之外曰遠某日旬之內曰近某日此从旬
从旦之義蓋皆主祭祀交神明爲言會意也文云
畢卯降其精卯卽昴字省日作卯而右从卩加點
者卩本音節卽小篆卪字隸作卩徐鉉曰卩象半
分之形唐人書隸不諳六書不知卯本作丣象開
門之形省作卯與从卩音節者義別碑遂誤从卩而
又誤加點从卩也然碑祇右旁从卩左旁並不从
卩又與胎卵字不同顧氏之說亦誤也文又云冀
方遐邇委輸斯積商農工賈孚信不遺云云舊唐
書張嘉貞傳嘉貞官定州刺史至州於恒嶽廟中
立頌嘉貞自爲其文乃書于石嶽祠爲遠近祈賽
有錢數百萬嘉貞以爲頌文之功納其數萬此碑
所言委輸斯積與嘉貞傳語合也嘉貞撰北岳恒
山祠碑已見前卷文又云自□□逆命多歷歲年
逆命上泐二字以兩唐書張守珪傳考之乃契丹
也守珪傳云二十一年轉幽州長史加河北採訪

處置使先是契丹及奚連年爲邊患後契丹別帥
李過折與可突于爭權不叶盡誅其黨率餘衆以
降守珪因出師次于紫蒙川傳屈剌可突于等首
于東都梟于天津橋之南二十三年春守珪詣東
都獻捷遂拜守珪爲輔國大將軍右羽林大將軍
兼御史大夫碑下文所謂分閫董戎假節專制抗
稜運策兇渠喪元屈人不戰種落夷謐者正指其
事後又載神君降形之語因以幽贊之功歸于北
嶽而立此碑碑多書古文𥛱字之外如節度之度
作庑皇化之化作偽敬遠之遠作遱皆是惟森羅

作森蘿借用字朔土作朔土別體也

牛氏像龕碑

碑甚殘缺現存二十行行二十六字高廣不計隸書額題隴西縣君牛氏像龕碑九字行書前有銜名一行正書在洛陽

□□□□□像銘并序

□部員外郎張九齡□

粵若稽古有釋迦如來示滅雙林常在三□□能□□

□□□□□闕下擢多所康濟天水趙氏之七子者若人

有□極□□□□□□□□闕下先妣作禮遵師心不可

以郎空事不可□□□□□□闕下慈作爲應身生未

悟之□夫如此求者可不□□□□□□□□□闕下鑿

巖因禹不必□須達之圖擺指非倕安在□□□□□

□□□闕下摶翠壁而上□攻香龕以洞啓通礱䆫石

見□□□□□□□□闕下湛然不動復次隋所圖擬

嬋其□異寂□□□□□□□□□□□闕下月貞孟陬

則□□□天□之建正是如來□□□□□□□□□

□闕下雖古之介福未始臻于□□惟夫人姓牛□□□

□□□□□□□□闕下寇牛父厥後有晉將軍□金金十

一□□□□□□□□□□闕下郎夫人烈考也始

□□□趙□□□□□□次曰□□□□□□闕下貞

據原碑鈔本校

日頤貞曰彙貞□□□□□□□□□歷□交汾陰□

□□□闕下監察御史未□屬□□河□□□□□

于□吏公之懿親□□□闕下不調終於檀州錄□□軍

事夫人□□□直而敏喜愠如一道心□闕下然內訓垂

裕初　府君之沒也長子方冠少男未髫齔□□□

□闕下以禮蘭玉並秀□□□□□在堂巳六子從

政□□□而不遠闕下□□風樹忽驚□□□□□□

□□□載宏□□□□□□□闕下□□□□豈其闕下

□爾闕下與佛是□闕下

金石錄有龍門西龕石象記張九齡撰八分書開元

中立當郎此碑碑云□寇牛父厥後有晉將軍□苟

金下缺按宰相世系表云牛氏出自子姓宋微子之

後司寇牛父子孫以王父字爲氏漢有牛邯爲護羌

校尉因居隴西後徙安定再徙鶉觚安定牛氏出自

漢隴主簿崇之後而獨不及晉牛金此可補史之缺

云攻香龕以洞啓龕從龍省竜汙簡以龕爲龍本此

也中州金石記

龐履溫碑

裝本高廣行字皆不計隸書額題大唐元氏縣合龐君淸德之碑十二字篆書在元氏縣西寺

前鹿泉縣令鄧混之簒

蔡有隣書

我國家再誓山河重懸日月明罰飭法覈名實之故典考績宣力甄象魏之舊章　皇道煥炳而□□　帝載緝熙而日用德惟善政政在養人若令長子男銅章墨綬而尤善最者可屈指而知宣父中都太公灌邑童恢責獸卓茂遷蝗男女別塗鬼神息暴以今方古君何讓焉君姓麗氏名履溫字若水南安人也其先齊逢伯陵之裔曾祖卿惲元勳左命功臣第壹等左武候大將軍封□國公食實封四百戸贈幽平燕易嬀檀等六州諸軍事幽州刺史謚曰肅[illegible]數雖改雲雷尙屯拔荊棘者

馮吳佐元功者蕭鄧將盟帶礪畫象雲臺圖兼衛霍之容仕遂漢光之顧疇庸賞懋食邑論封祖同福并州大都督府司馬饒州刺史左衛將軍安北都護□揆望殷衛琳寄重匪親不捧非賢勿居皂蓋南臨爭振喬卿之譽紅旌□卷式標鄭吉之能考□訓通事舍人鄭州司馬贊善大夫率更令將作少監辭令抑揚　綸鳳進旨顯興叶詠展曠治中洪洞□檣允供於鄧造激揚少□□□於□山君純德天資大材靈降龍章鳳彩凝脂點漆出忠入孝遊藝依仁荒蕪四壁寥廓千丈代陪豐沛親質韓李與鱗翰之□□風雲之會漢表有外戚恩

澤周詩有申伯□□□家補昭文生從勳閥也長安二年明經擢第拜宣州參軍爭授莫州司功參軍事秩滿丁二親憂痛瘁瑩枝哀酸隣社往而不返杖而後行禫禫一年甫從常調開元十九年春會府遂拜公爲此縣令曾子皐之爲政禮變□人漢原涉之舉能威行谷□庶矣富矣又□加焉導之齊之非君莫可君有善政者七風雹咸□於屬城樹稼獨滋於元氏其政一也□□陽光□□陰液乖旬苗慮瞻輿人或狠顧公磬奠珪幣稽顙壇場俄而油雲四周膏雨百里其政二也闢土蕃畬用□分地勸東作而播稼課西成之銍鎛躬臨樹藝

親載酒醪故使夏農服田秋得其實其政三也詢知疾苦所患虛丁撫狀上陳應時申削籍無□稅人獲息肩其政四也修職奉符不爲進越下有鬱滯必掣肘論言每課田租時臨調賦寬爲□約曾無再輸其政五也此地俗多懻忮跕躧彈絃素曰難持更承□弛公整其衘策適其權豪輒去害羣悛心斂蹟其政六也先縣館宅湫漏與百姓雜居公薄責人傭先抽己俸雖與處始而可以樂成其政七也是以廉平稱職西河知曾衛之風清儉當官南土變夷齊之俗可大可久是謂賢人之德惟幾惟深以成天下之務公儀如繪畫神若轉規聲以

循鈔本作元
二十四鈔本作一十四

聞於震雷用無待於周月惠如春露吏人不能窺喜慍
之容結若冬冰貸殖不能動首陽之行蓄霜鐘於絳府
有感必通棲月鏡於廳臺觸形皆照邑老謝虔祐等竝
鄉庭積善掾吏安排行義以達其道隱居以求其志相
與族談城府錯立康莊襄德匪舒宣風技癢或吽　帝
閽而抒美或邀使駕而論功衆志□誠如寒附火於是
圖徽翠響託懿金聲其詞曰
清風汎濫兮其來滂茂宰馳能兮超卓曾雞犬相聞兮
人安堵一同仰之兮如父母聽謳謠兮詢疾苦踰屬城
兮光趙部趙□遺風兮多懶枝君子爲之屏姦僞化澆
浮兮勵以義邑□□兮市無二政勝殘兮仍博施如水
火兮時不匱刊石鐫金兮遵傳懿直爲□具兮守名器
開元二十四年歲在困敦律中夾鐘□□建
前縣錄事謝積善
按此碑是麗履溫官元氏令邑老謝虔祐等立石
以頌德政也撰文者前鹿泉令邵混之無攷書者
蔡有鄰不署其官兩唐書亦無傳書史會要云有
鄰濟陽人漢左中郎將邕十八代孫官至右衛率
府兵曹參軍工八分集古錄但稱其爲苑咸書小
字與三代器銘何異廣川書跋亦但云有鄰書見

于世者惟尉遲迥廟頌與盧舍那佛像記書法勁
險當與鴻都石經相繼而皆不迹及此碑可知此
碑之不顯于世久矣碑云君姓麗氏南安人也其
先齊逢伯陵之裔南安郡縣舊名有二處一在漢
之犍爲郡有南安縣見漢書地理志北周改嘉州
平羌郡置平羌縣隋改龍游縣唐因之一在漢之
梓潼縣地宋置南安郡齊置南安縣梁因之西魏
改始州普安郡仍名南安縣隋仍普安郡改普安
縣唐改劍州仍名普安縣竝屬劍南道也廣韻麗
姓出南安南陽二望碑云南安著其望也而不詳
其何屬通志氏族畧麗姓以鄉爲氏周文王子畢
公高之後其支庶封于麗因以爲氏此碑云齊逢
伯陵之裔左傳有逢伯陵因之注逢伯陵殷諸侯
左傳又云齊有逢丑父碑葢合逢伯陵逢丑父而
總謂之齊逢伯陵也逢伯陵之逢左傳讀符容切
逢丑父之逢廣韻入四江與麗同音則似麗逢同
系矣碑下云曾祖卿惲祖同福考□訓祖父史俱
無傳卿惲兩唐書附劉文靜傳云并州太原人從
太宗討隱太子有功累拜右驍衛將軍封郕國公
每卒追封濮國公子同善官至右金吾大將軍同

善子承宗開元初爲太子賓客據此知南安爲麗氏之望而履温里貫則爲太原人矣卿惲從太宗有功碑故云元勲佐命功臣第一等而官爲左武候大將軍與傳不同碑泐其封國据傳爲郕碑不書追封濮國傳不書贈幽州刺史謚曰肅皆彼此互有詳略傳但載卿惲子同善同善子承宗而不書同福及其子□訓然因是知卿惲有二子也碑云君起家補昭文生從勲閥也昭文館本宏文館新唐書百官志神龍元年改昭文以避孝敬皇帝名二年改修文景雲中復爲昭文開元七年曰宏

文碑稱履温長安二年明經擢第其補昭文生在長安以前神龍在長安之後豈宏文之改昭文不始於神龍耶孝敬皇帝之立爲皇太子在顯慶元年其薨在上元二年或先已諱之未可知也六典載宏文館學生三十人皆勲戚子孫及文武職事五品以上子入館學書兼肄業授經授史准試貢舉此履温所以從勲閥先補昭文生而後明經擢第也碑書履温令元氏有七善政一樹稼不受風雹所傷二旱禱得雨三載酒勸農四剗除虚丁五租賦寛約六權豪斂跡七抽奉建館宅而其實祗

重農恤民兩事而已開元二十四年歲在丙子故云困敦律中夾鍾則二月也碑書佐命作左命佐左通用素曰難持當是難治避高宗諱作持猶治書侍御史作持書也

鄭曾碑

碑連額高一丈六寸八分廣四尺四寸二十三行行五十四字隸書額題唐故慈州刺史光祿卿鄭公碑十二字篆書在滎澤

大唐故慈州刺史□光祿少卿滎下闕

翁鬱之地□□□□□也觀光之文□□□□□□

□□□□□□□□□□□□衣冠之祚□□□□

□□□鄭公之謂焉公諱曾字景參滎陽開封人也

胙主命氏則本□□□□□盛□□□□□□□□

□□□則子□勤於京師弈葉□□□名不隕烈祖

撝隋尚書右丞聘陳使永安侯大父嗣元唐通事□□

□□明淑考九思□□豐城縣令□兹純嘏□□昭□

懿□□世□公上承丕緒□龍纂業初孩鐘隴西太夫

人喪及覲號嗄殆至□絶□□□□性孝□根□□登

□□□□爲□名以紀其異少而遊藝長善屬文□□

□□高第寧州羅川歙州資陽縣尉施于吏道峻以清

節□□□□窮憂泣□過禮□□□□□數感容若不

勝哀服闋授博州聊城□州□□縣丞每在公家必
被誠績遷□州黎陽滄州鹽山縣令莅爾邑懷斯人□
□□化政□□改□州□事□□□肅之𢓱無
言□□□壹之規不令而知信禁暴撫瘠貽惠樹風
□□□□俗不忘矣河南尹李公□□□之□□
□□□於是□以□使功□勳□□□成不□繇
吏人建碑表□□□□□□□□□降
璽書加朝散大夫懷州□□□□□□□□刺史
□□□州閭□理興務人□發明典制糾剔叚慝閉
之□□□□□□□布□悌以□其情敷靈化以導
其□□淸而□□□而□忍下□□□□□□□□
□□□景命不以維祺而移疾還□□□□□□□
□□春穐七十有三□歲也歸葬公于滎□北原夫人
蕢皇□君李氏□□□□□□德□公□□祔焉□
也公體□□□□□□□□□□學含章以挺辭藴
藉風裁周旋揩式凡□朋執洎於寮吏□□□□□
不□□□郡州□□遺□□跡流于□□□□□
□□□□循良之化潤于國風仁其心物無弗親□
其分道無不洽福善而應德□而彰□有□□之法濬
流之長高門積慶繼□□□□□□者也長曰

長裕國子司業閎量貞密直方周慎名高雅望學入精
儆次子□□歷□部郎中中書舍人鴻臚太常□少卿
□□□侍郎□□薛伯器摽公輔珪璋之特秀鉉翼之
良材粵十有七載□□□□□　□
篤誨於　園陵□□□□□□□□□泉壤
制以淸官五品已上父母追崇爵位府君贈光祿□卿
夫人贈趙郡□□□□□飾□□□重慰瀍河之列迹
□□□□□□□著歆父以□□□□□□繼志
松楸□茂□傳相□□□□□□永□□□□□昇
卿□□　禁掖接侍　□墀□□
之□□□碑□□□言非變豈逮辭林之旨學古□□
□□□□作□颺前烈□鏤遺芬其銘曰
懿〻惟公承國於鄭門閎濟□軒冕表盛□□□□
□□性□學□□淸方允正□以從吏歷職樹聲□□
□□□□維□□政□□作藩扞城化俾有程人胥用
學謂我晉域聿來□□□□□□□有翼□□□□
□□□□□□□福二子□□　皇恩贈寵神道
桒哀上延海署下感泉臺□□□□□□□令□□
□□□□
開元廿四年歲在景□□□□□□□□景□建

□□□刻字
慈州刺史光祿卿鄭曾碑開元二十四年五月立梁
升卿撰并隸書篆額碑缺書撰人名据實刻類編郏
之金石畧云未詳即此也碑云曾字昪參滎陽開封
人也烈祖撝隨尚書右丞聘陳使永安侯大父嗣元
唐通事下闕考九思洪州豐城口按宰相世系表曾慈
州刺史正與此同父九思流水令曾祖撝後周行臺
左丞尚是官位之異耳祖弼誠解令則與碑大異作
世系表時當有鄭氏族譜爲据何至錯誤如此不有
此碑則曾之大父非實矣据世系表則撝爲曾祖而

碑云烈祖似是遠稱疑中脫嗣元一代也云及觀號
嗄出道經云終日號而嗌不嗄然嗄字說文所無惟
陸德明釋文本老子作嗄一邁反氣逆也又於介反
下又云當作噫是亦知爲無此字唐傳奕校定老子
古本篇作歔注於油切氣逆也說文又無歔字玉篇
嗄於求切引老子曰終日號而不嚘嚘氣逆也据此
乃知嗄即嚘字之誤是碑書於開元時僅据陸氏通
行之本未見傳本耳傳本今存道藏中與玉篇音適
合知其說之有本矣梁昇卿見新唐書韋抗傳云淺
學工書于八分尤工歷廣州都督嘗書東封朝覲碑

爲時絕筆又御史臺精舍記亦其所書也又檢全唐
詩有奉和聖製荅張說扈從南出雀鼠谷詩一首中州金石記
按碑多泐字鄭曾兩唐書無傳碑云公諱曾字昪
參下文云初孩鐘隴西太夫人喪及觀號嗄殆至
性孝爲口名以紀其實此命名之義爲紀其孝也
然則命名在孩提居喪之後矣碑又云烈祖撝隋
尚書右丞聘陳使永安侯大父嗣元唐通事下闕淑
考九思豐城令宰相世系表曾祖撝後周行臺左
丞祖弼誠父九思流水令而不載嗣元官位亦與

碑不同碑言撝在隋時爲聘陳使隋本紀自開皇
三年二月陳遣使來聘之後至閏十二月遣曾令
則魏澹使于陳自是逐年皆有報聘之使凡報聘
使副不過二人四年十一月遣薛道衡豆盧實五
年九月遣李若崔君贍六年八月遣裴豪劉顗七
年四月遣楊同崔儦八年三月遣程尚賢韋惲自
是遂下詔伐陳至九年三月平陳矣歷次聘使中
無鄭撝姓名世系表以撝仕于後周檢周紀自武
帝保定元年六月遣殷不害等使于陳自使陳逐
年遣使來聘而報使無聞至建德三年十月始遣

揚尙希盧楨至宣帝嗣位之初卽命將帥衆伐陳不復遣使亦不見有鄭撝姓名或者殷不害等其中有鄭撝爲副未可知也然碑實在隋時不能臆撝爲爲郎以隋論撝之聘陳祇在開皇年間自開皇至開元廿四年立碑之歲約一百四十餘年以三十年一世計之則撝爲曾之高祖理所應有碑故不云曾祖而云烈祖世系表失書嗣元一代其迹顯然中州金石記疑之是也至碑云號嗄殆至中州金石記謂本于老子終日號而嗌不嗄又据傅奕校定古本老子嗄作歘又證以玉篇引老子

作終日號而不嚘以爲嗄卽嚘字之誤然元宗御注道德經石刻在開元廿六年其書經文實是終日號而不嗄和之至注云赤子終日啼號而聲不嘶嗄和之至口之令和也雖据陸氏通行之本玩其文義嘶嗄主聲而不主氣故廣韻云嗄聲敗玉篇云嗄聲破與元宗御注老子合廣韻歘氣逆玉篇歘逆氣集韻歘歐歘嘅也一曰氣逆而引老子終日號而不歘爲證又于嗄云氣逆也或作噎是集韻始以嗄爲氣逆以老子爲終日號而不歘不但與御書老子不同且與玉篇廣韻俱不同又廣

据原碑趙本校

韻以嚘爲歐歘歎集韻以嚘爲歐歘嘅字異而音義同總不與嗄同音義又玉篇引老子作終日號而不嚘集韻引老子作終日號而不歘傅奕以作歘者爲古本老子兩唐書志老子無古本之名惟汗簡有古老子列于書目檢其欠部無古老子歘字之文則傅本之作歘以爲古本老子者似亦未可徵信頗疑古文夏字作□與篆文憂之作□者形相似此碑書嗄字作嚘右旁夏字頗合古文之體當時古本流傳或誤認爲嚘又輾轉傳譌誤作歘字以致玉篇集韻各引老子不同詳玩碑文號

嗄殆至亦當解爲號哭失聲似不主號哭氣逆若赤子初孩號哭其常也失聲其變也若必氣逆則非初孩所能支矣碑云鐘隴西太夫人喪鍾卽鍾字廣韻云鍾當也碑謂當母喪也世系表云曾慈州刺史與碑題合碑云鈌泐不知官慈州在何年後有璽書加朝散大夫懷州闕下刺史此懷州不知與慈州孰先孰後也曾卒後贈光祿少卿則表所不書

大智禪師碑銘

碑高八尺五寸三分廣四尺七寸三十二行行六十一字隸書篆額在西安府學

按此碑文尚完好校對此書初無同異趙本大教錬往縉五字與此不同皆不可從

大唐故大智禪師碑銘并序

中書侍郎嚴挺之撰

右羽林軍錄事參軍集賢院待　制兼挍理史惟則

書并篆額

大聖人以仁德育物者則醴泉潛應而湧嘉禾不播而植神功以不宰寧運者則玄宗會境而立正法由因而衛然則有靈允荅爰九嘻而式叙無爲克成超萬爲而弘濟暨　今上文明大開淨業溥福利眞慈之澤闢權智衆善之門精求覺藏汲引僧寶往必與親念則隨應張皇道達之路騰演元亨之衢者其惟我大智禪師乎禪師諱義福上黨銅鞮人也俗姓姜氏系本於齊官因於潞載鴻休於邦謀踐貞軌於家範曾祖□門令大父烈考並棲尚衡門禪師始能言已見聰哲相有識便離貪取先慈矜異遺訓出家年甫十五遊於衛覩藝於鄴雖在白衣已奉持沙門清淨律行始爲鄴衛之松栢矣乃遠迹尋詣探極冥搜至汝南中流山靈泉寺讀法華維摩等經勤力不倦時月遍誦畧無所遺後於夜分端唱經偈忽聞庭際若風雨聲視之乃空中落舍利數百粒又於都福先寺師事朏法師廣習大乘經論區析理義多所通栝以爲未臻玄極深求典奧將□

嶽大師法如演不思議要用特生信重夕惕不遑旣至而如公遷謝悵然悲憤追踐經行者久之載初歲遂落髮具戒律行貞苦自尒邪衛一食而已聞荆州玉泉道場大通禪師以禪惠兼化加刻意誓行苦身勵節將投勝緣則席不暇暖願依慈救故遊不滯方旣謁大師率呈操業一面盡敬以爲眞吾師也大師乃應根會識垢散惱除旣而攝念慮棲榛林練五門入七淨毁譽不關於視聽榮辱豈繫於人我或處雪霜衣食罄匱未嘗見於顏色有厭苦之容積年鑽求確然大悟造微而內外無寄適用而威儀不捨大師乃授以空藏印以揔持周旋十年不失一念雖大法未備其超步之迹固以遠矣後大師應召至東都天宮寺現疾因廣明有身之患唯禪師親在左右密有傳付人莫能知後聖僧萬迴過見禪師謂衆人曰弘通正法必此人也神龍歲自嵩山嶽寺爲羣公所請邀至京師遊於終南化感寺棲置法堂濱際林水外示離俗內得安神宴居寥廓廿年所時有息心貞信之士抗迹隱淪之輩雖負才藉貴鴻名碩德皆割弃愛欲洗心清淨齋莊肅敬供施無方或請發菩提或參扣禪契有好慕而求進修者有厭苦而求利益者莫不懇誓專一披露塵惱禪師由是開演先師之業

慧宣至聖之教語則無像應不以情規濟方圓各以其
器陶津絲性必詣其實廣燎明哲之燈洞鑒昏沉之路
心無所伏故物無不伏功不自已乃功無不成迷識者
以悟日新愛形者由化能革不遠千里曾未旬時騰湊
道場延袤山谷所謂旃檀移植異類同薰摩尼迴曜衆
珍自積其若是乎如來以四諦法濟三乘衆生以八正
道示一切迷惑其或繼之者善成之者性非夫行可與
眞靜齊致道可與瀌身同體者固難議於斯開元十年
長安道俗請禪師住往京城慈恩寺十三年
皇帝東巡河洛特令赴都居福先寺十五年放還京師

廿一年　恩旨復令入都至南龍興寺曰此人境
之靜也遂固懇焉沙門四輩靡然向風者日有千數其
因環里市絕葷茹而歸向者不可勝計廿三年秋八月
始現痿衰疾閉關晦養不接人事誡諸門徒曰吾聞道在
心不在事法由己非由人當自勤力以濟神用衆以爲
付屬之萌也明年夏五月加疾減膳廿四日申酉之間
有白虹十餘道通亘輝映久而不滅廿五日際晚攝念
開顏謂近侍數人云本師釋迦示現受生七十有九乃
般涅槃吾今得佛之同年更何所住又云臥去坐去亦
何差別便右脇枕手疊足而臥此則知身非實處疾不

亂奄忽棄世無覺知者　皇帝降中使特加
慰賵尋䇿策諡号曰大智禪師即大智本行皆悉成就以
禪師能備此本行也禪師法輪始自天竺達摩大教東
派三百餘年獨稱東山學門也自可璨信忍至大通遞
相印屬大通之傳付者河東普寂與禪師二人即東山
繼德七代于茲矣禪師性篤仁厚天姿通簡取捨自在
深淨無邊苦己任眞曠心濟物居道訓俗不忘於忠孝
虛往實歸尤見其因默有無不足定其體名數安能極
其稱譬元波難挹高棟云摧既離形器之表當會神通之
域粵七月六日遷神于龍門奉先寺之北岡威儀法事

盡令官給縉紳縞素者數百人士庶喪服者有萬計自
鼎門至于塔所雲集雷慟信宿不絕棺將臨壙有五色
禪雲白鶴鴻數十雲光鶴鴻影皆臨棺上欝靄徘徊俟掩掩而
散近古歸墓靈相未有如斯之盛也禪師之季曰道深
力方壙而心盡弟子莊莊濟等營豐碑而志勤伊余識昧
昔嘗面稟非以文詞取拙將爲刻慕在懷覽江夏左銘
涕增橫墜額太原成論悲甚慨然攀緣苦集願望都斷
有太僕卿濮陽杜昱者與余法利同事共集禪師衆所
知見實錄其餘傳聞不必盡記且離生滅是究竟無餘
鏤盤盂乃古今難沫願才不稱物短綆汲深猶昔人稽

首東向獻心廬嶽者以爲懇慕之極光鐫刻永世不猶
愈乎其銘曰
契眞慈者道爲物先靈力幽援降劫生賢爰茲大士寂
照雙宣惠超三業心空四禪德溥甘露言感清泉翱軒
宗極念護無邊猶彼檀施兮福未嘗有如彼戒瓶兮物
無不受石無磷兮白不湼栢耐霜兮竹停雪今將遺世
兮無有量永離㥁纏兮辭生滅門入法侶兮無歸仰刻
鑿琱金兮狀高節望廬山兮摧慕瞻朗谷兮悲絶
開元廿四年歲在丙子九月丁丑朔十八日甲午建
史子華刻字

碑陰

記刻碑陰之下方二十七行行九字隸書

大智禪師碑陰記
河南少尹陽伯成撰
通宣郎行河南府伊闕縣尉集賢院待　制兼校理
史惟則書
夫道非言以明道也空非相相以泯空也　禪師珍
天寘符曠刼傳印出等等騰非非適來時也適去順也
上自　宸扆下達蒸黎纔仰青蓮之元旋驚白林之昏
中書侍郎嚴公探祕藏決詞江洋洋乎文宗昭昭乎[illegible]

迹伯成殊昧先覺忝在後塵紉合羣公激揚衆美豈翰
墨以云朽將金石以齊固所謂非六經爲以明夫子也
非四偈爲以曉眞如也凡捨淨財者　人具題銜里
于時歲在辛巳五月庚戌十八日丁卯皇唐開元廿九
年也
施碑石主弟子朝散大行華原縣令劉同
此碑爲唐史侍御惟則書實泉述書賦稱史書古今
折衷大小應變聲價極不落莫也其行筆絶類太山
銘而縝密過之知開元帝潤澤所自耳大智師北宗
之錚錚者嚴挺之粗能其家言俱可存者弇州山人稾

大智師見唐方技傳傳云開元二十年卒碑云二十
四年碑陰陽伯成撰記施淨財事而惟則書書法瘦
而少態與前碑異何也石墨鐫華
惟則分隸爲開元時第一此碑完好無一字剝落尤
爲可珍庚子銷夏記
碑書縉紳作稽紳蓋以縉亦作搢遂誤手爲木耳碑
陰陽伯成撰亦史惟則書前碑書於開元廿四年碑
陰書於廿九年前碑老勁莊嚴此書骨力參以和緩
之致乃趙子函反謂其瘦而少態何也金石存
碑陰記河南少尹陽伯成撰伯成嘗爲戸部郎中見

唐文百篇校

唐書崔沔傳（潛研堂金石文跋尾）

碑盛述大智勤行戒律至復終以皈依比于昔人稽首東向獻心盧嶽者以為懇慕之極攷挺之傳云溺志于佛與浮屠惠義善義卒衰服送其喪已乃自葬于塔左其迷溺不返有由然矣挺之題銜中書侍郎者史亦未及（授堂金石跋）

張昕墓志

石高廣俱一尺六寸五分二十一行行二十字正書在西安府城南杜城

大唐故京兆府美原縣尉張府君墓誌銘（并序）

君諱昕字道光京兆長安人也漢廷尉之丕緒晉司空之徽烈印傳雙鵲不墜家聲冠睽七貂挺生其美祖宗隨襄城郡守和易二州刺史剖符按俗露冕宣風明斷不謝於分綠清白有逾於酌水祖勣朝散大夫上柱國行閬州西水縣令術雄五縣恩寵百綠調絃則綵翟馴棊字物乃白鳩巢室父元禕中大夫行寧州長史才高展驥德邁題輿專城假翊中朝藉甚君門承懿範胎教英奇鄉譽克重於歲寒庭訓必先於忠孝取父蔭出身解褐授涇州鶉觚縣尉秩滿選授汾州隰城縣尉丁父憂服終選授京兆府美原縣尉而職司畿甸聲流臺閣冀期朝須方翊欲問西風何啚天要李通便遊東岱以

開元廿四年秋七月四日奄終于私弟春秋五十有七即以其年歲次景子十月三日窆葬於京城南杜城東二百步舊塋之禮也夫人京北韋氏夫人恒農楊氏遷合嗣子等臨鶴壟而攀號恐宜寞無知鑿石為記其詞曰

於昭清河宗社𤍠赫廷尉重道司空傳識家傳鵲印代襲貂蟬剖符求瘼綰墨調絃龐統外臺梅福畿甸德音尚在魂靈不見親親雪泣嗣子攀號式鐫貞(校)磬永播劬勞

開元廿四年歲次景子十月三日己□

按誌內祖宗字當是祖字上失寫曾字其曾祖名宗耳（雍州金石記）

按張昕及其曾祖宗祖勣父元禕隋唐書俱無傳曾祖既失寫曾字後文杜城東二百步舊塋之下當有東西左右等字亦失寫也末行十月三日已下泐一字十月是丁未朔三日乃己酉也

寰刻叢編載此碑標題十一字与此同

左輔頓𠋣西嶽廟中刻石記

石已斷裂現存三塊合之橫廣三尺八寸七分高三尺十九行行十六字隸書

刻石記 刻石記三字上原石缺八字是左輔頓偹西嶽廟中八字

權倕文

勾掾盧奕德宗相杞之祖也天寶十四載死安祿山之難唐書奕傳謂天寶初爲鄠令此時當爲掾曹則題記當在開元之末馮翊尉裴季通官終金部郎中主簿杜繹憲宗相黄裳之伯父也官終秀容令皆見唐書宰相世系表 虎癡記

韓城縣主簿杜繹書

□□□□□□□□十月

□□□□□□□□□師左馮翊太守曾□□□□

□□□之事旬有二日奉迎□□□□□□庵耋

七百餘人獻□□□□□□□□旌旂火天組練雪

□□□□□□□□□雄見風清九夷聲□□□□

□□□□而赫彌天之祟涖臨□□□□□□□磚

一邑非夫奮霆電□□□□□□□能自　明辟而

下逮王公卿士洎趣馬小□□□□□□□我胥公

之肅韺丕□實勾掾盧弈功掾揚日休馮翊宰前御史

薛巘尉裴季通苗元震朝邑尉劉遵素澄城尉邵潤之

河西尉權倕不敢怠也仰毗□掌俯虔靈祠虛聞悉戊

之音實荷穰穰之祐倕固陋舊學于師氏見命書事因

刻石而　□□□□□

韓城縣丞李從一

右碑石分爲三存一百七十七字文不可讀惟倕文繹書數處可辨攷金石録有禹傳郎倕所撰文當開元二十五年又宰相世系表以爲郎德輿之祖故附置于此書法類蔡有鄰 關中金石記

按碑題但有刻石記三字据復齋碑録云有左輔頓僚四字義不可曉撰文者權倕乃宰相德輿之祖倕之子皋見唐書卓行傳云皋字士繇秦川略陽人從潤州丹徒父倕與席豫蘇源明以藝文相友終羽林軍叅軍倕之事跡可見者祇此碑有左馮翊太守曾公字又有曹掾令尉等姓名似係從太守致禱于嶽祠而記其事惜文多缺泐馮翊太守曾公既于史難稽而陝西通志名宦傳寥寥無幾人未有如碑所云者無從考矣

裴光庭碑

碑已斷不知其高幾許廣五尺六寸五分三十一行字數無考行書

大唐故光祿大夫□侍中兼吏部尚書□□□學士贈

太師□□忠獻公 下闕

御書

金紫光祿大夫侍中□□館學士上柱國□□縣開

國男臣□□□奉　缺

夫道常習故葢人拘於凡也得精忘麗是天縱於聖也方聖上之拔大師也豈籍譽於朝廷哉徵取士於無跡懸收功於未朕而終致大用克成休勛使祖虛名者見西子而憎貌工横議者聞魯連而杜□乃知古謂則哲雖帝其難今之得人遇聖爲易能允明主之鑒不負眞

賢之實者其在正平忠憲公乎公諱光庭字連城河東
聞喜人也伯翳之後與秦同姓始封于裴因邑命氏在
魏晉之際爲人物之傑與瑯琊王氏相敵時人謂之八
裴八王自茲厥後弈代更盛大王父定周大將軍馮翊
大守瑯琊公大父仁基隋光祿大夫追贈持節原州都
督天而旣厭隋德矣見危致命不亦難乎謚之曰忠春
秋之義也父行儉禮部尚書兼定襄道行軍大揔管聞
喜縣公贈太尉時或有姦王命矣禁暴安人不謂重乎
謚之曰憲尊名典也公即太尉公次子降神元和含光
不曜越在初服已有老成雖遠大是圖而近識莫悟學

探帝載何事小名業綜人倫豈矜一善弱歲居太尉獻
公喪幼以孝聞爲補宏文館學生神龍中明經擢第授
家令寺丞轉太常丞加朝散大夫景龍中以親累外轉
爲人爲陝王友改右衛郎將丁晉國太夫人憂柴毀骨
立殆至滅性服免起爲貝州别駕未之就也復除右衛
郎將無何遷率府中郎嗟乎有其道而無其用不可行
也得其時而不得其志亦不可行也公負經綸之器韜
王霸之畧自委泊外臺棲遲下位出外從事十數年間
坦然而自若者何哉蓋知才有所必伸命有所必與非
苟而已開元中聖上思光祿之休烈嘉太尉之元勳是

必象賢其將大受特拜司門郎中轉兵部侍臺之交始
應列宿鴻漸之羽可用爲儀遷鴻臚少卿以覲其能也
是歲天子有事于岱宗諸侯會朝于行在執籩豆者不
限於中外獻琛賫者亦勤於駿奔莫不來享無有遠近
而執政以公代曉邊事職在行人且曰夷狄恃豺狼黷
盟阻德我今有事戎或生心我張吾師有備無患若何
公曰不可夫封禪者所以告成功也觀兵者所以威逆
命也云亭苗扈非一時之事也受脤執燔非三代之禮
也天方佑我光啓舊服慴彼獯鬻能違天乎無肅勦人
可以謀告從之秋九月突厥果使其相執失頡利發與

其介阿史德暾泥孰來朝公之謀也東封還遷兵部侍
郎祈父之職夏卿之亞存而舉者悉以咨之公於是考
遺訓補闕典蒐苗獮狩之禮詳施稅簡稽之賦頒九畿
之政攻九伐之刑以練國容以精軍實邊鄙不聳帝用
嘉之旣而拜中書侍郎同中書門下平章事兼御史大
夫王出其言濡乎人有歸也天憲惟明肅乎人知禁也
爲加銀青光祿大夫換黃門侍郎俄遷侍中兼吏部尚
書宏文館學士揔百揆之樞轄酌九流之泉奧叶文軌
之殷受天人之和木火象鼎其惟賓餗山川出雲用作
霖雨時哉之會無得稱焉先是大化之行也務以寵黜

遵夫易簡舊章存而不議吏道雜以多端公於是求
故之實契隨時之義作秩序以平之設循資以定之其
權衡以選之考殿最以糸之姦回無所措其邪嘽嗜不
能介其量多士動色羣方改瞻仰之者邈乎如山窺之
者闇不容髮或曰執事無乃惠歟公曰大命敢不敬歟
若然方將致六符於泰階驅百姓於仁壽豈直睥睨先
正務綸近古汩而隨流守而勿失云爾哉廿年冬上幸
河東祠后土命公兼左軍師禮畢賜爵正平男加光祿
大夫云抑人有言曰樹善莫如滋積仁莫如重則臧僖
之慶有後於魯欒武之德未絕於人宜公侯之子孫必

復其始也公嘗讀易至益之屯與升之漸喟然歎曰物
惡有滿而不溢高而不危者哉既而居不崇侈動無踰
法雖百乘之家萬夫之長沖如也謂日用不知存諸方
腸何天年未永殲此台臣廿有一年春三月癸卯遘疾
薨於京師平康里之私第春秋五十八朝廷哀傷晃旒
震悼制戶部尚書杜暹卽殯弔祭賵物五百段粟五百
石喪事優厚官供輟朝三日丁未有詔追贈太師謚曰
忠獻使左庶子攝鴻臚卿李道□監侯喪事以□月□
日葬我忠獻公於聞喜之舊塋禮也初知星者言上相
有變良臣將殁謂請禳之公曰使禍可禳而去則福可

祈而來論者多之以爲知命夫天下之達道有五所以
行之者三曰忠孝仁安君忠也榮親孝也周物仁也此
三者有一於身鮮矣而公實兼之且媚于人者必好其
咸福賢于事者必美其謗政公知其然則以直道匪躬
之故忠莫厚焉禮爲人子春秋以致享義於人臣夙夜
以從命公知其然則以時告如在之敬孝莫重焉夫以
衡石之任陶鈞之力莫不責於下吏求備於一人以故
舞文雷同疑獄歲構悟而不改浸以成風公知其故則
以信察御物之惠仁莫加焉其行已奉公皆此類也嘗
所著述萃于箴規以爲惇叙九族本枝百世王者之盛

德也而義不可以無訓作搖山往記維城前軌以諷之
微而章志而晦聖人之舉也道不可以虛行作續春秋
自戰國迄于周隋以統之臣子義也天人之際備矣非
潛開通理其孰能與於此乎宜其存無幸人沒有遺愛
嗣子稹京兆府司錄參軍孝實克家動必中禮丕承厚
命爲天鑒而增華敢跡前修琢豐碑而不朽銘曰
益作舜虞鉞分晉土慶流八族德成三祖瑯琊象賢懷
文琠武光祿忠烈殺身報主尚書出將恢我王略文教
內敷武功外鑠緇衣之弊惟公纘作用職而明處豐思
約鴻臚好謀夏卿稱職代天龍佐皇立極納于盡

好是正直乃宅冢司謀猷允塞盡瘁事國夙夜在公居
無闕正歿有餘忠天子命我頌德銘功日月有既令聞
無窮
奉　勅撿按摸勒使朝議大夫□□議大夫上柱國
□庭誨判官□缺
奉　勅撿按樹碑使銀青光祿大夫使持節解州諸
軍事解州刺史上缺
右裴光庭碑張九齡撰元宗御書按唐書列傳云光
庭素與蕭嵩不平及卒博士孫琬希嵩意以其用舊
資格非獎勸之誼謚曰克平帝聞特賜謚曰忠憲今

碑及題額皆爲忠獻傳云撰搖山往則而碑云往記
光庭以開元二十一年薨二十四年建此碑元宗自
書不應誤皆當以碑爲是集古錄
唐中書令集賢院學士張九齡奉勅撰元宗御書集
中裴耀卿題御書字兵部尚書同中書門下三品李
林甫題額諫議大夫褚廷誨摹勒光庭字連城河東
聞喜人官至侍中正平郡公贈太師謚忠憲碑以開
元二十四年十一月立在聞喜集古錄目
按此碑金石諸書僅見集古錄與錄目有之餘皆
不見著錄錢塘倪濤六藝之一錄載及此碑蓋倪
氏是廣採諸家錄目者此碑得入錄頗有歐公二
跋也碑文斷缺題稱忠獻公而泐其姓文內叙氏
族處皆泐頼有廿有一年春三月癸卯遘疾薨于
京師字特完好以元宗紀證之知爲裴光庭也惟
紀書三月乙巳裴光庭薨碑則云癸卯小異耳前
題金紫光祿大夫侍中□□館學士上柱國□□
縣開國男臣□□□奉下闕此乃奉勅撰文者以光
庭傳考之知爲張九齡也九齡傳遷中書舍人內
供奉封曲江男出爲嶺南道按察使召爲祕書少
監集賢院學士副知院事今碑作□□館學士則

似宏文館學士矣與傳異也碑是御書末有撿按
摸勒使撿按樹碑使二行凡御書碑宜皆有此勅
使二人想搨者失之獨此碑見耳樹碑使泐其姓
名無從考矣摸勒使存庭誨二字据集古錄目知
爲諫議大夫褚廷誨也廷誨庭誨互異當從碑然
集古錄目不及樹碑使何也猶幸其前詳叙題御
書字之裴耀卿題額之李林甫今搨皆佚之又可
知凡御書碑皆別有題御書字之人他碑皆不詳
獨此碑有之歐公得此碑時皆及見之也又檢文
苑英華載此文雖多訛字然可取以補碑之闕者

甚多知今碑存者僅三之一耳文前叙先世云伯翳之後與秦同姓始封于裴因邑命氏後銘詞則云益作舜虞鍼分晉土慶流八族德成三祖伯翳即伯益通志氏族略云裴氏嬴姓伯益之後秦非子支孫封蓜鄉因以爲氏今聞喜蓜城是也聞喜隸解州六代孫陵當周僖王之時封爲解邑吉乃去邑從衣爲裴一云晉平公封顓帝之孫鍼於周川之裴中號裴君此碑叙先世叙與銘各從一說也然唐書宰相世系表已云封鍼裴中之說疑不可辨而銘乃取之可知當時裴氏譜牒非甚有確

證者矣世系表云陵裔孫蓋蓋之九世孫燉煌太守遵自雲中徙光武平隴蜀從居河東安邑安順之際從聞喜其後分爲西眷中眷東眷三裴即碑所謂三祖也光庭系出中眷裴氏碑云魏晉之際爲人物之傑與瑯琊王氏相敵時人謂之八裴八王此語本世說云正始中人士比論以八裴方八王裴徽方王祥裴楷方王衍裴康方王綏裴綽方王澄裴瓚方王敦裴遐方王導裴頠方王戎裴邈方王玄是也此下叙其大王父定高（英華脫高字）大父仁基父行儉文皆泐惟存見危致命謚之曰忠獻

語指其祖事蹟與史傳合他碑傳皆稱曾王父此謂之大王父尠見也然是英華刻本語非石刻可据者也此下叙光庭事與兩史傳互有詳畧碑既大半磨泐僅從英華補闕不足深辨惟碑云謚曰忠獻舊史傳同新史作忠憲爲尤不同耳碑云搖山往記維城前軌以諷之蓋所以諷諫諸王子者故舊傳載手制褒美又令皇太子已下與光庭相見以重其諷諫之意此書碑與新傳作搖山舊傳與英華作瑤山按此語似本山海經云祝融生太子長琴是處榣山始作樂風榣亦作瑤韋承慶寒

食應制詩藹藹瑤山滿仙歌始樂風是榣山瑤山皆可而搖山則誤也似碑文糢糊辨之未確耳

金石萃編卷八十一終

據唐文百篇校

金石萃編卷八十二

賜進士出身 誥授光祿大夫刑部右侍郎加七級王昶撰

唐四十二

臨高寺碑

碑高三尺八寸四分廣二尺七寸二十二行行五十六字行書在閿鄉縣臨高寺

臨高寺重修舊碑并序

宣義郎前行懷州獲嘉縣主簿常允之撰

舍弟承奉郎前行商州叅軍□□□

□弟文林郎吏部常選演之書

聞夫謂天蓋高敬授羲和之職謂地蓋廣俯窮章亥之

步靈珪降瑞故別於九州玉衡正時廼分於七曜伊恍恍其尚不況泡幻之爲言豈若世稚湛然不生不滅在有爲而是空入無閒而非假豪光發照徧近遠而咸燭法雨散霑普大小而同潤運其自在兼變成蘇現以威神移山□□□輕舟於彼岸濟以浮生儼高駕於長衢誘其愚子示方便力說最上乘難可以聲求難可以色見智慧具足功德巍巍者歟臨高寺者西魏□書□劉謙之宅捨充寺焉處高臨下茲以建号杏檀竹徑舞□□樓飄爲列戟之門餘成布金之地溉白石之澗斜帶逶迤枕黃軒之原傍連邐迆□□更與替代易侯王川

嶽多沸濤征戍匪遑晏𥙿去公室政行私門天綱於是不恢法輪由其暫息樂崩禮壞寧復云乎遂令像教凋殘梵宇淪落歔滅之望雖異歎於蕪城惇惶之遊未殊悲於火宅若行若坐每是思惟於戲 我唐德淳仁洽歲無荒札邊盡封守鴻儒碩秀繼踵於□臺赤烏朱鳳接翼於祥府仍精想道意銳念眞寂昇乾用尊於九五世界載廣於三千有若大比丘上座釋法震俗閻氏也寺主智琬俗楊氏也德祖種美於魏公續伯見賢於太傅行袪五濁心淸六塵登於仁壽之路超以闍浮之境都維那曇一俗賈氏也朝廷獲寵恃外戚而相國

洛陽馳聲勞文章而佐郡濟拔貪著汲引津梁搖玉柄而開談應聽不去坐銀牀而入定烏乳何驚衆比丘釋惠琬彥莊嘉□法琇法會法海道林□超談論曇晞希逸惠靜等竝庇影禪林凝情定水已除疑網共振頹綱弥天掞天之才詞光麗藻東山北山之部義了精微力役將候於子來制作□符於造化□是或杖錫或乘杯踰嶮槎木以攸往泳淙編桴而利涉途窮理迫便作是念言順志柔而爲譬諭喜檀施之衆以大伽藍罄衣鉢之餘以崇輪奐事惟靡盬誠無怠遑諦聽則被物如雲降伏則偃人猶草資供霧濩輻轤遷砰然後詳共工之

庭實審班匠之施巧經之營之不盈不縮珠貝之寶非
獨漢皋松石之材寧專岱畊再加剞劂重肆彫礱勢戢
香以攢倚狀支離而分赴造宮觀於天路日月出入於
其閒浮梁桂於星躔烟霞棲洽於其表千櫨競糺大鵬
垂而欲飛百栱爭高翔□仰而何逮松搖麈尾直對香
鑪巖聳鷲頭下臨禪窟長廊宵窱曲榭周流叢堦珠草
而未名倒井瑜蓮而幾色璀璀粲粲金碧炯晃而燐亂
煒煒煌煌丹青炳煥而昭彰映以甘泉之玉樹隱以崑
嵛之銀闕北據竹箭激波浪以成池南岠荆衡□峯巒
以層閣塵飛刧石似拂雲衣風觸鳴琴乍傳天樂故知

功高由志業廣由勤功成而其頌可宣業就而其名可
著將持聖勣在勒豐碑陵谷可遷相好常住敢憑此義
不朽斯文銘曰
皇矣能仁空印是眞青蓮矅目丹菓開脣恒沙世界累
刧微塵作祇圖遠誰之与鄰其一若日比丘仁精行脩究
竟微妙洞達譚幽言驚黑鼠先乘白牛欲設方便思□
其柔其二聲高道□業尊惠□禪林永邁寂路忘返德洽
雲搖信行風偃將植龍樹先經鹿苑其三爰始結構廣茲
□宇鐸迴風吟□□雲聚叢倚□立杈牙邪豎壁露銀
泥繩交金縷其四遠瞻迢遰迴望崔嵬文以粟玉藻以玫
瑰彫甍鳳翥畫壁龍來自然風角何必天合其五雲蔚霞
爍赫奕彰灼下極窅冥上肆寥廓瑶林瓊樹蕙樓芸閣
海變成田此其如昨其六
大唐開元廿五年歲在丁丑四月□巳廿八日壬申
□
殿內西鋪大像主上柱國劉知音
碑云臨高寺者西魏□書□劉謙之宅捨充寺焉處
高臨下茲以建号其文甚工麗字亦姿致可觀惟寫
葺爲蒼海爲棄鷁爲瀸戊爲戌閭爲閤奠爲奠煥爲
煥最爲紕繆餘文亦多別體云輼轤遷碎出漢書楊

雄賦云輼轤不絶孟康曰輼轤連屬貌如淳曰音雷
盧寶漢人俗字也古無喻字以譬諭爲譬喻猶用古
字中州金石記
按臨高寺在閿鄉縣城東南二十里河南通志不
詳建寺之緣起但載明左守忠詩有云青松閱世
風霜古翠石題名歲月賒卽謂此碑也碑云西魏
□尚□劉謙之宅捨充寺焉劉謙之附見南史劉
康祖傳乃劉宋元嘉時人傳云康祖彭城呂人康
祖伯父簡之簡之弟謙之好學撰晉紀二十卷位
廣州刺史太中大夫此碑云西魏當是別一人閱

鄉閿鄉俗省作縣地兩漢魏晉皆謂之湖縣至北魏孝
文太和十一年置陝州恒農郡而湖縣遂謂之湖
城縣讀史方輿紀要云西魏大統四年魏主自洛
還關中留閿鄉葢湖城縣之鄉名也謝中丞啟昆
西魏書大統四年秋七月東魏將侯景等圍洛陽
帝與安定公宇文泰東伐九月車駕至自東伐所
謂留閿鄉者卽此時也然則閿鄉之地六朝以來
總爲魏有碑云西魏信爲可徵南史所載劉謙之
非卽捨宅之人明矣撰文者常允之次行承奉郎
前行商州參軍下泐三字是其名此人當是篆額

者而云舍弟乃允之之弟也又次行弟字上泐一
字當亦是舍字下云文林郎吏部常選滇之書兒
稱其弟曰舍弟𢧐見此碑碑書恒河世界避諱作
世界廿八日壬申則朔日乙巳碑葢泐乙字也

進法師塔銘
石橫廣二尺八寸五分高二尺
二寸二十七行行二十字正書

大唐大温國寺故大德進法師塔銘并序
太子司議郎陳光撰
開□寺沙門智詳敬寫
法師法名進俗姓高氏渤海蓨人也自錫土派姜而世
官懿德姓牒代□詳之矣法師天縱淑靈性与眞粹越
在嬰弱已現殊表每□□有佗際之心□□□□嫛婗
以笑□髫丱就學便𦨞習墳典年始□歲□誦萬言□
□十二部經春秋廿而畢□□□□多刧□慧異於今
□哉文明年中占□而□□□仙遊山□將□超
絕世□經行於□□中□□□菩提樹下三明所照
五蘊皆空□潛□□□□播諸方□衆□爲□著禪
味利益□身不□□□□門津梁萬物□菩薩□用如
來心大□群迷將登正覺歸依者葳廣鑚仰者日多始
遷香積□□終□温國大德□□由已牽□在□衆籍

綱維□□□□寺主頃之□□上座□餘之心雖
無□□□□爲所應終□□□淸□□□□□□
□□□□涅槃仍經□□□身世如閱□□□□嗚
呼始□師遘疾之初□□□□□□彩雲□□□□
□□所及大□道俗省問三百餘人□□異香□氤□
槃髣髴至□□感□□□測粤丙子歲開元廿四年八
月□日終□□十五日窆茲隧禮也苐子乘偘□十□
恩□冈□□□□諸比丘比丘尼□□□婆□得
□講□密□□□□□□毒不可勝數□□爲天地
長□人代遷□□□□刊記曷播徽烈□□□□乃銘之

據原碑校過
按此碑非唐人文似不宜錄入

曰
□□□□□相蕩薄滅□寂□乃爲樂如如我師淨無著
音容一去長冥冥
開元廿五年歲丁丑七月癸酉朔八日庚辰建
此太子司議陳光撰僧智詳書磨泐僅存形似然其
書法亦是習登善者 石墨鐫華
按書碑者沙門智詳不云敬書而云敬寫以寫爲
書他碑未見寫有謄鈔之義本於古諺所謂書三
寫魚成魯帝成虎也

無畏不空禪師塔記

碑橫廣二尺六寸高二尺四寸四分三十五行行二十二字正書在咸陽縣

西山廣化寺三藏無畏不空法師塔記

大唐開元二拾三年三藏無畏卒春秋九十有九詔鴻
臚丞李現監護喪事塔于龍門之西山廣化寺藏其全
身畏本釋種甘露飯王之後以讓國出家道德名稱爲
天竺之冠所至講法必有異相初在烏荼國演遮那經
須臾衆會咸見空中有毘盧遮那四金字各尋文排列
久之而沒又嘗過龍河一托駞負經沒水畏懼失經遽
隨之入水於是龍王邀之入宮講法不許彼請堅至爲
留三宿而出所載梵夾不濕一字其神異多類此○是

歲三藏不空於師子國從普賢阿闍棃求開十八會金
剛灌頂及大悲胎藏建壇之法其王一日調象俄而群
象逸莫敢禦之者不空遽於衢路安坐及狂象奔至見
不空皆頓止跪伏少頃而去由是舉國神敬之○論曰
自大教東流諸僧間以神異助化是皆功行成熟契微
心源自覺本智現量發聖絶非呪力幻術所致也殆自
東晉尸利密已降宣譯祕呪要其大歸不過祀鬼神驅
邪妄爲人禳灾釋患而已其間往往不□無假名比丘
自外國來挾術驚愚有所謂羅漢法者正幺曆邪術下
劣之技亦猶道家雷公法之類也茲豈高道巨德宏禪

主教者歟哉及開元中西域金剛智無畏不空三大士
始傳密教以元言德祥開佑至尊即其神功顯効幾與
造化之力均焉故三大士雖宏密教抑本智現量發聖
與嘗槪資治通鑑稱眞觀中有僧自西域來善呪術能
令人立死復呪之使蘇太宗擇飛騎中壯者試之皆如
其言因以問傅奕奕曰此邪術也臣聞邪不干正請使
呪臣必不能行帝命僧呪奕奕初無所覺須臾僧忽僵
仆若爲物所擊遂不復蘇此恐好事者曲爲之辭何則
若使果有是則僧非眞僧呪非眞呪正謂邪術耳固不
足以張吾教之疵也矧萬萬無此理向使彼能自西域

遠至長安厥術能死人而復蘇乃不暇自衛其身對常人無故而僵死雖見童莫之信也又當是時三大士者雖俱未至若京城大德僧惠乘元琬法琳明贍諸公其肯坐視絶域僞僧破壞教門不請峻治乃留帝命傅奕辨耶佛制戒律雖春蹊生草猶不許比丘踐之恐害其生況詭斷人命呪傳于世乎故予謂好事者曲爲之辭斷可見矣

開元二十五年歲次丁丑仲秋八月吉旦刊

右碣在縣東卅里瑠店本塚前寺壁字弱不侔當年文無可疑或原石殘毁後人易之者俟考 咸陽金石遺文

右塔記在咸陽原不空禪師墓前作于開元二十五年書法似顔平原敘述無畏過龍河一駝負經入龍宮講法留三宿又師子國象奔逸見無畏跪伏多與嚴郢所撰碑合又辨西域僧奏呪傅奕事曰此好事者爲之詞若果爾則邪說不足以疵吾教也佛制戒律不踐生艸況呪斷人命乎其文可觀錄之 金石錄補

文稱不空于師子國從普賢阿闍棃求開十八會金剛灌頂法又稱一日調象俄而羣象奔逸不空遽于衢路安坐象至皆頓止跪伏少頃而去二事並見嚴郢所撰大廣智不空三藏碑中故說者謂此無畏不空與大廣智不空即是一人按大廣智不空以大曆中卒于興善寺此卒于廣化寺爲開元二十三年時地並異不得合而爲一考開天傳信錄云無畏三藏初自天竺至所司引謁元宗元宗謂曰師來欲何方休息無畏曰臣在天竺時聞西明寺宣律師持律第一願往依止元宗可之因居焉據此是另爲一人又按大廣智不空本無無畏之名其起塔即在本院此則瘞于龍門之西山地屬咸陽爲非一人更無疑 關中金石記

右三藏無畏不空法師塔記無畏者如來季父讓位入道開元初至京師文苑英華載李華所撰東都聖善寺無畏三藏碑即其人也與嚴郢撰碑之三藏不空和尚各是一人但據李碑無畏初無不空之號據嚴碑不空亦無無畏之名此記乃合而爲一一可疑也據李碑無畏終于東都聖善寺葬于龍門西山而銘詞有伊水西山冥冥元室之語則是洛陽之龍門不當塔于咸陽二可疑也且檢此記前一段稱三藏無畏後一段稱三藏不空最後又稱金剛智無畏不空爲三大士則亦未溷而爲一既係兩僧何緣同在一塔三可疑也記末題開元廿五年秋八月刊其時

無畏已歿而不空乃卒于大歷中時代乖舛四可疑也此刻昔人未有著錄者書法亦俗其爲後人妄託無疑（潛研堂金石文跋尾）

記云大唐開元二十三年三藏無畏卒春秋七十有九詔鴻臚丞李峴監護喪事塔于龍門之西山廣化寺藏其全身舊唐書李峴傳稱峴樂善下士有吏幹以門蔭入仕按此記詔鴻臚丞葢其門蔭之資也記後有論引資治通鑑貞觀中有僧自西域來善咒術云云葢記石已毁爲宋人重刻非獨載司馬公書并仁宗諱已避之矣近人仍目爲唐刻誤也貞觀作眞觀避仁宗諱使然（授堂金石跋）

按此碑之誤甚不可解文中所敘種種錯謬又引資治通鑑一條顯係宋以後人之祟信咒術者刻記于廣化寺僧塔前然末行又題開元二十五年歲次丁丑仲秋八月吉旦刊不署記者姓名唐碑未嘗有稱其日爲吉旦者則并此年月亦爲後人僞託無可疑者碑題無畏不空法師塔記似以無畏不空爲一人又稱西域金剛智無畏不空三大士則無畏不空是二人王圻續文獻通考仙釋考名釋卷內此三大士各有傳云三藏金剛智西域

人本王種出家及來東土元宗見之大悅館于大慈恩寺嘗令祈雨智結壇圖一僧佛像約開眸卽雨閱三日像果開眸斯須而雨所至必結灌頂道場弟子不空傳其教寂後賜謚灌頂國師無畏三藏天竺人讓國出家元宗嘗夢見之至果如夢館西寧寺後令祈雨持鉢水以小刀攪之卽有微雨浮沈鉢面俄而大雨彌日又嘗令祈晴畏揑泥媪五軀作梵語咒之若斥駡者卽刻而霽不空胡僧也居興善寺嘗至師子國羣象奔逸莫能禦之不空端坐路衢象皆頓止俯伏少頃而退元宗于便殿令與方士羅思遠較術遠持如意向之言論次不空就取如意投諸地令思遠舉之思遠饒力不能舉帝擬自取不空笑曰三郞彼如意影耳因舉手中如意示之思遠欽服而罷凡禱必張繡座手持木神神能自立口吻瞬動祈禱可奪造化朝野奉之如神此三大士皆以咒術行于元宗朝卽碑所云始傳密教以元言德祥開佑至尊神功顯効與造化之力均者是也所謂密教者卽是咒術釋氏以咒爲祕密眞言也（按不空罥索菩薩經見于開元釋教錄及譯經三藏聖教者甚多故番僧名不空者亦衆此不空蓋西域之種別爲一人似持咒爲密教師亦有所翻經）

所見于今藏經中碑文首敘無畏之卒及其道行次敘不
空道行原分無畏不空爲二人後列總論乃敘三
大士名而繼以貞觀中傳奕事事詳資治通鑑貞觀十三年之末
標題則總謂之西山廣化寺三藏無畏不空法師
塔記文與題不合如此釋氏僞碑本不足錄今以
其爲諸家所著錄姑附存之碑書托驍貧經沒水
托驍疑卽橐駝借用字

比邱尼惠源誌銘

石高二尺五寸廣二尺二寸四分二十七行行二十七字正書

大唐濟度寺故大德比丘尼惠源和上神空誌銘并序

京兆府倉曹參軍楊休烈撰

姪定書

嘗聞見性爲本知常曰明幽探驪珠相付法印必將有
主人無閒言故如來立三世之事也大師諱惠源俗姓
蕭氏南蘭陵人也曾門梁孝明皇帝大父諱瑀 皇中
書令尚書左右僕射司空宋國公父諱鈛給事中利州
刺史紛綸葳蕤奕世名家原大師之始誕也惠音清越
閑氣冲亮稟天真於太和集神祜於純嘏及數歲後養
必中敬動皆合理發跡契道出言有章屛金翠而瑩其
繁華絶葷羶而割其嗜欲超然戰勝但思出家
天鑒孔明精心上感年廿二 詔度爲濟度寺尼
如始願也受戒和上 寺大德尼 道之崇也羯
磨闍梨太原寺大德律師薄塵法之艮也迺延師立證
登壇進律僧夏歲潔戒珠日明奉以周旋不敢失墜初
大師纔至九歲遘先大夫之酷廿有七執先夫人之憂
皆泣血茹哀絶漿柴毀古之孝子烏足道哉每秋天露
下衰林風早棘心欒欒若在喪紀不忘孝也亦能上規
伯仲旁訓弟姪噫噫閫門俾其勿壞則天倫之性過人
數級夫其內炳圓融外示方便恂恂善誘從化如流亦
猶師子一吼魔宮大隤則感激有如此者行住坐卧應

必皆空慈悲喜捨用而常寂黃裳元吉清風穆如則龜
鏡有如此者後遇高僧義福者常晏坐清禪止觀傳明
殊禮印可又有尼慈和者世尊之識知微通神見色無
礙時人謂之觀音菩薩嘗於大衆中目大師曰十六沙
彌卽法華中本師釋迦牟尼之往号也非大師心同如
來孰能至于此而更精承密行親佩耿光十數年間濆
其後事他日大師厭世示疾以開元廿五年秋九月二
日從容而謂門人曰死生者天之常道身沒之後於少
陵原爲空遷吾神也言卒右脇而卧怡然歸寂始知至
人不滯於物矣嗚呼天喪門人曷以仰曷以律時大師

享年七十有六即以十一月旬有二日從事于空遵理
命也志無疆之德旌不刊之典不亦可乎銘曰
猗歟明行　足不復還　至八去兮　逍遙天地之間
九月廿有三日鐫
碑云師姓蕭氏大父諱瑀父鈬唐書稱瑀好浮屠法
閒請捨家爲沙門比丘尼法願其女也而惠源又繼
之史之言爲不虛矣書本傳瑀有子銳而不及鈬定
瑀之曾孫終太子少師 關中金石記
右濟度寺尼惠源和上神空誌京兆府倉曹參軍楊
休烈撰姪定書惠源宋國公蕭瑀之孫女父鈬給事

中利州刺史宰相世系表作鉞不云爲利州刺史者
脫誤也文云曾門梁孝明皇帝稱曾祖爲曾門未詳
其義定官至太常卿鈬之孫也姪者對姑之稱後世
昆弟之子於世父叔父亦稱姪者乃相沿之失顏魯
公於伯父元孫稱姪男未免蹈俗若定之稱姪爲合
于古矣浮屠之法焚骨而瘞之于塔此獨云神空者
葢墓而不塔也誌稱惠源將死謂其門人曰身歿之
後于少陵原爲空遷吾神也又稱以十一月旬有二
日從事于空遵理命也理即治字學釋氏者猶不忍焚如
之慘而不用其法而民俗乃有惑于火葬者[illegible]無

是非之心矣 潛研堂金石文跋尾
誌載曾門梁孝明皇帝按段行琛碑曾門德濬葢以
曾祖爲曾門唐人多有此稱矣誌題惠願和上誑之
通俗編引廣異記大歷時某寺尼令婢往市買餅見
朱自勸問云汝和尚好否又云聞汝和尚未挾纊今
附絹二疋與和尚作寒具婢承命持絹授尼則唐時
尼亦稱和尚又見于此誌且在大歷前翟晴江未採
入也 授堂金石跋
按惠源爲蕭瑀之孫女蕭鈬之女其姑法願亦出
家濟度寺爲尼有誌銘錄于前法願卒于龍朔三

年惠源卒于開元廿五年春秋七十六推其生在
龍朔二年是法願卒時惠源年甫二歲也法願誌
但云梁武帝之六葉孫司空宋國公第三女此碑
則云曾門梁孝明皇帝大父諱瑀皇中書令尚書
左右僕射司空宋國公父諱鈬給事中利州刺史
孝明皇帝者後梁宣帝詧之子梁自元帝承聖三
年江陵被陷次年晉安王方智即位于建康梁王
詧稱帝于江陵臣于西魏是爲宣帝殂後子巋嗣
位是爲明帝葢在陳文帝天嘉之世矣詧字理孫梁武帝之孫昭明太子統之第三子周保定二年巋以太子歸嗣位
碑書皇朝不用朝字

據趙本校
據舊鈔本校

唐碑往往如此殆省文也新唐書蕭瑀傳瑀字時文後梁明帝子高祖入京師招之挈郡自歸授光祿大夫封宋國公王世充平進尚書右僕射遷左僕射貞觀初拜特進太子少師復爲左僕射晉王爲皇太子拜太子太保同中書門下三品加特進卒後贈司空謚曰肅改謚貞褊碑不稱謚諱其惡也鉞宰相世系表作鉞瑀第三子官給事中不云利州刺史者表之略也書碑者蕭定惠源之姪傳稱定字梅臣瑀曾孫以蔭起家陝州參軍事累官太子少師碑不自署其官想猶未仕時也碑末小字書九月廿有三日鐫惠源以九月二日卒十一月十二日葬而鐫碑在九月葢卒後兩旬未葬而碑已具矣

周尉遲迥廟碑

碑連額高一丈三寸廣四尺五寸八分二十四行行四十七字隸書額題周太師蜀國公尉遲公神廟碑十二字篆書今在彰德府

前華州鄭縣尉□伯□敘

祕書省校書郎顏眞卿銘

蔡有鄰書并陰

有周上柱國蜀國公河南尉遲迥字居□代八□□□

疑當作溫凊

□祖□因部立□□雄荒服父侯兜尚太祖□昌樂大公主贈太傅長樂郡公秉操中和率心純□無命早□□一歲而□□□□神□□□乾元昴宿之祉得雲中金陵之氣□昌樂胎教之德聞長樂庭訓之旨觀時俯仰與道周□大統初仕魏散騎侍郎歷大□□帳內都督尚魏金明公主封西□縣侯亳社未遷天人主饋虞賓載祀茅土增封四□進爵□公轉車騎將軍領侍中尚書僕射珮苻秉璽劍横重紱元戎□警端揆允釐十六年拜大將軍時侯景詐梁蕭紀□□委公以上國□□□方之盃假公以垂天之翼虞轂中之翰公□□是旅廟筭出銳師張我軍三覆之勢踵敵八七擒□□□□庸蜀□□皆□□公兼益梁□□八州諸軍事益州刺史公孝思不匱色養有違長公主春秋旣高西南夷戚懷允洽自家刑國重□溫凊之詔□□書□仍頒袞冕之錫旌其伐也改□蜀郡公中領軍綱弟因兒寵安固公順子策父勳豈獨長安置□□□成都□□□□□周之興也換小宗伯督隴右十二州后稷仕虞且尊君命伊尹去□□虧臣節陶唐之美無易至公進公蜀國□邑萬戶捴□□文康十四州軍事累遷大司馬冊太師加上柱國師傅之地非賢不居軍國之

董陸□□□餓拜大右弼□□大□□將□偉安危授
相州揔管宣皇晏駕周鼎方移晉京上流非無陶侃鄒
廷舊□尚有王陵是年京師將徵公公□隋□□□辭
不受代乃自稱大揔管承制署官司諸呂擅朝幾亡劉
氏新都納女竟覆漢宗□子魏安□□東之□也公綠
巾自□□背城請戰□□既潰則登樓自裁公志匪圖
全誓將死難不憚□□以勸事君恒畢心而禦侮因見
危以授命嗚呼□在□□位爲元□生不敢齒歿有□
聿史之闕文從古也公凡仕二代□九朝內設官師歷
職三十四外建□伯□□□□□口邑□□□忠不

辱隋節能□上唯幼孫獲□而門子從幸唐武德中朝
制改葬□終追舊□□□□口口表墓□□ 天澤
流於異世開元丁丑歲 上選建衆哲輯寧庶□相州
刺史張公嘉祐元□國河東□□□□□□□□□雨
□廟瑚璉立朝則兼掌□□佐郡則預參師律至於是
邦也教以肅□以清起忠貞之廟制□□□□□□
□□□□稱多□公曰匹夫匹婦強□者猶能爲厲
況蜀國公言足昭行可則大象之際獨爲純臣毀□□
□□□□□□□□□孚於□□□千石既□□□
闕修殷薦其取戾也宜哉我是用發私藏之俸則□宫

壯構轉□□□□□□□□□□□□□□其辭曰
天臨有周誕□元輔屏內藩外經文緯武隱若長城闕
如虓虎功□□□□□□□□□□□□□□□蜀
制梁督隴□茲天命□□姦臣□□□□女德暴□京
師□我圖匡救三□□絕□巾□□□□□□□□
□□醜節乃誠全死而不朽 皇唐御曆景命有融
賜□改葬懋烈昭忠鄴有賢守是爲張□□□□□
□□□□□宮闕宮有□乃建豐碑豐碑有□祆虁
遂止幽明□色戩轂無虧享祀不忒□
開元□□□正月廿□□□

碑陰 裦本行字不計
在周之宣帝錫我別祖蜀公命曰附海至衞實齊之封
胙爾太師以守茲土况大□□□幼沖豈撫□人將
社稷是衞且受遺旨震悼于厥心誓當仗順四征逐荒
□外□□三古□□□□□□□□遼大盜國幽 子以
矯制陷純臣□□□□於是不克有成殆懼隕墜□干
□□□□□□□□□□師方結東之陣□武賁少却
待釁起未行天假滔淫既合而北志懸魏闕身行孤□
□□□□□□□而飛白救兵路斷上下乜旬誾姪成

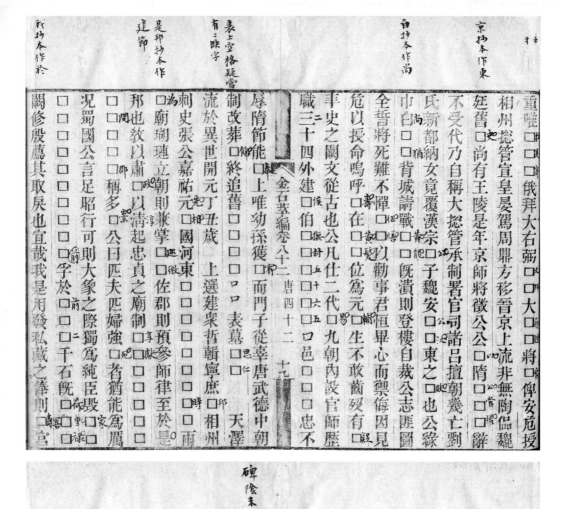

平郡公勤曰汝親當矢石吾已□□□□□□□□
□□周命荅之其奮劒大呼止之不及而卒三軍慟哭
夷夏慕之荀息糹死□奉君傳□□□□□□□泊
□有撥亂反正崇德報功□式忠貞之封更優賵贈之
禮以稱敎甫沒代垂仁□□□□□□□若名臣試粵
天下師通禮樂以布和撫幽明以靖厲歷典凡百獨惟
張公曰嘉祐相國河□□□□□也汾吐金獄生雲氣
不然豈光賛紫文俾五星同□□□　丹禁而三柱克
□□□□□□□於□□由是殿中受略鄰下爲
憂俗隱咸柔□□必巢□我先正勤君死□□□□

□□□直書副之誠請軒綴斯翼庭植有幽儀惟肖
以赫靈肅應虔而麗福屬夏正□□□□□□□□
羞告期□焚蕭而片雲飛蓋整策而沛澤隨車霽後宵
初天淸月滿忽有雙鶴□□□□□□□而去公
□□侍御史環賦宵雨美其事鄴縣主簿郭埕以爲鶴
者□□聞天□□其□□□□旣而秋作將害稼
盛公祈以巫應時晴朗飛蝗自魏蔽日而西□□□誠
□□□□□□□□□□故嘉茂歲則大孰百姓歌
曰張公張公淸且明蝗蟲避境□□巫晴□雨□□
□□□□□□□公每涂不常吥俗忏政閂門引咎

此撰人名也其人當姓尉遲此陰亦蔡有鄰書則士良亦開元時人矣

而異自銷京兆理劇之能□□博物□□□□□
□□□□知志□性正而神不違忠以奉法法一而人
不犯神人從天地當此其□□魁□□□□□
抉廬□象著于述職奇士傳□詳士良忝沐家聲徒如
祖德□□□□□□□□紀諸貞□
尉遲迥碑成伯璵撰世以蔡有鄰書特貴其敍迥事
與周史略同然迥之死節不得顯方周之興迥已爲
蜀國公矣隋公總政天下冤憤鬱結不得其死宜其
出靈響以自見也唐世說自迥之死而相州都督死
者前後相繼張嘉祐旣治事夜整冠危坐迥自西廡

出謂其遺骸尚存願得畢葬前牧守驚悸逝非所害
也指其女子曰同瘞於此明日嘉祐發得改葬旣夕
出謝嘉祐以問請置廟歲時血食今考周紀韋孝寬
旣平鄴城則移相州守安陽至於碑則謂武德中朝
制改葬逮開元丁丑張嘉祐問俗郡言多祟公曰蜀
相公獨爲純臣闕修殷薦其取戾宜哉觀此自是武
德改葬至嘉祐則廟而祀之矣亦不因詔行也廣川書跋
按碑題銜前華州鄭縣尉閻伯璵敍祕書省校書郎
顏眞卿銘蔡有鄰書并陰考伯璵敍魯公爲銘是一
文以二人兼爲之唐賢多此體惟魯公署祕書省校

書郎新舊唐書本傳皆未及是爲失紀矣碑云蜀國公河南尉遲迥字居羅代人也河南舉其郡望蓋太和十九年詔遷洛人死葬河南不得還北於是代人南遷者悉爲河南洛陽人碑所著是也碑書迥歷官大統初仕魏散騎侍郎歷大丞相帳內都督北史不著其官周書亦脫散騎侍郎碑云封西都縣侯北史不書縣字周書亦脫此封爵碑云進爵爲公轉車騎將軍領侍中尚書僕射北史周書竝云遷尚書左僕射兼領軍將軍碑云公兼益梁十八州諸軍事益州刺史周書作益潼十八州北史亦作益潼惟云十二

州三年加督六州通前十八州則督十八州非平蜀一年事碑與周書不如北史之審碑云周之典也授小宗伯督隴右十二州進蜀國公總秦渭文康十四州軍事累遷大司馬周書全略此文北史作六官初建拜小宗伯與碑言周之典也授小宗伯同及孝閔帝踐祚遷大司馬尋以本官鎮隴右是由遷大司馬出鎮非小宗伯矣碑蓋依北史而參用他書傳故微有異余備錄之以俟考焉碑稱中領軍綱弟因兄寵綱見北史廢帝立齊王仍以綱爲中領軍故碑亦稱之　按河朔訪古記尉遲公廟碑彰德路城中晝錦

坊後周太師蜀國公尉遲迥之廟在焉迥爲周將征代有功初滅北齊以迥爲相州總管至隋文帝以計徵迥欲圖之迥迺率諸州舉兵數十萬反爲楊素韋孝寬高熲等師所敗遂上樓自殺至唐開元中州多怪厲刺史至輒死吏民疑懼於是刺史張嘉祐以迥死國難忠臣也爲立祠以祀之後刺史吳克復加以冕服初嘉祐之建祠也顏眞卿爲記其事蔡有鄰書之碑陰紀迥靈異之事言雨暘隨禱輒應回風驅蝗伏境內無害每至秋夜有雙鶴下集廟庭郡人至今稱以爲異云唐張嘉祐宋璟皆刺相州有惠政今竝

配食廟庭据是納新所目驗尚以二公從祀及廟毀改建二公廢焉不享予新葺廟成散署木主置與尉遲君同室異龕所以同於有其舉之莫敢廢也　按晝錦坊在府治東南而尉遲廟在今治城西北隅鄴乘蓋已載之莫詳其移建所自證以河朔訪古記知元至正間廟猶未改記又載雨暘隨禱輒應回風驅蝗境內無害每至秋夜有雙鶴下集廟庭郡人至今稱以爲異與今碑殘滅處互証其文具見　按額題周太師蜀公碑陰記開元二十六年二月二十五日元係士良述舊唐書張嘉祐傳爲蜀公立廟在二十

五年碑陽亦云開元丁丑歲此獨多差一年蓋據立
石之時書之不與立碑同歲也記又言在周之宣帝
錫我先祖蜀公命曰附海至衞實齊之封胙爾太師
以守兹土兒大□□□□□幼沖登撫寧□人將社
稷是衞且受遺旨震悼於厥心誓當仗順四征遂荒
區外云云蓋宣帝既崩迥實受遺命以狥國難士良
必嘗錄之家牒故具以云然碑又言救兵路斷上下
七旬謂姪成平郡公勤曰汝親當矢石云云奮劒大
呼止之不及而卒三軍慟哭夷夏慕之此紀迥自殺
之實兼有勛厲成平之語傳皆未之及成平郡公迥

弟子大將軍成平郡公勤時爲青州總管後敗更走
青州未至開封郭衍追及之隋文帝以勤初有誠欵
將釋之即其人傳言六十八日碑言七旬舉成數言
之碑亦蔡有鄰八分書書史會要有鄰邕十八代孫
官至右衞率府兵曹參軍工八分書書法勁險昔歐
陽文忠云唐世能名八分者四家韓擇木史維則世
傳頗多而李潮及有鄰特爲難得今此碑兩面皆有
鄰書又不甚磨滅故益可寶也安陽縣志
右立周太師尉遲迥廟碑歐陽棐集古錄目云前華
州鄭縣尉閻伯璵撰序祕書省校書郎顏眞卿撰銘

今驗石刻良然趙德甫但以爲顏公撰者考之未詳
爾潛研堂金石文跋尾
按東觀餘論金石續錄作成伯璵撰并今碑在府城
北門內下截多不可辨金石志入臨漳誤中州金石考
迥周書有傳碑記迥官較詳與史稍異可以參考碑
又云唐武德中朝制改葬□終追舊本傳云武德中
迥從孫庫部員外郎耆稱上表請改葬朝議以迥忠
于周室有詔許之即其事也下述開元丁丑歲相州
刺史張公嘉祐立廟之事有□稱多祟云云字多剝
蝕廣川書跋載其碑又引唐世說載張嘉祐發掘得

迥遺骸備衣衾棺器禮葬以事聞上請置廟有詔褒
異云云事又見尚書故實今按之本傳及碑迥之改
葬在武德時以從孫耆稱表請則非嘉祐改葬明也
後人特因此碑多祟之說從而附會成之亦可見唐
人小說類皆造作事端非其實矣蔡有鄰者即杜甫
李潮八分小篆歌所稱尚書韓擇木騎曹蔡有鄰也
廣川書跋又稱此碑當與鴻都石經相繼信不虛美
金石略有蔡有鄰八分書尉遲迥廟碑并碑陰未詳
又有顏眞卿周太師蜀國尉遲公廟碑云在相州蓋
誤以撰銘爲書碑也　碑陰爲迥族孫士良述張嘉

祐德政之美意感其立廟爲著于碑耳亦蔡有鄰書中州金石記

按碑云有周上柱國蜀國公河南尉遲迥字居□代人下云因部立□□雄荒服周書尉遲迥傳字薄居羅代人也迥之字碑無薄字與史異傳又云其先魏之别種號尉遲部因而姓焉北史傳同魏書官氏志西方尉遲氏後改爲尉氏通志氏族略尉遲氏與後魏同起號尉遲部如中華之諸侯國孝文改爲尉遲氏兩書詳略不同皆可補碑之闕兩唐書尉遲敬德傳稱敬德朔州善陽人則又不與迥

同系敬德有碑見前碑又云父俟兜尚太祖□昌樂大長公主贈太傅長樂郡公傳不書贈官爵而碑所泐字据傳則爲太祖姊此所稱太祖當是西魏孝武帝謝中丞西魏書但載孝武帝妹馮翊公主而不載其姊昌樂大長公主碑又云公大統初仕魏散騎侍郎歷大□□帳内都督尚魏金明公主封西□縣侯周書傳云公主爲魏文帝女而不書迥官散騎侍郎碑所泐字乃大丞相及西都縣也其初封縣侯進爵爲公周書並略北史傳則云拜駙馬都尉封西都侯大統十一年拜侍中驃騎

大將軍開府儀同三司進爵魏安郡公碑云轉車騎將軍領侍中尚書僕射十六年拜大將軍北史則云十五年遷尚書左僕射兼領軍將軍餘與碑同北史稍略碑云時侯景詐梁公承蕑筭出鋭師兼梁益□□八州諸軍事益州刺史北史云侯景渡江梁元帝鎮江陵請修隣好其弟武陵王紀在蜀稱帝元帝大懼移書請救乃以迥爲大都督益潼等十二州諸軍事益州刺史三年西魏廢帝加督六州通前十八州諸軍事周書略異北史又云六官初建拜小宗伯周孝閔帝踐阼進位柱國大將軍以平蜀功

改封寧蜀公遷大司馬武成元年進封蜀國公周傳稍略碑則云改封蜀郡公而無寧蜀公餘官封俱敘在後而於改封蜀郡公之下云中領軍綱弟因兄寵安固公順子策父勳据周傳云以平蜀功封一子爲公北史則云封一子安固郡公後又云次子順以平蜀公授開府安固郡公周傳不詳北史又云迥弟綱字婆羅少孤與兄迥依託舅氏此語迥碑傳俱未及大統十四年進爵平昌郡公廢帝立齊王以綱爲中領軍總宿衛事周書同語與碑合碑云督隴右十二州進蜀國公總□□支康十四州諸軍事北史云

除秦州總管秦渭等十四州諸軍事隴右大都督與碑不同（周書不載）碑云儀拜大右弼□□大□□北史云宣帝即位以迥爲大右軍轉大前疑（周傳但云大前疑）碑沕前疑二字周時彷尚書大傳前疑後丞左輔右弼之制因有大右弼大前疑之官名北史作大右軍者誤也碑云授相州總管宣皇晏駕周鼎方移是年京師將徵公公辭不受代乃自稱大總管承制署官司□子魏安□□東之□也公綠巾白□背城請戰□□既潰登樓自裁北史云出爲相州總管宣帝崩隋文帝輔政令迥子魏安郡公

惇齎詔以會葬徵迥尋以韋孝寬代迥爲總管迥謀舉兵留惇不受代集文武士庶等登城北樓而令之自稱大總管承制署官司衆數十萬隋文帝于是徵兵討迥即以韋孝寬爲元帥與惇戰惇大敗迥與其子惇祐等别統萬人皆綠巾錦襖號曰黃龍兵孝寬等因兵擾乘之迥衆大敗上樓乃自殺惇祐等東走青州未至開封郭衍追及之爲所獲周傳惟惇等東走并追獲之不言青州爲異餘與北史同至惇等之東走碑在迥背城請戰之前傳在迥自殺之後此則碑傳互異也迥不應隋文之徵而舉兵以効忠于周雖敗猶榮䢖載甚略故據北史以補所未備

金石萃編卷八十二終

金石萃編卷八十三

賜進士出身　誥授光祿大夫刑部右侍郎加七級王昶譔

唐四十三

貞和上塔銘

石橫廣四尺四寸高二尺三分二十行行十四字隸書在汝州

大唐開元寺故禪師貞和上琟塔銘

緱氏縣尉沈興宗篹

禪師諱貞茲郡京兆人也俗姓張氏自輪奐規唐貂蟬
蔚漢姜宋莫齒袁楊肯倫師泛浪卸清依林擇茂將揮
聖姓載顧華宗年弱冠秀才登科知名太學已爲儒家

非正諦文字增妄想故去彼取此而爲上乘因亦既□
縞遂受衡陽止觀門居于洛陽白馬寺□不絕誦習心
不離三昧□妙□之慧萌剃賴耶之濁種庶滅裂有我
干盤無生焉後遂此郡開元寺又以爲喧者起之本靜
者定之緣利緣舍起故復居此窟茨廡藥蔬之妙受谿
篁飄搦之勝塵可略言矣前刺史故丞相齊公崔日用
吏部尚書李暠皆頂奉山宇斯豈釁道歟然而□能軾
瓬龍宮紆紫綬稽紂□□以惕凡庶之見聞兆昏蒙之
□嚮□以開元十三年九月十八日□滅于開元□舍
春秋八十有四物慘煙雲哀纏黑白塗□鄖泣八到于

今僧第子宗本覺枝外茂□性內融三晉公侯旋師子
夏伯喈墳籍悉付仲宣痛微言之絕聆感星躔之易次
遂爲銘曰

圓凝寂體兮邈彼真如□□無明兮儵若蘧廬慈梁過
駟兮歲月其除松栗窅冥兮宛此幽居

開元貳拾陸年七月十五日第子宗本爲　亡和上
敬造此塔

碑云禪師諱貞茲郡京兆人也京兆郡名上云茲郡
者其義不可詳或唐以洛爲東都亦可稱京兆歟又
云俗姓張氏自輪奐規唐貂蟬蔚漢姜宋莫齒袁揚

前倫規唐猶云規晉姜宋蓋謂姜望宋微子袁揚蓋
謂袁安揚震也又有前刺史故丞相齊公崔日用吏
部尚書李暠皆頂奉山宇云云按崔日用李暠劉昫
唐書有傳貞禪師者駐錫風穴山嘗習衡陽三昧其
化大行一夕溘然示寂守宰李暠闍維之得舍利千
粒明皇謚爲七祖碑隸書甚劣惟用肯爲前卽莽字
之省用已爲以尚有古意年號貳拾陸字用代二十
六與五經文字九經字樣同餘碑少見中州金石記

按碑云前刺史故丞相齊公崔日用吏部尚書李
暠舊唐書崔日用傳中宗暴崩韋庶人稱制元宗

將圖義舉日用密詣藩邸潛謀翼戴及討平韋氏以功授銀青光祿大夫黃門侍郎參知機務封齊國公爲相月餘停知政事出爲荆州長史尋拜吏部尚書出爲常州刺史轉汝州刺史事在開元七年前新書同舊書李暠傳暠淮安王神通元孫開元初授汝州刺史拜工部尚書東都留守二十一年以金城公主在蕃充入吐蕃使奉使稱職轉兵部尚書不云其爲吏部惟新傳云以奉使有指再遷吏部與碑合蓋舊傳誤也

任城縣橋亭記

碑連額高八尺八寸廣三尺二寸五分二十行行四十一字隸書額題任城縣橋亭記六字篆書今在濟寧州學泮池東

橋亭記

將仕郎守尉游芳𢡟文

朝散郎行尉華容縣開國男瑯琊王子言書

唐再受命能事備於開元乃十有三年告成於岱

翠華之往也則北巡濟河　玉軑之旋也則南指陳宋故　行宮御路次夫任城焉陽門橋者跨泗之別流當魯之要術初隨時以旣濟因大駕而改功觀其壅川爲池因地設險削金堰於馳道甃石門以飛橋夾以朱欄揭以華表炳若星漢掩如虹蜺　乘輿乃巨陽朝御六龍翊萬騎聲明紀律文物比象迴睿覽於洲渚駐　天蹕於川梁先時望之厥後榮　君之來也則金繩以界之鐵鎖以扃　君之顧也則浚池以廣之築館以旌之經始茲宇惠而不費當儲峙之末有藝粟之餘散之則人獲壹錢鳩之則動以千計請爲亭館以壯橋池故鄉老白於吏邑吏謀於府因人之欲得事之宜鼛鼓不勝工力徒競轡爲層搆在水之陽壓隮原

以迴出流古墉而却倚危欄巇二反宇峨峨勢搖瀁潭岌若飛動南軒虛明以晃朗北室懿濞而淸泠自堂徂亭邐迤幽徑上覆藤篠前臨芰荷憑高佇目萬象皆見夫河南之勝有三橋亭得其一梁園有梁王之迹圃田有僕射之陂平池曲榭美則美矣豈與夫島嶼開合林嶂蔽虧旁薄大荒吐納霞景畫橋南度像淸洛之規虛館口臨叶滄洲之趣有是夫有是夫任風姓之國也謠俗古遠其太昊氏之遺人富而教之合於魯頌當

太平無事而朝野多歡不然者此池何以得花縣之名吾寮何以得仙舟之目不其猝而時則有若　邑大

夫滎陽鄭公延華信昭盈缶道契虛舟禮樂之行言德
歸厚　丞范陽盧瓚　主簿平昌孟景　尉瑯琊王子
言　尉河東裴迥者士林英華學府金碧能勤在公之
節無廢會友之文嘗授簡於芳以爲之記會芳有公車
之召請俟於異時僉鄉尉潁川韓邠卿舍於裴氏言於
衆曰游子之讓斯文以諸公在此諸公之意也子何辭
焉因俞秉燭俾芳操翰夜而成記翌日遂行開元廿六
年秋七月旬有四日云
大唐開元廿有六年閏八月五日建
通直郎行方與縣尉王日雲篆額

□橋曰劉遇　薛遂之
右橋亭記此唐碑之佳者趙氏金石錄載之予兩次
橅搨附作釋文碑內軑音副棄音乘巳郎以字反郎
坂字甘音入俗讀念非至於空格多寡皆指君上及
服御之類差等也可知唐時書碑之規制溯自開元
至今巳及千年雖字未損亦漸漫漶當移列門下以
蔽風雨庶不至剝蝕焉濟寧州志附張弨跋
記文敘開元十三年告成於岱元宗紀十一月庚寅
封於泰山是也其云翠華之往則北巡濟河玉軑之
旋則南指陳宋唐時東巡途次猶可案指又云陽門

橋當魯之要衝郎遂二字古通用唐人臨文推崇
本朝輒用空三格或跳行書之此碑獨叢雜有空三
格四格六格七格十格不等莫詳爲何意授堂金石跋
右碑後列銜名有尉河東裴迥唐書宰相世系表稱
迥司封員外郎亦見地里志河南有伊水石堰天寶
十年尹裴迥置即其人也山左金石志
按此碑今露立於濟寧州學泮池之東張氏謂當
移列門下者指學宮戟門下可與漢魏五碑並列
也今視戟門其地亦不能容欲加護惜當別籌位
置之方矣橋亭記本非州學所有碑稱陽門橋者

跨泗之別流當魯之要衝則此碑當立於陽門橋
不知何年移來州學而濟寧州志又不載陽門橋
無從攷其碑之所在碑云翠華之往北巡濟河玉
軑之旋南指陳宋行宮御路次夫任城是時元宗
登岱迴鑾而南以道里言之當由曲阜滋陽一路
南抵任城攷兗州府志泗水出泗水縣東五十里
陪尾山西南經卞橋下又經其縣北又西過曲阜
縣又西至府城東五里金口牐俗所謂黑風口也
隋文帝時沂泗南流泛濫大野薛胄於二水之交
積石堰之決令西注陂澤以溉良田號薛公豐兗

將碑校過
趙本校

渠元至元二十年開會通河乃修薛公舊堰爲滚水石壩以引泗水入運河以意度之所謂二水之交即碑云跨泗别流也陂澤溉田即碑云灌川爲池也積石堰之决令西注即碑云創金堰於馳道甃石門以飛梁也蓋隋時作堰至唐時改功而陽門橋當在兗州府城東五里金口壩宜濟寧州志所不收而事逾千年橋亭久廢故兗州府志亦不敘及也碑額稱任城者想在唐時任城疆域甚廣橋亭所在已屬任城境也碑中玉軑之軑廣韻特計切音地正韻度奈切音大未有音副者張氏所

云恐誤也碑文王玉二字皆作玊而州志釋文誤於玉軑之玉亦作王不知玉軑出離騷齊玉軑而並馳是也王軑則無出矣文中人獲壹錢之人字脱落旁注下文鄉老叠寫老字可見古人書碑之例不拘如此虛館下一字碑已磨泐張氏釋文作虛館擘臨今竹闕之不其猝而句義難曉猝字碑泐其大半而影迹猶存姑依張氏所釋錄之

元宗御注道德經

石約高一丈八尺八面面廣一尺七八寸不等前三面分三截上截額題太上玄元皇帝道德經及大唐開元神武皇帝注共十八字六行行三字正書次截敘文三十行行七字下截經文各十一行行九十九

趙本兩格皆不空

字四五六七三面皆十一行行一百十九字其注每經文一字皆雙行寫作四字後一面上截行六十字下截列各官姓名皆正書在易州

勑昔在元聖强著玄言權輿貞宗敷迪來裔遺文誠在精義頗乖攝其指歸雖蜀嚴而猶病摘其章句自河公而或略其餘浸微固不足數則我玄元妙旨豈其將墜朕誠寡薄嘗感斯文猥承有後之慶恐失無爲之理每因清宴輒叩玄關隨所意得遂爲箋註豈成一家之說但備遺闕之文□兹絶筆是詢于□公卿臣庶道釋二門有能起予類於卜商鍼疾同於左氏激於納善朕所虛懷苟副斯言必加厚賞且如諛神自聖挛非此流懸

市相矜亦云小道既其不韙咸可直言勿爲來者所嗤以重朕之不德

開元廿年十二月十四日

經文附刻是書後不錄

開元廿六年歲次戊寅十月乙丑朔八日壬申奉

勑建

正議大夫使持節易州諸軍事守易州刺史兼高陽軍使賞紫金魚袋上柱國田仁畹奉　敕立

朝散大夫守易州别駕上柱國周憲

太中大夫行長史兼高陽軍副使上柱國鄭景宣

舊本無仙字

朝議大夫試司馬杜欽賢
道士染虛心　檢校上座解昇仙
明皇注老子經在城西開元觀乾道五年張孝祥移
于府治天下輿地碑記
右唐元宗注老子道德經開元二十三年用道門威
儀司馬秀言令天下應修官齋等州皆於一大觀立
石臺刊勒邢州故有龍興觀開元二十七年刺史李
質立石摹勒知制至宋端拱初觀臺已廢没知州軍
事何纘始修復之鐫記於臺左方余至邢州龍興觀
已廢僅存半畝之宮先有尼居之前太守徐衍祚改
爲社學而石臺尚存隱於屋後人少知之者千年之
物莫知愛惜計亦不能久矣歸有光震川集
唐元宗註道德經諸文士共成之又是時古註俱存
有古哲之源流而無後人之穿鑿五千言中得者十
九卽本文未經濁亂其辭既簡奧而義反精深其爲
老聃之家嗣也無可疑矣于是徧諸區夏多有刻石
而兹易水獨傳蘇靈芝之筆靈芝他書易中多有而
不及此石之善墨林快事
右明皇御注道德經歐陽公趙德甫所收者皆懷州
本久不傳邢州本歸熙甫嘗見之今未審尚存否予

所收則易州本也懷州本經文御書注則諸王所書
此幢經注皆出於一手驗其筆迹蓋蘇靈芝之書也石
文間有殘鈌亦有石本元鈌者以注證之皆當與今
本同潛研堂金石文跋尾
碑首層列元宗二十年勅有隨所意得遂爲箋註云
云分老子道經卷上德經卷下亦與古本相彷後陸
放翁題跋云晁以道謂王輔嗣老子曰道德經不析
乎道德而上下之猶近於古今此本已久離析然則
宋已失輔嗣定本今邢氏論語疏引老子德經云天
網恢恢疎而不失此其可徵之一也然又考漢書註
如顔氏於魏豹傳引老子道經曰國家昏亂有忠臣
田横傳引老子德經曰貴以賤爲本高以下爲基是
以侯王自謂孤寡不穀楚元王傳引老子德經云知
足不辱嚴助傳老子所謂師之所處荆棘生之者也
師古曰老子道經之言也楊雄傳貴知我者希師古
曰老子德經云知我者希則我貴矣酷吏傳老氏稱
上德不德是以有德下德不失德是以無德法令滋
章盜賊多有師古曰老子道經之言也下士聞道大
笑之師古曰老子道經之言也西域傳註老子德經
曰天下有道却走馬以爲糞蓋其所引以道德分篇

者若此而與釋文題道經音義者並合又賈公彥周
禮師氏疏亦以爲老子道經云道可道非常道其下
案德經云上德不德是以有德章懷太子注後漢書
其於翟酺傳也則又謂老子道經曰魚不可以脫於
泉是數子於初唐時並同所證（夢眞容碑稽之道經以慈爲寶）其必
襲自晉宋舊本如此碑所分題固有據也（授堂金石跋）
按史記老子列傳老子姓李名耳字伯陽謚曰聃
爲周守藏室史西出關爲關令尹喜著書上下篇
而去莫知其所終所謂上下篇即世所傳道德經
二篇唐以老子爲祖故尊崇之典特盛至元宗篤

好元學而老子之書尤行於世此碑首列勑文題
開元廿年後列諸臣姓名題開元廿六年奉勑建
攷舊唐書本紀開元二十一年正月制令士庶家
藏老子一本每年貢舉人量減尚書論語兩條策
加老子策封演聞見記亦云開元二十一年明皇
親注老子道德經令學者習之則是時御注初成
頒諸天下遍令士子傳習也唐六典載國學教授
之法孝經論語老子皆爲大經注云老子用開元
御注舊令用河上公注蓋當時選舉應制自開元
以後無不用御注矣新唐書藝文志元宗注道德經

二卷又疏八卷天寶中加號元通道德經世不稱
之道藏目錄載御製道德眞經疏作六卷文獻通
考又作一卷未知孰是道藏目錄又云御注八十
一章分章逐句內則修身之本外則理國之方今
碑但分上下篇而不標各章名目殆是書碑時從
畧也碑上卷題老子道經下卷題老子德經與經
典釋文所題正同攷唐代傳注中引老子語皆道
德分見未嘗混而爲一則元宗所注實從古本如
此董逌藏書志謂元宗注成始改定章句爲道德
經凡言道者類之上卷言德者類之下卷非也元

宗之注道藏尚存其書刋於前明正統十年而傳
刻譌誤文句或多增減獨石刻千古不易最爲可
據昶所見道德經注無慮數十家皆與河上公王
弼諸注及元宗本大同小異而唐太史令傅奕校
定老子古本字句獨較他本爲繁亦足以資參訂
當開元時此碑傳刻頗多集古金石二錄所載皆
懷州本久已無傳歸有光跋邢州龍興觀本稱開
元二十七年所刻則立石已在易州之後今亦未
見然焦竑老子攷異嘗引龍興碑疑即邢州本也
雖無全文可攷而單辭隻字尚可概見全碑面目

又元至元中高翿所書古老子并釋文刻於石碑今在盩厔驗其文與諸家亦多不同今合各本及釋文所載詳勘異同畧舉其概足證此刻之善者如第二章原碑不標第一第二字樣今摘其文從各本所分載入便撿核也故有無相生難易相成長短相形高下相傾音聲相和前後相隨六句河上公傅奕至元本相字上皆有之字李道純曰此間有之字者非也王弼顧歡與此同萬物作而不辭河上公王弼而上有焉字陸希聲至元本及太平御覽引並與此同邢州本作萬物作而不爲始同傅奕本也第四章湛常存吾

不知誰子上句諸本及至元本作湛兮似常存邢州本作湛似或存下句諸本誰下有之字惟陳象古至元本與此同第五章其猶槖籥諸本及至元本句末有乎字惟李約與此同多言數窮諸本並同邢州本言作聞第七章天長地久地所以能長且久者諸本並同邢州本上句作天地長久下句無且字故能長生諸本並同邢州本生作久非以其無私王弼至元本及淮南子引句末並有乎字河上公與此同并無非字第八章又不爭處河上公王弼又作而司馬光曹道沖至元本並與此同

第九章不可長保諸本並同邢州本保作寶富貴而憍諸本憍皆作驕惟司馬光至元本與此同功成名遂身退諸本並同惟王弼作功遂身退傅奕作成名功遂身退邢州本又作名成功遂身退第十章載營魄抱一能無離專氣致柔能嬰兒滌除元覽能無疵愛民治國能無爲天門開闔能爲雌明白四達能無知傅奕及淮南子引六句末並有乎字李道純曰有乎字者非也能無爲能無知王弼作能無知能無爲傅奕作能無以知乎能無以爲乎河上公至元本與此同第十三章何謂寵辱

寵爲下河上公作何謂寵辱辱爲下王弼傅奕作何謂寵辱若驚寵爲下陳景元李道純作何謂寵辱若驚寵爲上辱爲下惟至元本與此同故貴以身爲天下若可寄天下愛以身爲天下若可託天下諸本爲天下下皆有者字陸希聲至元本及淮南子引與此同若可二句河上公作則可以寄於天下乃可以託於天下王弼作若可以寄於天下若可托天下淮南子引作則可寄於天下乃可托於天下矣傅奕又作則可以託天下矣則可以寄天下矣惟陸希聲至元本與此同第十四章是謂

忽恍諸本並同邢州本無此句第十五章豫若冬涉川河上公豫作與下有兮字王弼豫下有焉字傅奕亦有兮字猶若畏四隣諸本猶下亦有兮字陸希聲至元本二句並與此同儼若客河上公作儼兮其若客王弼作儼兮其若容案容字與下文釋樸谷濁四字爲韻作容者非也渙若冰將釋河上公王弼渙下有兮字冰下有之字邢州本釋作汋傅奕至元本二句並與此同敦若樸曠若谷渾若濁諸本及至元本並作敦兮其若樸曠兮其若谷渾兮其若濁邢州本作混若樸曠若谷混若濁

句法與此同敦作混疑涉下文而誤孰能濁以靜之徐淸河上公靜上有止字傅奕靜上有澂字之下有而字陳景元靜上亦有澂字王弼陸希聲至元本並與此同故能弊不新成河上公王弼弊作蔽傅奕作是以能敝而不成邢州本作故能敝復成惟至元本與此同第十六章各歸其根河上公王弼至元本並作各復歸其根莊子作各復其根惟傅奕與此同公乃王王乃天諸本並同邢州本作公能生生能天第十七章其次親之譽之其次畏之侮之上句河上公王弼作其次親而譽之傅

奕作其次親之其次譽之下句陳象古作其次畏而侮之傅奕作其次畏之其次侮之陸希聲至元本二句並與此同猶其貴言河上公王弼作猶兮其貴言陸希聲作猶其貴言哉傅奕作猶兮其貴言哉邢州本無兮哉二字猶其作其猶惟至元本與此同第二十章荒其未央河上公王弼作荒兮其未央哉傅奕至元本作荒兮其未央邢州本作莽其未央案莽字疑即荒字之誤與此同也如春登臺王弼顧歡至元本並與此同諸本或作如登春臺者皆非也我獨怕其未兆河上公作我獨泊兮其未兆王弼作我獨廓兮其未兆傅奕作我獨魄兮其未兆邢州本作我鬼未兆惟至元本與此同乘乘無所歸王弼作儽儽兮若無所歸陸希聲作儽儽兮若不足似無歸傅奕作儡儡兮其不足以無所歸河上公至元本作乘乘兮若無所歸與此同惟多兮若二字畢制府沅道德經考異云說

文儡相敗也讀若雷儽垂貌一曰嬾解乘覆也三義皆相近其聲之轉則猶乃之讀爲仍徵之讀爲止矣我愚人之心純純諸本心下有也哉二字純純下有兮字王弼傅奕純並作沌邢州本亦作純

純兮忽若晦嚴遵忽下有兮字河上公作忽兮若海王弼作澹兮其若海寂兮似無所止河上公寂作淵今河上公本作漂王弼作飂梁簡文傅奕並作飄惟至元本二條並與此同案寂即廖宗之宋王弼作飂此作寂二字形殊義同而貴求食於母河上公王弼傅奕作而貴食母陳象古邵若愚至元本並與此同老子考異引開元本亦作求食於母文獻通考載晁公武云元宗老子注頗增其詞如而貴食母作兒貴求食於母之類貴食母者嬰兒未孩之義諸侯之妻以大夫妻爲食母增之贅矣今案

此句注但云求食於母者貴如嬰兒無營欲爾故上文云如嬰兒之未孩先無口字疑求於二字今所加也云云則元宗但增求於二字實未改而爲兒晁氏所識未爲盡確或別本如此未可知也第二十一章忽兮恍其中有象恍兮忽其中有物諸本忽兮恍恍兮忽兩句之下多有兮字顧歡作忽恍中有象恍忽中有物河上公又作怳兮忽兮其中有物忽兮怳兮其中有象二句互倒非也至元本與此同窈兮冥其中有精河上公王弼作窈兮冥兮其中有精顧歡作窈冥中有精文選注引亦如此

同至元本窈作杳其精甚眞諸本並同邢州本無此句第二十二章枉則直傅奕及邢州本直作正河上公王弼與此同弊則新王弼弊作蔽傅奕作敝河上公至元本與此同第二十五章寂兮寥兮鍾會寥作飂王弼傅奕作寞河上公至元本與此同第二十六章燕處超然王弼傅奕燕作宴輕則失臣王弼傅奕及邢州本臣並作本河上公至元本二條並與此同第二十七章善計不用籌算河上公作善計者不用籌策王弼作善數不用籌策傅奕作善數者無籌策陸希聲呂惠卿並作善數

者無籌算陳象古作善計無籌筭惟至元本與此同第二十九章或呴或吹王弼呴作歔諸本呴皆作噓或載或隳王弼載作挫傅奕作培邢州本作接河上公至元本二條並與此同第三十章大軍之後必有凶年諸本並同邢州本無此二句果而勿憍諸本憍皆作驕陸希聲至元本與此同是謂不道不道早已傅奕及邢州本兩不字皆作非河上公王弼至元本並與此同後第五十五章亦有是謂不道不道早已二語諸本皆同邢州本亦作非第三十一章不可得志於天下諸本作則不可以得志於天下矣傅奕無則字邢州

本作不可得意於天下惟至元本與此同第三十二章人莫之令而自均諸本人皆作民惟永樂大典所載王弼本及至元本與此同第三十三章死而不亡者壽諸本亡皆作忘河上公作妄傳寫之誤至元本與此同第三十四章大道汎其可左右河上公王弼並作大道氾兮釋文云本或作汎周張並同傅奕作大道汎汎兮其可左右至元本亦作大道氾兮功成不名有愛養萬物而不爲主上句成字下河上公王弼有而字傅奕作功成而不居邢州本至元本並與此同下句愛養王弼作衣

養傅奕作衣被河上公至元本與此同第三十五章道之出口傅奕及邢州本口作言河上公王弼至元本並與此同第三十六章柔弱勝剛强傅奕作柔之勝剛弱之勝彊河上公王弼至元本並與此同第三十八章處其厚不處其薄居其實不居其華河上公王弼處其居其並作處不處不居並作居傅奕兩處兩居統作居至元本及朱穆崇厚論引並與此同第三十九章其致之諸本句下並多一也二字惟河上公至元本與此同第四十一章上士聞道勤而行河上公王弼至元本行下有

之字傅奕又作而勤行之第四十二章人之所教亦我義教之河上公王弼作人之所教我亦教之傅奕作人之所以教我亦我之所以教人惟至元本與此同第四十三章無有入有間河上公至元本入下有於字傅奕作出於無有入於無間惟王弼與此同第四十五章淸靜爲天下正河上公句上有知字傅奕知淸靜下并有以字王弼李約薛致元至元本並與此同第四十九章惵惵爲天下渾其心王弼惵惵作歙歙釋文云一本作惵河上本作淡淡簡文云河上本作怵怵至元本與此同

第五十一章是以聖人莫不尊道而貴德道之尊德之貴夫莫之爵而常自然諸本上句聖人皆作萬物下句爵字河上公王弼作命傅奕陸希聲至元本二句並與此同第五十四章修之家其德能有餘諸本皆作其德乃餘惟韓非子作其德有餘第五十七章我無事而民自富我好靜而民自正諸本無事句並在好靜句之下惟至元本與此同第六十一章大國者下流天下之交天下之交牝常以靜勝牡以靜爲下河上公王弼作大國者下流天下之交天下之牝牝常以靜勝牝以靜爲下

傳奕作大國者天下之下流天下之交天下之牝
牝常以靖勝牡以其靖故爲下也至元本作大國
者下流天下之交天下之交牝牝常以靜勝牡以
靜能下惟陸希聲陳象古與此同故大國以下小
國則取小國小國以下大國則聚大國故或下以
取或下而聚諸本兩聚字亦作取惟河上公本或
作聚與此同第六十三章是以聖人由難之諸本
由皆作猶二字古通用第六十五章知此兩者亦
楷式王弼楷作稽傅奕作常知此兩者亦稽式也
河上公至元本與此同第六十六章是以處上而

人不重處前而人不害河上公作是以聖人處民
上而不重處民前而不害傅奕作是以聖人處之
上而民弗重處之前而民不害也惟至元本與此
同王弼人作民餘與此同第六十七章保而持之
河上公王弼作持而保之陸希聲至元本與此同
第六十八章善勝敵者不爭河上公作不與爭王
弼作不與無爭字傅奕至元本與此同第七十三
章繟然而善謀河上公繟作墠梁武王尙鍾會孫
登張嗣作坦傅奕作默王弼至元本與此同第七
十六章木強則共王弼傅奕共作兵河上公至元

本與此同第八十章雞犬之音相聞諸本音皆作
聲惟至元本與此同以上諸條皆石本異文而遍
攷衆家率多吻合知當時撰注時大率參採舊說
擇善而從成此定本也然經注既繁寫刻時豈能
細檢則亦有石刻譌脫不可爲訓者如第二十四
章自是不彰自伐無功自矜不長三句諸本自是
自伐自矜下皆有者字與上文跂者不立跨者不
行自見者無功句法相類碑脫三者字第三十章
不以兵強天下其事諸本其事下皆有好還二字
案注云抗兵加彼彼必應之其事既好還報則勝

負之數未可量明原本亦有此二字碑脫也用之
不可諸本此句皆作用之不可既王弼作用之不
足既碑脫既字第三十五章貴以賤爲本高以下
基按二語句法相配碑脫下句爲字諸本有之故
致數與無輿河上公作故致數車無車王弼傅奕
本車皆作轝今弼本亦作輿至元本皆作輿碑下作輿上
作輿誤注三數輿則無輿與字亦誤而公王以爲稱諸本並作
王公以爲稱傅奕作而王侯以自稱也玩注文原
本亦當作王公碑二字誤倒第四十三章吾是以
知無爲之有益益傳奕及淮南子引皆作吾是以

知無爲之有益也河上公王弼並無也字碑下益
字非譌即衍第四十九章善者吾善之不善者吾
亦善之德善者吾信之不信者吾亦信之德信諸
本第二句皆讀善字絕句第三句作信者吾信之
碑脫上信字第五十五章樸鳥不搏諸本樸皆作
攫碑作樸不成字第五十八章廉而不穢諸本穢
皆作劌惟河上公作害碑作穢說文所無第五十
九章是謂深根故蔕諸本故皆作固誤第六十六
章故天下與能與之爭諸本上與字皆作莫碑誤
第七十章知我者貴河上公王弼至元本並作知

我者希則我者貴傅奕作知我者稀則我貴案注
云了知我忘知之意者希少法則我不言之教者
至貴則原本當同河上等本碑脫希則我者四字
凡此皆宜參據衆家以正刊誤者也碑末題田仁
琬周憲鄭景宣杜欽賢諸臣姓名皆同時奉敕建
立之人而不書臣字亦例之變者此四人兩唐書
皆無傳可攷仁琬字正勤官至安西都護其事蹟
畧見保定府德政碑碑載仁琬以開元二十五年
除易州刺史兼高陽軍事悉與此碑合惟此題作
仁琬雙名德政碑直云名琬爲異耳碑無書人姓

據趙本校

名相傳是蘇靈芝之所作靈芝兩書亦無傳墨池編
稱其好書石蹟宣和書譜載靈芝嘗爲易州刺史
郭明肅書侯臺記在幽燕之地中州患難得契丹
以墨本詣榷場易絹十端方與一本蓋開寶間書
名極盛故爲時所重如此今世石蹟存者祇所藏
有開元二十七年易州鐵像頌二十八年田公德
政二碑此碑筆法極與相似當爲靈芝所書無疑
矣書譜云靈芝儒生也而鐵像頌題登仕郎前行
易州錄事德政碑則題爲逸士豈罷官之後乃有
此稱書譜因之誤爲儒生耶金石錄載靈芝書范

陽郡憫忠寺寶塔頌題承奉郎守經畧軍曹參軍
其碑立於至德二載則肅宗時又起爲參軍也

易州鐵像頌

碑高九尺六寸七分廣四尺八寸四分十八行行三十六字行書在易州

大唐易州鐵像碑頌并序

崇文館校書郎王端撰

登仕郎前行易州錄事蘇靈芝書

自我大師堅林示化不有像設人何以依小大之功蓋
存乎願瞻彼朔易有太像焉厥高羌而不可乎爾度則
我前太守盧君之所立盧君諱暉字子晃自御書

郎保釐我郡張皇軍容簡而明慧而肅害必革利必興
爰徙軍爰置邑郰闠闠飾招提遠者懷近者悅戈甲以
理奪虜氣於塞外童耄以樂破吒謠於域中然猶躬行
屬縣求人之瘼相彼村閭古多精舍往往陁陊而法鼓
存焉或播或柞或欝或震莫睹筍簴之狀寧聞宮徵之
音　君曰咨時則有若黃耇鮐背之老數百人隨車
而請曰惟是衆多之金委於草莽不敢散爲凡器以速
戾實願合爲眞容以祈福禱　君曰善且俾五臺沙門
大端慮事樂施之力一惟百精誠之心百惟一炭嶺屬
爐谷呀人雲屯橐雷動黃白之氣竭靑氣生焉於是化

天下之至剛爲天下之至柔以至柔入無間亦既成像
復歸於剛衆奔走而觀之則三十二相備矣計功者蓋
莫知其衆寘徒駭其不日而成也度財者又莫知其少
多徒歎其不召而至也非我人心之歸於君君慧之及
於人何以能之是擧也可以觀政矣閒一歲使臣以君
政尤異聞於　帝帝用嘉之錫以束帛有由然也伊
追琢之功未既而惠盧君遷于瀛田君至自靈讞數至
化纘戎前功爛爛昺彰飾道盡矣戊寅歲易人思邵父
美杜母嘉顧力謀不朽是用託頌於端端文館之吏也
敢不祗若頌曰

題無一字

崇崇睟容法之尊兮優優庶政直而溫兮如英如良不
騫不崩福永存兮
大唐開元二十七年歲次己卯五月壬辰朔三日甲
午建
□閒□北山□通車道三所官坐鎮崇院　白楊谷　置縣三　五迴
樓亭　板城　每驛傍造店一百間　抱陽寺造長
廊一百卅閒　□移□高陽□庫□營入城造廳及廊宇二百閒
造水碾四所　已上並盧君造雋人王希貞解崇光
右易州鐵像頌碑末云置縣三五迴樓亭板城攷元
和郡縣志五迴縣開元二十三年刺史盧暉奏置在

五迴山東麓因名之二十四年刺史田琬以其險隘
東遷于五公城在今易縣西五十里樓亭板城二縣
元和志不載蓋天寶後縣已省也元和志又云高陽
軍在州城內開元二十年置蓋亦盧暉所奏矣唐書
地理志瀛州有長豐渠開元二十五年刺史盧暉自
東城平舒引滹沱東入淇通漕溉田五百餘頃魏州
有西渠開元二十八年刺史盧暉徙永濟渠自石灰
窠引流至城西注魏橋以通江淮之貨然則盧君固
當時之能吏所至皆以興建爲務者矣潛研堂金石文跋尾
易州太守盧君暉造鐵像郡人張皇其事勒爲頌暉

見唐書宰相世系表官太原少尹者當即其人碑後載盧君開北山通車道三所有官坐鎮白楊谷戢院諸名以韋濟開偃師東山下新道例之驛亦宜附入地里志而史文不及豈有所遺耶驛又置縣三曰五迴曰樓亭曰板城地里志五同開元二十三年析易置并置樓亭板城以碑案之首發議建置者自盧君始也授堂金石跋

記石浮屠後

石横廣二尺六寸七分高一尺三寸八分二十一行行十二字至十四字不等正書在房山縣

大唐開元十八年金仙長公主爲奏　聖上賜大唐

新舊譯經四千餘卷充幽府范陽縣爲石經本又奏范陽縣東南五十里上垡村趙襄子淀中麥田莊并果園一所及環山林麓東接房南嶺南逼他山西止白帶山口北限大山分水界並永充供給山門所用又委禪師元法歲歲通轉一切經上延　寶壐永福慈王下引懷生同攀覺樹爰開元廿八年庚辰歲朱明八日前莫州吏部常選王守泰記山頂石浮屠後

送經京崇福寺沙門智昇

檢校送經臨壇大德沙門秀璋

都檢校禪師沙門元法

同前係

獨樹村　磨碑寺

東至到　南至河

西至河　北至他山

四至分明永泰無窮

今在房山縣記金仙公主奏賜譯經四千餘卷并范陽縣東南五十里上垡村趙襄子淀中麥田莊并果園一所及環山林麓金石文字記

按前云開元十八年金仙長公主爲奏聖上云云唐書公主傳睿宗第九女金仙公主始封西城縣

主景雲初進封太極元年與玉真公主皆爲道士以方士史崇元爲師當開元時公主既爲道士未嘗進封長公主此稱長公主後又有御書神道碑亦稱長公主蓋皆以元宗之妹而尊稱也疆域之分四至八到始見於元和郡縣志繼見於太平寰宇記後之撰地志者皆因之此以寺記而後列東西南北云四至分明後人田宅署券亦同此式蓋昉于此也刻記之所碑無山寺主名但云石浮屠後又云環山林麓西止白帶山口而文前云賜大唐新舊譯經四千餘卷爲石經本攷畿輔通志山

川卷內有石經山在房山縣西南五十里引隋圖經云智泉寺僧琬見白帶山有石室遂發心書經十二部刊石爲碑又引逃虛子集云石經貯于巖洞者七地穴者二洞以石門閉之穴以浮圖鎭之又引帝京景物畧云房山縣西南有山曰白帶山生懟題草又曰懟題山藏石經者千年故曰石經山北齊南嶽慧思大師發願刻石藏座下靜琬承師囑自隋大業迄唐貞觀大涅槃經成其夜山吼生香樹三十餘本六月水浮大木千株至山下搆雲居寺爲唐金仙公主修之山上雷音洞高丈餘

四壁刻經又仙釋卷內載釋靜琬訪求名勝至白帶山見峯巒靈秀遂採石造十二部石經因搆雲居寺明皇第八妹金仙公主增修之又寺觀卷內載雲居寺在房山縣石經山下寺有唐開元十年石浮圖銘二十八年（當云十八年）山頂石浮圖後記今並存南麓即西天寺塔下有石經窟其後則香樹林據此知此碑在房山縣石經山雲居寺也金仙公主本睿宗第九女而云明皇第八妹者安與昭懷公主早薨不在數內也碑云奏賜譯經充幽州范陽縣爲石經本者今之房山縣在唐時爲良鄉

据 鈔本 原碑 道本 挍

縣屬幽州而碑云幽州范陽縣卽今之涿州隋時爲涿縣屬涿郡武德七年改范陽縣爲涿州治（並据唐書地理志）良鄉范陽兩縣接壤想當開元時白帶山在范陽境而范陽又屬幽州唐志所未晰也

易州田公德政碑

碑高九尺八寸五分廣四尺九寸二十九行行六十字行書在保定府蓮池書院

大唐正議大夫使持節易州諸軍事守易州刺史兼高陽軍使賞紫金魚袋上柱國田公德政之碑（并序）

大中大夫守中書侍郎集賢院學士上柱國東海縣開國男徐安貞撰

逸士武功蘇靈芝書

聞之經國濟理長物生人者則必委成郡邑而擇其良吏然守文則溺於牽俗更法則弊（敝）於專任寬恕則失於容姦强毅則陷於傷善建用皇極難乎其人若夫剛不爲虐簡而能斷布政優優化入成俗者見於田易州焉公名琬字正勤其先嬀仲適齊曰陳爲族周齊聲近遂氏於田五代其昌龐秦人之西帝七雄方鬬朝泗上之諸侯自國滅淄上族遷關（加）右武安以戚屬爲丞相司農以建議封陽城吾能言之公其後也不殄厥問幽而復光曾祖君舒隨甘州刺史祖越西州長史父思成州同

谷尉名雖必聞官不求達累濟純嘏克生忠良公應天
景星含道元氣和五味以正性備百行以資身況言談
者仁之文孝悌者德之本取與者事之會恬淡者道之
苻弱冠遊太學尋師授韓詩曲禮以爲小雅傷於怨刺
大戴失於奢侈功業宜先於濟理章句非□於適時因
讀孫吳兵法衛霍別傳遂杖劍從軍以功授合黎府別
將歷果毅轉折衝累拜郎將中郎將尋除安北都護□
遷威衛將軍每拜命必銜一官兼一使□□幹理□克
保釐□是所向皆適厥善咸集戶部尚書王晙國之楨
幹人之具瞻太子太師蕭嵩惟嶽出雲生甫翊聖王之

物管朔方也帳下之畫一以詢公蕭之節度河□也閫
外之事不裁於己公貌無矜色口無伐辭出則推美於
人入則盡慮於事議者以爲王能信善蕭能任賢居二
者之間非周才孰可尋以將軍兼靈州□□朔方軍節
度副使押運部落仍檢校豐安定遠及十將兵馬使會
遭家艱奔喪州里扶杖未起粥□不入古之純孝何以
尚茲明年抹胡寇邊　□□震怒起公除易州刺
史鎮北邊也公聞命驚殞以死讓請情既難奪　恩
爲中停廿四年禮終復除易州刺史兼高陽軍使此郡
之人舊稱勇悍懷然尚荊卿之風慕燕丹之義其俗易

使也其人可用也而地接邊鄙郡叅軍鎮□□
矣征役勤矣用非□養力盡猶求擢節義之明心孰遵
逃之□□公深□□□大返其源阜其財求致其忠愛
居者既逸去者知歸星歲未周襁負咸至豈非寬明以
怨恩結其心者歟時出桑野奄觀銍刈責其墮者則爲
之怛感□□□敢子焉勉其勤者則喜形顏色若遇其
良子焉故人感而懷之莫敢暇逸露體□足唯農是□
所以家粟流衍而餘糧棲畝管子曰倉廩實知禮節則
公□□政信然也歲或大旱憂心如熏如燎如焚如焚
其身會是勤人達于鬼神及有事山川宜乎□土祝紿

告而雲合俎未徹而雨降氣有弃□災變爲□□□□
東風至雨集其高也散日其下也被地遂能辯其疆界
犬牙不入非神鑒其德有所庇之其孰能與於此夫市
者利之所聚人之所爭强□肆奪不忌□□□取於人
謂爲官市交易不得其所朝夕爲之皆虛公撫御多方
非止朴罰家僮門客莫□城寺通商服估日以塡湊更
爲一都之會也公□□□將□□□□其有酬歌劍舞
者彈弦踏屣者懾其雄而息其競疏其穢而復于禮以
爲不積其德無以□□也不正其身無以出令也故視
無旋聽無聳其動也可□其靜也可法四隣以　其

趙本無化口二字

致而歸其高百姓以是服其德而樂其行故
乎鄉鄙莫不競者讓暴者仁毅者溫懦者立其言
而化口過半矣於是詢耆舊察人俗入而靜謀出而周
視高者抑之窪者張之人之所惡者去之人之所欲者
濟之老有歸幼有長至於疾苦莫不躬親爲之一口而
口無艱急而亦無疵病矣比及三年則有成也盡知方
也洎農隙巡撫喣愉溫顏易水變其寒風燕谷增其暖
氣由是刑罰不用而口亦恥之使無訟口見於今日矣
故化行 近郡而譽達乎京師公夙昭武烈而善於文
史將以漢主憂邊故授其筆硯晉侯擇帥更悅其詩書

不登何有執繁弱之弓討雍狐之戟而能緣飾吏事適
發如□□物之理盡人之性若此之至也廿七年公次
會計朝于京師廿八年春二月 制攝御史中丞遷
安西都護 詔書至郡郡之人吏若有所亡或號門
銜或悲里室曰自我公至吾黨其蘇今我公往吾黨其
痛詣 闕陳情則長安地遠邀道攀戀而西域路絕
既借寇不可則令名宜存詞曰
卓尔有立時惟田侯濤標遠與高月垂秋其武也剛其
文則柔執是師旅能牧于州靡不夙夜思皇厥
庶政亦以訓戎 天子曰俞爰嘉

和其風北燕之南金趙之北歲有軍事人用
搖之是謂苛慝惟君蒞止高明柔克柔克伊何撫如
孩蝗不入境旱不爲災既庶能富逋亡歸來非德之致
其誰有哉水積則流德積則揚化自下國聲馳遐方允
矣君子如珪如璋刻石頌之令問不忘
開元廿八年十月十六日建 太原王希貞刻
此蘇靈芝書靈芝之武功人生開元天寶間書與胡霈
然□名今霈然書不可見見此碑可以得其概矣 石墨
鐫華
琬以開元二十四年治州有善政二十八年遷攝
御史中丞安西都護以去州人立石頌之碑云公名
琬字玉勤而趙氏金石錄鄭氏金石略于氏天下金
石志並題作田仁琬德政碑今易州龍興觀石刻道
德經末亦題刺史田仁琬名元和郡縣志又書易州
刺史田琬碑刻立於當時稱名必無差誤不知何以
異同若此也唐會要凡授都督刺史階未及五品者
並聽著緋佩魚離任則停之若在軍賞緋紫金袋者
在軍則服之不在軍不在服限琬階正議大夫正四
品上其結銜稱賞紫金魚袋蓋以軍功得之與典紫
借紫者有別矣唐六典諸軍各置使一人其

陽唐與恒陽北平五軍皆本州刺史爲使又會陽軍本在瀛州開元二十年移在易州故琬以易州刺史兼高陽軍使也合黎軍府之名唐書地理志失載不知屬何州也琬嘗爲靈州刺史朔方軍節度副使押渾部落仍檢校豐安定遠及十將兵馬使攷之於史吐谷渾部落初自涼州徙鄯州不安其居復於靈州之故鳴沙縣置安樂州以居之又靈州黃河外有豐安安遠新昌諸軍安遠蓋定遠之譌故朔方節度副使押渾部落使領豐安安遠二軍也十將兵馬使無文以證之 潛研堂金石文跋尾

拜十正勤開元二十四年除易州刺史碑盛述其爲政有惠爲州人所樂而推其先世云敬仲適齊因陳爲族周齊聲近遂氏於田新書宰相世系表陳田聲相近與此符合史記田敬仲世家以陳字爲田氏索隱曰據史此文敬仲奔齊以陳田二字聲相近遂爲田氏然則陳田聲近蓋由舊說也荀子不苟篇田仲注曰仲齊人處於陵孟子作陳仲史記游俠傳東陽田君孺索隱曰漢書作陳君孺皆可取以附證此碑之所依據又碑稱戶部尚書王晙太子太師蕭嵩王晙與蕭嵩竝見舊書本傳稱官與碑合 授堂金石跋

按此碑徐安貞撰文題□中大夫守中書侍郎集賢院學士上柱國東海縣開國男舊唐書傳安貞信安龍邱人開元中爲中書舍人集賢院學士上每屬文作手詔多命安貞視草累遷中書侍郎新書傳云徐楚璧終中書侍郎東海縣子在中書省久是時李林甫用事或言計議多所參助後更名安貞今碑作東海縣男與新史異餘官與兩史同書譜引金華志云徐楚璧字子珍唐詩紀事云安貞以李林甫用事逃隱衡嶽爲撥蔬行者病瘂不言□年後因修建佛殿僧中選工書者題其梁徐

躋梁而過掌事人怒杖其背徐以手畫地曰昔年嘗學大書願試書及題數行羣僧皆悅服因遣盡書之後李邕過寺見其題大驚召之同載而歸按此語多不確唐書宰相世系表林甫官吏部尚書在開元二十七年其用事時安貞傳方言其參助計議何至逃隱衡嶽李邕自開元初左遷括州司馬起陳州刺史十三年復貶遵化尉徙灃州司馬二十三年起爲括州刺史後歷淄渭二州刺史出爲汲郡北海太守邕嘗書麓山寺碑在開元十八年如果安貞有逃□衡嶽□梁爲邕所見同

載而歸之事亦當在開□□八年前後而其珠林
甫正表用事也大抵舊說流傳率多差誤年湮事
遠無八考稽□率而承訛襲謬者類如此也碑已
題安貞則傳云後改名安貞者在二十八年已前
矣田陳二姓諸說皆謂聲相近按詩周頌有瞽篇
應田縣鼓鄭箋云田當作朄音允聲轉字誤變而
爲田竊疑朄可變爲田亦可變爲陳朄與陳先以
形似而變陳與田又以聲近而譌也附識以備一
說

金石萃編卷八十三終

據唐文百篇校

金石萃編卷八十四

賜進士出身誥授光祿大夫刑部右侍郎加七級王昶譔

唐四十四

裴道安墓誌

銘石高廣各二尺八寸三十三行行三十四字正書在西安府

大唐故朝議郎行尚書祠部員外郎裴君墓誌銘并序

族叔禮部員外郎朏撰兼書

君諱積字道安河東聞喜人也自桐川建封燉煌爲郡
魏分三祖晉方八王奕代嘉其美□□年載其令德高
祖定周大將軍馮翊太守襲瑯琊公績茂戎昭化成郡
國曾祖仁基□□光祿大夫兼河南道討捕□使以陰
圖王充義被舊主遭時不利玉哲名揚　□□追
贈原州都督命謚曰忠祖行儉禮部尚書兼定襄道行
軍大總管聞喜公贈大尉□□獻既明且哲經文緯武
故事宗於禮闈大勲炳於雲閣考光庭侍中兼吏部尚
書贈太師謚忠獻器識宏遠墻宇高深亮采　天階
丹青神化君二川淑靈三事鴻烈植貞□之性抱經濟
之才生而聰敏幼而穎悟仁和孝友君子之德日新文
學吏能賢人之業□盛開元初舉孝廉高第弱冠
敕授左千牛備身秩滿轉太子通事舍人　□

宸捧　日靑禁朝春詞令可觀風儀有裕歲餘
調補太常寺主簿□□寺署辨□禮法按驗伏藏動盈
累万卿韋韜欲以昇　聞期於顯擢君不求苟祿
固讓厥功□□京兆府司錄未上丁　太師
憂柴毀骨立殆將滅性杖而後起□日式期□□屢
　聞寵光是冀爰紆　聖札用勤豐碑仍命
宰臣俾令護□此乃顯□千古哀榮　九原者也
　太師公直道不同存亡交變　明主
　恩禮時列害其公忠定謚之辰將沮其美
優□
君晝夜泣血號訴聞　天特降□言以□其實

　詔改謚曰忠獻豈非孝感之至以發
　皇□報應之□有如影響憂制翝　主上
永言念舊方議賞延命執事與五品官□宰以君□量
淸通不欲處之散地請授史官是日拜起居郎君衰服
外除心喪內疚□□令職遠□　先碑敷奏上
感於　冕旒情禮近傷於冠佩自武德之始迄于
茲日注□所闕四百餘卷南史直筆東掖記言考古而
行怡然理順俄遷尙書祠部郎君才兼□□□典
　郊廟續祖訥之淸言循樊准之儒術　明光伏
奏問望攸歸嗚呼天不假年神爽其善視事累月闕疾

弥旬以開元廿八年十二月十九日終于長安光德里
私第春秋卌其　先葬于聞喜之東凉原也卽
以辛巳歲二月癸丑廿日壬申旋窆于長安萬春鄉神
和原禮也初日者有言曰且有橫厄願攘之君曰苟無
負於神明亦何攘之有生死有命誠性已齊此則達人
之用心也君慱識多聞含光育德志希宏濟心鏡无爲
嘗覽太一之書黃公之略每懷遠大自比范張及我宦
成期於身退挂冠投紱卧壑栖林靑雲始階黃埃溘至
海內豪雋孰不惋惜嗣子倩等異才動俗純孝通神永
慕寒泉式刊貞石其詞曰

全晉舊國彼汾一方宗門貴仕代有烈光鼎鉉襲懿蘭
菊垂芳地靈世德之子含章含章伊何挺時哲□服
教義□紹忠烈詞雎春葩掾貞暮雪珪璧內潤鼓鐘外
徹肅祗一命趍侍　兩宮奉常典禮左掖記功
淸輝就　日逸翮摶風高遷郎署公議攸同
建禮休澣漳濱移疾方奏　丹墀遽辭白日隱
嶙前疃徵茫此室勒銘幽泉永識芳實
　按此碑撰書者族叔禮部員外郎裴朏兩唐書無
　傳宰相世系表洗馬裴有裴朏重攺之子官禮部
　郎中當卽其人碑叙裴氏先世已詳裴光庭碑其

述稹事惟新唐書附裴行儉傳所載甚略舊史無傳但云光廷舊史作庭子稹以蔭仕累遷起居郎後授祠部員外郎卒碑則云開元初舉孝廉授左千牛備身轉太子通事舍人補太常寺主簿遷京兆府司錄丁太師憂服除拜起居郎遷尚書祠部郎視史較詳也世系表則云稹司勲員外郎襲正平縣子與碑傳異碑云太師公直道不回存亡交變明主優口恩禮時列害其公忠定謚之辰將沮其美君晝夜泣血號訴于天特降口言以旌其實詔改謚曰忠獻是光庭改謚由稹孝感所致也舊光庭傳太

常博士孫琬將議光庭謚以其爲吏部日用循資格非獎勸之道建議謚爲克時人以爲希蕭嵩意旨上聞而特下詔賜謚曰忠獻新傳初謚作克平後謚作忠憲餘同碑與傳互有詳略至新書傳有云開元末壽王瑁以母寵欲立爲太子稹陳申生戾園禍以諫元宗改容謝之詔授給事中稹曰陛下絶招諫之路爲日滋久今臣一言而行殊寵則言者將衆何以錫之帝善其讓止不拜此事碑獨略而不書碑又云自武德之始迄于茲日注口所闕四百餘卷此似補起居注之闕者而唐書藝文志有開元起居注三千六百八十二卷失撰人名稹所撰四百餘卷或卽在其中也碑云嗣子倩等而不著其官位新書附稹傳後云子倩字容卿歷信州刺史以治行賜紫服代第五琦爲度支郎中世系表又云正平縣男傳所不載碑書長安萬春鄉神和原長安志作神禾原又祈禳之禳作攘想皆通用也窆以辛巳歲爲開元二十九年碑爲向來金石諸家所不載昶同年高郵沈君方穀業富爲河東轉運使以此見贈且云與裴氏有親其舊塋上唐宋碑刻甚多將盡搨之聞而欣然拭目以俟旋以病歸不果予

今追憶爲之憮然

洞清觀鐘欵識

款高三尺二寸上圍四尺九寸下圍六尺九寸腰橫起五稜以界上下其上下共八區每區亦間五稜每五稜四行文皆一直接下總計十六行行廿八字至四十字不等其八區首三區無字第四區六行行九字至十二字不等係金至大年刻第五區四行皆八姓名似與諸稜十六行字同刻者第六區左行五行行十一字係宋咸平年刻至第七第八兩區文亦上下直接七行行十六字至廿一字不等係天祐年刻但下區末後多書人一行並正書在南康縣

維大唐開元廿九年歲次辛巳閏四月辛巳朔廿八日戊申女道士蔡淨廉曹淨儀曹紫虛孫雲譽蔡仙經謝玉耶寂麐觀上座朱處封檀越主蔡方運蔡思奉吳少

表蔡祚樂等勸率衆緣敬造銅鐘一口奉爲國王帝主
牧宰官僚下及蒼生同霑福祐永充洞清觀供養
用銅三百斤　時匠余令玉 以上首五稜四行
口延誠朱守虬曹雲岫及妻蔡五娘蔡邦贍及妻鍾李
定謹孫貞幹蔡仙望蔡口母鍾四娘曾四娘謝意謝仙
諒僧調御蔡嶠母朱孫封黄口劉智新蔡朝欣蔡齊炎
蔡承親蔡齊希朱伯巡蔡齊康蔡懷慶曹處貴朱玉貞
鄭仙玉謝賀朝謝獻之黄待徵朱恵建朱師雅曹思合
李庭芬蔡口蔡祚封李定廉朱希母歐陽 以上次五稜四行
謝口封蔡晏堯爲亡兄璧及嫂劉劉智常李廉母朱二
娘爲亡聟二官蔡公緒蔡思京李口口蔡化口蔡因業
蔡祚寧朱思齊蔡貞母羅朱思樂鍾虬爲亡考蔡巍母
劉大娘蔡齡母李夫人蔡尹嗣朱先母蔡鍾嶠爲妻李
氏朱守諫朱守元孫順女道士蔡真仙朱智藏蔡淨智
蔡雲嬌蔡仙勝蔡紫蓋李仙定朱仙臺李仙雲曾雲童
謝紫霄蔡階蔡徵 以上又次五稜四行
縣令員元禮丞元仙皃主簿鍾離延祐尉皇甫玲録事
朱守寧前録事沈再思倉督黄處冀朱靈郁劉仙朝劉
俊乂及妻簫大娘趙靈岫及母丘四娘黄御鷂及妻朱
六娘沈壽及母溫八娘劉仙諧鄧庭珪爲亡考蔡惟舊

明義期李表泓蔡祚合及妻劉大娘蔡推母董三娘爲
亡聟護軍曾光庭蔡靈舉爲亡妣朱經母蔡爲亡聟蔡
妃没故蔡嬌舍蔡四柔 以上末五稜四行
蔡遊巖　曹雲峯　蔡崇翀　宋瑗　朱球珍　吴均
爲亡考　歐陽平　朱千里　曾席母謝二娘　蔡希
妻李四娘　蔡㐽祥　謝璵母蔡五娘 此在上層爲第二區統計爲第
五區
弟子虔州百勝判官知勾判南康縣事銀青光祿大夫
撿校戸部尚書兼御史大夫上柱國陽坤當縣洞清觀
銅鍾壹口先平固作孽之時捊擄入峒至天復元年坤
統押將士收破却復前件鍾將歸本縣緣洞清觀傾因
亂罹多年荒廢切見可封里晝錦禪院未有銅鍾今將
轉捨冀保弟子官榮顯達將卒興隆邑內居人同霑福
利鴻音遠布永鎮伽藍天祐元年歲次甲子七月癸亥
朔廿九日辛卯題　院主僧鑒滿
開元寺僧義全書 此以上在末後上下兩區
准勅省指揮鐫題咸平三年拾壹月　日
守縣尉周
守主簿夏侯口
守殿中丞知縣事成口 此以上刻在第六區左行

據洪纂本校

昭武大將軍南安路總管兼管内勸農事趙國器捨此洪鍾于本路通真道院永充入天供養者至大二年己酉歲九月吉日開山住持道士程紹真徒弟程自謹題（此以上刻第四區）

按此鐘本于開元二十九年南康縣女道士蔡淨源等鑄以充洞清觀供養者淨源等題名其上續于天祐元年判南康縣事陽坤移置晝錦禪院坤自刻記于上宋咸平三年知縣事成口等但題名而無移置之事元至大二年南安路總管趙國器移充本路通真道院供養道士程紹真等題記蓋

一鐘閱四百四十餘年而三移其所矣唐書地理志虔州南康郡南康縣屬淮南西道元時歷宋之南康軍爲南安路而南康縣屬焉陽所題云平固作孽之時俘擄人嗣此時當昭宗末季朱全忠兵犯京師朝廷倉皇爲避亂之計昭宗本紀不暇載及平固作孽其詳不可知矣新唐書本紀僅書天復元年十二月鍾傳陷吉州似亦平固之餘孽也

夢真容勅

碑高九尺五寸七分廣四尺三寸四分
二十二行行四十四字行書在易州

武功蘇靈芝書并題額

勅旨中書門下兵部尚書兼侍中牛仙客等奏臣等因奏事親承德音陛下謂臣等曰朕自臨御已來向卅年未嘗不四更初即起具衣服禮　尊容蓋所爲蒼生祈福也昨十數日前因禮謁事畢之後曙色猶未分端坐靜慮有若假寐忽夢見一　真容云吾是汝遠祖吾之形像可三尺餘今在京城西南一百餘里時人都不知年代之數汝但遣人尋求吾自應見汝當慶流萬葉享祚無窮吾自度其時今合與汝於興慶中相見汝亦當有大慶吾猶未即言語畢覺後昭然若有所覩朕因即命使兼令諸道士相隨於京城西南求訪果於盩

厔縣樓觀東南山阜間迺遇　真容一昨迎到便於興慶宮大同殿安置瞻覩與夢中無異者伏以　靈元大聖降見　尊容感通之徵實符睿德陛下體至真之道崇清靜之源何嘗不禮謁虔誠爲蒼生祈福故得　真容入夢　烈祖表靈求之西南果與夢協且興慶宮者潛龍舊邸王業所興當此處而告期與嘉名而相會斯迺降於紫府鎮我皇家啟無疆之休諭大慶之應陛下爰捨正殿以爲法堂是尊是崇至敬至極殊常之理將万福而俱臻無外皆覃迺億兆而同慶臣等昨日伏承聖恩賜許瞻禮自然相好諒絕名言開闢

趙本三格不空

以來典籍所載未之有也臣等無任慶悅之至謹奉狀
陳賀以聞仍請宣示中外編諸簡冊者夢之正者是爲
通神於惟　聖容果以誠應豈朕德所致而大道是
典再省輿靈言猶在耳將貽福業代祀彌□□告以行
宮廼置之內殿兼云大慶允屬朕躬稽之道經以慈爲
寶當慈育萬姓永荅神期卿等宗臣願楊嘉應所請者
依
　開元廿九年閏四月廿一日
眞容應見
右博州刺史李成裕奏奉閏四月廿一日　勅中書
門下奏請宣示中外者歷觀寶諫曾所未聞側捧瑤緘
不勝抃躍臣謹按落下閎太初曆云後八百年曆差一
日有　聖人正之至　陛下定曆之年正當八百
今又曆元皇帝以　聖明之代來見　眞容於夢
寐之間再陳靈應稱　陛下慶流萬葉享祚無窮則
知聖曆昌期合符同契者久矣雖縑緗已載而琬琰未
書將何以對越神休光昭睿德臣之愚昧敢以上聞伏
請於開元觀具寫　綸言勒於貞石入仙宮而物覩
知　聖祚之天長如允臣所請諸州亦望准此
勅旨依奏

開元廿九年六月一日
　　　　　　　　　　　　　　　鴈門解□光刻
此蘇靈芝書按碑開元帝夢老子眞容求得之中南
之樓觀博州刺史李成裕奏准諸州同勒石則此碑
天下皆刻之金石畧載之云未詳所在余此碑并田
仁琬碑得自鄉人之守易州者或在易州今中南樓
觀亦有此碑亦靈芝之書文同而易州碑稱奉勅旨宰
相牛仙客樓觀碑稱張九齡按碑此事在開元二十
九年閏四月九齡自二十四年罷相二十五年左遷
荊州長史二十八年薨未嘗生至二十九年也似當
以易州碑爲是樓觀碑經宋翻刻字畫不及易州三
舍豈亦謬易其姓名耶石墨鐫華
眞容之夢最爲荒迷非惑也乃自作詐以欺聾俗然
不自知其爲俗所欺也亦顧其臣之將順者不能道
以正使如見聖于羹見賢于廧者故以此爲美而思
依托之耳然而習僞導誣殊失一心大言之體若靈
芝之字則縱而有體嚴而不局最爲合作宋日隔于
異域故諸賢不及見因以自潛此日如新亦物之幸
也居身者可于以得師矣墨林快事
夢眞容碑在盩厔縣樓觀字金石文字記

石墨鐫華論此碑在易州樓觀之異同可謂明確余所收一本稱牛仙客不稱張九齡則此碑亦非樓觀所刻也獨異眞容求得之樓觀而碑刻于樓觀者有以牛爲張之誤何與余又得刻在古白鶴觀一碑先是党光所書早已損壞漢乾祐三年楊致柔奉命重書者觀妙齋金石刻考畧

此非唐原碑乃後人重刻者碑首有重摸蘇靈芝之書唐老君應見碑十二字可證關中金石記

右眞容應見記東武趙氏題爲夢眞容碑武功蘇靈芝書今傳於世者有二本一在盩厔縣一在易州予

皆得之文字行欵皆同惟勅内兵部尚書兼侍中牛仙客盩厔本作張九齡蓋後人惡仙客名輒磨去妄以九齡易之爾舊唐書禮儀志開元二十年閏四月元宗夢京師城南山趾有天尊之像求得之於盩厔樓觀之側正指此事志稱二十年當作二十九年傳寫有脱文也當是時九齡去位已久諫諍之臣卷舌佞諛之言盈耳帝既夙好神仙妄念所感形于夢寐蓋求治之志荒矣卒之果有幸蜀之禍慶流万葉享祚無窮夢中之語詎有一驗哉李成裕唐書無傳天寶十載以宗正少卿奉命祭北嶽安天王見舊史禮

据抄本校
据汲古本校
字旁加○者皆汲本所同

儀志潛研堂金石文跋尾

碑言元宗自言夢見元元皇帝余案此漢桓帝故實元宗踵而行之繇釋老子銘延熹八年八月皇上尚悳宏道含閎光大存神養性意在淩雲是以潛心黃軒同符高宗夢見老子尊而祀之可類徵也授堂金石跋

石壁寺鐵彌勒像頌

碑高七尺七寸三分廣三尺二寸二十三行行五十八字行書在交城縣石壁山永寧寺

大唐太原府交城縣石壁寺鐵弥勒像頌并序

前濮州鄄城縣尉林諤撰

太原府參軍房嶙妻渤海高氏書

朝議郎太原府司錄參軍事常山蘇俛題額

維佛曰覺是法曰空銘範所謂敬田薰崇可兼意境自西林宴滅東夏聞教納羣動故廣闢度門詣眞宰卽啓傳智印功應沙刼化懋金界支提所以列寰宇建舊所以遍山林石壁寺者晉之西山嚮号石壁谷隨繇西壽陽縣　唐改壽陽爲文水　先朝分置交城而立寺焉　太宗昔幸北京文德皇后不豫輦過蘭若禮謁禪師綽公便解衆寶名珎供養啓願玉衣旋復金牓遂開因　詔天下名山形勝皆表剎焉所以報護力廣眞諦也□□紺臺之制頗餘　紫禁

之恩禪師尋終官寺初創分身建塔遺跡巋然多寶不
開吾徒安仰年蕭四紀紹復六僧脩伽藍者璀潤脫造
山閣者𣪊本元竟未雄成且爲能事粤邑宰燉煌張公
令孫清信香緣台鉉英肖隱若敵國知無不爲行春之
餘瞻星開製琢拓巖㝗所以面雙峯築基林間所以立
前殿飛廊右轉高門南豁化檻棨爛於虹潤漱渠杳藹
於龍鱗附麗張皇公之教也復次寺大衆縣諸吏鄉三
老等端念斷結迴向增修屬廊殿功閑請鼓鑄象設信
施山積稽顙雲奔弦朔再移公難久抑爰咨上座普公
曰和上万億之中已經付囑一方之内僉謂導師此處

山泉人間卓絶常歎庭宇淺狹形像卑古旣衆心同欲
敢仰屈專知先捨俸錢次添淨俶想望耆闍之往思慕
兜率之留寶臺繫念於儀形華林正觀於神衛倬開元
廿六年十月十五日鑄鐵彌勒像一座良冶攻橐神物
助銅迴祿爇雲而噴鍊飛廉噫風而沸液燄涌鈞外迺
澈金光非普公之摠衆馨心調御之慈悲冥應則何以
髣髴相好成是福潤十二月八日設大齋而出之都人
嚴護以禮供掌事麥掀而改座鏟剬設色睟湛起容頃
者都師思九光患兩足綿歷數年醫巫竭精褰躄生念
忍苦强步有加無瘳當監理之夜忽覺輕舉及成像之

遠 邃

㪚 拓本作救

以字衍

日曳爲如初此則指魔易容如鳥出㲉之擭也此寺幽
深遠口林壑猛獸不育濡草羅生列郡旱亢祈之則霖
雨闔境歲儉念之則豐饒或觸加敬警俗懲僧此則軒
臺不敢西射廬山長存東首也然結搆大廈兼寫聖容
工不召而來役不言而應始謂陶唐之俗家盡歸依追
悟巧妙之徒人皆飭力殿像云畢居處自空此則梵帝
輸靈匠育王獻神兵也夫金者物之堅剛像者代之崇
奉見不壞想故因感以存質在有爲跡故冥應以住法
是梵場也其炳煥乎上座普敬寺主惠璡都師思九法
師元響大德茂忠守迦常念寶定泊龍象法侶貞實真

華或珠圓明智劍猛利當對初地塹擇勝於閑安果證
中天已授記於文佛鄉望王思貞縣吏郝仙壽等五色
鵷鸞千里騏驥瓊樹塵暎玉匣氣浮古署或列於桐鄉
處承遂陪於柰苑奉鍾離之舊政囚喜得人心結曇弥
之後緣仍爲佛事於戲否往泰來聖作惠出微妙用之
發揮匠意表刻紀靈則　我皇之會昌景福天主
之示現切利不其茂絶穹谷摩滅蒼岑者哉謗佗傺不
偶誠敬口口輿徒發於蔄抪白林爲頌詞欲徵於靈運
石壁言詩貝葉尚記貫園線花亦題施樹佛則無愧謹
偈銘云

世尊傳兜率天弥勒宴坐對諸仙晉山記石辟寺佛影下來留此地新殿開望昭迴白毫放乎照雲隈危樓斂臨懸象翠微濃乎洸炯上張公作神鬼諾五十六億龍華樂靈匠罷眞僧揩八万四千師子駭鎮帝鄉歸梵場法輪轉乎衆福證銖衣拂乎聖刼長

開元廿九年歲在辛巳六月庚辰朔廿四日癸卯建

右太原府交城縣石辟寺鐵彌勒像頌者林鶚撰參軍房璘妻高氏書余所集錄古文自周秦以下訖於顯德凡爲千卷唐居其十七八其名臣顯達下至山林幽隱之士所書莫不皆有而婦人之書唯此高氏

一人爾然其所書刻石存于今者惟此頌與安公美政頌爾二碑筆畫字體遠不相類殆非一人之書疑模刻不同亦不應相遠如此或好事者寓名以爲奇也識者當辨之集古錄

此房璘妻高氏書高氏又書安公美政頌歐陽公謂字迹如出二手而疑好事者寓名以爲奇余未見美政頌此本借自東峯商觀其筆法遒勁信足名家而一經元祐火燬政和間寺主道珍重勒再經大定火燬泰和間寺主元釗又勒鋩鍛都亡僅存形似耳金人口苑跋語歷歷可証近吾鄉人有爲交城廣文者爲言碑今又就燬交城人猶有舊搨本以此觀之當亦非開元刻乃泰和刻也然則碑自元祐至今凡三燬于火矣何高氏之不幸耶石墨鐫華

今在交城縣石壁山寺末有金泰和四年跋金石文字記

右石壁寺鐵彌勒頌像其文云石壁谷隨即隋字隸西壽陽縣唐改壽陽爲文水先朝分治交城而立寺焉案隋書地理志文水舊曰受陽開皇十年改焉交城開皇十六年置是文水之改名交城之置縣皆在隋時碑以爲唐時改者蓋誤而交城之由文水分則又史所未及載也又攷元和郡縣志壽陽縣本漢榆次

縣地西晉於此置受陽縣卽今文水縣是也開皇十年改受陽爲文水縣又於受陽故城別置受陽縣卽今縣是也貞觀十一年改名壽陽唐志亦云壽陽貞觀十一年更名是壽陽之名寔唐初所改隋志書已改之受陽作受字別置之受陽作壽字似誤碑云隋隸西壽陽縣攷隋時兩受陽不竝置當因文水在今壽陽之西故土人稱西以別之不云受陽而云壽陽者據後所改而稱之也潛研堂金石文跋尾

按受陽壽陽潛研跋辨之甚晰然尚有未盡者今刻太平寰宇記壽陽縣本漢榆次縣地西晉於此

置壽陽縣屬樂平郡盧諶征艱賦云歷壽陽而總
轡卽謂此晉末省後魏風土記云晉末山戎內侵
徙壽陽之民於太寧元和郡縣志作大陵城南置受陽縣屬
太原郡隋開皇十年改壽陽縣爲文水縣又於壽
陽故城別置壽陽縣屬并州卽今縣是也大業三
年罷州爲太原縣仍屬焉唐武德三年置受州縣
改屬焉貞觀八年廢受州縣屬并州据此則自西
晉至唐貞觀祗作壽陽未嘗有受陽也据魏書地
形志則自晉至魏皆作受陽隋書地理志則文水
縣注云舊曰受陽開皇十年改爲壽陽縣注云開

皇十年改州南受陽爲文水分州東故壽陽置壽
陽詳玩文義改州南受陽當作州西州東故壽陽
當作受陽疑隋志刻誤州東者并州之東也齊周
所置隋大業三年改太原郡故受陽在州東則析
置之文水在州西明矣碑所謂西壽陽縣者卽此
元和郡縣志壽陽縣本漢榆次縣地西晉於此置
受陽縣永嘉後省後魏太武還戎外出徙受陽之
戶于大陵城置受陽縣卽今文水縣是也開皇十
年改受陽爲文水縣又于受陽故城別置受陽縣
屬并州卽今縣是也大業三年罷州爲太原郡縣

仍屬焉武德三年置受州縣改屬爲貞觀八年廢
受州縣屬并州貞觀十一年更名壽陽是貞觀十
一年以前從無壽陽之名寰宇記傳刻之誤信矣
然稽之舊唐書地理志盂縣云隋縣武德三年置
受州領盂壽陽二縣六年移受州于壽陽貞觀八
年省受州盂復屬并州壽陽云隋舊縣武德三年
屬遼州六年移受州于此領壽陽盂二縣貞觀八
年廢壽州縣隸并州是以壽陽爲隋時舊名且於
受州前作受後忽作壽自相牴牾如此可知壽受
二字之易涉訛誤又不獨寰宇記爲然矣新唐書獨不誤

兩五代史有郡無縣不能攷其後如文獻通考于壽陽但云晉
舊縣于文水但云漢大陵縣皆不著受陽字鄭氏
通志敘地理仿禹貢之體不詳沿革無可折衷也
此碑既以壽陽之名起于隋復以改壽陽爲文水
云在唐時並與隋唐諸史異碑下云先朝分置交
城而立寺焉隋書地理志交城縣開皇十六年置
不始于唐其云先朝唐地理志謂先天二年析置
靈川縣開元二年省依文當云析置靈川非析置
交城也以意度之交城與文水接壤或犬牙相錯
之處隨時彼此析屬而寺址遂隸于交城耳碑云

石壁寺者晉之西山舊號石壁谷山西通志石壁
山在交城縣西北二十里疊巘周環拱列如壁南
有石崖峭削百仞唐建石壁禪寺今爲永寧寺

唐儉碑

碑連額高一丈一尺七寸廣四尺三寸七分三十九行行八十五字正書額題唐故特進莒國公唐府君之碑十二字隸書在醴泉縣昭陵

唐故特進莒國公唐府君之碑
□□□□□位括后膺千載之□惟岳□神賢臣承五
百之運是以軒丑御紀□□贊其□□嫣汭乘時稷羿
□□景化□□□□□□□□□□□□□□□□□

□□□□□□□□□□□□□□□□□□□□□
□□□□□則聲高彥伯之□□□孟堅之表見之□
□莒公矣公諱儉字茂約太原晉陽人也□□窮□知
遠□□化□□□□□□□□□□□□□□□□□
□□□□□□□□□□□□□□□□□□□□□
□□□□□□於後昆備在□□□□言□高祖岳後
魏□州刺史禁□□□有伯山之威福垂訓□學邁仲
□之□□□祖□□□□□□□□□□□□□□□
□□□□□□□□□□□□□僕射尚書令
錄尚書事晉昌王□□□之□□公輔之器□□險之
感夢類□□□□□□□□□□□□□□□□□□
□□□□□□□□□□□□□□□□□□□□中
書□□□□散騎常侍□□□□□□□□州刺史晉
昌郡□　　皇朝贈太常卿□□□□宰門華胄公侯
弈代簪□□□□□□□□□□□□□□□□□□
□□□□□□□□□□□□□□□□□□□□□
流□□□□藻□麗於翰苑雄□□□□□□地方馳
則遺風追□沖天將舉則切漢摩霄合浦騰暉色暎朱
轓之□麗□□□□照□□□□□氣□□□□□□
營□□□□□□□□□□□寔□□之□□信衣冠

之表□□□解碣左勳衛昔長卿□□□□職未當才
亭伯之宰長岑位不充量以□□古彼□一時屬炎政
風頹寰宇□□□□□□□之□□□□□□□□□
□□□□□□□□□□□□□□□□□梁沛之□
□見形雲□□□芒碭之奧□未建□□□□□會盟
津之期先君昔在有□與　　高祖連□□敦莫逆□
□斷金雖□□□□□□□□□□□□□□□□□
□□□□□□□□□□□□□□□□之□□□□
□側席□□□□□隱太子至晉陽□□□□初申通
家之交好次論天下之橫流公□□載之□□及列代

□□□□□□之允合□□□□□□□□□□□□
□□□□□□□□□之□□□□□□□□□□□
□經綸□□□□□□有陳琳殊健之筆□□□搆之
才任以文房實諸衆望拜大將軍府記室加正議大夫
□□□□□□□臨□□□□□□□□□□□□□
□□□□□□□□□□□□□公□□□□□□□
□河□易□□□□□□將帥賁育之兵于□□□万
騎波屬扶西河如拉朽發并部若蹇甀行至昌□秋潦
遂降□□□□□□□□□□□□□□□□□□□
□□□□戰□□□□□□□□□□□□□□□□

□□□□□□□□□□□□□云機不可失時□□
來儻使官庱息兵破袁之軍未卜洪溝若割城□之□
未期既鏡艮規□□□□□□□□□□□□□□□
高祖□□聖慮□□遂□□□□□□□□□土□□
□□□□□□□□掌□□□□□□雖曲逆六奇薛
□三策何以加□以功拜右光祿大夫授渭北道行軍
司馬□師郎□□□□□□□ 帝□運廟諱女三宮
之法陳黃石一 卷之書或面水背山或□□□□角
鳴□地旌旆□□□□□□□□□□□□□□□□
□□□□□□□□□□□□□□□□□□□□□

□□□□□□平城之勳公□□最進□□□□夫封
新成縣公尋改為晉昌郡公食邑二千戶暨受終文祖
肆類□□敘□□□□□□□□□□□□□□□□
□□□□□□□□□□□□□□□□□□□□□
□一□□凌烟□□□□□□□□綸□□□於茲逾
淩雜樹所以增華昔孔演宏才將元規而並□王□□
□與眞長而共□□□□方□□□□□□□□□□
□□□□□□□□□雲臺□□□□□□□□以□
□古□獨何□劉武□□□□之□□控□之衆竊九
五之位窺萬乘之尊剽邑屠城裂冠毀冕 高祖□

□□難拯溺□殘命右僕射□□□□□□□□□□
□□□□八陣□□□□崇茂□□□□□□□□□
□□使□□□遂陷賊□公觀諸將□□人多庸鄙惟
尉遲敬德頗識事機公示之以安危告之以成敗□若
冰釋翻然改圖□□此心□猶□□□□□□□□□
□□□□□□□□□□□□□□□□□□□□□
□□□□□□ 詔公為□州□□□使尋拜禮
部尚書賜以懷恩田□□門大章之樂咸究精微春誦
夏絃之禮□窮枝葉李耳□識□□□□□□□□□
□□□□□□□□□之□□□□□□□□之□□

□□　　文帝功齊覆載績邁陶均旣荅元勳必資美

稱以上將之位照灼文昌天策之名□□元象□

詔□　　太宗文皇帝天策上將然百寮之任妙算時

莢以公為長史實諧□論尋而逆賊劉闥擁徒冀北挺

□燕南□□□□□□□□□□□□之塞雲□□□

□□□□□□□□□公□□而□□□□□之略士

卒□擢□□必公□輕□賊城以陳利害不勞飛箭便

□□□詎假拔旗乃傾□□廓清河朔公有□□之功

以公為幽州□□□□□□□□□□□□□□□□

□□□□□□□□□□以□□□□禮重於□旋貪

殘貶踰□□□百城□□□□兩河仰其風獻而馬邑

之□長導狼望之兕渠越彼長城□□晉水公抗節□

□□於□□□□□□□□□□□□□□□□□□

□以分□□□□□□□於茲□□□必褒粮□□□

□□□□□□□區殫盡□□鍔單于納公此對翻然

改□榆關寢其爟烽柳室散其部落訁長□之□□□

降□□□□□□□公□□□□□□□□□□□□

□□□黃門□□□□□□□公食邑□千戶實□六

百戶□□□□□□寄隆八乇功彰於□警茅月錫重

五等誓比於山河三蜀膏腴九折崇□□□僭号之邑

□德竊位之都□□□□□□□□資□□□□公□

往□□□八貞觀□年□使□□都督□□□□□□

□□□□□□□□□加鴻臚卿戶部尚書□實封八

百戶　　詔曰與卿故舊可申姻好□□尚識尚豫章

公主加光祿大夫特進□□□□□□□□□奉

詔□□□朔望朝□□□□□□□一□職事春秋六

十有八□□□□□□□儀同三司使持節□□□巖

□四州諸軍事并州刺史所司備禮冊命□絹布一千

匹□粟一□石陪□　　　　□陵□□□□□□事

官給□□□□□□□□□□□□□□□□□□□

□□□□□□□□□□□葬往還并□立碑　　夫

人河南元氏考行瑪毛州司馬封莒國夫人維　　皇

唐開元廿□□□□□□□□□□□□□□□□日

會孫將軍□□□□□大將軍雲麾將軍□□□□□

□□□□□□□□□□□□□□□□□□□□□

□□□□□□□□□□□□□□□□□□□□□

□□□□記事□□□□　　皇□□□□□□□□

□公神道碑禮也祭統曰子□之守□廟□□□無□

而□是誣也有而不知不明也知而不傳不仁也□□

□□□□□□□□原□□□□□□□□□□□□

□□□□□言□□伯碑□□□□□□□□□□□□
□焚更刊□□追崇之義有自來矣□□□□□□□□
□□□□□□□敢□□□□□情□□□事□□□□
孫□□□□□□□□□□□□□□□□并□□□□
□□□□□□道消遽見□□之□□□□□□□□□
□□四氣□環闕恭嘗之薦貞石斷裂□□□□□□□
□□□□□辯□□□妙□□□□□□□□□□□□
□□盈□□公侯之□□□□□□□勳胄□□□□邦
□□□□□□□□□□□□□□□□□□□□□□
□□□人□□□王大經超□台之上階□□□□之尊

□沒而不朽傳帶礪於山河吾□□歸□□□□窀之穸
□□□□□□□□□□□□□□□□□□□□□□
□□□□□□□□□□□□□□□□□□□□□□
□□□遜分於祭仲葦丞相之祖業不待□□□□□陳
太丕之家風□□□於孺子□□□對　嘉命□□□
□□□□□□□□□□□曰
□□□□□□□□□□□□□氣爲□□嶶變□萬
國崩淪匈匈□□□□□□□□□□中原逐鹿
　　□聖□□羣雄□□□□□□□□□□□□□□
□□□□□□□□□□□不□□□□□□□□□□

□□□□□□□□□□□□□□□□□□□□籠□
□□尊龍劒□□□□□□□□□□敔沃□□□□□
□□□□□源□□□□□□□□□□□□□□□□
□□□□□□□□□□□□□□□□□□□□□□
□□□□□□□□□□□□□□□□□□□□□□
□□□聽鳥觀□□□所□□□□□□□□□□□□
□□□□□□□□□□□□□□□□□□□□□□
□□□□□□□□□□□□□□□□□□□□□□
□□□□□□□□□□□□□□□□□□□□□□
□□□□□攜戚忠正□□賢□□□□露□□□□□

□□□□□□□□□德□□□□□□□□□□□□
□□□□□□□□□□□□□□□□□□□□□□
□
　開元廿九年歲□辛巳□月□□□廿□□□□□
　□

右唐唐儉碑云儉字茂約而唐書列傳云字茂系又云男善識尚豫章公主而唐書於儉傳云名善識於公主傳云名茂識皆其差謬此碑開元中儉曾孫追立距儉之歿已遠然至名字皆不應有誤可以爲據也金石錄

此碑在昭陵東南最遠而地僻故傳者極少余至其下搴一紙眞行書輕圓秀勁卓然名家惜無姓氏攷舊史官爲立碑碑雖殘鈌後有夫人河南元氏又有皇唐開元廿年等字或開元時始建碑耶似不可曉石墨鐫華

右唐儉碑眞跡三十九行下剝落過半行字不可數在醴泉縣東北十里許昭陵南向金石圖

今在醴泉縣北二十五里小楊村碑巳磨滅僅存四百字雍州金石記

右莒公唐儉碑按本傳祖邕北齊尚書左僕射父鑒隋戎州刺史宰相世系表儉父義字君明隋應州刺史安富公與傳不同此碑儉父名巳闕州刺史之上亦闕一字惟碑稱晉昌郡公而表云安富公則表誤矣據表儉之高祖曰令世又不載其官位此云高祖岳北魏爲州刺史亦當以碑爲正碑雖斷裂不能讀其可識者以文義求之與本傳事跡多合惟碑云封新成縣公尋改晉昌郡公史不載新成之封碑云加鴻臚卿史亦不載碑又云人多庸鄙惟尉遲敬德頗識事機公示之以安危告之以成敗大意述儉陷劉武周時客說敬德使降唐而新舊史俱不書首疑其非實錄也潛研堂金石文跋尾

按此碑全文約三千三百字磨滅巳甚存者一千二百餘字僅三之一撰書人俱不可攷儉卒于顯慶元年陪葬昭陵葬時卽巳立碑年久碑斷據碑文前有幷□立碑語後有蒸嘗乏薦貞石斷裂語又舊唐書傳云官爲立碑皆可證也此碑是開元廿九年曾孫重立距葬時逾七十六年矣碑云公諱儉字茂約舊史傳同新傳則云字茂系金石錄巳言唐書列傳之差謬可知劉書在宋時久廢不行趙氏未及見之也碑云高祖岳後魏□州刺史

下云僕射尚書令晉昌王下闕中書□□散騎常侍□州刺史晉昌郡□皇朝贈太常卿唐書宰相世系表儉之父鑒鑒之父靈芝靈芝之父令世則儉之高祖爲令世與碑異又兩唐書儉傳皆云儉祖邕北齊尚書左僕射北齊書與北史皆有邕傳云邕父靈芝魏壽陽令邕貴贈司空公是靈芝爲儉之曾祖而官封與世系表之作北齊尚書右僕射溫國公者並異也碑于高祖岳後文俱泐無從攷矣北齊書邕傳邕字道和天統初累遷尚書令封晉昌王錄尚書事北史云除中書監仍侍中遷尚

書右僕射與所存字合世系表但云尚書令傳又稱邕降周依例授上開府儀同大將軍再遷戶部轉少司馬封安福郡公遷鳳州刺史則碑俱畧矣傳又云邕有三子長子君明開府儀同三司開皇初卒於應州刺史次子君徹中書舍人隋戎順二州刺史大業中卒于武賁郎將少子君德以邕降周伏法齊朝世系表邕長子義字君明隋應州刺史安富公次子鑒隋雍州太守晉昌公三子不載與北史傳異兩唐書儉傳則云父鑒隋戎州刺史以齊書北史證之官戎州刺史者卽是君徹碑尚存中書字亦是君徹初官特晉昌郡□傳不載耳則邕父爲

君徹不知何時改名鑒也碑云解褐左勲衛兩書皆畧碑云先君昔在有□與高祖連□□敦莫逆此卽兩傳所云父鑒與高祖善嘗偕典軍衛也碑云太子至晉陽初申通家之好次論天下之横流任以文房實諧衆望拜大將軍府記室加正議大夫以功拜右光祿大夫授渭北道行軍司馬卽兩傳所云儉雅與秦王游同在太原陰說秦王建大計高祖嘗召訪之及大將軍府開授記室參軍渭北道元帥司馬也碑云運元女三宮之法陳黃石一卷之書唐書藝文志兵家有黃帝問元女法

三卷黃帝太公三宮法要訣一卷黃石公三略三卷碑蓋節取諸書之名併合對偶爲二語與藝文志不甚合也碑云進□□□□夫封新成縣公尋改爲晉昌郡公舊書云平京城加光祿大夫新書無相國府記室碑無封晉昌郡公而初封新成縣公從畧也碑云劉武□竊九五之位窺萬乘之尊剽邑屠城裂冠毀冕謂劉武周也又云□遂陷賊公觀尉遲敬德頗識事機示以安危告以成敗□若冰釋翻然改圖詔公爲□□州□□□使尋拜禮部尚書賜以懷恩田□舊書尉遲敬德傳劉武周起

以敬德爲偏將與宋金剛南侵陷晉澮二州敬德深入至夏縣應接呂崇茂襲破永安王孝基執獨孤懷恩唐儉等武德三年太宗討武周于柏壁武周令敬德與宋金剛來拒王師于介休金剛戰敗奔于突厥敬德收其餘衆城守介休太宗遣任城王道宗宇文士及往諭之敬德與尋相舉城來降新書略同新書儉傳則云呂崇茂以夏縣反與劉武周連和詔永安王孝基獨孤懷恩于筠率兵致討儉以使適至軍會孝基等爲武周所虜儉亦見禽始懷恩屯蒲州陰與部將元君實謀反儉在賊中密

遣劉世讓歸白發謀高祖捕反者懷恩自殺俄而武周敗亡入突厥儉封府庫籍兵甲以待秦王帝嘉儉身雖辱而不忘朝廷詔復舊官仍爲并州道安撫大使盡簿懷恩貲產賜儉還爲禮部尚書舊傳同是兩書儉與敬德傳皆不載儉勸敬德歸降之語然觀儉在賊中不忘朝廷則示敬德以安危成敗之語非盡飾美觀敬德歸唐効忠不叛殆亦儉言先入有以堅其志也事見敬德傳碑云詔授太宗文皇帝天策上將以公爲長史此是武德四年事兩傳同碑云尋而劉闥擁徒冀北挻口燕南是武德五

年事兩傳不載碑云單于納公此對翻然改口揄關寢其爟烽椰室散其部落此是使說誘突厥事黄門下闕公食邑口千戶實六百戶兩傳于授天策府長史下卽兼檢校黄門侍郎封莒國公除遂州都督食綿州實封六百戶而移使突厥說誘事在貞觀初也傳云貞觀初使突厥還太宗謂儉曰卿觀頡利可取乎對曰銜國威靈庶有成功四年馳傳往誘使歸欵頡利許之兵懈弛李靖因襲破之儉脫身還又据新書李靖傳頡利走保鐵山遣使者謝罪請舉國內附以靖爲定襄道總管往迎之又遣

鴻臚卿唐儉將軍安修仁慰撫靖謂副將張公謹曰詔使到虜必自安若萬騎齎二十日糧自白道襲之必得所欲公謹曰上已與約降行人在彼奈何靖曰機不可失韓信所以破齊也如唐儉輩何足惜哉据此則儉之得脫身還也亦幸矣惜碑多缺泐其事不詳也儉以鴻臚卿往慰撫本傳不載此官而碑在說誘突厥得還之後所加爲不同碑云貞觀口年口使口口都督下缺此當是除遂州事而兩書傳皆在貞觀前爲異也碑云詔曰與卿故舊可申姻好口口口尚識尚豫章公主加光祿大夫

特進兩傳無特進餘同下闕据唐書公主傳云下嫁唐義識固與碑異而金石錄以爲公主傳作茂識是趙氏所見之唐書與今本異也傳稱儉謚曰襄碑文既泐無攷而題額復不舉其謚稱府君者何耶後云曾孫將軍字闕五大將軍雲麾將軍下闕世系表儉曾孫九人未有官雲麾將軍者不能知其爲何人已上皆据碑所有字取史傳互勘而列其異同如此其餘歷官事蹟具詳史傳

附昭陵陪葬諸碑總考

按長安志太宗昭陵在醴泉縣西北六十里九嵕

山白鹿長樂瑤臺三鄉界古逢蒲村下宮去陵一
十八里封內周一百二十里冊府元龜載貞觀十
一年二月丁巳詔曰佐命功臣義深舟楫或定謀
帷幄或身摧行陣同濟艱危克承鴻業追念在昔
何日忘之使逝者無知咸歸寂寞若營魂有識還
如疇曩居止相望不亦善乎漢氏使將相陪陵又
給以東園秘器篤終之義恩意深厚古人之志豈
異我哉自今已後功臣密戚德業尤著如有薨亡
宜賜塋地一所及秘器使其窀穸之時喪事無闕
所司依此營備稱朕意焉又載二十年八月丁亥

詔曰周室姬公陪於畢陌漢庭蕭相附彼高園寵
賜墳塋聞諸上代從窆陵邑信有舊章蓋以懿戚
宗親類本同之枝幹元功上宰猶在身之股肱哀
榮之義實隆始終之契斯允今宜聿遵故實取譬
拱辰庶在烏耘之地無虧魚水之道宜令所司於
昭陵左右廂封境取地仍即標識疆域擬爲葬所
以賜功臣其有父祖陪陵子孫欲來從葬者亦宜
聽允又唐會要載貞觀十八年帝謂侍臣曰昔漢
家皆先造山陵既達始終身復親見又省子孫經
營不煩費人功古者因山爲墳此誠便事九嵕山

孤聳迴遶因而旁鑿可置山陵處朕有終焉之理
乃詔營山陵于九嵕山之上足容一棺而已務從
儉約又功臣密戚及德業佐時者如有薨亡賜塋
地一所及賜以祕器以文武分爲左右而列墳高
四丈已下三丈已上若父祖陪陵子孫從葬者亦
如之文獻通考云若宮人陪葬則陵戶爲之成墳
凡諸陵皆置留守領甲士與陵令日知巡警左右
兆域內禁人無得葬埋古墳則不毀之新唐書太
宗紀貞觀二十年八月許陪陵子孫從葬此昭陵
封域賜地陪葬之原委也其陪葬諸臣據長安志

載諸王七人公主二十一人妃嬪八人宰相一十
三人丞郎三品五十三人（細數註中姓名得五十四人）功臣大
將軍以下六十四人凡一百六十六人檢諸書所
載與長安志不同者如文獻通考公主內晉國公
主志作晉安清河公主駙馬程知亮志作程懷亮
衡陽公主駙馬阿史那杜爾志作社爾新城公主
駙馬韋政舉志作韋正矩長沙公主駙馬豆盧讓
志作竇盧讓又志載潯陽汝南常山三公主通考
不載讀禮通考公主內豫章公主駙馬都尉唐義
識志與文獻俱作唐善識衡陽公主駙馬都尉阿

史那社尒志作社爾文獻作杜爾新城公主駙馬
都尉韋正矩與志同與文獻異長安公主駙馬都
尉豆盧懷讓志與文獻無懷字安康公主駙馬都
尉獨孤諶志與文獻作獨孤彥雲亦不載三公主
陝西通志陵墓卷載陪葬昭陵公主二十二人載
三公主與長安志同誤分廣陽師道爲二主廣陽
乃長廣之脫誤師道者卽長廣公主駙馬楊師道
誤以駙馬之姓爲陽又以其名爲別一公主封國
乃合二十二人之數其實二十一也唐書公主傳
與諸書不同者襄城下嫁蕭銳諸書皆作蕭鋭南

平更嫁劉元意諸書皆作劉元懿豫章下嫁唐義
識不作善識清河下嫁程懷亮非知亮新城更嫁
韋正矩非政舉長沙下嫁豆盧懷讓長安志文獻
通考皆誤衡陽下嫁阿史那社尒作杜爾者誤也
文獻通考妃嬪七人不載寶卿妹石塔讀禮通考
妃四人不載鄭國夫人彭城夫人才人徐氏寶卿
妹陝西通志妃嬪八人數同而紀國太妃作常氏
越國太妃燕氏作趙國妃熊氏寶卿妹作寶卿姊
爲異文獻通考宰相只十二人不載杜如晦而增
多岑文本之男方倩長安志圖說註云沅案唐宰

相陪陵僅有岑文本及見新舊史而此不載杜如
晦陪陵新舊史皆無攷舊史由貞觀七年十二月
狩于少陵原詔以少牢祭杜如晦杜淹李綱之墓
則如晦墓原不在此也按舊唐書杜如晦傳如晦
以貞觀四年薨其時未建昭陵安得陪葬乎長安
志之誤無疑也讀禮通考陝西通志亦皆十三人
有杜如晦與長安志同文獻通考丞郎三品只五
十八不載中書舍人杜正倫天策府記室薛收宗
正卿段倫金紫光祿大夫長孫璿贈禮部侍郎安
康伯太史令薛頤銀青光祿大夫李震而增多太

常卿姜暕房光義之男原州別駕暉咸陽縣丞驛
又禮部侍郎張俊允作張復允疑皆誤也當作張
後允又禮部侍郎孔志亮作孔志約又衛州刺史
蕭業作蕭鄰瑯琊公李珍作王珍常山公李倩作
常州公中山公李琚作中山王左清道率房回作
房恒夔國公劉宏基無劉字陝王府司馬史爲謙
無史爲二字皆文獻通考刻誤也讀禮通考同文
獻通考惟劉宏基有劉字史爲謙有史爲二字常
山公不作常州蕭業不作蕭鄰又杜正倫段倫薛
頤楊仁恭姜簡皆不載又芮國公豆盧行業作豆

盧承業寧州刺史竇義節作賈義節工部侍郎孔惠元作孔元惠中山王李琚作李椐衛尉卿姜遠作姜遐則與長安志文獻通考俱異者又原州都督李政明注云宰相世系表作李正明原州都督李正朝注云一作明疑即一人誤分爲二也陝西通志數與長安志同惟閻立德作閻立本盧貞松作盧赤松李政明作李正明李芝芳作李之芳瑯琊公李珍作瑯琊王沖千金公李俊作零陵王俊常山公李倩作常山公李湑西平郡王李琛作襄武郡王琛別有西平王安衛州刺史蕭業作蕭守業原州都督史訶虔作史訶䖍芮國公豆盧行業作豆盧承業祕書監岑景倩作岑曼倩又長安志有兩李震此只載一人增多劉洪直一人皆與長安志異至張後允之作張俊允姜遐之作姜遠則同誤也文獻通考於功臣大將軍以下只五十五人不載都督王愔武衛大將軍牛進達公孫武達阿史那什鉢苾金吾大將軍梁敏左衛大將軍阿史那社爾監門大將軍仇懷古大將軍公孫雅靖及渾大寧耐史氏又以輔國大將軍劉洪基入之丞郎三品數內與長安志異讀禮通考冀國公李

叔寶作胡國公秦瓊金城郡公姜確作郯國公李客師作李容師薛萬鈞作薛萬均阿史那社爾作阿史那社尒尉遲寶林作尉遲寶琳薛咄摩芝無芝字蘇花熟作蘇泥熟張太師作張世師牛伯億作于伯億徐伯盛作徐伯成元思賢作元思元李丞祖作李承祖段承爽作殷承爽房光忠作房先忠詹何道無詹字右驍衛大將軍嘉川縣公周仁護作護國大將軍嘉國公此皆與長安志異者至大將軍芮國公豆盧承業作豆盧承基註云宰相世系表無其人當即是承業疑子孫避明皇諱也至讀禮通考不分宰相丞郎功臣大將軍等目無從攷其人數之同否而統稽之則尚有益州都督王愔武衛大將軍牛進達阿史那什鉢苾左金吾大將軍梁仁裕左監門大將軍王波利皆所不載又觀國公楊恭仁薛國公長孫順德梁國公契苾何力郯國公張公謹驃騎將軍乙速孤晟尉遲寶琪魏州刺史乙速孤行儼乙速孤昭祐太宗尙服宗道原州別駕房暉咸陽縣丞房曜岑文本子方倩（係曼倩之誤）右衛大將軍李思摩薩寶王贊普新羅王眞德皆長安志所不載也陝西通志只六十三

人稱其姓名實只六十人而尚有薛仁貴李思摩
契苾何力三人爲長安志所未備長安志所有阿
史那社爾耶琊王駙執失善渾大學尉遲光麻仁
靖姜斵七人陝西通志所不載也朱游師雄題昭
陵圖曰太宗慕漢之將相陪葬功臣密戚各賜塋
地一所至二十三年八月畢工先葬文德皇后長
孫氏當時陪葬之盛與夫刻蕃酋之形琢六駿之
像以旌武功列于北闕規模宏大莫若昭陵按陵
今在醴泉縣北五十里唐陵園記云在縣東三十
里蓋指舊醴泉縣而言之也今已廢毁陪葬諸臣

碑刻十七八九因語邑官命列圖于太宗廟以廣
其傳云云圖列妃嬪公主文武諸臣闕多錯雜與
會要文武左右而列之語不合今取其圖與長安
志互校諸王七人圖全不載公主之十一人圖存
十六人妃嬪八人圖惟四人宰相一十三人圖惟
十八人丞郎三品五十三人圖惟二十一人功臣大
將軍以下六十四人圖惟二十五人而圖中除文
德皇后原非志所應有外尚有太妃許氏先妃陸
氏乙速孤晟乙速孤行儼乙速孤神慶王君鄂王
守安薛國忠崔安上孫武達李聲師新羅眞德十

二人爲志所不載又極東南有高頫西南有甯府
君二墓不知在陪葬之列否又東北有皇元墓亦
無所攷皆志所不載其姓氏之與志異者志有姚
思廉高士廉圖則合爲姚士廉一人楊師道志作
楊師訓劉黑闥志作吳黑闥閻立本志作閻立德
尉遲寶林志作保林周護仁志作仁護梁倣志作
梁敏申進達志作牛進達恐皆是圖刻誤也凡此
皆諸書所載陪葬諸人姓名官爵人數之不同也
其諸墓之有碑者金石錄載七碑集古錄目載十
一碑寶刻叢編載一碑復齋碑錄載一碑通志金石略有

闕頁不能攷六藝之一錄載諸臣二十四碑又有文德
皇后碑見金石錄者讀禮通考注引京兆金石錄
載三十四碑又据石墨鐫華云萬歷戊午四月余
爲九嵕之遊距昭陵十里宿高生儼家翼日同行
北一里許得許洛仁碑又北半里許得薛牧碑折
而西一里許爲趙村北行里許爲莊河村未至先
于道旁冢得姜遐斷碑至村則有段志元碑東行
數十步有監門將軍王君碑橫於田間又東行數
十步一碑無字亦無冢蓋土人平之而并磨其碑
耳以圖考之疑是長孫無忌碑又東行半里許爲

劉洞村流水界之渡而東有房梁公元齡碑褚河南正書又東數十步有高士廉碑又東數百步有李靖碑撰書姓氏殘闕與諸碑同而上半完好靖冢作三山形文皇以象其功土人謂上三冢李勣冢亦如靖土人謂下三冢二冢南北相去不二里勣碑高宗御書高二丈餘嶄然屹立與溫彥博碑搨者甚多土人捶其字殆盡彥博碑在靖碑北數十步歐陽詢書不復可搨至西峪村村東南纍纍古冢相連有褚亮碑阿史那忠碑張後胤碑孔穎達碑豆盧寬碑張阿難碑鱗次都不百步既而又

得蘭陵公主碑于老君營之西北得馬周碑于狗郤之東得唐儉碑于小陽村之北又得崔敦禮碑又有尉遲敬德碑自額以下埋土中聞十五年前令芮質田掘而搨數十紙余出之了無一字又山半數冢土人謂宰相墳仆一碑傳是鄭公碑其東山半數冢土人謂亂冢坪仆二碑余皆起之則與尉遲碑同蓋土人捶而仆且瘞之也北四十五里比干鄉鄉東二冢一爲乙速孤昭祐碑苗神客撰釋行滿正書一爲乙速孤行儼碑劉憲撰白義晊八分書地僻搨者少故得稍完計其所見共二十

七碑以其方位與昭陵圖求之大略相合又金石文字記醴泉縣志曰昭陵諸碑若文皇后碑止存贔屭長孫無忌碑存而字盡滅其碑字尚有存者僅得二十一片爲房元齡高士廉段志元張後允馬周蘭陵公主姜遐許洛仁孔穎達阿史那忠崔敦禮豆盧寬薛收張阿難監門將軍王君唐儉乙速孤行儼李靖李勣乙速孤昭祐又一碑前有蘭陵公主字中有詔詞曰第十九女則公主或有二碑不可知此崇禎十一年苟好善所修志云又二十六年而余至陵下時值雪後空山無人未及徧

訪僅見李衛公一碑其下截俱剗去後又購得四五碑皆然且有并其碑而仆之者矣據此則碑字存者二十一片也關中金石記載溫彥博段志元高士廉孔穎達褚亮房元齡豆盧寬薛收崔敦禮張允李靖尉遲恭蘭陵公主許洛仁杜君綽紀國先妃陸氏張阿難馬周阿史那忠李勣裴藝姜遐王君乙速孤神慶乙速孤行儼計共二十五碑今昶所得者溫彥博段志元孔穎達馬周高士廉褚亮房元齡薛收張允李靖尉遲恭蘭陵公主許洛仁杜君綽紀國陸妃張阿難阿史那忠李勣姜遐

乙速孤神慶乙速孤行儼唐儉共二十二碑與關中記參校所未備者豆盧寬崔敦禮裴藝王君四碑而增多唐儉一碑也昭陵諸碑今存者歷歲久遠半埋泥土其露出者又爲風雨剝蝕故諸家所搨殘闕過甚乾隆四十八年昶涖官關中公餘之暇訪覓搨工多方搜剔不惜工力無論有字無字務搨其全于是向日入土者洗而出之所搨率皆全本以較諸家所錄增多數百字或有至千餘字者自問以爲昭陵碑椎搨之精可無遺憾其時畢秋帆適官中丞旣修護昭陵又東西立石書陪葬

諸臣名位以垂久遠長安志陪葬名位孫星衍撰昭陵陪葬考言之甚詳語在長安志及醴泉縣志中今存碑不多其所摘諸謬誤以較存碑什不得一因不具錄諸碑稽其所在大率在醴泉縣北十里及二十里二十五里者以昭陵在縣西北六十里計之則當在陵南四五十里間雖云陪葬亦去陵遠矣當時諸臣陪葬恩禮必有定儀遍攷兩唐書禮志及冊府元龜文獻通考諸書俱不甚詳今攷諸碑所載有曰給東園祕器曰賻布絹若干段（或二千段或一千五百段或一千段五百段四百段）米粟若干石（數御布絹）曰喪

葬所須並官給曰班劍四十人羽葆（或云儀仗）鼓吹送至墓所往還曰遣使副二人監護（或四品一人）曰賜諡備禮告柩曰詔許立碑此皆其常也曰親御城樓臨送則惟高士廉有之曰駕至橫門投書永訣則惟李勣有之曰度三人出家以資冥福則惟許洛仁有之曰常所服甲隨瘞則惟阿史那忠有之曰築墳象陰山積石山則惟李勣李靖有之皆特典也東園祕器係祕藏壙中之器見漢書佞幸傳東園祕器珠襦玉柙豫以賜董賢師古曰東園署名也漢書儀云東園祕器作棺梓素木長二丈崇廣

四尺又後漢書禮儀志云東園武士執事下明器瓦鐙瓦竈瓦釜瓦甑瓦鼎瓦案瓦杯瓦槃瓦酒鐏之類是也讀禮通考載大唐百官制將作監甄官令掌凡喪葬供明器之屬三品以上九十事五品以上七十事九品以上四十事當野祖明地軸䡙馬偶人其高各一尺其餘音聲隊與童僕之屬威儀服玩各視其生之品秩此似卽碑所云葬事所須咸令官給也班劍者儀仗中排列車前所以班蘭也南史張敬兒傳敬兒以佐命功旣得開府又望班劍語人曰我車邊猶少班蘭物其數少或二

據原碑校

十八晉書忠敬王遵傳遵拜太保加班劒二十八
多至四十則唐書魏徵傳給羽葆鼓吹班劒四十
人今諸碑則皆用四十人矣羽葆之制始見于漢
書王莽傳莽造華蓋九重高八丈一尺金瑵羽葆
載以祕機再見於晉書輿服志指南車駕四馬其
下制如樓三級四角金龍銜羽葆刻木爲仙鼓吹
見舊唐書音樂志鼓吹本軍旅之音馬上奏之故
自漢以來北狄樂總歸鼓吹署其云送至墓所往
還者文獻通考引漢魏故事云將葬設吉凶鹵簿
皆有鼓吹摯虞以爲葬有祥車曠左則今之容車

也既葬日中反虞迎神而還則是所謂墓所往還
者即爲迎神而還之用也惜諸碑文多闕略不能
全攷祇就各碑所存字類聚而論列之總附于此
蓋昭陵諸碑至唐儉而止也

金仙長公主神道碑

碑僅存上截高四尺七寸八分廣四尺七寸四分二十六行字數無攷行書在蒲城縣橋陵

大唐故金仙長公主神道碑銘并序

御書

中大夫口大理口卿　徐嶠之撰

臣聞昌容駐齡入遊恒岳觀香飛解受道緱山皆名列
仙□□□□闕下名錄之懋功承　玄元之上德故
眞氣全於乙妹道□播於□闕下高宗天皇大帝之孫
睿宗大聖□皇帝之女我開元□闕下彤闈鳳
姒則生知女範少協成人兌悅其儀居無
承訓於　公主以王□受封蓋
□□闕下先帝之龍潛藩邸
齠齔之時□□□□闕下先帝尙其誠心不奪雅志以丙
午之歲度爲女道士□□□□□闕下姜鳳凰樓中聞
學簫之秦女屬　先帝席圖御極翼□□
邇隣鳳城銅闕巍峩豈唯南裔之域銀題赫奕□□□
□州之宮□□闕下氣將巽風不散故得佩王母之秘籙呼

玉女之□辰既□□□□□闕下邑一千四百戶雖湯沐
增賦貴盛當時而珠玉滿堂賤之□□獨□闕下彰寶璽
而應天極麗窮神以宴以處豈不謂高其節□闕下寵其□
□□闕下委氣大塊休躬天鈞齊彭殤於不夭泯貴賤以
同塵冥□□□□闕下至如玄母七寶之粭王母四□
之藥成撩上訣不□□□□□闕下形于東都開元
觀春秋卌有四主上以天倫之□□傷□□□□闕下
葬踰於吳國□筵年尙遠擁窆伊洛今寵言旣□陪葬
闕下喜縣開國男裴允初備監護之儀銀靑光祿大夫將
作大匠上柱國闕下紫氣迎於函谷白鶴送於緱山瓊鳳

哀嗚咽薤歌而欲絶黛雲□□下闕留跡徒聞□斗而飛
去幾刧仙羅之拂石乃爲銘曰斅首虞妹娥皇帝子傳
載封陳詩歌穠李葳蕤九□崐耀百里□乢下闕水豈學平
陽二章育性閑婉韞暐𪅁元黙匪傲榮貴嘗捿道德□縣□
□下闕降月𪅁元女排烟羣遊瓊圃序業金編四章二京樂土
雙□藥□　□下闕大數萬物同鼇奄示長息倐然解
攜圜碁柯爛椿菌年齊六章慟切旒下闕伊洛之間歲叶先
遠陪葬　橋山東辟鼎邑西度函關巽風□下闕靈
妃時過仙侶九章泉燈一閉兮無光壽陵萬古兮相望金
鼎玉□兮下闕

右唐金仙長公主碑徐嶠之撰明皇御書據唐書本
傳云太極元年與玉真公主皆爲道士而碑云丙午
歲度爲道士蓋神龍二年也此於史學不足道然唐
史書事差謬多如此金石錄
在蒲城縣金粟山睿宗橋陵内明皇行草中有開元
字面漫漶存二三百字亦在隱見間文爲徐嶠之作
有先帝不奪雅志云云嶠之亦以書名其子浩又世
其學不獨稱䓁更蘭臺父子已也來齋金石刻考略
右金仙長公主碑公主睿宗之女以丙午歲度爲女
道士其時睿宗尚爲相王王女止稱縣主也通鑑景
雲元年十二月上以二女西城隆昌公主爲女冠以
資天皇太后之福仍欲于城西造觀諫議大夫甯原
悌上言釋道二家皆以清淨爲本不當廣營寺觀勞
人費財今二公主入道將爲之置觀不宜過爲崇麗
取謗四方上覽而善之二年五月更以西城爲金仙
公主隆昌爲玉真公主各爲之造觀逼奪民居甚多
用功數百萬唐書公主傳太極元年與玉真公主皆
爲道士築觀京師以此碑攷之則金仙入道已久惟
築觀之舉當在景雲以後耳玉真初號隆昌唐書作
崇昌者史家避明皇諱追改之也胡三省云金仙玉

真二觀皆造于京城内輔興坊玉眞觀本竇誕舊宅
與金仙觀相對今據此碑公主薨于東都各有所住
之觀矣唐書百官志皇姑爲大長公主姊爲長公主
女爲公主獨不及皇妹予攷諸碑刻代國鄎國涼國
金仙俱號長公主未必皆爲明皇之姊恐皇妹亦得
稱之也潛研堂金石文跋尾
碑損蝕以新唐書相較公主始封西城縣主碑云先
帝之龍潛藩邸公主以王女受封是其事也唐諱丙
爲景此獨仍其字豈由明皇御書乃從已祧不諱之
例耶公主居東都開元觀與傳言築觀京師者符又

史於公主降日甍年亡者闕而不書此當以碑補之
云甍開元時授堂金石跋
按碑下截磨滅每行字數不可知然以銘詞準之
次行二章上存五字大約每章八句四字爲句二
章其六十四字加註一章占一格其六十五格除
次行有五字則以六十字爲一行今每行存字二
十四五不等蓋僅存十之四矣公主已入道而陪
葬橋陵題云金仙長公主則不以女道士目之也
文是徐嶠之撰元宗御書而嶠之下但有撰字則
非奉勑也碑泐其甍年但云遷形于東都開元觀

來齋云中有開元字者指此並無開元年字授堂
未諦視而云甍開元年者誤也然公主之甍原在
開元年碑題大理□卿徐嶠之新唐書附其子浩
傳云父嶠之舊書無之字善書舊傳則云官至洛州刺
史而不載大理卿之在何年墨池編載嶠之字惟
嶽純孝積學狄梁公魏齊公姚梁公交辟之佐佑
五王廸立中宗歷趙湖洛州刺史正書行書遒媚
有楷法金石錄載永豐陂堰頌開元七年徐嶠之
撰書高行先生徐公碑開元十一年徐嶠之正書
則是嶠之知名甚早而所書碑俱在開元年嘗皆

晚年時矣舊唐書徐浩傳幽州節度使張守珪奏
浩在幕府改監察御史丁父憂則浩父嶠之之卒
在浩官幽州節度幕府之後西唐書張守珪傳守
珪徙幽州節度契丹別將以衆降守珪次紫蒙川
大閱軍實二十三年入見天子云云則守珪之官
幽州節度在開元二十三年以前而浩之丁父憂
亦距二十三年以前不遠也石浮屠後記金仙長
公主奏則新舊譯經在開元十八年則公主之甍
與嶠之之撰文皆在二十年前後矣公主春秋四
十有四姑以二十年甍逝推之其生當在武后天

授年間碑云丙午之歲度爲女道士年約十四五
歲若從唐書傳太極元年與玉真公主皆爲道士
則年已二十蚤當下嫁矣史誤無疑而潛研跋謂
築觀在景雲後者誠確也碑兩稱先帝前云先帝
尙其誠心者是指中宗後云先帝膺圖御極者是
指睿宗下云銅闕巍峩銀題赫奕正是太極元年
築觀之事而其後遷形于東都開元觀必是先居
京師後居東都也碑不能定其年月姑附開元之
末

內侍省功德碑

碑高七尺八寸廣三尺九寸五分廿六行行五十字行書額題大唐內侍省功德之碑九字正書在洛陽

大唐龍門石龕阿□□□□□

□□□撰

御書

□□子□□□□□□□□□□□□□□□□□□

寶王如來有圓覺之□□□□□□□□□□無滅而

修以自性而□□神遇之□□□□□□□□□□□

□□□□□□□晉門寂住有感則通洛□□□□□

□斯□是以瑠璃正受□色身而不□如幻等□□□

□□無盡□□□□□□□□□□□者□弟子右

監門衛將軍□□□事上□國渤海郡開國公內供

奉高力士　□□□□□□將軍上柱國□□□□□

□□□光祿大夫行內侍省內侍上柱國齊農郡開國

公內供奉楊思勗　中散大夫守□□□□上柱國

內供奉□□□□□□□□內侍省內常侍內供奉□

思□　朝請大夫守內侍省內常侍內供奉趙□□

□仁□　□□□　□□□　李善□　□□□夫行

內侍省內給事內供奉□□岌　馮□翼　蘇□□

杜懷敬　□□□　趙元□　□□□夫行內侍□□

□□監內供奉馬□□　夏敬忠　曹元德　莫順之

胡普寂　范□□　□□□　晏思忠　□□賞

內侍省內侍□□□□□局令內供奉王□歸　馮□

广　劉義□　毛懷景　徐仁□　陳□□　□□溫

孫仁□　□□□　□□□　王順景　□乾裕

王承恩　王惟□　□□□　吳明簡　湛滿□　□

□壁　□□□　朱□□　□□□　□□□　□□

□　董崇順　李元亮　鄖武□　高承□　□思敬

粱思莊　內侍省內□□□□□□□□□□□□

□□□□□□□□□隱　□崇□　駱思□　□光

憲　王□□　□□□　王義超　劉頭兒　□□□

□□□　□□□　□□□　□□□□　高□□

輔仙通　李齊珪　□文喜　□□□　□嘉泰

內侍省內□□□內□□□□□□　□□□　□□

□　□□　張□□　張遺福　陳崇息　田鳳仙

□□□　內侍省宮闈局給□內供奉□元會　□惠

□　□□□　□□□　□崇訥　□□□　王庭隱

劉令法　張元滿　趙處信　鄭元光

劉令仙　高元光　□□□　□□□　□承□　□

□□　□□慶　呂元表　楊思雅　李惠訓　李仁

信　□□靜等一百□□□爲　大唐開元神武皇帝

□□□□□□□□□□□□□□□同兹末法普賢神力
尙遇全經思崇　□□之□巢闡仁王之化香嚴寂想
唯聞瞻□之薰雪岫馬誠但爲醍醐之味以爲□□□
掩法壽賴而猶傳四塔雖幽淨根覩而非遠斯固剋雕
成□□□□□綵□□□靈歸中道況崇山□□□□石
方□經火劫而□□歷風灾而不至則無　□□豈有
動哉□敢□□深心□□□□來□□□□衆□
□善根敬造西方□□壽佛一鋪□生□事以今敦牂
之□□□林鍾勝緣剋□□功□畢十身潛暎百□□
□□□□□□□□□□□□□□□□天資始長膺

北極之尊智地無疆永奉南山之壽聖胎□□□□□
□□□□□□□□□□□□□□□□□□□□□
□□寶□□方遇髻□之賜廬峯遠契指安養而爲□
靈山舊□□□□□□乃重宣□義□□□□□□
解脫之色如來之相法本無起□□□□□□□誰
爲□鄣道□□□□□□□□□□□□□□□□
□□圖兹寶王依佛□而成國用無對而□光庶齊□
□□□□□□光
開元□□□□□□□日壬戌建
專□□官□□□□□□□□□□□都檢校官

正議大夫行內侍省內侍上柱國下闕
碑過殘蝕不見書撰人名氏金石攷作御製御書案
文首稱弟子右監門衛將軍缺上柱國渤海郡開國
公內供奉高力士又有稱光祿大夫內侍省內侍缺
宏農郡開國公內供奉楊思勗二人並見唐書宦者
傳餘人名多可識以微不具錄後題一百六人奉爲
大唐開元神武皇帝云云則諸宦者爲天子祝釐也
必非御製御書金石攷不及細檢爾未列宮闈局給
使內供奉百官志凡無官品者號曰內給使碑所記
與志合授堂金石跋

按此碑是內侍省官爲天子祝釐而造西方無量
壽佛像一鋪刻記於龍門石龕也文前有□□□
撰渤其姓名則非御製信矣然次行有御書字宜
乎金石攷以爲御書也碑末有開元字渤其年月
文中有以今敦牂字下有林鍾字是午年之六月
也元宗開元十八年爲庚午天寶元年爲壬午據
文中內侍省官首爲渤海郡公高力士次爲宏農
郡公楊思勗兩唐書皆有傳新傳無年月可證舊傳稱高
力士之封渤海在天寶初楊思勗但封虢國公無
宏農之封其卒也在開元二十八年若以力士之

封渤海爲據則當在天寶元年而碑不應有開元字以思朂之卒年爲據則當在開元十八年而力士未有渤海之封疑不能明姑附開元之末然開元以前攷唐書未有内侍擅權者至開元之末而思朂典兵力士勢傾中外故率羣内侍爲天子祝釐大書深刻所列八名其多如此以啟後世閹寺專權之漸直至甘露以後宦官與宰臣藩鎮聲勢相軋互有勝負而唐遂以亡實由明皇作俑也此碑雖微可爲履霜堅氷先撿志始故特書之

金石萃編卷八十五

賜進士出身　誥授光祿大夫刑部右侍郎加七級王昶譔

唐四十五

李秀殘碑

碑僅存二圓徑皆一尺七寸五分各十二行中行十二字行書今在順天府文丞相祠乾隆四十三年春順天府尹吳君綬詔搨以見貽

七□□□丞□(贈)□　□□□□□□惟一□　□□
□郡守□□□□□營□　□□□□□都督□(全)□(德)□(安)□(仁)
□(畢)□□□□繆(察)□(旗)考□□(謹)□(行)□(府)　□□□詩書益
智□(笑)□(三)□(年)□(之)□(爲)　□□殊歎□□□□(二)□(九)□□(達)□(作)□(伍)

□隨□以包□(款)議者以爲良將　節公以名數見召義
勇備□□　□□□者惟一誠能沮彼勝　□兵不能(以)
穿四□陣甚　□□而□(排)厚無
宸翰賜　之私第邊鎭奪□士　俸散於□(戰)人
玉帛均於門　廡　國家方築壇拜將　女賢和
淑愼靜恭貞白移　也(九)孽子朝議大夫使持節京(景)城(域)
□大心正懿文壯武廣孝移忠惟　山不舉燧利倍
往昔功省今茲　石之碑式表先公之墓其詞□
其(悲嘆)施及我公克廣尔祖敦　□筆遼水渺瀰隴山□(容)(下缺)
□(九)□族戀切三□　□□□□

李秀碑李邕撰并書碑在幽州按明皇以天寶三年改年爲載今此碑元年正月立而稱元載何哉金石錄

古墨齋記云良鄉縣學有雲麾將軍碑盖唐北海刺史李公邕所書也雲麾將軍名秀幽州人事跡具載碑中天寶三載正月建公書雲麾將軍碑二其一爲左武衛李思訓其一此碑也舊置官廨不知何時爲校官裂爲柱礎墨本遂不見於世好古者深惋惜之近復修學舍吏以新柢置而不用推之瓦礫中過者不覩也友人鄒生正魁董生鳳元往經其地蹤跡之則古礎存焉規如鐵鑑字尚未泐也以語宛平李侯

于美侯喟然興歎寓書縣令葦致都下將爲亭以覆之視寢室之右有別館可庋亟塗堊之納礎其中爲藩參王子世懋顏之曰古墨齋志存舊也按公仕武后朝爲郎官辨魏元忠事以直節自見終其身不變蓋社稷之臣也當時不能用而媢嫉者忌之以死可以知唐祚之不競矣獨其書法之妙出入二王而奇偉倜儻類其爲人杜工部所謂碑版照四裔李集賢以爲書家仙手其流品可知已是雖摧剝之餘見之猶令人起敬況其解衣盤礴時邪良鄉京師衢術之交爲吏者疲於奔命宜其不知護惜彼豎儒從而斧之庸妄紛如亦何誅焉侯以雋雅善文章浩穰繁劇戴星出入乃能庇覆於散落之餘使先賢妙蹟頓還舊觀不惟好奇多愛而興廢補敝亦可以槩其爲政矣且宛平亦縣也宜有金石志其興作之歲月周視廨宇迄無傳焉侯始亭而碑之俾采風者得以故事列於紀載文獻將有徵焉非侯之功邪亭成侯歌以落之和者自博士歐子大任而下凡若干人民表從鉛槧之後因記其事甘棠之愛庶幾勿翦焉侯名蔭南陽人萬歷六年歲次戊寅夏六月嶺南黎民表撰并書承德郎知宛平縣事南陽李蔭建沈榜宛署雜記

李秀碑僅存三百許字漫漶不可讀曾于海上顧氏得全本雄秀異常用其意書此論董其昌書樂志論跋

古墨齋在宛平縣署內唐李北海所書雲麾將軍碑邑令李蔭購得甃之署壁傍搆卜亭植柳蒔花以爲公餘退思之地燕都游覽志

孫承澤春明夢餘錄曰李秀字元秀范陽人以功拜雲麾將軍左豹韜衛翊府中郎將封遼西郡開國公開元四年卒葬范陽之福祿鄉此碑爲靈昌郡太守李邕文并書范陽人太原郭卓然模勒并題額李北海有兩雲麾碑一爲李思訓碑在蒲城一爲此碑其宮

同其姓同也趙子函名崡秦人未見此碑其書石墨鐫華乃以爲一碑又以此碑爲趙子昂所臨誤矣碑不知何時入都城萬歷初宛平令李蔭署中掘地得六礎洗視乃此碑存者百八十餘字碑首存唐故雲三字因築室砌之壁間名曰古墨齋後移少京兆署中止二礎其四礎相傳萬歷末王京兆惟儉攜之大梁金石文字記

右李秀碑在順天府廨中趙錄云明皇以天寶三年改年爲載此碑元年正月立而稱元載何哉按蘇頲撰京國長公主碑云開元十二載前此二十年亦稱

載者文字中偶一用之與此同也又按李邕撰靈巖寺碑頌在天寶元年亦曰靈昌郡太守而新舊史止云天寶中邕爲汲郡北海二太守可以補兩書之闕予從嘉興項氏得拓本有額唐故雲三字比今碑字多三之二爲項墨林珍玩云金石後錄

李秀碑刻於天寶中在今良鄉縣地其後碑石既斷良鄉學博士某斷爲柱礎又若干年重修學宮棄礎雜置瓦礫間閩人董生見之以告宛平令李蔭蔭寓書良鄉令韓致宛平署中凡六礎蔭既得石嵌於署壁號爲古墨齋時嘉靖中事又若干年移入京兆少

尹署而王京兆惟儉攜四礎之大梁今所存者遂止二礎余以康熙三十有一年承乏順天府府丞公務之暇訪求所謂雲麾碑者不可得召胥吏訊之皆云無有其夏因校士宿署中日旣暮閒步於庭見蔓草中有二石就視之則碑石也驚喜過望急拂拭讀其文已多漫漶不可辨可辨者才數十字而已余惜其棄置思仍甃之署壁旣又念是署中宦游者往來如傳舍然下者若良鄉博士不免視同土石而博雅好古若王尹其人又或且取之而去余雖復效古墨齋遺事安在其能久存者而宋丞相信國文公祠去府

署甚近數百年祭祀不絕竊以爲官舍之屢易不如祠宇之常新也宦游者之去來無定不如忠臣義士之歷久而不歿也故不甃于署而甃丞相祠中令四方之士謁祠者觀壁間之書思古直臣風槩爲之慨然興慕未必非廉頑立懦之一助也吳涵雲麾將軍斷碑記

右二石礎拓本二礎顛末詳見順天府丞石門吳涵所撰記碑中所有字咸句可讀者如式表先公之塋其詞曰則爲墓表可知曰遂水渺瀰則在范陽無疑曰懿文壯武廣孝移忠利倍往昔功省今茲是其功業可略見也曰賢和淑愼靜恭貞白此必稱其所配

之德日國家方築壇拜將者元宗初年契丹突厥皆
興戎事而李秀既爲范陽人則其所効武功或卽鄉
土所近築壇拜將當指薛訥伐契丹之事惟朝議大
夫使持節不知其何所指耳碑析爲六礎度今拓本
每礎圓徑尺二寸以方廣計之則是碑高僅四尺餘
博不及三尺也華以唐時碑製恐所殘損者多矣礎
由艮鄉輦致宛平縣署又移入京兆少尹署遂爲王
京兆惟儉攜四礎之大梁然王京兆既好此碑何以
又留二礎于尹署此誠不可解者豈非神物完缺聚
散實有數存今雲麾隴墓過艮鄉者渺不知其處而

片碣留遺轉徙離合所遭不一頎此二礎得與信國
祠堂永乖不朽殆雲麾之靈自爲呵護京師去艮鄉
四十里桑梓凴依亦雲麾之所樂也石門吳丞其功
甚偉戊戌之冬吾友陳萬青遠山萬全梅垞昆弟寓
京師二君子皆吳公鄉里後進好古之懷先後同搜
得此拓本裦池成軸出以示余因敘論之如此朱文藻碧溪文集

盧府君碑

碑高八尺四寸五分廣四尺一寸二十五行行五十字行書在洛陽許家營

唐故中大夫□(上)□(柱)國□(郡)□州刺史盧府君神道碑

括州□□□□撰并書
嘗以清(精)白者賢操之行理□(逝)者公人之業刲乃□(周)□(仁)以
□(子)物濟□(義)以□□酌□□畢□□□□□□所以□
□□□□□□□□車未下而威先館未郎而恩洽衢
陌歌頌風俗□(昇)閒□□披(被)□歷□□□(恵)□□□□其
在□也□□□□□□□□□□□□□姓之後唐
堯理水伯夷封於呂城周武□(興)□太公□□(於)齊國□□
□□□□□□□□□□□□□□□□□□□□
□□□□□子左庶子祖諱寶素隨晉州別駕考諱安
□(壽)綿州長史□(奠)□(不)□□□(禮)□□□□□言□□□□□

□□□□□□□□□□□□□友至性遠與古人貞
拔休風高覿當代學觀□(古)□□(樂)□(聽)□(雅)聲□□□□(以)□□
□兌□以□欲□□□□□□□□□□□□□□□
同於席解褐冀州信都主簿改絳州太平丞借(措)以昇□(進)
□□不□□□□□(清)□□□忠公□□□□□□□□
□□□□□□□□無□(縣)科賦有條尋宅憂□(訊)□(艱)□(始)□(賦)
至性廬墓□(沬)□(泣)□□茹荼服除轉□州□□□□□
恩□□□□□□□□□□□□□□□恩除洛州新
安宰以犯諱更滎陽□(幸)□(下)以□□□(民)以□(孝)□(散)□以□□
□□以□□□□□□□□□□□□□□□□□□

□□□不捨過而獄無其辜匪貨恩而人有其愛莅政
□於聆□□□□□□□□□□□□□□□
□□□□□□□□□□□□□□□皇帝問
洛州滎陽縣令盧正道□□□□璽書是降
□□□□□□□□□□□□□□□□□□
□□□□□□□□□□祿秩以褒美政
勉勗終始無替嘉聲賜□卿絹二十疋□蒲州□馬□
□□□□□□□□□□□□□□□
□□錦州員外司馬　朝廷以□罰不及嗣罪不在
□□收□之以□□□□□□□□□□
□□□□□□□□□□□江東按察判官借薦德樹賢

黜邪□惡汙□建□迢□格□人□孝遺□州□□□□
□□□□□□□飲水賦
詩意誠而公義直而亮庭無宿諾事不□於□□無□
□詩□□不□於□□□□□□□□
□□□□□□通□昔□金人為□□□從遊日月有來
藥物無効神□□及□□□□□以開元
十四年□□□□□□□俻里之私第時年咸
□朝□嗟歎將智□近矣乞言□乎以開元十□三年□二月
□六日□厝□□安山□　先塋之□禮也□夫人
滎陽郡君□□氏□廣州□□□□史元度府君之息女嚴懿訓

子□□事姑□敬□聞□常□□□□□□姓宜□室
□□翼後時□□祔□仲子□寬□朝散□大夫□□城令叔子
徽太原府士曹並□□□□□長□齡□恆□□□堅前桃
林宰季子曉□□□□州司馬□子□太子宮門郎
皆在邦間人惟家有子文史足以達□□氣□迹□□以□
□□將常以　先公□休畢□□□□□□□□
□□□□鉊泣栢淚枯號天氣絕敬申遺恨遠託故人
□□□莫追□□□不□其□詞曰□
地籍慶靈兮誕生岐俊博挖技藝兮含宏忠信□錦□詞
□兮□雲□飛筆□陣□□□□兮□□進宰縣□□□□□□

□□□□志葆光兮懸車辭印除日歲幹兮舉燭風逝
蒼生有□兮□皇天不慭□嶠□□門□兮□□□□□□
□□□□□近
□□□□□年歲次壬□午二月丁辛丑朔八日甲申
□　張□慶□□□
撰八年月鈌諱視□州字亦不了寶刻類編有鄂州
刺史盧府君碑文李邕撰并書天寶元年二月立在
洛宰相世系表正道鄂州刺史碑云除洛州新安宰
以犯諱吏滎陽令滎陽又有景龍元年盧正道勑及
滎陽令盧公清德文据此諸証知即正道碑也碑云

祖諱寶素隨晉州別駕考諱安口緜州長史考宰相
世系表有盧寶素隋澤州内史部長晉州別駕子安
壽緜州長史正與碑合下一格子正紀汝州司馬其
上一格與安壽並列者正道鄂州刺史葢世系表十
三上二十七葉誤以正道移上一格遂致父子亂次
賴有碑以考正之也世系表安志當時安壽弟正勤
正義正言當是正紀正道兄弟侄當是伉弟推其名
字相似知之今皆上一格後之刊此書者幸改正之
二十六葉亦誤上一格惟二十九葉有正容與正紀
正道並列不誤中州金石記

按此碑多缺泐碑載叔子徹太原府士曹季子曉
口州司馬而叔子之前泐其伯仲及季子之後尚
有子字又似不止四子顧唐書世系表于正道下
全不載其有子無從攷矣末行云歲次壬口當是
壬午正爲天寶元年通鑑目錄是年正月丁未朔
則二月是丁丑朔與碑合

襃封四子詔

石横廣二尺二寸連額高二尺十二行行十四字正書隸額在盩厔縣樓

敕門下

昊穹眷命　列祖降靈休昭之儀存乎祀典莊子文
子文子庚桒子列在眞仙體玆虛白師寥元之聖教宏
大道於人寰觀其微言究極精義比夫諸子諒絕等夷
其莊子宜依舊號曰南華眞人列子號曰沖虛眞人文
子號曰通靈眞人庚桒子號曰洞靈眞人其四子所著
書並隨號稱爲眞經宣布中外咸使聞知

天寶元年二月廿日

舊唐書禮儀志天寶元年正月癸丑陳王府參軍田
同秀稱於京永昌街空中見元元皇帝以天下太平
聖壽無疆之言傳於元宗仍云桃林縣故關令尹喜
宅旁有靈寶符發使求之十七日獻於含元二月丁

亥御含元殿加尊號爲開元天寶聖文神武皇帝辛
卯親祔元元廟丙申詔史記古今人表元元皇帝昇
入上聖莊子號南華眞人文子號通元眞人列子號
沖虛眞人庚桒子號洞虛眞人改莊子爲南華眞經
文子爲通元眞經列子爲沖虛眞經庚桒子爲洞虛
眞經令人稱莊子書爲南華經昉於此也李肇國史
補曰天寶中天下屢言聖祖見因以四子列學官故
有僞爲庚桒子者其辭鄙俚非古人書金石文字記

按庚桒子一作亢倉子其四子所著書舊唐書經
籍志亢倉子不著錄新書藝文志則四子並載注

原本作亡 即世字洪纂恐誤

據洪纂本校

云亢倉子求之不獲襄陽處士王士元謂莊子作
庚桑子太史公列子作亢倉子其實一也取諸子
文義類者補其亡据此則亢倉子乃掇拾之書宜
乎舊唐書不載今碑作庚桑子而其號爲洞靈金
石文字記作洞虛恐譌

告華岳文

此刻與盧朝徹謁岳廟文同一石此在上方高二尺四寸五分廣三尺三寸二十行行十五字隸書額題開元十三年六月九日建十字正書在華陰縣嶽廟

韓賞撰

諸王侍書榮王府司馬韓擇木書

惟廿七祀孟秌右補闕韓賞敢昭告于泰華府君祠廟
惟天地生于人惟山川主乎神人有識而神有靈人貴
聰而神貴明於昭靈山與天竆冥載在祀典鎮于上京
自古帝王徵應不一荒淫者神降之凶聖哲者神授之
吉惟茲臣庶鑒乎得失今予小子造于　神祠將有
所盟　神其聽之人有嗜好各爲私禱願無所求
唯道是憂今者內禱於身外盟於　神如有一心公
朝勠力生人惟　神是福崎嶇亡正道僶俛在位惟
神所殛必將忘身奉國爲本圖憂國濟人爲己任明
明泰華昭鑒于茲贍彼牲牢抑惟常禮神嗜正直意存
精誠正直以享神精誠以享意拳然踴慮瞿然改容益
靈山之嵯峨增壽宮之肅穆歷階趨庭髣髴其形倘饗
天寶元年歲次壬午四月乙亥朔十日甲申
正議大夫太僕少卿兼太州別駕下闕

右唐補闕韓賞告泰華府君文韓擇木書賞所以盟
於神者嚴矣士夫君子立志操節篤於內而已豈必
盟神然後圖哉必俟明於神者益由其內之不足也東里集

按此碑文爲韓賞撰韓擇木書賞與擇木史皆無
傳述書賦注稱擇木昌黎人工部尚書歷右散騎

常侍此碑結銜云諸王侍書榮王府司馬是其初
官也榮王者元宗第六子名琬始王鄄徙王榮後
謚靖恭太子諸王府侍書無專員其司馬則每府
一人從四品下也又檢韓昌黎集稱同姓叔父擇
木善八分以擇木爲同姓叔父則不與之同系唐
書韓愈傳愈鄧州南陽人擇木是昌黎人顯然二
系然据宰相世系表河東太守純之後徙昌黎棘
城或是擇木之先世然表不載擇木非純之後人
矣愈之先世源出弓高侯隤當與河東太守純俱
屬一脉故愈稱擇木爲同姓叔父也

據鈔本校
據阮本校
原碑校過
趙本校過

兗公頌

碑連額高八尺四寸廣三尺四寸七分二十三行行
四十九字正書額題兗公之頌四字隸書在曲阜孔
廟

兗公之頌

朝議郎行曲阜縣令張之宏撰

包文該書

若昔帝軌覆王綱頹則孔聖挺生而憲章克復故能羞
人極酌彝倫聲明有度文武不墜講德洄上橫經淹□
□□□□□□代嗚呼歐儒墨蹈仁義曠志鵬海服
膺蟻術瑳琢金玉鑽仰情性者其唯兗公乎公姓顏名

回字子泉魯人也□□□□□□十□惠困而能通
休休焉拾塵著德貧而不仕衎衎焉鼓琴自娛雖行藏
坐忘黜聰墮體確乎不拔澹乎自持猶以□□□□□
□談岱嶽辯星精之騎及夫杏壇花白素王哀一辭之
交槐市葉青丹史煥四科之首輝光昭晰芝蘭變芬年
代淩遠久□□□□哉偉歟美哉偉歟之宏刻鶴見噫
雕龍寘響昔往神仙之郡未繫想於王喬今來禮樂之
鄉猥飛聲於盜蹠徒以絃哥汁□□□翟之朝飛水鏡
澄明希皇鑾之曉舞而都督渤海李公諱　庭誨八
命分憂兩岐摽慶海澄泓量月灼貞明德之至則膏□

□軒令惟行則仁風發扇是來茲邑泛覽川原企佇丘
墟慨然永歎曰城郭猶是鶴鳴千歲之歌陋巷空存人
響一瓢之樂涤池春盡白露秋生古往今來曷惟其已
皇上禮行鄒魯思闡文明則夫子乘通三之尊
兗公列惟五之長乃顧而謂之宏曰張令文蔚國章智
樹仁策撝光可大譽望克諧宣王既以銘焉兗公豈宜
闕尔恭惟嘉命勒茲徽猷俾夫亞聖同之前美由是也
故得繚宮牆殖庭宇撩鳳翼豗魚鱗清洽萃風瞳矓照
日綠樹霏靡紅葉蕤蕤林霽轉鸎階香舞蝶宴於斯餞
於斯器用陶匏粢食不糵命曰稱兗公之德歟遂咙壘

含毫聆奇瞬美綱鳳策獵麟書牵彼朱絲縴茲黃綃其
頌曰
珠毓滄溟鳳飛丹穴況德君子聞諸往說彼美兗公儒
林秀傑惠和天授聲聞風烈道成四友德浮十哲魯明
御敗衞通哀淺宛尔龍盤颷然鶴瑑噫天喪予芳蘭已
折一其　聖皇有道四隩攸同　恩覆天宇令
發春風緬懷泗上　　　　　昏相淹中俯徵魯禮贈此兗
公天書辰止儒術昭融弁冕載頒威光自雄　　皇
情有實陋巷何空二其昭昭邑收彬彬文質熊軾禰風車
旟棗日嶽鎮鄒魯道流溟渤神秀疎耸靈體明道德柔

去殺仁深濟物來斯懷古中心壹鬱麦秀已謠黍離云
述爰命作頌傳諸故實其三贈彼魯國地固人安龜蒙鬱
氣洙泗嗚溜禮經雲委物産星櫕伊子作宰諒匪能官
蒲城懷仲河陽謝潘琴絲可理製錦亘難僉懷篇笥禮
想零壇塗荒露泥樹古風殘愛而不見慨然永歎棟宇
是旹金石斯刊悠悠千載其芳若蘭
徵事郎行丞隴西牛孝麟
文林郎守主簿平陽崔庭玉
登仕郎行尉廣平宋休光
尉天水趙再良

將仕郎守尉員外置同正員高陽許瑾
郊王文學文宣公孔璲之
天寶元年歲次壬午四月乙亥廿三日丁酉建
碑側題名
分二截上截二行下截三行左讀並正書
大和九年六月八日　冀謁題
張咸
兗海節度推官試祕書省正字鄭繁　緱山處士張
隱
大中八年正月七日題

兗公顏回也字子淵碑避高祖諱作子泉都督李庭
誨命縣令張之宏撰頌包文該正書書道勁有法石
惡多泐耳石墨鐫華
舊唐書禮儀志開元二十七年八月制追諡孔子爲
文宣王贈顏子淵兗公閔子騫費侯冉伯牛鄆侯冉
仲弓薛侯冉子有徐侯仲子路衞侯宰子我齊侯端
木子貢黎侯言子游吳侯卜子夏魏侯又贈曾參顓
孫師等六十七人皆爲伯金石文字記
文有曠志鵬海服膺蟻術按學記蛾子時術左傳蛾
析蟻皆讀蟻此直用蟻益正書非篆隸也又云猥飛

聲于宓賤家語史記皆作宓不齊字子賤顏氏家訓
云子虙子賤即虙羲之後俗字爲宓或復加山今兗
州永昌郡爲古單父地東門有漢立子賤碑乃云濟
南伏生即子賤之後知虙之與伏古來通字誤以爲
宓耳夫虙之爲宓尚以爲誤轉而加山益又誤矣然
唐孫強增減顧野王玉篇亦云宓今作密故句容令
岑君碑云驅密賤于後塵當時相襲詎知誤乎未有
郊王文學文宣公孔璲之乃孔子三十五代孫字藏
暉襲封褒聖侯改夫子諡時亦改爲公也予謂顏子
廟奕然輪奐後多名人科甲而此碑反在大成殿中

未知何故 金石後錄

右兗公之頌天寶初都督李庭誨命曲阜縣令張之宏爲頌其序云宣王旣已銘焉兗公豈宜闕爾似之宏尙有文宣王頌而今不傳矣碑末列名者丞隴西牛孝麟主簿平陽霍廷玉尉廣平安休光天水趙再良尉員外置同正員高陽許瑾郱王文學文宣公孔璲芝攷唐書宰相世系表璲芝作璲之當從碑爲是唐六典上縣尉二人中下縣尉一人曲阜爲緊縣故得員外置尉也 潛研堂金石文跋尾

右碑書李公諱庭誨諱字下空二格亦變列也末題郱王文學文宣公孔璲芝考闕里世系孔子三十五代孫璲之字藏暉開元五年襲封褒聖侯授國子監四門博士郱王府文學蔡州長史二十七年詔謚孔子文宣王進封璲之爲文宣公兼兗州長史又唐書宰相世系表亦作璲之當以石刻爲正 山左金石志

按碑書嵆賤之外尚有総哥汁口哥郎歌汁郎叶八響一瓢之樂響卽饗字皆通用也孔璲之於開元五年授郱王府文學二十七年兼兗州長史碑中結銜與舊而略新所未詳也

金石萃編卷八十五終

據趙本校

趙云母道下缺五字

金石萃編卷八十六

賜進士出身 誥授光祿大夫禮部右侍郎加七級王昶譔

唐四十六

元元靈應頌

碑連額高一丈一寸二分廣三尺九寸二十二行行六十二字額題開元天寶聖文神武皇帝夢烈祖元元皇帝靈應頌并序二十二字並隸書在盩厔縣樓觀

朝散大夫守倉部郎中上柱國戴璇〔琁〕撰序

朝散大夫守戶部郎中劉同昇撰頌

開府儀同三司尙書右僕射曾孫戴伋書

至矣哉皇法於天天灋於道㞐大寶者必尊 祖以配天孩庶類者咸宅生以母道□□□□□□宗闕〔元〕教〔絲〕三后在天代紹明德然後彌綸區宇昭格神祇其能承二美之盛烈首千古之洪化者卓哉煌煌歸 我唐室矣 皇上受圖亨國𦁤卌載功侔天地孝誠 祖考其高明也布星辰以有倫其博厚也□〔振〕河海而不洩至於揖群后敘彝倫陶鑄堯舜湫隘軒頊者乃 皇上之餘事也嘗端居宣室緬懷至道惟德動天夢啟靈應忽恍有物希夷闕〔元〕通寔 元祖之明命錫無疆之寶闕〔元〕乃潛誌闕〔元〕象遵 誥旁求西亙太一東連鄠杜另周史之經臺枕泰山之幽谷肇居尹喜集

法侶爲道門後遇　皇唐易樓觀爲宗聖藥井尚淶
僊軾仍存卜勝宗靈此爲㑒落飛泉噴石重林闇景晢
癖地偏以恆深煙雲晝晴而不散睟容挺出赫然有光
煥白虹於玉座紉紫氣於僊境洎遘　睿覽宛符夢
寐譆蓋聖人有以見天下之賾而擬諸形容聖人有以
見天下之動而觀其會通者可舉之壹隅矣其始迓也
焚芝朮避葷羶寂歷無聲擘踞有則礿靡菞席次登靈
壇徐肩綵杠少息華館凊籟颸飂於草樹天香氛氳於
崖谷及路轉莽蒼風順崆峒雲鶴翊以導輿群僊扈而
成列逮地邇天苑閶轅國門蜆旌鳳簫風馳海合毛節

羽蓋波屬霧委萬姓稽首於西城百辟候儀於北闕
御名御名如也　皇上乃捧昇露寢奉先思孝集僊府
以陳齋圖混成而告遠不崇朝而遍八景未浹旬以遍
六合故群臣率儛慶靈稱觴獻壽森旗伐鼓何其盛哉
於戲　靈元之道旁礴萬物眇爲化先狶韋氏得
之而挈天地伏犧氏得之以襲氣母至若王母西崑比
之如朝菌麻姑東海涵之如夏蟲沖虛馭風蓋錙銖於
糠粃王喬控鶴方轆轢於蓬蒿信無上歟信元氣歟且
天啓　皇唐儲祉罔極其功神者其應大其源靈者
其流長曾　王室將傾　我則電擊以存國介丑塱奉

我則雲行以告成汾脽毖祀　我則順子以□尊后
陵寢肅雝　我則遠經以明孝可謂重椅坤軸□紐
乾綱渴衍葳蕤皆　皇極之大造也其脩鈌禮補樂
章存朴以齊八陳兵以訓武夻四夷以歸化主百神而
授職者可勝言哉古有仁片言而受福樹一善□獲應
況綱羅叡制包括鴻猷以　神化之貞明協　靈命之
幽贊克合脩祚不亦宜乎玉眞長公主以　天孫
毓德　帝妹聯貴師心此地杳捐代情奉黃籙以□
絜膽白雲而志遠觀主李元尉監齋顏無待上座傅承
說爲學日益爲道日損逍遙中林之下彷徨塵垢之外

因聚而議曰今自道以祐　主自　主以祐人下卑
六幽上㲹三極風后力牧協宣朝政闢雎麟趾宏被國
風禎祥薦臻妖滷不作足以規萬葉示將來赫赫巍巍
以表靈貺而廼謝奚斯頌魯之義爾穆滿銘弁之遊是
上蔽　天休下虧臣禮緣事斷誼蒙竊恧焉於是盩
厔宰李嗣琳同荷　湛恩旨備能事博詢墨客以贊
皇道將戶部郎中沛國劉同夊才淸起草譽美郎官
之列文慕上林能揚　天子之事共遵大雅旨揆
其餉奉爲頌曰
終南之北口眞境闢兮尹喜宅茲嶺陰陰松栢造華頂

草結花樓龍護井靈僊之窟肅而靜其十惟　皇夜夢
真人來神光赫赫金銀臺瑤容綽約冰雪開霓裳羽駕
紛徘徊　前聖後聖相感哉其十一　帝心虔求齋玉
京王公百辟咸致誠雲旗綵仗森出迎日月晏温顥氣
晶　真容來兮受天慶其十二　真容來兮　聖人
壽千春無涯百福有　真容來兮寶歷歷昌遠郊却馬
雄四方紫殿敬座煙雲香拜首手稽首天地長　纛元元
之祚萬斯唐其十三
勑撿挍道門威儀昭成觀主道士□□裕
天寶元年歲次壬午七月癸卯朔十五日丁巳中元

建　　河南史榮刻

此碑建於天寶元年而闕碑額攷其辭當在盩厔爲
元元宮玉真長公主寔主之公主睿宗最幼女也碑
序爲倉部郎中戴璇頌爲戶部郎中劉同昇撰末云
開府儀同三司尚書右僕射曾孫戴伋書則建碑年
號蓋追成頌序之日而稱者也伋官至僕射而世系
年表列傳俱無之趙明誠金石錄亦失不收俱不可
曉者書法八分頗穠艷第以肉勝蓋兼開元徐史之
法而加損益者也弇州山人續稿

中南樓觀宗聖觀尹喜宅也元宗夢老子真容得于
此玉真公主爲道士居于此故此碑述夢事以及玉
真歸美唐室倉部郎中戴璇撰序戶部郎中劉同昇
撰頌開府儀同三司尚書右僕射曾孫戴伋書稱曾
孫爲璇也然則碑云天寶元年建不知追成頌序之
日而稱乎抑亦當伋時乎伋官僕射而史不書遂無
從考石墨鐫華

趙崡曰此頌刻於宗聖觀記之北面唐人分書甚佳
但經元人翻本減弱矣碑側宋蘇軾書詩并弟轍詩
歲久剝蝕元人別摹一碑補碑側字法亦減金石文字記

右真容靈應頌碑末題開府儀同三司尚書右僕射

曾孫戴伋書攷唐戴胄與至德兩世宰相至德官至
尚書右僕射其卒也贈開府儀同三司則伋必至德
之曾孫而唐書世系表不見其名蓋史家失於採訪
矣選舉志三品以上蔭曾孫五品以上蔭孫孫降子
一等曾孫降孫一等贈官降正官一等僕射秩從二
品開府儀同三司秩從一品伋蓋承蔭而未得官者
故以曾孫繫銜猶梁府君碑稱四品孫五品孫也文
云禎祥荐臻妖濔不作濔即沴字隸楷偏傍从㐱者
或變从尒遂與尒相涉又變尒爲爾也潛研堂金石文跋尾

按元宗夢真容事在開元廿九年閏四月詳見夢

据抄本校

眞容勅旨有碑在盩厔及易州文已見前此碑似
係玉眞公主以元元靈應之事請于元宗令刻頌
於樓觀碑文中自有觀主李元賔則主此觀者非
郎玉眞且文云玉眞長公主以天孫毓德帝妹聯
貴師心此地沓捐代情奉黃籙以口㓗瞻白雲而
志遠玩其語意非實主此觀也唐書傳睿宗第十
一女玉眞公主字持盈始封崇昌縣主俄進號上
淸元都大洞三景師金仙公主傳云太極元年與玉眞公主皆爲道士築觀京
師天寶三載上言曰先帝許妾捨家今仍叨主第
食租賦誠願去公主號罷邑師歸之王府元宗不

許云云則是天寶三載公主尚居京師主第此碑
在天寶元年其非爲樓觀之主明矣弇州云玉眞
公主實主之石墨云玉眞公主爲道士居於此皆
未細檢碑傳也

慶唐觀金籙齋頌
裝本高廣尺寸行字皆不計隸書在浮山縣龍角山

大唐平陽郡龍角山慶唐觀　大聖祖𤣥元皇帝宮金
籙齋頌并序
朝議郎左拾遺內供奉博陵崔明允𫌟
通直郎行河南府伊闕縣丞集賢院待　制兼校理

抄本爲字下無空格

御書史惟則書
空洞之中溟涬之際靈文尚矣混成朕焉混成者何象
帝之先靈文者何龍漢之季五刧交周尊神遍運九炁
列正　元始口然治於流火之庭練於洞陽之館二儀
得之以定位三景得之以發光赤明開圖碧落豈度
𤣥元奄有大道遂荒眞宗　天法之以無倪皇仰之
而未及犧軒應運堯舜乗時均至化而思齊酌𤣥風而
始庶獨立千古湛兮若存首出百王悠兮不極矣粤若
祖　聖系襲神宗先　天不違後　天繼代錫𤣥慶遠
泒源流長　國家纂戎欽承前烈三合壹德六業同

道平陽郡𤣥元宮者興王之肇兆也惟初授命載告休
徵權口口迹俶落祠宇昭彰於國史乃今　昇平配永
嘉瑞增修　口廟大建　閟宮明白於　御碑因　吾
道爲天下程由口口口口　天下式非夫至至孰能預
之哉　皇帝御辯無爲齋心正一寤寐有感髣髴　眞
容昭孝孫之精誠貽　口口口口訓　開元得聖象
天寶獲靈符丕慶再集而繁昌至孝遂興而畢備祗崇
冊禮其高莫二袞龍克光於像設冕旒追尊於帝位雖
猗那商頌生人周雅儔之於昔　今則過焉於鑠茲山
會神之寓西對姑射北隣　天柱寔適仙之祕府也正

抄本作引

殿肅穆廣庭森沉峯巒左右松栝交陰揔虛无以靜深
也石壇重堦瓴甓環甃隱□□□□□□（訣參伍洞章隨特）三元表辰
八月　降誕每至是日展法於斯修金籙齋啟玉皇印
道家之寶王者之儀靡盛於此矣乃開　乾門闢
坤戸氣廱（引）廣莫風和不周八卦行乎其中矣仰列宿躡
魁剛落日淪陰夕時沆瀣六甲佐乎其旁矣仙侶須次
羽人步虛朝拜　九天醮祠五老想鈎陳則黃雲垂覆
存太一則白鶴來翔其餘侍香玉童傳言玉女縹緲煙
景併佪元空求之希微宛如契合耳惟鎮　皇極叶
時邕外以廓清萬里戎夷向化內以乂安兆庶秊穀滋

稔滅格欃興昌光動植生成陰陽氣茂利兵所措則戢
干戈靈官所臨則□□（消疵）厲矧感通上界　神降禩福景
命來假　天子万年者乎觀主臣郭處寂處恭是勤
宿夜匪懈稟師之□□□（籙佩之崇）符躬執科儀爰謀法要開元
十六載　御題觀額　□（自）籙於茲廿五秊
上疏議齋　帝俞其請於是內使高□（真）王城而至
綸言祕旨從　天上而來諸侯肅臨郡邑蕆事革故
垣棟宇新經像形彩艳艳金光熒熒曾是所營曾是有
□（成）利乎永貞太守臣裴朏并寮屬等惟　道孚敬誼形
于政奉敭休慶泉合觀徒衆等皆相與遵乃宗極體乎

抄本下至尊三字另起與天寶二年接寫

自然熙澹漠於元和朴恬愉於大順微臣嘗佐汾邑（誠）
觀　聖蹤強名　道原用述眞宰從窅宴而辯物因象
冈而得之其詞曰
三炁之宗尊廱元始朱靈丙午赤明斯起太上道君託
胎洪氏後天合德其惟　我李爰初啟運符命歸唐海
縣攸屬　六葉重光　天寶是應万壽無疆　大君推
策考廱元陽空廱（元）之中自然妙有無鞅之衆勃勃珠□
迎不見前隨不見後外物雖變我法彌久龍角嵯峨羣
典靈迹仙宮乃建清都伊宅洞裏　天長寰中　地隔
皇矣大道臨下有赫金籙秘訣玉京廱言陛壇之禮衆

法之門　聖祖貽訓來告　孝孫於茲授命永保
元元克昌身後大慶常存刊此樂石以奉至尊至尊
天寶二秊歲次癸未十月景寅朔十五日庚辰下元
齋建
昔人所用莊子御六氣之辨意各不同惟梁簡文帝
南郊頌元默御辨寂照秉眞後周庾信至老子廟詩
虛無推御辨寥廓本乘蜺及此碑云皇帝御辨無爲
齋心正一爲得其旨若齊謝朓侍宴曲水詩於皇克
聖時乘御辨梁敬帝禪位策文安國字萌本因萬物
之志時乘御辨良會樂推之心後周庾信喜晴詩御

辨誠膺籙維皇稱有建宋王旦汾陰壇頌欽明稽古
御辨撫圖則以爲首出在位之義梁王僧辨勸進元
帝表坦然大定御辨東歸隋李德林從駕詩朝乘六
氣辨夂動七星旒則以爲巡遊之事唐朱子奢幽州
昭仁寺碑御辨崆峒非趨涅槃之岸乘雲谷口寧遊
波若之門碧落碑峒山順風勞乎靡索汾陽御辨窅
然自喪武后昇仙太子碑尋眞御辨控鶴乘龍則以
爲訪道之事隋薛道衡高祖文皇帝頌御辨遐逝乘
雲上仙則又借爲升遐之事而唐李嶠大周降禪碑
翠鳳銜蕤黃龍御辨則不知其何所出也金石文字記

按此碑在浮山縣唐時謂之神山縣屬河東道晉
州平陽郡唐書地理志神山縣本浮山武德二年
析襄陵置東南有羊角山四年以老子祠更名神
山山西通志山川卷內云羊角山唐武德間更名
龍角山在浮山縣南三十五里東西二峯高峙雲
表武德三年縣人吉善行言於羊角山下見白衣
父老曰爲吾語唐天子吾爲老君而祖也詔以地
立廟又寺觀卷內云天聖宮在羊角山之麓武德
三年二月老子見於大樹下謂里民吉善行曰吾
唐皇帝之遠祖也言訖不見遂詣長安奏聞命左

親衛都督杜昴于羊角山致祭老子再見復命有
司於其地建祠開元十四年此語誤碑作十六年御題觀額詔改
慶唐觀御書額及碑文賜之改羊角山爲龍角山
并改浮山縣爲神山縣此語亦誤山改龍角縣改神山皆武德四年事命
高力士董修老君殿宋天聖五年詔改觀爲天聖
宮金籙齋者唐六典祠部條下載凡天下觀總一
千六百八十七所每觀觀主一人上座一人監齋
一人道士修行有三號其一曰法師其二曰威儀
師其三曰律師其德高思精謂之鍊師而齋有七
名其一曰金籙大齋調和陰陽消災伏害爲帝王

國王延祚降福其二曰黃籙齋並爲一切拔度先
祖其三曰明眞齋其四曰三元齋正月十五日天
官爲上元七月十五日地官爲中元十月十五日
水官爲下元皆法身自懺愆罪焉其五曰八節齋
其六曰塗炭齋其七曰自然齋此碑蓋爲修金籙
大齋而作頌而碑又建于十月十五日下元齋則
是爲國延祚設齋而建碑在三元齋期也碑爲崔
明允撰史惟則書而唐書俱無傳逃書賦注史白
廣陵人諫議大夫善飛白子惟則陶宗儀云名浩
字惟則然則碑書惟則者以字行也集古錄云唐

攝原碑校

世分隸名家者四人韓擇木蔡有鄰李潮及惟則
也墨池編云惟則天寶中嘗爲伊闕尉集賢院待
制後至殿中侍御史据此碑是伊闕丞非尉也碑
云於是内使高□王城而至謂高力士郎陝西志
所謂命高力士董修者是也碑書我法弥久作㳫
久猶靈應頌書㳫爲瀰也末云以奉至尊至尊葢
至尊應闕二格書時直下覺其誤乃復書之而上
文未抹去也文中非夫至至下至字疑聖字之誤
又攷道藏目錄有龍角山記一卷註唐明皇御製
慶唐觀記並聖銘等記葢皆爲龍角山慶唐觀而
作碑文所云大建闕宫明白於御碑者似卽指此

隆闡法師碑

碑高六尺八寸五分廣三尺六寸五分三十四行行六十五字行書在西安府學

大唐實際寺故寺主懷惲奉　勑贈隆闡大法師
碑銘并序
懷惲及書
昔吾師因地求眞衆魔紛嬈果到成佛龍天捧圍自作
鎭靈山法躬靡易告滅雙樹示跡倫凡微言不傳慧燭
潛照屆夫歲邁千秋時淹五濁欲海騰沸邪山紛糺於
是釋防東逝爰稱地應漢夢西通方崇像法或青眸接
軌競扇鸞風或白足相趍爭開佛日至欲繼前賢之令
軌爲後進之康衢照燭重昏慈舟苦海人能弘道斯之
謂歟法師諱懷惲俗張姓南陽人也遠祖因宦播遷京
兆廿一代祖安晉丞相襲爵鴻臚公高祖融守黃門郎
遷太子庶子祖英唐觧褐太常太祝襲爵天平公尋轉
吳王祭酒握蘭奏位淸陪雅列法師聰敏爲其性相慈
善資其風骨母常山夫人樂姓降胎之月不味羶腥載
誕之辰情欣禁戒曁年登卯歲特異諸童或焚葉爲香
或聚沙爲塔雖飛軒繡轂未嘗留步月宇香樓怡然忘
返　高宗天皇大帝秉乾撫運出震披圖虛己求

賢明敭待士總章元載夢覩法師倐降綸言遠令虔辟
於是臨丹檻迩靑蒲廣獻眞誠特蒙襃讃　帝乃
親授朱紱令處鳳池之榮師乃固請緇衣傾託鶖林之
地奉　勑於西明剃落善來忽唱惡業疑銷旣挂
三衣俄陪四衆翹勤□積思五分而非遙精苦逾深想
三祇而未遠時有親證三昧大德善導闍梨慈樹森踈
悲花照灼情祛□漏擁藤井於蓮臺欲化無涯駈鐵圍
於寶國旣聞盛烈雅締師資祈解脫規發菩提願一承
妙旨十有餘齡秘偈眞乘親蒙付屬自惟薄祐師資早
喪想遺烈而崩心顧餘恩而雨面爰思宅兆式建墳塋

原碑作北借爲背字

遂於鳳城南神和原崇靈塔也其地前終峯之南鎮後
帝城之北里哥鍾沸出稄上界於陰門泉流激
灑比連河於陽面仍於塔側廣搆伽藍莫不堂殿崢嶸
遠摸忉利樓臺岌嶪直寫祇園神木靈草凌歲寒而獨
秀葉暗花明逾嚴霜而靡萃豈直風高氣爽聲聞進道
之場故亦臨水面山菩薩全真之地又於寺院造大窣
堵波給周迴二百步直上一十三級或瞻星揆務或候
日裁規得天帝芳蹤有龍王之秘跡重重佛事窮鷲嶺
之分身種種莊嚴盡崑丘之異寶但以至誠多感能事
冥資故能遠降　宸衷令賫舍利肆千餘粒加以

七珎函筩隨此勝緣百寶幡花令典供養　則天
大聖皇后承九元之眷命躡三聖之休期猶尚志想金
園情欣勝躅或頻臨淨刹傾海國之名珎或屢訪炎凉
捨河宮之秘寶法師誠盈而散莅入擅航法師業行高
口利益繁多故得名振　九重芳盈四部奉永昌
元年　勅徵法師爲寺主於是經紀僧徒規摸釋
族緇門濟濟戒德崚而弥堅紺宇詵詵常住豐而更實
猶是才稱物寶道爲時尊知与不知仰醍醐於句偈識
与不識詢法乳於波瀾法師以慈誘內懷敷揚外積莫
傳聖旨用酬來望每講觀經賢護弥施等經各數十遍

大我域者扇激風火嬰抱結漏系諸生止無常之短期
研乎事真攀不亟之虛朕若不乘佛願力託質淨方則
恐淪溺長往清昇永隔於是言論之際懇勸時衆四儀
之中一心專念阿弥陁佛願乘此勝曰口生淨域又以
般若神咒能令速證菩提弥陁佛名亦望横超惡趣諸
餘妙典雖並積心臺於此勝緣頗偏遊智府嘗誦大般
若咒向盈世万又誦弥陁真偈十万餘遍理復使精真
厥想念雖微而必就二三子行功唐捐而靡得豈直諸
佛現前神人捧錫而已矣師爲諸重攜攝尔羣生擧洪
灼於耶山掉寶航於見海悲夫娑婆國中人多弊惡雖

復珎臺寶界因勝侶而歸心至欲逸翥遐征藉良緣而
克進敢憑此義爰發誠心於是廣勸有緣奉爲
九重萬乘四生六趣造淨土堂一所莫不虬棟淩虛虹
梁架迴丹楹耀日青瑣延風無春而返卉舒花不暝而
重簷積霧於是神螭戾趾遠鎮瑣階寶鳳來儀還陪挂
户彫甍畫栱之異窮造化之規摸圓璫方鏡之奇極人
天之巧妙又於堂內造阿弥陁佛及觀音勢至又造織
成像并餘功德並相好奇特顏容湛粹山豪演妙若照
三千海目摛華如觀百億或曰繪命采有慈氏之全身
或散扎馳芳得憂填之逸思何獨如來自在疑降上界

之魔故亦菩薩憮恰似救下方之苦夫以宅生者心心勞則生喪捿神者志志攝則神亡然菩薩以濟物捐軀上善以遺形徇節法師情存拯救式奉般繁汲引雖曰忘懷形質焉能靡累於是忽嬰風瘵病与時侵靈藥弗痊脉喘俄逝豈夫八林齊白我佛稱於寂滅梁木其壞吾師等於死生以大足元年十月廿二日神遷春秋六十有二臨終之際正念無虧顏色怡悅似有瞻矚北首面西奄然而化悲夫烈烈歲陰蒼蒼天色乾兮何負殲我惟良業也何孤喪兹賢哲豈直悲盈四部嗟鹿苑之荒凉抑亦哀悼兩宮痛蜂臺之闃寂猶是俯迴

天睠載紆仙豪遠降恩波爰加　制贈奉神龍元年勅實際寺主懷惲示居三界遠離六塵等心境於虛空混榮枯於物我棟梁緇宇領袖緇徒包杖錫之規模躡乘拯柸之懿躅雖已歸寂滅無待於褒揚然寵洽友于無忘於縟禮可贈隆闡大法師主者施行上人以至德聿修良因累著故得天降成烈用讚芳規追遠慎終生榮死贈足可光輝淨刹歷塵芥而長存旌賁[illegible]元門共河山而永久弟子大溫國寺主思莊等並攀號積慮哀慕居懷嗟覆護而無時仰音顏而靡日猶恐居諸易遠淑善湮沉敬想清徽勒兹[illegible]元玟[illegible]詞曰

娑婆種覺賢刼能人三祇弥妄五分祈眞即相離相非身是身猶施慧梳廣濟迷津其一十方化備雙林滅度三界空虛四生哀慕正教既隱微言遽歎式啟先悊用資後悟其二芳猷廣被至烈弥殷青眸演聖白足呈眞遠導嚮芥遐宣曇塵[illegible]元門不絕代有其人其三猗歟令德遠嗣前英聲高四部譽重三明慈周有識智契無生法雲葉落道樹滋榮其四豈啚宿昳師資遽亡乾兮何負殲我惟良徒嗟授几空念傳香非夫勝緣孰答恩光其五邈矣坰野慈顏壙側敬發誠心爰憑淨域眞容湛粹樓臺歸嶷希此善根遠酬明德其六

天寶二年歲次癸未十二月景寅朔十一日景子建

右隆闡法師碑僧懷惲撰及書頗亦能爲其家言筆法尤圓孅有聖教遺意後稱天寶二年至明年則改年爲載矣趙明誠金石錄極詳備而遺此似不可曉弇州山人續稿

右唐實際寺主懷惲碑無書撰人姓名觀碑中有弟子思莊敬想清徽勒兹元炎之語則碑乃惲之徒所撰碑稱惲能誦般若神咒際遇高宗武后兩朝可謂緇流之出色者而其老也乃患瘋疾以死朝廷復贈之曰隆闡法師然則其法果安在哉金薤琳琅

此碑行書源出聖教而漸作婉媚纏繞都元敬云無書撰人姓名碑中有弟子思莊則爲惲之徒所撰而王元美乃曰僧懷惲撰及書今碑中敘惲生死甚備明云大足元年十月二十二日神遷春秋六十有二神龍元年勅贈隆闡大法師天寶二年建碑又弟子思莊云云葢碑首後人妄增懷惲及書四字文理本不屬而元美疑于及字上當有撰字遂誤耳石墨鐫華

文中有弟子大温寺主思莊敬想清嶽勒茲元炎疑郎其人所書金石文字記

懷惲南陽人姓張氏唐高宗見夢辟至親授朱紱不

受敕祝髮西明寺永昌元年敕徵主實際寺今碑寘西安府學都元敬王元美二公俱似未竟讀其碑也葢緣碑首有懷惲及書四字元美遂誤耳余考京兆府章敬字又有懷惲者謚大覺禪師泉州同安人謝姓元和初憲宗召居上寺元和十二年十二月二十二日示滅建塔灞水曰大寶相塔碑所謂懷惲書者豈卽大覺耶何以又稱及書耶按天寶癸未至元和十二年丁酉已七十五年卽大覺滿百歲計至天寶建碑之年才二十五歲耳豈自以生晚故云及書幾幸及之耶書復老健不類少年且大覺以宗旨著而不以書名有謂惲名後人增刻者余手摹其文絕無痕迹可辯不知何也金石史

碑無書撰人姓名而首行名題大唐實際寺故寺主懷惲奉勑贈隆闡大法師下復有懷惲及書懷惲已故矣焉能自書又所謂及書者措詞益莫可曉也碑云懷惲二十一代祖安晉丞相襲爵鴻臚公高祖融黃門郎遷太子庶子祖英唐解褐太常太祝襲爵天平公壽轉奥王祭酒碑旣書永昌元年勅徵法師爲寺主後遂言以大足元年十月廿二日神遷春秋六十有二大足元年以長安元年正月丁丑改故碑已

云然隆闡世族也而詭尙異教至此悲夫授堂金石跋

按碑云大足元年十月廿二日神遷春秋六十有二推其生在貞觀十四年高宗總章元年夢覩法師倏降綸言遠令虔辟固請緇衣奉勅于西明剃落果如其言則年已二十九而始剃落亦已晚矣大足改元在久視二年正月丁丑是年十月辛酉改元長安通鑑目録是年九月庚午朔則十月當是庚子朔辛酉是二十二日則法師之遷神正在改元之日碑不曰長安而云大足是其誤處授堂跋未細檢也神龍元年勅贈隆闡在遷神後五年

攟趙本校
攟原碑校

其立碑又在遷神後四十二年閱時既久則碑中
敘述大率出于思莊等之追憶不能無舛誤也懷
惲及書其意与泉書同

嵩陽觀聖德感應頌

碑高一丈四尺四寸二分廣八尺一寸二十五行行
五十三字隸書末行年月篆書額題大唐嵩陽觀紀
聖德感應頌十一字篆
書在登封縣嵩陽書院

大唐嵩陽觀紀記　聖德感應頌
開府儀同三司行尚書左僕射兼右相吏部尚書崇
元[illegible]館大學士集賢院學士朔方節度等副大使彖國
史上柱國晉國公臣林甫上

太中大夫守河南尹河南水陸運使上柱國賜紫金
魚袋兼東京留守判留司尚書省事臣裴迥題額
朝散大夫檢校尚書金部員外郎上柱國臣徐浩書
域中之大有四　道為之首而王者統焉方
外之人有五神為之目而聖者用焉非　道
也蘇以致神非神也莫能感聖自炎師水玉軒訪峒山
宵藝汾陽徘徊河上且猶私壹已之利屈萬乘之尊或
得之而不存或求之而不及則未有[illegible]宏心六合
元[illegible]化被於海隅滌覽　九重異人臻於　闕下
密傳傑棄潜沒神功端拱　紫庭坐進金鼎如

我開元天寶聖文神武皇帝之至感也蓋德邁者其業
崇　道[illegible]宏者其化博　上初載巨難纂
睿圖以為唐虞盛理教人而已矣乃昭禮物考經悉
於是乎帝典王綱罔不畢備及夫壹戎戡致邕熙又以
為軒昊上德恭已而已矣乃斂清靜復淳朴於是乎偃
甲垂衣示於蘇欲故載歷三紀功苞九皇乃時有真人
方本不召而至者儼然而進曰臣聞昔者太初之先也
嘗有受命握符壹君千歲後代聖人順其外為封禪修
其中為導養故玉檢有不死之名金丹為長生之要五
三以降茲道蔑聞　陛下承紫氣之真宗接黃神

之遠運玉檢之文已備金丹之驗未彰　天將授之
其在今矣　上覽其議而告之言朕聞神丹者有
琅玕雲霜三化五轉太壹得之為上帝之伯　元
君得之為下教之尊必將假蘇為之功任自然之力乃
可就矣於是考靈跡求福庭以為嵩陽觀者神嶽之宅
真像都之標勝直中天昬晨之正記　烈祖巡遊
之所抱汝含穎風交雨會陰陽之所烝液偓佺之所徘
還丹竈琳堂徘徊而在乃命道主士孫太冲親承　密
詔對授真訣壹之日披圖於　天府二之日陳醮於
山壇然後俾太壹啟鑪陵陽傳火積炭於廡下掇掇口藥於

鼎中固以扃鐍室其窻戶隙光不容人跡罕到自河尹
官屬邑宰吏寮目對對泥手連印署太沖乃與中使薛
履信銜　命而東涉海沂過蒙羽行且千里歸已十
旬然後𠞊日聚觀開對發印餘燼未滅還丹赫然則已
六轉矣明年移藥於緱氏山升僊太子廟其設制之功
神異之効又如初焉每至降　御詞陳祝冊紫泥粲
表倏忽飛天釀元酒玉杯繽紛移卬座祠官瞻貽供吏驚嗟
靈貺昭荅有如此者其餘瑞鶴卿雲祥光祕語匪朝伊
夕不可勝記按中丹經云金華苻成威光㸑戴則有朱
烏呈異白日激輝斯非類乎九轉既畢馳馹以獻

聖上方滌慮齋清齋心虛白神期應會如合苻焉於是
三事百寮奉觴稱賀曰　陛下撫羣黎而歸壽域
上真降殊休而報　聖厥德神丹盧衔御與
天麟極且夫麟宏化　至道先烈也還風太初
昌運也異人委質　聖感也靈藥薦壽
天苻也此四者皇圖帝載所未聞焉微臣預春龖
之徒忝中甫之地　上清事隱非曾冊之載徵大洞
功成豈周頌之能紀强銘斑坟鑾永播　乾坤其辭
曰
太古兮上皇千歲兮壹君自軒轅兮獨徃遂歷代兮無

聞　有唐兮英聖六葉兮十紀惟天寶兮合苻故
澤風兮變始嵩有峯兮頻有瀾交靈氣兮集僊壇資
聖壽兮效神丹神丹御兮福庭會虹蜺旗兮紫雲
蓋臨萬邦兮彌億載
天寶三載二月五日建
右唐嵩陽觀紀聖德頌天寶中明皇命方士鍊丹于
此觀李林甫獻頌稱述功德焉天寶之政荒淫敗度
而明皇區區方鍊丹以蘄長生豈不可笑乎　金石錄
元宗命方士煉大還于嵩陽觀六轉而移煉緱氏山
太子廟九轉而林甫紀其瑞者也當是時女蠱邊釁

交作于中外而林甫以金石之毒發之天下之緣督
幾絕而唐事去矣而君臣方日熙熙然交臾其美而
張大之良可歎也頌成之明載太眞冊其又七載林
甫沒又四載帝走蜀不知大內辟穀自託元始孔昇
眞人時亦得此丹力否耶書爲徐浩古隸與帝隸法
絕相類　介州山人稿
碑甚高大頂蓋刓刻寫雲龍嵌珠下座亦刓刻丁甲
之像左右旁刻花紋甚工細周鋪俱范金彩歷歲久
遠絕無損蝕即金彩尚未盡落可異也予讀唐奸臣
傳至李林甫諸惡未嘗不冠髮上指也茲頌刻碑嵩

陽故宮之前與漢三栢並列所紀爲方士煉丹九轉而以諛詞險擅人國者其文與事俱不足道正宜剷去之爲名山洗垢惟是碑爲徐定公浩古隸筆法遒雅姿態横生藝林中正自難廢耳史稱浩父嶠之善書以法授浩益工嘗書四十二幅屏諸體皆備草隸尤工世狀其法曰怒猊抉石渴驥奔泉今浩書存者無幾矣漫識於此予以康熙十九年庚申歲肄業嵩陽書院晨夕遊碑下摹視古隸法遒理整無一懈筆每停睇不能去碑在風日中完好全無剝蝕亦屬嵩下唐碑之僅見者按嵩下徐浩所書聖德頌止此一碑而鄭氏通志金石畧兩載之一曰天封聖德感應頌一曰嵩陽觀紀聖德感應頌葢失考矣 說嵩

明皇本唐令主自張說以封禪導於前林甫以仙藥誘於後漸以奢淫往不知返遂釀成安史之禍史但稱林甫迎合固寵妒賢嫉能屢起大獄而不言其引君於邪未爲探本之論也自開元廿二年以李林甫同三品由是爵張果置元學得妙寶眞符闢空中仙語史不絕書獨此孫太冲仙藥事史所不載以此碑推之則明皇晚政之惑其胥爲林甫所蠱决矣碑稱上方滌慮穆清齋心虛白當是時上在位久倦于庶

政一以委成林甫林甫乃不能引君當道而縱君於聲色是艷妻之禍固由君昏而引而成之者林甫也然向非此碑則林甫不過一權相耳權相代所時有何遽階之亂乎隤然一碑足補世史所未備則碑之所繫大矣碑文撰自林甫於時韓愈氏未生八代之衰未起而此碑文體疏越非復唐初縈縟宿習庶乎鬱然可觀然林甫中無學術此碑决非出林甫手史稱郭愼微范咸文士之闒茸者代爲題尺定當是闒茸文士筆耳　按金石録徐季海隸書碑刻最多唐人隸書之盛無如季海隷書之工亦無如季海而名出史惟則韓擇木諸公下今世所存亦僅見此一碑 盧舟題跋

以哥奴之穢而使徐浩書之故其碑至今存然弄璋杕杜之不曉豈能爲此文者不知出于何人之手 鮚埼亭集

明皇初不信神仙改集仙殿爲集賢後以相州刺史韋濟薦張果入宮制以爲銀青光祿大夫賜號通元先生則頗信矣此開元二十年事至此深信不疑乃鍊丹以求長生林甫奸諂其爲是言也固宜季海書之能無恧乎 金石存

右嵩陽觀紀聖德感應頌唐宋碑刻多以撰人姓名列第一行書人姓名次之題額者又次之此碑首題林甫上裴迥題額碑末始題徐浩書與它碑式異李海官卑不敢與林甫迥竝列故也賜紫金魚袋賜緋魚袋側書於結銜之末此獨在兼官之上碑本八分書獨題年月處作小篆亦它碑所罕有也唐書宰相表天寶十載正月丁酉林甫遥領單于安北副大都護充朔方節度等使碑建於天寶三載林甫已領朔方節度副大使疑史有缺譌矣其兼崇元館大學士集賢院學士則本傳所未載徐浩傳亦不載檢校金部員外郎皆畧之也明皇本紀天寶三載二月河南尹裴敦復討吳令光此碑題額者爲河南尹裴迥迥與敦復未審即一人否 潛研堂金石文跋尾

實刻類編有此碑記元宗命道士孫太沖設醮燒丹之事通鑑云天寶四載上謂宰相曰朕比以甲子日於宮中爲壇爲百姓祈福朕自草黃素置案上俄飛升天聞空中語云聖壽延長又朕於嵩山鍊藥成亦置壇上及夜左右欲收之又聞空中語云藥未須收此自守護達曙乃收之太子諸王宰相皆上表賀蓋是時元宗好道甚矣新唐書地理志河南有伊水石

堰天寶十載尹裴迥置迥方爲河南尹故題額也司空圖書屏記稱浩或草或隸尤爲精絶墨池編稱浩善正書八分眞行今觀其隸書甚工致與正書信爲二絶也 中州金石記

碑陰刻宋熙寧辛亥張琬等題名宣和乙巳盧漢傑等題名景冬、易宗伯謂盧書秀逸有法爲宋刻之冠 中州金石攷

碑列李林甫銜內朔方節度等副大使案舊唐書林甫傳天寶改易官名爲右相停知節度事今碑有右相與史合而仍節度朔方則未嘗停其使職也題額者裴迥見宰相世系表稱迥司封員外郎地理志河南有伊水石偃天寶十載尹裴迥置以碑推之天寶三載巳云守河南尹河南水陸運使兼東都留守豈不亦久于其位與宜其建置便于人也徐浩在本傳惟云連累都官郎中據此碑題蓋由檢校尙書金部員外郎 徐浩神道碑遷金部員外郎 歷階至都官而史文從畧故不悉書嵩陽石刻多遭損頽此頌獨無恙亦由石質過大捶搨者少而易于保完又何其幸與 授堂金石跋

按題額者裴迥兩唐書無傳僅見宰相世系表稱迥官司封員外爲裴度之孫識之子度相憲穆敬

文四朝在天寶後七十餘年則其孫又當逾四五十年是見於表者別一人非即題額之迴矣潛研謂明皇本紀天寶三載二月河南尹裴敦復討吳令光未審與題額之裴迴即一人否裴敦復表傳亦俱無攷其討吳令光事惟載新唐書本紀舊紀但書二月河南尹裴敦復卒而不載討吳令光事而于夏四月則云南海太守劉巨鱗擊破海賊吳令光永嘉郡平不言裴敦復與劉巨鱗同討兩史互異且河南尹裴敦復之卒舊紀特書亦不詳其故通鑑載天寶三載二月海賊吳令光等抄掠台明命河南尹裴敦復將兵討之夏四月裴敦復破吳令光擒之不載劉巨鱗同討十二月刑部尚書裴敦復擊海賊受請託云云是裴敦復初以河南尹討吳令光及事平入爲刑部尚書至十二月尚在舊紀稱其二月卒者誤也通鑑于二月裴敦復討吳令光不書日新書本紀書二月丁丑以通鑑目錄推之是年三月乙丑朔閏二月當是乙未朔則二月是丙寅朔丁丑是十二日此碑立于二月五日其時裴敦復尚爲河南尹不知何以又有裴迴之爲河南尹也若疑迴與敦復是一人則何以地理志

一載河南伊水石偃天寶十載尹裴迴置也豈入爲刑部尚書之後至十載復爲河南尹乎種種疑義殊不可曉姑識之

范氏夫人墓誌

碑高一尺九寸廣一尺八寸五分十九行行二十字正書

大唐故范氏夫人墓誌銘并序

夫人姓范諱如蓮花懷河內人也洎中行佐晉張祿相秦滂著大才疇稱良史英聲茂閥奕世存焉高祖預祖義愼父廱琛並才韻卓犖風調閑雅慕梁竦之平生恐勞郡縣詠陶潛之歸去遂樂田園由是冠冕陵遲夫人因爲平人也凝脂點柒獨授天姿婦德女功不勞師氏始以色事朝請大夫行河內縣令上柱國瑯邪 王昇次子前鄉貢明經察箋深目逆調切琴心昔溫氏玉臺願投姑女漢王金屋思貯阿嬌方之寵焉未足多也而夫人猶自謂桃根卑族碧玉小家每驚齊大非偶能用鳴謙自牧舉事必承先意服勤嘗不告勞而王公感夫區區他日益重雖名齊衣帛而寵實專房粤以天寶三載閏二月十四日因口霿瘡中風終于河內之私第春秋載卅七郎以其口歲次甲申四月甲午朔十六日己酉葬於大行之陽原禮也烈烈哀挽蕭蕭孤壟將曜

爲陵庶存刊石銘曰

長夜窮泉兮一閇千年云誰之思兮令淑藏焉巫岫雲

没兮河陽花死地久天長兮空存女史

金石萃編卷八十七

賜進士出身誥授光祿大夫刑部右侍郎加七級王昶譔

唐四十七

石臺孝經

碑連額高一丈五尺五寸四面面廣五尺前三面十八行行五十五字末一面前七行與上同隸書後半分上下二截上截表文小字九行正書批答三行大字行書下截題名四列額題大唐開元天寶聖文神武皇帝注孝經臺十六字篆書在西安府學

孝經序

御製序并注及書 皇太子臣亨奉 勅題額

朕聞上古其楓朴略雖因心之孝已萌而資敬之禮猶簡及乎仁義既有親譽益著聖人知所之可以教人也故因嚴以教敬因親以教愛於是以順移忠之道昭矣立身揚名之義彰矣子曰吾志在春秋行在孝經是知孝者德之本歟經曰昔者明王之以孝理天下也不敢遺小國之臣而況於公侯伯子男乎朕常三復斯言景行先哲雖無德教加於百姓庶幾廣愛形于四海嗟乎夫子沒而微言絶異端起而大義乖況泯絶於秦得之者皆煨燼之末濫觴於漢傳之者皆糟粕之餘故魯史春秋學開五傳國風雅頌分爲四詩去聖逾遠源流益別近觀孝經舊注踳駮尤甚至於跡相祖述殆且百家

據金石續鈔校

趙本無仍以以下二十二字

業擅專門猶將十室希升堂者必自開戶牖攀逸駕者必騁殊軌轍是以道隱小成言隱浮僞且傳以通經爲義義以必當爲主至當歸一精義無二安得不翦其繁蕪而撮其樞要也韋昭王肅先儒之領袖虞翻劉邵抑又次焉劉炫明安國之本陸澄譏康成之注在理或當何必求人今故特舉六家之異同會五經之旨趣約文敷暢義則昭然分注錯經理亦條貫寫之琬琰庶有補將來且夫子談經志取垂訓雖五孝之用則別而百行之源不殊是以一章之中凡有數句一句之內意有兼明具載則文繁略之又義闕今存于疏用廣發揮

經文不錄

臣齊古言臣聞孝經者天經地義之極至德要道之源在六籍之上爲百行之本自 文宣旣歿後賢所注雖事有發揮而理甚乖舛伏惟 開元天寶聖文神武皇帝陛下敦穆孝理躬親筆削以無方之聖討正舊經以不測之神攺作新注朗然如日月之照邇奂合天地之德使家藏其本人習斯文普天之下罔不欣戴仍以太學王化所先孝經聖理之本分命辟沿特建石臺義展 睿詞書題 御翰以垂百代之則故得萬國之歡今刊勒旣終功績斯著 天文炳煥開七耀之光輝聖札飛騰奪五雲之氣色煙花相照龍鳳沓起實可配南山之壽增 北極之尊百寮是瞻四方取則豈比周官之禮空懸象魏孔氏之書但藏屋壁臣之何幸躬覩盛事遇 陛下興其五孝忝守國庠率冑子歌其六德敢揚文教不勝抃躍之至謹打石臺孝經本分爲上下兩卷謹於光順門奉獻兩本以聞臣齊古誠惶誠恐頓首頓首死罪死罪謹言

天寶四載九月一日銀青光祿大夫國子祭酒上柱國臣李齊古上表

孝者德之本敎之所由生也故親自訓注垂範將來今石臺畢功亦卿之善職覽所進本深嘉用心

特進行尚書左僕射兼右相吏部尚書集賢院學士修國史上柱國晉國公臣林甫

光祿大夫行左相兼兵部尚書宏文館學士上柱國渭源縣開國公臣李適之

光祿大夫行門下侍郎集賢院學士副知院事仍侍講兼崇廟諱館大學士上柱國臨潁縣開國侯臣陳希烈

朝議大夫守中書舍人兼判刑部侍郎上柱國臣孫

逖
正議大夫行中書舍人集賢院學士上柱國平樂郡
開國公臣韋斌
朝散大夫守中書舍人兼知史官事臣李譯成
太中大夫行給事中臣李巖
朝請大夫守給事中臣韋衮嗣
銀青光祿大夫國子祭酒上柱國臣李齊古
朝請大夫守國子司業臣韓倩
朝議大夫撿挍國子司業臣薛巘
正議大夫行國子司業員外置同正員臣張倜

通議大夫撿挍禮部尚書上柱國襄陽縣開國男賜
紫金魚袋臣席豫
正議大夫撿挍工部尚書上柱國賜紫金魚袋東京
留守臣陸景融
通議大夫守尚書左丞上柱國清水縣開國男臣崔
翹
太中大夫守吏部侍郎上柱國趙郡開國公臣李彭
年
吏部侍郎上柱國彭城縣開國男臣韋陟
正議大夫行兵部侍郎賜紫金魚袋上柱國燕國公

臣張均
正議大夫行兵部侍郎借紫金魚袋上柱國臣宋鼎
中散大夫守戶部侍郎上輕車都尉臣郭虛己
中大夫行禮部侍郎上輕車都尉臣達奚珣
朝議郎行丞上柱國賜緋魚袋臣韋騰丁酉歲八月
廿六日紀
朝議郎行丞蔣渼
大學助教別　勅兼判丞臣李德賓
儒林郎守主簿崔少容
朝請大夫守國子博士上柱國臣畱元鼎

朝散郎守大學博士兼諸王侍讀臣蕭郢客
朝散郎守四門博士兼諸王侍讀臣任凝
承奉郎守四門博士臣劉齊會
朝議郎行四門助教臣梁德裕
承奉郎四門助教臣闞靈直
承奉郎四門助教臣王思禮
承務郎守四門助教上柱國臣劉大均
登仕郎守四門助教臣秦龜從
儒林郎守四門助教臣胡銷
㹀眞坐主四門教授臣王南金

文林郎守律學博士臣劉嘉祚
筭學博士臣張元貞
文林郎行直講賜緋臣王乂
宣義郎行直講臣顏挺
文林郎行直講臣王璋
高陵縣丞翰林院學士直國子監賜緋魚袋臣丁景
文林郎守義王府參軍兼國子監文史直知進士臣
司徒巨源
朝散郎行醫學博士兼直監解休一
文林郎行國子錄事王思恭

唐元宗書孝經後有太子亨右相林甫左相適之等題名韋鄒公陟稱彭城縣男蕃自吏部侍郎出爲河南採訪始襲公爵此本封耳韋斌封平樂郡公可補本傳之闕書法豐妍勻適與太山銘同行押亦雄後可喜當其時爲林甫所蠱媚極矣猶知有是經耶三子同日就隕屬鏤南內凄凉廢食厥代唐家父子如此衝覽遺跡爲之慨慨 弇州山人稿

此碑四面以蟠螭爲首鑿嵌精工故非後世所能後有李齊古表行書亦佳同勒諸臣名字字不草草至如行押數十字尤豪爽可喜乃知前代帝王留心翰墨如此 石墨鐫華

孝經前第二行題曰御製序并注及書其下小字曰皇太子臣亨奉勅題額後有天寶四載九月一日李齊古表及元宗御批三十八字其下有晉國公臣林甫等四十五人姓名惟林甫以左僕射不書姓 舊唐書王璠傳載李絳疏云左右僕射師長庶僚開元中名之宰相表狀之中不署其姓宋周必大二老堂雜志曰祖宗朝宰相官至僕射勅後乃不著姓他相階官自吏部尚書而下皆著姓 中間人名下攙入丁酉歲八月廿六日紀九字是後人所添是歲乙酉非丁酉也又末二人官銜下不書臣亦可疑 金石文字記

元宗御製孝經頌并注皇太子亨篆額今在西安府學墨洞內作大亭以覆之下作石臺高五尺餘砌鬼工狰獰攀扶狀上砌石蓋爲龍螭拏攫狀皆極精緻中石四面皆廣五尺高九尺餘束以巨鐵上下通計高二丈四面遍書小注分寫兩行石瑩潤如玉照人鬚眉朗若明鏡鑿刻精工爲最殊觀 來齋金石刻考略

明皇序文云韋昭王肅先儒之領袖虞翻劉邵抑又次焉劉炫明安國之本陸澄譏康成之注案陸德明孝經音義有孔安國鄭康成王肅韋昭劉邵而無虞翻劉炫陸澄陸譏康成而據之爲注是明皇不宗鄭

學者矣唐書藝文志有今上孝經制旨一卷應即是
書關中金石記
按元宗御注孝經刻於天寶四載其篆額題曰孝
經臺葢當時勑建石臺刊刻御書故世謂之石臺
孝經今注疏本前有成都府學生鄉貢傳注奉右
序稱有唐之初傳行者惟孔安國鄭康成兩家之
注至元宗乃於先儒注中採摭精英芟去煩辭撮
其義理允當者用爲注解至天寶二年注成頒行
天下仍自八分御札勒於石即今京兆石臺孝經
者是也唐會要載開元十年六月上注孝經頒天

下及國子學邢昺疏亦云開元十年御製經序并注天寶二年五月
上重注亦頒天下又云天寶五載詔孝經書疏雖
粗發明未能該備今更敷暢以廣闕文令集賢院
寫頒中外是孝經注疏皆經重修注修於天寶二
年疏則修於五載此碑李齊古表題四載九月是
重注之後又隔兩年乃謀刊石其修疏寫頒之事
又在一年後矣元宗本紀天寶三載十月詔天下
家藏孝經一本則在刻石前一年故唐六典稱教
授諸生之經孝經用開元御注舊令用孔鄭兩家
葢自重注頒行立石國學之後諸生始能遵奉新

令也舊唐書經籍志及崇文總目並云元宗孝經
注一卷而金石錄作明皇注四卷陳振孫直齋書
錄解題亦稱家有此刻爲四大軸以爲書閤之鎮
則又指此碑四面環刻裱本每面爲一卷也碑字
肥瘦得中運筆與紀太山銘約略相似其大小視
太山銘才五之一注則又較經文四之一耳所書
序目經注以監本校之經文異者四字少者一字
孝治章祭則鬼亨之開成石經與此同監本亨作
享案釋文此字音許丈反明唐本作亨若作享字
何必用音乎今本釋文刻作享誤後喪親章以鬼

亨之作亨亦音許丈反可證也監本喪親章亦誤作享石經並作亨此章注中助其祭亨沒亨其祭亨安沒亨及後感應章亨于克誠四字監本並誤廣要道
章敬一人而千萬人悅監本而作則石經及日本
國鄭注本並與此同諫爭章雖無道不失天下監
本失下有其字案釋文云不失天下本或作不失
其天下其衍字耳是定本無其字故石經亦作不
失天下喪親章此哀慼之情也釋文石經並與此
同監本慼不从心與下文兩慼字岐出誤皆當以
碑爲正注文不同者諸侯章言富貴長在其身監
本長作常三才章人之恒德監本恒作常五刑章

臣所禀命也監本所作之感應章君譏族人監本譏作燕此數字雖無確證然義尚得兩通至如序云皆糟粕之餘監本作糟糠誤案疏引釋名酒滓曰糟浮米曰粕以解二字之義是本作糟粕石經與此同庶有補將來監本補下衍於字石經與此同開宗明義章注言先代聖德之主監本主作王誤後孝治章言先代聖明之主主尚接之以禮兩字並同庶人章注秋收冬藏監本收作歛案釋文收如字又手又反歛力儉反是定本作收孝治章注夫然者然上孝理皆得懽心監本脫上然字諫爭章監本爭作諍沿釋文

之誤案經文爭字凡八見皆不从言此題不應獨書作諍亦當以碑爲正也又有碑文誤刻而監本足據者聖治章注參問明王孝理以致和平碑書問作閩言親愛之心碑書心作也感應章注則神感至諴碑書諴作誠案疏云諴和也書曰至諴感神据此則神感至和當爲至諴今定本作至誠字之誤凡此之類當由信筆偶譌未及勘對輒勒於石不得以之校經者也經文盡後空一行上截刻李齊古上表三百餘字端楷細書石墨鐫華以爲行書者非是下截李林甫等四十五人題名疑皆

當時從事刻石諸臣林甫而外兩唐書有傳者陳希烈孫逖韋斌附安石傳席豫陸景融附元方傳韋陟斌之兄亦附安石傳張均附說傳凡八人適之官兵部尚書封渭源縣公而傳但云刑部尚書清和縣公席豫封襄陽縣男而傳作縣子韋涉彭城郡公韋斌平樂縣公傳皆不載賴有碑以補史之鈌也達奚珣嘗薦顏允南爲左補闕見顏氏家廟碑今河南濟源縣有游濟瀆記幷碑陰序一篇刻於天寶六載皆珣所作署銜吏部侍郎此碑題中大夫行禮部侍郎葢由禮部遷吏部也韋騰題名之下忽書丁酉歲八

月廿六日紀九字攷開天以下至肅宗至德二年方是丁酉是時喪亂之後天下甫定不聞別有刻碑太學之事况所紀諸臣歷官皆在天寶初載與史多合其非至德丁酉可知顧亭林謂此條後人攙入因是歲乙酉譌爲丁酉弁疑解休一王思恭二人不書臣字然驗碑文所題諸臣銜名前後筆迹多同惟林甫適之二人其字稍大餘皆相等斷非兩手所書而自騰以下二十餘人皆無史傳可徵疑事毋質昶亦未敢强斷也

又按書錄解題云明皇孝經注唐志作孝經制旨

據唐文百篇校

攷新書藝文志今上孝經制旨一卷注元宗二字下又載元行冲御注孝經疏二卷然則注與制旨各自爲書猶隋書經籍志既載梁武帝中庸講疏一卷又有私記制旨中庸義五卷也邢昺疏於庶人章引制旨曰嗟乎孝之爲大若天之不可逃也云云聖治章引制旨曰夫人倫正性在□□之中云云其語甚詳陳直齋未見制旨則宋時其書已佚然邢氏之疏大半藍本元疏此二條必因行冲之舊行冲撰疏時旁引制旨以申御注尤非一書之證經義攷及關中金石記並沿直齋之誤附辨於此

趙思廉墓誌

銘高廣各二尺七寸二十五行行二十八字正書

大唐故監察御史荆州大都督府法曹參軍趙府君墓誌銘并序

公諱思廉字思廉天水人其先秦之祖也同源分流實掌天騶封周仕晉繼爲國卿漢魏已來世濟厥美　高祖脩演魏司徒府長史清水郡守贈驃騎大將軍開府儀同三司秦州刺史　曾祖士季周秦王府司錄亳州總管府司馬陸安郡太守儀同三司　祖搆隋秀才侍御史民部郎中毛州刺史　父素隋孝廉丹陽郡書佐皇舒州司馬三朝積慶四葉重光門連岳牧家襲孝秀相府類能儀同踵武於三捐禮闈尙德柱史騰芳於一臺三條舉而百度可見以驃騎之博物洽聞以陸安之出入濟理以毛州之黼黻高遷以司馬之優遊上列典禮崇而勗業籍甚矣　公之少也婉以從令敏而好學其壯也屹有秀穎恬無流心弱冠明經登甲科解褐鄭之滎陽主簿換益之雙流稍河南府登封尉再栖枳棘徒仰龍阿之鋒一踐神仙果聞鷹隼之擊能事備矣朝廷甄之　天子聞而嘻咨曰爵以馭賢不可改已拜監察御史鐵冠不雜石室高標綬步立朝而人皆斂手向風矣□犯法當訊執事者上下其手　公匪石難奪直繩不撓推事忤旨左授荆府法曹得寵若驚失職無慍荆山南峙出毀璞而方遙溝水東流逢逝川而靡及大足元年八月十二日寢疾終於南陽之旅舍春秋六十有六夫人博陵崔氏齊姜之著姓也壼室聞詩閨門習禮梧桐半在稍度林下之風寶劒雙飛空挹蓮中之露以天寶四載十月乙酉朔十三日丁酉合塟于萬安山陽蓋周公已來卽遠事終之達禮也二子悅坦之悅斂歷監察御史江陵安邑三縣令敦惠文敏一時

栖即遷字

之良美玉有籍連城未得明鏡無塵照隣皆見日坐事長吏被出非其罪也坦之濟陽尉敬友恭順一□□龍期迹德於終天顧託文於貞石銘曰

□□之功宣孟之忠盛德百代聿生　我公鸞金繼美斤玉斯崇黃□□物朱緣直躬作椽何所投珠漢東晨裝戒路暝燭隨風南陽地遠關塞□中孤魂久客雙宂來同冉冉人世蒼蒼旻穹歿而不朽大夜何窮

墓誌裴濱本不列書撰人名文云公諱思廉字思廉天水人高祖修演曾祖士季周秦王府司錄祖搆父素按周書秦王贄字乾信初封秦國公建德三年進

爵為王故開府置官屬有司錄之佐也思廉弱冠明經登甲科解褐鄭之滎陽主簿換益之雙流稍遷河南府登封尉拜監察御史推事忤旨左授荊府法曹大足元年八月十二日寢疾終於南陽之旅舍春秋六十有六夫人博陵崔氏以天寶四載十月十三日合塟萬安山陽二子悅歷監察御史江陵安邑二縣令坦之濟陽尉思廉家世事跡略可附見如是其荊府法曹者高祖子荊王元景也思廉少由明經登甲第攷新唐書選舉志明經亦為四等叠承前文試秀才有上上上中上下中上之目不數所謂甲乙也杜

據原碑按

氏通典按令文科第秀才與明經同為四等進士與明法同為二等然秀才之科久廢而明經雖有甲乙丙丁四科進士有甲乙二科自武德以來明經惟有丙丁第進士惟乙科而已予證之誌文思廉既卒於大足元年春秋六十有六其生實當貞觀十年丙申弱冠明經中第亦在永徽末顯慶初矣何云武德以來明經無甲科也杜氏亦覈之未審矣　授堂金石跋

淨藏禪師身塔銘

石高廣俱二尺四寸六分二十二行行二十一字行書在登封縣會善寺

嵩山□□□故大德淨藏禪師身塔銘并序

大師諱藏俗姓戴濟陰郡人也十九出家六載持誦金剛般若楞伽思益等經寫瓶貫綖諷味精純來至嵩岳遇安大師親承諮問十有餘年大師化後遂往韶郡詣能和上諮元問道言下流沸遂至荊南尋覲大師親承五載能遂印可付法傳燈指而北歸至大碓山玉像蘭若一從栖寓三十餘周名聞四流衆所知識復至嵩南會善西塔安禪師院覩茲靈跡實可奇耳遂於茲住闕乎聖典乃造寫藏經五千餘卷師乃如如生象空空烈跡可槩信忍宗旨密傳七祖流通起自中岳師亦心苞萬有慧照五明為法侶律梁作禪門龜鏡於是化流河

身即厥字

洛屢積歲辰不憚劬勞成崇聖教春秋七十有二夏三十八臘無疾示疾憩息禪堂端坐往生歸乎寂滅卽以其歲天寶五載歲次丙丁十月廿六日午時奄將神謝門人慧雲智祥法俗弟子等莫不攀暮教緣奢花雨淚哀戀摧慟良可悲矣敬重師恩勒銘建塔舉高四丈給砌一層念多寶之全身想釋迦之半座標心孝道以偈而宣

猗歟高僧嵩巖劫增心星聚照智月清昇坐功深遠靈迹時徵身惟上德成玆法與其一五法三性八万四千帝京河洛流化通宣不憚劬勞三五載開造寫三藏頓悟四禪其二三摩鉢底定力孤堅悲通法界慈洽人天法身圓淨無言可詮門人至孝建塔靈山其三

碑云大師諱藏俗姓傶濟陰郡人傶字未詳當爲郝異文又云攀暮教緣奢花雨淚暮則慕之誤奢花三字未詳也又偈云無言可詮當以爲詅字玉篇詅力丁切衒也非此義廣韻詅音相次庶幾近之中州金石記

按中州金石記謂俗姓傶傶字未詳當爲郝異文今詳玩字形當是傶字廣韻傶將毒切邑名又姓也又偈云無言可詮當爲聆字按偈語用先韻此佺字乃詮字也與上文堅天叶碑書全字亦作全其形似令耳碑紀其寂滅曰天寶五載歲次丙丁十月廿六日午時天寶五載是丙戌云丙丁者誤也又丙字不避諱作景出自方外不足較其云午時紀卒日而書時始見于此

允

據原碑校

竇居士碑

碑高七尺五寸廣四尺一寸二十七行行五十五字正書額失搨

唐故逸人竇居士神道碑并序

北海郡太守李邕撰

河南府□陽縣進士段淸雲書

觀夫道義重者則土茅寵祿□氣廣者則湫阨山林是以混然□人□在於燕□□然□事不入於市朝其服也鄉其行也獨介如□石□□□□蘭所以名與風翔業與時並□稱君子詩曰碩人其在玆也居士諱天生字自然扶風人也其先出自夏后少康之孽□晉大夫□□□□□□□漢丞相濱班固之書豈徒保□河而累葉祚土掃北朔而千載銘山因□秦□今爲京北人矣曾祖居士諱㬢祖居士諱希求考居士諱□□□幽抱虛堅闋卧深林黃卷晨開素琴夕引臨沼而下視天鏡仰山而高詠雲莊雖跡在人間而志逸區外居士幼而神

秀長而恬和習志□□□人育沉寘於後□高尚芝桂
□易衣冠其疑神也氣細於虛其□節也氷寒於水則
知瓊林玉樹迥出塵容□□蓬瀛遙登仙子是以好□
□□名流重寘背郊塵變輿馬或靈藥一器或□酒一
壺接道□於野庭申□(秘)□於□座曷云招隱聊且懷人
至若賦詩□言比物□意眇黙□□□遙昇天莫知曾
深但仰𪏭(元)妙時有流俗親懿勸誘浮榮論葉縣於漢仙
比滌□於宋傲南郭槁木東方耀星出處有以□名言
論有以軌(代)□□□無没三徑淪滑百齡而以飛遯居貞
辭□翫□(與)□夫五辟未就六□不行披霄褐以□□冠

雲晃以□□非所取也居士乃軒辭解謝□□□□太
息而言曰僕聞子面吾面肇允不同以馬視馬亦既有
異矧尔改父之道則死孝曷申爲身之謀則生慮曷保
□堯舜在上巢由在下□□□國則如此以家又如彼
自可永□元覽悠悠素投(襟)投縉凊流隱几盤石豈不泰
歟議者以爲風神照人文史滿腹□聲大谷絶跡幽巖
□□□□有膏者不煎有爪者不搏才不同也
□何爲乎居士賡辭曰且駢指者疾多言者窮意者□
欲□無爲□□道身貴寶貝所以食□□□寵珎羞所
以郤吾粒豈徒弄沆瀣踐莓苔買山以遊沽名而隱者

也□後□薄當軸會□閉關微赤松不追匪黃庭不誦
聊以卒歲式用□□□呼鶴矯神遷蟬蛻形解雖人事
似促而仙路實遐以長安二年正月十三日□日化於
□□時春秋六十夫人沛郡太夫人朱氏性與□□□
□□親始則輔德從夫終則擇隣翼子光啓釋教休有
禮防傳繫肘之方得觀碁之樂享年八十有六以開元
十□年三月七日示滅於京□□□以其年十月十六
日合葬於五齋原禮也長子處賓才與命違壽惟神□
丹穴之色□變鳳毛青田之姿□□□□悲人代高
步仙遊□□□賓早慕靑神久承𪏭(元)覽□(無)玉帛之樂事

□詩禮之雅□人求我知我弃人欲貂蟬莫矐蒋菊是
馨季子正議大夫行內侍上桂國元禮多□□□全節
冠時以孝則忠曰慈故勇西南護塞設五□以□謀東
北□戎縱一皷而包敵由是昭宣豹略作爲虎臣歸西
戎之數□□□□之□□□尅以少謀勝取多歐脫連
頭而受誅穹廬屈膝而請命燕山之石楊先祖之刻銘
屬國之官嘆□來之繫頸□□□迫公事違阻□心不
□□□松楸身廬塋隴猶且匍匐泣血擗踴椎心□天
地以昭親表山河而刻石其詞曰
一門養素兮四葉探𪏭(元)遺土軒蓋兮含景靈仙凝神□

谷兮洗耳寒泉笙歌蕭□兮□鶴翩翩揮手□□兮長
歌紫□□□□曰兮遼桂□□□勿求之兮吾將憎焉
有美厥後兮是稱其賢□名　四□主兮宣力三邊
孝家忠　國兮揚親□　天□□行□
兮性□□□倬彼石表兮永矣松阡
天寶六載歲次丁亥二月□未朔八日□寅嗣子上
柱國恩賓季子梨園教坊使　制新加銀青光祿
大夫行內侍省內侍上柱國元□
其碑傾覆承事郎奉元路涇陽縣尹兼管本縣諸軍
奧魯勸農事姚達禮雅飭爲重立時　大元後至元
六年歲次庚辰四月癸未朔二十七日

右逸人竇居士神道碑李邕撰段清雲書案唐書本紀天寶六載正月辛巳殺北海郡太守李邕此碑立於是年二月則在邕歿之後當時邕有重名而死又非其罪故身歿而文猶見刻古人之重文行不重勢利如此居士之季子元禮官梨園教坊使行內侍省內侍而碑文多述其戰功蓋以宦官董軍如楊思勗之類碑文稱元禮正議大夫後題制新加銀青光祿大夫蓋由正四品上轉正三品下也楙子厚述唐時葬令云凡五品以上爲碑龜趺螭首降五品爲碣方趺圓首居士無位而立碑於法爲僭特以其子方爲內侍故當時不以爲非雖以李北海之強直且爲製文它人固無論矣　潛研堂金石文跋尾

據唐文百篇校

周夫人墓誌

石高九寸八分廣九寸九分十七行行十七字正書

唐故義興周夫人墓誌銘并序

夫人義興人也漢眞將軍勃之苗裔晉輔國大將軍處之孫　皇明通之女姻不失媛晉以定秦適爲太原王府君靜信之妻昔五典克從三台樹位漢朝之任太尉司空此皆府君之遠祖也　夫人四德可則九族從風齊眉之敬無虧如賓之儀有越奉佐君子何憚蒿藜自亳移天久歷星歲期百齡之有永胡一極之備凶天道者何仁罔斯在嗚呼哀哉藥餌無救遂終於延康之私弟時春秋六十有五孤嗣號絕猶子悲酸以茲吉晨赴杜城東郊之禮也況丹旐霞掣素幕雲張痛寒風之蕭瑟悲夜月之蒼茫岳也匪才忝爲叙述詞曰

昔聞天道　仁罔不遂　彼蒼如何　降禍斯至　嗚呼哀哉　嗚呼哀哉　黃泉已掩　白日寧開　痛孤嗣之號絕　傷行路之徘徊

天寶六載十月世日壟

誌後云以茲吉晨赴杜城東郊之禮也余初疑句有脫字及覩大歷閒光祿卿王訓墓誌亦云遷厝萬季縣滻川鄉滻川原之禮也則當時自有此文法志不知何人作但有岳也匪才忝爲叙述之語岳則其名也而不著姓銘亦甚率略此石舊在長安農家畢中丞云近爲山西汾陽某氏攜去今此搨本模糊者僅三字不知是元刻抑翻本也 抱經堂文集

遊濟瀆記

石高五尺七寸廣二尺七寸五分計十五行行三十字隸書在濟源縣

遊濟瀆記

吏部侍郎達奚珣文

右監門衛兵曹參軍薛希昌書

軹縣西北數十里濟水出焉稽乎舊章可得而道自河浮綠甲帝命龗夷疏畎澮而正乾綱鍾林巒而通委輸所謂四瀆貧我而成彼式川者或在幽僻遠而見奇伊何足貴豈與夫體清浮之氣據函夏之中平地開源界空正綠表裏皆淨似若非深舟檝既加乃知無底沖和自挹斯君子之量歟從此而東截河道汶不以險阻口其勢不以清濁汩其流終能獨運長波滔滔入海沉潛剛克斯君子之量歟意者洞幽明貫天壤包荒萬類出入無閒形與化遊復歸於道不然何其異也雖金火更作變通殊制而浮沉之事亦無捨旃　國家南正司天北正司地以爲百神授職則陰陽無錯繆之災羣望聿脩水土得平均之序欽若稽古道豈虛行闕官有伍象設如在流目一望森森動人覺毛髮之間風飈四起然後以諸侯之禮禮而禋之至於下人日用蘋藻吉凶悔吝則以情言且神道無方豈存於此而物類相名或有憑焉歷涵濱通動植滋液高樹直上百尺無枝虛篁下清四時壹色意隔人世空聞鳥聲陽浦先春草心方變皦岸猶冷苔生未穠紅晶落而天下陰青靄凝而衆

山暮留賞無厭歸情坐忘中途載懷歷歷在眼庶託豪翰光昭厥美云

濟瀆在今河南濟源縣西三里歲癸酉仲冬予亦嘗獲遊瀆有祠以祀大濟之神其殿北復有北海神殿北海之前有池周七百步其西一池周與之等而中通焉即濟水所聚蓋其源自王屋山天壇之巔伏流百里至此復見東南合流至溫縣歷虢公臺入於河禹貢所謂導沇水東流爲濟是也東池俗傳聞能出物以應人之求然率始於三月至四月望而止餘月則否蓋春夏之交泉脈騰沸而濟尤勁疾物隨沸而

上人或不取須臾復沉予之遊也默禱于神願出物以彰靈異道士云隆寒水泉不動物不能上予笑曰豈有靈神而畏寒者乎爾姑爲我禱久之物竟不出道士之言始信而世俗所云皆誕妄也金薤琳琅

文甚似六朝字亦唐隸之至工者與都穆金薤琳琅對校有云不以險阻斲其勢都穆不識斲字而云闕一字今此字甚完好說文斲斷也从斤斲艸譚長說斲籀文折从艸在仌中仌寒故折足證唐人猶能用古字都穆又誤以軹縣西北數十里爲南北遠而見奇爲覩奇四時壹色爲一色僦岸猶冷爲危岸庶託豪翰爲庶記頗有原刻証之中州金石記

碑拓本假之少山已裁裱成帙不見年代惟達奚珣題署吏部侍郎質之通鑑珣爲河南尹降祿山在天寶十四載其爲侍郎未知于何時也記文殊庸猥不足錄姑以珣始知策祿山異謀而繼乃以身奉之其爲鄙夫患失已發于文如此故爲略存其跡以見士之貳行可醜也授堂金石跋

宴濟瀆序

石高廣尺寸與前同十五行行三十二字隸書刻在前碑之陽

宴濟瀆序

映古碑證文作影

吏部侍郎達奚珣詞

右監門衛兵曹參軍薛希昌書

新安主簿高侯知名之士也自角巾私第屈多散逸不遠伊爾薄遊于畿濟源宰冦公此侯之舊也乃且言曰弊邑褊小何以娛賓是用戒朋遊選休暇總轡出郭頓夫濟瀆焉昔陶唐宅天洪水方割夏后敷土沉災克清瀆之稱位斯焉肇起夫其含靈厚載託勝中州初若爭雄截黃河而徑渡去而有禮揖滄海以朝宗均禋(祀)典於通侯蓋取諸此然後命舟子爲水嬉垂安流窺洞穴煙華釣浦彩潋金潭表裏皆明下觀鱗石風雨時霽遥映

雲山荷芰香而酒氣添濃洲渚隱而榜歌聞曲船移鳥下岸靜蟬鳴沿流溯洄坐得桃源之趣矣况時當大夏氣惟溽暑沸海集(焦)陵流金爍石獨有兹地勢隔人寰高樹森沉窅若無日脩竹陰映蕭然納清併佪久之體靜心愜思壯士以翻景與諸公爲窮年不覺晴雲向山涼露霑夕對歸騎而將散負幽情而更多如何誌之詩可以興

濟瀆記後叙善利物者曰水水之靈者曰瀆瀆有三而濟居其壹焉道源數畝而深無底細流數里而能截河信造化之奇功者也天官小宰達奚公智乃周

物德惟上善昔遊于茲嘗誌其事琚忝尉此邑恐墜斯文爰命攻金刻諸樂石庶將來之不朽也有唐天寶六載冬十二月己未朝議郎行濟源縣尉鄭琚建

朱長文墨池編有此碑其文與字甚工金韃琳琅所未載但得其碑陰之遊記而已濟瀆在縣西三里有池周七百步其西一池周與之等而中通焉即濟水所聚其源自王屋天壇山巔伏流百里至此復見東南合流至溫縣入河禹貢云導沇水東流爲濟北山經王屋之山聯水出焉而西北流注於泰澤地里志兖作沇水經注聯作聯此濟瀆實當名沇水至溫縣入河乃名爲濟字當作泲後人于此呼之甚乖經典矣中州金石記

按此碑兩面刻陰面刻遊濟瀆記陽面刻宴濟瀆序皆達奚珣撰薛希昌書無年月後序爲鄭琚撰題天寶六載冬十二月己未玩前篇記云陽浦先春草心方變皷岸猶冷苔生未穫是冬春之交景象後篇序云荷芰香而酒氣添濃洲渚隱而榜歌聞曲時當大夏氣惟溽暑獨有茲地勢隔人寰是盛夏景象蓋非一時之事鄭琚後序云達奚公昔遊於茲嘗誌其事既云昔遊是在天寶六載以前不知何年也然据前記又有云國家百神授職羣望聿修閟宮有侐象設如在以諸侯之禮禮而禋之是濟源初建濟瀆廟之語文獻通考載武德貞觀之制北海及北瀆大濟祭於洛州元宗天寶六載詔封濟瀆爲清源公据張洗撰濟瀆廟北海壇新置祭器銘碑文云有唐六葉海內晏然封茲瀆爲清源公建祀於泉之初源也則濟源之立廟建祀當即在天寶六載然則達奚珣遊於春初宴於夏日而鄭琚立碑乃在隆冬似同屬天寶六載一年之事矣達奚珣兩唐書無傳其仕履略見石臺

孝經跋中書者薛希昌亦無傳可攷遊濟瀆記文云軹縣西北數十里濟水出焉稽乎舊章可得而道又云從此而東截河通汶不以險阻□其勢不以清濁汩其流終能獨運長波滔滔入海宴濟瀆序云初若爭雄截黃河而徑渡去而有禮揖滄海以朝宗凡此皆謂濟既截河復獨流入海也然古今水道情形不同而辨濟水源流諸說亦不一胡渭禹貢錐指趙一清水經注釋皆彙衆說而詳攷之今節錄於此禹貢錐指曰禹導沇水東流爲濟入于河傳曰泉源爲沇流去爲濟在溫西北平地

正義曰地理志云濟水出河東垣縣王屋山東南
至河內武德縣入河見今濟水所出在溫之西北
七十餘里渭按漢垣縣故城在今山西平陽府垣
曲縣西四十里溫縣故城在今河南懷慶府溫縣
西南武德故城在今武陟縣東黃河在縣南與開
封府河陰縣分水又水經云濟水出河東垣縣東
王屋山爲沇水渭按王屋山在今懷慶府濟源縣
西北八十里濟源本漢軹縣屬河內郡隋改置濟
源縣縣西有王屋故城後周所置本垣縣地元和
志云王屋山在王屋縣北十五里元省入濟源縣

故濟源有王屋山西南接垣曲縣界垣曲故垣縣
也水經注云山海經曰王屋之山瀰水出焉西北
流注于泰澤郭景純云瀰沇聲相近即沇水也風
俗通曰濟出常山房子縣贊皇山廟在東郡臨邑
縣今按二濟同名所出不同鄉源亦別斯乃應氏
之非矣水經注釋曰一清按漢書地理志河東郡
垣縣禹貢王屋山在東北沇水所出其前載禹貢
導沇水文俱作泲字又常山郡房子縣贊皇山石
濟水所出說文云泲沇也東入海又云濟水出常
山房子贊皇山東入泜漢人學有師承孟堅地志

叔重說文尤精覈謹嚴千古取證應仲瑗始誤以
出常山之濟爲四瀆之泲善長非之是矣而猶云
二濟同名者何也徐鍇說文繫傳通釋云漢書房
子縣贊皇山濟水所出東至廮陶入泜此非四瀆
之濟四瀆之濟古皆作泲今人多亂之又云泲水
今多作濟故與常山濟水相亂此則四瀆之泲楚
金辨泲濟二字可謂了了足以證明孟堅而羽翼
叔重然不云常山石濟而單云常山濟水猶有所
蔽乃元吳澄書纂言云導水章所叙冀州之濟兖
州之濟實一水也濟泲二字通用說文因二字而

以北濟南濟爲二水非也今說文具在何嘗有南
濟北濟之分乎徐堅初學記云二濟旣南北異岸
相去亦踰千里別白如此不似草廬之淆亂也禹
貢錐指經云溢爲滎傳云濟水入河並流數十里
而南截河又並流數里溢爲滎澤在敖倉東南正
義云此皆目驗所說也濟水旣入于河與河相亂
而知截河過者以河濁濟淸故可知也渭按成皐
有大伾山在今開封府鄭州汜水縣西一里水經
注云晉地道志曰濟自大伾入河與河水鬬南泆
爲滎澤又云大伾在河內脩武武德之界濟沇之

水與滎播澤出入自此山東至河陰縣四十一里又東至滎澤縣西北之敖倉十餘里通計得五十餘里故傳約言之曰河濟並流數十里又數里溢爲滎澤在敖倉東南也然傳言濟與河並流始在北纔截河而南則似兩人同行街北一人忽截街而南别與人同行數里乃獨抵所欲詣處人之行路固有然者水則安能且河大而濟小濟旣入河河挾以俱東濟性雖勁疾恐亦不能於大河之中曲折自如若此也滎陽石門水首受河處水經直謂之濟水京相璠名爲出河之濟酈道元云濟水

分河東南流皆不以清濁爲言謂濟與河亂南出還清自潁達始後之好事者從而附會言曾有人伏水底見渾河中清流一道直貫之者乃濟也世遂有濁河清濟之圖林少穎云濟清而河濁濟少而河多以清之少者會濁之多者不數步間則清者皆化而爲濁矣旣合流數十里安能自别其清者以溢爲滎乎林氏此言能窮物理而不惑者也蔡傳云先儒皆以濟水性下勁疾故能入河穴地流注顯伏此說似勝于孔然沇水至滎澤渟而不流故知其穴地而入此地上之事目所共見若河

中之事誰則知之豈眞有伏水底者見清流一道穴地而入出而言之邪水經注釋酈道元曰濟水當王莽之世川瀆枯竭其後水流逕通津渠勢改尋梁脈水不與昔同一清按通典曰水經所作殊爲詭誕全無憑據按後漢郡國志濟水王莽末因旱渠塞不復截河南過旣順帝時所撰都不詳悉其餘可知景純注解又甚疏略又曰按後漢郡國志曰因王莽末旱此渠枯竭濟但入河而已不復截流而南水經是和帝以後所撰乃云南過滎陽封邱宛句乘氏等縣並今縣地一依尚書禹貢舊

道斯不詳之甚酈道元又從而注之其所纂序及注解並大紕繆一清按杜氏兩言濟水水經及注之失一在雍州風俗下一在豫州河南府濟源縣下然以經爲和帝後所撰又云順帝時撰注則云景純又云道元何無定見也禹貢錐指解之曰河北之濟因旱而枯旱止則復出河南之濟爲濁河所侵空竇盡窒河去不復能上涌故遂絕自東漢以迄唐初凡行濟瀆者皆河水也而猶目之曰濟是鵲巢而鳩居觚名而圜實也故杜氏力詆水經以爲不可信然滎濟故道猶可因是而得其十之

七八則此書不爲無補焉黃文叔云濟水雖絕其
瀆猶在雖中間經穿鑿變易或斷或續然水之附
入于其瀆者猶可尋求緝之以存禹迹非無理也
斯言盍得其平又曰濟瀆之水自周以來凡數變
初爲濟及導滎爲川則滎與濟合鴻溝既開滎瀆
爲河所亂及滎澤又塞則所行者惟河水矣汴渠
不通則鉅野以北所行惟菏汶戴村已築則東河
以下所行惟山泉溝澤之水其號爲濟者襲舊名
而已水經所叙瀆同而水異水異故李宏憲云河
南無濟水瀆同故黃文叔云禹迹賴此而猶存言

非一端各有所當今與人論濟水苟以爲無則羣
指七十二泉大小淸河以相難若以爲有則又據
杜佑之說詆水經不當襲舊名爲濟古文尚書疏
證曰濟水當王莽時大旱遂枯絕不復截河南過
者晉初司馬彪之言也雖經枯竭其後水流逕通
津渠勢改尋梁脈水不與昔同者後魏酈道元之
言也通典據彪之言以折水經余讀郭璞山海經
注言今濟水自滎陽卷縣東經陳留至濟陰北東
北至高平東北經濟南至樂安博昌縣入海與禹
時濟瀆所經河南之道無異蓋枯而復通者所謂

津渠勢改昔自虢公臺東入河出敖倉之東南今
改流自虢公臺西入河出亦非故處與或禹時濟
未必分南北此則分而爲二爲不同與又潛邱劄
記曰黃子鴻篤信水經注者憶初晤時問曰後漢
志溫縣濟水出王莽時大旱遂枯絕是河南無濟
今且千六百七十餘年矣何酈道元言之詳且析
也子鴻曰新莽時雖枯後復見酈氏所謂其後水
流逕通津渠勢改尋梁脈水不與昔同是也祇緣
杜君卿不信水經專憑司馬彪志竊以爲彪不過
記一時之災變耳非謂永不截河南過也君卿云

云遂眞覺河南無濟疑誤到今余曰枯而復通旣
聞命矣敢問除酈注外抑別有徵乎子鴻曰未聞
余退而考杜預釋例云濟水自滎陽卷縣東逕陳
留至濟陰北經高平東平至濟北東北經濟南至
樂安博昌縣入海郭璞山海經注云今濟水自滎
陽卷縣東經陳留至濟陰北東北至高平東北經
濟南至樂安博昌縣入海張湛列子注云濟水出
王屋山爲沇水東經溫縣爲濟水下入黃河十餘
里南渡河爲滎澤又經濟陰等九郡而入海猝此
三說以覆子鴻喜獲所云聞復難余今不見河南

有濟畢竟復枯于何代余復考得後漢書王景傳濟渠下章懷注云濟水出今洛州濟源縣西北東流經溫縣入河渡河東南入鄭州又東入滑曹鄆濟齊青等州入海即此渠也王莽末旱因枯涸但入河內而已似不知中有復通之事合以許敬宗對高宗濟水潛流屢絕是自唐以前濟已復枯直至今矣又曰有問濟水枯而復通畢竟在何時予曰考王景傳曰初平帝時河汴決壞未及得修建武十年陽武令張汜上言河決積久日月侵毀濟渠所漂數十許縣遠後三十五年汴渠成明帝巡

行下詔曰河汴分流復其舊迹陶邱之北漸就壞墳此汴壞而濟亦壞汴治而濟亦治之徵也又考晉書傳祇傳武帝時爲滎陽太守自魏黃初大水後河濟汎溢鄧艾嘗著濟河論開石門而通之至是復侵壞祇乃造沈萊堰兗豫無水患郄超傳太和中桓溫將伐慕容氏引軍自濟入河超諫曰清水入河無通運理毛穆之傳溫使穆之鑿鉅野百餘里引汶會于濟此豈竟枯沒者哉大抵王莽世天災雖甚然皆不遠而復班注云云蓋以目驗者言也祇緣司馬彪下語太重若改遂枯絕爲曾枯

絕則妙矣潛邱東樵之言明白如此足以袪君卿之惑其無戾于桑酈也明矣諸家之辨濟水枯而復通聚說如此若以此碑證之是在唐元宗時濟水尚截河通汶也

賜進士出身　誥授光祿大夫刑部右侍郎加七級王昶譔

唐四十八

金剛經殘石幢

僅存兩段合之高三尺八寸五分上段止存三面下段八面每面廣八寸首尾兩面各九行餘皆十行字數無攷行書在西安府城南李家村

缺□蔣圖撰

清河張賁書序

缺□國化八代　天育物者必資於賢明矣其選才則
□缺越於吏部平昔王戎標簡要缺□也中有吏曹庶
士皆考乃聲實器其藝能缺鍵秉人物之樞要出納之
恢謂缺□明山惠清河傅延□廟諱農楊自然太原王漳
源領同寮數十□缺□或以德進或以詞華居最或以
翰墨稱缺□角詩書弱冠文史然而博綜多識靡所不
該研機深沉悟色空缺達知窈冥而有精湛常樂眞如
以求實缺□寮庶品之□福也作是願已冈不悛心則
有遠方名工不召缺□無足而員來或刻或鐫成之不
日載雕缺□彪炳則有揮毫騁勢拂花雨而爭鮮垂露
矜能懸貝葉而增缺眞實視之者方開淨眼且宿植德
本咸求缺□相廟諱誓願力承此證明然後乃知是非兩

忌得失雙□□□缺學嘗試言之目論膚受乃爲銘曰
缺玉文炳煥妙理宣揚無幽不燭無滯不彰是非雙□
缺堂堂

廣平程進刻序

金剛經

缺書

經不錄

天寶七載歲次戊子三月廿八日建立□

廟諱農楊子邕刻

缺　寶廟諱元年移於當曹南院仏剎安置自後缺至
開成二年五月一日故隴西李公友誠缺舊地至會
昌二年二月四日闕長李公重修

佛弟子太原王□□　安定梁過庭
彭城劉承恩　安定胡山惠
清河傅延□　廟諱農楊自然
太原王漳源　廟諱農楊文□
淸河路希進　清河張賁
南陽樊元□　渤海□履□
上谷侯江　瑯琊王皓
廟諱農楊景□　清河張璟

南陽宗華　廣平焦士廉
清河張才遠　天水趙承先
彭城徐庭遜　郃陽秦鳴鶴
南陽張晞之　太原郭齊斌
穎川陳懷進　樂安汪孝昇
清河張鴻洲　太原王志朝
太原王從諫　鉅鹿魏陶光
穎川陳小覺　平陽霍撫口
清河張口嶷　鉅鹿魏協
譙郡婁口口　隴西李回

平昌孟玢　太原王晟
京兆杜弈　汝南荊庭口
扶風馬口　安定梁如口
清河張眞　會稽嚴昇
東平萬希嶠　清河張缺
燉缺
康公口缺　宗權缺
呂彛缺　閻八逢缺
張紳缺　王從口缺

北嶽恒山安天王銘

碑高七尺八寸廣四尺三寸二十三行行四十五字隸書額失拓在曲陽縣北嶽廟

大唐博陵郡北嶽恒山封安天王之銘并序

左羽林軍兵曹參軍直翰林院學士供奉上柱國李荃撰

吳郡戴千齡書并題篆

遁甲開山以方色受土水行作鎮鸁枵司野截巨壑以波委指平陸而海清盜旋頭柱　王國薇虧日月棲泊雷電可久可大取諸恒也恒之靈藏往知來威遠懼邇陰陽不測之謂神神聰明正直害盈福謙禋我淳匊荒札不勃拯膏雨佐秋成再蠶獻工六擾呈逸有孚盈缶

奚貴而無位哉古者天子望于山川徧于羣神未嘗王五嶽而公四瀆　大唐開元天寶聖文神武應道皇帝登泰山躡社首絕閫　天地幽贊於神明柔兆執上元庚寅　詔曰五方定位嶽鎮摠其靈萬物阜成雲雨施其潤　上帝攸宅寔匪是仰其岱宗西嶽先已封崇其中嶽三方典禮猶闕降神布澤同致福於生人肆類尊崇未齊名於禮秩永言光被同叶靈心其北嶽可封爲安天王所司擇日奏聞龍集丁亥律中姑洗壬午錫以金檢玉册展縣禮也夫　聖人以　天地爲本陰陽爲端五行爲質北嶽水正也

乙酉水命也　大君有命如彼北嶽鼎然不渝受
茲介福茲無方也驃騎大將軍員外置同正員兼范陽
郡長史柳城郡太守平盧節度支度營田陸運兩蕃四
府河北海運兼范陽節度經畧支度營田副大使採訪
處置使兼御史大夫上柱國柳城縣開國伯常樂安公
曰祿山國之英也八柱承　天三門出將風順遼
海霜肅憲秋山戎朝鮮繫頸請命明威將軍守右威衛
將軍使持節博陵郡諸軍事兼博陵郡太守北平軍使
上柱國賜紫金魚袋武威賈公曰循時之傑也康侯分
符師貞受律英畧外斷沈謀內融清渾無私虛谷必應

趙人化之如春陽也朝議郎攝別駕上柱國賞緋魚袋
信都馮公承相中散大夫行長史上柱國賞紫金魚袋
清河張公鹽瓚人之望也利物足以和義貞固足以幹
事威搖商秋德湛行露通直郎行錄事參軍滎陽鄭敉
宣義郎行司功參軍汝南同琋恍奉義郎行恒陽縣令
高平郗懷玉吏之雄也貂蟬稱家氷水作吏箇籥方勁
球琳有聲僉曰　聖王先成其人而後致力於神國
其祉也昝省方展禮於虞帝敬鬼尚祀於殷人未有加
望秩之榮錫封崇之號斯蓋　我皇之能事也燕
山有石碩儒有文旣述且刊超變陵谷銘曰

維恒兮作鎮王癸善利萬物兮德配諸水雄峯屹立而
朝山邐迤閃電雷怒神鬼其神靈兮福之所履福善禍
淫而正直如矢其一　君恩覃兮流湯湯汩神道
蕩鬼方四瀆爲公兮五嶽王山戎臣首而犬戎北亡勒
貞石以一固浮大海之三桑其二
天寶七載歲在戊子五月庚午朔廿五日甲午建
杜南金韓休烈刻字

碑陰

碑陰分三列第一列刻記二十六行二列三列題名共三十八人又劉處一行杜南金一行並隸書內丁子琦一行行書又馮澤題名及宋人題名三段並行書左行

安天王碑陰

康傑撰

戴千齡書

昔剖符嬀川化洽殊俗授律遼海　皇明益暢由
是威名簡　帝建旗此藩爰自下車率先明祀牲
牢器幣罔或不蠲若國有兵戎　賈君於是告虔而
羣凶失險歲或暘旱　賈君於是薦信則車迴甘澍
無享不答有開必先非惟岳降生則孰能獨契其道若
斯之妙故神以立政則不言而化神以施惠則日用不
勸神以肅物則不怒而威神以察微則無幽不燭故

我王是崇也而　乾坤式宴庶績咸熙　　我賈父則
之也比年用登物不疵癘故人非化不感感非神不深
神明之道與　賈父之政通矣謹按王者往也既有
歸往之德宜其有安天下之名故　吾君崇其秩禮
以答嘉休　　賈公載刊　睿冊式旌不朽　別駕
馮公承相樂氣潛融清輝外朗探　道得　麘諱元
之旨屬詞盡詩人之興雖勢居熏灼不以材地驕人位
高出刺能以謙畀自牧揚惠風以拯弊激清流以盪邪
廣太丘之道則無所不容受鴻鐘之處則有來皆應不
空之頌斯焉取斯　長史張公麘諱瓚允廸厥猷匪懈

於位佐上以直率下以寬不為利回不為義疚赫赫千
里緊公是毗錄事參軍判司參軍等並材望孤標聲實
兼茂官殊而各競於理事異而同歸於公百城作率亦
庶僚之勸也安喜縣令等並砥節首公飭躬從政一德
均化故四人不擾一心共理故千里謠清豈伊異口衆
宰君之助也戊子歲夏五月邦人勒美於碑之陰雖遷
改不時而瞻誦有所懿彼來者勿替引之

朝議郎行司倉參軍馬克廣
通直郎行司戸參軍元忻
承議郎行司法參軍史宣猷

朝散郎行司士參軍薛楚金
文林郎守參軍劉令錫
宣義郎行參軍陳伋
錄事張元濟
朝議郎行北平縣令李映
朝議郎行安喜縣令崔遂
朝議郎行望都縣令李攸
朝議郎行無極縣令盧成麟
承奉郎行陘邑縣令郭同琳
承奉郎行恒陽縣丞李茂芝

文林郎守尉夏侯庭瓘
儒林郎前主簿桑奉日　以上第二列
朝散郎行司戸參軍裴子產
皇族從叔朝請郎行司兵參軍欽同
徵事郎行司法參軍郭說
徵事郎行參軍張鉉
朝散郎行參軍陳禀
文林郎守博士李重光
朝散大夫行義豐縣令吳介
承議郎行鼓城縣令楊欣

宣義郎行唐縣令崔若鏡
承議郎行深澤縣令張鐈
宣義郎守新樂縣令鄭卓
文林郎守主簿騎都尉張惠敏
宣義郎前丞崔晉
登仕郎守岳令郭延英
登仕郎守岳令丁子琦 其載七月一日止 以上第三列
前供奉合鍊百花獎北岳真君廟三洞道士劉處一
此行在二三兩列之後
杜南金韓休烈鐫

監廟馬若水縣尉馮澤癸巳九月二十三日謹記
權縣尉馮澤嘗拜祠下癸巳九月念三日
東京員寮右直副指揮使□□□□靈道場七晝夜
記大宋咸平五年二月二十七隨從
康傑文內有皇族從叔朝請郎行司兵參軍欽同不
書姓而冠以皇族夫國君之尊族人不得以屬通而
況天子乎 金石文字記
唐天寶七載封北岳神爲安天王是時祿山近在肘
腋安天王之名得毋爲之兆乎碑辭李荃撰其陰則
康傑文書以八分者戴千齡也筆法淳古遠在韓擇
木蔡有鄰梁昇卿張庭珪史惟則諸家之上乃盧熙
明攷書法獨遺之何與 曝書亭集
右碑後列范陽節度安祿山博陵太守賈循及從吏
馮承相張元瓚鄭敢郗懷玉等職銜皆有頌揚之語
而于安賈則云常樂安公曰祿山國之英也八柱承
天三門出將武威賈公曰循時之傑也夫以國英時
傑出于自稱李荃阿諛必小人之尤況傳稱祿山陽
爲愚不敏其姦工于媚上以天寶七載正月群臣上
尊號而祿山即樹碑恒岳借封爵爲辭而致其上號
之意且夸揚已烈有風順遼海霜明憲秋等語不臣

之漸於此可見後附杜南金韓休烈刻字與碑陰同
按天寶五載正月封北岳安天王寶應二年五月改
封寧天王 金石錄補
右北岳恒山封安天王銘文載天寶三載上元庚寅
加封中嶽三方詔書舊唐書本紀載此事在是年正
月正合獨以庚寅爲乙亥則誤也明皇以垂拱元年
八月生歲在乙酉納音屬水故碑云北嶽水正也乙
酉水命也大君有命如彼北嶽鼎然不渝也碑稱安
祿山銜曰驃騎大將軍員外置同正員兼范陽郡長
史柳城郡太守平盧節度支度營田陸運兩蕃四府

河北海運兼范陽節度經畧支度營田副大使採訪
處置使兼御史大夫上柱國柳城縣開國伯常樂安
公攷唐六典武階二十有九驃騎大將軍從一品葢
武臣之最貴者文武散官不聞有定員此云員外置
同正員者未正授之詞耳潛研堂金石文跋尾
按碑題博陵郡北嶽恒山封安天王之銘唐書地
理志定州博陵郡屬河北道本高陽郡天寶元年
更名則立碑之歲距更名僅七年也其屬縣有恒
陽元和十五年更名曲陽縣有恒嶽天寶五載詔封安天王
此碑撰文者李荃書碑者戴千齡兩唐書俱無傳
新書藝文志有李筌注孫子二卷又太白陰經十
卷青囊括一卷或卽其人但筌荃不同耳舊書經籍志無
金石錄但載大歷十一年張同敬一碑爲戴千齡
書而於安天王則但載碑陰云分書無姓名則不
但未見碑陽卽碑陰亦未見其全也盛時泰元牘
記則載此碑稱戴千齡書方勁有力不類唐人而
不載碑陰可知得全碑之難如此碑云水行作鎮
元枵司野周禮地官保章氏以星土辨九州之地
鄭注云元枵齊州分野今定州屬河北非齊地而
云元枵司野者左傳襄二十八年歲在星紀而淫

于元枵杜注云元枵卽虛也爾雅虛星子位之次
枵虛耗之名也則元枵爲北方分野矣碑又載開
元天寶聖文神武應道皇帝之號此尊號以天寶
七載五月壬午上是月庚午朔上尊號在十三日
而碑以二十五日建是上尊號後十二日也碑云
汞兆載上元庚寅詔曰云云封安天王之詔在天
寶五載正月新唐書本紀不書其事舊紀則書其
事而不書下詔之日惟冊府元龜載正月乙亥下
詔與碑不同天寶五載爲丙戌歲故曰汞兆載是
歲正月癸丑朔乙亥在二十三日而月中無庚寅
疑碑所謂上元庚寅者指月建也碑載詔詞以冊
府元龜校之有不同者上帝攸宅冊府作攸敘其
岱宗西嶽冊府作且岱宗西華其中嶽三方冊府
作其中嶽等三方典禮猶闕以下至未齊名于禮
秩凡二十四字冊府則省爲典禮所尊未齊名秩
八字同叶靈心冊府作用叶似冊府元龜有訛缺
也碑云所司擇日奏聞而不言擇日爲何事冊府
則云應須告祭仍令所司擇日聞奏較碑爲詳晰
矣碑云龍集丁亥律中姑洗壬午錫以金檢玉冊
丁亥爲天寶六載三月丙子朔則壬午在七日也

碑陰專紀太守賈循以下之德政而此文則安祿山與賈循等並稱之先時循副祿山爲平盧節度不能不並列也碑稱祿山之貫曰常樂安公常樂未詳河北冀州魏齊周皆置長樂郡別無所謂常樂者兩唐書祿山傳稱其爲營州柳城人則距冀州甚遠非以長樂爲常樂明矣碑載祿山歷官皆與兩史合惟史但有柳城郡公而無開國伯史文非畧則誤也史稱賈循京兆華原人張守珪北伐灤河凍泮欲濟無梁循爲橋以濟以功擢楡林守捉使范陽節度使李適之薦爲安東副大都護安

祿山兼平盧節度表爲副遷博陵太守此即立碑之時也其後祿山反使循守幽州顏杲卿招之以傾賊巢穴循許可謀發賊縊之史故列入忠義傳餘焉承相以下史皆無傳碑陰首紀賈循事云昔剖符嬀川化洽殊俗地理志嬀州嬀川郡屬河北道循似先官於嬀州而傳無之又云國有兵戎賈君於是告虔而羣凶失險歲或暘旱賈君於是薦信則車迴甘澍蓋言兵荒之事賈君皆禱于北嶽也傳稱循爲楡關守捉使地南負海北屬長城林埌岑翳寇所蔽伏循調士斬木開道賊遁去碑所

謂羣凶失險者即此事也碑云王者往也旣有歸往之德宜其有安天下之名此曲解安天王之義語本毛詩昊天曰明及爾出王傳云王往也天下歸往謂之王然當時封五嶽皆用天字如東嶽天齊西嶽金天南嶽司天中嶽中天又何說乎碑云賈公載刊睿冊以旌不朽則似封安天王冊賈公嘗刻石于廟今未見也文後題名皆博陵郡屬官岳令只一人而碑有二人者蓋碑始建于五月二十五日刻竣于七月一日中間更替一令也道士劉處一云前供奉合鍊百花漿以方士合鍊之術

蠱惑人主恬不爲怪刻石以爲榮元宗被方術之惑于此見矣馮澤以癸巳九月二十三日拜廟癸巳蓋建碑後五載也然同一日事而兩記之何耶

據原碑校
據唐文百篇校

潘智昭墓誌銘

石方廣一尺九寸五分共二十一行行二十一字行書蓋題大唐故潘府君墓誌銘九字篆書在西安府

唐故吏部常選廣宗郡潘府君墓誌銘并序

遠國流芳楚大夫汪之緒也洎乎晉業黃門侍郎岳之胤矣幸 唐運龍驤[illegible]翥耀武曾祖仏壽識叶天謀輔翼左右拯濟塗炭永寧邦社拜銀青光祿大夫儀同三司九原郡守祖觀太中大夫行[illegible]監父元簡

錢本作生分

積學成業溫恭允克仁惠鄉閭博通今古弱冠明經擢第吏部選君名智昭字洛京地華原人也幼年聰敏識用多奇日誦萬言尤功書算甄別寶玉性閑技巧好歌詠事王侯此乃君之行也君之明也養親純孝晨脆無虧交遊克誠信道日益友于兄弟共被均衣見善必悛歸心三寶君之孝也君之仁也曉陰陽義通挈壺術事瞿曇監侍一行師皆稱聰了委以腹心君之德也君之能也學曆（歷）生事習業日久勤事酬功授文林郎轉吏部選時載五十有六運薄陵遲降年不永嬰疾累月藥餌無徵病甚日篤終于其家嗚呼生分（穸）有涯逝川長沒備

凶儀習吉地以戊子歲寶沉月五日癸酉殯于長安龍首鄉禮也有子五人順也運也訓也慎也俊也昊天罔極泣血如流恐代久陵夷高崖爲谷孝心遠紀式刊銘誌

長原孤墳松櫝蕭森刊石遐紀流芳德音泰山其頹梁木其摧五子荼毒追慕增哀

天寶七載七月五日景時

潘府君名智昭字洛京華原人誌歷敘其上世云楚大夫汪之緒也左氏傳楚有潘尪賈氏注楚大夫師叔字今誌作汪與傳文不合又智昭祖觀太中大夫行司津監唐書百官志龍朔二年改都水監曰司津監使者曰監以是推之觀行司津監即其爲使者在龍朔以後也誌內戊字缺畫又書景時景時者丙時也時皆用支此獨用干他文亦不見惟北齊書南陽王綽傳有景時 授堂金石跋

按碑題唐故吏部常選廣宗郡潘府君墓誌銘諸墓誌從未有以郡望冠其姓而題于前者此爲異例潘氏之先廣韻云周文王畢公之子季孫食采于潘因氏焉出廣宗河南二望此碑題廣宗則不與河南同系而文又云黃門侍郎岳之允岳爲滎

陽人是河南望矣通志氏族畧云潘氏芈姓楚之公族以字爲氏潘崇之先未詳其始或言畢公高之子季孫食采于潘謬矣廣韻通志二說未知孰是碑載曾祖仙壽祖觀父元簡史俱無傳仙郎佛字粱天監時京口甘露寺鐵鏤文佛殿作仙殿碑述君事蹟無他長止于功書算別寶玉通挈壺術以掌歷生事授文林郎轉吏部選唐六典太史局有令其屬有司歷靈臺郎挈壺正有保章正掌教歷生三十六人同流外八考入流碑稱君掌歷生事習業日久勤事酬功則是以挈壺術充歷生八

此文又據阮本重校 啻述

考入流而授文林郎也碑又云事瞿曇監侍一行師舊唐書方技傳一行精歷象陰陽五行之學開元五年强起至京置之光太殿則賈君之侍一行在開元五年後矣碑云以戊子歲實沈月五日癸酉殯後題云天寶七載七月五日景時天寶七載爲戊子歲禮記孟夏之月日在畢注云孟夏之月日月會于實沈是實沈爲四月然通鑑目錄天寶七載四月庚子朔五日是甲辰非癸酉七月己巳朔五日正是癸酉則碑云實沈月者所未詳也葬日書時而用干僅見此碑癸酉日丙時乃丙辰也

章仇元素碑

碑裂爲三段其有字者一段僅高二尺八寸廣三尺五寸六分十四行行十四字皆磨泐不可辨隸書額題大唐贈東平郡太守□府君神道之碑十六字篆書在濟寧州耿務村

大唐故東□□太守闕

闕君闕字闕大將軍闕人也大王父闕之闕合闕行闕

士人所闕一闕山闕一闕天子闕

附錄碑文并跋二則 從山左金石志錄

大唐贈東平郡太守章仇府君神道之碑

□□院學士知史官事韋述撰

翰林院學士內供奉左衛率府□□□東蔡有鄰書

嘗聞祀盛德者必及百世承大勳□□□□□□□□□□□□錫孁繁茂在商則爲申爲呂在周則爲齊爲許枝分派別更盛迭貴則太守章仇府君是其後也君諱孁素字孁素□□□□□□□□□于紀裂繻去國筮仕于周世守保章因官爲姓秦項之際有雍王章邯爲漢口併于□□□位降處仇山取因生之舊名增卜居之新號草□□□□焉自是流離荒服六百餘載魏氏徙跡平城建都河洛君之六代祖馥□參□督始歸中原仕至寧南大將軍徐兗青齊相五州刺史馥□□州任城郡守挹鄒魯之

舊風慕洙泗之餘俗遺命留葬因而家焉復因武陽遠於□部代爲魯郡□□任城人也大王父魏郡太守諱蘷大父萊州□□□政烈考博陵郡錄事參軍諱孝方皆以友悌博雅德艮清白增修其勛克開厥後君即博陵府□之第三子也禀粹含和中温外朗行必誠信□□□□之經學無浮華莫匪詩書之奧弱冠以孝廉登科授將仕郎無幾將有捧檄之□□□艱不赴□□免喪洒喟然而歎曰士之所以降志辱身者□□□□然則隱居行義不患無位葢所貴在乎全其道也故富貴非道則不取貧賤非道亦不

棄單疑作箪

去齊景千駟不如縫掖之一賢王氏五侯孰與單□
□□□□闢却掃拒絕辟命澹然歸眞以壽而歿君
子以爲鴻飛寥廓穿能測其所至哉夫人渤海吳氏
合宮丞少明之妹也嬪風婦則儀□□□□□□□
□家終率禮而偕老嗣子銀青光祿大夫戶部尚書
兼殿中監內外閑廄等使兼瓊積祉所種濟美必復
匪躬是御爲國藎臣拔自郎□□□□□□□□
董戎驅輶軒而按俗自褒斜之外邛笮之內萬里澄
淸八安訟息間者□戎負德蟻聚□山職貢不供兵
車屢駕稟　聖皇之英算震大國之威靈一舉而□

□□□再□□□其噍類罷柝置吏班師舍爵　天
子議以殊賞酬其懋勛迺推錫類□□□追遠□寵
開元廿九載秋七月　詔曰孟州大都督府長史兼
御史中丞持節劍南節度□使營田副大使本道兼
山南西道採訪處置使□□□瓊父故將仕郎䴊素
氣合純粹才擅奇特資禮樂而秉彝負文詞而擢秀
議能多遏寘命不融德建昭代久淪幽壤雖馳脂易
遠松檟成行而餘□□鍾芝蘭克茂贍言䴊子毋効
忠公揔節制之師致疆場之捷行賞爲重爰贈介先
俾自葉而流根庶慰存而榮歿可贈□州司馬天寶

三載秋九月　詔曰蜀郡大都督府長史兼御史大
夫章仇兼瓊祖故博陵郡錄事參軍孝方父贈睢陽
郡司馬䴊素等□才繼跡雅操䴊風累德成名克家
存□□生令䴊幹用於時揔戎懋其勳績秉憲肅其
綱紀榮親廣行既資孝以爲忠自葉流根載敷澤而
彰善宜加禮贈俾昭餘烈孝方可贈汲郡司馬□□
可贈使持節東平郡諸軍事東平郡太守又　詔曰
兼瓊□祖母王氏故母吳氏义則懿範母儀盛德何
□嘉慶傳嗣徽音誕此良才克昭遺訓□□褒賢之
贈錫其有禮之封王氏可贈太原縣君吳氏可贈勃

海郡夫人初尚書既孤伯父麻城令崇節及麻城之
夫人馬氏親加訓育恩逾所生洎□獻凱策勳泣奏
其事　上爲之憮然特　詔追贈麻城府君爲楚州
刺史馬夫人爲扶風縣君嗚呼厚於仁者□其□愛
其親者及其類所謂孝□□□也故得　明主感歎
嘉迺誠心贈策□□哀榮荐至非夫慈惠恭儉福履
所積肹蠁感通明神所勞則孰能臻於此哉於是載
美簡策流芳琬琰永□□裔豈惟太原有道無媿□
□之詞南陽文學空傳子工之頌其詞曰
系自炎皇惟裔之□□□□□去紀爲章拒漢協楚

悏即恢字

失其封疆言避華夏□□階要荒魏氏徂南卜遷嵩邱我宗復昭列于周行纂□軒裳□□□□□□東平皎如琳琅□□□□□五常辥祿顧道戢耀含芳積善□裕克生才艮準繩憲府悏復戎場勳績所酬寵贈惟光適立廟祧以榮邦鄉□□□□□□□□□俾□休烈如川之長臣烈不揚臣忠不彰子孫是詹永恩勿忘

天寶七載歲在戊子十月戊戌朔二十下闕

甲申夏四月三十日晦羽遐持此碑互相校錄譯出若干字原闕若干字舊碑爲文氏故物中間倒置三行爲之譯正文字書八分有額

己丑五月七日重值購此再正數字林宗志

右碑在濟寧城北三十里耿務村南官道旁甚高厚斷爲三段篆額十六字字徑二寸許碑文八分書字徑寸許磨滅不可識僅隱隱見數人字而已濟寧州志

右碑題云大唐贈東平郡太守章仇府君闕下學士知史官事韋□撰翰林院學士內供奉左衛率闕蔡有鄰書天寶七載十月二十日立府君諱元素字立素兼瓊之父也兼瓊著績西蜀兩書無傳其祖父名字非此碑幾不聞于後蔡八分書在韓擇木張庭珪之上而此碑巋然標樹于大道之旁西去濟寧州三十里車塵馬矢堆積其下更無有拂拭之者予命工人搨之金石錄補

右碑磨滅幾盡又裂爲三無可辨識惟碑額四行尚完好偶檢國初葉林宗萬金石文隨錄載此碑全文亟爲補錄桼李白答杜秀才詩云聞君往年遊錦城章仇尙書倒屣迎注謂章仇兼瓊也今據此碑兼瓊郞元素子官益州大都督府長史持節劍南節度使山左金石志

按此碑全文一千四百餘字存者僅二十七賴葉石君金石文隨錄載此文山左金石志刻其全文頗可資考證因亦附錄于前葉石君名萬林宗其字也吳人跋稱甲申爲崇禎十六年己丑則本朝順治五年也此文石君從文氏所藏搨本錄出繼又以重值購得一本然則此碑在二百年前尙有搨本流傳矣碑文撰者韋□泐其名尙存□據唐書韋述傳開元二十七年轉國子司業兼知史官事充集賢學士至天寶九載始遷尙書工部侍郞碑歷官與傳合當是韋述也書者蔡有鄰史無傳廣川書跋但載尉遲迥廟頌盧舍那佛像記而

不及此碑則此碑不傳于世久矣文云在商則爲申爲呂在周則爲齊爲許章仇是其後也裂繻去國筮仕于周世守保章因官爲姓秦項之際有雍王章邯爲漢□降處仇山取因生之舊名增卜居之新號申呂齊許皆姜姓通志氏族畧章仇氏以事爲氏姜姓本章氏齊公族漢有章弇因避仇遂加仇字唐長安元年右史知貢舉張説下進士章仇嘉勉是避仇之説與碑載降處仇山不同也以事爲氏卽保章之義章弇疑卽章邯音近而異史記秦始皇紀二世皇帝二年冬陳涉所遣周章等

將西至戲二世使章邯將擊破周章軍三年章邯等圍鉅鹿項羽往救章邯等戰數却二世讓邯邯以兵降諸侯又項羽紀項王乃立章邯爲雍王此卽碑所稱雍王章邯也章仇兼瓊位顯而名著四川通志稱其官劍南節度時與大南市創新津通濟堰溉眉蜀二郡田人懷其惠立廟于堰南號寶德公祠復引萬年池水以溉成都民田在蜀八年澤流萬世而兩唐書不爲立傳碑所稱六代祖馥大王父夔大父政烈考孝方及元素亦皆無考然章仇氏之見於載籍者氏族畧章仇嘉勉之外萬

蕅原碑跋

姓統譜又有章仇大翼唐人無事蹟字典作隋人見於金石者此碑之外則汶上縣辛家海三官廟佛在金棺上囑累經石刻題名有大象主章仇禹生須菩提主章仇惠阿難主章仇佇禮象主章仇法諫章仇惠定章仇昕娠十願菩薩主章仇孝義碑陰有開皇九年字並見山左金石志則章仇族屬之在任城者自隋已繁矣史無兼瓊傳然元宗紀書開元二十八年三月壬子益州司馬章仇兼瓊敗吐蕃克安戎城五月癸卯吐蕃冦安戎城兼瓊又敗之卽碑載□戎負德蟻聚□山兵車屢駕一舉再舉云

云之事也碑載詔書既贈其父又贈其祖又贈其祖母及母最後又贈其伯父崇節伯母馬氏皆以兼瓊推恩此卽貤封之典所緣起前此未見也

靈運禪師塔銘

碑連額高四尺八寸五分廣二尺二寸二十行行三十六字額題唐少林寺靈運禪師功德塔碑銘十三字並行書在登封縣少林寺

唐少林寺靈運禪師功德塔碑銘并序

宣德郎試大理評事崔琪撰

聖善寺沙門勤□□

虛空廣大乎其體智慧圓融乎其用疑而不生甚不常

寂離修離證非色非心歷微塵劫遍口沙界無量國土
皆清淨無量昏暗皆光明誰其得之吾聞諸上人矣上
人諱靈運蕭姓蘭陵人梁武帝後皇考翕虢州恒農縣
尉初上人之生也戒珠孕於母胎定水澂於孩性內典
宿植外學生知白雲疑其高志明冰峻其苦節泛如也
時不能知常以爲幻境非實泡身是妄五色令人昏五
音令人聾五味令人爽噫輪彼生滅無時息焉吾將歸
根以復于正因遊嵩山至少林寺有始終之意焉會舅
氏掾于高口而上人遂緇於此郡玉立凡石不可喻其
烱然日映衆星無以方其明者竟移錫茲寺口副乎夙

心無何習禪决於麗塢珪大師潛契密得以眞貫理照
十方於自空脫三界於彼著慧眼既淨色身亦如始知
夫心外無法所得者皆夢幻耳然後觀大地土木無非
佛刹焉空山蒼然窮歲默坐猿對茶椀鳥棲禪庵彼嶺
雲無心即我心矣彼澗水無性即我性矣夫如是孰能
以凡聖量之乎故吾在造化中如夢中也粤開元十有
七祀夏五月廿二日不示以疾泊然而終苦霧晦黃於
天地悲風哀咽於草木吁崩吾禪山涸吾法海空吾
世界使凡百含識大千有情荼於是火於是可勝言哉
故門人堅順獨建靈塔於茲山奉遺教也夫碩德丕發
不有超世先覺而出夫等夷者則曷能傳我法印以一
燈然千万燈乎彼上人者嶷然倬立以定慧爲藏以涅
槃爲山圓通於不口之境出沒於無涯之域適來時也
適去順也今則絕矣瞻仰如之何夫事往則迹移歲遷
則物換況法與化永念從心積豈可使上人之高殁而
不紀是鏨于石以旌斯文銘曰
上人伊何傳我法印其軆也寂其行也順紛彼識浪汨
夫夢情非照不曙非澄不清作大醫王爲大禪伯岳立
松古蓮青月白一朝化滅六合悽愴世界颯空雲山忽
曠色身口兮法體存金界慘兮鐵圍昏噫我所留者唯

心源
天寶九載四月十五日門人堅順建
靈運碑者唐崔琪篹末云聖善寺沙門勤下殘缺二
字當時僧書耳文淺陋不足道書法絕類聖教序無
一筆不似人 弇州山人稿
此碑天寶九載立世言開元天寶之際文人晤地皆
成珠玉今以此碑觀之如云窮歲默坐猿對茶椀鳥
棲禪菴彼嶺雲無心即我心矣彼澗水無性即我性
矣此數語雖今之善知識不能拈出況經生哉 蒼潤軒帖
跋

今碑頂有此十五字

碑頂有字云寺西石塔靈運師墳即梁帝皇嗣者也以其爲梁武帝之裔而稱皇嗣亦爲不順其陰刻陀羅尼經咒（金石文字記）

文云上人諱靈運蕭姓蘭陵人按蘭陵東海縣此當稱南蘭陵則省文古人有之黃叔璥中州金石考云陰陀羅尼經呪高岑書按岑唐嵩山隱士（中州金石記）

碑稱上人諱靈運蕭姓蘭陵人梁武帝後皇考翕虢州恒農縣尉其敘靈運世系如此今額題行書與碑旣非一手而又誤指靈運即梁帝皇嗣臨文失檢殆非實也碑側下有辛秘題名其文云元和十二年閏

五月廿九日河南尹辛秘奉勅祭中嶽散齋于此寺正書凡五行俱完好竊怪葉封嵩陽石刻記可謂博采矣然亦遺而不收獨予乃始得之故益自矜惜爲可寶也辛秘見新唐書本傳累遷汝州常州刺史河南尹與題名合（授堂金石跋）

拜比干廟文

（碑高五尺廣二尺七寸二十二行行四十字正書在汲縣比干廟）

太宗文皇帝旣一海內明君臣之義貞觀十九年東征島夷師次商墟乃下詔追贈商少師比干爲太師謚曰忠烈公遣大臣持節弔贈申命郡縣封墓葺祠置守冢五家以少牢時享著于甲令刻于金石故比干之忠益彰臣子得以述其志也昔商王受毒痡于四海德悖于三正肆厥淫虐下罔敢諫於是微子去之箕子囚之而公獨死之非捐生之難處死之難非處死之難得死之難故不可死而死之是輕其生非孝也得其死而不死是重其死非忠也王之叔父親莫至焉國之元臣位莫崇焉崇高不可以觀其危親暱不可以忘其祖則我成湯之業將墜于泉商王之命將絕于天口口其口遂諫而死剖心非痛商王是痛公之忠烈也其若是乎故能獨立危邦横抗輿運周家以三分之業有諸侯之歸口

口口之口一心之衆當公之存也則戢彼西土及公之喪也乃口于孟津公存而商存公喪而商喪興亡所繫豈不重與且聖人立教懲惡勸善而已矣人倫大統父子君臣而已矣太師存則正其統歿則垂其教奮于千古之上行乎百王之末俾夫淫者懼佞者慚睿者思忠者勸其爲式也不亦大哉而夫子稱商有三仁豈無微旨嘗敢賾之曰存其身存其祀亦仁也亡其身存其國亦仁也若進死者退生者狂狷之士將奔走焉褒生者貶死者宴安之人將寘力焉故同歸諸仁各順其志殊塗而一揆異行而齊致俾後之人優柔而自得焉蓋春

秋徵嬈之義也必將建皇極敘彝倫擴在三之規垂不
二之訓以昭於世則夫人臣口口移孝于親而致之於
君焉有闇親失而不爭睹親危而不救從容安地而稱
得禮甚不然矣夫孝於其親者人之親皆願其爲子忠
于其君者人之君皆欲其爲臣故歷代帝王莫不旌顯
周武下車而封其墓魏氏南遷而創其祠我太宗有天
下禋百神而盛其禮追贈太師謚曰忠烈申命郡縣封
墓葺祠置守冢五家以少牢時享著于甲令刻于金石
於戲哀傷烈辟圭食舊封德爲神明秩視羣望身滅而
名益大世絕而祀愈長然後知忠烈之道其感激天人

深矣天寶十祀余尉于衛拜于祠堂䰟感精動而廟在
鄰邑官非拭閣刊石銘表以志丕烈詞曰
靡軀非仁蹈難非智死于其死然後爲義忠無二體烈
有餘氣正直聰明至今猶視口爾來口爲臣不易

右唐李翰文

宋建中靖國元年春正月汲令聊城朱子才立石
主簿東里張琪書丹
監衛州酒稅宛丘孫絢題額
刊者柳士衍

唐太宗追贈比干爲太師貞觀中既立碑刻詔及祭
文天寶中李翰官於衛作此碑述封表之指其文雅
正選入唐文粹中今碑乃宋建中靖國元年汲令朱
子才重立字金石文字記

建中靖國元年正月立張琪正書口口題額在汲縣
琪時爲汲縣簿所書李翰文字體秀整在唐人中亦
爲絕手而無書名者豈以位卑耶中州金石記

碑重立字畫過纖已漸損蝕不大顯鑿文爲李翰撰
翰見新唐書文藝傳云翰擢進士第調衛尉今碑自
序天寶十祀余尉于衛者是也翰既上張巡功狀表
諸史官而于太師忠烈之蹟猶三復言之非如世所

號爲文士也授堂金石跋

金石萃編卷八十八終

據趙本校
據原碑校

賜進士出身誥授光祿大夫刑部右侍郎加七級王昶譔

唐四十九

中岳永泰寺碑

碑高七尺六分廣三尺四寸五分二十五行行五十五字正書在登封永泰寺

大唐中岳永泰寺碑頌并序

靈昌郡龍興寺沙門靖彰撰

潁川處士荀望書

覿夫聖應無方等曜靈之流萬象覺海元曠若溟渤之含百川豁然居衆妙之先煥矣處有空之際於是慈光西燭慧液東飛廣開權實之門爰啟布金之義粵茲寶界創自後魏正光二載卽　孝明帝之賢妹也乃居寵若驚克修雅志確乎出俗入道爲尼以誠信有徵勅爲置明練之寺兼度士庶女等百有人矣頃遇周武不敏正教陵夷至隨氏開皇重加修復又度尼廿一人以崇景福暨　有唐貞觀三載議將尼寺居山慮恐非人侵擾　勅令移額於偃師縣下置此因廢焉至神龍二載七月廿五日有嵩岳寺都維那僧道瑩奏聞此故寺依山帶水形勝幽棲不假多工便堪居住伏惟　故永泰公主器韞冲和承規　帝闕

庶增瓊萼冀保瑤枝何圖猷代辭榮遷神遂遠二聖痛金娥之殞毛人興玉碎之悲凡厥有情孰不傷悼至論潛祐必賴薰修伏望　天恩爲永泰公主於前件故伽藍置寺一所請以永泰爲名特望度僧二七人庶使福資冥路竊惟聖不孤運會緣必興建寺立僧寔由於此自茲已降暨乎至今亦有別　勅配居或躡兩京名德翼翼清衆五十餘人咸以軌範端融心澄海月鵝珠育物禮誦無虧常懷報　國之恩庶願福增　皇祚千佛二古塔者昔明練之所起亭亭四照昭嶷嶷搖空龕室聆朧聆朧重光迴暎其間大窣堵波者隨仁壽二載之所置文帝應命感異稀奇忽得舍利一瓶雪毫琛爛火焚益固擊之逾明乃詔天下梵場令起塔供養爲蒼生之祈福也口規制妙絕神工未方永鎮檀林以昭盛烈東有兩支提者昔寺主道瑩上座崇敬遺教門人之所造也二長老僧甚國寶振古超今息化歸眞法俗追悼故起斯塔前門樓浴室食堂經藏者卽大德曇畯律之所搆也律師宿智圓明知微察物少徧僧錄風骨天然精持大乘元通數部不住無相兼崇有爲沙門恩瑀者心燈獨知跡無住處諸佛遺旨必能竭其筋力諸魔動念必不愛其死生乃跋涉江山樸斲

祥花接三字為句原碑有脫文也

杞梓食堂之力頗有助云九級浮圖者比丘眞一敬爲
故兄寺主眞藏之所建也禪師積德累仁果會慈惠玉
昆金友俱離塵籠第子沙門志堅乃陳留郡封禪寺都
維那僧希晏等敬爲和上樹茲景業藏寺主絢彩凝華
心鏡虛明再成寶殿重立尊儀□有關遺盡加營葺并
鑄大銅鐘一口重四千斤函廿石裝飾嚴麗備物惟新
金容將滿月齊暉玉相與日輪爭曜簷宇四繞迴廊復
周蹬道深處懸階數市風鈴夜警聲聲流解脫之音曉
梵朝吟一一讚苦空之偈嘉木繁植祥花接異菓恒春
膏梛垂幡高松結蓋而雲際前寺主道濱前上座智光

前都維那元順皆體道歸一異本同源逍遙林泉躧屐
雲壑復有沙門法意敬一等至樂大乘沉心不二一日
必膏當賈勇而行諸六時精勤縱力極而不廢其寺也
嵩巖右脅龍律左傍前眺案嵩萬公居後地形澄迩幽
磎對靈鎮之臺山勢巍峨峯頂與會巒俱峻昔跋陁三
藏懸記此方人安樂和福利弥廣時上座明信寺主道
俊都維那敬一並操履霜潔動成紀綱德義相資同知
寺任鼎悉三輪一轉海際塵驚若不刋勒貞珉何以表
之靈跡靖彰內懃深定外謝多聞敢違宿心昧揚休烈
其詞曰

佛性微　遍含識　隱顯自在兮　無量力　開秘藏
　耀無疆　寶刹嚴凝兮　仙路長　韻慈鐘　震懸
極　警衆沉昏兮　清闇域　光勝宅　啟津梁　淨
彼地獄兮　與天堂　昔明練　今永泰　跃陁遠記
兮　斯爲大　刻珎石　炳微言　曠代昭宣兮　萬
祀傳
天寶十一載歲次壬辰閏三月五日建
　朱長文墨池編有此碑碑略云寺創自後魏正光二
　載孝文帝之妹入道爲尼及神龍二載僧道瑩奏爲
　永泰公主於前件故伽藍置寺一所請以永泰爲名

　觀荷望書結體茂密不減蘇靈芝而無書名何也中州
金石記
　碑建于天寶十一載稱年爲載是也今文云貞觀二
　載神龍二載當時元宗自欲變年爲例未嘗易及祖
　制又文稱隨仁壽三載并前代亦追改之緇流不學
　輒遷就至此多寶佛塔碑亦云天寶元載岑勛之失與此并同隋字仍作隨
　當目金石之文二字通用授堂金石跋
　按碑云寺創自後魏正光二載卽孝明帝之賢妹
也賢妹之稱始見于此明帝之妹是世宗宣武皇
帝之女魏書不立公主傳故無可攷据河南通志

碑額大唐多寶塔感應碑八字隸書

載汞泰寺在登封縣城西太室之右云是後魏孝
文帝公主焚修地則誤矣魏書明帝紀明帝以延
昌四年正月即位二月庚辰尊皇后高氏為皇太
后己亥尊胡充華為皇太妃三月甲辰朔皇太后
出俗為尼從御金墉此公主不知是太后所生否
耶八月丙子尊皇太妃為皇太后臨朝稱制至正
光元年七月侍中元乂劉騰矯皇太后詔以帝年
已長敬遜別宮乃幽皇太后於別宮至二年汞泰
公主入道為尼史雖無可攷然觀當時朝政若此
則高太后之出俗與公主之為尼或皆有不安于

其俗之故也

多寶塔碑

碑高七尺九寸廣四尺二寸三十四行行六十六字正書額失搨在西安府學

大唐西京千福寺多寶佛塔感應碑文

南陽岑勛撰

朝議郎判尚書武部員外郎琅邪顏真卿書

朝散大夫檢校尚書都官郎中東海徐浩題額

粤妙法蓮華諸佛之秘藏也多寶佛塔證經之踴現也
發明資乎十力宏建在於四依有禪師法号楚金姓程
廣平人也祖父並信著釋門慶歸法胤每高氏久而無
姙夜夢諸佛覺而有娠是生龍象之徵無取熊羆之兆
誕弥厥月炳然殊相岐嶷絕於葷茹髫齔不為童遊道
樹萌牙聳豫章之楨幹禪池畎澮涵巨海之波濤年甫
七歲居然厭俗自誓出家禮藏探經法華在手宿命潛
悟如識金環總持不遺若注瓶水九歲落髮住西京龍
興寺從僧籙也進具之年昇座講法頓收珍藏異窮子
之疾走直詣寶山無化城而可息尒後因靜夜持誦至
多寶塔品身心泊然如入禪定忽見寶塔宛在目前釋
迦分身遍滿空界行勤聖現業淨感深悲生悟中淚下
如雨遂布衣一食不出戶庭期滿六年誓建茲塔既而

許王瓘及居士趙崇信女普意善來稽首咸捨珎財禪
師以為輯莊嚴之因資爽塏之地利見千福默議於心
時千福有懷忍禪師忽於中夜見有一水發源龍興流
注千福清澄泛灔中有方舟又見寶塔自空而下久之
乃滅即今建塔處也寺內淨人名法相先於其地復見
燈光遠望則明近尋即滅竊以水流開於法性舟泛表
於慈航塔現兆於有成燈明示於無盡非至德精感其
孰能與於此及禪師建言雜然歡愜負畚荷插于橐于
囊登登憑憑是板是築灑以香水隱以金鎚我能竭誠
工乃用壯禪師每夜於築階所懇志誦經勵精行道衆

聞天樂咸嗅異香喜歎之音聖凡相半至天寶元載創
構材木肇安相輪禪師理會佛心感通　帝夢七
月十三日　勅內侍趙思侃求諸寶坊驗以所夢
入寺見塔禮問禪師　聖夢有孚法名惟肖其日
賜錢五十萬絹千匹助建修也則知精一之行雖先
天而不違純如之心當後佛之授記昔漢明永平之日
大化初流　我皇天寶之年寶塔斯建同符千古
昭有烈光於時道俗景附檀施山積庀徒度財功百其
倍矣至二載　勅中使楊順景宣　旨令禪
師于花蕚樓下迎多寶塔額遂總僧事備法儀

宸睠俯臨額書下降又賜絹百疋　聖札飛毫動
雲龍之氣象　天文挂塔駐日月之光輝至四載塔事
將就表請慶齋歸功　帝力時僧道四部會逾萬
人有五色雲團輔塔頂衆盡瞻覩莫不崩悅大哉觀佛
之光利用賓于法王禪師謂同學曰鵬運滄溟非雲羅
之可頓心遊寂滅豈愛網之能加精進法門菩薩以自
強不息本期同行復遂宿心鑿井見泥去水不遠鑽木
未熱得火何階凡我七僧聿懷一志晝夜塔下誦持法
華香煙不斷經聲遞續炯以爲常沒身不替自三載每
春秋二時集同行大德四十九人行法華三昧尋奉

恩旨許爲恒式前後道場所感舍利凡三千七十粒
至六載欲葬舍利預嚴道場又降一百八粒畫普賢變
于筆鋒上聯得一十九粒莫不圓體自動浮光瑩然禪
師無我觀身了空求法先刺血寫法華經一部菩薩戒
一卷觀普賢行經一卷乃取舍利三千粒盛以石函兼
造自身石影跪而戴之同置塔下表至敬也使夫舟遷
夜壑無變度門劫算墨塵永垂貞範又奉爲
主上及蒼生寫妙法蓮華經一千部金字三十六部用
鎮寶塔又寫一千部散施受持靈應既多具如本傳其
載　勅內侍吳懷實賜金銅香鑪高一丈五尺奉

表陳謝手詔批云師宏濟之願感達人天莊嚴之心義
成因果則法施財施信所宜先也　主上握至道
之靈符受如來之法印非禪師大慧超悟無以感於
宸衷非　主上至聖文明無以鑒於誠願倬彼寶
塔爲章梵宮經始之功眞僧是葺克成之業　聖
主斯崇尔其爲狀也則岳聳蓮披雲垂蓋偃下欻崛以
踴地上亭盈而媚空中晻晻其靜深旁赫赫以宏敞礝
碱承陛瑯玕綷檻玉瑱居楹銀黃拂戶重簷疊於畫栱
反宇環其壁璫坤靈贔屭以負砌天祇儼雅而翊戶或
復肩挐摯鳥肘攫修蛇冠盤巨龍帽抱猛獸勃如戰色

有爽其容窮繪事之筆精選朝英之偈贊若乃開扃鐍
窺奥秘二尊分座疑對鷲山千帙發題若觀龍藏金碧
炅晃環珮葳蕤至于列三乘分八部聖徒翕習佛事森
羅方寸千名盈尺萬象大身現小廣座能卑須彌之容
欻入芥子寶盍之狀頓覆三千昔衡岳思大禪師以法
華三昧傳悟天台智者尔來寂寥罕契眞要法不可以
久廢生我禪師克嗣其業繼明二祖相望百年夫其法
華之教也開元闢于一念照圓鏡於十方指陰界爲妙
門驅塵勞爲法侶聚沙能成佛道合掌已入聖流三乘
教門總而歸一八萬法藏我爲最雄譬猶滿月麗天螢

光列宿山王映海蟻垤羣峯嗟乎三界之沉寐久矣佛
以法華爲木鐸惟我禪師超然深悟其兒也岳瀆之秀
冰雪之姿果脣貝齒蓮目月面望之厲卽之温覩相未
言而降伏之心已過半矣同行禪師抱玉飛錫襲衡台
之秘躅傳止觀之精義或名高　帝選或行密衆
師共宏開示之宗盡契圓常之理門人苾蒭如巖靈悟
淨眞眞空法濟等以定慧爲文質以戒忍爲剛柔含朴
玉之光輝等旃檀之圍繞夫發行者因因圓則福廣起
因者相相遣則慧深求無爲於有爲通解脫於文字舉
事徵理含毫強名偈曰

佛有妙法比象蓮華圓頓深入眞淨無瑕慧通法界福
利恒沙直至寶所俱乘大車一其於戲上士發行正勤緬
想寶塔思宏勝因圓階已就層覆初陳乃昭　帝
夢福應天人二其輪奐斯崇爲章淨域眞僧草創
聖主增飾中座眈眈飛簷翼翼薦臻靈感歸　我
帝力三其念彼後學心滯迷封昏衢未曉中道難逢常驚
夜枕還懼眞龍不有禪伯誰明大宗四其大海吞流崇山
納壤教門稱頓慈力能廣功起聚沙德成合掌開佛知
見法爲無上五其情塵雖雜性海無漏定養聖胎染生迷
轂斷常起縛空色同謬詹蔔現前餘香何嗅六其形彤法

宇緊我四依事該理暢玉粹金輝慧鏡無垢慈燈照微
空王可託本願同歸七其
天寶十一載歲次壬辰四月乙丑朔廿二日戊戌建
勅檢挍塔使正議大夫行內侍趙思侶
判官內府丞車冲
檢挍僧義方　河南史華刻
右唐多寶塔感應碑岑勛撰顏眞卿書多寶塔者僧
楚金所造楚金嘗寫法華經千餘部寘塔中今猶有
存者余於士大夫家數見之余亦得其一卷乃乾元
二年肅宗所造卷首佛像絹素畫蹟尚如新也金石錄

顏魯公多寶佛塔碑石刻在西安舊搨完善可讀公書如東方畫像家廟碑咸天天遒峻風稜射人此帖結法尤整密但貴在藏鋒小遠大雅不無佐史之恨耳多寶佛塔事在法華經中歷過去未來阿僧衹刧世尊說法此佛卽現寶塔空中讚美大抵皆寓言也佛惟空是以常在常現常滿今以有爲迹求之得無去之愈遠乎一念發菩提心卽證菩提卽現多寶塔稱善哉人自不見聞耳弇州山人四部稿

有宦秦中者向余言唐碑石皆如玉其字皆直刻入深一二寸如今刻牙小印者然不似今碑但斜掠也

後問之李伯玉亦不盡爾惟此多寶塔等一二碑爲然所以經久不糢糊此是魯公最勻穩書亦儘秀媚多姿第微帶俗正是近世掾史家鼻祖又點畫太圓整筆寫不應若此米元章謂魯公每使家僮刻字會主人意修改波擊致大失眞觀此良非誣又因此知顏書是曉著案書案亦大有力倚此爲墻壁則折旋皆如意不致敧斜但作字時少減趣亦便無魏晉天然態耳今世所謂顏書率師此亦以其有牆壁易學故大抵字必帶俗乃入時眼乃盛行書畫跋跋

右顏魯公多寶佛塔碑岑勛文勛既極言建塔光怪夢寐雲物感應不可致詰之事以及一時人主崇信之篤賜予寵賚如是之隆而魯公又爲大書而深刻之今千有餘年家畜人有其見重於人蓋不但如予之所取以魯公之大節名書而已佛之道果足重於無窮哉蓋當時刺血塗金寫經祈福雖宮禁之嚴亦已靡然爲之降及後世又可知已近代能書如趙文敏公之徒則亦汲汲爲之雖一草廬吳先生不肯奉詔撰文其如衆楚何葉盛菉竹堂稿

顏公之書多矣惟此碑盛傳人間歐陽公作集古錄跋尾而此獨見遺惟趙氏金石錄有之謂嘗寫法華

經千餘部寘塔中士大夫家數見之則楚金之書至宋猶有存者金薤琳瑯

魯公正書惟此碑最著以其字比諸碑稍小便于展玩耳碑舊在興平千福寺不知何時移立西安府學中石墨鐫華

岑參集有登千福寺楚金禪師法華院多寶塔詩金石文字記

多寶塔爲魯公少時書魯公書碑遍天下權輿於此此碑以前無魯公書也虛舟題跋

右千福寺多寶塔感應碑康熙中碑石斷銘詞缺佛

知見法爲五字空王可托本願同六字損歸我無空四字末行缺大夫行內侍趙思七字潛研堂金石文跋尾

按碑前題西京千福寺多寶佛塔感應碑唐書地理志京兆府京兆郡本雍州其都初曰京城天寶元年曰西京是西京卽京兆也石墨鐫華云碑舊在興平千福寺興平爲京兆屬縣今撿陝西通志興平縣無千福寺但有多寶寺在縣治東南十五里而不云有塔不知卽千福寺否也撰文者岑勛兩唐書無傳但署南陽而無官位殆未仕也書者顏眞卿結銜云判尚書武部員外郎唐書百官志

兵部尚書一人其屬有四一曰兵部二曰職方三曰駕部四曰庫部龍朔二年改兵部曰司戎光宅元年改曰夏官天寶十一載改曰武部此碑正立于十一載四月則其時新改夏官爲武部也尚書上加判字史志不詳其制据兩唐書顏眞卿傳則其時爲東都採訪判官再轉武部員外郎是所謂判者判採訪不知碑何以云判尚書也新書傳眞卿被害在興元元年年七十六舊傳云七十七其生在景龍三年是其書此碑年已四十四虛舟以爲少時書者約畧之詞耳題額者徐浩銜題撿挍尚書都官郎中新書傳載此官由河陽令爲東都留守王倕表署其府累遷都官郎中舊唐書傳不載此官稱其工艸隸以文學爲張說所器重又云工楷隸肅宗悅其能而不言工篆書新史傳又言其署府時民有妄作符命者浩按篆詰狀果詐爲之則其能篆書宜也碑敘禪師楚金建塔之事大略云靜夜持誦至多寶塔品忽見寶塔宛在目前期以六年建塔既而許王瓘等咸捨珍財時千福有懷忍禪師中夜見一水流注千福中有方舟又見寶塔自空而下久之乃滅卽建塔處也寺內淨人法相

於其地復見燈光遠明近滅天寶元載創構材木感通帝夢勅趙思偘入寺見塔賜錢絹助建修至二載勅旨令禪師于花萼樓下迎多寶塔額至六載乃刺血寫經石函盛舍利造自身石影同置塔下又寫蓮華經千部用鎮寶塔又寫千部散施受持其載勅賜銅香爐高一丈五尺表謝詔荅此建塔之始末也末云天寶十一載四月乙丑朔廿二日戊戌建据通鑑目錄是年四月丁丑朔非乙丑且廿二日戊戌則丁丑朔無疑也天寶元年感通帝夢及二年花萼樓下迎御書塔額此二事因本

紀所不應書卽所謂許王瓘者諱字玉旁當是元
宗諸子而兩史諸王子傳無王許而名瓘者則不
知碑所云爲何人也方外文字多夸張之詞不能
盡覈若大率類是寫蓮華經旣用鎮塔復散施人
間趙明誠所及見者卽此散施之本也岑參詩題
云登千福寺楚金禪師法華院多寶塔蓋有塔必
有院塔名多寶經品列于法華宜乎以法華名院
而碑但詳叙建塔不及建院之事文從略也岑詩
云多寶滅已久蓮華付吾師寶塔淩太空忽如湧
出時明主親夢見世人今始知旣空泰山木亦罄

天府貲云云與碑合也

楊珣碑

碑高一丈五尺廣八尺五寸八分二十六行行五十七字隸書額題恒農先賢積慶之碑八字篆書在扶風縣法門寺

□□武部尚書鄭國公碑銘并序

御製御書　皇太子臣亨奉　勅題額是行正書

□□易乘　天地准故君子洗心焉夫出處當乎
時歟語存乎　道簡易成其大勞謙□於吉□□
□□□有人□□□□□□公□□□右相國忠
之父也純孝足以合禮移忠足以和義體仁足以長人

貞固足以幹事包大易之四德□□□□□□□莫京□
□□□□□□□□□□□□□以嗣者矣公諱珣字仲珣
華陰人也叔虞翦圭自周封晉伯喬食菜受邑君楊氏
族之先也黃雀四環□□□□□□□□□□潔白□□
□□□五公四代槧朱輪者兩漢百人門閥之宗也公
曾祖汪隨國子祭酒吏部尚書戴國公探　道秉
德□□□□大父令本庫部郎中□沂□三郡守講信
修睦不隕厥問烈考志謙青城令追贈陳留太守修辭
辯學薄遊以取榮沖用晦德積慶以垂裕□□□□□
□有□光公承□□之陰隲體積善之陽報氣稟清明

生歆禮樂故藝能無不總博覽無不該嘗讀書至事親
章乃輟卷長歎曰夫子志在春秋□□之□行在孝經
□□□□也乃□心所至誓不進親然鳴鶴遠聞招弓屢
辟確乎不拔皆以色養懇辭青城府君每加誨誘俾之
從政公乃□□□□面承大人庭訓孝乎惟孝友于
兄弟施於有政是亦爲政也府君乃撫而慰之就成雅
志自是三十餘載非躬薦甘旨不以潔□□□□□
□□□□定非□疾無□□之憂致□養極三牲之
樂當時君子議以爲難及丁家艱哀毀踰制遂結廬墓
左手植松楸郡縣以孝聞服滿名□□□□□以旌□

行還延不行者久之或曰生極其養不違親以易身孝
本乎仁豈懷寶而迷國又太夫人有吉切之誡乃應命
焉換左衛兵曹以□□□州司士轉杭州司士□□
□□職及欒棘僅起哀麻外除謂楚祿萬鍾未無及已
孔門四教庶有立乎乃息心參調優遊著述尋以親□
□□□□□□察使察舉舉能□□酈武令公□從政
也蘊中和以息機推誠信以動物草木無夭況人庶乎
鬼神知感況豪右也所以堂上鳴琴□□□□□□□
□所在□□□□□用公之道行公之志推以一邑持
宰　天下亦信然乎神歟輔仁位不充德亭伯勞於

於郡掾仲躬止於太丘□□□□□□□時宰竊位而□
歎命之不偶□□□猶今享年五十有一開元五載遘
疾終于酈武之縣廨公始自解褐應名及乎易簀歸□
凡六徙□□□□□□者三□人者一□□□□之屯
□無愠恚於三黜以之造次必周旋於四科傳曰涅而
不緇摩而不磷公之謂矣夫人中山張氏僕射□□□
□□□州希□之□女恭儉之德訓□□宮貞信之教
行于嬪族命之不造華年早凋以開元二十七年十月
十六日合葬于岐陽之安平山南原禮也天寶七載追
贈緜郡太守夫人中山郡夫人其孤國忠濟美代業應

期王佐則我有　社稷佘能衛之我有廊廟
佘能宰之叶和九功九功惟序平章百姓百姓昭明俾
九流衣冠萬邦黎獻丕乃大言曰咸有一德思皇萬年
時惟佘勞時惟佘弼若然者雖我君臣之□□契理運
亦乃祖□之訓貽厥門風於是美□□之克家霈春澤
以流慕天寶十二載三月重贈公武部尚書追封鄭國
公夫人鄭國夫人所以彰父教子忠君嘉臣節也俾萬
載□□□□□□□□□□□□希音則鍾鹿名將空深
漢主之懷闕里先師逾愧曾侯之誄銘曰
先王至德訓人惟孝偉哉楊侯獨立名教宏　道

由己聚學依仁悾悾勵節諄諄奉親明惟其物暗不欺
神□□□□□□□□□□□顔冉其倫君子委和
嵩神屬慶挺生王宰精微亞聖光佘前烈毗予大政延
贈夏卿追封舊鄭安平原兮岐之陽□□□兮□□鄉
□□□兮□□□冥冥歸兮泉路長獨九京之豐石播
終古兮名揚
天寶十二載歲次癸巳八月□□□□十六日□□□
□□□　此行正書
碑陰題名
洛陽李行之岐山劉唐　同觀紹聖二年四月望日

右唐楊珣碑案唐史宰相世系表楊珣爲友諒子合碑廼云志謙子疑史誤珣楊國忠父也故元宗親爲製碑其末盛稱國忠之美云我有社稷尓能衛之我有廊廟尓能宰之叶和九功九功惟序平章百姓百姓昭明其語可謂褻矣豈所謂臨亂之主各賢其臣者歟碑天寶十二載建蓋後二年祿山起兵又一年國忠被戮矣金石錄

案碑額書恒農先賢積慶之碑云奉勅題者即篆額也關中金石記

右碑在縣北二十二里高原之上捶闕者三之一然

猶有可辨者碑今尺高二丈三尺按今實高一丈一尺志誤寬六尺二寸方趺刻海馬垂雲寬九尺制造鉅麗書法婉美孝經末行有二載癸巳字上下闕知是天寶十二載建立也題額亦工甚歐陽唐書世系楊珣出太尉震之後上谷太守珍生清河太守眞眞生洛州刺史宏農公懿懿生冀州刺史三門縣伯順順生儀同三司平鄉縣公琛琛生梁都通守汪汪生庫部郎中令本令本生昊陵令友諒友諒生宣州司士參軍珣珣生國忠而友亮之弟志謙生蜀州司戸參軍元炎元炎生太眞妃故妃與國忠應爲同曾祖之兄妹而碑云珣之考爲靑城令志謙是元炎與珣同志謙所生珣生國忠元炎生貴妃妃與國忠爲同祖之兄妹匪同曾祖之兄妹也此史之誤於世系也碑曰汪爲隋國子祭酒吏部尚書戴國公而世系只言梁郡通守此史之誤於職官也貴妃傳言詔爲元炎立宗廟帝自書其碑此因帝有題碑之事曠代作史誤傳珣爲元炎不會覈察此碑爾此史之誤于紀事也嗚呼金石之文不泯於世功豈淺鮮哉碑中孝乎惟孝亦是四字爲句扶風縣志

舊唐書楊國忠蒲州永樂人父珣以國忠貴贈兵部

尚書案職官志天寶十一載正月改吏部爲文部兵部爲武部則十二載追贈應從武部史以爲兵部未詳核也碑稱仲珣華陰人蓋舉其族望故與傳稱永樂有別開元末改年爲載此稱五載或追紀書之授堂金石跋

碑云天寶十二載當卽立碑之年舊唐書天寶十一載正月改吏部爲文部兵部爲武部刑部爲憲部通鑑此月作三月唐六典不載此事新唐書則漏去武部一文又以憲部爲司憲亦誤也以余所見唐碑之稱文部武部者內侍孫府君墓誌銘行文部常選申

堂構撰多寶塔銘武部判官徐浩題額是已攷胡三省引鄭審天寶故事謂國忠本張易之之子史及通鑑皆云國忠爲易之之甥今此碑云珣夫人中山張氏與史合其云叔虞翦圭自周封晉伯僑食菜受邑君楊按漢揚雄傳其先出自有周僑者以支庶初食采于晉之揚因氏焉則伯僑乃揚之祖其字從手不從木自雄而外别無揚氏今叙珣先世而述揚氏之先妄矣又貴妃傳謂是元炎之女國忠傳謂是妃之從祖兄參以宰相世系表國忠高祖汪曾祖令本令本三子曰昊陵令友諒曰志謙曰志詮昊陵者武后

爲其父墓所立石也友諒乃珣之父而國忠之祖志謙則元炎之父而妃之祖也是妃爲國忠之再從妹令此碑乃以志謙爲珣父葢國忠當日倚恃威畹以作威福引而近之冒稱與妃同祖元宗蔽惑爲其父製碑遂據其所稱者書之耳金石錄反以史爲誤此過信碑文矣又表于汪書隋梁郡通守而碑云國子祭酒吏部尚書表于志謙不書官而碑云青城令恐碑辭皆不足信也蛾術編

案楊珣碑云志謙生珣珣生國忠是國忠與貴妃爲同祖兄弟及以宰相世系表校之令本生友諒志謙而友諒生珣珣生國忠志謙生元炎兄弟三人元炎生貴妃是與國忠爲同曾祖兄弟國忠傳亦言國忠爲太眞妃之從祖兄葢新書表傳並以珣爲友諒子也然碑立于當時且出元宗御製自當以碑爲正惟珣若爲志謙子則元炎兄弟當有四人珣之行次不知何屬而友諒或無後未可知也又新書貴妃傳云徙籍河中遂爲永樂人而碑云華陰人及珣之葬所又在岐陽殆從宦遷徙不常厥居之故歟若夫碑額云宏農者從族望也貴妃本元璬長女明皇以壽邸之嫌其册妃也謂爲

元炎少女考之史葢幼養叔父家此少女之文所由假借歟至碑云夫人中山張氏當是易之之女故國忠傳謂其所自出耳傳言深山大澤實生龍蛇武張之亂輾轉歷數十年而禍水益烈必至邦之杌隉而後巳也氣數之所取可不畏哉

又按碑題武部尚書鄭國公所題官與爵皆天寶十二載三月所贈唐書宰相世系表皆略而不載但稱珣爲宣州司士參軍而已又碑載天寶七載先贈魏郡太守表亦不書若謂表但書生前所歷最後之官則碑稱終元武令之縣廨是其官終於

元武令也其未令元武之先碑有云換左衛兵曹以口州司士轉杭州司士以表證之其所泐之州名當是宣州則亦在杭州之先不知表何獨有取於宣州也碑是御製御書而皇太子亨奉勅題額太子即肅宗也額題恒農從其族望而下有先賢積慶字題額而有褒頌之詞者始見于此碑稱夫人中山張氏僕射下闕州希口之口女舊書國忠傳則天朝幸臣張易之即國忠舅也新傳云國忠張易之之出也爾雅釋訓男子謂姊妹之子爲出則國忠爲張易之之甥夫人爲易之之姊妹新書張易之附見行成傳云追贈易之父希臧爲襄州刺史則碑所泐者乃襄州刺史希臧也末題天寶十二載歲次癸巳八月口口口十六日下闕是月己巳朔十六日爲甲申可以補碑之泐也

劉感墓誌銘

石高一尺二寸七分廣一尺二寸四分廿三行行廿三字行書

唐故雲麾將軍左龍武軍將軍彭城劉公墓誌銘并序

河東進士李震撰

集賢院上柱國安定郡席彬書

竒夫乘閒氣孕渟精扇風雲盪河岳體五行之秀應三才之靈者繄　我劉公而是焉　公諱感彭城人也曾祖諱旮隱德不仕耽逸丘園　祖諱晃父因子貴克大吾門　皇朝贈南𥗉郡司馬　公淸德難尙至理可師屬　我皇撥亂之開元也　公提劒以從技戈而先附　鳳高翔攀　龍潜躍遂使羣兇泥首萬方革面解褐授翊麾副尉行興州大挑戍主遷右衛寧州彭池府左果毅靈鑒洞照應變知微命偶　聖君職參都尉又改昭武挍尉行左衛陝州曹陽府折衝轉左領軍衛同州襄城府折衝參謀帷幄之中制勝樽俎之右無何拜寧遠將軍左武衛翊府右郎將又遷明威將軍右

龍武翊府中郎將公位階鴻漸官達虎賁騰凌建信之名標惟公幹之氣轉雲麾將軍左龍武軍將軍上柱國進封彭城郡開國伯食邑七百戶　皇帝乃命圖形麟閣賜印雲臺公侯伯子之榮封河山茅土貝胄朱綬之貴列長戟高門忽興逝水之悲終銜過隙之歎以天寶十二載二月廿一日甍於永興里之私第春秋七十一以其年十月卅日葬於咸寧縣黃臺卿之原禮也嗚呼地埋勇骨天落將星蕭瑟松門悽凉薤挽嗣子秀等哀哀血淚欒欒棘心願頌惟家之風以篆他山之石銘曰

南碑作甯應是同字

三秦甯九泉窟鶴報地兮潛恍惚森拱木閟荒墳入瘞玉兮碎氤氳

誌石近出土完好前列河東進士李震撰宰相世系表列震泉州刺史案表又有震起居郎未知孰是集賢院上柱國席彬書舊唐書職官志有集賢殿書院即誌所稱集賢院也院設官各有職任不闕以勳官備員蓋亦志文所闕與劉感誌稱其當元宗撥亂之開元提劍以從遂使羣兇授首云云開元元年秋七月甲子太平公主及岑義蕭至忠竇懷貞謀反伏誅感當時從討立功始基於此誌所書感歷轉階職由從七品下進正

六品上又進正五品下又進從四品下最後轉從三品上無一越級者攷感初從元宗撥亂事定僅授翊麾副尉蓋非有殊勳可紀如碑所云殆亦子孫文飾之辭欲耀於人與黃臺鄉見元載傳稱萬年縣界此作咸寧地里志萬年天寶七載改爲咸寧乾元復舊此當天寶十二載故依改名元載當大歷十二年故仍舊稱也史例之嚴如是惟大桃戌新舊書地里志皆遺此名其屬何州不可攷矣授堂金石跋

香積寺經幢

幢高三尺八面每面廣五寸作四行書今已新僅存下截字數無考正書

香積寺施燈功德經幢

施燈功德經文不錄

闕陽府折衝□□□□□□□如□下闕

此書在香積寺行草亦勁逸石墨鐫華

右碑題首缺二字下云施燈功德經空五字又云齋世耶舍譯後云天寶十三載正月十五日左驍衛漁陽府折衝下闕姜如珍等同建按經文義勸人施燈于塔院者有全照一階道二階三階四階或及塔身一級二級以至多級一面二面乃至四面等語且有不空羂索經云云字畫近褚河南碑在香積寺中金石錄補

金石萃編卷八十九終

据唐文百篇校

此行所缺五字原碑本空無字

賜進士出身　誥授光祿大夫刑部右侍郎加七級王昶譔

唐五十

孫志廉墓誌

石高二尺五寸七分廣二尺四寸二分二十四行行二十四字正書今在蘇州靈巖山館

唐故內侍省內常侍孫府君墓誌銘并序

朝議郎行陝郡平陸縣尉申堂搆撰

文林郎行文部常選上柱國南陽韓獻之書

公諱志廉字惠達冨陽人也昔吳稱帝業飛龍欝起於江東漢辟賢臣易道超來於北海彼德高致遠者盖則其先故知族茂慶流弥蒙洎後□□之□□□□之第六子也承家之纘克奉𦁛猷風姿璨然自幼及長智識天與藝能師資既得時以自致寔負才而見□周服勤就養竭力盡忠承顏不違虔心至孝居公守道在職惟賢適禑授儒林郎拜內謁者監陟資驟進俄遷朝議大夫守內常侍朱紱弈弈儀容堂堂言語侍從之臣左右中涓之任淑慎攸止咸嘗　聖情君恩曲臨殊私荐及出入鵷鸞之殿栖遊日月之宮躡紫蔦於香街捧金輪於馳道者盖得其忠爲公以勢莫久居了眞空而是覩所歸正信悟即有而得爵元于以運短道長功存已沒天寶

十二載十一月十一日寢疾終於咸寧縣來庭里之私第時春秋五十二夫人則天水郡君趙氏之女作嬪叶禮于飛有光先夫亡沒三歲而已即以明年夏六月八日合葬我府君夫人于長樂京之禮也　天子以舊臣可重軫念于懷既贈之以粟帛復爰申于弔祭臣事之日人力借供嗚呼生榮沒哀身沈譽在繐帷已故石槨猶新掩泉戶以空幽慮桑田之有變將刻石以斯著庶不爲冥寞君者乎乃作銘曰

名家令族孝子忠臣禮義及物賢良立身欝欝芳猷堂堂雅重白珪無玷玉卮有當官因德建寵自勤榮侍衞宮禁輝光日生上壽未央於烏卒歲落影西沉巨川東逝白日晝短黃泉夜長佳城寂寞原野悲涼美石已刊功名□□□□□□游千秋不□改

右內侍省內常侍□府君墓誌銘今在咸陽縣文字完好而府君之姓獨剝落誌□□□之第六子亦闕三字蓋爲人椎去致其文云吳稱帝業飛龍欝起于江東漢辟賢臣易道超來于北海疑其族出孫氏也志廉官中常侍階止正五品下生平無他表見既沒之日詔贈粟帛申之弔祭喪事人力借供於是知明皇之崇寵宦者踰越常制以啓一代閹豎之禍所由

來漸矣唐六典無文部常選之名舊唐書職官志天寶十二載改吏部爲文部新書亦同斯碑立于天寶十三載故曰文部所謂常選者不知何官攷宰相世系表有吏部常選又有兵部常選意其爲選人之稱爾銘詞云堂堂雅重蓋雅量之訛與下玉巵有當協韻矣堂構丹徒人有詩名殷璠選其詩入丹陽集史稱其爲武進尉不云平陸尉也潛研堂金石文跋尾

此碑向在農家乾隆四十三年余以數千錢買之今移置靈巖山館庶免村童敲火牧牛礪角之菑也關中金石記

銘文字完好錢少詹事攷宰相世系表有吏部常選又有兵部常選者意其爲選人之稱予案唐書選舉志由學館者曰生徒由州縣者曰鄉貢皆升於有司而進退之云云此歲舉之常選也蓋韓獻之先有勳階又就歲舉而隸於文部故曰常選也與又敘云公諱志廉字惠達富陽人也適禍授儒林郎拜內謁者監俄遷朝議大夫守內常侍以天寶十二載十一月終於咸陽縣來庭里之私第卽以明年夏六月合葬長樂原案長安志天寶七載改萬年縣爲咸陽縣縣惟胄貴里神鹿里見於志此誌所載來庭里蓋闕錄

据唐文百篇校

也長樂原据是縣長樂坡在縣東北僅一十里此稱爲原蓋一地耳釋褐作適雅量作重書石者誤也授堂金石跋

按碑云志廉富陽人富陽孫氏大率皆三國孫吳之裔文所謂吳稱帝業飛龍鬱起於江東者是已至謂漢辟賢臣易道超來於北海後漢有孫賓碩北海人桓帝時賓碩年二十入市遇趙岐疑其非常人載之歸又有孫乾北海人先主爲徐州牧辟爲從事又有孫期成武人習京氏易家貧不仕郡舉方正不顧司徒黃琬特辟之不行此所指不能臆定其爲何人也文稱府君有夫人趙氏而不云其有嗣子不知其經營合葬之事何人主之申堂構有詩名統籤不收其詩韓獻之名亦不列于書譜皆畧也

劉元尚墓誌

志高廣各二尺五寸七分共二十七行行二十七字行書

大唐故雲麾將軍左監門衛將軍上柱國彭城縣開國公劉府君墓誌銘并序

通直郎前行右武衛騎曹叅軍竇忻撰

鴈門田穎書

君諱元倚字元倚彭城人也出自軒黃之後繼乎光武之𧆛長源遠派口裔于公焉祖　高道不仕父　居心物外混迹人間絶粒歸眞澄神息念公稟靈口得風雲之氣感嶽瀆之精茂歲有奇與同年而特異弱冠從仕於口衞而超列蕳在　帝心於斯爲美解褐拜掖庭監作大食市馬使燕王市於駿骨伯樂顧之龍馬遂使三軍迎送萬里循環榮寵是加超公內寺伯也復爲骨利幹市馬崎嶇百國來往三春追風躡而奔騰逐日迴而來獻遂加公謁者監奚首領屈突于侵擾條亭攪亂軍旅公銜奉　綸誥勒公討之則知　聖澤推賢

軍容得士公有坐帷之策剋日摧鋒立計之謀應時瓦解特拜內侍省公之德也北庭使劉渙躬行勃逆委公斬之又瀚海監臨宣慰四鎭兵士畏愛將師威攝無何遷雲麾將軍左監門衞將軍攝省事寵　恩極也仍知武德中尚五作坊使　國家寄重珍翫不輕妙眩工輸巧從班氏能爲口口幹得公心出入肅清內外皆美向一十五載考績踰深何必上口下口能無有口況招宛謗徒有鑠詞　聖上委公淸愼特令無事雖去官祿而不離家得預懸車於茲足矣未錫樓船之歸俄聞梁木之歌惟公以天寶十二載八月十一日遘疾薨于

金城里之私第春秋六十有八　皇情悲悼朝野增傷以天寶十三載十有一月廿九日窆于龍原府大人舊塋合祔禮也勢搞長原氣連秦岫崗巒蘂倚宮闕崢嶸嗣子守義常選蘇期內給事上柱國守志宮教博士並泣血茹荼哀纏觸類氣添哽咽痛感號口哀笳斷絶於長空楚挽喧闐於廣陌克誠克信有度有章用展飾終記之金石銘曰

帝軒之𧆛光武傳家盈門金紫寵幄榮華夫盛必衰有會克離聖人旣則神道何爲物慮推遷迹存不朽勒石題銘同天地久

按碑稱釋褐拜掖庭監作大食市馬使唐六典掖庭局有監作四人從九品下監宮中雜作之事大食者西域大食國也市馬使無專員六典總紀于互市監條下云諸互市監各掌諸蕃交易之事凡互市所得馬駝驢牛等各別其色具齒歲膚第以言于所隸州府申聞太僕差官吏相與受領印記上馬送京師餘量其衆寡並遣使送之任其在路牧放焉其營州管內蕃馬出貨選其少壯者官爲市之是營州市馬之官爲六典所特詳而不及大食并碑下文所云骨利幹市馬尤未詳也碑又云

奚首領屈突于侵擾侯亭勒公討之又北庭劉涣
躬行勃逆委公斬之此二事史皆無攷奚有東西
之别與契丹同爲北狄部落若屈突是姓則通志
氏族略云本居元朔後徙昌黎家長安久爲内地
著姓此言奚之首領似非其族若屈突于是奚酋
之名則唐書北狄傳不見其人惟契丹有可突于
名與相似而迥非其人不能攷也碑又云知武德
中尚五作坊使六典少府監有中尚署左尚署右
尚署之官其官名始于梁置左中右尚方三令丞
唐制省方字但曰中尚左尚右尚然中尚署官但

有令一人丞四人監作四人未嘗有五作坊使及
武德中尚之名目且題有上柱國彭城縣開國公
之勳爵文内亦不詳其加于何時末云窆于龍原
府大人舊塋合祔龍原府未詳所謂舊塋不知其
先世何人之塋也

高乾式造象碑

碑高二尺六寸中刻凸起佛像四龕題名正書在濟寧州興文鎮俗呼平頭店

心主高乾式爲亡考妣敬造神碑一所上爲國王下及
師僧父母七世先亡見存眷屬同登正覺左行
祖高忄妻李　留珎妻董□珎男神應妻顏男章女二
娘　妻翁郭原妻馮　乾式妻翁丁忠信□妻成公
□薛元宣姊二娘夫謝方運　□□□□□
男神度妻趙
劍男子雲
亡男皈僧
女四娘
度亡男仏奴
男䍃䍃
女五娘　□妻韓
碑側

施主韓万歲　施主　施希善
維天寶十三載歲次甲午閏十一月壬戌朔廿四日
建立右行
造碑人權如洛

按碑中佛像突起其餘人名甚多佛像下皆刻小兒
形亦凸起而無首聞碑向在洿池中居人每見羣兒
戲月下逐之輒入水竭其池得碑移入寺又見羣兒
從寺門出遂琢其首怪乃絶濟寧州志
右高乾式造像碑在興文鎮佛寺大雄殿西階下余
於乾隆乙未七月初見是碑詢土人云乾隆初掘地

得之見有佛像因樹于此亦不知爲唐物也余摩挲久之得其歲月戊戌三月始拓數本以歸 李東琪記

右碑額間刻像一軀中分二層亦刻佛像左邊題心主高乾式云云右邊題唯天寶十三載云云餘皆施主姓氏惟中有小楷一段皆漫滅不可詮次 山左金石志

按此碑額刻佛像一軀碑中分上下二層上層刻佛像二列上一列佛像五軀極詭怪下一列佛像居中立者一左右侍者六下層中幅上下二列上列像三軀上施幃帳下列像三軀右幅四列上下二列各像二軀中二列各像五軀左幅三列上下

二列各像二軀中一列像分兩節共十軀像極小濟寧州志誤以爲小兒形也像首俱完好但模糊不分眉目州志以爲琢其首怪乃絶者亦非其題字繞左右兩邊及碑中下層中幅之左右邊及左幅之上列及于兩側葢此形式與諸造像碑異也題名中造像人六字特大餘皆小字凡佛門檀護稱之曰主如像主經主齋主施主之類獨此碑謂之心主殆與普照寺經幢所稱發心主之義同也題名皆一家眷屬其中有妻名戚公者男名畱畱者爲可異

東方朔畫贊碑

碑連額高一丈一尺二寸廣四尺五寸五分厚九寸四面刻連陰共三十六行行三十字正書額題漢大中大夫東方先生畫贊碑十二字篆書在德州署

漢太中大夫東方先生畫贊 并序

晉夏侯湛撰

唐平原太守顏眞卿書

大夫諱朔字曼倩平原猒次人也魏建安中分猒次爲樂陵郡故又爲郡人焉事漢武帝漢書具載其事先生瓌瑋博達思周變通以爲濁世不可以富貴也故薄遊以取位苟出不可以直道也故頡頏以傲世傲世不可以垂訓也故正諫以明節明節不可以久安也故詼諧

以取容絜其道而穢其跡清其質而濁其文弛張而不爲邪進退而不離羣若乃遠心曠度贍智宏材倜儻博物觸類多能合變以明筭幽贊以知來自三墳五典八索九丘陰陽圖緯之學百家衆流之論周給敏捷之辯支離覆逆之數經脉藥石之藝射御書計之術乃研精而究其理不習而盡其功經目而諷於口過耳而闇於心夫其明濟開豁包含廦大陵轢卿相嘲哂豪桀籠罩靡前跆藉貴勢出不休顯賤不憂感戲萬乘若寮友視儔列於草芥雄節邁倫高氣蓋世可謂拔乎其萃遊方

碑陰記据趙本校

之外者也談者又以先生噓吸沖和吐故納新蟬蛻龍
變棄世登仙神友造化靈爲星辰此又奇恠忽恍不可
備論者也大人來守此國僕自京都言歸定省覩先生
之縣邑想先生之高風徘徊路寢見先生之遺像逍遥
城郭觀先生之祠宇慨然有懷乃作頌焉其辭曰
矯矯先生肥遁居貞退不終否進亦避榮臨世濯足希
古振纓涅而無滓旣濁能清無滓伊何高明克柔能清
伊何視汙若浮樂在必行處儉冈憂跨世淩時遠蹈獨
遊瞻望往代爰想遐蹤邈邈先生其道猶龍染迹朝隱
和而不同棲遲下位聊以從容我來自東言適兹邑敬

問墟墳企佇原隰墟墓六年精靈永戢巳思其祀祠宇
斯立徘徊寺寢遺像在圖周旋祠宇庭序荒蕪榱棟傾
落草萊弗除肅肅先生豈焉是居是居弗形悠悠我情
昝在有德冈不遺靈天秩有禮神鑒孔明髣髴風塵用
垂頌聲

碑陰

碑陰記正書額題有漢東方先生畫贊碑陰之記十二字隸書

東方先生畫贊碑陰記

唐平原太守瑯邪顏眞卿撰并書及題額

東方先生畫贊者晉散騎常侍夏侯湛之所作也湛
字孝若父莊爲樂陵太守因來覲省遂作斯文贊云
大夫諱朔字曼倩平原猒次人魏建安中分猒次爲
樂陵郡又爲郡人焉猒次今移屬樂安郡東去祠廟
二百里故猒次城今在平原郡安德縣東北廿二里
廟西南一里先生形像今則捏素爲之并二細君侍
焉郡嘗爲德州其贊開元八年刺史韓公思復刻于
石碑眞卿去歲拜此郡屬殿中侍御史平公冽監察
御史閻公寬李公史魚右金吾胄曹宋公謇咸以河
北採訪使東平王判官巡按狎至眞卿候于境上而
先生祠廟不遠道周亟與斆公泉家兄淄川司馬曜

御長史前洛陽令蕭晉用前醴泉尉李伯魚徵君左
驍衞兵曹張璲麟遊尉韋宅相朝城主簿韋夏有司
經正字畢燿族弟渾前叅軍鄭悟初同茲謁拜退而
游于中唐則韓之刻石存焉僉歎其文字纖靡駮癬
生金卌年間已不可識眞卿於是勸諸他山之石盍
取其字大可久不復課其工拙故援翰而不辭焉至
若先生事跡則載在太史公書漢書風俗通武帝內
傳十洲記列仙神仙高士傳此不復紀焉有唐天寶
十三載季冬辛卯朔建
河北道德州安德縣東方朔廟在縣北四十里係祀

典唐大歷中刺史顏眞卿重鐫夏侯湛讚碑見存太平寰宇記

右東方朔畫贊晉夏侯湛撰唐顏眞卿書贊在文選中今較選本二字不同而義無異也選本曰棄俗登仙而此云棄世選本曰神交造化而此云神友 右畫贊碑陰唐顏眞卿撰并書湛贊開元八年德州刺史韓思復刻于廟天寶十三年眞卿始別書之 集古錄

顏魯公平生寫碑唯東方朔畫讚爲清雄字間櫛比而不失清遠其後見逸少本乃知魯公字字臨此書雖大小相懸而氣韻良是非自得於書未易爲此言也 東坡集

東方朔倩畫贊昔魯公守平原時爲書今其石刻刓剝後世復爲摹搨以傳然魯公于書其神明煥發正在筆畫外若拳朱墨而印于石者此待諂書爾果有道耶公之幸今猶存者更數十百年後石破字缺人間所得皆其傳摹見者必啞而笑之其書不足傳也 廣川書跋

東方畫像贊碑陰記顏魯公書石刻在陵縣陵卽古平原郡也故城址猶存今僅三之一耳碑已再刻余所得乃舊本雖小糢泐然其峭骨遒氣渰鬱奮張亦

足辟易餘子 弇州山人稿

此碑在山東陵縣王元美嘗得舊本余所收乃長安故家者小小磨泐當與元美家搨本同書法峭拔奮張固是魯公得意筆也元美謂東方生蹟固奇詭夏侯文亦有壺公薊子意獨公書嚴整未稱不若留右軍寫其情性可也余則謂魯公以忠義而好神仙小說載公殁后指甲金色透出手背又寄家人手書事雖涉怪誕而亦可以證公深于神仙之術因東方生千載至契也然其筆却無物外姿態不如書汾陽家廟大是本色 石墨鐫華

此碑久毁東明穆先生得古搨重刻之石其期立等字多譌想其元搨漫滅者時有之矣余前過平原留意蹤跡之迄不可得後乃購得此本字更明悉何嘗有譌字且其篆題兼存尤古雅峻峭全無鈍質俗態此時陽冰稱高手乃其文采風流不及此十二字也其贊字駢顏他書獨瘦勁恬適與家廟碑相上下葢公中年制作最爲得意想此搨在穆先生所收數百年之前可見世之罕物時時在人家但不易遇耳余旣得先生畫贊自記希有之遇矣其後又得此記字比畫贊更大而筆尤豐偉鋒芒轉換一一如新葢

搨更在前者遂成完璧其題乃八分魯公分書更少
見尤可寶也記稱廟象揑素爲之二細君旁侍風流
可想而書之年爲天寶十三載亂在目前而平閭李
宋四公又以北平王判官巡按狎至然魯公兄弟又
伺其旁則亂萌節兆又相參錯可爲有國之永永鑒
公所爲掊韓君開元八年之新碑而大書之者非亟
也關係治亂當傳之百代耳墨林快事
右記晉夏侯湛撰顔眞卿書唐諱御名凡書行文至
無可避處往往缺一筆以存其意魯公于此記民字
一見則缺末筆世字三見宏字一見皆不缺且此記

載昭明文選中集古錄云較選本二字不同而義無
異按選本曰神交造化此云神友選本云棄俗登仙
此云棄世登仙夫因避諱而改古人之文或有之矣
此則改前文以犯諱何也金石後錄
魯公書如家廟元靜等碑皆其晚歲極矜練作此碑
書於天寶十三載距貞元元年七十有七爲李希烈
所害尚三十有二年則此爲四十五歲時所作乃其
盛年書故神明煥發而時出姿態不失清遠耳　東
坡謂魯公此碑字字臨逸少雖大小不倫而氣韻良
是按右軍爲王脩書東方朔畫贊脩死其母以其生

平所愛納之棺中則知右軍書不傳久矣故常挺以
爲僞而董廣川亦謂後人爲之託逸少以傳今觀魯
公後記云取其字大可久不復課其工拙厚自謙抑
明是自書又其文字與右軍所書多不同决知其非
臨右軍書矣安世鳳墨林快事謂此碑久毀東明穆
先生得古搨重刻之故其斯立等字多譌據此則此
碑今爲重刻然較文選所載原文惟弃俗作棄世神
交作神友耳此外絕無譌字不省安氏所云多譌者
是何刻也或其所見是南渡後榷塲所市覆本亦未
可知碑首兩額皆魯公所題前贊不書互見耳安氏

稱十二字古雅峻拔陽冰手所不及未免譽過其實
此書方整實不及陽冰余以魯公篆隸絕少故并臨
之　按舊唐書楊國忠怒公不附已出爲平原太守
平原去范陽不遠爲祿山東戸是時祿山反兆已萌
公託霖雨脩城池料丁壯儲廩實乃陽會文士泛舟
外池飲酒賦詩祿山以爲書生易之遂不爲防而竟
爲公所困此碑立于天寶十三載距祿山之反一載
耳而斤斤爲此不急之務大書深刻惟恐後時葢郎
當時飲酒賦詩之意明示祿山以書生所急不過如
此使祿山以爲不足慮而後可圖大計耳葢公之用

意淡曲一至于此千百載後攬此碑者但賞其書法之佳豈知公之苦心有不可明言者哉余故特表而出之竹雲題跋

碑陰記云殿中侍御史平公冽等咸以河北採訪使東平王判官巡按狎至眞卿候于境上而先生祠廟不遠道周亟與數公同遊玆廟舊唐書安祿山傳引平冽李史魚在幕下以此記推之又有閻寬宋睿二人與平李並爲判官則祿山包藏禍心璧後置人益其夥哉曜卿見杲卿傳開元中與兄春卿弟曜卿並以書判拔萃起等者畢燿見酷吏敬羽傳與毛若虛

裴昇畢曜同時爲御史又叛臣喬琳傳郭子儀表琳朔方府掌書記與聯舍畢曜相掉訐宰相世系表曜侍御史今碑作燿不從日按唐書畢構傳子炕世系表抗與曜爲一格疑皆從火碑所書爲正杜集存沒口號畢曜仍傳舊小詩曜一作耀亦燿之轉授堂金石跋

右畫贊文凡二十二行碑陽十八行和而不同棲遲此碑陰四行下位聊以從容起後刻記文十四行陵縣志載東方先生祠在神頭店卽漢之猒次縣也顏書八分惟見此額山左金石志

東方朔畫象讚云大夫諱朔平原猒次人魏建安中分猒次爲樂陵郡故又爲郡人焉猒次今移屬樂安郡東去祠二百里故猒次城在今平原郡安德縣東北二十二里廟西南一里攷漢志無猒次盖高祖功臣表有猒次侯爰類是起於楚漢間後省後漢明帝始更富平爲猒次非朔之里居也唐志以猒次移屬棣州樂安郡卽後漢富平故去祠廟轉遠其猒次故城在平原郡安德縣東北者是爲朔之故里而廟亦隷焉樂史太平寰宇記河北道德州安德縣東方朔祠在縣東四十里唐刺史顏眞卿重鐫夏侯湛贊現存于欽齊乘東方朔墓在德州東四十里古猒次城

北祠在墓南顏魯公書畫贊立碑祠下今碑移州署顧炎武云今在陵縣署內顏公云去安德二十二里樂史于欽云四十里小參差碑陰記云其像則揑素爲之以兩細君侍焉按朔傳注以細君爲朔之妻又宋常陽妻龍氏輔女紅餘志序稱爲細君今言有兩細君則爲妾矣又玉臺新詠云漢武帝元封中以江都王女細君爲公主嫁與烏孫昆彌至國則細君似亦通稱蠛衎編

畫贊碑陰記云先生事跡載在太史公書漢書風俗通按太史公書無東方朔傳褚少孫附益史記滑稽

傳則有之似當作續太史公書梁玉繩清白士集

按碑今在濟南府陵縣今之陵縣在唐時謂之安德縣隸德州平原郡屬河北道兩唐書顏眞卿傳但言爲宰相楊國忠所惡出爲平原郡太守而不詳何年據此碑云去歲拜此郡則是天寶十二載也眞卿書多寶塔碑結銜爲武部員外郎時天寶十一載而傳載平原太守在武部員外之後尤足爲十二載之證傳又云安祿山逆節頗著眞卿以霖雨爲託修城浚池陰料丁壯儲廩實乃陽會文士泛舟外池飲酒賦詩或譏於祿山祿山亦密偵之以爲書生不足慮也十四載祿山果反河朔盡陷獨平原城守具備乃使參軍李平馳奏之元宗初聞祿山之變嘆曰河北二十四郡豈無一忠臣乎得平來大喜顧左右曰朕不識顏眞卿形狀何如所爲乃如此云云此碑立于天寶十三載在祿山反之先一年正魯公陽會文士飲酒賦詩之時也而完城浚池等事亦卽在此一年之內所謂祿山亦密偵之者殆卽碑陰所記平列諸人乎設使此碑不書則過此一年遂不及作矣古今名蹟之傳誠有數存非偶然也書家贊先有開元八年刺史韓思復碑自有魯公此碑而韓碑遂不復可攷傳稱陽會文士飲酒賦詩今檢魯公詩集祇一卷而平原詩無一存者知遺佚不傳者多也

哥舒翰紀功殘碑

碑前後缺高九尺六寸三分僅存廣四尺五分十行行三十三字隸書

缺皇之德施化眸亢墜經綸象雲雷日月所臨之缺遠

缺也憬口口夏其惟犬戎聚落猖狂保聚山谷故聖王

之缺則懷缺舊章特申約言載錫媚好缺朙德缺也潛

道約而反間缺軍士缺未加缺乃親缺敗謀缺大口水

缺德口口扳缺舉而定缺也武有七德今則過之而頌

聲無聞何以口 聖策謀從缺頌曰缺

按此碑題哥舒翰紀功碑文殘缺僅存一百餘字可讀者曰德化侔亢墜經綸象雲雷云云數語而已不知所紀何功且不見立碑歲月兩唐書哥舒翰傳翰之先蓋突騎施酋長哥舒郡之裔世居安西自祓名入朝拜鴻臚卿爲隴右節度副大使踰年築神威軍青海上與吐蕃戰攻破之由是吐蕃不敢近青海天寶八載詔翰以朔方河東羣牧兵十萬攻吐蕃石堡城三日而下遂以赤嶺爲西塞開屯田備軍實加特進賜賚彌渥十一載加開府

儀同三司進封涼國公兼河西節度使攻破吐蕃洪濟大莫門等城收黃河九曲以其地置洮陽郡築神策宛秀二軍進封西平郡王賜音樂田園又賜一子五品官裨將賞拜有差其立碑紀功似當即在此時嗣後不久爲天寶十四載安祿山反翰移兵潼關戰敗降賊不復有功可紀矣更以唐書吐蕃傳證之吐蕃自中宗景龍三年和親金城公主下嫁後聘使往來國以赤嶺爲界表以大碑刻約其上詔張守珪分諭劍南河西州縣自今和好無相侵暴迨金城公主薨後未久吐蕃乃悉衆入

寇攻振武軍石堡城天寶元年戰青海明年破洪濟城又明年帝以哥舒翰節度隴右翰攻拔石堡更號神武軍禽其相兀論樣郭又破洪濟大莫門諸城收九曲故地列州縣實天寶十二載于是置神策軍於臨洮西澆河郡於積石西及宛秀軍以實河曲後二年蘇毗子悉諾邏來降封懷義王賜姓李氏此是十四載事然則此碑所紀正是洪濟大莫門之戰收九曲故地之功碑中所謂約言姻好通約反間等語多與此合碑後云武有七德今則遇之而頌聲無聞似是邊將紀哥舒翰功而因

以頌君德也杜工部亦有投哥舒翰詩云當代麒麟閣何人第一功意亦此時所作其後翰守潼關與祿山戰敗爲其所獲至于俯伏謝罪且爲祿山作書勸降三節度使其喪節無恥如此工部草堂集未經手定故留此詩于集中未免譽詞過當也碑或立于天寶十二載或在十四載悉諾邏來降之時皆不可知今姑附于十四載後此碑得者絶少昶官關中德清宋維藩在陝甘制府幕中購以見貽未詳立碑所在諸金石家多未著録惟鄭氏通志金石略載此碑云在熙州宋之熙州臨洮郡

今爲甘肅蘭州府在唐初爲蘭州地天寶中置狄道郡後改蘭州爲臨州屬隴右道至肅宗寶應年即淪入吐蕃號武勝軍矣或此碑所在仍是甘肅蘭州不知何縣

據洪纂本校 字旁加○者洪本所同

謀 洪本

石錢本作右○

金石萃編卷九十一

賜進士出身 誥授光祿大夫刑部右侍郎加七級王昶譔

唐五十一

張安生墓誌

石高廣俱二尺五寸二十八行行二十九字正書 蓋題大唐故張府君墓誌銘九字篆書在西安府

唐故雲麾將軍行右龍武軍將軍上柱國開國侯南陽張公墓誌銘并序

鳥能飛万里其有鵬乎魚能吸百川其有鯤乎夫鯤鵬之處者非滄海而不居非扶搖而不動豈秋潦夕吹而能加其志焉士有佐世之材者非艱難而不投非　明君而不事豈𠂤脊凡類而能効其節焉則我　南陽張公功可著矣公諱安生譜姝清華門多高士漢有留侯秘略晉有司空傳識累葉冠冕暉曜相繼祖諱泰考諱貞並儷素隱躬遁跡不仕田園藴　道於高尚詩書襲德於風雅後㠯公列爵追贈考狀風郡司馬父因子貴以忠彰孝公駿骨天資偉皃神秀拔奇材於泉外先武略於群石景雲中屬韋氏竊權群凶暴溢擾我黔庶殘我　王室公乃叶忠謀爲佐弼識　潛龍必躍於雲霄知牝鷄伏誅於斧質提一劒而直入掃九重以殄謐孖清京兆之　天重捧長安之　日謀深於周邵功越

仗外 洪本

空格錢本作赴 洪本作趨 錢本隨君連寫不空

固下條元字

扵平勃古往已來莫之与疋公以功高職卑者志士之讓初退後進者達人之漸故舜公侯之封就戈戟之任畢能身榮於紫綬門曜於丹戟得馮異大樹之名免簫何小過之責有始有卒其惟公乎遂解褐授果毅二遷折衝一拜郎將再轉中郎畢于龍武將軍矣食邑九百戶公歷官無虧公務首要處事有則人莫能犯或　帝居內宮則警衛嚴肅或　駕行外仗則旗隊克齊其動也若鷹鸇迴迅其止也狀師虎群怖電轉星流比其速雲迴霞卷處其事暨乎晚載自強不息者緊公而口以天寶十三載冬十一月十日𡨋從甍于昭應縣之官苐也享載七十有一初公染疾城中將口湯所左右留勸作色不從曰吾亦知難保者命但殞隨口君側以表忠誠亦知易歿者身但死在營間用彰懃節使魂歸　帝鄉之路心存　皇闕之下頻之足矣汝等勿違言畢狀疾郎行到遂歿彼所謂臨事無苟懼臨困無苟免及迴櫬于路誰不傷悼嗣子庭訓等侍疾而捧藥淚枯返柩而攀輿氣輟夫人太原郡君王氏先公近歿苦蘆猶新縗絰重舉泣地未絕號天更哀又以翌載春二月十二日別兆塋于龍首原之禮也素墳上築而永固靈堂下甃而深堅白雲孤飛指將軍之勇氣綠栢旁植表武士

錢本作刻石說銘

之高節恐陵谷有遷刻銘以記銘曰
鶚之迅兮飛已絶士之勇兮謀且決臨難不懼兮忠臣
節奉我　明后兮誅暴蘖鵜鴒貴兮鷹行列花萼忽凋
兮一枝缺獨有功名兮千載存列石洸銘兮記墳闕
按此碑但稱諱安生而不及其字與張希古碑但
稱字而不及諱皆行文之略又希古碑有書人而
無撰人此碑則書撰人皆無亦皆刻誌之變例未
必取法于漢也碑書祖若父皆無官位其家世寒
微可知其云景雲中屬韋氏竊權殘我王室公乃
提一劍而直入掃九重以殄謚再清京兆之天重

捧長安之日云云此指元宗誅韋氏睿宗卽帝位
之事唐書睿宗紀景雲元年六月壬午韋皇后弑
中宗立溫王重茂爲皇太子又矯遺詔自立爲皇
太后皇太子卽皇帝位庚子臨淄郡王隆基卽元宗
率萬騎兵入北軍討亂誅韋氏安樂公主等甲辰
安國相王卽皇帝位是時張安生不過在萬騎兵
中之一人事定之後敘其微勞因授以果毅折衝
等官也碑又云天寶十三載冬十一月十日扈從
薨于昭應縣之官第唐書元宗紀天寶十三載十
月乙酉幸華清宮又地理志京兆府昭應縣有宮

据鈔本校

在驪山下貞觀十八年置咸亨二年始名溫泉宮
天寶元年更驪山曰會昌山三載析置會昌縣六
載更溫泉曰華清宮治陽井爲池環山列宮室又
築羅城置百司及十宅七載更會昌縣及山曰昭
應碑稱安生薨于昭應縣之官第者蓋扈從百司
之第也碑不著安生里居但云塟于龍首原長安
志萬年縣有龍首鄉在縣東一十五里當卽龍首
原地理志京兆府萬年縣天寶七載改曰咸寧安
生或卽家于此歟碑書諜牒作諜𧄼冠冕作冠𠕵
皆別體蕭何作簫何則筆誤也

少林寺神王師子記
石高三尺三寸五分廣二尺五寸二十六行行三十五行正書在少林寺
勅還少林寺神王師子記
大周天冊萬歲金輪聖神皇帝如意元年迎神王入內
其神王元是泥素彩裝其皇帝敬重神王脫空□佇紅
以金裝爲年歲多日金薄彫落後開元廿年僧靈嵒宏報
以金裝恐後僧徒貴𣊬不知□所由立一小碑述久視元
年還神王　勅具錄如後　少林寺　神王二
右去如意之年奉　勅將前件神王入內比不敢
陳請今內出功德散与諸寺且少林神王送在大福先

寺但山寺去都稍遠巧生難遇前件神王元在少林上
坊普光佛堂今者現闕其大福先□物得神王一十五
軀望請前件兩軀得還少林令本處尊儀具足兾得幽
山功德不闕莊嚴□往來有所瞻仰謹詣光政門奉狀
陳請以聞伏希　恩旨　久視元年九月十三日
少林寺主義奨等狀　僧䨻藏　勑好還少林寺
門司李阿毛宣　□監門直長路尙賓　左監
門直長成思貞　押門長上果毅杜行敦　周
還少林寺師子　勑一道　少林寺　師子二
師子郎二　右件師子等並是少林寺普光堂前

隨神王功德其神王奉今月十三日　勑還少林
寺爲前狀不別顯師子等福先寺綱維但付神王未付
師子既是隨神王一鋪功德望請許將還山供養謹詣
光政門奉狀以聞伏聽　勑旨　久視元年九
月廿九日少林寺主僧義奨等狀　勑好　九
月廿九日門司李仁福滕　右監門直長路尙賓
左監門直長成思貞　柙門長上果毅杜行敦
周少林寺賀師子　勑一道　少林寺僧義
奨等言伏奉九月十三日　恩勑賜還神王又奉其
月廿九日　恩勑兼還師子　恩波洊委喜懼兼深僧

鈔本奉字下多一表字　碑作表無奉字

義奨等誠惶誠恐死罪死罪但此功德昔是素裝忽覩
靈姿遂如金飾　䨻工再造　天巧自然□神之力巍
巍如是緇徒踴影若攀兜率之宮靈相生光似降莊嚴
之國手舞足蹈倍百恒情無任荷懼屏營之至謹附表
陳謝以聞謹言　久視元年十月日少林寺主僧義奨
等上奉　勑好放阿師去　久視元年十月六日門
司陳嘉逸滕　普光堂內一佛二菩薩迦葉阿難及門
外二金剛二神王二師子城內少有傳聞博士姓李名
雅永平年造此尊像奇妙少雙菩薩儀容卒不可有阿
難迦葉貌相肅然合掌虔恭實難希有門外二金剛烏

鵲不□□承稱說異相屢現其師子者乍著儀容或覩
或喜畫工巧近不可圖容二師子郎常相□□□一鋪
功德不可思議
天寶十四載八月十五日建
普光院立碑僧䨻器　修造僧智通法師
同修造僧同光禪師
都維那僧法忍　僧普門　僧智習
僧惠覺禪師　清河張景昇刻字
碑載久視年間僧義奨等表狀及武氏□勑碑小非
名筆故諸錄遺之葉井叔官於登封而石刻記亦不

據原碑　趙本　唐文合篇　校
又據洪纂本校

載余至少林周行廊廡見此石嵌置東廡壁間亟搨得之知考古必須親閲也金石文字記

張希古墓誌

石高二尺九寸七分廣三尺四分二十二行行二十二字行書今在吳縣靈巖山館

大唐故游擊將軍守左衛馬邑郡尙德府折衝都尉左龍武軍宿衛上柱國張府君墓誌銘并序

鴈門田潁書

噫夫蒼穹不仁殲我能幹德星落彩和璧韜光者歟爰我所珍淸河張公字希古晉司空華之裔緒也惟祖厥父耿逸馳芳競惕怡然匪干榮祿優遊自得凛霜松之搽岐嶷孤扳挺風雲之氣公負河岳之粹英育辰象之靈質亭亭高聳遠振雄名傑傑威稜龍城獨步門延賓侶豈謝季倫精舍樓臺有齊須達加以武略兼著公忠必聞歷踐榮班宿衛　淸禁累遷馬邑郡尙德府折衝都尉游擊將軍上柱國員外置同正員莫不獻屛贍於玉階輸腹心於金闕惟謹惟勵不懲不瑕豈啚二豎興災兩楹搆禍藥物無護酷裂所鍾白日長辭黃泉永赴則以天寶十四載十月十七日終醴泉里之私第春秋七十有三天寶十有五載四月二日窆于鳳城南樊川之北原禮也太夫人天水趙氏恭而有禮時稱孟軻之

鎊即鈁字

毋珪璋播美松竹茂心誕三子長曰行瑾次曰崇積並武部常選季子談俊衛尉寺武器署丞嗚呼誰免乎榮枯適覩全盛今已淪殂梁木折太山頹三子膓斷二女情摧咄嗟人代天道邅迴其詞曰

公之英聲振區宇兮公之勇義如龍虎兮彼上蒼蒼何不仁兮兪殄我之至所珍兮泉門此日一閟閉兮玉顏何春再相詣兮表余平生情懇至兮鎊琬玟響以鑿銘記子

天寶十五載歲次景申四月甲申朔一日甲申建

碑載府君字希古不言其名曾爲馬邑郡尙德府折衝都尉馬邑郎朔州唐書不及府名亦可以補史之缺關中金石記

唐之府兵皆隸於諸衛左右衛領六十府諸衛領五十至四十其餘隸東宮六率此尙德府則左衛所領也尙德府領于左衛而又稱左龍武軍宿衛者蓋番上宿衛時別有配隸非必就本衛爾希古子二人俱武部常選天寶十一載改兵部曰武部故也潛研堂金石文跋尾

碑爲田潁行書寶泉述書賦有販書人田潁注云長安人志凡識滯疑郎此人但竇云長安人而此題曰

雁門爲不同蛾術編

誌云清河張公字希古晉司空華之裔孫也書字而不書名未審當日何所避忌遂使後世不知其名也歷官有云累遷馬邑郡尚德府折衝都尉游擊將軍上柱國員外置同正員新唐書兵制太宗貞觀十年號統軍爲折衝都尉別將爲果毅都尉諸府總曰折衝府凡天下十道置府六百三十四皆有名號杜牧之云折衝果毅府五百七十四會要云關內置府二百六十一又置折衝府二百八十今此誌尚德府亦當時名號可見者其他如姚懿碑貶授晉州高陽府折衝都尉臧懷恪神道碑七子內有游擊將軍崇仁府折衝希崇漁陽郡君李龕銘有轘轅府折衝都尉郭敬之廟碑有雍北府金谷府碑陰有咸阜府興德府晉陽府李輔光墓誌有涿州仁賢府張詵墓誌銘祖元植皇朝盧龍府折衝田琬德政碑以功授合黎府別將歷果毅轉折衝皆不可更僕數宜類舉以與史志相證也授堂金石跋

房史君題記

石高一尺六寸七分廣三尺五寸共十三行行五字正書在略陽縣

太原王□□□人名□□□仁□□□□□□□□書

中郎守武興郡四境山嶙峋構新亭迓佳賓曰翠峯景

據趙本校

據洪蓁本校

寔眞唐天寶房史君上錫宴刊堅珉亭之右名不泯

按文凡六十二字而泐其十四字存者皆三字爲句二句一韻中有守武興句武興者卽今碑所在之略陽縣屬今陝西漢中府魏正始三年置武興鎭尋改置州郡郡有北谷水水經注云北谷水出武興東北而西南流逕武興城北又南轉逕其城東而南與一水合是也又方輿勝覽武興山在興州西一里古興州城于此隋大業初改順政郡唐時爲興州順政郡屬山南西道此武興之可攷者如此至翠峯亭及房史君皆無攷据文有天寶字附天寶末年

憫忠寺寶塔頌

碑高五尺廣三尺二寸二分左行二十二行行字三十七至四十二不等行書在京師憫忠寺今名法源寺

范陽郡憫忠寺　御史大夫史思明奉爲　大唐光天大聖文武孝感皇帝敬无垢淨光寶塔頌

范陽府功曹參軍兼節度掌書記張不矜撰

承奉郎守經略軍胄曹參軍蘇靈芝書

惟唐紹統于歲作噩天宅幽都于鎭戎索彼命啓与禪虞繼　鳳舉而龍躍馭閶闔而朝　南面服日月而昇

寶殿在𤅢衢以正乾坤握金鏡子臨宇縣東宅四水西
都八川天應景福億萬斯年神祇盱蠁而丕祐風化洋
溢而昭宣凝心姑射既邁黃軒之理端思真境高撫洪
崖之肩迴出三界超居四禪我御史大夫忠而孝悊而
賢禆　我唐祚崇斯福田昔在棘城結𥡴巳脩於寶塔
屬茲版蕩除悪務靜於幽燕開拓郡縣馳突戈鋋咸荷
威力掃逆清（情）邊樹茲幢相遊刃忘筌割淨貲以檀捨施
珎俸於慈緣爰居爰處載詢載度薙金界於祇園擇伽
藍之勝託徵郢匠稽朴鄧具鈎繩備丹雘才生明而畚
鍤攸華月貞朏而陶旗斯作塈峻砌而崛起堂皇聚楨

榦而上干寥廓不其庀徒有郎力工惟時隱金椎以雷
動走䥥甋以星馳椽之登登斗拱磊硌以狀衞築之閣
閣𤉵甓餘羅而緝熙騈竇石以疏趾齊玉璫以鎮陋斑
閑布白九隅八維風伯雨師扣靈壇而請命雷公電女
擗仙座以忘疲熠如聚鴈赫若奔螭虔嶪天假鬄像神
貧千龕擲比以攢搆万塔陵兢而護持觀其捫重扃披
藻井鴻蒙異狀嚙吒靈影霞駮雲蔚陽舒陰靜遊三界
而須臾視一刼而俄頃示大方便開大法境闡偈而刀
輪折鋒承風而火穽収猛凝若蜃樓之孤秀眩類狀桒
之映迴蓮花吐日攢太華之三峯香鑪抱雲矗廬嶽之

芽即互字

一頂若乃八部經行万方委□（略）離火宅啓棭喻魚貫爭
上鴈行齊赴隮穹崇陟迴芽嗜真如者搏級聚武而躡
行慕釋猷者阽虛□（恚）倅而徐步攀埜橑以失視援井榦
以增懼龍爲翁赫狀（扶）構櫨而蓄威鬼神睢盱捫頳㿸以
含怒將以經啓万祀永代作固置咒於梵刹之中釋網
於毗耶之路啓招提之勝果祛樊籠之緇蠹行善者□（攻）
痒而爭趍爲悪者震慄而憂怖逗塔影者洽背而䰟悚
聞鈴音者叩頂而心注是用敬　我天威保　我
唐祚彼幢（幢）相之微福荷无畺之率裕也客有叩虛幕府
忝掾神州媿三語（請）之斁對歸八解之禪流歸然寶塔永

贊鴻猷護鷄珠以守或持鴿稱（珎）以精徫刻字金版垂芳
朔幽雲行雨施自公乃侯永錫難老厥德允徫恭祭䙫
之　嚴命敢不拜敭　王休
至德二載十一月十五日建
此蘇靈芝爲史思明書也思明爲臣則助逆爲賊則
弑主篡位乃唐之所不宜存其跡者易人之傳其碑
無亦以妙札之故今觀其字擀有李顏二家而視北
海則加莊視太師又多雋誠足述也墨林快事
宋文惟簡虜庭事實曰燕京城東壁有大寺一區名
曰憫忠唐太宗征高麗回念忠臣義士沒於王事者

建此寺爲之薦福東西有兩磚塔高可十丈是安祿
山史思明所建此碑稱御史大夫史思明奉爲大唐
光天大聖文武孝感皇帝敬无垢淨光寶塔頌者是
也春明夢餘錄曰此碑蓋建於思明初歸附之時其
碑完好近日劉同人名侗作帝京景物略謂碑上半斷
裂不可讀且蘇靈芝之書名甚著當時乃謂爲李北海
自鐫名尤誤之甚不知北海自鐫名乃伏靈芝也此
碑書丹于石故以左爲前　舊唐書肅宗紀至德二
載十二月己丑賊將僞范陽節度使史思明以其兵
衆八萬與僞河東節度使高秀巖竝表送降三載正

月戊寅上皇御宣政殿冊皇帝尊號曰光天文武大
聖孝感皇帝二月丁未大赦天下改至德三載爲乾
元元年今此碑建於二載十一月而已稱尊號又以
大聖字移在文武之上與史書不合　宣和書譜蘇
靈芝儒生也嘗爲易州刺史郭明肅書候臺記靈芝
行書有二王法而成就頗放當與徐浩鴈行戈脚復
類世南體亦善於臨倣者　予後至燕一日與鄞人
萬言同至憫忠寺諦觀此碑萬曰前行大唐光天大
聖文武孝感皇帝及中間唐字史思明字類磨去重
刻者石皆凹而首行憫忠寺上元只二字今改范陽

郡三字蓋思明復叛之後磨去之及思明誅後此地
歸唐後人重刻者也當日君臣之分殆如奕棊然非
親至其下摩挲遺石而徒搨紙上之字未有能得其
情者若年月尊號之先後亦從此而無疑矣金石文字記
按唐史肅宗至德二載安祿山已死安慶緒忌史思
明之強遣安承慶安守忠阿史那往徵兵因密圖之
思明納判官耿仁智等之謀乃囚承慶等以所部十
三郡及兵八萬來降上大喜以思明爲歸義王范陽
節度使未幾復叛此碑乃建於初歸附之時而以媚
唐也庚子銷夏記

右憫忠寺寶塔頌宛平孫侍郎耳伯著春明夢餘錄
崑山顧處士甯人金石文字記皆論之余往觀焉碑
首范陽郡守字史思明三字次行大唐等十二字文
中維唐紹統及彼命啓與禪虞又東宅四水西都八
川暨唐祚字至德二載字其文深陷然書法實出一
人始悟侍郎處士所云猶未爲定論也考思明之降
在至德二載十二月至明年正月肅宗始加尊號二
月乃赦天下改元碑既建于二載十一月不應預書
尊號又思明初附肅宗授以歸義王范陽節度使若
碑建于降後宜大書王爵不當祇稱御史大夫則是

碑之建益在思明未降唐之先范陽郡三字其初本二字祿山僭稱范陽爲東都必東都也大唐一行其初必祿山父子僞號文中唐字其初必燕字而至德二載其初必祿山父子僭號之年無疑載攷安慶緒襲位賜思明姓安名榮國迨既降附復更舊名因命靈芝改書者爾碑文以左爲前寧人謂書丹于石之故疑從祿山俗尚未可定也不矜與判官耿仁智同僚思明之將復叛也表請誅李光弼不矜實爲起草辭曰陛下不爲臣誅光弼臣當自引兵就太原誅口及將入函爲仁智削去思明知之遂執二人仁智死不矜度難獨免可知已當日思明降而復叛旣誅之後唐人見其碑踣之惟恐不力安有反勒其名于石者乎此其事之所必無也曝書亭集

按朱彝尊之辨詳矣然尚有未盡者原碑至德二載四字亦係改刻至字微有聖字形載字微有年字形祿山僞建元聖武至德二載字先必聖武某年字也蘇靈芝署銜經略參軍經略字亦改刻其先或署僞官也又改刻除惡務靜句除惡字至行末以二字佔用四字格務靜字另行以二字佔用三字格除務靜三字係就文陷刻而惡字則石面平添者疑原文誤逆之辭有擡頭空格迨後滿格塡湊故參錯若此字形欹斜而長不復成書也其地改刻之字如唐紹統兮兮字斗拱字唐祚字鎭壓壓字皆朱彝尊所未按又除惡務靜靜字朱彝尊誤鈔作盡字彫像像字誤鈔作彫字今一依原碑校正又原碑以首行十六字佔用十八字格金石文字記謂改刻者止於大唐光天大聖文武孝感皇帝十二字而不知敬元垢淨光五字亦改刻者也以碑末聖武僞元字考之則首行必爲祿山僞號朱彝尊之說允無疑矣碑在本寺方丈前穿廊東壁上石質堅瑩唐碑之最完好者欽定日下舊聞考

頌范陽府節度掌書記張不矜撰不云范陽郡而云府者益祿山僭號之後改郡爲府爾蘇靈芝署銜云承奉郎守經略軍胄曹參軍按唐書地理志幽州城內有經略軍百官志諸軍各置使一人軍皆有倉兵胄三曹參軍事故經略軍得置胄曹也潛研堂金石文跋尾

頌由史思明旣降爲肅宗作也按舊唐書肅宗紀思明以至德二載十二月己丑表降然此頌已載十一月則當時尚未臣順兇徒豈肯早爲稱祝益思明旣欲歸命遂先以此貢媚爲容身之具亦或然也或云

據唐文百篇校

至德二載字凹陷亦似後重刻者此又不然頌內明言作噩繼統據爾雅歲在酉曰作噩至德二載正爲丁酉益必無誤也若稱肅宗尊號以大聖字移文武之上與史不合則如顧君云思明誅後此地歸唐後人重刻者近之　頌文自左起其文則范陽府功曹參軍兼節度掌書記張不矜撰舊唐書地理志范陽郡爲大都督府功曹列於府屬是宜結銜變文言府矣不矜見史思明傳令耿仁智張不矜修表請誅光弼以謝河北者修表即書記之任也與碑可相證後又列承奉郎守經略軍胄曹參軍蘇靈芝書新唐書

地理志范陽郡城內有經略軍今此題與志合而靈芝當開元二十七年猶稱前行易州錄事鐵像碑頌至此爲經略軍之屬蓋亦由孽引置幕下矣授堂金石跋

思道禪師墓誌

石高二尺一寸八分廣二尺七分十七行行二十字至二十五字不等行書

威神寺故思道禪師墓誌

和上俗姓師諱思道絳州夏縣平原人也天縱其志七歲出家人推其聰十八剃髮事人不事爲人不爲同鵲巢于頂之年護浮囊無缺之日次就有德轉相師師禪行法門戒律經論耳目聞見祀之心胷緇錫來求㬟禘欽仰聽習者鶴林若市頂謁者麻葦如雲去至德二載春秋八十有一僧夏六十一時偕二鼎妖纏十夢其年十二月示身有疾隨爲衆生其月二日禪河流竭坐般涅槃驚慟知聞悲罣飛走孫威神寺主僧承嗣五內摧裂躃踊攀號聲竭潛哀淚盡續血至乾元元年十二月二日遷于條山之側胄子堆頭禮也詢問其地取人不爭砥柱東橫汾河西澍青臺鎮北鹽池臨南峯尓堆頭卜擇安厝雖則天長地久而恐代異時移陵谷改遷斯文不謬其詞曰

緇門積豐寶樹崩摧法消蓮坐魂滋夜臺條山陰麓歸

然堆頭碧巖引吹清澗繞流和上登兮舊賞功匠興兮今修建崇塔兮斅仞塵金骨兮千秋

按碑云絳州夏縣平原人也唐書地理志夏縣本隸虞州貞觀十七年隸絳州大足元年屬陝州尋還隸絳州乾元三年復屬陝州此碑刻於乾元元年其時夏縣尚屬絳州也平原者地理志絳州絳郡注云有府三十三其一曰平原碑又云遷于條山之側條山即中條山也在虞州解縣元和郡縣志山在解縣南二十里縣東十里有鹽池碑又云鹽池臨南者是也

據道本校

通微道訣碑

碑高七尺三寸廣四尺十四行行三十二字後重刻記四行行四十餘字行書在三原大化觀

御製

人者道之子道者人之母子不知母謂之不孝人不識道謂之至愚故上士能勤行下士雖大笑背道求道從迷至迷且魚在水中水爲魚命人在道中道爲人生道去則人亡水竭則魚困不知卽身以求道而乃佝福以喪真何其誤歟遂積不義之財以爲布施弃無爲之教別云修善豈知善本破惡不合邀名施本濟人不合求報哉求道者以心爲舟以信爲車車用在於運舟用在

於虛常取不足勿求有餘靜心而不繫者虛舟也運動而不倦者信車也今將告爾以靈(元)言之首施勿求福而福自至齋勿貪功而功自備心勿向邪而道自致施而求福福必不足齋而貪功是謂有欲向邪求道是謂聾俗忠者臣之分孝者子之心柔弱爲趍道之津誠敬乃入真之馭不益已不損物以不貪爲寶以知足爲富內保慈儉外能和同念身何來從道而有少私寡欲夷心註靈(元)若然者可謂勤行之士爾其勗哉爾其勗哉夫大道坦坦生身不遠修之於身其德乃真爾當塡汝身洗汝心內養五神外合一氣去萬惡增萬善長生久視汝(本)

道訣云以下楊思聰跋語非唐文也

浴靈(元)波眞經之旨畢於是不死之方(口)盡於是爾其勗哉

大唐乾元二年六月十五日於大同殿奉　詔賜道訣碑乃唐　明皇御製文舊碑郎　肅宗皇帝勅道士達觀大師楊重鑾於渭北　大化觀立石者亦有恩也奈歲久缺裂字句不完讀者疑難故補上此石(口)新舊兩存使觀者見口明理自有所得而不失正路學者可從此入其於教也豈小補哉亦見古之聖王惓於救物之心深矣遠矣修習之士不口不知戊午歲人日本觀住持楊思聰謹記

知大化觀事毛致靜重立石　李志口(微)　蒲志常鐫

庫主田志秀

右通微道訣七十五句前云御製後云大唐乾元二年六月十五日于大同殿奉詔賜撰書人姓名按訣爲明皇製碑爲肅宗敕道士達觀大師楊重鑾于渭北大化觀立石歲久字泐知觀楊思聰補上此石訣語皆五千言之糟粕演而成訣耳王者寡欲淸心納身軌物自然清明在躬志氣如神安用孜孜于眞經之旨不死之方也哉　金石錄補

按原碑立于乾元二年歲久缺裂戊午歲人日知大化觀事毛致靜重刻楊思聰記不言何代之戊

午關中金石記以爲元時當必有據是仁宗延祐
五年也

縉雲縣城隍廟記

碑高五尺七寸廣三尺七分八行行十一字篆書在縉雲縣

城隍神祀典無之吳越有之風
俗水旱疾疫必禱焉有唐乾元
二年秋七月不雨八月既望縉
雲縣令李陽冰躬禱于神與神
約日五日不雨將焚其廟及期
大雨合境告足具官與耆耋羣
吏乃自西谷遷廟于山巔以答
神休

攄碑校過

據唐文百篇校　趙釋必作文誤

本乃字此從能明來釋作人非是趙本得

釋文
城隍神祀典無之吳越有之風俗水旱疾疫必禱焉有
唐乾元二年秋七月不雨八月既望縉雲縣令李陽冰
躬禱于神與神約日五日不雨將焚其廟及期大雨合
境告足具官與耆耋羣吏人自西谷遷廟于山巔以答
神休

唐乾元中李陽冰嘗宰是邑邑西山之巔有城隍祠
碑刻實所爲記與篆也陽冰以篆冠今古而人爭欲

趙無句字

得之昨緣宼攘殘缺斷裂殆不可讀偶得紙本於民
間遂命工重勒諸石庶廣其傳亦足以使之不朽也
大宋宣和五年歲次癸卯十月朔承信郎就差權處
州縉雲縣尉周明　廸功郎就差處州縉雲縣主簿
費季文　將仕郎處州縉雲縣丞李艮翰　文林郎
就差處州縉雲縣令管勾勸農公事吳延季　立

右城隍神記唐李陽冰撰并書陽冰爲縉雲令遭旱
禱雨約以七日不雨將焚其祠既而雨遂徙廟于西
山陽冰所記云城隍神祀典無之吳越有爾然今非
止吳越天下皆有而縣則少也集古錄

陽冰篆城隍祈雨碑曰字如日顛上作山李氏三墳
碑敀下作身忘歸堂庶子泉皆石下作口修廟碑曾
下作甘建字從𠘧而喜作乙若此類不可以陽冰之
蹟尤而效之人字本有刀几二體陽冰合之象俯身
曲脛於理則通女字象形陽冰曳爲兩足以取稱頗
非象形之初意子字象小兒圓頂鍾鼎至以丁點象
其頭而四布其畫以象手足陽冰喜破圓作鉤使疋
足二體不分要非子字之正主字象燈之炷陽冰或
卧其上炷㘽上從彡陽冰中畫常正横作⺈无象反
欠炁氣上皆三畫陽冰亦謂象人開口作⺈然欠象

開口猶可也豆安步也何取於開口乎今篆者于二
字多從氷體 熊朋來經說
李陽冰爲縉雲縣令値旱禱于城隍約五日不雨將
焚其廟及期而雨乃遷廟而記其事書固奇事亦奇
余觀其篆瘦細而偉勁飛動若神歐陽公以爲視陽
冰他篆最瘦余謂佳處正在此又云世言此石與忘
歸臺孔子廟三石俱活歲久漸生刻處幾合故細若
然今去歐公又四五百年寧不爲無字碑乎記云祀
典無城隍神吳越有之至歐陽公云天下皆有縣猶
少今則無縣無之矣且記云自西谷遷廟于山巔又

以見城隍廟前朝不必在城中也今西安府西村落
大者多有城隍是其遺意 石墨鐫華
五日不雨日字以曰爲日篆法日从⊙象形也曰古
三切從口含一象口含物也又山宜作凵今作山乃
嵩豈等字之頭皆誤 竹雲題跋
右縉雲縣城隍廟記城隍之神不見于古左傳祝宗
用馬于四墉又云祈于四鄘杜預以爲墉城也城隍
之有祀也其濫觴于斯乎北史慕容儼鎮郢城城中
先有神祠一所俗號城隍神隋書五行志梁武陵王
紀祭城隍神將烹牛忽有赤蛇繞牛口祀城隍神始
見于此至唐而益盛故張說有祭城隍之文杜子美
詩有賽城隍之句然猶不列于祀典少溫記文可證
也歐陽公跋云今天下皆有而縣則少是宋之城隍
祠又盛于唐而縣猶不皆有祠明洪武初從禮臣之
請加以封爵京都城隍曰昇福明靈王府曰威靈公
州曰靈佑侯縣曰顯佑伯未幾詔去封爵祇稱某處
城隍之神京都歲遣太常寺堂上官行禮諸府州縣
則守令主之而祀典通于天下矣 潛研堂金石文跋尾
縉雲縣城隍廟碑文唐李陽冰撰并篆書碑形上圓
下方後楷書宣和重刻年月立石人官爵姓名下截

一格缺蝕三字微存偏傍可意會也文只八十六字
而敍述禱雨遷廟二事義意已足古人作文言簡意
該于此可見山農需雨多在盛夏此自七月不雨至
八月既望始行禱祀以今日情事較之則亢旱成災
已不可支矣豈今昔農事亦遲早異候耶縉雲治當
婺女括蒼之交山水奇秀燕坐衙齋如作仙吏余嘗
遊其境徘徊不忍去惜匆遽經過未暇搜剔苔蘚一
讀遺碑碑作于乾元迨宋宣和襍適三百而已遭寇
攘斷裂宣和至今閱歲倍于前而完好可讀若有鬼
神呵護之者 碧溪文集

按城隍二字始于易之城復于隍其後則修治宮室濬繕城隍語見後漢書班固傳六朝以降凡言城隍皆繕治備禦之事唐書百官志職方郎中員外掌地圖城隍鎮戍烽候防人道路之遠近六典祠部郎中員外掌祠祀享祭司中司命風師雨師衆星山林川澤五龍祠等及州縣社稷釋奠爲小祀而皆不及城隍之在祀典據此碑則爲風俗之所尚而亦惟吳越之所有也五代梁初吳越錢鏐嘗于鎮東軍今紹興府卧龍山上重建牆隍廟奏請以故唐右衛將軍總管龎玉爲牆隍神封崇福侯撰

文并勅勒石廟中文見紹興府志及吳越裔孫錢文瀚所纂吳越錢氏志其稱牆隍者吳任臣十國春秋曰歐公五代史梁本紀注梁嘗更戊曰武朱温父名成戊字類成故改之城之改牆亦此類也據牆隍廟碑稱吳越重建則在唐時已先有廟而請封龎玉爲神則始見于錢氏陽冰此碑未嘗云有人爲神也陽冰兩唐書無傳惟見於宰相世系表趙郡李氏出自秦司徒曇次子璣裔孫行敦離狐主簿行敦子懷一晉陽尉懷一子雍門湖城令雍門子長湜次濟字堅冰刑部侍郎次印陽冰將

作少監宣和書譜稱陽冰字少温述書賦注云陽冰趙郡人兄弟五人世系表只三人此疑訛皆負詞學工于小篆初師李斯嶧山碑後見仲尼吳季札墓誌便變化開闔如虎如龍李肇國史補云陽冰自言斯翁之後直至小生曹喜蔡邕不足言也墨池編云陽冰雅好書石嘗貽書李大夫願刻石作篆備書六經立於明堂是曰大唐石經志不克就金石錄謂陽冰在肅宗朝所書時年尚少故字畫差疎瘦至大歷以後諸碑皆暮年所篆筆法愈淳勁然則此碑書于乾元二年尚非暮年淳勁之筆矣陽冰

嘗論書勢筆法所禁撰翰林禁經八卷見郡齋讀書志又推原筆法别其點畫著筆法論見宣和書譜因史無專傳故詳識之縉雲縣今隷浙江處州府縣治四面環山不立城郭廟在山巔與在城中無異石墨鐫華蓋未悉廟之所在也

金石萃編卷九十一終

據碑再校過

據趙本校

空格錢作臯

金石萃編卷九十二

賜進士出身　誥授光祿大夫刑部右侍郎加七級王昶譔

唐五十二

郭氏家廟碑

碑高一丈八寸廣五尺一寸三十行行五十八字正書今在西安府布政司署中

有唐故中大夫使持節壽州諸軍事壽州刺史上柱國
贈太保郭公廟碑銘并序

御題額

金紫光祿大夫檢校刑部尚書上柱國魯郡開國公
顏真卿撰并書

昔申伯翰周降神於維嶽仲父匡齊演慶於筮淮而獨見美詩人騰芳史筋豈比夫神明積高之壤百二懸隔之都三峯發地而削成九派浮天而噴激炳靈毓粹奕葉生賢括宇宙而□和摠河山而蘊秀莫與京者其唯郭宗乎其先蓋出周之虢叔虢或爲郭因而氏焉代爲太原著姓漢有光祿大夫廣意生孟儒爲馮翊太守子孫始自太原家焉後轉徙于華山之下故一族今爲華州鄭縣人夫其築臺見師㢓子致養家承金穴之資政有露冕之高或嶷或謀或肅或乂皆海有珠而鳥有鳳也閥閱之盛其流益光隋有金州司倉諱履球府君懋

錢本加作加　衛作衡

允

錢本令下有上字　趙本同

空格錢作典

其德輝不屑下位克己復禮州邦化焉篤生　唐涼州司法諱昶府君能世其業以伸其道遠近宗之不隕厥問生美原縣主簿贈兵部尚書諱通府君清識澈照博綜羣言始登王畿欝有佳稱道悠運促靡及賢仕垂于後昆歿而見尊是生我諱敬之府君府君幼而好仁長有全德身長八尺二寸行中潔矩聲如洪鐘河目電照虬鬚蝟磔進退閑雅望之若神以仲由之政事兼翁歸之文武始自涪州錄事參軍轉瓜州司倉雍北府右果毅加游擊將軍申王府典軍金谷府折衝兼左衛長上原州別駕遷扶州刺史未上除左威衛左郎將兼監牧南使渭吉二州刺史侍中牛仙客薦君清節奏授綏州遷壽州累加中大夫策勳上柱國以天寶三載春正月十日遘疾終于京師常樂坊之私第春秋七十有八乾元元年春二月以公之寶開府儀同三司司徒兼中書令柱國汾陽郡王曰子儀有大勳于
王室乃下　詔曰故中大夫壽州刺史郭敬之果君子之行毓達人之德才光文武政美中和生此大賢爲我良弼頃以孽胡稱亂黠首罹殃朕於是欝興神武之師克掃攙搶之氣而子儀飾彼勁卒赫然先驅□京洛如拾遺勇兒殘猶振槁功存社稷澤潤生人是用寵洽

錢本汶作汶

錢本咸作感

哀榮義申存歿可贈太保於戲府君體含宏之素履秉
沖邈之高烈言必主於忠信行不違於直方淸白爲吏
者之師死生敦交友之分端一之操不以夷險槩其懷
堅明之姿不以雪霜易其令用情不間於踈遠泛愛莫
踰於賤貧拳拳服膺終始靡二故所居則化所去見思
人到于今稱之斯不朽矣傳曰德盛必百代祀其有後
也宜哉恭惟令公　先皇之佐命臣也少而美秀
長而瓌偉姿性質直天然孝悌寬仁無比騎射絕倫所
莅以淸白見稱居常以經濟自命弱冠以邦鄉之賦驟
膺將帥之舉四擢高第有聲　前朝三爲將軍兼守

大郡累典兵要必聞休績天寶末安祿山反于范陽令
公以節度使擁朔方之衆圍高秀巖于雲中䓁史思明
于嘉山　先帝之幸朔方赴　行在于靈武甦
同羅于河曲走崔乾祐于蒲坂　今上之爲元帥
也首副旄鉞會迴紇于扶風摧兇寇于汶水退餘孽于
陝服長驅河洛弼成　睿圖再造生靈克淸天步乂
函夏之未乂安天下之不安一年之間區宇大定丕休
哉徒觀其元和降精間氣生德咸星辰而作輔應期運
以濟時忠於國而孝於家威可畏而儀可像盛德槩物
寬身厚下用人由已從善如流沉謀祕於鬼神精義貫

錢本舍作含

錢本允□厥道

於天地推赤誠而許國冒白刃以率先霆擊於雲雷之
初鷹揚乎廟堂之上大凡二歷鼎司兩升都座四作元
帥九年中書歷事　三聖而厥德維懋易相二十
而受遇益深薨乿復上都者再戡定東京者一其餘廛
城擁邑得儁摧鋒亦非遠數之所周也信可謂王國虓
虎生人蔭庥者歟非太保之邁種不孤則何以鍾美若
是況乎友于著睦譽龍虎者十人貽厥有光紆靑紫者
八十勳庸舉集今古莫儔昔奮号尊榮紅粟纔容於萬
石輝家全盛朱輪不出于十人孫我觀之事不侔矣於
乎淸廟之興所以仁祖考鴻伐之刻亦以垂子孫爰刑

製於舊居將永圖而觀德中唐有侐丕構克崇感霜露
而怵惕以增叙昭穆而敬恭斯在庶乎觀盥饗若旣無
斁於永懷入室僾然必有覿乎其位哀榮旣極情禮用
申仁人之所及遠哉孝子之事親終矣豈唯溫溫孔父
遠稱傴鼎之銘穆穆曾侯獨美龍旂之祀其詞曰
郭之皇祖肇允虢土逮于後昆實守左輔徙華陰兮其一
源長流光施于司倉涼州兵部克熾而昌載德深兮其二
篤生太保允口口道神之聽之永錫難老式如金兮其三
於穆令公汾陽啟封文經武緯訓徒陟空簡　帝心
兮其四舍一不二格于天地愷悌君子邦之彼慼貌德音

兮其五芝馥蘭芳羽儀公堂子子孫孫爲龍爲光鏘璆琳
兮其六乃立新廟肅雍允劭神保是聽孝思孔炤亶居歆
焉其七乃立高碑盛美奚敍日月有既徽猷永垂耿來今
兮其八

廣德二季歲次甲辰十一月甲午朔廿一日甲寅建

碑陰

其三十四行分三截書上截男中截孫下截曾孫字數不等行書

男

昭武校尉守絳州萬泉府折衝都尉上柱國子琇

子儀武舉及第授左衛長上　改河南府城皋府別

將　又改同州興德府右果毅左金吾衛知隊仗長上　又改汝州魯陽府折衝知右羽林軍長上　又遷桂州都督府長史充當管經略副使　又改北庭副都護充四鎮經略副使　又除左威衛中郎將轉右司禦率兼安西副都護　改右威衛將軍同朔方節度副使　改定遠城使本軍營田使　又加單于副大都護東受降城使左廂兵馬使　又拜右金吾衛將軍兼判單于副都護　又拜左武衛大將軍兼安北副都護橫塞軍使本軍營田使　又兼充天德軍使安北副都護　又兼豐州都督西受降城使

右廂兵馬使　改衛尉卿兼單于安北副大都護靈州刺史攝御史中丞權充朔方節度關內支度營田塩池押諸蕃部落副大使知節度事六城水運等使　又拜御史大夫餘並如故　又拜兵部尚書同中書門下平章事兼單于安北副大都護靈州大都督府長史節度等使餘如故　又特加銀青光祿大夫　又拜司空餘如故　又充副元帥餘如故　又拜尚書左僕射同平章事兼武部尚書餘如故　又加朔方管內採訪處置使　又加司徒封代國公食實封一千戶餘如故　又兼中書令司徒兼靈州大都

督府長史單于鎮北副大都護朔方節度等諸使餘並如故　又充東京畿及山南東道并河南等道諸節度防禦兵馬元師（帥）仍權知東京留守判留司尚書省事餘如故　又兼邠寧鄜坊等兩道節度使　又封汾陽郡王知朔方河中北庭潞儀澤沁等節度行營兼與平定國等軍兵馬副元師（帥）仍充本管觀察處置使餘並如故　加實封五百戶　又加實封二百戶　又充關內副元師（帥）餘如故　又兼上都留守餘如故　又兼河東副元師（帥）河中節度本道觀察處置等使兼河中尹餘如故　又兼靈州大都督單于鎮

北大都護充朔方節度大使及關內支度營田塩池
押諸蕃部落等使六城水運使管內觀察處置使餘
如故 又拜太尉兼河西副元帥通和吐蕃等使餘
如故 又拜尚書令兼中書令餘如故
游擊將軍左武衛將軍上柱國子雲
朝議郎行延州都督府法曹參軍子瑛
朝議郎行衢州盈川縣尉子珪
銀青光祿大夫衛尉卿單于副都護振武軍使朔方
左廂兵馬使上柱國幼賢贈太子少保
正議大夫光祿少卿兼漢州別駕賜紫金魚袋上柱

國幼儒
銀青光祿大夫太府卿上柱國太原郡開國公幼明
銀青光祿大夫試鴻臚卿上柱國幼沖
孫
朝議郎守通州別駕騎都尉賜緋魚袋睢□
銀青光祿大夫試太常卿上柱國太原縣開國公曜
特進兼鴻臚卿贈開府荆州大都督上柱國旰
雲麾將軍守左武衛大將軍同正上柱國昕
特進試鴻臚卿兼御史大夫左散騎常侍上柱國太
原縣開國公晞

正議大夫試光祿卿贈開府太常卿清源縣開國男
晒
銀清光祿大夫行少府少監樂平縣開國男晤
宣德郎試太子中舍人賞緋魚袋昉
銀青光祿大夫試殿中監駙馬都尉廣陽縣開國男
曖尚 昇平公主
奉義郎試太常寺協律郎晉陽縣開國男晛
宣德郎試左衛率府兵曹參軍曉
銀青光祿大夫試祕書監太原縣開國男曙
宣德郎行京兆府參軍太原縣開國男晌

朝散大夫試祕書著作郎壽陽縣開國男映
朝請郎試太常寺協律郎暅
曾孫
通直郎行將作丞銳
朝請郎守太府少卿銑
朝請郎守國子監主簿鋒□
碑在今陝西布政司御題額顏魯公撰并書敬之汾
陽忠武王父也夫以汾陽家廟得魯公手書千載而
下猶有生氣其文與書又非所論也但其碑在役人
雜遝之所雖巋然壁上而不無磨蝕之憂然以二公

之靈鬼神呵護有由來矣　碑陰具述汾陽兄弟子孫始知汾陽兄弟九人皆列大位不止史所稱幼明一人而已且汾陽封拜與史小異錄具左方碑正書陰作行書不審亦出魯公否觀其筆力似非魯公不能也　史稱子儀初授左衛長史累遷單于副都護振遠軍使又以天德軍使兼九原太守又衛衛尉卿靈武郡太守又加實戶七百頗與碑不合碑立于廣德二年十一月子儀是時年六十八歲官止于尚書令兼中書令故不及攝冢宰尊尚父等事但史言子儀辭尚書令碑乃實書之且通鑑拜尚書令在十二

月此前一月書當是誤石墨鐫華

右郭敬之廟碑陰記汾陽初授左衛長上改官封拜至尚書令兼中書令凡二十四考序次歷歷本傳初授左衛長史而非長上或云累遷或云又兼多略而不錄碑記實封二次止四百戶本傳則七百戶碑云拜尚書令在廣德二年十一月而傳云辭尚書令在十二月宜以碑爲信金石錄補

予從郭氏寵命錄抄當日碑有所未載者世次於後汾陽有大勳於唐室宜其後之以熾而昌也旰子儀次子晞子儀三子兵部尚書封趙國公曖子儀六子

卒贈尚書左僕射以女爲憲宗后穆宗太后復贈太尉曙子儀七子先金吾大將軍牽封沂國公昕子儀姪幼明之子安西大都護四鎮節度使文子儀姪郭太后叔父封鄭國公曜太子太傅謚曰孝郭太后穆宗母憲宗后也爲曖尚代宗長女昇平長公主之女追贈曾祖太保追封岐國公敬之贈太傅父曖爲太尉母號國長公主爲高國太長公主釗曖之子工部尚書劍南西川節度入爲太常卿檢校司徒郭太后兄也鏦金吾大將軍卒贈尚書左僕射尚順宗長女漢陽公主鋹太子詹事仲恭尚穆宗第四女金堂公

主銀青光祿大夫仲詞尚穆宗第六女饒陽公主釗之第三子也銀青光祿大夫襲封太原郡公仲文殿中少監以上抄龍命錄忠武王陪葬肅宗建陵陵內陪葬止王一人在武將山與太宗九嵕山昭陵相連而稍西北何以無墓碑或經後人埋沒未可知也郭氏子孫今尚盛往居華下華州之東路旁有郭汾陽故里石碑此地山川亦極秀麗集古錄有忠武王將左略碑云貞元十二年陳翃撰翃之所書亦爲盛矣猶言得其六七蓋其官至宰相者七人爲節度使者二十八人尚書丞郎京尹者十八人爲察使者五人據翃所得而書者實

六十八而顯名於世者蓋五十八雖喬琳周智光李懷光僕固懷恩等陷於禍敗然杜鴻漸黃裳李光弼光進之徒偉然名見於當時而垂稱於後世者亦爲不少豈惟得失相當而已哉雖汾陽功業士多喜附以成名然其亦自有以得之也其忠信之厚固出其天性至於處富貴保名德古人之所難者謀謨之際宜亦得其助也來齋金石刻考略

此碑書於代宗廣德二年十一月正與論坐書同時是時公年五十六正月除檢校刑部尚書兼御史大夫朔方行營汾晉等六州宣慰使宰相元載與公不

協恐公因使奏對必言其短等罷前命但以公檢校刑部尚書還之闕散故得從容翰墨而爲此碑常時以魯公自書告雍容朗暢不類魯公平生風格爲其晚歲極深到之作今觀此碑與自書告畧同而朗暢處更出自書告上直使人不復思自書告矣碑陰雖無魯公款然決知亦是魯公書公旣已大書其前誰敢更續貂其後故趙德甫金石錄斷然目爲魯公書書雖非公經意之作然卽此尚可函蓋徐季海張少悌等數十輩豈直此碑爲足高出一切而已　太保卒於元宗天寶三載時令公甫從戎功名未盛後十餘年令公屢立奇勳再造王室至德二年以功加司徒封代國公明年二月始有追贈太保之命又七年當代宗廣德二年令公始爲太保立廟當是時僕固懷恩引迴紇深入天子幸陝避狄令公方雪涕勤王刻無寧晷乃萬端拮据中猶能以其舊居爲父立廟忠孝之盛顛沛不忘於戲豈非人倫綱紀也歟舊史書太保追封祁國公此碑不書恐是史誤　碑陰書令公歷官與新舊兩史皆同但史畧而碑詳耳又史稱八子七壻皆爲朝廷重臣而不知令公兄弟九人亦皆貴也碑曰友于著睦齊龍虎者十八言兄弟也

兄弟止九而云十者舉成數也貽厥有光紆青紫者八士言子孫也令公子姪凡十五人而但云八碑以令公爲主故但言令公之子也　碑立于廣德二年故書令公歷官止於尚書令按史是年十一月帝以子儀爲尚書令子儀以太宗嘗爲此官屢表堅辭荅詔有無待禮成曲從德讓之語則已允其辭矣旣允其辭不宜復書而碑陰有又拜尚書令之語此碑立於十一月當拜命之時詔允辭讓在其後歟　天以郭氏再造唐室靈粹之氣鍾於一門豈惟令公秉仁蹈義始終爲社稷純臣卽其子孫無不世世忠孝自

古名臣往往無後獨令公子孫無復遺議史稱令公子八人壻七人皆朝廷重臣猶淺之乎知公者矣虛舟題跋

公名敬之漢光祿大夫廣意之後廣意世系表作廣智碑載子儀官爵甚詳大略與史傳合史稱振遠軍使即單于副都護九原太守即兼豐州都督也又通鑑稱是年十二月拜尚書令此碑建于十一月即稱尚書令者應是碑陰後書及之也傳稱武舉及第授左衛長史應依碑作長上碑載子儀兄弟七人孫十五人曾孫三人孫除子儀子八人外曜是子琇子昕煦晅幼明子昉曉幼賢子晛子瑛子曾孫銳是曜子銑是晪子關中金石記

郭太保敬之乃汾陽王之父碑在今陝西布政司下庫相傳布政司即汾陽府第下庫即家廟舊基也碑雖漫漶然猶當在顏氏家廟上若碑陰則斷非魯公書趙子函之言不足信也鐵函齋書跋

碑列其上世云漢有光祿大夫廣意生孟儒爲馮翊太守又云隨有金州司倉履球府君舊唐書地理志金州隨西城郡武德元年改爲金州是隨不名金州而文亦遷就爲之也下文篤生唐涼州司法諱昶府

君生美原縣主簿贈兵部尚書諱通府君今案新唐書宰相世系表廣意作廣智昶作隨京州法曹亦非金州司倉而通作美原尉尤不言主簿碑在當世魯公自所書宜爲有據而表或誤也碑載敬之遷扶州刺史又渭吉二州刺史又授綏州遷壽州據表所書敬之吉渭壽綏憲五州刺史與碑歷官數亦合而其地獨不載扶州又別書一憲州攷元和郡縣志憲州無文新唐書地理志始有之其小注云憲州本樓煩監牧嵐州刺史領之貞元十五年別置監牧使龍紀元年李克用表置州舊唐書志作貞觀十五年楊鉢爲監牧使下又云龍紀元年特置憲州于樓煩監則憲州蓋起於唐末故元和志不載而當敬之時州尚未設何以云爲刺史由是言之知表亦誤也今碑所云扶州者當依以爲正授堂金石跋

碑陰正書無書人名氏載敬之子孫曾孫凡三世石墨鐫華跋此碑獨詳子儀歷官於本傳爲備予更以新唐書宰相世系表校之表載子琇失其官勳今碑第一層首列男昭武校尉守絳州萬泉府折衝都尉上柱國即子琇也表載子雲左領軍將軍碑列游擊將軍左武衛將軍上柱國表載子瑛延州司法叅軍

碑列朝議郎行延州都督府法曹叅軍表載子珪無
官勳碑列朝議郎行衢州盈川縣尉表載幼賢副都
護碑列銀青光祿大夫衛尉卿單于副都護振武軍
使朔方左廂兵馬使上柱國贈太子少保表載幼儒
成都少尹碑列正議大夫光祿少卿兼漢州别駕賜
紫金魚袋上柱國表載幼明少府監太原公碑列銀
青光祿大夫太府卿上柱國太原郡開國公表載幼
沖太子詹事碑列銀青光祿大夫試鴻臚卿上柱國
又表於子雲下載子睊幼沖下載幼謙而碑無之第
二層列諸孫首爲曜銀青光祿大夫試太常卿上柱

國太原縣開國公載表太子少保太原孝公次朝議
郎守逼州别駕騎都尉賜緋魚袋瞧表載瞧無官勳
次特進兼鴻臚卿贈開府荆州大都督上柱國盱表
載鴻臚卿同正次雲麾將軍守左武衛大將軍同正
上柱國昕表載檢校左僕射磧西節度次特進試鴻
臚卿兼御史大夫左散騎常侍上柱國太原縣開國
公晞表載工部尚書次正議大夫試光祿卿贈開府
太常卿清源縣開國男朏表載試鴻臚卿次銀青光
祿大夫行少府少監樂平縣開國男晤表載兵部郎
中次宣德郎試太子中舍人賞緋魚袋昉表載試太

子中舍次銀青光祿大夫試殿中監駙馬都尉廣陽
縣開國男曖尚昇平公主表載左散騎常侍駙馬都
尉次奉義郎試太常寺協律郎晉陽縣開國男晛表
亦載試協律郎晉陽男次宣德郎試左衛率府兵曹
叅軍曉表亦載試左衛率府兵曹叅軍次銀青光祿
大夫試秘書監太原縣開國男曙表載右金吾將軍
祁國公次宣德郎行京北府叅軍太原縣開國男昫
表載鴻臚少卿次朝散大夫試秘書著作郎壽陽縣
開國男暎表載右庶子壽陽尹次朝請郎試太常寺
協律郎暅表不列官勳第三層碑列曾孫僅三人通

直郎行將作丞銳朝請郎守太府少卿銑朝請郎守
國子監主簿名已殘剝表載銳嘉王府長史銑試太
常主簿凡此互爲詳略實足以佐証史表而壽陽尹
唐於縣官不稱尹表誤記也子琇子一人瞧子英子
一人晛至如昉曉爲幼賢子昫暅爲幼明子昕爲子
雲子餘皆汾陽王子也授堂金石跋

按此碑今在陝西省城布政使司署下庫司署在
西安府城東鐘樓西陝西通志云相傳爲秦穆公
故府唐爲尚書省一爲于志寧郭汾陽宅鐵函齋
跋云司署即汾陽府第下庫即家廟舊基也然攷

之長安志尚書省在皇城承天門街之東面第四橫街之北尚父汾陽郡王郭子儀宅在京城丹鳳門街南親仁坊是尚書省與汾陽宅有皇城京城之别不可謂尚書省卽汾陽宅也至于懿寧宅與汾陽宅相連則長安志原云于宅在郭宅之西也長安志于親仁坊載汾陽宅于大通坊載汾陽廟而總不云有郭氏家廟則宋氏略也家廟之制唐書禮志云諸臣之享其親廟室服器之數視其品開元十二年著令一品二品四廟三品三廟五品二廟嫡士一廟庶人祭于寢天寶十載京官正員

四品清望及四品五品清官聽立廟勿限兼爵廟制三品以上九架夏兩旁又三品以上有神主又五品以上有几筵此皆唐時家廟之制也据此碑乃汾陽爲其父立廟不在四廟之例而碑文亦專叙其父太尉之事蹟及汾陽勳業文云刪製子舊居永圖而觀德殆卽親仁坊宅爲廟而以太尉爲始祖也碑叙郭氏先世云虢或爲郭因而氏焉代爲太原著姓漢有孟儒爲馮翊太守子孫家焉後轉從華山令爲華州鄭縣人宰相世系表郭氏武王封虢叔于西虢後平王東遷奪虢叔地與鄭武

公楚莊王伐周責王滅虢於是求虢叔裔孫封于陽曲號曰郭公虢謂之郭聲之轉也因以爲氏華陰郭氏出自太原漢有郭亭亭曾孫廣智（曾公文集作廣德碑作廣意）廣智生孟儒子孫遂徙馮翊語與碑合而較詳也下叙曾祖祖父皆稱諱而加府君二字與他碑不同碑云履球官金州司倉表云金州司倉叅軍碑云昶涼州司法表云隋涼州法曹碑云諱敬之府君不著其字表云敬之字敬之新唐書郭子儀傳不叙其父舊傳則云父敬之歷綏渭桂壽泗（表作吉渭壽綏憲碑作扶渭吉綏壽）五州刺史以子儀貴贈太保

追封祁國公（碑不書此封）皆碑與表傳之互異也稱子儀爲公之寶允此二字乃賢嗣令子之别稱始見于此其碑叙子儀戰功與史傳參校之傳詳而事皆合傳云廣德二年十一月以子儀爲尚書令上表懇辭答詔不允勑子儀於尚書省視事子儀復上表詔荅曲從德讓遣內侍魚朝恩傳詔賜美人盧氏等六人從者八人并車服帷帳牀褥珍玩之具蓋家廟之作正在此時也子儀以建中二年薨年八十五此時年六十八矣据傳所載似子儀之得從容安居者僅此數月至明年爲永泰元年五

月以後遂有出鎮河中之命矣碑陰載諸孫官位不獨與表異且有與傳異者今以舊書子儀傳參校之如長子曜碑云銀青光祿大夫試太常卿上柱國太原縣開國公傳云累遷至太子賓客（此下是建中時官）（新傳云至德初推子儀功授衛尉卿累進太子詹事太原郡公）三子晞碑云特進試鴻臚卿兼御史大夫左散騎常侍上柱國太原縣開國公傳云初以戰功授左贊善大夫加銀青光祿大夫鴻臚卿拜殿中丞廣德二年加御史中丞領朔方軍破蕃軍戰捷加御史大夫子儀固讓（此下是永泰二年官）（新傳同）六子曖碑云銀青光祿大夫

試殿中監駙馬都尉廣陽縣開國男尚昇平公主（此下是大歷中事）（新傳云曖字曖以太常主簿尚昇平公主拜駙馬都尉試殿中監封清源縣侯）曙碑傳但云年十餘歲尚代宗第四女昇平公主（此下是大云銀青光祿大夫試祕書監太原縣開國男傳但云代宗朝累歷司農卿（此下是建中時事）（新傳同）子儀弟幼明碑云銀青光祿大夫太府卿上柱國太原郡開國公傳但云以子儀勲業累歷大卿監（此下是大歷時事）幼明子昕碑云雲麾將軍守左武衛大將軍同正上柱國傳但云肅宗末爲四鎮留後（此下是建中時事）（以上新傳同）碑所載曾孫三人惟鋒見新史子儀傳鋭銑

俱不載而舊傳所有者曜男鋅（新傳有鋒無鋅）晤男鐇晞男鋼鈞曖子釗鏦銛（新傳增長子鑄）皆碑所未書又以世系表校之敬之之子十一人碑所未書者子雲之弟子晿幼沖之弟幼謙孫二十六人碑僅書十五人曾孫三十一人碑僅書三人其書子碑者官位又多不同大抵傳載多在立碑以後不能盡合也長安志載家廟甚多而家廟之有碑獨始見於郭氏碑陰書歷官之詳亦未有如子儀者史傳所不能備也碑銘八章章各五句上四句各自用韻下一句則合八章之末句同一韻又銘詞之變格也

李光弼碑

碑連額高一丈三尺四寸廣五尺一寸一分四十行行八十二三字不等額題大唐太尉兼侍中臨淮武穆王贈太保李公神道碑二十字並行書在富平縣

唐故□□（開府）儀同三司□□（太尉）□（兼）□（侍中）河南副元帥都督河南淮南淮西□（荆）南山南東道（山五）□節度行營事□□□（東都留守）上柱國贈太保□□（臨淮）武穆王李公神道碑（并序）

金紫光祿大夫檢校刑部尚書上柱國魯郡開國公

顏眞卿撰

□中大夫□□□少□（前將作少監）上柱國□（賜）紫金魚袋張少悌書

咸古碑證文作戚

鹿古碑證文作麈

昔宗周之中興也時則有若方叔召虎□□□□之
業南威荆蠻東截淮浦以左右宣王詩人歌之刻在風
雅　我皇唐之反正也時則有若臨淮汾陽來文
武忠義之姿廓清河朔保乂王室以翼戴
三聖天下之人謂之李郭異代同德今古一時公諱光
弼京兆萬年人也曾祖　皇左威衛大將軍幽州經
略軍副使府君諱令節祖鴻臚卿兼檀州刺史府君諱
重英父雲麾將軍左領左羽林二軍大將軍朔方節度
副使薊郡開國公贈幽州都督司空諱楷洛皆以英果
沈勇累葉將邊擔威稜於幽碣公即薊□公之第四子

也體混元之正性秉宏毅之高蹈天予純嘏生知禮度
謨謀炳邃黙識沖深傑出經武之才鬱爲興王之佐故
能東征北伐厭難康屯挺草昧不世之功允蒼生具瞻
之望　社稷威寶公之謂歟初　天后萬歲
中大將軍燕國公武楷固爲國大將威震北陲有女曰
今韓國太夫人才淑冠族嘗鑒之曰爾後必生公侯之
子因擇薊公配焉後果生公公年六歲嘗撫鹿而遊薊
公視而訶之曰兒勿更爾公振手而起遂絶不爲童戲
未冠以將門子工於騎射能讀左氏春秋兼該太史公
班固之學開元中起家左衛左郎將歷豐夏二都督府

長史尋遷別駕加朝散大夫丁父憂以毀聞終喪不入
妻室太夫人高明整肅有慈有威公下氣怡聲承順而
每竭其力雖已官達小不如意猶加譙讓之責故能濟
其勲業天寶二年拜寧朔郡太守四載加左清道率兼
安北都護仍充朔方行軍都虞候五載充王忠嗣河西
節度兵馬使加游騎將軍守右領軍賜紫金魚袋仍充
赤水軍使八月襲封薊郡開國公八載遷右金吾衛將
軍充節度副使以破吐蕃及招討吐谷渾加雲麾將軍
左武衛大將軍十一載拜單于副都護十三載爲安思
順朔方節度兵馬使思順慕公信義請爲婚姻公辭不

獲免遂託疾罷官西平王哥舒翰聞而壯之奏歸京師
遂守道屏居杜絶人事十四載冬十一月安祿山反范
陽天下驛騷朝廷旰食聿求虓闞之將爰統鷹
揚之師明年春正月起公爲銀青光祿大夫鴻臚卿兼
雲中郡太守攝御史中丞持節充河東節度支度營田
副大使知節度事仍充大同軍使二月拜攝御史大夫
魏郡太守充河北道採訪使俄除范陽郡大都督府長
史充范陽節度使初公以朔方馬步八千人出土門其
月既望收常山郡前是太守顏杲卿邈與泉長史袁履謙□殺
祿山土門使李欽湊擒其心腹高邈□何□千年□屬□太原□尹

□□□出救□□□履謙□史思明所□戰士□□
□踣籍泮涖之上公□□□□□□□□□
□哭以祭之分遺恤其家屬城中莫不感激一心史思明
正圍饒陽驍來拒戰公屢摧陷之　詔拜公兼御
史大夫　命尚書令汾陽王郭公子儀悉朔方之衆與
公合勢□收趙郡又敗之于沙河夏六月戰于嘉山大
敗之斬獲萬計思明露髮跣足奔于博陵窮蹙無計歸
命於祿山祿山大恐逆徒幾潰屬潼關不守　肅
宗理兵于靈武盡追朔方之師加公太原尹公以麾下
及景城河間之卒數千人至秋八月拜戶部尚書同中

書門下平章事史思明既有河北之地與蔡希德悉衆
來攻累月不尅而退公自賊逼城於東南角張帳次居
止竟不省視妻子每過府門未嘗回顧是後決遣事務
信宿方歸至德二年拜司徒冬十二月十五日
肅宗既還京師策勳拜司空兼兵部尚書封鄭國公食
實封八百戶公弟光進亦以懋功同制封拜乾
元元年八月拜侍中其年冬十月與九節度圍安慶緒
於相州明年春三月史思明至滏陽屢絶我糧道衆咸
請公簡精鋭以擊之交鋒竟日思明奔北于百里之外
公反旆而歸烟塵亘天諸將皆以爲賊軍大至遂南渡

智證古碑證文作贊應從之

黄河公至則無見矣遒歸于太原是年夏五月除范陽
節度使尋代汾陽王爲朔方節度使秋八月充天下兵
馬副元帥以數千騎東巡追兵馬使張用濟會于汜水
用濟獨來上謁公數其罪而斬之因追都知兵馬使御
史大夫僕固懷恩懷恩中夜馳赴魚貫而前再宿遄至
秋毫不犯公趣河而東及湖州聞史思明已過河遂迎
强旅以至東京移牒留守及官吏等悉皆□避公獨與
麾下趣河陽橋城賊先鋒已下倒懸坂公至石橋命秉
燭徐行一夜方達賊望之不敢近思明來至城下請見
公公於城上謂之曰我三代無葬地一身必以死國家

之恵爾爲逆虜我爲王臣義不兩全我若不死于汝手
汝必死於我手將士聞之無不激勵相持凡八月思明
暴露不敢入東京乾元二年冬十月甲申賊將周贄悉
河北之衆萃于河陽城北思明以河南之衆頓于河陽
南城之南南北夾攻表裏受敵公設奇分鋭襲其虛而
大破贄軍臨陣擒其大將徐□□殺獲略盡贄僅以身
免收軍資器械不可勝數思明心悖氣索煙火不舉者
三日官軍大振初公以爲戰者危事勝負難必每臨陣
嘗貯伏突於靴中義不受□至□登城西向拜辭因歔
欷不自勝三軍見之無不涙下三年春正月□太□兼

中書令□□□□上元□□□月攻拔懷州擒其僞節
度安太淸二年春二月統僕固懷恩自河陽趣河淸與
思明合戰于邙山屬風雨晦冥王師不利公收合餘軍
屯于垣縣遂引過請罪懇讓太尉肅宗不能違
之二月拜開府儀同三司中書令兼河中尹節度使夏
五月十有一日復拜太尉兼侍中充河南副元帥都知
河南淮南淮西山南東荆南五道節度行營事出鎮臨
淮時史朝義乘邙山之捷圍逼申安等一十三州自領
精騎圍李岑於宋州公之將吏皆兇懼議南保揚州公
謂之曰臨淮城池卑陋不堪鎮遏不如徑赴彭城俟其

東寇蹋而追之賊可擒也遂趣徐州因召田神功宴慰
與同寢宿以宋州之難告祖道郊外俾先飲以寵之分
麾下隸於其將喬岫仍令兵馬使郝庭玉與岫犄角而
擊之賊遂一戰而走使來告捷公已屈指俟報餓而吉
語至焉今上登極寶應元年夏五月進封臨淮
郡王廣德元年秋七月加實封三百戶通前後凡二千
戶賜鐵券名藏太廟仍圖畫於凌烟閣冬十一月
上在陝州以公兼東都留守□制書未
下久之□□□□□□□□□□□□□使□（待命于徐州將赴東都屬痢疾增劇公知不起使）
□□□□廣德二年秋七月五日己亥薨于徐州之官（遺表奉辭）

宜吉碑諡文作直

舍勑將吏等問以後事公曰吾久在軍中不得就養令
爲不孝子矣夫復何言因取己封布絹各三千匹錢三
千貫幣麥以分遺將士衆皆感痛不自勝及公云亡遂
以其布爲公製服庚申哀問至上都上痛悼之
輟朝三日太夫人一慟而絕終夕方蘇上使開
府魚朝恩就宅敦喻京兆尹第五琦監護喪事九月己
未追贈太保十一月□□太常議行謚曰武穆夫人薛
國夫人太原王氏泉長子太僕卿義忠並先公而逝次
曰太府少卿太僕卿象殿中丞稟等皆保家克荷備聞
詩禮無忝燕翼過庭之訓冬十一月廿七日庚申泣而

浴于王母虔室公于富平縣先塋之東禮也於戲公以
吉甫文武之姿兼樊仲將明之德王國多難羣胡搆紛
藉朔方偏師之旅入井陘不測之地思明挫鋭於恒定
祿山絕望於江淮守太原而地道設奇保河陽而雲梯
圖冀破周贄於溫洸擒太清於覃懷走史朝義叛渙之
衆於梁宋救僕固瑒已危之軍於瀛莫皆意出事外慮
墜計中□□□□□□□家無贊旒之患此皆公之（天下有之國）
力也公兄遷宜遵行仕至將軍泉弟光朝並不幸早世
次曰光顏特進鴻臚卿皆有將略見稱時輩季曰光進
開府儀同三司太子太保兼御史大夫渭北節度使涼
□□□□□□

國公淸識表微沈謀絕衆剛亦不吐柔而能立與公並
時仗鉞分閫□□麥霄翼聖旣有戴天之功華原統師
獨聞禁暴之德□方□當□會同□正□至□崇□耀□君□覲□入□侍□蹣□淮□峨
□二□紹□乎囘囘囘泰階之上歸聯綵服須雙節於高堂之
□下□斷□歎□未□剮□遺□恨何居□昔□䣢□律□丞□相□與□弟□許□州□同□務□烈
□於北齊拔□行□臺□與□兄□荊□州□□甲亦宜力於西魏咸稱義
烈各懋勳庸而□風□樹□寂□寥□偏隅監陋比之我族事則不
侔眞卿昔守平原□困□于□□□羯繫公菹止獲保餘生東帶
與居空想北平之禮操□觚□論撰敢墜中郎之辭銘曰　興
羯胡猖狂　俶擾　皇綱　降生臨淮佐我

王維此臨淮萬夫之望爰初發迹罔或弗臧出入忠孝
人倫激昂其心鐵石其行圭璋天寶末造河朔恇攘
天子震命公經營朔方沙河嘉山我伐用張思明歸
節祿山霍惶潼關勿□師□醜虜其亡　肅宗有命大
鹵于襄應變如神兇徒靡亢介珪入覲台座用光俾公
東征北國是皇長驅鄴下坐入河陽擒斬渠魁霆擊龍
驤淮濆鎮定徐土翺翔服田蠖屈料瑒鷹揚不有神算
疇戡暴强弟兄同時秉鉞煌煌方期凱旋雙映旂常晨
遡法座夕慶高堂如何不辰忽此百祥素輛反葬白驥
踊箱簫鼓悲鳴羽儀分行萬乘致祭于官送喪生榮死

哀身殁名揚渭水川上壇山路旁唯𠐊豐碑突兀道周
往來必拜萬古沾裳

關西道耀州富平縣李光弼墓在縣西四十里顏魯
公爲碑字太平寰宇記

張少悌書在當時不大知名而此碑殊勁拔淸圓深
得右軍行草遺意惜殘缺不完且于李公中興偉畧
不得一一證之唐史耳石墨鐫華

右李光弼碑顏眞卿撰張少悌書按史光弼營州柳
城人父楷洛爲契丹酋長武后時入朝而碑云京兆
萬年人父楷洛薊郡開國公未嘗言契丹酋長也地

理志柳城郡于萬歲通天元年爲契丹所陷開元五
年還治大都督府楷洛于武后時入朝柳城陷未久
不應即爲酋長旣陷後又安得入朝也或以入朝後
附籍京兆而酋長之說爲公爲臨淮諱故并其舊籍
而逸之耶史云楷洛贈營州都督謚忠烈碑云贈幽
州都督而無謚又云兄遵直遵沂弟光玫光彥光進
子義忠彙而史但稱光進與彙詳貴也夫臨淮雖與
汾陽齊名戰功尤爲中興第一如斬侍御史崔衆賞
郝廷玉之裨將援矛者壁野水度還軍以避李日越
之劫其胆識出諸將上碑皆略之顏公筆弱不能如

司馬子長韓彭諸將傳使千載下鬚眉如見也金石後錄

按此碑間段缺泐賴顏魯公集刻此文可以校補碑無立石年月文云廣德□年□七月五日己亥薨而年上泐一字顏集作二年据通鑑目錄是年七月丙申朔則己亥是四日非五日然推其前五月爲丁酉朔若五月小盡則六月爲丙寅朔再小盡七月爲乙未朔五日正是己亥與碑合或通鑑有誤文也則碑當立于廣德二年與魯公集合矣新唐書稱光弼營州柳城人碑作京兆萬年人宰相世系表云柳城李氏本奚族不知何氏至寶臣

爲張鏁高養子冒姓張氏後賜姓李氏表末云李氏三公七八三師二八柳城李氏有光弼而于表內不書光弼名且碑所載曾祖令節祖重英父楷洛皆不在表內所未詳也光弼傳不載曾祖祖惟云父楷洛本契丹酋長武后時入朝累官左羽林大將軍封薊郡公吐番寇清源楷洛率精兵擊走之初行謂人曰賊平吾不歸矣師還卒于軍贈營州都督謚曰忠烈所載官位與碑不同然楷洛自契丹入朝則居萬年者卽自光弼始矣傳所叙光弼事蹟大較與碑同其不同者碑云朔方馬步八

千人出土門傳作五千人碑云以數千騎東巡追兵馬使張用濟傳云以河東騎五百馳東都碑云賊將周智傳作周摯碑云嘗貯伏突于靴中傳云納刀于靴刀有伏突之名未有所攷碑云圖逼申安等一十三州傳作申光唐書地理志申州義陽郡安州安陸郡光州弋陽郡同屬淮南道不能定其孰是也又傳云浙東賊表晁反台州建元寶勝通鑑與此同宋庠紀元通譜作昇國以建丑月爲正月殘剽州縣光弼遣麾下破其衆于衢州廣德元年遂禽晁浙東平詔增實封戶二千與一子三品階碑但書增戶

二千餘俱不載又傳云吐蕃寇京師代宗詔入援光弼畏禍遷延不敢行及帝幸陜猶倚以爲重數存問其母以解嫌疑帝還長安因拜東都留守察其去就光弼以久須詔書不至歸徐州收租賦爲解帝令郭子儀自河中輦其母還京二年光弼疾篤此事碑多泐文魯公刻集又多漫漶賴傳得其詳也碑不書薨年若干傳云五十七碑稱長子太僕卿義忠先逝次太府少卿太僕卿象次殿中丞彙等皆保家克荷傳惟載彙有志操廉介自將從賈耽爲裨將奏兼御史大夫此下是元和年事不云其官

殿中丞也碑云公兄遵宜遵行弟光允皆早世次
曰光顏特進鴻臚卿季光進亦以勳功同制封拜
光進附見光弼傳云字太應初爲房琯裨將將北
軍戰陳濤斜兵敗犇行在肅宗宥之代宗即位拜
檢校太子太保封涼國公吐蕃入寇至便橋郭子
儀爲副元帥光進及郭英乂佐之此下是王德以後事傳載
光進官與碑同而碑有兼御史大夫渭北節度使
傳所無也碑云天后萬歲中大將軍燕國公武楷
固爲國大將威震北陲有女曰今韓國太夫人才
淑冠族嘗鑒之曰爾後必生公侯之子因擇謝公

配焉後果生公是光弼之母武氏也傳則云母李
有鬚數十長五寸許封韓國太夫人是以其母爲
李氏矣疑子爲李氏不應母與同姓史誤顯然碑
云窆公于富平縣先塋之東是其先塋在富平也
傳則云死葬長安南原皆碑傳之互異者碑云眞
卿其守平原緊公蒞止獲保餘生以唐書顏眞卿
傳證之眞卿出爲平原太守安祿山反眞卿募勇
士得萬人祿山遣其將李欽湊高邈何千年等守
土門眞卿從父兄常山太守杲卿與長史袁履謙
謀殺湊邈擒千年送京師土門旣開十七郡同日

歸順共推眞卿爲帥即碑所云公以朔方馬步八
千人出土門云云語皆合也

金石萃編卷九十二終

金石萃編卷九十三

賜進士出身　誥授光祿大夫刑部右侍郎加七級王昶譔

唐五十三

顏魯公與郭僕射書

石横廣四尺六分高三尺二分兩截書上截三十二行旁添一行下截三十二行旁添三行每行字數不計草書在西安府學

十一月　日金紫光祿大夫檢校刑部尚書上柱國魯郡開國公顏眞卿謹奉書于右僕射定襄郡王郭公閣下葢太上有立德其次有立功是之謂不朽抑又聞之端揆者百寮之師長諸侯王者人臣之極地今僕射挺

不朽之功業當人臣之極地豈不以才爲世出功冠一時挫思明跋扈之師抗迴紇無厭之請故得身畫凌煙之閣名藏太室之廷吁足畏也然美則美矣然而終之始難故曰滿而不溢所以長守富也高而不危所以長守貴也可不儆懼乎書曰爾惟弗矜天下莫與汝爭功爾惟不伐天下莫與汝爭能以齊桓公之盛業片言勤王則九合諸侯一匡天下葵丘之會微有振矜而叛者九國故曰行百里者半九十里言晩節末路之難也從古至今洎我高祖太宗已來未有行此而不理廢此而不亂者也前者菩提寺行香僕射指麾宰相與兩省臺

省已下常參官並爲一行坐魚開府及僕射率諸軍將爲一行坐若一時從權亦猶未可何況積習更行之乎一昨以郭令公父子之軍破犬羊兇逆之衆衆情欣喜恨不頂而戴之是用有興道之會僕射又不悟前失徑率意而指麾不顧班秩之高下不論文武之左右苟以取悅軍容爲心曾不顧百寮之側目亦何異淸晝攫金之士哉甚非謂也君子愛人以禮不聞姑息僕射得不深念之乎眞卿竊聞軍容之爲人淸修梵行深入佛海況乎收東京有殄賊之業守陝城有戴天之功朝野之人所共貴仰豈獨有分于僕射哉加以利衰塗割恬然

於心固不以一毀加怒一敬加喜尚何半席之座咫尺之地能汩其志哉且鄉里上齒宗廟上爵朝廷上位皆有等威以明長幼故得彝倫叙而天下和平也且上自宰相御史大夫兩省五品以上供奉官自爲一行十二衛大將軍次之三師三公令僕少師保傅尚書左右丞侍郎自爲一行九卿三監對之從古以然未嘗參錯至如節度軍將各有本班卿監有卿監之班將軍有將軍之位縱是開府特進並是勳官用蔭卽有高卑會讌合依倫叙豈可裂冠毀冕反易彝倫貴者爲卑所凌尊者爲賤所偪一至於此振古未聞如魚軍容階雖開府官

郎監門將軍朝廷列位自有次叙但以功績既高恩澤莫二出入王命衆人不敢爲比不可令居本位須别示有尊崇只可於宰相師保座南横安一位如御史臺衆尊知雜事御史别置一榻使百寮共得瞻仰不亦可乎聖皇時開府高力士承恩宣傳亦只如此横座亦不聞别有禮數亦何必令他失位如李輔國倚承恩澤徑居左右僕射及三公之上令天下疑怪乎古人云益者三友損者三友願僕射與軍容爲直諒之友不願僕射爲軍容佞柔之友

又一 昨裴僕射誤欲令左右丞勾當尚書當時輒有訓對僕射恃貴張目見尤介衆之中不欲顯過令者興道之會還爾遂非再獨八座尚書欲令便向下座州縣軍城之禮亦恐未然朝廷公讌之宜不應若此今既若此僕射意只應以爲尚書之與僕射若州佐之與縣令乎若以尚書同於縣令則僕射見尚書令得如上佐事刺史乎益不然矣今既三廳齊列足明不同刺史且尚書令與僕射同是二品只校上下之階六曹尚書並正三品又非隔品致敬之類尚書之事僕射禮數未敢有失僕射之顧尚書何乃欲同卑吏又據宋書百官志八座同是第三品隋及國家始并别作二品高自標致誠則

尊崇向下擠排無乃傷甚况再於公堂猶咄常伯當爲令公初到不欲紛披僶俛就命亦非理屈朝廷紀綱須共存立過爾隳壞亦恐及身 明天子忽震雷含怒責數彝倫之人則僕射將何口以對

昨日長安安師文出所藏顔公與定襄郡王書草數紙比公他書尤爲奇特信手自書動有姿態乃知瓦注賢于黄金雖公猶未免也東坡集

魯公與郭令公書論魚軍容坐席凡七紙而長安安氏兄弟異財時以前四紙作一分後三紙及乞鹿脯帖作一分以故人間但傳至不顧與軍容爲佞柔之

友而止元祐中余在京師始從安師文借得後三紙遂合爲一此書雖奇特猶不及祭濠州刺史文之妙蓋一紙半書而真行草法皆備也黄文憲公集

右唐顔魯公與郭僕射書僕射郭英乂也魯公於座位高下小有失當猶力爭如此使之立朝其肯逢君之惡乎金石錄

魚朝恩擠郭令公折元載搖相里造使王縉一時權燄熏灼若此魯公秉義以奪其驕至今幾五百年尚凛凛有生意猶其備與但其間稱譽朝恩尚數十言大半於行間增入豈猶未免於危行言孫邪魏了翁鶴山集

魯公作字多擘窠大書端勁而秀偉黄魯直云此所期無不欲高照千載者此帖草略匆匆前所未見開軸未暇熟視已覺粲然忠義之氣横溢而點畫所至處便自奇勁公嘗謂盧杞曰朝廷法度豈更堪公破壞也于此又曰朝廷綱紀須共存立凛然想見其爲人蓋公所遭之時如此而所守之道不得不然故倉卒未敢忘國之綱紀也余私有感于中者因記于此石門文字禪

坐位帖真蹟在京兆安氏家嘗刻以傳世吳中復守永興謂安氏石未盡筆法因再模刻此二本余家咸

有之安氏子孫分析坐位帖乃剖爲二此帖至行香寺僕射指後不復有蓋長安石刻本卓頭高指後别爲一行遂由是平分爲兩是安氏兄弟不學之謬東坡見安師文時帖尚全嘗手搨數十本余得坡公搨本於東平王氏無纖豪失真旁用眉陽蘇氏及趙郡蘇軾印記米襄陽年少嘗臨之邵伯温亦云安氏析後不復見全本此卷筆法絶類米老遂定爲米老所臨無疑袁桷清容居士集

西安府學顔魯公座位帖得之按察使李俊此帖與北京本字行微有不同處字亦稍細不若北京本之精好也北京本云初止二石永樂十一年民家發地又得二石始爲完物然予所得於洪常秀才者亦四幅但覩此則首缺六行尾缺八行不知其如何也竹葉堂稿

按元章待訪録是褚紙用先豐縣先天廣德中牒起草秃筆今此石刻中秃筆宛然都元敬寓意編謂馬主事抑之家藏有米臨此帖内有元時袁文清桷跋謂京兆安氏嘗刻以傳世吳中復守永興以安氏石未盡筆法因再摹京兆永興皆陝中地名今石在陝中豈即安氏原石耶抑永興重摹者耶又謂安氏分

析時剖此帖爲二至僕射指下遂平分爲兩以石刻較之正居其半今此帖共六十九行僕射指處止十九行正得四分之一多二行豈馬所藏本又止半幅耶元章書史又謂内小行是於行間添注不盡又於行下空紙邊横寫與刻本不同若是米臨本亦當作横寫乃是何袁跋未見言及此帖首十餘行尚覺屈彊未舒至僕射指以下乃始活潑飛動至皆有等威後又更渾化入妙結末數行筆已倦意已懈而餘興淋漓更出屋漏雨蹟殆若所云懷素自言初不知者若分得後半當是獲嘗腴産矣袁跋又云嘗得坡翁

搨本無毫髮失真蘇公見安師文帖時帖尚全嘗手搨數本書遂大進蘇本久不問應已湮沒馬氏藏米本不遠今尚能存否內尊者爲賊所偪當是賤所偪又別置一搨下重使字想皆係原稿誤古人書皆手寫其正本奈何反不傳書畫跋跋

宋沈括夢溪筆談曰都堂及寺觀百官會集坐次多出臨時唐以前故事皆不可考惟顏魯公與左僕射定襄郡王郭英乂書云宰相御史大夫兩省五品供奉官自爲一行十二衛大將軍次之三師三公令僕少師保傅尚書左右丞侍郎自爲一行九卿三監對

之從古以來未嘗參錯此亦畧見當時故事金石文字記

此魯公與郭英乂書英乂爲尚書右僕射封定襄郡王驕蹇泰侈陰事元載魚朝恩以固其權時郭子儀大破吐蕃於長安朝臣德之爲興道之會英乂擠八座尚書坐朝恩下公移書糾正之年譜以此書在代宗廣德二年按行狀公以肅宗寶應元年加上柱國廣德元年加金紫光祿大夫是年十月吐蕃冦長安上幸陝州子儀擊却之十二月上還京師以魚朝恩爲天下觀軍容使二年正月以公檢校刑部尚書三月進封魯郡開國公觀公自署銜及稱朝恩爲軍容者與年譜正合則知此書正當在廣德二年十一月蓋明年夏劍南節度使嚴武死英乂往代之即不復在京矣顧寧人金石文字記不知其年列此書于大歷之後蓋未深考耳　按米氏書史爭坐帖是唐畿縣獄狀麄熟紙起草內小字是於行間添注不盡又與行下空紙邊橫寫與刻本不同石刻麄存梗槩耳又袁清容集爭坐真蹟京兆安師文嘗刻以傳世吳中復再模刻今此二本世未之見所見惟關中刻耳知米氏言行列已非麄存梗槩不知真蹟妙處何如使人神往又不知安氏吳氏所刻比今關中本又何

如或曰今關中本即安氏所刻亦未知其是否也竹雲題跋

書稱英乂挫思明跋扈之師抗回紇無厭之請按新史史思明陷洛陽謀掠陳蔡詔英乂統淮南節度兵賊即陝虢又改陝西節度使而不言其破思明之功及英乂留守都史稱其無東撿御才縱麾下與回紇兵大掠都城並無抗拒回紇之語皆與此書不合當由失書或稱公作書時不免稍有假借爲孔子危行言遜之義公於名義所關執論侃侃畧不假借豈肯遽於英乂妄推其功如此定是史者失之耳三稿

祭姪爲先告伯父次之論坐㝡後祭姪告伯皆在乾元元年公以三月刺蒲州故九月祭姪稱蒲州刺史十月改刺饒州故告伯父稱饒州刺史後七年當代宗廣德二年公乃與定襄有論坐書三稿皆公奇絶之作祭姪奇古豪宕告伯父淵潤從容至論坐則兼有祭姪告伯兩稿之奇情緒不同書隨以異所以直入神品足爲蘭亭後勁也 虛舟題跋

舊唐書代宗紀廣德二年十一月丁未郭子儀自涇陽入覲詔宰相百僚迎之於開遠門上御安福寺待之此帖所稱興道之會正在其時魯公年譜系之廣

德二年信矣此書前一段言魚朝恩階雖開府官止監門將軍以班列言之應序於十二衛大將軍之次卽欲别示尊崇只可於宰相師保座南横安一位如御史臺知雜御史之例不當列于僕射之上後一段言僕射是二品六曹尚書竝三品非隔品致敬之類不當擠排尚書使在下座所云裴僕射者左僕射裴冕也尊者爲臧所偪賤諛作賊唐會要尚書左右僕射自武德至長安四年以前竝是正宰相豆盧欽望拜左僕射不言同中書門下三品不敢參議省事數日始加知軍國重事至景雲二年韋安石除左僕射

東都留守不帶同三品自後空除僕射不是宰相遂爲故事英乂除僕射時已非宰相然官品最高在侍中中書令之上過此則爲三公三師非尋常人臣之職故稱百寮之師長也 潛研堂金石文跋尾

按爭坐位帖自宋以來摹刻者有七種一曰京兆安氏刻本 長安安師文見東坡集 一曰吳中復重刻本 中復守永興再摹刻見清容集 一曰米襄陽臨本 見寶章待訪錄 一曰北京本 見菉竹堂稿 一曰戲鴻堂本 見畫禪室隨筆 一曰嘉善魏氏本 卽半村錢旃摹本嘉善魏學濂正之學濂字子一號內齋忠節公大中子明亡殉難著內齋集十卷日知錄五卷蓋帖爲錢氏手摹魏氏校正而觀妙齋金石考畧定以爲魏氏摹刻 一曰關

中本 見竹雲題跋 今在西安府學碑林者卽關中本也袐藏本南宋時搨 國初爲無錫錢陸燦湘靈所藏字畫端勁湘靈嘗書其生年甲子並科分事實于下則其寶貴可知矣帖中塗抹添注處如謹寓書改爲謹奉書不其盛矣改呼足畏也然美則美矣宰相一行坐添注與兩省臺省已下常參官等字文武之左右添注不論二字苟以悅軍容爲心苟以下添取字竊見聞姑息添注甚非謂也君子愛人以禮不等字深入佛海字添注況乎收東京至豈獨有分于僕射哉等字西省官自爲一行兩

省下添注五品以上供奉六字十二三師三公十二下添注衛大將軍次之六字未嘗參錯下添注至如軍將至振古未聞等字不亦可乎下添注聖皇時至亦不聞別有禮數等字益不然矣下添注今旣三廳齊列足明不同刺史等字此外尚有數處零星添注不計可見曾公當時雖信筆直書之中仍委曲詳盡非率意爲之也文云奉書于右僕射定襄郡王郭公新唐書郭知運傳知運次子英乂（舊傳作知運季子）字元武代宗即位雍王率諸將討賊洛陽留英乂殿于陝東都平權知留守以功實封

三百戸（舊傳作二百戸）召拜尚書右僕射封定襄郡王文云魚開府及僕射率諸軍將爲一行魚朝恩傳云朝恩洛陽平從屯汴州加開府儀同三司文云郭令公以父子之軍破犬羊兇逆之衆郭子儀傳云子儀次子晞復兩京戰最力吐蕃回紇入寇擊破之文云苟以取悅軍容爲心軍容之爲人淸修梵行深入佛海魚朝恩傳九節度圍賊相州以朝恩爲觀軍容宣慰處置使觀軍容使自朝恩始而不言其修梵行殆由當時宮禁尚沿崇佛之舊習朝恩亦嘗奉之而史家所宜從略耳文云收東京有

據原碑趙本挍

殄賊之業守陝城有戴天之功朝恩傳云史思明攻洛陽朝恩以神策兵屯陝洛陽陷思明長驅至硤石肅宗詔銳兵十萬循渭而東以濟師朝恩按兵陝東使神策將衛伯玉與賊將康文景等戰敗之洛陽即此事也攷之史傳多與此碑語合傳稱郭英乂陰事宰相元載以久其權而眞卿又不爲元載所容論事坐以誹謗不久即有硤州別駕之貶然則英乂得此書其以眞卿之之言爲是與否史無明文皆不可知而旣爲陰事元載之人則眞卿之被貶未始非英乂陰爲之譖已

白道生碑

碑高七尺一寸廣三尺九寸七分二十一行行四十字正書篆額在正定府

大唐故左武衛大將軍贈太子賓客白公神道碑銘并序

朝議郎行尚書禮部員外郎翰林學士賜緋魚袋于益奉　勑撰

□（正）議大夫行將作□□翰林待　詔上柱國賜紫金魚袋摯宗奉　勑書并篆額

淳維之地上戴斗極其氣勁悍其人□（驍）□間生將才□（悚）我王略其有華去故俗鼎新華□（風）建功惟忠哉難以武常祉戈革每襟邊陲胙土連華□□（代）襲祉啓迪後嗣光

昭前人可得而言也公諱道生其先呼韓之宗谷蠡之
鸞代居南部□入中原漢典論封特命弓高之秩周臣
赴會委書潞子之班祖廣琛雲麾將軍左羽林大將軍
心誓北軍爪牙中壘□道□□□門有嚴父崇禮忠武
將軍左金吾衛翊府中郎將職副緹騎名雄鶡冠譽於
誰何勤以夙夜公誕自□□□于干戈太公之符如已
神授孫子之要動皆暗合心傾奉國膽略禦邊鎭在疆
埸繞其蕃部爭爲寧朔州刺史兼部落主恩附獷俗威
除寇攘軍門罷局虜騎遠遁開元中□安郡□□以宗
室之賢受登壇之寄每有討伐命公先鋒寇必能嘗險
不避難馘黠虜之首繫林胡之俘仍援河湟大破戎醜
數實過當讓功居多一自捍邊卌餘載終于左衛大將
軍春秋六十夫積善疇慶嗣續不忘辛□繼封耿門多
將求之於代公實有焉其子朔方先鋒使同節度副使
開府儀同三司試太子賓客左武衛大將□□□□□
□□□□勇乃絶倫忠而□力九伐之際常爲戰鋒
勞旋策勳議績當最□□□□□□□　皇上
□乃茂功義崇追遠　恩光照於幽□厚澤降于
重泉贈公太子賓客夫人康氏爲□國大夫人喪事官
供有加常等以永泰元年三月廿四日遷窆于萬年縣

鳳栖原禮也□□同列千車會送更刊貞石式建豐碑
同武庫之閟樵蘇永禁比祁連之象丘隴長存銘曰
地在元朔代生良將名重關西氣雄塞上繼秉金鉞遮
居玉帳戰必爲鋒居常保障粤有令子時高茂勳援戈
揮日仗劒決雲東平寇孽西掃狄氛志由忠立名以勇
聞刻茲貞石以表孤墳
永泰元年歲次乙巳三月壬辰朔廿四日甲寅建
清河張渾　魯國栗光刻字

道生系出突厥爲寧朔州刺史終于左衛大將軍以
子元光貴贈太子賓客史但云寧朔州刺史而已碑
題左武衛大將軍而文稱左衛大將軍殊不可解碑
始著于京兆金石錄歐趙諸家俱未載予於京師琉
璃廠市上購得之文尚完好無大漫漶而書法亦遒
整可喜潛研堂金石文跋尾

道生南陽郡王元光之父官終左衛大將軍追贈太
子賓客夫人康氏爲趙國太夫人唐書元光傳以爲
終寧朔州刺史者非也關中金石記

按此碑撰書篆額皆奉勅撰者于益結銜云朝議
郎行尚書禮部員外郎翰林學士新唐書于志寧
傳志寧曾孫休烈休烈二子益肅及休烈時相繼

爲翰林學士益天寶初進士第不云其官禮部員外也傳又稱天子嘉休烈父子著儒行休烈妻韋卒詔贈國夫人史不詳何國葬給鹵部鼓吹是益以儒行著也宰相世系表載益官終諫議大夫書碑篆額者摯宗兩唐書無傳書譜亦不列其名攷摯姓風俗通云摯疇古諸侯國也通志氏族畧或言帝嚳子摯之後周有摯荒漢有摯綱又後漢有摯恂晉有摯虞皆最著者宗殆其裔歟碑云公諱道生其先呼韓之宗谷蠡之允代居南部□入中原呼韓邪本匈奴單于見漢書匈奴置左右賢王左右

谷蠡見史記則道生係突厥之族帳與白氏爲黃帝之後出南陽望者不同系也祖廣琛父崇禮世居右職史皆無傳新唐書道生亦無專傳附見李光弼傳後自元光傳元光即道生之子也字元光其先突厥人父道生歷寧朔州刺史而不詳道生之事蹟碑云開元中□安郡□□以宗室之賢受登壇之寄每有討伐命公先鋒云云文中泐字以元宗紀及太宗諸子傳證之乃信安郡王禕也紀云開元十八年五月己酉奚契丹附于突厥二十年正月乙卯信安郡王禕爲河東河北道行軍副

元帥以伐奚契丹三月己巳信安郡王禕及奚契丹戰于薊州敗之傳稱太宗子鬱林王恪恪子琨進封吳王琨子禕中宗時封嗣江王以繼嵩後開元時亦以傍繼徙信安郡王累遷禮部尚書朔方節度使契丹可突于叛詔拜忠王爲河北道行軍元帥討之勑禕以副忠王不行禕率裴耀卿諸將分道出范陽北擊二蕃破之卽碑所載宗室登壇之事也碑云其子朔方先鋒使同節度副使開府儀同三司試太子賓客左武衛大將下闕此叙道生子元光之官也傳稱元光初隸寧朔本軍補節度

先鋒安祿山反詔從朔方兵東討元光領所部結義營長驅從光弼出土門累遷太子詹事封南陽郡王爲兩都遊弈使長安平轉衛尉卿兼朔方先鋒史思明攻河陽光弼召主騎軍其後歷靈武晉後定遠城使此元光歷官可以補碑之闕也碑云遷窆于萬年縣鳳栖原長安志無此原名蓋失傳矣末云永泰元年歲次乙巳三月壬辰朔廿四日甲寅建壬辰朔則甲寅是廿三非廿四也道生父子功績官位不甚崇顯遷窆時亦別無特恩不知何因摸書碑文皆奉勑文無可攷

據鈔本校
據碑校

休才之才借爲哉字後文言才之才亦當讀爲哉

李寶臣碑

碑高一丈八尺四寸六分廣八尺八寸五分二十五行行五十五字正書

成德軍節度使開府儀同三司撿挍尚書右僕射兼御
史大夫恒州刺史充管内支度營田使淸河郡王李公
紀功載政頌并序
支度判官朝散大夫行監察御史王佑上
推勾官朝散大夫行太子司儀郎王士則書并篆
惟天明命　聖人允成□□□□□□
□□戲　君非臣無以化化臣非　君無以
贊贊明明　君臣品□□□陰陽載□□□□□

□□□□□歲　□應　皇帝嗣位敬統舊
服惠周於下下罔不格冬十一月　我亞相張公忠志
率東諸侯□出復命元元以貞□太和也先是祿□□
亂朋毒中夏□政血□覆忠良殖姦宄蒸人側側不貳
率乃戮　公越在東土受制宇下爲侯□恒克□復寧
□□王室誕宣　我化靡□佘□敷闓　帝
庭奉若　王命　帝曰休才正侯良才
授恒州刺史封密雲郡公表獻□□越二□□□□
羣海　□□擅□無人薄三川威五長搢紳管管
不自郎乃工　公執在厲階登若股上罔咈祗命命我

戈字半邊非竟是戈字

詔字上當是空格非缺文鈔本無空格。原碑空三格

及字門字下皆空格非缺文

碑無完字

澒洞泄岸波積如阜

□□□□□□□□□□□□□□□德式□庶欲歸於
本朝朝廷嘉茂功錫丕□□禮部尚書兼御史大夫
成德軍節度使淸河郡王賜姓李□□□□□□□□
□懿□□□□□□□□□□司國樞□□□□□革
風俗是　摠朝憲率寧全趙開復東土是用苴白茅昭
崇武功允正□□□用□□□□維城宗我□□□
□□□□名銘之景鍾永憲□後　公固讓不獲祗奉
天之明命惟　祖惟父佐世有勲享祿無彖□
□□□□□□天□□德□□□邦忠孝剛義□直□
亮家用□□位□宜才初　公牧恒元年爲也爲師魁

恒恒不堪命羣盜衆聚□野□□□□□罔極　公
□□□明武㳬暴暴服□□人諟不□盧□□以
晏□□士馴業□□穡工就務商通貨四者各正□□
日用□□□二□□□□吏更告　公曰滮淹會流豐
于城下天雨淫降澒湧□□　積如阜□□乃□□恐
爲魚其日固久　公以聚人慾□□□□□流□□天
造層城巘巘居人坦坦□德合□無疆冬十月　□□
□□　先帝浹慶緒嗣因自洛奔鄴修好於
公公不□□□□折□□□得請命□□三年二月
上以恩明作藩於薊□□□□□□□恩明篇

惟下鈔本空二格

碑亦無 鈔本無憂字

叙不供賊鎮威衆俾　公如薊將賊　公□□執忠
□□□□害□□□□□□□□□□□□□□
大旱□滌□□□穀如焚人曰祈土龍　公曰非旱備
乃貶躬之食勤人之□□□寅□朝而□□□□□
□□□□□□□□□□□□秋　雨旬□□
匪害稼不書政冬十一月思明外　公以其黨辛萬寶
張□□□□□焉□□一□□□□□□自下
流□□□□□延於平人人用齋咨㴍洟顣　公如
天公曰不戢乃暴頁乃人憂夏四月戮萬寶□□
□□□□□□□□□□□□□□□□五

州之俟或曰厚賦人　公畫人嵩焉封政不賦乃登善
抑惡發滯糾佚藏惠昭利□□□□□□□□□
□□易□□之□文訪於定定□□文訪於深□修之文
訪於趙趙齊之克諸五州允奉如一虜不我制　公用
哆然惟八年□□□□□□□受命　王也
初朝義播亡係命於　公自　公歸　朝是翦厥
翼翌日　公會　王師於□郊恭行□□□□
□□□用勤焉時戎竭飲化爰方啓行夫戎性貪蔑
煞俘軼殫寶虔劉暴骨厚厲於懷人南自相魏邢貝東
至滄德瀛鄚□夫匹婦蕩在草莽越□　公境宣服

碑後行甚清楚德字下無空格崩字下亦無闕字

公威惕惕瞿瞿攝進成序若　公在首五州之人無荒
寧風行於冀冀億之景願附　公昭請於　上上
集下望申命用艮冀人熙熙嗜化永休惟九年冬
帝念宗臣特拜右僕射端武主戎摠經外政欽
酌彝典敬揚　天心緊　公德載於人人以蕃殖
翼贊　三主鋪敦四囚　聖咨乃賢神
被乃祿其惟有終亩才恒中耆老賈審祥　等師
錫言曰奸臣反常迭起東土人用瘝黷殆無指告惟
公牧恒　天眷尓下尒有　君臣公正爾有
父子　公保尓有灾厲　公莫尓有稼穡　公成徵

公疇依恒大圯也賡曰昭茂德崇豐碑阜成於文庶永
於世克建樂石鼎揚頌聲頌曰
惟　君配天惟配臣　君蹻蹻　我公爲
君武臣翼贊　皇家奄有廿勳大盜躐蹢荒
我東鄙孔填不夷元元靡恃恒人保　公乃有父子我
沴載懲我年載登我用有孚尓無不承貞石峨峨永以
垂頌惟　公之德不崩
永泰二年七月一日建

右成德節度使李寶臣德政碑寶臣降虜與田承嗣
輩創藩鎮之禍其人本不足道碑辭脅下爲諛佞辭

不文獨王士則者僅見陶九成書譜中不甚著而書
法遒勁瀟洒有李北海張從申之筆良可寶也碑在
眞定御史行臺不易搨弇州山人稿
李公者寶臣也予讀其傳每嘆屬奚附逆反覆不常
朝廷輒以僞署爲眞賜姓名授鐵券唐之不振至于
如此然竊計當時强藩互結不如此不足以慰來投
之心招未歸之賊按碑建于永泰二年七月追頌其
功則曰壬寅歲寶應皇帝嗣位冬十一月我亞相張
公忠志率東諸侯復命兩唐書無月日而代宗紀與
碑合九節度之圍相州也寶臣懼而來歸封密雲郡

公爲舊書所遺新書云擢寶臣爲禮部尚書封趙國
公又與碑異碑云授禮部尚書兼御史大夫成德軍
節度使封清河郡王賜姓改名此恒州者老賈審祥
等頌之之碑立于當時必無疑㑄何兩書俱不之及
而末載隴西郡王豈寶臣王封有二次耶抑兩書誤
以清河爲隴西耶如寶臣以五州未獻開東門納王
師而止封趙公則加于密雲無幾豈足以酬其志似
當以碑爲正碑在今眞定府公署中巋然巨碣也豈
劉宋二公未之見耶金石錄補
鎭州察院前庭有風動古碑乃李寶臣功德頌永泰

間立察院卽寶臣節度理所也碑文王士則書筆法
遒逸有漢人遺意絕似孟頫趙公所作因知吳興源
遠流長所本不獨二王也隱綠軒題識
士則蓋武俊之子其署銜稱推勾官案史節度使之
屬有推官有衙推此推勾官疑卽推官矣寶臣之降
唐封清河郡王唐書藩鎭傳不載却有進封隴西郡
王事然宰相世系表止稱清河郡王疑傳之誤也潛研堂金石文跋尾
按此碑云在眞定御史行臺又云眞定府公署中
其實在察院署今察院廢而爲公館祇屢宿于此

至必摩挲是碑字之精勁如前人所言書者王士
則見韓文集兄弟皆能書

金石萃編卷九十三終

據碑校過

賜進士出身 誥授光祿大夫刑部右侍郎加七級王昶譔

唐五十四

唔臺銘

石高八尺三寸廣四尺五寸十五行行十六字篆書在祁陽縣浯溪

唔臺銘有序
河南元結字次山撰
浯溪東北廿餘丈得怪石焉周
行三四百步從未申至丑寅涯
壁斗絕左屬回鮮前有磴道高
八九十尺下當洄潭其勢碉礴
半出水底蒼然泛若在波上石
顛勝異之處悉為亭堂小峯嵌
竇宜間松竹掩映軒戶畢皆幽
奇於戲古人有畜憤悶與病於
時俗者力不能築高臺以瞻眺則
必山巔海畔伸頸歌吟以自
暢達今取茲石將為唔臺蓋非
愁怨乃所好也銘曰
湘淵清深唔臺陗峻登臨長望
無遠不盡誰厭朝士羈牽局促
借君此臺壹縱心目陽崖礱琢
如瑾如珉作銘刻之彰示後人
有唐大曆二年歲次丁未六月
十五日刻

釋文

唔臺銘有序

河南元結字次山撰

浯溪東北廿餘丈得怪石焉周行三四百步從未申至丑寅涯壁斗絕左屬回鮮前有磴道高八九十尺下當洄潭其勢碉礴半出水底蒼然泛若在波上石顛勝異之處悉為亭堂小峯嵌竇宜間松竹掩映軒戶畢皆幽奇於戲古人有畜憤悶與病於時俗者力不能築高臺以瞻眺則必山巔海畔伸頸歌吟以自暢達今取茲石將為唔臺蓋非愁怨乃所好也銘曰

湘淵清深唔臺陗峻登臨長望無遠不盡誰厭朝士羈牽局促借君此臺壹縱心目陽崖礱琢如瑾如珉作銘刻之彰示後人

有唐大曆二年歲次丁未六月十五日刻

右唔臺銘之作非好古者不知為可愛也然來者安知

無同好也邪集古錄

元結次山撰峿臺銘見歐陽永叔集古錄中次山凡文多從顏尚書眞卿李學士陽冰索書此篆書不知陽冰作者或自作之次山於文爾雅然不能高而愛身後名其銘亦類是昔杜襄陽碑峴首一緫頂一深淵曰吾懼千秋之後之陵谷也嗚呼古人之於名如此弇州山人四部稿

峿臺銘元結撰篆書大歷二年浯溪銘元結撰瞿令問篆書大歷三年唐亭銘元結撰瞿令問篆書大歷三年右三銘竝在祁陽縣元次山愛祁陽山水遂寓

居焉名其溪曰浯溪築臺曰峿臺亭曰唐亭所謂三吾者也臺銘刻在臺之後甚完整溪銘亭銘刻於東崖石上隨石欹斜蘚厚難搨而篆筆特佳視臺銘更勝別有黃山谷書百餘字云與陶介石披榛翦穢得次山銘刻喜而試之又有皇甫湜五言古詩一首次山之子讓五言長律一首金石文字記

右唐峿臺銘黃山谷云溪銘季康篆亭銘江華令瞿令問篆惟臺銘篆書無姓名又云以字法觀之亦季康篆也金石存

右峿臺銘次山尚有浯溪唐庼二銘皆瞿令問篆書

以地僻蘚厚難搨惟此銘世多有之雖不著書人姓名當亦令問筆也李少温名陽冰本取木華海賦陽冰不冶之義其兄澥字堅冰皆冰霜之冰也而少温書名亦從俗作氷蓋由楷書借冰爲仌相承已久章奏告身既用冰字篆書不便更易故爾潛研堂金石文跋尾

按峿臺之峿字與唐亭之唐字皆不見于說文臺與亭似因浯溪得名則字體亦出次山新意爲之凡水之以浯字得名者有三說文浯水出琅邪靈門壺山東北入濰此別是山左之浯水若浯溪則在今湖南永州府祁陽縣在唐時屬江南西道永

州零陵郡又今福建泉州府有浯江見陳懋仁泉南雜志蓋同一浯字地分三處異其名也方輿紀要浯溪在岐陽縣南五里山溪諸水匯流于此稱爲奇勝流入湘江唐元結自道州歸愛其山川家于此今浯溪摩崖碑結所撰中興頌也而獨不及峿臺銘及浯溪唐亭二銘殆椎搨者所不易到耶碑題河南元結字次山撰新唐書元結傳舊書結傳無後魏常山王遵十五代孫以討賊功遷監察御史裏行佐荆南節度使呂諲判府事又參山南東道來瑱府瑱誅攝領府事會代宗立固辭丐侍親歸

樊上授著作郎益著書作自釋曰河南元氏望也
結元子名也次山結字也云云拜道州刺史進授
容管經略使母喪請留加左金吾衛將軍罷還京
師卒贈禮部侍郎傳所載歷官止此其官道州刺
史不詳何年玩傳語是代宗即位後之事自朱與
會以下多言次山愛祁陽山水遂寓居焉顧祖禹
則云自道州歸愛其山水家于此傳不言結寓居
浯溪而末云罷還京師且此碑銘序亦無家居之
語則非家于浯溪者顯然据次山集次山嘗僦居
瑞昌之瀼溪上因自號瀼溪居士有詩云尤愛一

溪水而能存讓名則次山所居者瀼溪也溪在今
江西九江府之瑞昌縣與永州隔遠惟其官道州
時或是愛浯溪山水常來登眺因而刻銘刻頌蓋
道與永相距不遠也顧氏諸說殆沿舊志之訛銘
文篆書無姓名銘中書體不合六書者如涯嵌銘
三字皆徐鉉說文新附字涯當作厓嵌當作嶔見
集韻銘當作名春官小祝注今書銘或作名既夕
禮士喪禮注竝云今文銘皆作名是其證也峯借
二字亦徐氏所補鈕布衣樹玉云峯巒封之俗字
漢書司馬相如傳云歷封巒又云論以封巒義雖

據唐文百篇金石續鈔原碑校
字字加○者百篇本所同

不同或後人本此作峯耳封亦有高義漢書西域
傳出封牛師古曰封牛項上隆起者也集韻峯或
作峯又與封之古文㞷形相近也借當作藉抑詩
借曰未知漢書霍光傳引作籍曰又趙充國傳遣
使至匈奴藉兵師古注藉借也司馬相如傳乃著
書藉蜀父老爲辭師古曰藉假也溪磴礀磳皆俗
字又銘文云三四百步百字竟書作自亦所未詳
金石文字記云別有黃山谷書百餘字又有皇甫
湜元讓二詩山谷書詩并序爲中興頌碑作見後
卷湜讓二詩則未見搨本

王訓墓誌

石高二尺六寸四分廣二尺四寸二十二行行二十三字正書

大唐故光祿卿王公墓誌銘 并序

前祕書監嗣澤王潓撰 并書

公諱訓字訓瑯琊臨沂人也　永穆大長公主之
中子昔周文授圖靈王纂曆誕我太子晉晉有儀鳳之
瑞瑞流子孫粵王氏焉爲異姓首　曾祖知道
皇贈魏州刺史祖同晈　皇光祿卿駙馬都尉贈太
子少保尚　定安長公主父繇　皇特進太子詹事駙
馬都尉贈　太傅尚　永穆長公主龍種鳳鶵長淮

錢本王作主

錢本作之原

積潤文武閒出衣冠寔繁譜諜稱之豪族鍾鼎傳于不
朽　公文備四教學通六藝博聞雅量厚德高明三歲
尚輦奉御四轉至光祿卿早年娶嗣紀王鐵城之季女
也夫人壽逝有女方笄生人之哀孤遺之極後尚博平
郡主癸卯歲居鄧州別業因中風疾遂還京師　公
主醫茲上藥竭以秦醫千攘萬療月衰日羸若使經方
有徵　公亦保合于永年矣嗚呼春秋卌一大歸二年
已月癸巳奄終鳳樓之右　中使弔賵度僧尼以追
福　公主崩心震悼哀過禮經孝子郊柴毀骨立古
今未聞其年八月七日遷厝萬年縣滻川鄉滻川原之

禮也嗚呼生涯畢矣龜兆斯安青門始啓朱輅方引遐
哺之聲絕矣倚門之望休焉銘曰
龍渠之右鳳城之東𡇼原夾輔卜宅叶同　山開黃壤
地列青松萬古已矣千年寔封　多才多藝惟聰惟惠
如松之盛如川之逝　陵谷將平石記爰旌長懷令德
永頌英聲

右光祿卿王訓墓誌訓字訓光祿卿駙馬都尉同皎
之孫駙馬都尉繇之子唐書王同皎傳不載其名同
皎贈太子少保繇官特進太子詹事贈太傅亦史所
未及也史稱相州安陽人而碑云瑯琊臨沂人者舉
其族望爾宗室表嗣紀王澄初名鐵誠嘗從礡作城
爲是　潛研堂金石文跋尾

撰文者濾義珣之子見宗室世系表　關中金石記

誌言同皎皇光祿卿駙馬都尉贈太子少保今案史
但云睿宗立詔復官爵而不及贈官誌言繇皇特進
太子詹事駙馬都尉贈太傅尚永穆長公主史亦云
繇尚永穆長公主而不及歷官皆于文略也史載繇
生子潛今訓亦爲繇子訓娶嗣紀王鐵誠之季女攷
宗室世系表澄初名鐵誠語合而撰誌者爲嗣澤王
濾表惟書濾守光祿卿而已今誌仍有前祕書監亦

濾所歷官則表之及宜依此互舉也　授堂金石跋

按碑稱訓爲瑯琊人而表不載訓之本支則不與
表所列瑯琊者同系唐書王同皎傳稱爲相州安
陽人必是同皎之先世遷居安陽又從安陽徙河
北與表所列者異系而遷安陽之緣起碑傳皆未
及詳也碑云曾祖知道皇贈魏州刺史兩唐書王
同皎傳但云陳駙馬都尉寬曾孫而不載其父知
道又云子繇尚永穆公主生子潛而不及訓傳稱
潛元和中累擢將作監大和初檢校尚書左僕射
卒據碑稱訓卒于大歷二年是訓卒甚早傳所不

及載也碑云訓早年娶嗣紀王鐵城之季女壽逝
後尚博平郡主而下文云因中風疾公主馨兹上
藥及奄終公主崩心震悼此公主卽謂博平前稱
郡主後稱公主所未詳也碑云遷厝萬年縣滻川
鄉滻川原長安志萬年縣不載此鄉名原名惟云
長樂坡在縣東北一十里卽滻水之西岸十道志
曰舊名滻坂隋文帝惡之改曰長樂坡疑滻川鄉
滻川原與滻水近也

會善寺戒壇牒

碑高四尺八寸三分廣二尺八寸八分作三層書上牒二十六行行十六字中謝表二十四行行十字並正書下批荅六行行四字行書在登封縣會善寺

河南府登封縣嵩岳會善寺戒壇牒
淸□東都白馬寺僧崇光敬愛寺僧□□
同德寺僧重進　奉國寺僧法□
香谷寺僧□恕惠深安州龍興寺僧□□
□河南副元帥黃門侍郎平章事王縉奏□安國寺僧
乘如□前件寺戒□□供奉大德一行禪師□故□壇
□□元同律師□□創造殿宇幽□□□嚴淨受戒之
所洛城推㝡□□□淪殘墉院□涼更屬鄰□□□
□□不有修葺□愧先賢望□前件□律僧七人住持
掃□有□□□□□□建方等道場常講戒律□□□□
□□□□安寧
中書門下　牒
牒奉　勅宜依牒至准
勅故牒
大曆二年十月十三日牒
中書侍郎平章事元載
黃門侍郎平章事杜鴻漸
黃門侍郎平章事王縉
兵部尚書平章事李使

檢校侍中李使
檢校右僕射平章事使
中書令使
沙門乘如□伏奉去十月十三日
恩命於河南府登封縣嵩岳□□□常建戒壇兼抽
律七僧灑掃講律者
湛恩自　天祗荷無地沙門乘如誠歡誠喜載欣載
躍嵩者□□之□戒者萬行之首非□□岑□□詣兹
希□會善戒壇□□□□登其封□遺塵□□其受必
□□□比爲碩德□□□□□毁觀者輿黍離之歎□

之增涕殞之悲　陛下駐佛日之傾布堯雲之澤抽僧灑掃設壇講律雷音永震更平万歲之口聖壽無疆弥極九天之峻不任戴荷之至謹詣右銀臺門奉表陳謝以聞沙門乘如誠歡誠喜謹言

大曆二年十一月口日安國寺沙門乘如上表

戒分律儀釋門宏範用申獎導俾廣勝因允在嚴持煩於申謝

會善寺門之右有大歷二年中書門下牒其下勒代宗手敕二十四字無一筆蝕者（袁宏道嵩遊記）

碑文隺字本當作準宋周必大二老堂雜志曰敕牒準字去十爲隺或謂本朝因寇準爲相而改（胡三省通鑑注亦云本朝寇準爲相省吏避其名凡文書準字皆去十後因而不改）又云曾公亮蔡京父皆名準而避其實不然予見唐告已作隺又考五代堂判亦然須在密院令吏用準字既而作相又令三省如此寫至今遂定今據大歷時牒已用隺字則知此字自取省筆廣韻二字並收隺字下注曰俗然管子書準字皆作隺莊子平中隺文子放隺循繩准南子眇者使之隺王褒洞簫賦夔襄隺法皆用此字緯書有洛書靈隺聽京房造隺形如瑟十三弦郭忠恕佩觿集曰字林用隺爲平準之準（字林呂忱作）而後魏

仇儒爲趙準造祆言曰燕當傾趙當續欲知其名淮水不足（北史長孫肥傳）則隺字之來久矣又按宋順帝名準故沈約宋書平準令王準之皆作隺然管莊諸書亦豈因此而改乎（金石文字記）

碑刻會善寺後僧苦於求搨凡石上會善寺三字皆椎去桒之寺西荒草中傳太常物色得之仍立戒壇之左又按書史稱代宗留心翰雲於行書益工論其筆力非有太宗元宗超邁之氣然亦有足觀者此敕爲行書矜嚴圓穩固自可珍（嵩陽石刻記）

大歷二年十二月會善寺僧沙門乘如因請允捕東都白馬等寺七人赴戒壇灑掃講律具表稱謝帝手敕二十四字荅之碑陰刻陸長源戒壇記陸郢書八分遒逸多態（說嵩）

劉昫唐書王縉傳云縉與杜鴻漸捨財造寺無限極初代宗喜祠祀未甚重佛而元載杜鴻漸與縉喜飯僧徒代宗嘗問以福業報應事載等因而啓奏代宗由是奉之過當濮述其弊又云故大歷刑政日以淩遲有由然也又云其傷教之源始于縉也今此奏牒正是作俑之証劉昫良史防微杜漸之言豈不信而有徵哉（中州金石記）

按碑稱抽東都白馬寺僧某敬愛寺僧某同德寺僧某奉國寺僧某香谷寺僧某白馬敬愛見寺觀其同德奉國香谷三寺今不可考河南府志

按會善寺牒頒于大歷二年十月十五日後列使相銜名前三人皆具姓氏曰元載杜鴻漸王縉後二人皆曰李使但有姓而無名又二人但有使字不著姓所謂使者大抵居相位而出使在外者也以唐書宰相表考之大歷二年但云六月丙戌鴻漸自劒南追至不載他人拜罷之事更追其前元載之同中書侍郎平章事寶應元年建辰月始也

杜鴻漸之爲黃門侍郎平章事始于大歷元年十二月其時即兼成都尹充劒南西川節度副大使至二年六月自劒南追入朝也王縉之爲黃門侍郎在廣德二年正月然是年八月持節都統河南淮南淮西山東道行營節度使永泰元年爲河南副元帥此後不云入朝而牒則仍列其名不在使內其兵部尚書平章事李使者疑是澤潞節度使李抱玉爲司空兼兵部尚書乃廣德元年事檢校侍中李使者疑是河東節度使李光弼其官侍中始于乾元元年八月檢校右僕射平章事使疑是朔方行營節度使僕固懷恩其官右僕射始于廣德二年八月表作左僕射或訛也中書令使疑是朔方節度使郭子儀其兼中書令始于乾元元年八月碑中銜名可考者如是碑云謹詣右銀臺門奉表陳謝以間長安志禁苑內苑章載東內苑南北二里與大明宮城齊東西盡一坊之地南即延政門北即銀臺門東即太和門不云右銀臺門据元稹詩當年出入右銀臺每怪春風例早迴又李商隱詩右銀臺路雪三尺鳳詔裁成當直歸是皆有右字與碑合据碑右銀臺門可以奉表陳謝則當時必設專司進奏之官而職官志無文殆史略

也

三墳記

碑高六尺四寸四分廣二尺八寸兩面刻共二十三行行二十字篆書在西安府學

先塋鄠之子曰

曜卿字華名酉十也廟諱□樂易機敏鄭

[illegible]冠禮家不諾諸季仲蘋植之以□

藝博之以文亦紹誦禮書正字授以衛

騎曹轉新□尉豪將朱子立倍以示之

[illegible]

直京師浩穰□賊曹繁劇以立斷焉□
見焉左遷普安郡尸掾賦古樂府廿四
章左史韋艮嗣爲之敘文集十卷
□卿字萬天骨琅琅德□文蔚識度標
邁弱冠以明□觀國蒞鹿邑虞鄉二尉
魏守崔公洒洎相國晉公□□甲科第
之進等舉之嘗遊嵩少夜聞山鐘賦云□
□鑪沸鼎火半死巨谿重林風稍息
無開□□□未已詞人珍之轉金
城尉曹無受謝吏不敢□□□□卷於

於世
□卿字榮寬卓衆立於樓不瑕紀家攀
靈邑主簿乙丑歲小宰宰李公甚尊尚
其文翰署朝邑簿首滿沮漆波湛勗
鈞釀漂橋苗暇記明徵下士浮徽上唱
成賦人歎天令顆出其文集百一十二篇
爲獻　三英季文曾閔況也文學繼
業瑜琨產也緒固含章杞梓材也吳守
上德字愛封福漢論說仕以講陰堂朱
盈一紀二三墳相承異敬職許出諱占

據金石續鈔校

占省紹欃白霸陵故宅樹不諱楚官子
宋家歲攝提格圖貞陽上宮祔　大墳
三墳以東南爲伯仲叔野出茲爲北崇
大廟諱君元出明季於斯刻石稱大漢
爲陸邑沙師焉
李鄉撰　陽冰書　東炎刻

釋文

先侍郎之子曰
曜卿字華名世才也龔（宏 校）□樂易機符朗徹既冠遺家不
造諸季种藐植之以□藝博之以文行始調祕書正字

授右衛騎曹轉新□尉豪猾未孚立信以示之禮浮窳
未復本仁（焯）以示之義領長安尉直京師浩穰□（決）賊曹繁
劇有立斷焉□見焉左遷普安郡尸掾賦古樂府廿四
章左史韋艮嗣爲之敘文集十卷
□卿字萬天骨琅琅德□文蔚識（時職）度標邁弱冠以明□
觀（校）國蒞（爲）鹿邑虞鄉二尉魏守崔公洒洎相國晉公□□繼
甲科第之進等舉之嘗遊嵩少夜聞山鐘賦云□□□
也洪鑪沸鼎火半死巨谿重林風稍止無開□□□未
已詞人珍之轉金城尉曹無受謝吏不敢□□□□卷
行於世

口卿字榮寬栗柔立於穆不瑕起家拜靈昌主簿己丑
歲小冢宰李公彭年尚其文翰署朝邑簿時漆沮決溢
馮翊昏墊釃渠楗菑股弛脉散下土得漑上腴咸賦人
到于今賴之文集百一十二篇烏戲　三英孝友曾閔
儔也文學繼　業璿碧産也純固含章杞梓材也昊穹
生德宜受封福僅逾強仕以講陰堂未盈一紀三墳相
比思其咎職訊之逢占占者邵權曰霸陵故塋葬不違
禁害于而家歲攝提格甸貞陽卜而祔　大墳三墳以
東南爲伯仲叔彪之若鴈行兹大曆建元之明年於斯
刻石恐夫溟海爲陸老沙防焉

季卿述　陽冰書　栗光刻

按此碑爲李曜卿兄弟三墓其人皆有文學早仕宦
而不壽以歿最少弟季卿撰表而宗人陽冰以玉筯
刻之也其石猶故物故無傳改之譌弇州續藁

此季卿表曜卿三墓陽冰書碑雖無翻刻字字畫法
具而神亡似與前碑同陽冰顏魯公家廟碑書作陽
冰石墨鐫華

元吾邱衍謂陽冰即杜甫之甥名潮取海賦陽冰不
冶之義爲字旣以字行乃別字少温楊用修嘗辨其
非按陽冰趙郡人太白從叔其字少温見於宣和書譜與其名相應若名潮而以陽冰少温爲字於義皆無取且陽冰工篆書潮江八分觀趙氏金石錄載城隍神祠記忘歸臺銘孔子廟記先塋碑三墳記等爲李陽冰篆書而慧義寺彌勒像碑彭元曜墓誌爲李潮書則其非一人明矣今人讀陽冰
爲陽凝非也按文苑英華有林滋陽冰賦載側六書
故曰說文仌凍也冰水堅也俗作凝孫氏魚陵切說
文葢以冰爲凝按仌於隸楷不能獨成文故後人加
水焉凝之从冫从水無義當從今文金石文字記

篆書自秦漢而後推李陽冰爲第一手今觀三墳記
運筆命格矩法森森誠不易及然予曾於陸探微所
畫金滕圖後見陽冰手書遒勁中逸致翩然又非石
刻所能及也庚子銷夏記

右唐李氏三墳記李陽冰書與李氏遷先塋記同在
今西安府學皆大歷二年建先塋記有宋人重開歲
月此碑無有　說文禮從豊篆作豊豐篆作豐隸楷
皆同而篆文迥異陽冰上李大夫論古篆書云蔡中
郎以豐同豊秦承相以束爲朿魯魚一惑涇渭同流
此碑立信以示之禮禮字反若從豐何也古者官有
掾屬掾字從彖從手其從木者屋上椽也碑云左遷
晉安郡戶椽字乃從木二字不當通用蓋因字形近
下筆時偶誤耳不然陽冰不當使別字也又股弛脉
散弛卽引字當是曲其直以取勢耳若從弓從巳則

無此字矣劉禹錫高陵令君遺愛頌有股引而東句
與此義同（金石存）
文有云下土得濰者用宋玉九辯文也濰玉篇以爲
即古文乾字以講陰堂講從冓聲與搆字通史記漢
書凡媾解字多作講亦是也谿字見魏張猛龍碑及
周華嶽廟頌嵩少字應即用祟見于漢書而竟作嵩
劇甚字應用勮見于漢隸字原而竟作劇猾字應從
允作猾而從犬作猾禮字應從豊作禮而從豐作禮
徹字從育作徹斷字從㡭作斷焯字作焯埶字作藝
昇字作昊皆其不合于六書之正者也又說文無第

字只作弟而孔穎達正義引以爲從竹從弟說文無
莅字只作隸故鄭康成注儀禮每讀位爲莅此竟有
第字莅字蓋後人隸寫之譌而以之作篆則尤謬也
（關中金石記）
右三墳記碑末無重開年月而字畫更明顯筆力似
較弱蓋開鑿又在前碑之後也文云下土得濰上腴
成賦說文無濰字蓋用楚辭后土何時而得濰語又
云僅逾強仕以講陰堂後漢書周磐夢見先師東里
先生與講于陰堂之奧既而長歎其月無病忽終記
蓋用此事也昊當從奔而碑從天壑當從叡而碑從
谿疑翻刻之譌（潛研堂金石文跋尾）
右唐李氏三墳記凡二碑中俱有半截裂紋第一碑
左角斷闕下腳微闕凡全闕者十四字半闕而猶可
辨識者七字末行吏不敢以後文氣未盡隱躍尚有
八字右旁痕迹可辨者四字趙明誠金石錄祇載其
目（碧溪文集）
按記爲李季卿所述季卿在大歷中宣慰江南語
見新唐書陸羽傳而未詳其先世所謂先侍郎者
不知何名三墳惟長曰曜卿其名全次二人皆闕
上一字兩唐書傳無曜卿等兄弟四人之傳下碑

栖先塋記又不復述三墳之名碑稱曜卿賦古樂
府廿四章韋良嗣爲敘文集十卷次□卿游嵩少
聞山鐘賦詩亦有集若干卷行世又次□卿有文
集百一十二篇稽諸兩唐書經籍藝文皆不著錄
全唐詩不載李曜卿而有李子卿李幼卿二人皆
大歷間人此三墳皆卒于天寶十年以前其非此
二人明矣碑爲從子陽冰篆書其不合說文者曜
卿之曜當從火作燿而從日种藐之种依尚書當
作沖而從禾豪猾之猾當從水作滑或從允作猾
而從犬皆非也藝字亦說文所無徐鉉以爲俗書

譌謬不合六書之體本只作埶後人加艸云義無所取而碑中竟書作藝陽冰不講六書大率如此其餘舛㲻祟劇第茬等亦皆俗字已詳潛研關中諸跋不贅論焉

栖先塋記

碑高六尺八寸三分廣三尺三寸十四行行二十六字篆書在西安府學

栖　先塋記

粵烏虖昔蒼龍大泉獻遭家不造　先侍郎即世建塋霸陵遺令也先大夫徐公高口備矣洎單閼歲十有一月　先夫人合祔天瑞改元我之伯也卒開五六年仲也卒不四三年叔也卒君子曰李氏子天假其才不將其壽盡謀及龜策謀及鬼神歟方士郤權徧得管郭之道喈曰霸岸鑿龕客土埏矣于温冥之禁非宅穸攸宜是用口叶永地其原鳳栖筮之遇損三之解三曰損孚解綏吉埶甚焉迺口卜郚城左口口右惟塋舍於上從永東樊永西大惟塋命新上塋連山南注平岡口口坤勢也

據金石續鈔校

窆隣東順之伯氏仲氏叔氏三墳隣次攝提格章月仲旬口口日　靈輀以歸壽藏於從彝藏金王㝷惟費書　先考也男告録口三百篇永寶中小宗伯賈公之愛之敘　上澤攸幽明錫類口口追贈黃門侍郎君命禮部尚書口口清河郡太夫人口口口版未勞

皇命大廟諱惟二祀新阜石

嗣口口口録

從子陽冰書　阜炎刻

釋文

栖　先塋記

粵烏虖昔蒼龍大泉獻遭家不造　先侍郎即世建塋霸陵遺令也先大夫徐公高口備矣洎單閼歲十有一月　先夫人合祔天瑞改元我之伯也卒開五六年仲也卒不四三年叔也卒君子曰李氏子天假其才不將（得）其壽盡謀及龜策謀及鬼神歟方士郤權徧得管郭之道喈曰霸岸鑿龕客土埏矣于温冥之禁非窀穸攸宜是用口叶永地其原鳳栖筮之遇損三之解三曰損孚解綏吉埶甚焉迺口（度）卜郚城左口（時）口右惟茲

食枚卜漄水東樊水西亦惟兹食新卜塋連山南佐平
峒峒口口坤勢之宜隧而順之伯氏仲氏叔氏三墳陪側
攝提格辜月仲旬口日　靈轜以降壽藏有䘏無藏金
玉厥惟琴書　先志也异昔述口三百篇永泰中小宗
伯賈公至爲之敘　上澤悅幽明錫類口㠯追贈黃
門侍郎申命禮部尚書
口口淸河郡太夫人口口口口版未篆　皇命大麗歷惟
二刊刻貞石
嗣口口口述　從子陽冰書　栗光刻
闕是鉅唐李監陽冰書以其年代窵遠風雨昏潰字
體不完讀者斯泥遂有吳興姚宗蕚肇意率好古者
數人同出刊刻之費闕威安琮重開所貴名賢筆跡
傳諸不朽時大中祥符三年九月十四日畢功助緣
僧智全　僧審凝　僧省中　僧靜已　僧文遇
勾當人鄧德誠
此李氏卜葬李曜卿兄弟三人而弟季卿記從子陽
冰書卜地人爲邵權記云徧得管郭之道管謂公明
郭則景純也書玉筯經大中祥符閒翻刻故不及縉
雲碑石墨鐫華
右唐李氏遷先塋碑經宋大中祥符閒重開今復剝

落白淸河郡太夫人以下文多不可卒讀　爾雅歲
在亥曰大淵獻此碑書作泉獻避高祖諱也唐兗公
頌碑亦書顔回字爲子泉容土㐂矣㐂字書不載
疑是秏字重開時譌耒爲土也金石存
陽冰書結體茂美而多乖于六書之義然蔡邕石經
已多別體豈書家多不究小學耶文中若寥從宗碑
作粵高從口讀如闕碑下口從口口古之口靁碑作罍龕從
含碑省從合棲或作西碑合作栖樊中從爻碑從夕
佐古只作左碑加人圖碑譌作峒勢古只作埶見漢
書碑加力宜從夕碑從冈隧古只作隊見竹書穆天
子傳碑作隧輀碑作轜藏古只作臧詩中心臧之先
儒有藏臧二義碑作藏悅經傳多作說碑作悅版加
作版皆詭于文字之正若臬作臮借洎字爲之敀從
已借㲉改字爲之竇作瑤案瑤字見竹書穆天子傳
玉篇引聲類亦曰古文瑤字此或古人省文借字之
法猶未大失也篆者聖人不虛作非可依隸以造昔
徐鉉作說文新附識者多譏其謬獨怪陽冰自言斯
翁之後直至小生又欲求刻石經立于大學而不究
小學如此倘任鴻都之役未見其勝于張參唐元度
諸人也關中金石記

右李陽冰書遷先塋記說文改更字从戊己之已敍
改字从辰巳之巳徐鉉引陽冰說謂已有過攴之卽
改而此碑書改元字卻从巳不从己秦詛楚文改亦
從己蓋二文可假借也毛字說文玉篇廣韻集韻俱
不載惟家語執轡篇息土之人美毛土之人醜注毛
耗字此少温所本矣叙說文从攴此與三墳記俱从
又泉卽洎字水當在左旁變文居下潛研堂金石文跋尾
按此碑述者名全演石墨鐫華以爲季卿據三墳
記爲季卿述首稱先侍郎之子云云此碑亦有先
侍郎卽世之語則其同爲季卿所述固無可疑碑

云天寶改元我之伯也卒天寶以壬午年年改元則
其前云蒼龍大淵獻是開元二十三年乙亥歲前
云先侍郎卽世又云先大夫徐公此先大夫未詳
何謂也下云單閼歲先夫人合祔是二十七年己
卯也伯之卒在合祔後四年又其後十年之間仲
叔俱卒卽前碑三墳者是也霸岸鑿龕客土毛矣
此是形家之言龕與堪通今俗用磡字太平寰宇
記灞岸在通化門東三十里霸崖鑿龕有傷地脈
此云客土猶形家謂之來龍也土毛則脈傷而藏
者體魄不安矣温冥之禁未詳以臆度之温取室

閉而煖冥有幽冥之義皆謂墳穴也又云攝提格
辜月攝提格者寅年也當是壬寅年仲叔之卒在
天寶十一載壬辰又越十載爲寶應元年辜月十
一月也以壬寅十一月祔葬也碑云異時述□三
百篇永泰中小宗伯賈公至爲之敘此必是其先
侍郎所作之詩也唐書賈至傳至之轉禮部侍郎
正在永泰二年未改大歷之前惜不知其集名無
從考矣碑今在西安府學不知當時從何處移來
碑有其原鳳栖之語則其先塋在今咸寧縣鳳栖
原長安志云少陵西北三十里皆此原雍大記栖

宗元爲伯姒志曰葬于萬年之鳳棲原在唐時爲
萬年縣安化里似碑當立于此處今碑移而墓亦
不可考矣碑爲宋初威安琛重開而助緣者皆僧
名想宋時李墓尚存墓旁當有僧寺爲之守護諸
僧皆住寺者也

顏魯公禋闕二大字

字徑三尺許隸書後有翁覃谿跋并七言古詩共二十三行行二十一字正書在吉安府

禋闕

右禋闕二字顏魯公八分書寺舊有魯公題名今惟
存此二字耳吉原志載汪甪夬與寺僧書云禋作禋

非傳寫之誤必有原委寺僧荅云祖古作⿰礻虘八分取以相配若此二字上石後落永泰年吉州司馬欵此山光千丈矣据此則今所傳木刻後有天寶十四年平原太守欵者訛也天寶稱載不稱年且如果是天寶年題則寺僧與舟次札内何以云欲落永泰年欵乎其爲後人妄加可知也但此二字實出魯公手魯公八分惟見東方畫讃額未有如此之大者誠至寶也祖字作⿰礻虘漢宗俱孔謙曹娥諸碑皆如此至於魯公題名年月則寶刻類編云魯公爲吉州別駕題名吉之淨居寺大歷二年十月題此其確可据者故爲

考其大略而系以詩西江魯公題石二其一丙午匡廬陰此題明年孟冬月大書尚記黃李詩八分岌嶪更雄峙勁勢獨出無古今後題不存存僅此始覺禪境尤清深少陵雙峯得門否曹谿一滴誰嗣音後來姚江講學派亦假題識靑欽崟宣城老子執陳迹未會松竹高邱吟亦如寺僧與汪子商略補刻爭摹臨世間忠孝眞仙佛正氣耿耿留精忱森然魄動仰星斗何必更訪東西林區區歲月那足較兩字已重千球琳旌旗歌舞照千載文山黃李猶同岑嘉客來遊偶然記雲巢相印太古心松門風起衆山響天籟聲荅文山琴乾隆五十二年歲在丁未冬十二月北平

翁方綱

按靑原志云上石後落永泰年吉州司馬欵寶刻類編云魯公爲吉州別駕大歷二年十月題此舊唐書顏眞卿傳以誹謗貶硤州別駕撫州湖州刺史不載吉州別駕之官新傳則云貶硤州別駕改吉州司馬遷撫湖二州刺史眞卿之刺撫州在大歷三年則改吉州司馬當在二年若永泰年其時宜初貶硤州未改吉州似寶刻類編較確也惟吉州別駕或寶刻傳譌當從傳作司馬耳祖之作⿰礻虘

漢碑多有之孔謙碣⿰礻虘述家業正與此同司空宗俱碑⿰礻虘父司隸校尉筆法大同小異顧藹吉云玉篇⿰礻虘與祖同碑以爲祖字孝女曹娥碑其先與周同⿰礻虘亦以⿰礻虘爲祖蓋有自來也然則汪册次與寺僧問荅之語似亦所見之不廣矣

金石萃編卷九十四終

金石萃編卷九十五

賜進士出身 誥授光祿大夫刑部右侍郎加七級王昶譔

唐五十五

會善寺戒壇碑

碑高三尺一寸廣約三尺九寸作兩截書上截廿六行行十六字下截廿四行行十字正書在登封

河南府登封縣嵩岳□□寺戒壇碑

請抽東都白馬寺僧崇光敬愛寺僧□□同德寺僧重

進 奉國寺僧法□ 香國寺僧從恕惠深安州

龍興寺僧□□

右河南副元帥黃門侍郎平章事王縉奏得安國寺

僧乘如狀前件寺戒□□供奉大德一行禪師□故

□壇□□□同律師□□□□殿宇幽閑□□□□

受戒之□□城推宸□□□□□墉院荒涼更屬艱

難壇□摧□不有修葺竊愧先賢望抽前件□律僧

七八住持□□有闕□塡□□建方等道場常講戒

律庶□□聖□國土安寧

中書門下 牒 牒奉 勅宜依牒至准 勅

故牒

大曆二年十月十三日牒

中書侍郎平章事元 載

黃門侍郎平章事杜鴻漸

黃門侍郎平章事王 縉

兵部尚書平章事李 使

檢校侍中李 使

中書令 使

沙門乘如言伏奉去十月十三日

恩命於河南府登封縣嵩岳□□□常建戒壇兼抽持

律七僧灑掃講律者

湛恩自天祗荷無地沙門乘如誠歡誠喜載欣載

□□者□□之□戒者萬行之首非絕□岑□□詣茲

□□會善戒壇□□□□□登其封沓遺塵累躋其□必

□□□比爲碩德湮沉虛迹□毁觀者輿黍離之歎□

之增涕殞之悲 陛下駐佛日之傾布堯雲之澤抽僧

灑掃設壇講律雷音永震更呼万歲之□ 聖壽無

疆彌極九天之峻不任載荷之至謹詣右銀臺門奉表

陳謝以聞沙門乘如誠歡誠喜謹言

大曆二年十一月 日安國寺沙門乘如上表

扶風夫子廟殘碑

碑不全僅存一石高廣俱一尺五寸許共七十一字正書今在華州

闕 司員郎瑯邪顏眞卿書 闕

闕

書都官郎中東海徐浩 闕

天地吾知至廣也以其無所不覆載日月吾知其至明
也以其無所不照臨江海吾知至大也以其無所不容
納料廣以寸管測景以尺圭航大以一葦廣不能逃其
數明不能私其質大不能亡其險偉哉夫子後天地而
生知天地之始先天地而沒知天地之終非日非月光
之所及者遠不江不海潤之所浸者博三代禮樂吾知
其損益百王憲章吾知其消息君臣以位父子以親家
國用肥鬼神以享道未可詮其有物釋未可證於無生
一以貫之我先師夫子夫子聖人也帝之聖者曰堯王

之聖者曰禹師之聖者曰夫子堯之德有時而息禹之
功有時而窮夫子之道久而彌芳遠而彌光用之者昌
捨之者亡昔否於周今泰於唐不然者何被袞而裳垂
旒而王者哉扶風古縣也在京之西環渭之北望標闕
輔之首雄壓劇秦之大有尉曰袁弁者學吞漢臺賢負
伊鼎文則變雅行乃矩物其爲政也剛以斷其理身也
柔而立迴大君之湍問動賢相之精選賓奉詔旨廟新
祠宇廟閣岑立宮牆鳥跐睟先師於兩楹羅亞聖於十
哲両蕭有主院栢分行徂庭自肅入室加敬陳牲牢而
如在間籩豆而無算天下大軍之後也時弊而没禮域

中小康之前也俗婾而迷歸徇儒以戢兵設義而銷戰
使人從善遠惡而不自知大哉袁氏之子其用心也至
矣邑宰李公才思練達政心和理風聲樹於丕變毗頌
樂而不支縣丞主簿尉等琅耶王巖黍稷公器覽容色
窺相公之明鏡整鬐鬣趣相公之龍門雲霄坐馳鳴躍
可俟浩自帝鄉薄遊鳳翔入境而醉聞佳政告歸而飧
味尤績前尉許贊起予能事春秋之徒如何勿書時大
歷二年某月日記

此文載于唐文粹爲扶風縣文宣王廟記大歷二年
駕部郎中徐浩文而今西安府學有僧夢英書此一

記其文正同但去扶風古縣也以下半篇其跋云此
記刊石元在湖州臨安縣夢英愛而書之豈駕部先
作此於扶風曾公又書之於湖州而去其半篇耶又
考唐地里志臨安縣屬杭州不屬湖州得非夢英之
誤耶今華州有此殘碑數十字其文同金石文字記
此文浩以大歷二年作于扶風曾公曾書此于湖州
華州有之非也疑後人僞作關中金石記

按此碑文五百四十餘字今存者連銜名祇七十
一字文存十之一耳檢唐文粹刻本有此文錄補
成篇文粹載此文題曰扶風縣文宣王廟記撰人

爲程浩令碑題與程浩名俱不存但存顔眞卿書
及徐浩名徐浩必是篆額者也唐書地理志扶風
縣屬關内道鳳翔府扶風郡武德二年初置湋川
縣貞觀八年更名扶風然碑又云扶風古縣也在
京之西環渭之北扶風爲貞觀改名不得爲古若
扶風之名莫古于漢即鳳翔府爲漢右扶風地自
隋以來謂之扶風郡今以縣爲古乃文之失實者
云在京之西謂至德二載號鳳翔府爲西京也顔
眞卿結銜存司員郎三字以本傳考之眞卿之爲
武部員外郎在天寶初年此後未嘗官員外然此

文末題大歴二年文粹所載要非無據未敢斷以
爲誤也程浩無傳可考篆者徐浩碑存其銜曰書
都官郎中徐浩傳載浩歴憲部郎中在安祿山反
之前則亦是天寶十四載以前之官而未嘗爲都
官郎中文盛稱扶風縣尉袁弁奮奉詔旨建文宣
王廟奉先師及亞聖十哲像而令丞簿皆牽連及
之則興建之功獨在尉矣文云浩自帝鄉薄遊鳳
翔則此文專爲扶風縣之文宣王廟而作曾公不
應又書之于湖州至湖州之無臨安縣與杭州臨
安縣之現無曾公書此碑皆屬夢英之誤記又不
足深論總之此碑文爲程浩作固無可疑其書碑
篆額結銜與作文之年不合當必有傳刻託名之
誤而碑在華州則或是殘石易于轉徙未可知也

義琬禪師墓誌

石高廣皆二尺廿二行行廿一字正書在洛陽乾元寺

唐故張禪師墓誌銘并序

香山禪師諱義琬字愚靖俗姓董氏河南陽翟人紹嵩
岳會善大安禪師智郎法歲廿七世齡五十九開元十
九年七月十九日長天色慘塞樹凝霜項白方面赤方
石肱枕席左髀垂脉言次寂默奄魂而歸舉體香軟容
華轉鮮感瑞嘉祥具載碑錄師未涅迺先則讖記吾滅

度後世年内有大功臣置寺度遺法居士爲僧卌五年
後焚身留吾菓園待其時也果卌八年有文武朝綱□
國老忠義司徒尚書左僕射朔方大使相國郭公上額
於居士拜首受僧奏塔梵宮牓乾元寺法孫明演授禪
父託葬祖黄金迹德於中書令汾陽郡王郭公徹
天請号焚葬借威儀所由撿挍大厯三年二月汾陽表
曰義琬禪行素高爲智海舟航是釋門龍象心超覺路
遠近歸依身殁道存實資褒異伏望允其所請光彼法
流其月十八日　勑義琬宜賜謚号大演禪師餘

依擇吉辰□月十九日荼毗入塔今卌載無記不從大
禪翁也行慈悲海得王髻珠施惠若春研芳吐翠破邪
寶劍見網皆除業爲學山萬法包納練行凝寂方能動
天塔磨青霄砌下雲起星龕月戶面河背山清淨神靈
庶幾銘曰
行破羣邪　業爲學海　戒月青空　心珠自在
塔面長伊　鈴搖岳風　動天威力　無住無空
碑述中書令汾陽郡王郭公表義琬禪行素高勅賜
諡號大演禪師都字作滕以艸體爲楷書也中州金石記
按河南通志乾元寺在河南府城西南三十里魏

時創建昔在伊闕東山之嶺明嘉靖間遷於山麓
碑云法歲廿七世齡五十九法歲猶言僧臘世齡
猶言世壽皆糊見此碑又云頂白方面赤方右脇
枕席左臂垂膝此述禪師示寂之象禪師之榻向
南而設其卧向東頂白方者首在西也面赤方者
面向南也釋氏示寂以右脇爲上故右肱枕席則
其面向外而南是側身而逝也他碑述高僧示寂
但言右脅而已未有若此之詳盡者禪師臨終有
滅度後三十年内及三十五年後之語果於二十
八年有相國郭公牓乾元寺大歷三年二月汾陽

表請賜號大演禪師按禪師以開元十九年示寂
越二十八年爲肅宗乾元二年三十五年爲代宗
永泰二年其云司徒尚書左僕射朔方大使相國
郭公牓乾元寺此郭公即郭子儀唐書子儀傳是
年留守東都寺僧殆以額請也至永泰二年則吐
蕃冦醴泉子儀方屯涇陽與吐蕃戰自無暇爲禪
師表請賜號据碑載大歷三年二月汾陽表詞則
距禪師之寂三十八年傳載是年三月子儀還河
中則二月方自涇陽入朝宜有表請之事也碑下
文有四十載無記之語是約畧之詞其實三十八

年正與三十五年後之語合也乾元寺牓題于乾
元二年未有此牓以前不知此寺何名通志但云
魏時創建不云何寺此碑首云香山禪師豈香山
是寺名耶

趙叡沖碑

碑高七尺一寸五分廣三尺八寸十九行行四十二字隸書

唐故同州河西縣丞贈虢州刺史太常卿天水趙公神
道碑并序
尚書兵部郎中安陽邵說撰
左衛率府兵曹參軍集賢殿待　詔瑯耶王瑀書并

篆額
惟天水趙公諱叡沖公惟隋員外散騎常侍平東將軍
渭源公顯和之廟諱孫開府儀同三司博州刺史𤅊立之
曾孫　皇朝監察御史君煦之孫虢王府法曹參軍徵
之子自渭源四代咸著清德洎公纂承嘉聞益彰志業
貞簡形儀朗異以孝友謹敬協柔昆弟以義禮誠純接
奉朋交文蔚行茂顯于當世　天后時應明堂大
禮科　上異其對授陝州陝縣尉轉汾州平遥尉鬻劇
之地以幹敏稱秩滿從調吏部侍郎蕭至忠以公所試
超等授大理評事公迫於祿養請署同州河西丞贊貳
其政甿輯吏肅劇賊遁逋伏姦不興縣六百石郡二千
石皆受成仰辦而已道長運速奄忽遷殂以景雲二年
冬十月二旬有一日終于縣館享年五十二及夫人平
陽敬氏卒以開元廿四年四月廿一日合祔于虞鄉縣
五老原初公寢疾告其二子良器良弼曰吾祖成季宣
孟忠勳炳著迨漢吏部尚書融晉黃門侍郎廟諱亦能勤
攘冦難捍衛王室二祖皆爲河東守子孫因徙家焉由
魏歷隋位與旹昇爾後仕唐三葉而未登吉祿以吾祖
宗之福豐慶演固不當湮抑淪廢意爾曹爾嗣其將必
有達人洎公卽世逾卅歲而□命官至中書舍人未五

十歲而良弼官至陝華等七州刺史御史中丞浙東嶺
南兩道節度使太子賓客　廟諱宗朝以嗣子參掌
綸誥追贈公虢州刺史夫人平陽郡太夫人
肅宗朝以次子節制方面累贈公太常卿　今聖
踐極嗣孫密邕蕭復縱袞等咸擅才業宦成三署竟如
公疇昔之所識於戲趙氏再世昌茂克大其門皆虢州
祗奉先軌貽裕後續仁積訓深之所致也宜其誕受光
飾享茲徽章敢篆石立表紀旌風烈銘曰
德積於微業成而彰先時蹇舛廟諱羨其昌於烈趙公亶
惟貞良砥修行學顯茂家邦施子及孫再世以光登
朝就烈佩玉鏘鏘□澤游本根沃潤黃腸有茲遺風久
逾馨香於斯篆刻裕美無疆
大廟諱四年歲在己酉五月戊辰朔十五日壬午建
按趙叡沖兩唐書無傳撰人安陽邵說題銜曰尚
書兵部郎中舊唐書傳說舉進士爲史思明判官
史敗說降于郭子儀累授長安令祕書少監遷吏
部侍郎太子詹事新書文藝傳惟不載侍郎詹事
官餘與舊傳同而皆不云官兵部郎中傳之畧也
書篆者王璃無攷碑敘叡沖先世云顯和之元孫
世立之曾孫君煦之孫徵之子不云高祖其曾祖

據原碑校

某祖某父某也隋唐書亦無諸人傳碑云天后時應明堂大禮科兩唐書選舉志皆不載此科目天后之享明堂在永昌元年正月敞沖應舉當在是年碑云公寢疾告其二子良器良弼曰吾祖成季宣孟忠勲炳著迨漢吏部尚書融晉黃門侍郎元亦能勤攘寇難捍衛王室拔成季趙衰也宣孟趙盾也衰字子餘盾衰子字孟謚宣子左傳韓厥言于晉侯曰成季之勲宣孟之忠而無後爲善者懼矣碑語本此趙融附見魏書趙逸傳云逸天水人也十世祖融漢光祿大夫而不言其官吏部尚書

趙元見晉載記晉師伐秦秦將姚洸鎮洛陽部將趙元說洸固守洸出戰元從之會陽城及成皋滎陽武牢諸城降元死于陣而不言其官黃門侍郎皆史之畧也蓋敞沖之先世可攷者如是良器良弼兩書亦無傳

大證禪師碑

碑高八尺廣三尺九寸三分二十五行行五十二字正書在登封縣嵩嶽寺後

大唐東京大敬愛寺故大德大證禪師碑銘并序

金紫光祿大夫門下侍郎平章事　太清太微宮使

崇元宏文館大學士上柱國齊國公王縉撰

銀青光祿大夫行尚書吏部侍郎集賢殿學士副知

院事上柱國會稽縣開國公徐浩書

醴泉湧而獨疾寶炬然而破闇蓮花無染而獨淨夜光不繫而自得其惟上智乎夫上智之身曲隨世界上智之心密遊聖境或宿植德本乘願復來或意生人間用宏譯闡示非慧見曰孰能知之大德号曇真姓邊陳留開封人也厥初爲孩稟知特異亦既有識用晦如愚家有耕桑未嘗聞鄉有學校未嘗顧則曰處豐屋何如方丈馳良馬何如振錫珪組耀世不如被褐金玉滿堂不如虛白食珍者豈覩飾來香積聽樂者豈聞梵唱云何

既勝矣出門絕遠隮嵩少間專於讀誦年至二十遂適太原受聲聞戒習根本律性甚聰敏博涉經論時同學者仰之爲師久而歎曰大聖要道存乎解脫不入其門非佛之子乃損落枝葉澄清泉源詣長老大照醒迷解縛開心地如毛頭掃意塵於色界從此日益唯師能知於四威儀之中無一刹那有息不住以至於大寂無作以至於恒用我止無所虛空未爲廣我照能遍日月未爲明震雷破山聞不聞等烈風拔樹見不見等是主無主與四大假合方寸無生於一切離相猶以爲未出心臺彌勤深入大照既沒又肆廣德大師一見而拱手再

見而分座問之於了答之以默俱詣等妙忽合自他梵
綱之行楞伽之心密契久矣廣德又謝學徒噭噭相顧
靡依來求於我嗣續前教皆以實歸出宅諸子俾稱所
乘渡河三獸自止於分天寶季年祿山作逆陷我洛陽
亂兵蜂螫大德澹然獨在本處天龍潛衛於左右犲狼
仰瞻而讚嘆施財獻供終朝盈門於善惡等以慈於苦
戹人以忍言說不㝵無畏故也動靜皆如自在故也度
衆無邊大願力也依報無量邁種福也夫修行之有宗
旨如水木之有本源始自達摩傳付慧可可傳僧璨璨
傳道信信傳弘宏忍忍傳大通大通傳大照大照傳廣德

廣德傳大師一一授香一一摩頂相承如嫡密付法印
唯聖智所證非思議能測也大德旣捨眷屬竊爲沙彌
身不顧名志在成道聲稱浸遠歸依如林天寶八年緇
侶領袖舉以　上聞乃蒙正度初隸東都衛
國寺旋爲敬愛寺請充大德遷彼與住此有緣非無因
地雜人天之會法如雲雨之施衆有塵勞之悟寺盈河
潤之福今學與其進當學起其信善誘不倦得師則喜
利往者導之以捷覩奧者辯之以正深在定者戒於貪
悟所覺者使之遠覩彼來學如菴摩勒果冀其出世如
優曇鉢花齊我知稀故我貴矣寶應二年正月十四日

趺坐如生薪盡火滅年六十夏十四哀纏門人悲及塵
衆樹爲之變色獸爲之失聲棟折航沉佛土蕭索其年
九月葬於嵩岳寺之北阜大歷二年有司奏謚
上聞惻然乃賜號曰大證禪師縉嘗官於登封因
學於大照又與廣德素爲知友大德弟子正順卽十哲
之一也覩縉猶父心用感焉以諸因緣爲之強述銘曰
上德不德與慈連悲□現於獨界俯爲人師以
我無思破彼盡思爾方狀俗我則隨時由多
分別妄生垢淨根不緣□像豈染鏡法不可
著空卽是病無得之得絕聖而聖

文字非文字言語非言語云何以解脫云何而
語女隨宜說方便究竟非我與舍利依嵩山
寂寥松柏所
大曆四年歲次己酉□□二十四日
檢校僧敬愛寺談振聖善寺僧義辯安定劉
英模勒河南屈集臣鐫
碑在嵩嶽寺後欹側荒坡中傳燈錄載達磨傳慧可
可傳僧燦燦傳道信信傳□忍忍傳盧能今碑載忍
傳大通自通以下三傳爲大証摩頂付法然則少林
衣鉢授受六傳入嶺南蓋南宗也傳燈錄載北宗神

秀其門人嵩山普寂立秀師爲六祖云說嵩

右大證禪師碑眞跡剥缺過半行款字數不可數可識者共六百八十八字完全者三百二十五字金石圖

文苑英華載此碑其文尚可攷年月据寶刻類編全磨滅也述書賦注稱縉爲文筆泉藪是時縉捨財造寺之弊甚矣唐代宗尊重三氏至沙門道士死而賜官賜謚誠可嗤笑碑列縉銜云太淸太微宮使崇元宏文館大學士上柱國齊國公劉晌書止云太微宮使其崇元作崇賢無齊國公封號皆當以碑爲正中州金石記

按此碑間段磨泐文苑英華載此文今据以錄補說嵩云碑在嵩嶽寺後欹側荒坡中河南通志嵩嶽寺在登封縣城西北嵩山之前武則天幸嵩山常以此爲行宮而不載敬愛寺之所在則敬愛寺毀廢已久今碑在嵩嶽寺後大抵敬愛寺址當時與嵩嶽爲鄰矣撰文者王縉字夏卿維之弟河中人舊唐書傳稱其以文翰著名廣德二年拜黃門侍郎碑作門下同平章事太微宮使碑有太清宏文崇賢碑作崇元館大學士加上柱國碑有齊國公新傳較畧然碑立于大歷四年而傳稱三年以縉領幽州盧龍節度尋兼太原尹北都留守河東節度營田觀察等使皆四年之官而碑無之似撰文尚在四年以前也書者徐浩舊傳稱其代宗朝爲吏部侍郎集賢殿學士新傳不言其官集賢而有會稽縣公之封兩傳互異合之則與碑同也碑云禪師年至二十受聲聞戒捨眷屬爲沙彌天寶八年上聞正度充敬愛寺大德寶應二年正月趺坐而滅年六十夏十四蓋自天寶八年受度至此僅十四年故云夏十四以前爲沙彌者且二十六年也寶應二年七月改元廣德故正月仍稱寶應碑又云縉嘗官于登封因

學于大照又與廣德素爲知友縉傳稱廣德二年以縉爲侍中持節都統河南淮西山南東道諸節度行營事兼東都留守碑所云嘗官于登封者當即在此時也

逍遙樓三大字

石高九尺六寸廣四尺正書徑二尺七八寸在廣西臨桂

逍遙樓

大歷五年正月一日顏眞卿書

庾賁德政頌

碑連額高九尺七寸六分廣四尺二寸五分十四行行三十字篆書後有小記二各六行上下截刻上截

行四十一字至三十九字下截二十九字或三十一
三十三字不等並正書額題唐冀丘縣令庚公德政
頌十字篆書
在寧陽縣

荀蒭古之良宰也揄次碣之庚公今之
賢百里也冀丘頌之姑無□能□□□
紀議者謂庚公之政尤矣公初告羣吏
曰昔孝宣憂元元□爲經國致理□□□
長適擇郎官御史之宰縣邑我自任城
尉驟居五百石非才何以當之折□□
蘇疲人祇若明命迺崇禮讓省刑罰
紓力役闢土田宜兹□□□□□儉□□□潤

佗時雨味爲春風於是齊魯不變井閭
咸復三載考績一方歸寂都□□□
御史清河張公日昌牧伯之賢也訓俗
騶官勸直沮枉逃職之地類能□之□
方諸爽氣日暮吏清松筠歲寒轉
茂題以上下之目出乎羣萃之表□□
子惠里尊同歡以詒伯諱之邑牧賞況
孫之茂宰宜矣以名實字□明其志□
川乃歲周之時也爲堂東因以命旅以
其忠愛以之考以銘嗣爲人然以篆

王文曰元淮爲尋陽令 曾王文曰師
則爲司王文學楷模繼代冀谿標起大
廟諱中合者彭滔等三十五人以此以卑
□大歲觀顯刻石宮美名于元戎元戎
邑若縣人以陽於與以周旋循詳德於
□之作頌多媿弘文辭曰給穆庚以
宰字之邑作治百里是始一方合書上
請觀當頌德元戎嘉之人石圖刻
大 廟諱五年九月三日建

釋文

據碑文譯改

荀蒭古之良宰也揄次碣之庚公今之賢百里也冀丘
頌之姑無□能□□□紀議者謂庚公之政尤矣公初
告羣吏曰昔孝宣憂元二□爲經國致理□□□長適
擇郎官御史之[出]宰縣邑我自任城尉驟居五百石非才
何以當之折[誓]□□穌疲人祇若　明命迺崇禮讓省刑
罰紓力役闢土田宜兹[慈]□□□□□儉□□□潤佗時雨味爲
春風於是齊魯不變井閭咸復三載考績一方歸寂
都□□□御史清河張公日昌牧伯之賢也訓俗騶官
勸直沮枉逃職之地類能□之□方諸爽氣日暮吏清
比之松筠歲寒轉茂題以上下之目出乎羣萃之表□

□千里異聲同歡曰以伯達之亘牧賞次孫之茂宰宜
矣公名賁字□明其先□川人成周之時世爲掌庾因
以命族公其胄焉公之考曰欽嗣爲□州别駕　王父
曰元汪爲尋陽令　曾王父曰師則爲蜀王文學楷模
繼代龜麟接武大曆中邑考彭滔等三十五人以公歧
柔□大咸願刻石褒美申于　元戎元戎允答縣人以
陽冰與公周旋備詳德行□之作頌多愧能文辭曰
於穆庾公宰字之亘化洽百里風擒一方邑老上　請
願言頌德元戎嘉之金石迺刻
大曆五年九月三日建　此九字特大書在碑之第一行

佑之聞龔邱庾公德政碑舊矣自唐大歷五年歲在
庚戌至今貞元三年乙亥凡三百八十五年善政獨
彰芳塵孰嗣而李公之文辭篆字世所貴者佑之到
官之初首加詢訪乃於廳事之後糞土中得其□斷
壞散亡僅存其半嗟青瑤之沉埋懼磨滅之無日思
欲得完本重刻于石未易得也聞邑尉丞□趙珣君
瑞肯爲尋訪於邑人彭龜家得蓄藏舊紙本一以示
佑之詳讀玩味頗慰願見於是礱石命工□刻□記
庶乎庾公之德政與夫李公之辭翰爲不朽云五月
一日承務郎兗州龔縣令林棣宋佑之記

有唐庾公嘗宰是邑當時治績昭著而名公若李陽
冰者因邑人之請□文以頌其實□□旣刻亦庶不
朽不期圮壞其閒廿餘年未遑再立德政□□不絕
如綫　縣令宋公下車之初首加詢訪越明年再勒
其碑豈非　宋公之爲治有慕於庾公之治耶不
然何以勸課農桑奉公竭節以今較昔不謀而合者
往往皆是歟儒卿謂庾宋之治時雖異而美則同矣
邑人鄉貢進士□□□□
徵事郎主簿孫思　忠武校尉縣尉王景俊
管勾造碑佐史耿□□

碑殘剝僅有其半貞元三年林棣宋佑之來宰是縣
訪得完本於邑人彭龜家重勒諸石今按其文序庾
公名賁字文明其先□川人成周之時世爲掌庾因
以命族公其胄焉公之考曰欽嗣爲兗州别駕王父
曰元汪爲尋陽令曾王父曰師則爲蜀王文學又云
大歷中邑老彭滔等三十五人請於元戎云云然則
當日彭滔之立頌石竟未上於朝也劉夢得高陵令
劉君遺愛頌載寶應詔書凡以政績將立碑者具所
紀之文上尚書考功有司考其詞宜有紀者乃奏今
碑稱請於元戎及縣人以陽冰與公周旋備詳德行

□之作頌豈此時節度此方者宜可以專擅圖不必待朝命耶書之亦以考世變焉文內有攺字與弔相連說文攺撫也從攴巳聲讀與撫同此下一字存其上半弔是爲桼字撫桼蓋稱其惠于斯民也授堂金石跋

此碑建於唐大歷五年至金貞元三年龔縣令宋佑之以舊本重摹於石佑之自爲記並卜儒卿後跋刻於碑之左方碑文下截每行泐去三五字餘俱可辨黃小松司馬云碑陰尚有金貞元間給事郎守令于彖及典史單文等名未有拓本山左金石志

按此碑無撰書人姓名文云縣人以陽冰與公周

旋云云宋佑之記亦云李公之文辭篆字世所貴者則撰書皆陽冰爲之也山東通志龔邱本漢寧陽縣地北齊置平原縣隋以縣東南二十里有龔邱城更名宋大觀四年避宣聖諱祗稱龔縣金大定二十九年避顯宗諱復改爲寧陽元明以來因之此碑重刻于金貞元三年其時未改寧陽故宋佑之記自稱龔縣令也碑云都□□□御史清河張公曰昌牧伯之賢也訓俗馭官勸直沮枉題以上下之目出乎羣萃之表云云玩其文義似與盧正道清德碑相同中宗神龍二年勅內外五品以上充十道巡察使廉按州郡其時正道爲滎陽縣令衛州司馬路敬潛爲河南道巡察使以正道政術尤異奏聞中宗降勅褒美識法師爲之立碑頌清德此碑似係御史張曰昌爲巡察使品定虔公政績邑老彭滔等三十五人刻石褒美所謂題以上下之目者猶言上考下考虔公治居上考也特是碑但言申于元戎元戎允答而無奏聞之明文故不聞朝廷有勅旨如盧正道耳碑云公名貢其先□川人泐一字乃潁川也廣韻云虔出潁川新野二望碑又云成周之時世爲掌虔因以命族公

其胄焉通志氏族畧虔氏堯時掌虔大夫以官命氏至春秋時周有大夫虔皮皮子過邑于緜氏然則碑以爲成周掌虔者傳訛也碑敘其先世曰考欽嗣王父元汪曾王父師則史皆無傳碑中用字如荀藐之荀松筠之筠皆新附字荀當作郇徐鉉云今人姓荀氏本郇侯之後宜用郇字筠當作縜嘉定錢君大昕云周禮考工記梓人上綱與下綱出舌尋縜寸焉鄭司農注縜籠綱者讀爲竹中皮之縜縜持綱紐也此卽古筠字又說文莫日且冥也从日在茻中碑書作暮从兩日俗字也繼續也

據原碑按

魚錢本作美

从糸𢇍一曰反𢇍爲繼案𢇍古文絕字繼字从反
絕爲義碑竟从𢇍亦誤凡碑誌之例多自高曾順
下此則自考上溯曾祖又一例也庚公貢史亦無
傳碑題建立年月在文前一行字較文特大亦他
碑所未有

臧懷恪碑

碑高一丈一尺一寸廣五尺四分共二十八行行字自五十八至六十四不等正書在三原縣

唐故右武衛將軍贈工部尚書上柱國上蔡縣開國侯
臧公神道碑銘并序
金紫光祿大夫行撫州刺史上柱國魯郡開國公顏

真卿撰并書
翰林 待詔光祿卿李秀巖題額
公諱懷恪字貞節東莞人其先出于魯孝公之子彄字
子臧大夫不得祖諸侯其孫以王父字爲氏僖哀二伯
既納忠於魚鼎文武兩仲亦不朽於言哲丈人成功而
遁迹子原抗節而捨生義和辭金飾之器榮緒奮陽秋
之筆賢達繼軌紛綸至今曾祖滿隋驃騎將軍祖寵
皇通議大夫靈州都督府長史父德朝散大夫贈銀州
刺史咸務遠圖克開厥後恤𧸖之慶世祀宜哉公即銀
州之第三子也身長六尺一寸眉目雄朗鬚髯灑秀雅

徒錢本作徒

護錢本作設

善騎射尤工尺牘沉靜少言寛仁得衆奇謀沖邈英勇
冠倫友于弟兄謹於鄉黨每敦詩而執禮不茹柔以吐
剛莅事而剖判泉流臨戎而智畧鋒起古所謂文武不
墜高明有融者焉少以勲勞亟紆戎級開元初嘗遊平
盧屬奚室韋大下公挺身與戰所向摧靡繇是發名
睿宗聞而嘉之拜勝州都督府長史鋭精佐理絜矩
當官朔漠不空邊隅用乂俄拜左衛率府左郎將轉右
領軍中郎將兼安北都護中受降城使朔方五城都知
征馬使戎事齊足十萬維羣我伐用張軍威以肅由是
深爲節度使王晙所器奏充都知兵馬使嘗以百五十

騎遇突厥斬啜八部落十萬餘衆於狼頭山殺其數百
人引身據高環馬禦外虜矢如雨公徙且殲遽而紿之
曰我爲臧懷恪 勑令和汝何得與我拒戰乎時僕
固懷恩父設支適在其中獨遮護之諸部落持疑不肯
公刲羊以盟之仗義以責之衆皆感激由此獲免遂與
設支部落二千帳來歸後充河西軍前將盤禾安氏有
馬千駟怙富不虞一族三人立皆毆斃軍州悚慄疇敢
不祗俄爲節使相國蕭嵩所賞後充河源軍使兼隴右
節度副大使關西兵馬使拜右武衛將軍吐蕃不敢東
向者累年俄封上蔡縣開國侯開元十二年歲次甲子

二月錢本作三月

愔錢本作情

春二月廿有六日薨于鄴城之官舍享秊五十六其秊
八月廿三日　詔曰故具官公頃以幹能亟承任使操
行逾謹勞効未酬不幸遷殂良增追悼可贈右領軍衛
大將軍即以其秊冬十月庚戌遷窆于京兆府三原縣
北原禮也嗚呼公兄左羽林軍大將軍平盧副持節懷
亮以方虎之材膺爪牙之任孔懷斯切致美則深七子
游擊將軍崇仁府折衝希崇豐州別駕贈宋州刺史希
祀左武衛將軍朔方節度副使贈太子賓客希忱右衛
左郎將劒南討擊副使贈汝州刺史希愔右驍衛郎將
靜邊軍使贈祕書監希景寧州刺史左金吾衛將軍贈

揚州大都督希晏開府儀同三司行太子詹事兼御史
大夫邠寧山南觀察使集賢待　制工部尚書渭北節
度使魯國公希讓等夙漸詩禮恭承教義芬潤挺蘭玉
之姿英威譽虓闞之質而希讓識度弘宏遠器謀沉邃仁
親以孝殿國以忠緯裕冠於人倫勳勞㳻於　王室至
德中　今上爲元帥東伐肇允押牙從收兩京陟降
左右入侍帷幄既崇翼戴之功出擁麾幢載叶澄清之
寄加以篤睦羣從糺綏宗族吉凶贍恤終始無渝行道
之人孰不嗟尙　肅宗以公有謀翼之勤乾元三秊
春三月贈魏州刺史寶應元秊冬十月又贈太常卿廣

德元秊冬十月　詔曰孝以立身可揚名於後代忠能
事主故追榮而及親開府儀同三司兼御史大夫元帥
都虞候魯國公臧希讓亡父贈太常卿懷恪業茂勳賢
地華簪紱佩忠信而行己包禮樂以資身守節安卑幽
貞自處養蒙全正聲利不營雖與善無徵促齡悲於逝
晷而積善垂裕餘慶光於後昆故得業濟艱難功參締
搆出有藩條之寄入多爪牙之任位以德遷禮宜加等
父由子貴贈合超倫宜登八座之榮式慰九原之路又
贈工部尚書褒異之典於斯爲盛臧氏自驃騎而下世
以材雄朔陲尚書既還特以功㳻當代兄弟子姓勳賢

間出自天寶岠于開元秉朱輪而拖珪組者數百人迨
于今茲蕃衍彌熾綰軍州而握兵要者相望國都有後
之慶固殊異于他族者矣眞卿早歲與公兄子謙爲田
蘇之游敦伯仲之契晚從大夫之後每接賓寮之歡故
公之世家竊備聞見敢述遺烈將無媿辭銘曰
魯史褒者臧孫有之陳魚則諫納鼎以規歿賢言立時
稱聖爲仁昭典墳智叶蓍龜世濟忠肅□光光羽儀以至
夫公英明雄毅鶚視騰彩龍驤作氣鋒淬霜棱妙窮金
匱謀猷臬寫翰墨風馳儒勇是兼勳庸以位介馳戎馬
猛奮虓虎絕漠援孤連兵戰苦萬虜鳴鏑紛紛如雨一

全錢本作旋

身抗詞謣謣連拄精貫雲日氣雄鉦鼓狄人義激僕固
誠全眇湯窮裔隨降幾千野靜沙雪風恬塞煙我騎如
雲我旗連天牧無南向凱有北全旋 天子休之命侯開
國謂福而壽康衢騁力奚命之適幽扃是卽十城玉折
萬里鵬息陣雲蒼蒼日暮無色令人趨奉 天眷孔明
九原不作八座哀榮勇烈崴範芳時鬱名里成冠蓋族
茂簪纓萬古千祀瞻言涕零
臧懷恪碑顏魯公篆并書懷恪再爲王畯蕭嵩兵馬
使積官右武衛將軍封上蔡縣侯三贈而至工部尚
書則以子希讓貴故也兄懷亮至左羽林大將軍懷

恪有子七人咸顯而希讓至尚書節度使魯國公碑
稱兄弟子姪勛賢間出自天寶距于開元乘朱輪而
拖珪組者數百人而唐史不爲立傳故聊識之書法
偉勁不減家廟荸山而石完不泐尤可喜也金石錄
又載韓擇木書第三子太子賓客希忱碑及希晏碑
以韓秀弼書之希讓曾子也而能爲不朽計乃爾誠
有過人者矣弇州山人稿
尚書墓在陝西之三原縣顏公此刻人間少傳予向
以使事道陝得之尚書七子皆爲顯官而希讓至魯
國公顏公文集復有臧氏糾宗碑書七子官與此不

同金薤琳瑯
右贈工部尚書臧懷恪碑不見立碑年月趙氏金石
錄以爲大歷中立顧氏金石文字記據碑文載廣德
元年十月贈官詔書因系之廣德元年予以魯公署
銜證之而知德甫爲可信也魯公麻姑仙壇記云大
歷三年眞卿刺撫州具撰李含光碑云大歷六年眞
卿罷刺臨川旋舟建鄴今此碑題金紫光祿大夫行
撫州刺史上柱國魯郡開國公則必在大歷三年以
後矣寶刻類編以爲開元十二年立則但據其卒之
年月并未讀其全文尤爲疏舛潛研堂金石文跋尾

碑云開元初嘗遊平盧屬奚室韋大下公挺身與戰
所向摧靡新唐書室韋傳惟載開元天寶間凡十朝
獻其後貞元四年與奚共寇乃見于傳證之碑則開
元初已內侵而史蓋失錄又碑下文遇奚厥斬馘八
部落十萬餘衆于狼頭山今檢奚厥部落無此名通鑑
聖歷九年九月改默啜爲斬啜當時武后憤其偪彊故漫爲此號而魯公亦襲用之然懷恪應
變給敵功不爲細乃卒不附奚厥本傳亦其疏也又
所云僕固懷恩父設支適在其中獨身遮之由此獲
免遂與設支部落二千帳來歸案之唐書皆不合傳
載懷恩鐵勒部人則懷恩父亦舊屬鐵勒矣又云乙

李㗖生懷恩世襲都督則傳言父蓋名乙李啜今碑乃云懷恩父設支則又名設支矣至云與設支部落二千帳來歸設支又自有部落及開元初來歸始爲唐臣亦非世襲都督者疑此數事史文皆未悉並當以碑爲據且足補突厥室韋二傳之闕則是碑之傳益可寶也（授堂金石跋）

按此碑無年月以撰書之顏眞卿結銜考之碑題行撫州刺史魯郡開國公新唐書眞卿傳代宗立起爲利州刺史不拜再遷吏部侍郎除荆南節度使未行改尚書右丞帝自陝還眞卿請先謁陵廟

宰相元載以爲迂俄以撿校刑部尚書爲朔方行營宣慰使未行留知省事更封魯郡公時載多引私黨眞卿上疏載以爲誹謗貶硤州別駕改吉州別駕遷撫湖二州刺史載誅楊綰薦之擢刑部尚書進吏部（舊傳畧同）帝自陝還者代宗本紀廣德元年十月庚午吐蕃陷邠州辛未寇奉天武功京師戒嚴丙子如陝州戊寅吐蕃陷京師十二月甲午至自陝州是也元載爲宰相乃寶應元年建辰月之事元載之誅乃大歷十二年事眞卿之爲撫州刺史傳雖不詳何年玩其敘次在載誅之前据麻姑

仙壇記大歷三年已刺撫州則不出三年至十二年矣（集古錄目載顏眞卿乞御書放生池碑額表碑并碑陰記大歷中眞卿爲湖州刺史建于州之駱駝橋東以大歷九年立据此則眞卿之刺湖州在九年其刺撫州又在九年之前）今据其子希晏大歷五年立碑則此碑必與同時所立因列于其前碑載懷恪以開元十二年二月薨十月窆乾元三年贈魏州刺史寶應元年贈太常卿廣德元年贈工部尚書自是又踰數年而後立碑蓋距其薨四十餘年矣碑云祖寵父德据魯公文集東莞臧氏糺宗碑銘祖寵與此同而父作善德金薤琳琅載此碑父善德與糺宗同而祖作君寵蓋金薤訛也碑云斬啜八部落又云僕固懷恩父

設支（金薤琳瑯訛作設之）新唐書僕固懷恩傳父乙李啜舊書傳作乙李啜拔似新書脫一拔字啜拔卽碑云啜八皆部落之名至碑所稱設支雖無可攷然以其爲部落之名亦可無疑以臆度之猶漢時郅支之遺也疑懷恩之父本未有名卽以部落爲名故啜拔設支皆可隨稱而乙李啜拔又蕃語繁簡之不同也糺宗碑載懷恪有兩兄懷慶懷亮而懷慶已書贈官是已先卒故碑但書懷亮碑書懷恪七子官與糺宗碑不同者長希崇游擊將軍崇仁府

折衝紀宗作右衛中郎將贈□州刺史次希昶與碑同次希恍以下贈官俱同所不同者希恍左武衛將軍朔方節度副使紀宗作左驍衛中郎將次希悟右衛左郎將劍南討擊副使紀宗作忠武將軍次希景右驍衛郎將靜邊軍使紀宗作左威衛中郎將次希晏紀宗贈左衛使餘同次希讓紀宗但書曾國公不書官位前六子皆有贈官則立碑時皆已先卒惟希讓在矣碑云眞卿早歲與公兄子謙敦伯仲之契所謂兄子謙者不知是兄字子謙抑或是兄子名謙據紀宗碑懷恪兩兄既無子

謙之稱懷慶五子希古希眞希賓希朏希逸懷亮五子敬廉希莊敬之讓之敬此此疑有訛亦無謙名再據碑懷恪以開元十二年卒年五十六其生在總章二年則其兩兄當生于龍朔麟德之間史稱眞卿以興元元年卒年七十七其生在景龍二年少于懷恪兩兄之年四十餘則早歲所與敦契者爲兄子無疑特不知謙爲何人之原名耳眞卿撰此碑當與紀宗碑同時而文有不同者如此所未詳也

臧希晏碑

據原碑鈔本校

碑高九尺四寸五分廣四尺五寸六分二十四行行四十九字隸書在三原縣

□唐故金紫光祿大夫左金吾衛將軍□□州大都督臧府君神道碑銘并序

銀青光祿大夫行兵□侍郎上柱國清河郡□□□張孚撰

朝議郎守衛尉少卿淮陽縣開國男賜緋魚袋韓秀弼書

有唐廣德二年八月五日朔左金吾衛將軍臧公薨于□□安邑里之私第享年五十有三大曆五年十月十五日葬于三原縣長坳鄉禮也公諱希晏字恭靖先封受氏𦵏葉重光僖伯諫魚哀伯諫鼎文仲立德武仲立言傳慶□□□□之□□□□□□□□之際子孫有後大光生靈迹職因官今爲京兆人也曾祖君寵通議大夫靈州長史祖善德銀青光祿大夫銀州刺史贈太子少師父懷恪右領軍衛將軍魏州刺史上蔡侯贈工部尚書重世將門一時人傑光臨舊圖非驚於守□瀏登列郡載美於□□□廳謝社白茅式旌餘烈爵明朝也握五兵之要漏幽泉也追八座之尊禮備□榮　澤覃存歿名器之重今古無儔而高門棨戟前庭鍾鼎谷量千駟之馬籝満萬金之裝三武邁賈氏諸昆八元□高陽才

子公□□□飾長摽雅操用武則武可畏學文則文足
昭鬱爲珪璋俯拾青紫常以爲千戶侯力可取萬人敵
才之餘□藝總九流射穿□札長纓係頸於闕越□兵
斷□於匈奴開元理兵之歲塵飛碣石烽照甘泉盧龍
北隴胡馬南牧克貞師律□□親賢　天子
御正陽前殿乃命禮部尚書信安郡王建牙璋擁金節
控弦廿萬以專征之六郡良家公爲特□而□征□□
□□□公以爲揚雄執戟阮籍步兵千古同□□無
藝色其後出右地窮河源收堅城拔高壘戰勝攻取左
旋右抽合變出奇智□□遷以□功累遷至衛尉少卿

尋加□受降城使河曲之間威聲載路屬三水之地五
載未巡公侯腹心受委而拜遂以公爲□□皇城使還
左監門將軍兼鱗州刺史無何轉慶州刺史去思來暮
行古之道特拜太僕卿兼寧州刺史夫漢宣共理所以
寄□侯也□□以寧是用咨爹□也故佩中朝之印褰
外臺之帷抑有由矣屬親征振旅薄伐吊人駐　蹕而
萬姓來蘇迎　鑾而百神望　幸由是□其列
郡□爲行宮鎮六龍之斿儀雙鳳之闕擇能作牧匪易
其人以政理殊尤拜左金吾衛將軍左街使任切爪牙
寄崇心膂□利功業亞夫□名方欲鑿出師之門分制

軍之閫未加明命忽閟幽泉故老泣於邊疆賢臣愴於
冠劍將星夜落陣雲朝起凜然餘勇千載猶生故夫人
贈燕國夫人劉氏百代舊封五公貽慶嬪則彰美姆訓
番芳生前已飾其□并殁後更封於石窌先公□□合
祔同歸公之季弟希讓御史大夫工部尚書渭北節度
贈太子太師往與公更執金吾同□□□王肅儀貌陳
平智謀雄憲臺之一□□長城之萬里因心則友義切
天倫嗣子睦王府長史叔獻次子鄂州別駕叔雅季子
河南府河清縣主簿叔淸欒欒□□攀號罔極羔柴泣
血曾參絕漿喪過乎哀行過於禮敬承副相之託式紀

冠軍之銘銘曰
臧孫有後千古立程才爲將畧道實人英出入三代光
□百城□□之□□□之□□□□□□□定傾□□
□□□嘉名□□父子□□弟兄高碑之上□紀忠
□
按寶刻叢編載諸道石刻錄有唐贈揚州都督臧希
晏碑云唐張孚撰韓秀弼八分書大歷五年立在三
原今碑不見贈揚州都督事亦無大歷五年字或皆
在所缺處葬于廣德而建碑于大歷年亦不遠也
希晏爲懷恪子兄弟七人皆貴顯懷恪碑爲魯書甚

傳子時金石錄載臧氏墓碑凡三金石畧載韓秀弼
所書碑凡四而俱不及此何也碑雖斷缺然名字世
系歲月功勛及夫八嗣子俱尚可見亦異于泯滅失
傳者矣金石存
按臧希晏爲懷恪第六子弇州山人稾誤作長子碑題口口
州大都督渤二字據懷恪碑是贈揚州也撰文者
張孚孚字可辨蓋與曹倦圃先生藏本同爲佳搨
矣張孚及書人韓秀弼史皆無傳古今碑帖考載
韓秀弼秀實秀榮三人云並以八分擅名又俱同
時必其兄弟諸書皆無可攷墨池編載秀弼所書

碑有六曰元待聘碑李齊物碑鄭叔清碑裴曠改
葬碑鎮國公李元亮功德頌李晟先廟碑並八分
書而不及此碑弇州山人稾則載此碑云廣德二
年書是亦未細閱全文也碑稱曾祖君寵祖善德
與懷恪碑不同又稱父懷恪右領軍衛將軍魏州
刺史贈工部尚書亦與懷恪碑異碑云開元理兵
之歲命禮部尚書信安郡王控弦廿萬以專征之
此即開元二十年正月信安郡王禕爲河東河北
道行軍副元帥伐奚契丹事詳見白道生碑跋中
碑云屬親征振旅薄伐弔人此指肅宗靈武時事

顔魯公撰臧氏紀宗碑懷恪七子書贈官者六八
惟希讓不書贈官蓋其時希讓在也此碑則云希
讓贈太子太師則亦卒矣希晏三子叔獻叔雅叔
清其官位與紀宗碑不同碑云叔獻睦王府長史
紀宗云朝散明州長史碑云叔雅鄧州別駕紀宗
云朝散洋州司馬碑云叔清河清縣主簿紀宗云
京兆府參軍蓋紀宗與此碑有建立前後之不同
也

金石萃編卷九十五終

金石萃編卷九十六

賜進士出身　誥授光祿大夫刑部右侍郎加七級王昶撰

唐五十六

麻姑仙壇記

石横廣二尺八寸高九寸記四十六行行二十字後跋二一七行一十四行每行俱十六字正書在建昌府南城縣

有唐撫州南城縣麻姑山仙壇記

顔眞卿撰并書

麻姑者葛稚川神仙傳云王遠字方平欲東之括蒼山過吳蔡經家教其尸解如蛇蟬也經去十餘季忽還語

家言七月七日王君當來過到期日方平乘羽車駕五龍各異色旌旗導從威儀赫奕如大將也旣至坐須臾引見經父兄因遣人與麻姑相聞亦莫知麻姑是何神也言王方平敬報久不行民間今來在此想麻姑能蹔來有頃信還但聞其語不見所使人曰麻姑再拜不見忽已五百餘季尊卑有序修敬無階思念久煩信承在彼登山顛倒而先被記當按行蓬萊今便蹔往如是便還即親觀願不即去如此兩時閒麻姑來時不先聞人馬聲旣至從官當半於方平也麻姑至蔡經亦舉家見之是好女子季十八九許頂中作髻餘髮垂之至要其

衣有文章而非錦綺光彩耀日不可名字皆世所無有也得見方平爲起立坐定各進行廚金盤玉杯無限美膳多是諸華而香氣達於內外擘麟脯行之麻姑自言接侍以來見東海三爲桑田向閒蓬萊水乃淺於往者會時略半也豈將復還爲陵陸乎方平笑曰聖人皆言海中行復揚塵也麻姑欲見蔡經母及婦經弟婦新産數十日麻姑望見之已知曰噫且止勿前卽求少許米便以擲之墮地卽成丹沙方平笑曰姑故季少吾了不喜復作此曹狡獪變化也麻姑手似鳥爪蔡經心中念言背蛘時得此爪以把背乃佳也方平已知經心中念

言卽使人牽經鞭之曰麻姑者神人汝何忽謂其爪可以把背耶見鞭著經背亦不見有人持鞭者方平告經曰吾鞭不可妄得也大曆三季眞卿刺撫州按圖經南城縣有麻姑山頂有古壇相傳云麻姑於此得道壇東南有池中有紅蓮近忽變碧今又白矣池北下壇傍有杉松皆偃蓋時聞步虛鍾磬之音東南有瀑布淙下三百餘尺東北有石崇觀高石中猶有螺蚌殼或以爲桑田所變西北有麻源謝靈運詩題入華子崗是麻源第三谷恐其處也源口有神祈雨輒應開元中道士鄧紫陽於此習道蒙召入大同殿修功德廿七季忽見虎駕

龍車二人執節於庭中顧謂其友竹務猷曰此迎我也
可爲吾奏願欲歸葬本山仍請立廟於壇側　廟諱宗
從之天寶五載投龍於瀑布石池中有黃龍見　廟諱
宗感焉乃　命增修仙宇眞儀侍從雲鶴之類於戲自
麻姑發迹於茲嶺南眞遷壇於龜源花姑表異於井山
今女道士黎瓊仙秊八十而容色益少曾妙行夢瓊仙
而飡花絕粒紫陽姪男曰德誠繼修香火弟子譚仙巖
法籙尊嚴而吏元洞左通元鄒鬱華皆清虛服道非夫
地氣殊異江山炳靈則曷由纂懿流光若斯之盛者矣
眞歸幸承餘烈敢刻金石而志之時則六秊夏四月也

江南西道建昌軍南城縣麻姑山在縣西南二十二
里山頂有古壇相傳麻姑得道于此壇東南有池池
中有紅蓮曾變爲碧壇邊杉松皆偃蓋時聞鐘磬步
虛之音東南有瀑布源下三百餘尺山頂上石中有
石螺蚌殼或爲桑田所變也西北有麻源謝靈運題
入華子岡是麻源第三谷詩云銅陵映碧澗石磴瀉
紅泉郎此處也刺史顏眞卿撰神仙傳撰仙壇碑備
詳其事　太平寰宇記
右麻姑壇記顏眞卿撰并書顏公忠義之節皎如日
月其爲人尊嚴剛勁象其筆畫而不免惑於神仙之

說釋老之爲斯民患也深矣　小字麻姑壇記或疑
非魯公書魯公喜書大字余家所藏顏氏碑最多未
嘗有小字者惟干祿字書注最爲小字而其體法與
此記不同蓋干祿之注持重舒和而不局蹙此記道
峻緊結尤爲精悍此所以或者疑之也余初亦頗以
爲惑及把翫久之筆畫巨細皆有法愈看愈佳然後
知非魯公不能書也故聊誌之以釋疑者　集古錄
右唐麻姑仙壇記顏魯公撰并書在撫州又有一本
字絕小世亦以爲魯公書驗其筆法殊不類故正字
陳無已謂余嘗見黃魯直言乃慶歷中一學佛者所

書魯直猶能道其姓名無已不能記也小字本今錄
於後使覽者詳其眞僞云　金石錄
麻源第三谷入太霄觀別由小路約行十里上山其
紆峻亦畧類徑山中路有界青亭次雙練亭枕流亭
懸瀑對瀉雪濺雷吼天下奇觀也近之龍王祠有淳
天寶中黃龍見於此自此始得平地而爲仙都觀方
士謂之丹霞小有天觀宇雖古而道士星居無復清
高氣象主者胥景常具飯五峯堂五峯謂葛仙朝眞
望仙拜仙秦人皆強名也元豐間封麻姑爲清眞夫
人元祐改封妙寂眞人宣和加上眞寂沖應元君徽

宗御書元君之殿四字仁宗亦嘗賜飛白來字余見
魯公碑魯公塑像在祠堂中周必大廬山日記
顏碑刻于唐大歷六年魯公篹文紀山迹也石膩書
工良足珍重元季兵燹流落人間永樂初爲蘄州衛
知事郡人雷豫所得成化紀元其子泰獻于府遂什
襲藏之蓋欲其可久也謝士元跋
陸放翁云魯公麻姑壇記有大小二本蓋用羊叔子
峴山故事通志金石畧載魯公書亦有小字麻姑壇
記則歐陽公之疑與魯直之言又似不足信元柳待
制道傳云麻姑壇碑小字楷法尤精緊比聞舊石焚

毀山中雖重刻無復當時筆意則亦以小字爲顏書
但謂石已不存非也吳文正公云麻姑碑在吾鄉舊
爲雷所破重刻至再字體浸失其眞則被焚者乃臨
川大字本而南城之石至今固無恙也金薤琳琅
撫州南城縣舊有顏魯公麻姑仙壇碑後分南城入
建昌碑隨入公廨間爲一守槖之歸而命俗工摹一
碑于郡今所相傳者是也余廣訪宋搨命良工精刻
函之邸中用存故事其碑陰衛夫人等書一一並留
不差毫髮臨池者尚鑒余之苦心哉明藩益王重刻碑跋
仙都觀壇即蔡經故居王方平來會仙人麻姑之處

顏魯公記其事手書入刻往在京師見一舊本當時
購之不得後十餘年來守建昌此刻匣貯郡齋啟視
之石方廣盈尺中斷字多磨滅不可辨爲之慨然偶
過近溪羅大參出所藏舊本點畫波發與京師所見
毫髮不差遂鐫之以傳郡之舊跡碑陰有唐衛夫人
褚河南虞永興歐陽率更薛稷柳河東李北海諸小
楷因併刻之季膺跋
是碑失去既久洪武初郡守新學宮見舊礎壓座東
偏爰委仙都道士立石殿隅今具在也正德中山蹊
樵豎于澗底拾出其碑版字跡猶無恙先君以其奇

遘輒珍襲一副後碑入郡中漸就刓裂觀者每爲悵
快茲郡公鴈山李先生將圖翻刻而莫獲善本暇日
過從姑山房肆覽遺墨得是册色喜遂命工入石羅汝芳跋
撫州有魯公仙壇記字形大如指頂筆筆帶有隸意
魯公最得意書也不知何時毀壞至行世蠅頭小書
乃慶歷中人僞書載金石錄而今舉世奉爲楷模誤
矣庚子銷夏記
往見魯公所書麻姑壇記皆小字甲戌夏景陵吳既
聞驥之子鵰彥來京師求作其父遺集序遺余麻姑

陸茳庭云若昔見兩宋刻一爲越州本一爲曹之格家本張廷濟云李元詩刻余曾藏有殘石一行

壇記大字末云奉議大夫建昌府知府梁伯達重建蓋臨川舊石毀後梁君重刻于建昌者草廬所謂寖失其眞者是也（帶經堂集）

右碑高六寸廣尺許相傳爲玉版可入懷袖唐顏魯公眞卿撰書共九百餘字字甚小有尋丈之勢爲魯公正書第一碑在麻姑山觀中宋末觀圮畀道士攜置雲崖山遂流落青綏東平間明永樂中爲薊州衛知事雷豫所得其子泰示撫州守謝士元以巨石函置之外刻詠碑諸公如宋曾文定鞏李說書覯劉郎中涇李丞相綱潘邠老大臨明謝戶部磐左吏部贊

詩與書皆足附魯公之後而士元則戶部子也集古錄云顏公忠義之節皎如日月而不免惑于神仙釋老之說予觀魯公使李希烈時見危授命非深于二氏之說者不能夫富貴不淫貧賤不移威武不屈二氏之教與吾儒同也以魯公而猶謂之惑乎卽此碑石旣失復歸諒不止魯公忠義之所感召抑有神人如麻姑者狡獪于其間乎（金石後錄）

余所得猶是南城元本爲新建裘曾青所遺以較大字精神結構無毫髮異惟見鞭著經背作具鞭疊字皆作二爲小異耳（盧舟題跋）

據唐文百篇校

麻姑仙壇記魯公手書不知何年遺失出淵中謂爲好事者攜去宋景祐間一樵豎偶于山間鋤得之斷其一角故曾子固詩云碑文老勢信可愛碑石小缺誰能鑴後人每珍之謂翻刻新本不如也（麻姑山丹霞洞天記）

右麻姑仙壇記小字本黃魯直謂是慶歷間學佛者所書趙德甫亦疑其僞宋人書多放縱不守唐法尤不喜作小楷故有意抑之未可爲定論也碑題撫州南城縣攷南城漢舊縣本屬豫章郡晉宋以後改隸臨川郡唐改臨川爲撫州縣仍隸焉宋始於南城置建昌軍自是乃別於撫州耳（潛研堂金石文跋尾）

按小字麻姑仙壇筆力遒勁實累黍而有尋丈之勢非魯公不能作此此雖翻刻摹勒尙佳惜碑陰不可得見而大字者世亦罕傳昶兩至江西竟無從訪得也

三教道場文

碑高四尺廣三尺七寸二十三行每行字不等正書

資州刺史叱干公三教道場文（其傍但周文王神□基故後周文王號□□□□□）

朝請郎行成都府廣都縣丞李去泰述

書人樂安郡任惟謙

四維無涯〔廟諱〕黄混其體精氣相射陰陽孕乎中寒暑推移日月所以交會道德敷暢仁義所以表儀即有金人流化開悟方便之門寶籙□宗冲融自然之理法本無別道亦強名隨化所生同歸妙用故知二儀生一萬象起三殊途而歸體本無異至哉廣運〔廟諱〕之又〔廟諱〕方丈之間示我三教察其規製即資州刺史　叱干公作禮虔誠大〔廟諱〕二年十月奏爲　我國家之所造也公六德居邦千里作鎮心貫白日志勵秋霜出敵忘家長安不徒甲第以身許　國闔域獨作長城公之忠也每歆黑山尙乇常以丹誠望　闕所經幽異志誠感神上啟靈祇

誓清壤襄公之義也今南方已定全蜀無虞戰馬歸山衆落附欵公之力也襟帶無外書軌永同至于海隅罔不咸若公之□也所以建此道場上荅神理公之信也
　天地合應鬼神共資磅礴山川毖邃祠宇□□智力誰啟此門巍巍乎視現不窮蕩蕩乎思量無及人世幻影盡證虛無衆聖眞容超然利見無言說法無色現身不動如如能生此會黃金照耀上有白毫放光紫氣氤氳下有眞人現世漢崇褒聖巳表儒風唐號文宣弥尊德位仙雲法雨併灑虛空東序西庠盡涵霧露別爲世界更有神形手持寶刀常親護法技葉本根則後周之

苗裔也位尊茅土再忝文王之名班列將軍特□龍驤之號羅列四部變現十方迴向之間不覺恍惚想之疑遠人理並行聽之無言風樹傳法悲夫造化未出陶鈞稽首歸依願離生死躑躅勒石用紀斯文其詞曰　西方大聖爲法現身不生不滅無我無人甘露灑雨水□淨塵心澄智□道引迷津湛然不動永絕諸因　混元難測杳杳冥冥恍惚有物想像無形□□辯位四方□星中含仙道下育人靈法傳不死空餘老經　廣學成海煥文麗天光□十哲軌範三千獲麟悲鳳讚易窮〔廟諱〕首唱忠孝跡重仁賢其道不朽今古稱先

大〔廟諱〕六年歲次辛亥孟夏月十五日記
門師京兆府萬年縣沙門智順
鐫字人平原郡雍慈順
都料丈六彌勒佛匠雍慈敏

按此碑題資州刺史叱干公三教道場文唐書地理志資州資陽郡屬劍南道文內不著叱干公之名兩唐書傳亦無姓叱干者通志氏族畧代北複姓有叱干氏云代人後魏獻帝定姓爲叱干氏居武川魏書官氏志叱干氏後改爲薛氏今此碑仍作叱干公者殆唐時猶有此姓而未盡改歟碑題

據碑校
據趙本校

下注云其傍卽周文王神□基故後周文王闕下文
有云别爲世界更有神形手持寶刀常親護法枝
葉本根則後周之苗裔也位尊茅土再忝文王之
名班列將軍特□龍驤之號所謂後周文王者似
指後周文帝宇文泰初謚文公閔帝受禪追尊爲
文王廟曰太祖武成元年追尊爲文皇帝以文義
求之當是資州建三教道場其旁有周文王之舊
祠建後周文王之廟卽以後周文王爲護法塑像
爲持寶刀者猶今佛刹之有伽藍神也文內敘三
教先佛次道次宣聖蓋三教之目肇于此矣沙門

智順謂之門師未曉其義三教似皆有造像而獨
有都料丈六彌勒佛匠姓名著于末行亦未詳也

大唐中興頌

磨崖高一丈二尺五寸廣一丈二尺七寸二
十一行行二十字左行正書在祁陽縣石崖

尚書水部員外郎兼殿中侍御史判南節度判官元
結撰
金紫光祿大夫前行撫州刺史上柱國魯郡開國公
顏眞卿書

天寶十四季安祿山陷洛陽明季陷長安 天子
幸蜀 太子卽位於靈武明季 皇帝移軍

趙本多四字
按四字卽頌中之文趙衍出也

鳳翔其季復兩京 上皇還京師於戲前代帝王有
盛德大業者必見于歌頌若今歌頌大業刻之金石非
老於文學其誰宜爲頌曰
噫嘻前朝孽臣姦驕爲惛爲妖邊將騁兵毒亂國經群
生失寧 大駕南巡百寮竄身奉賊稱臣天將昌
唐繄睨我皇匹馬北方獨立一呼千麾万旗戎
卒前驅我師其東 儲皇撫戎蕩攘羣兇復復指
期曾不逾時有國無之事有至難 宗廟再安
二聖重歡地闢天開蠲除祆災瑞慶□來凶徒逆
儔涵濡 天休死生堪羞功勞位尊忠烈名存澤流

子孫盛德之興山高日昇萬福是膺能令 大君聲容
沄沄不在斯文湘江東西中直浯溪石崖天齊可磨可
鐫刋此頌焉何千萬季

上元二季秋八月撰 大曆六季夏六月刻 浯溪石崖

崇寧三年三月己卯風雨中來泊浯溪進士陶豫李
格僧伯新道遵同至中興頌崖下明日居士蔣大年
石君豫太醫成權及其姪逸□守能志觀德清義明
等衆俱來又明日蕭褒及其弟褒來三日裹同崖次
請□賦詩老矣不能爲文偶作數語惜秦少游已下
世不得此妙墨劖之崖石耳春風吹船著浯溪扶

上讀中興碑平生半世有墨本摩莎石刻髮成絲明
皇不作苞桑計顛倒四海由祿兒九廟不守乘輿西
萬家□作鳥擇栖撫軍監國太子事何乃趣取大物
爲事有至難天幸耳上皇跼蹐還京師□閒□召色
可否外間李乂頤指揮南內凄凉幾苟活高將軍□
□□□臣結春秋二三策臣甫杜鵑再拜詩安知忠
臣痛至骨世上但賞瓊琚詞同來□僧六七輩亦有
文士相追隨斷崖蒼蘚對立久涷雨爲洗前朝悲
宋豫章黃庭堅字魯直諸子從行相梲梠楉春□允
悟超

右大唐中興頌元結撰顔眞卿書書字尤奇偉而文
辭古雅世多模以黃絹爲圖障碑在永州磨崖石而
刻之模打既多石亦殘闕今世人所傳字畫完好者
多是傳模補足非其眞者此本得自故西京留臺御
史李建中家蓋四十年前崖石眞本也尤爲難得爾集古錄
在祁陽浯溪石崖上俗謂之磨崖碑又按緜溜□熙
寧間作笑峴亭記曰次山文章適勁魯公筆畫□□
皆有以驚動人耳目故中興頌寶之中州士大夫家
而浯溪之名因人稱著天下輿地碑記

湖南浯溪在永州北一百餘里流入湘江其溪水石
奇絕唐上元中邕管經略使元結罷任居焉以其所
著中興頌刻之厓石撫州刺史顔眞卿書吳曾能改齋漫錄
浯溪近山石澗也噴薄有聲流出江中臨石厓數壁
纔高尋丈中興頌在最大一壁碑之餘石無幾所謂
石厓天齊者說者謂或是天然整齊之義范成大驂鸞錄
結自以老于文學故頌國之中興頌成乞書顔太師
以書名時而此尤瑰瑋故世貴之今數百年蘚封莓
固遠望雲烟外至者仰而玩之其亦天下偉觀耶嘗
謂唐之文弊極矣結芟擢蓬艾奮然拔出數百年外

嘗曰山蒼然一形水洽然一色大抵以簡潔爲主韓
退之評其文謂以所能鳴者余謂唐古文自結始至
愈而後大成也廣川書跋
宋馬永卿曰中興頌云復復指期此兩字出漢書匡
衡傳云所更或不可行而復復之注云下復扶目反
又何武爲九卿時奏言宜置三公官又與翟方進共
奏罷刺史更置州牧後皆復復故注云依其舊也下
復扶目反金石文字記
浯溪遠望之石壁嶙峋如屏如闕近視之嵌空玲瓏
疊峰而多穴石質類太湖復類靈璧而背皆奇隨步

異態設窮人巧爲假山未有能髣髴者崖畔槎枒老樹交柯垂陰蒼藤倒掛瓔珞百千清溪一線注於江觸石而墜有聲鏘然境致清絕元次山罷道州樂其幽勝遂移家焉一水一石各爲之銘又乞顏魯公書其所作中興頌鑱諸崖壁（潘耒遂初堂集）

黃山谷跋及書磨崖碑詩字奇偉可喜跋所云崇寧三年三月己卯今山谷集刻本脫三月字則己卯日竟無所屬又下刻敘僧守能志觀德清義明等衆而刻本以等衆作崇廣不能爲文刻本作豈復能文偶强作數語借秦少游已下世刻本亦少偶字及已字

詩內鳥擇栖刻本鳥作烏至臣結春秋二三策句刻本春秋作春陵此其九謬不可不以石刻與正者也攷次山春陵行自敘蓋爲諸使徵求而發於中興碑無所寓詞惟易以此石作春秋二三策與碑云天子幸蜀太子即位靈武其中隱寓貶側此春秋之義也集刻半誤于工人而此跋又寥遠爲世所不見故爲存錄以訂近本之疎使校勘者知有考也（授堂金石跋）

按撰頌者元結新唐書傳史思明亂命結發軍挫賊南鋒結屯洛陽守險全十五城以討賊功遷監察御史裏行荊南節度使呂諲請益兵拒賊帝進結水部員外郎佐諲府與碑題銜合呂諲傳稱上元初拜荊州長史澧朗峽忠等五州節度使則結之爲判官亦在其時頌撰于上元二年正與兩傳合也碑題顏真卿書末云大歷六年夏六月刻真卿官撫州刺史亦在大歷六年則是元結撰頌後十年而後書且刻也碑頌肅宗中興即位靈武收復兩京上皇還京等事唐書肅宗本紀至德二載十二月丙午上皇天帝至自蜀郡則撰頌又在還京後四年頌磨崖在祁陽縣浯溪結判荊南時寓居于此其刻峿臺銘在大歷二年浯溪銘㾊亭銘

俱在大歷三年不知何以刻此頌獨遲至大歷六年也黃山谷詩磨崖據金石文字記與峿臺浯溪㾊亭等銘連及但詩爲中興頌碑而作因移附于此山谷詩後有秀才家以私錢刻之云云一行又有康熙癸丑重修刻一行不具欵此碑爲祁族姪宸官永州知府及小門生林崑瓊知永明縣先後以搨本見貽較之外間傳本最爲精審至次山此頌並無春秋譏刺之意山谷所言殊不足憑　國朝王文簡公士禛所作摩崖碑詩議論頗正附錄於後云有客新自湘江歸登堂示我浯溪碑苣寒

据原碑技

色正三百字忠義之氣何淋漓白日行天破幽曉
走避罔兩潛神夔憶昔天寶初喪亂漁陽突騎如
飈馳二十四郡少義士平原太守獨誓師平生不
識顏眞卿乃能一木支傾危清河年少氣慷慨十
歲作質平盧兒中興大業起靈武功成不死神扶
持道州刺州昔漫叟振筆大放瓊琚詞請公磨厓
書絕壁鐫鑱千仞青雲梯鑾烟瘴雨不剥蝕萬古
照曜天南陲昨者劇賊亂滇海盜據衡永爲根基
太平祭告徧羣望山川一洗無磷緇宜有雄詞繼
前代磨崖重刻浯溪碑

田尊師碑

碑連額高七尺九寸廣三尺四寸二十八行行字數不等行書篆額在富平縣

大唐檢校兩縣威儀兼永仙觀主田尊師德行之頌

此行闕

□□□內供奉□光書并題額
□□□□□□□□□□□□德乃昭□□而□□
□□□□□□□□□□□□□□□□□□□□
□□□□□□□上公用之　漢帝降而□□□□
□□□□□□□□□□□□而□□□丹曰臺而遊
紫府□□□□□□□□□□□□□□□□□□

神仙□□□□能脩苟能脩之何遠之有　師□□□
□□□□□□□曰□原縣縣西□一十五里□□
曰永寧鄉□□□□□□□□尤殊仙才特異□
歲□□尊師學道方通衆妙之門卅□□□□□□
盡十□□□□四□□　中宗大和大聖大昭孝皇帝
曰初□□□□□□□□曰千□名永恭仙□□□□紀
星月以登壇步乾坤而入□金丹易□將□□廿之津
木□□魂已得養生□□□□□□□□□□□不
墜□□猶□雖江□海潤無□□□智能地久天長
有盡却先於□□□邑舊俗多□□□□至道悟□

□□□□□□□□□□□□之有□□此此生無
滅曰徒竭精念□□□知逍遙不□於谷神寂寞永□於
山鬼吁□悲哉尊師愍之曰豈有思其□□忘其□
□將□□□□□□　□□氣象遂□於仁里□
開秘訣□曰演　元君言舉手曰一招曰述曰逢知復曩之大笑者
莫不勤而行之□□□何其盛也則知陽□□□寒
曰谷曰得□□□□□□□□□□□□□□□□□天
寶二載五月廿三日從人之願欝起仙宮審曲面勢左
　陵右邑自卯而□□□發及酉而百堵齊□□□山
積頁尒□□□□□□□振□□候時而曰作不日而成

睿宗至道大聖大明孝皇帝賜額曰永仙觀崇
□却望隔□(簷)而青翠盈襟太華斜看出戸而□□山□
則□□□(廣)□(殿)□(涌)出俯□□門□□□□□□□虹梁
□楣綺疏蹲熊伏兎蟠螭躍魚自尊師厥初既而桂□
□山□□□谷槐移儒市杏擿仙林□□□□□□
請　眞君之宅海□湘□朱□紫□異藥千品名花萬
類庶春華之可採豈秋實之無□雖固在生成亦爰資
樹植穿畦種子汲井□(澆)根昔□□□□□□□□七寶
□(閣)□三珠□□覆院□(垂)□□□列背緇成帷□(翠)成蓋當
畏景掩赫而淸陰靄靄繄尊師是賴夫人者滋味□□
□之所養也□則害身故□□□□□□□□淫而
生疾若宮商失節甘□逾□(度)始雖惛心塞耳終乃腐腸
伐性至於風飄雨濕明思晦惑□□(未)□(傷)腹□(為)□□(為)瘵而
脉分三部意□多方有□□□□□而愈之者有宜
以言辭解釋而愈之者有宜以消息導引而愈之者有
宜以針灸湯藥而愈之者皆□□□□□之則沉痼
旣已深(除)膏肓無所□□□□□□劣五藏六府四
支百節均令不寒調令不熱此尊師妙絕亦有時朝拜
或終日閑安開太上□□□□□華之奧旨四時□□
知無爲而□□□□□□物可齊了非馬以喻巳馬

之非馬有無雙遣彼我俱忘欲使尙薄浮華業敦淸淨
則釋□□□□□稽首請益伏膺待告分剖疑滯發
□□□□□□不到實尊師善導粤有道門使撿校
殿中監冲虛申先生志高詎仰道邃難名偏□　□□
□□□□□□□奏尊師爲四方妙選領兩縣□□
□□□聲自宮闈□(扁)□而　詔從天落□於□□□以
光榮□(乃)抑□(與)之□(也)豈求之也初上元歲大兵□□□蚤
失事五穀不登天降凶災人受凍餒尊師乃□□□食
以待□者凡所蒙活數逾千計於是縉紳處士孝廉秀
才先□(後)□□左衛冑曹參軍金□□□□府兵曹參軍
田親等卅八人皆鄉邑髦彦河山□□□□□□□
曹□僉曰尊師德行可稱將傳不朽頃國家多難遂因
鄉(循)里(墨)□(歲)□□(未)□(遑)刊勒而常有□焉□　我寶應元
聖文武皇帝□□□□立功中書令汾陽王子儀□(平)□(章)
事兵部尙書□□□□中書侍郎元公載黃門侍郎王
公縉光□□□□　京兆尹于公□兩□尹□□公
□于公□□□府邑宰□公□主簿陸公□□□
公平陳公審□□(洽)□□□以道化令行□□□古
干戈載戢□□(寓)攸寧夫然故羣英賴□□□□□
□□□□□□□□□□□□式建豐碑於昭□行

□□□南陽三絕有□□□□□□□□□無娓林宗
□爲頌曰
大□太上三淸□□□□□□□□□宮□□往□鶴
駁來冲□□有盡壽命無窮修以□□□□□□□□
□□□□□□□□適性全生盡理代□(識)□□□□甲
士□名乎哉□名□矣□□□□□□放兮□渭北□
□□□□□□□滅法罕□□術□□□□□□□□
□青天□□白日指引迷途□□□□□(乃)□□□□□
□□□□□□□□□□巾□(植)□□(木)□(珎)□□□□□□(結)
□(賓)□□□□□□□□□(大)□□□救(口)有方□□無玷

俞扁思齊施周□□□□□□□□□□□□□□□
□□□□徵猷播□□□□

相傳美原鎭爲眞人拔宅上昇處故後人立碑于此
碑甚磨泐號年莫可攷故附置于此關中金石記
按碑文約一千六百餘字今存者約九百餘字而
間斷難讀文義不能曉暢撰人姓名全泐据孫星
衍寰宇訪碑錄載此碑云蕭森撰田名德集王羲
之行書大歷六年十月立又据抱經堂集觀身經
銘碑跋云關中金石記名之曰永仙觀主田尊師
碑蕭森撰名德集書非也蕭森所撰乃永仙觀記

亦集右軍書是皆以此碑爲蕭森撰集右軍書也
今按此碑蕭森姓名雖不見而次行則有内供奉
口光書并篆額等字其非集右軍書明甚碑今在
西安府富平縣美原鎭唐書地理志美原縣屬京
兆府太平寰宇記美原縣屬耀州義林旌義二鄉
唐元和三年割隸富平縣以奉豐陵然則今富平
縣之美原鎭卽唐美原縣地而立碑之所疑卽義
林旌義二鄉也長安志美原縣載靈集觀而無永
仙觀卽富平縣亦無此觀是觀在宋時當已廢毀
宜乎陝西通志亦無攷也然据碑文云口原縣西

口一十五里曰永寧鄉似永仙觀建于其處縣名
泐一字疑美原也攷長安志美原縣無永寧鄉碑
旣闕泐無可證矣碑云中宗皇帝名永仙則似中
宗時已有永仙之名又云天寶二載欝起仙宮元
宗皇帝賜額曰永仙觀是永仙之額元宗始賜也
碑又云上元歲大兵凶災人受凍餒尊師活逾千
計于是田覗等卅八人刊碑頌尊師德行下有寶
應皇帝及中書令汾陽王子儀中書侍郎元載黃
門侍郎王縉等姓名唐書肅宗紀乾元二年十二
月史思明寇陝州上元元年閏四月大饑代宗紀

鈔本挍

寶應二年七月壬寅羣臣上尊號曰寶應元聖文武孝皇帝壬子大赦改元廣德宰相表乾元元年八月郭子儀兼中書令寶應元年五月元載行中書侍郎廣德二年正月王縉爲黄門侍郎碑所載與唐書皆合据會善寺戒壇牒大歷二年十二月王縉列銜尚是黄門侍郎則立碑歲月不出大歷初年金石錄補稱田名德造觀大歷六年三月落成則立碑當在是年今與觀身經碑並列之碑稱尊師脉分三部意□多方觀身經碑亦云智方愈疾慧食充飢是尊師又常以醫藥濟人不獨道行高妙也關中金石記以美原鎮爲眞人拔宅處後人立石此蓋流俗傳訛未詳玩碑文者也

觀身經銘碑

碑高六尺一寸三分廣五尺五寸五分前刻觀身經銘後刻永仙觀碑文共三十行每行五十二字行書在富平縣美原鎮

清淨智慧觀身經銘經文不錄

三皇內景弟子永仙觀主兼撿挍奉先□□威儀田名德集晉右軍王羲之書

大唐京兆府美原縣永仙觀碑文

朝散大夫兼丹州别駕上柱國蘭陵蕭森字從政撰

鈔本下字下空二格

并摸集王右軍書

迷夫□冥澹泊者不可以思及混成空有者不可以□量故　我聖人云□不知其名而強名之者其惟大道乎先天□生後時□進希微豈得乎□聽混澄焉撓其清濁湛然無爲莫之領□三才自敘万物□成洎乎叔世智巧□滋□飾陶甄之用漸昧自然之本是以聖人維綱深仁救時存乎□象以匡□弊　我大唐靈□大聖皇帝道超萬古功冠百王探至□而拯蒼生廣清化而敦地庶欽若　上帝追遠　元始□以天寶二年□月□日下　□閒□縣□靈元廟年代將遠或多頹□宜令所在長官量加修葺時縣令河東柳升長河之秀高嶽之英負不羈之才□□雲之氣上承　□□下順人心因庭簡之餘爰搜永寧鄉古廟夫行政治者必務治乎道乃與景龍觀　先生田名德語斯改更□□□生之□□□□人之力乃於縣東續舊業創新制周廻數里垣□百雉朝戢疏壤夕終栝飾若非至道精感其孰能與於此乎　尊師勸勉有方歸化如市堂殿廊宇煥焉惟新靈像眞容肅然如在至五年又以□術之餘資□洪鐘一□并植奇樹珍林廣芝田蘭圃不可勝數□□□□□精感潛通六年□月□日

有　詔賜額曰永仙觀勅尊師爲觀主別新度七八以
充灑掃則自此而立也頃以　國家多難未終□□之
功令天下□平土宇淸謐　一人有慶兆庶咸穌
復興一匱之功將成九仞之業大曆六年乃建門屋
尊師□務既畢內□蒼生聿脩開□之門大啟迷津之
□於是集晉右軍王羲之書勒淸淨智慧觀身經銘碑
刻石寔邁古今經文鎮閞永泰壬子之世道門復值何
必甲申之年觀是則身患頓忘仰之則筌蹄懸解摠諸
虛事克就其功不稱不伐者惟　尊師乎　尊師頻陽
人也□道而□含道而長年十四　中宗孝和皇

帝登極置景龍觀而度凡□五十載然主此觀又踰三
紀行業□□於海內令聲聞達於天府其年□月十六
日□□　□旨令知奉先等縣威儀使　尊師德合□
□□同其廣事無爲而無不爲行常道乃非常道□□
上善無得而稱釁波莫測其淺深□涯豈量其遠近上
座蘭法會監□公孫志誠弟子　徒衆彭惠源并
諸縣□道俗門□等千有餘人並道行純脩智懷泉遠
咸仰慈德業患作而無記幸時逢康泰人喜豐年縣令
裴公平政殆有方惠訓無喻故得鏤文金石特建豐碑
庶不朽之功並乾坤□可久靜默之教歷億歲而彌彰

其詞曰
浩浩元始寘寘□成□分萬□□□千名淳□□起□
□□生偉哉□聖聿□善誘探賾隱顯覃思空有□乎
未形吾乃無咎握圖繼胄粤我大唐轉彼頹迹降此新
綱廟遷邑左化啟頻陽碧堂□起釁宮秀出畫棟□雲
浮梁暎日面□聖衆羅衛匪一□□善貸表列希聲萬
鈞陶冶九乳方成響愈迷俗韻節昏明璘璘琪林氛氛
蘭囿神草遍秀祥花開吐帷蓋元都垂陰紫府道弦業
廣精□無垠天仙合德人物通神皇宮錫號翰苑題文
觀□觀惠非實非虛身有患有身無患無或異周蝶或

同鵬魚盡至道□道亦眞如□如□文既□於□火雕
篆是□于玉書功高望重曰我尊師道□□聖德邁□
夷智方愈疾慧食充飢千齡奉壽萬品承規道則斯在
何必具茨式刊琬響永久爲期
今在富平縣美原鎮題曰美原縣永仙觀碑文相傳
田眞人拔宅上昇處也金石文字記
永仙觀在唐京兆府美原縣即今之富平縣觀主田
名德同令柳升奉天寶二年詔書葺治永寧鄉古廟
至大歷六年三月落成建碑也自明皇夢見老子眞
容之後承奉風旨者獻符瑞興土木干戈肆起幾至

亡國恬不知悔田名德爲中宗時景龍觀所度道士
年八十餘刻清淨智慧觀身經亦集右軍書龔五千
言之糟粕殊不足觀與此碑並傳于世金石錄補
文甚剥泐其標題尤不易辨識關中金石記名之曰
永仙觀主田尊師碑蕭森文名德集書非也蕭森所
撰乃永仙觀記亦集右軍書同在一碑森稱尊師集
王羲之書勸清淨智慧觀身經銘今以其言諦視碑
之首行智慧觀身四字隱隱可辨其下云三皇內景
弟子永仙觀主兼撿校奉仙等縣威儀田名德集晉
右軍王羲之書蓋名德卽尊師之名也美原今爲鎮

屬富平縣又有一碑篆額曰大唐撿校兩縣威儀兼
永仙觀主田尊師德行之碑惟光行書上一碑大歷
六年十月立此碑先後相去殆亦不遠可知抱經堂文集
按道藏有太上靈寶智慧觀身經卽此碑所刻者
道藏目錄注云觀身實相深達智慧了見四大六
種根識內外照盡悉皆空寂此是觀身極則今此
碑所刻經文首行多鈌泐而其存者有智慧了見
四口六口根識等字正合也惟標題碑有清淨字
道藏作太上靈寶彼此不同耳

金石萃編卷九十六終

金石萃編卷九十七

賜進士出身　誥授光祿大夫刑部右侍郎加七級王昶譔

唐五十七

宋璟碑

碑高一丈一尺七寸廣六尺側厚一尺二寸五分兩面俱二十七行行五十二字側七行行五十字正書在沙河縣

有唐開府儀同三司行尚書右丞相上柱國贈太尉廣
平文貞公宋公神道碑銘并序
金紫光祿大夫行撫州刺史上柱國魯郡開國公顏
眞卿撰并書

於戲道鱗劘上臣救之義深守死不回臣人之致極況
乎文 包風雅道濟生靈建一言而天下倚平含九德而
三光式序超無友而獨立者其唯廣平公乎公諱璟字
　邢州南和人其先出于殷王元子七代祖弁魏吏
部尚書襲列人子祖欽道北齊黃門侍郎竝事跡崇高
各見本傳高祖元節定州田曹曾祖廟諱峻大理丞祖務
本　皇朝欒陽令父廟諱撫衞州司戶贈戶部尚書自田
曹至于尚書皆實浮於名而位不充量事見許公蘇頲
所撰神道碑公七歲能屬文一遍誦服鳥賦丁尚書府
君憂水漿絕口者五日八九歲時嘗夢大鳥銜書吐公

口中而咽之遂乘而直上倏忽驚寤猶若下在胷間自
後藻思日新襟靈益爽年十六七時讀易曠時不精公
遲而覽之自亥及寅精義必究明年進士高第補上黨
尉轉王屋主簿相國蘇味道爲侍御史出使精擇判官
奏公爲介公作長松篇以自興梅花賦以激時蘇深賞
歎之曰眞王佐才也轉合宮尉長壽二年從調判入高
等有司特聞　天后親問所欲公以代爲唐臣不
求榮達詭奏云家本山東願得魏之一吏遂手詔授錄
事參軍拜舞趍出異而召還又手詔拜監察御史裏行
尋丁齊國太夫人憂服闋築室反耕志圖不起俄而卽

眞遷殿中侍御史同列有博于臺中者將責名品而黜
之博者惶恐自匿翌日公獨正辭引過　天后悅
而釋之遷天官員外郎鳳閣舍人御史中丞乃謂所親
曰吾比欲優游鄉里不圖要近驟至於斯其敢廢所職
乎乃悉心納忠無所迴避時張易之昌宗兄弟席寵脅
權天下側目公危冠入奏奮不顧身　天后失色
蒼黃欲起公抑頭流血誓以死爭拾遺李邕奏曰
陛下坐則天下安起則天下危內史令勑公出公曰
天顏咫尺親奉德音不勞宰臣擅宣王命詞氣慷慨左
右震悚遂俱攝詣臺廷立切責二豎股栗氣索不敢仰

視自朝至于日昃　勑使馳救之公不得已而罷又
令詣公謝罪公拒之後有慘恆二豎來弔公辭曰賢近
不宜與執政通問假滿朝士慰公二豎又欲序進公舉
板迎揖之不得成禮而去神龍之興復也公實佐奇謀
及當疇庸讓而不受曰淸宮問罪事□　五王祀夏中興
功歸明主非曰逃賞誰敢貪天俄拜朝散大夫吏部侍
郎兼諫議大夫遷黃門侍郎嘗遇梁王武三思於朝三
思方欲言事公正色謂之曰當今復子明辟王宜以儞
就第何得尚干朝政三思慚懼而退請急累月俄而兼
攝尚書左丞　中宗將幸西京深虞北鄙乃兼撿

挍并州大都督府長史又改兼貝州刺史与數人同辭
三思獨揖公住公顧謂之曰諸人已出不可獨留遂揖
之而去屬年穀不登國租罷入三司食邑公悉蠲之旣
屢挫其鋒亦處之自若俄而眞拜轉杭州又遷相州又
爲洛州長史唐隆初拜吏部尚書同中書門下三品粵
五日兼右庶子尋加銀靑光祿大夫　廟諱宗之在
儲闈鎭國太平長公主潛謀廢立嘗於光範門內坐步
檐中諷宰相以此旨諸相失色莫敢先言公盛氣詰之
曰春宮有大功主安得異議遂奏婦人干政恐生禍階
請不令朝謁俄而男又縱橫公奏之繇是貶楚州刺史

圭亦竟以凶終無何復拜銀靑歷魏兗冀三州兼河北
按察使尋遷幽州都督兼御史大夫復爲魏州入爲國
子祭酒東都留守開元二年拜御史大夫兼京兆尹貶
睦州刺史轉廣州都督充按察經略討擊使又兼御史
大夫特許便宜從事前是首領桀驁多據洞不賓公之
下車無敢不𦶇彼之風俗競趍茍蒯茅茨竹櫓比屋鱗
次火災歲起偎爐無餘公教之度材變以陶旗千甍齊
翼万堵皆興于今賴焉燕國公張說嘗爲碑頌無何使
中官楊思勖召公公拜恩而就馬便行在路竟不交一
言思勖以將軍寵倖泣訴于 帝帝嗟歎久之拜

刑部尚書四年遷吏部兼黃門監監修國史五年復兼
侍中明年 駕幸東都至三崤馳道險隘騎不得前
河南尹李朝隱知頓使中丞王怡竝坐當降黜公奏曰
若致罪二臣將來必受其弊遂命公捨之曰 陛下
責之以臣免之是過歸於上恩由於下臣請使且待罪
然後俾其復職遂嘉而從之 廟諱宗嘗命公名諸
皇子及公主邑号既而又令各定一美名公奏稱七子
均養鳴鳩之德錫以名号不宜有殊若毋寵子異恐非
正家之道王化所宜 廟諱宗悅而從之八年拜開
府儀同三司進爵廣平郡開國公策勳上柱國狂豎權

梁山構逆長安有司深探其獄勑公按覆如京兆司錄
李如璧等百餘家皆以借宅假器悉當連坐公以婚姻
假借天下大同至于京城其例尤衆知情即是同反無
罪不合論辜兇渠之外一切原免天下欣服焉中書令
河東公張公傑出將明之材獨運廟堂之上鏡機朝澈
見事風生求公規模悉闕堂案每至危言讜議執正守
中未嘗不廢卷失聲汗流洽背其爲通賢所服也如此
十三年 駕幸東都以公爲西京留守公極言得失
無有所隱 廟諱宗感悅 制曰所奏之言置諸
座右出入觀省以誡終身因賜綵物二百疋明年又兼

吏部十七年拜尚書右丞相公雅善戲謔不常矜莊与
口口尚書王晙爲莫逆之友晚而弥篤凡所諫諸人輒
疏取端五日蒙賜鍾乳命醫歸鍊或以爲上藥殊異不
宜委之公曰推誠求信猶懼不應猜以待人信其可得
聞者慙退廿一年抗疏告老至于再三手詔優遂特給
全祿賜絹五百匹還東京公以爲大臣歸休不宜關通
人事遂杜絕賓客其年 駕幸洛陽公迎拜道左
廟諱宗親駐龍蹕使榮王琬勞問者數四自後中使
往來賞賚不絕方崇乞言之典以極師臣之敬廿五年
仲冬月十有九日寢疾薨于東都明教里第享年七十

五天下失聲　廟諱宗震悼追贈太尉謚曰文貞公
賻物米粟常數有加喪葬官供仍詔河南少尹崔釋之
充監護使夫人齊國夫人博陵崔氏滄州長史藝之女
淑愼嚴整高明柔克訓諸子而慈且有威佐丞相而德
無違者門內之理一以見咨佴公而殁允終偕老嗚呼
公有七子復同州司功先公而卒昇尚書郎太僕少卿
尚漢東太守渾職方郎中諫議大夫御史中丞東京畿
採訪使太子左諭德恕都官郎中延太原少尹華判入
高等登封尉尉氏令衡右散騎常侍兼御史中丞河西
節度行軍司馬或肅或文或悊或乂克篤前烈以休令

聞以戊寅歲五月廿九日虔奉遺約歸葬公于沙河縣
太尉鄉丞相原之先塋夫人合而祔焉禮也惟公間氣
降神應期傑出生知禮度天縱才明玉立殿天子之邦
介然秉大臣之節震電憑怒讜言而不有厥躬鼎鑊沸
前臨事而義形于色蠢廸撿柙難常情之所易志深直
諒易古人之所難外其身而富貴不離行其道而死生
弗替非夫合一之德格于皇天不二之心形于造次則
何以异是乎允所謂振古之元龜皇王之威寶者矣且
夫公之德烈充塞寰寓公之謀猷著明日月大曆五年
冬十二月孫儼懼遵盛美不遠求蒙以寘卿天祿挍文

叨太僕之下列憲臺執簡承論德之深知雖青史傳信
實錄已編於方冊而豐碑勒銘表墓願備於論譔謹憑
吏部員外郎盧僎所上行狀略陳萬一多恨闕遺其辭
曰
天命廟諱鳥降而生商湯孫之緒微子分疆詞招正則尉
翼文皇吏部黃門紛綸耿光忠賢世出信史相望篤生
丞相祚　我有唐文明純嘏毅烈堅剛恒衛間氣星
辰降芒嶷然由立鏗尒金鏘忠孝之盛人倫紀綱垂髫
能文夢鳥發辭通昔究易冲齡擅場勝冠結綬歷政洋
洋乃尉合宮貳軺瑱瑱賦嘆梅豔篇美松長蘇公嗟稱

才必佐王滿歲從調試言高驤登聞　黼扆驟列繡
裳簉跡天官如珪如璋司言鳳閣綸綍煌煌乃作中丞
威稜莫當志除兇狡廷劾二張　天后愕眙百寮
震惶公獨凜然出身激昂義形言色精貫穹蒼
皇室中興嘉謀克彰功成牢讓事軼屠羊貳職遷曹諫
議是匡載清流品屢奏封章乃侍瑣闈時維夕郎悉心
糺正庶績咸康三思睢盱席寵于常甚之就第懇懼雖
亢左曹攝轄大鹵子襄兼刺貝丘朋辭傷行三思揖語
公獨循牆處之不怍轉旆于杭既遷鄴城遂尹洛陽乃
作冢宰詳讞厲堂俄兼宮相亟綰銀黃　廟諱宗登

儲鎮國是遑潛謀廢立謠詠相翔厥男撓政累奏窓殃
聿臨楚邦荐察冀方總督幽薊翻飛國庠亞相烈烈尹
京趯趯旋臨建德欵莅南荒俚帥咸戢茅擔是攘張公
頌德雋永甘棠所忠來名拜命郎裝路無交言
帝用式臧載司刑吏八座抑揚兼監黃樞鈞軸是將匪
躬謇謇終始洸洸乃拜儀同允釐保障河東闕故汗洽
如叢狂豎犯闕兇渠既臧命公覆獄咸脫死亡乃陟右
揆右揆泱泱每謔王君豈常矜莊懸車告老庶保康强
方崇饋酳孤眣縑緗天不憖遺萎哲壞梁　一人
震悼尢有淒京市既罷賈舂仍絕粻乃贈太尉飾終禮

湯返葬沙河羽儀央央闔朝傾祖河尹護罍生榮死哀
行路感傷令人𢥞慕攀泣喤喤高墳崔嵬鉅鹿劇旁森
捐宰樹繚繞連崗于嗟廣平宅此不暘孝孫翼翼論譔
靡忘豐碑碣竪萬古嘗相
大曆七年歲次壬子九月二十五日孫儼追建

碑側記

碑側長與碑同厚一尺一寸十行行七十字正書

唐故太尉廣平文貞公宋公神道碑側記

顏真卿撰并書

初公任監察御史持服於沙河縣屬奚厥寇趙定州河

元

錢本賄作賂公下有封字

錢本至此字止

朔兇懼邢州刺史黃文軌投艱于公公以父母之邦金
革無避及賊至城下公爲曉陳禍福其徒有素聞公威
名者乃相率而去之開元末安西都護趙含章冒于貨
賄多以金帛賂朝廷之士九品已上悉皆有名其後節
度范陽事方發覺有司具以上聞　肅宗切責名
品將加黜削公一無所受乃進諫焉　肅宗納之
遂御花萼樓一切釋放舉朝皆謝公衣冠儼然獨立不
拜翌日入奏　肅宗謂公曰古人以清白遺子孫乃
卿一人而已公曰含章之賄偶不至臣門非不受也
肅宗深嘉歎之前碑缺焉故略述于此公第三子渾之

爲中丞也方欲陳乞　御製碑頌未果而中受譴
謫旋口羯胡作亂事竟不成真卿時忝監察殿中爲中
丞屬吏故公孫儼泣請真卿論譔之昭義軍節度觀察
使尚書左僕射兼御史大夫平陽郡王薛公曰嵩以文
武忠義之姿爲國保障上慕公之德業歎尚無窮次嘉
儼之懇誠崇竪莫致迺命屯田郎中權知邢州刺史封
演購他山之石曳以百牛僝刻字之工咸乎半歲磨礱
既畢建立斯崇遠近嗟稱古今榮觀雖大賢爲德樹善
庸 限 於存亡而小子何知附驥托跡於階序真卿刺湖
州之日 因成 口 文 請儼刻其側而志之未及雕鐫而公

第八子衡因謫居沙州衆佐戎幕河隴失守介于吐蕃
以功累拜工部郎中兼口御史河西節度行軍司馬与
節度周鼎保守燉煌僅十餘歲遂有中丞常侍之拜
恩命未達而吐蕃圍城兵盡矢窮爲賊所陷吐蕃
素聞太尉名德曰　唐天子我之舅也衡之父舊
賢相也落魄於此其可留乎遂贈以馳馬送還大曆十
二秊十一月以二百騎盡室護歸士君子偉之乃古來
所無也　上欲別加超奬且命待　制於側
門十三秊春三月吏部尚書顔眞卿記
宋公神道碑獨完好惟碑側記闕八字碑去官道二
里餘世罕知者以故久不顯于世致君因謁墓下始
得之且難舊史不載新書闕遺乃刻顔公體大書字
畫別刻于石庶久其傳邢惟襄國舊都邱塚纍然類
皆湮滅于無聞獨公之墓高不踰丈豐碑尚存豈特
忠義足以垂名于不朽世亦以顔魯公之賢而此碑
尤爲可貴也墓之東有碑字闕二之祖贈邢州刺史爲
居民斧而剝之所謂側門是也自衡之後子孫無顯
宦于唐今有隸編戶者猶收公誥官置墓田俾耕以
守誥爲前政取去莫知所在大宋崇寧二年七月一
日編修國朝會要所檢閱文字范致君記此石未搨今從金薤

琳瑯抄出
右唐宋璟碑顔眞卿撰并書唐書廣平六子曰升尚
渾恕華衡今此碑言公有七子曰復昇尚渾恕延華
衡乃八子也魯公所撰廣平碑側記亦曰公之第八
子衡謫官沙州蓋廣平實有八子唐書闕復延二人
而此碑魯公誤書八字爲七爾又碑云廣平自吏部
侍郎兼攝尚書左丞而史不載後自楚州刺史歷魏
兗冀三州兼河北按察使遷幽州都督復爲魏州而
史但言歷兗冀魏三州刺史河北按察使進幽州都
督而已史又載廣平爲廣州都督時郡人爲璟立遺
愛頌璟上疏辭讓有詔許停而碑乃云燕公張說嘗
爲碑頌今燕公集中實有此文豈已爲文而未嘗刻
石與　右唐宋廣平碑側記顔魯公撰載廣平遺事
有以見其清德冠當世威名動夷狄如此而新舊史
皆不載故併錄之於此覽者傳焉金石錄
宋文貞神道碑側記顔魯公爲書石刻沙河二公剛
勁大節相埒書亦稱是眞足三絕　余始有碑側記
又後一歲乃得碑文頗剝蝕其行筆與記全異碑辨
內稱公雅善戲謔不常矜莊凡所詠諧人輒疏取昔
人見公賦梅花以銕心石腸爲怪故不足怪也非所

望于蕭傳亦是一証太史公讀張文成事而疑其偉然丈夫乃如好女子世固有不可曉者弇州山人稿

右唐宋文貞公碑并碑側記皆顏魯公撰并書文貞墓在沙河縣碑久埋沒土中近予友方思道作縣出之重樹于墓以搨本見示金石錄謂碑與新史不同者二事又謂碑側記載文貞逸事甚詳而新舊史皆無之予家藏魯公文集中有此碑因得比較以補石本之闕但其文時有小異如集本云建一言而天下倚平碑一言作一膓集本云曾祖宏俊碑作宏峻集本云嘗夢大鳥銜書吐公口中公吞之碑作大鳥銜

書吐公口中而咽之集本云欲優游自免碑自免作鄉里集本云左右震竦碑左右作天后集本云救使馳救之碑救作赦集本云與執法通問碑作與執政通問集本云元宗將幸西蜀碑作中宗將幸西京集本云公盛氣誥之碑氣作色集本云東宮有大功宗廟社稷主也安得異議碑作春宮有大功主安得異議集本云駕幸洛陽碑作駕達東都集本云馳道險隘行不得前碑作馳道隘稽車騎不得前集本云以臣免之碑臣字下有言字集本云母寵子愛碑作母寵子異集本云敕公按覆碑無敕字集本云置之歷

右碑之作諸集本云仲冬十九日碑作十有九日集本云喪葬官供碑喪葬作器葬集本云戊寅歲五月碑無歲字集本云叨太僕之下烈碑烈作列集本云義形言色碑言作顏集本云既遷鄴城碑遷作還集本云汗洽流漿碑流作如其不同者又如此此則趙氏之所未及也金薤琳琅

右廣平宋文貞公碑顏魯公書在今沙河縣之東北康陵丁丑之年太末方思道爲沙河令碑已斷沒出之土中鎔二百斤鐵貫而續之今方公所爲修復封樹皆無存矣惟此碑屹立於風霜烈日之中恐亦不

能久也歐陽文忠公以謂魯公眞蹟今世在者得其零落之餘猶足以爲寶今此碑剝蝕猶少況以廣平之重使歐公得之其爲珍賞當倍他書矣歸震川集

按年譜顏公以大歷三年除撫州刺史時公年六十大歷七年九月除湖州刺史碑正書於七年九月而猶稱撫州者當書碑時未有湖州之命也又六年當大歷十三年公由刑部尚書改吏部尚書時公年七十始有廣平碑側之記先是顏公以天寶八載遷殿中侍御史於時宋公第四子渾官中丞爲御史吉溫所誣謫賀州欲請御製碑文緣此中止大歷五年十

二月宋公第七子華之子儼以顏公嘗爲中丞屬吏遂請製碑閱二年而公至東京除書未至居閑多暇始爲書之及刺湖州復製碑側記未及刻而宋公第八子衡復有沙州之謫至十二年十一月衡自吐蕃還朝明年春乃續書而刻之自大歷二年至十三年凡經九年而碑始完蓋廣平爲人魯公所特矜重故於其碑也不憚詳書深考必至無有闕遺乃止非由宋公能持天下之正以佐唐中興焉得有此功在社稷名垂古今實自致之寧有倖乎　按新史宰相世系表宋公八子與顏碑同舊史僅載其六而無復與

延碑文八子俱載而但稱公有七子非緣筆誤當由復先公而卒故碑側亦稱第三子渾不稱四也而復稱第八子衡者公實有八子存者乃七數之則八核之則七也然公八子皆以贓私淫穢敗乃門閥廣平風敎無復存者名有八子實竟無後自古名臣往往而然天道不可知一至于此豈不惜夫　宋公有名無字新舊史皆同顏碑亦復闕如宋公爲唐室名臣其孫屬魯公爲之碑且碑之成去宋公之薨不過三十五年而其祖之字已不能舉如此不可解已　按碑與史不同處碑稱父元撫贈戶部尚書舊史作贈

邢州刺史碑云俄拜朝散大夫新舊史俱無之碑云中宗將幸西京深虞北鄙乃兼檢校并州大都督府長史新史但云詔璟權檢校并州長史不稱將幸西京碑云四年遷吏部兼黃門監五年復兼侍中舊史則云官名改易爲侍中碑云十三年駕幸東都新舊史俱作十二年又新史云東巡泰山不云駕幸東都更與舊史及碑文異碑云二十一年抗疏告老新舊史俱作二十年碑云其年駕幸洛陽舊史作二十二年駕幸東都凡此皆足以證史書之誤廣平勳業著日月威名冠宇宙顏碑名並典籍書儷篆籒較然在

人耳目之前而互有異同如此碑側記所載三事皆於公大有關係而新舊史並闕之所未解已　又碑文與集中不同處碑云夢大鳥銜書吐公口中而吞之集作公吞之碑云異而召還集作后異而召還碑云貴近不宜與執政通問集作不宜與執政通同碑云公實佐奇謀集作其謀碑云中宗將幸西京集作元宗將幸西蜀碑云又爲洛州長史集作尋入爲洛州長史碑云東宮有大功主安得異議集本大功下多宗廟社稷主也六字碑云兼黃門監監脩國史集本少一監字碑云五年復兼侍中集作改號侍中碑

云明年駕幸洛陽集無駕字碑云以臣言免之集無
言字碑云毋寵子異集作毋寵子愛碑云手詔優遂
集作優許碑云俾公而歿集作躡公而歿又都穆金
薤琳琅云建一言而天下倚平碑作一陽今碑正作
一言欲優游自免碑作優游鄉里今碑正作自免左
右震悚碑作天后震悚今碑正作左右震悚救使馳
救之碑作馳赦今碑正作馳救公盛氣詰之碑作盛
色今碑正作盛氣駕幸洛陽碑作駕達東都今碑正
作洛陽幸字陽字猶髣髴可見馳道險隘行不得前
碑作馳道隘稽車騎不得前今碑正作馳道險隘行

不得前敕公覆按碑無敕字今碑正有敕字喪葬官
供碑作器葬今碑正作器葬戊寅歲五月碑無歲字
今碑正有歲字義形言色碑作顏色今碑正作言色
既遷鄴城碑遷作還今碑正作遷都氏之云皆與元
碑不合按碑以宋崇寧五年范致君別刻一石都氏
所見必范致君別刻本也　顏碑云開元十三年駕
幸東都以公爲西京留守新舊史本傳皆在十二年
明年東巡泰山駕發東都蓋帝以十二年十一月幸
東都十三年十月將封泰山遂發自東都耳碑蓋欲
約而言之故但云駕幸東都也綱目載爲西京留守

於開元四年十二月按是年帝未嘗幸東都無用留
守或以明年將幸東都故先以公爲留守乎又公引
年致政碑在二十年新舊史本傳皆在二十年而
舊史元宗紀仍在二十一年前後自相違反宋公始
終右丞相綱目誤書左丞相新舊史及本傳公之拜
右丞相在開元十七年綱目不書俱是疏忽竹雲題跋
以碑證傳互有脫漏如史云張易之誣魏元忠引證
張說公語說以名義時人呼易之爲五郎而稱之曰
卿韋月將告武三思亂宮掖不奉詔以救之王仁皎
卒諫止用竇孝諶故事皆公志節所繫而碑遺之至

遷殿中侍御史同列有搏于臺中者天后將黜之公
獨引過神龍復辟讓封不受改貝州刺史與數人同
辭三思獨擠公使公竟出太平長公主有異謀遂奏
婦人干政恐生禍階男又縱橫公執奏之及碑側所
記必歷歷在人耳目開修史者有何避忌而不之載
也當請窮治易之兄弟時武后蒼皇欲起遽令之出
者新史曰姚璹舊書曰楊再思碑止書內史而遺其
名若李邕曰陛下坐則天下安起則天下危詳述其
詞蓋揚善隱惡之意寓焉以公之忠直諸子皆不肖
歿後三十五年孫儼始爲樹碑雖公名在天壤不以

碑爲久遠然過公之里拜公之墓讀斯碑而興起者
未嘗不以魯公之文而欷噓長太息也金石後錄
蕭藝菴至邢訪文貞公後二十四代孫道亨攜族譜
來公子七六無譜爲六子華譜甚詳華子儼蘇州刺
史儼二子長嗣先左補闕次子詞宗奉化令家焉明
景泰初兵部侍郎諱玟者公十七代孫也過邢有望
墓詩其家南和者十七代而絕宏治間南和令朱銳
於奉化取公十九代孫伍來以守祠自伍至亨凡六
世今家沙河者百餘人業農家南和者僅道亨一人
奉化者久不相往來藝菴震記來齋金石刻考略

按棠陵方豪字思道重立宋文貞碑有斷碑集一書
以記其事余見之太和堂吳氏藏書目中訪之三衢
方氏後人或有存者只少有心之人耳丁敬評觀妙齋金石考略
舊唐書本紀開元二十一年十一月尚書右丞相宋
璟以年老請致仕許之碑稱開元廿一年抗疏告老
正與舊紀合而新舊書本傳俱作二十年誤矣唐以
黃門監即侍中紫微令即中書令及同三品平章事爲眞宰
相開元元年改尚書左右僕射爲左右丞相雖名丞
相而非宰相之職文貞以開元八年由侍中拜開府
儀同三司始罷政事十七年拜尚書右丞相非再入
政府也　碑側記別載逸事二條又云昭義軍節度
觀察使尚書左僕射兼御史大夫平陽郡王薛公嵩
慕公德業乃命屯田郎中權邢州刺史封演購石俾
工刻之舊唐書薛嵩傳不稱御史大夫平陽郡王者
略之也封演天寶末進士所著有聞見記古今年號
錄潛研堂金石文跋尾
按新舊唐書璟本傳皆闕復延惟宰相世系表列璟
八子獨全趙氏蓋未嘗檢及又魯公記碑側已言第
八子而于璟碑書七子此必非誤自魯公亦爲傳刻
者過也趙氏又以碑云自吏部侍郎兼攝尚書左丞

而史不載後自楚州刺史歷魏兗冀三州兼河北按
察使遷幽州都督復爲魏州而史但言歷兗冀魏三
州刺史河北按察使進幽州都督而已是兼攝尚書
左丞與復爲魏州誠如趙氏所指二史皆未之及然
余又以碑按璟之歷官方其始也調上黨尉以後轉
王屋主簿又轉合宮尉又授錄事參軍凡三遷官然
後拜監察御史裏行自此又遷殿中侍御史又遷天
官員外郎然後爲鳳閣舍人新書但于自上黨尉而
下即書爲監察御史遷鳳閣舍人而舊書以累轉鳳
閣舍人包之其失皆略也新書四年遷吏部兼侍中

證之此碑所載四年遷吏部兼黃門監五年復兼侍中八年拜開府儀同三司此新書省文誤也舊書四年遷吏部尚書兼黃門監明年官名改易爲侍中與碑文敘符合而新書遂于兼侍中亦附之四年之下則中間方隔一年其官仍名黃門監而牽連書之至此是尤疎也舊書弱冠舉進士據碑言十六下即稱明年進士高第則璟年十七成進士猶未及弱冠也新書刪弱冠二字較舊史爲不苟矣又碑言十三年駕幸東都新舊書本傳及元宗紀皆作十二年或碑亦摹勒有失眞耶然新書本傳遽改易其文作東巡

泰山則爲非是按紀十三年乃有封泰山之文其于幸東都蓋已兩書之而景文又誤以二事合爲一此大不可也新舊書並以璟二十年請老碑作二十一年公抗疏告老碑從當時盧僎所上行狀宜可據璟之子復先璟卒昇尚書郎太僕少卿宰相世系表作太僕少卿渾職方郎中諫議大夫御史中丞東京畿採訪使太子左諭德表作太子右諭德華判入高等登封尉尉氏令表作尉氏令衡右散騎常侍兼御中丞河西節度行軍司馬表作河西行軍司檢校左散騎常侍其中詳略亦可參證然史載廣平諸子皆荒

飲倂嬉而碑云或肅或文或哲或乂克篤前烈以休令聞嗚呼諛墓之詞雖魯公亦不免若是與新舊書言渾怨尚坐貶皆書地而華衡得罪獨從略焉今碑言衡竄居沙州是亦史所未及可備錄也外又有神道碑側記趙德父已具錄茲不再贅云 授堂金石跋

按此碑兩面一側皆神道碑銘其一側記宋公軼事謂之碑側記魯公文集有碑銘而無側記金薤琳瑯有側記而無碑銘今取兩書互勘碑闕數字得以補足碑云其先出于殷王元子史記宋世家微子開者殷帝乙之首子而紂之庶兄也武王伐

紂克殷釋微子復其位封紂子武庚續殷祀武庚作亂成王誅之乃命微子開奉其先祀國于宋梁玉繩人表考云微子始見商周書紂庶兄始見宋世家微國名子爵見尚書孔傳又作魏子見路史後紀注云魏郎微王繩按魯世家伯禽之孫爲魏公徐廣引世本作微公本書律歷志仝小司馬謂古書多用魏字作微而殷紀微子索隱亦云家語微或作魏讀從微音此路史所本也蓋二字古通名啓書微子之命序又見左傳僖六年哀九年又作開見史記周紀世家又見荀子議兵又見呂氏春秋誠廉漢人避景帝諱改國于宋爲上公見微子之命亦曰殷公見周書王會解要之微子之封宋在成王時也唐書宰相世系表乃謂殷王帝乙長子啓周武王封之于宋誤矣碑云七

世祖弁魏吏部尚書襲列人子祖欽道北齊黃門侍郎据世系表宋氏在楚有上將軍義義生昌居西河介休十二世孫異異三子恭畿洽徙廣平利人畿生榮國榮國下闕子一代孫卽弁後魏吏部尚書襲利人子弁子紀紀子欽道欽道子元節元節子宏峻宏峻子務本務本子元撫卽璟父也是欽道爲璟之五代祖今碑云祖似脫五代二字矣碑所敘高曾以下官位與表同惟表云廣平利人襲利人子碑及魏書弁傳皆作列人爲不同据魏書地形志列人縣屬魏郡表作利人誤也徙居列

人者爲璟之十世祖今璟稱邢州南和人不知何代遷南和也魏書宋弁傳弁祖愔世系表作榮國歷位中書博士員外散騎常侍賜爵列人子弁伯父世顯無子養弁爲後弁父叔珍因李敷事死是弁父叔珍嗣父世顯可以補唐表一代之闕也魏傳又稱弁長子維維弟紀字仲烈遷尚書終北道行臺卒于晉陽是爲璟之六代祖紀子欽道武定末冀州別駕又北齊書宋欽道傳云初爲大將軍主簿典書記後爲黃門侍郎遷祕書監贈吏部尚書趙州刺史碑與表但云黃門侍郎璟父元撫碑云衞州司戶表增參軍

贈戶部尚書舊書傳云贈邢州刺史皆彼此互異也碑敘璟歷官與兩傳同者十之八九惟封廣平郡公兩傳在開元五年官侍中之後碑在八年拜開府儀同三司之時爲異碑稱璟轉廣州都督教廣人度材陶瓴以弭火災于今賴焉燕國公張說嘗爲碑頌是撰頌立碑者張說也舊傳不載張說撰碑但云人皆懷惠立頌以紀其政是仍立碑也新傳則云廣人爲璟立遺愛頌璟上言頌所以傳德載功也臣之治不足以紀廣人以臣當國故爲溢辭徒成謟諛者欲釐正之請自臣始有詔許停

是未嘗立碑也一事而三者不同如此又兩傳載皇后父王仁皎卒葬墳高五丈一尺璟言極剴切帝謂人所難言公等能之賜綵絹四百匹又兩傳載十七年爲尚書右丞相與張說源乾曜同日拜璟拜右丞相與張說源乾曜同日拜惟兩傳作十七年與碑同而碑不云三人同日拜舊書本紀書璟拜右丞相乾曜拜太子少傅同爲十七年八月乙酉事而張說之拜左丞相在十七年二月丁卯非三人同日新書本紀則皆不載宰相表亦無惟於開元四年閏十二月書宋璟爲吏書尚書兼黃門監紫微侍郎通鑑亦與新紀同詔太官設饌太常奏樂會百官尚書堂帝賦三傑詩自寫以賜璟亦有詩應制句云太常陳禮樂中掖降簪裾聖酒山河潤仙文象

緯舒此爲璟風節所繫及元宗從諫得賢盛事光
照史冊皆不可略者而碑皆不書碑載璟告老後
駕幸洛陽公迎拜道左元宗使榮王琬勞問此是
開元二十二年正月事据本紀璟有蒲津迎駕詩知
其迎拜之地爲蒲津也詩云回鑾下蒲坂飛旆指
秦京雒上黃雲送關中紫氣迎是自東都回鑾時
也榮王琬者元宗第六子始王鄄徙王榮後謚靖
恭太子也璟八子新傳僅列六子之名舊傳則極
詆其飮謔俳優廣平風教無存且言衡最麤險据
碑側記則言衡陷吐蕃吐蕃素聞名德稱之爲賢

相之子以駞馬盡室護歸使其果麤險何能感動
若此史家言或失之太過往往如此碑側記云上
欲別加超奬且命待制于側門側門之地無考新
唐書代宗紀大歷十二年四月詔諫官獻封事勿
限時側門論事者隨狀面奏則側門殆是論狀進
奏之所會善寺牒載大歷二年沙門乘如詣右銀
臺門奉表陳謝此所謂側門或卽右銀臺門之類
也記爲璟之孫儼所請者儼爲璟第七子華之子
官蘇州刺史見世系表上行狀之盧僎新唐書附
趙冬曦傳稱其開元閒爲集賢學士惟唐音統籤

稱僎爲從愿從父自聞喜尉入爲學士終吏部員
外郎是碑所載乃其終官也購石立碑之封演唐
書無傳宰相世系表亦不列其名其所撰聞見記
卷首結銜題朝散大夫撿校尚書吏部郎中兼御
史中丞是其所終之官計其時當在德宗貞元閒
聞見記中有尊號一條記貞元閒事卷中石經條稱天寶中爲太學
生登第時張繹有千佛名經之戲見貢舉條佛圖澄碑條記大歷中行
縣至內邱則是官邢州刺史時事此碑結銜稱屯
田郎中權知邢州刺史卽其時也潛研堂跋謂舊
唐書薛嵩傳不稱御史大夫爲史略攷唐制節度

等使例兼御史大夫故封長清岑參詩稱御史大
夫而傳亦不載與此同例非史失也

金石萃編卷九十七終

據趙本校

趙本無奉字

賜進士出身　誥授光祿大夫刑部右侍郎加七級王昶譔

唐五十八

八關齋會報德記

幢八面高一丈一尺四分廣二尺五分每面五行行二十八字正書在歸德府南門亭內

有唐宋州官吏八關齋會報德記

金紫光祿大夫前行撫州刺史上柱國魯郡開國公

顔真卿撰并書

夫德之所感淪骨髓而非深誠之所至去神明而何遠

有唐大歷壬子歲宋州八關齋會者此都人士泉文武

將吏朝散大夫使持節宋州諸軍事行宋州刺史兼侍

御史本州團練守捉使賜紫金魚袋徐向等奉爲河南

節度觀察使開府儀同三司太子太師左右僕射知省

事兼御史大夫汴州刺史上柱國信都郡王田公頃疾

良已之所建也公名神功冀州南宮人稟元和之粹靈

膺期運以傑出含宏厚下正直率先起孝而德感生人

竭忠而精貫白日和衆必資於寬簡安人務在於撫柔

知武藝絶倫英謀沉祕所向而前無强敵日新而學有

緝熙故能毅天子之邦鬱蒼生之望有日矣羯胡搆逆

公以平盧節將佐今右僕射李公忠臣收滄德攻相州

拒杏園守陳留許叔冀降而陷焉思明懼忠臣圖己令

公佐南德信隨劉從諫收江淮至宋州欲襲李銑公斬

德信起從諫遂并其衆而報焉　肅宗大悅拜公

鴻臚卿再襲敬釭於鄆州加中丞討劉展于潤州斬平

之遷徐州刺史明年拜淄青節度使屬侯希逸自平盧

至公以州讓之時宋州刺史李岑爲賊所圍副元帥李

光弼請公討平之拜御史大夫加開府充兗鄆節度破

法子㬙又討敬釭釭歸順焉史朝義聞之奔下博投范

陽自縊死廣德元季拜戶部尚書封信都郡王　上

幸陝公首末扈從都知六軍兵馬每食宿公皆躬

自省視　上感焉方委以政事公涕泣固辭而止

二年拜汴宋節度觀察使遷兵部大歷二年加右僕射封母清

河張氏爲趙國夫人妻信安郡王禕女爲涼國夫人太

夫人慈和勤儉睦于親□□公□□純孝居常不離左右閨

讀書史或時疾病公輒累月不茹葷家中禮識不絶仍

造崇夏寺宏聖二寺以祈福祐□三年兼判左僕射知省

事加太子太師公德厚量深勞謙動懷卹飭節而心益

下位弥大而體益恭故遠無不懷迩無不肅今夏四月

忽嬰熱疾沴累旬積善降祥勿藥遄喜鷹犬之翫悉

皆棄捨群帥感焉無御弋□□履之內感懷歡欣睢陽

趙本都下有郡字

趙云百姓上□會下缺二字

之人踊躍尤甚乃咨于州將曰昔我公之禦賊也予弊
邑而首誅德信李岑之見圍也破其黨而克保城池是
即我公 再有大造于弊邑矣微我公之救恤則皆死於
鋒鏑入於煎熬矣□□□尚何能保完家室嬉戲鄉井
者乎不資齋明何以報德徐君悅而從之乃 五月八日
首以俸錢卅万設八關大會飯千僧于開元伽藍將
爭和唯恐居後已而州縣官吏長史苗藏實等設一千
五百人爲一會鎮遏團練官健副使孫琳等設五百人
爲一會□□都壽百姓張烈等設五千人爲一會法筵
等供虎塞於郊坰讚唄香花喧塡於晝夜其餘鄉村聚

落來往舟車聞風而靡督自勤聳惠而怵先胥懋者又
不可勝數矣非夫美政淳深德風汪濊則何以感人若
此其至者乎眞卿叨 接好仁飽承餘烈覩茲盛美益醜
求蒙若不垂諸將來則記事者奚述

唐宋州刺史徐向及官吏奉爲汴宋節度觀察使右
僕射信都王八關齋會報德記 此二行篆書

宣義郎行宋州錄事參軍崔淮
專知官朝議郎宋城縣令田珽
勒字官宣德郎前守汝州梁縣令王艮器
篆額宣德郎楚丘縣令田洸 張希玉

顏魯公上趙多叙字

顏魯公石幢事

宋州刺史崔倬撰

會昌中有 詔大除佛寺凡銘塑□刻堂閣室宇關
於佛祠者焚滅銷破一無遺餘分遣御史覆視之州
縣□畏至於碑幢銘鏤讚述之類亦皆毀而瘞藏之
此州開元寺先有大師魯國顏公以郡守僚吏州人
等爲蓮師田氏八關齋會鐫紀大幢立□文而□幾
再蒔程材□□八觚如砥偉詞逸翰龍躍鸞翔時刺
史邑宰以□□不可折遂鑿缺□以仆之蓋三面
僅存委埋于土倬大中已巳歲守郡明年嘗暇日訪

求前賢事蹟郡從事涂君因言□魯公石幢索而得
之□壞之下□□□失文義乖絕尋繹研究不可復
知意其邑居之中必有藏錄其文者果於前刺史唐
氏之家得其模石本完備炳然輝耀溢目倬自幼學
慕習魯公書法□不能窺涉其門宇然惜其高□壓
沒遂命攻治□□□□續其次雖眞贋懸越貂狗相
屬且復瞻仰魯公遺文昭示於後矣大中五年正月
一日敘

副使崔□□判官涂昰 推官崔
錄事參□□順孫 □□□□

曹州□徐氏□縣主簿□崔師□傳打石本

鐫字人石從建　高元暉

八關齋碑唐河南節度使田神功寢疾宋州刺史徐向等爲禳祈報恩者也碑在今歸德州城外僧寺中永樂丁酉秋余得此本每行下闕四字蓋打碑時爲夏潦所滃也東里續集

右顔魯公書字徑可二寸許方整遒勁中别具姿態眞蠶頭鼠尾得意時筆也此書不甚名世而其格不在東方家廟下故非餘子所及也記文宋州將吏爲節度使田神功疾愈請禱此猾裨媚驕帥之常亡足怪者第其時有可慨也葢載稽鴻漸輩方以因果之說聳人主至引阿脩羅帝釋爲証每虜至禮佛祈禱退則脩八關齋飯僧報謝將帥體解而世風靡矣嗚呼唐之所以終不復振也有由哉弇州山人稾

八關齋會始於宋齊之閒通鑑齊武帝永明元年上於華林園設八關齋胡三省注曰釋氏之戒一不殺生二不偷盜三不邪淫四不妄語五不飮酒食肉六不著花鬘瓔珞香油塗身歌舞倡伎故往觀聽七不得坐高廣大牀八不得過齋後喫食已上八戒故爲八關雜錄名義云八戒者俗衆所受一日一夜戒也謂八戒一齋通爲八關齋明以禁防爲義也金石文字記

八關齋碑去郡城南里許爲魯公碑舊立處崇禎戊寅春碑之址築爲堞下臨濠水久之浸及碑郡人張翩遷之碑高八尺横八稜稜尺許凡八百八十六字闕七十四字侯方域壯悔堂集

今日叢林以臘月八日四月八日名冬夏結制而設戒期自六戒以下不聞于世然有過午不食之說非即第八戒之意乎金石後錄

八關碑字法大徑三寸許方整而有風致予向年官汴城于故家得一不斷本後督餉彼中親至碑下見石尚完好今爲蔣三十年得宋長公舉搨寄此本乃碑至下段已盡泐落不勝憮然庚子銷夏記

按碑曰收滄德攻相州拒杏園守陳留陷思明斬德信走從諫龔敬釭讓侯希逸破法子嘗封信都郡王等事舊史皆無之而新史悉合必歐公得此碑而更定之也新史又謂八年自力入朝卒代宗爲飯千桒門追福然七年壬子得疾宋州官吏爲之祈禳至八年卒而朝廷又爲飯僧追福可見當時從信釋氏之深也金石評考

寶刻類編有此碑云顔眞卿撰并書田悅篆額大歷

七年立大中五年崔倬補書在應天劉昫唐書田神
功傳云忠朴幹勇當時所稱而明趙崡以神功非良
臣徐向等媚其主帥非佳事責魯公爲撰爲書蓋以
小節掩大功古人不如是矣碑後有刺史崔倬敍石
幢事略云云則是此碑毁于會昌刻于大中者也倬
實重刻而非補書寶刻類編蓋誤倬見宰相世系表
隋義同鄖城公榮四世之孫所書有大和六年四月
裴度撰文宣王廟記在襄州見寶刻類編　篆額云
唐宋□□州刺史徐向及官吏奉爲汴宋節度觀察
使右僕射信都王八關齋會報德記是宣德郎楚邱

縣令田詵書其篆至劣寫徐爲徐汳爲汴度爲度儀
爲儀齋爲齋唐人之不通篆學如此汳州以水名即
水經汳水出陰溝于浚儀縣北又東至梁郡蒙縣爲
雄水地理志滎陽卞水在西南亦但作卞徐鍇注說
文云汳今作汴非是或說隋煬帝避反字故改汳爲
汴然則猶飯作飰之屬也今依隸造篆不成字體若
从地里志作卞亦當篆作卞字不應下加、也悅即
神功族子通鑑大歷十四年二月魏博節度使田承
嗣薨有子十一人以其姪中軍兵馬使悅爲才使知
軍事即說是也後爲田緒所殺贈太尉見劉昫唐書

德宗本紀 中州金石記
右唐宋州官吏八關齋會報德記文字滅沒闕一百
九字因以魯公文集校補以便快讀朝散大夫使下
闕持節宋州字徐向等下闕奉字左右僕射知省下
闕事兼御字之所建也下闕公名字起下闕孝字安
八務在于撫下闕柔兇字緝熙下闕故能殿天字佐
今下闕右僕射李公忠臣字思明權忠下闕臣圖已
令公字公斬下闕德信走從諫遂并其字副元帥李
下闕光弼請公字又討敬釭下闕釭歸順焉史字封
信下闕都郡字每食宿下闕皆躬自省視字二年拜

下闕汴宋節度遷兵部大歷二字妻信安下闕郡王
禕女爲涼國夫人字居常不離下闕左右閱讀史書
或時疾字二寺下闕以祈福祐三年字功下闕陟高
字忽嬰熱下闕疾沉頓字是即下闕我公字入于煎
下闕熬矣字徐君悅下闕而從之來字開元御監將
下闕佐爭承推字一千五百人爲下闕一字者壽百
姓張下闕烈等設字又按碑本淪骨髓文集作淪字
泉文武將吏集作衆字羯胡搆逆集失胡字又討敬
釭集作六年淸河張氏集作淸州則又集本之訛也
元年拜戶部尚書集作授戶部駐于姻黨集作親黨

不茹薰集作茹葷禮識不絶集作禮懺則當從碑爲正也首題顏眞下當闕卿誤字篆尾唐下當闕行宋字則又推而可知也竹雲題跋

按碑今在河南歸德府南門亭內今之歸德府唐時爲宋州睢陽郡屬河南道故碑題宋州官吏也碑叙田神功歷官與新唐書神功傳同舊傳較略惟遷徐州刺史及廣德元年拜戶部尚書爲兩傳所無又淄清節度使兩傳作淄青似係碑偶筆誤也傳不載神功封母妻事碑稱妻信安郡王禕女禕爲太宗八子鬱林王恪之孫贈張掖郡王追封吳王

琨之子初封嗣江王徙信安郡王碑無建立歲月其敘嬰疾修齋事云大歷壬子夏五月是爲七年傳敘神功之卒在大歷八年而寢疾時宋之將吏爲禳祈報恩惟新書敘其事在八年以前亦不定爲何年撰碑者顏眞卿以其結銜考之宋文貞公神道碑署曰行撫州刺史爲大歷七年九月立此碑署前行撫州刺史加一前字則已解撫州之任可知而湖州之命卽在七年九月要是初離撫州未剌湖州中閒撰書此碑故加前字於行撫州刺史之上則似修齋在五月立碑在九月與宋璟碑同時列于宋璟碑之後爲宜也碑云設齋於開元伽藍河南通志載歸德府開元寺有三一在府城東南明正統四年創建一在寧陵縣城西北四十里明正統閒創建一在虞城縣治東始建未詳今此碑在府城南門當是府城東南之開元寺非寧陵虞城二處矣設齋之數初徐向飯千僧旣而苗藏寶等設千五百人孫琳等設五百人張烈等設五千人凡飯僧八千人準以俸錢卌萬飯千僧之數則共糜錢二百四十萬也王圻續文獻通考釋家總紀載大歷八年五月以太宗諱日會有司修

四千僧齋于服成寺八月修一萬僧齋于慈恩寺爲百姓祈福可見是時修齋之會方盛而修齋必設戒故謂之八關會也續通考又載會昌五年上惡僧尼耗蠹天下欲去之敕上都東都各留二寺天下節鎮各留一寺凡天下所毁寺四千六百餘區此卽碑後載大中五年宋州刺史崔倬所記重刻石幢之語其時幢已委埋于土則寺亦在拆毁之數崔倬但云重刻顏碑而不云建寺則通志所載之府城東南開元寺或非卽唐時此碑所立之舊址矣

李陽冰書般若臺

碑高一丈四尺八寸廣五尺八寸四分共二十四字篆書末僧名五字正書在福州烏石山

般若臺

大唐大曆七年著作郎兼監察御史李貢造　李陽冰書

般若臺

大唐大曆七年著作郎兼監察御史李貢造　李陽冰書　住持僧惠攝 此五字正書

在神光寺般若臺記刻于華嚴項與處州新驛記縉雲縣城隍記鏡水忘歸臺銘世寶之爲四絕 天下與地碑記

閩中絕少古刻鼓山題刻如麻無一唐蹟惟此銘在三山爲最古又聞石塔寺有唐貞元中碑余未之見

金石文字記

李陽冰書謙卦

碑共四石各高六尺五寸廣三尺四寸前三石均六行後一石四行行皆十字篆書在蕪湖縣

䷎謙亨君子有終彖曰謙亨天道下濟而光明地道卑而上行天道虧盈而益謙地道變盈而流謙鬼神害盈而福謙人道惡盈而好謙謙尊而光卑而不可踰君子之終也象曰地中有山謙君子以裒多益寡稱物平施初六謙謙君子用涉大川吉象曰謙謙君子卑以自牧也六二鳴謙貞吉象曰鳴謙貞吉中心得也九三勞謙君子有終吉象曰勞謙君子萬民服也六四无不利撝謙象曰无不利撝謙不違則也六五不富以其鄰利用侵伐无不利象曰利用侵伐征不服也上六鳴謙利用行師征邑國象曰鳴謙志未得也可用行師征邑國也

唐李陽冰書

陽冰篆書祖秦相斯而筆力過之舒元輿輩論之詳矣是刻藏蕪湖王氏□□□□□□□□風骨雅健卓有古意近諸刻失之矣豈即寶應閒作令時書耶歲久板機拆裂予視權暇乃屬吳郡章生簡甫壽之石樹邑庠明倫堂與諸好古君子共焉 蜀岳池張大用識

李陽冰此刻雖再登石居然有殘雪滴溜之狀是廷

尉正脈至於謙卦當人置座右一紙弇州山人四部稿
謙卦爻辭李陽冰篆書石在直隸太平府蕪湖縣民
家考槃餘事
篆學之亡四百餘年矣斯喜妙跡淪絕至唐李少溫
上追孔轍下襲斯法篆學于是中起謙卦尤其奇絕
之作運筆如蠶吐絲骨力如綿裹鐵舒元輿所謂蟲
食鳥步鐵石陷壁龍池駭解鱗甲活動者于此見之
僕論書法有意求變卽匪能變少溫書謙卦謙字
數十兼用大小篆不足又以謟爲謙雖字各異體然
未免有意求變所以變盡輒窮絳雲在霄化工肖物

所以萬古不同者無心於變也作書但因時舒卷卽
變化具足何事研同較異逐字推排乃始爲變乎竹雲題跋
右李陽冰書易謙卦謙字凡二十見無一同者其以
嗛謟謙代謙字世多疑之案漢書藝文志易之嗛嗛
一謙而四益顏氏注嗛字與謙同大學此之謂自謙
鄭氏注謙讀爲慊荀子臭之而無嗛于鼻楊倞注與
慊同蓋謙嗛慊三字古皆通用也說文㢘古文藍字
集韻廉古作㢘廉與籃聲相近故可借用碧落碑飛
廉之廉作㢘蓋省一中此碑以言旁㢘爲謙則借廉

爲兼也謟說文多語也唐韻汝閻切與謙字音雖相
近而義各殊未知少溫所據潛研堂金石文跋尾
按陽冰謙卦据張大用跋云近諸刻失之是刻者
不一又云歲久板幾拆裂乃壽之石是先有板本
而後有石刻也木刻未詳始于何代刻石亦未詳
明之何年陽冰自署名而不署書時歲月張跋以
爲寶應間作令時書者是懸揣之詞今因附殷若
臺之後與陽冰諸篆連類及之下碑黃帝祠宇及
聽松等刻亦此例也凡篆書皆用釋文此書謙卦
經文可以不釋至其書用筆秀勁字多變體陽冰

書中又一種也其書謙字數見而字體各別然惟
嗛慊謟謙諸字借用餘止大同小異耳考周易釋
文引子夏傳嗛謙也漢書司馬相如傳陛下嗛讓
而弗發也尹翁歸傳溫良嗛退師古注竝云嗛古
以爲謙字文選魏都賦嗛嗛同軒注引周易謙謙
君子云嗛古謙字又東征賦思嗛約兮注云嗛與
謙音義同金石韻府引古尚書謙作嗛是二字同
也荀子非十二子篇嗛然而終日不言解蔽篇由
俗謂之道盡嗛矣楊倞注竝云嗛與慊同是謙嗛
慊三字皆通也韻府又引古老子謙作謟謟是从

古文也盾古文籃字見於說文然義雲章廉作盾
陰符經作㑹則盾本廉之古文故碧落碑書廉爲
盾也廉謙皆从兼聲古老子兼作旨故諂又作讇
也詌借爲謙于義未詳或者兼省又从秝秝並爲
秝又變文爲秝也

李陽冰書黄帝祠額
碑高七尺九寸廣三尺九寸四分二行四字書人及勒石人書額上

李陽冰

黄帝祠宇

李陽冰

黄帝祠宇

丹陽葛蒙勒石 正書

黄帝祠宇篆額唐李陽冰篆在仙都山 天下輿地碑記

李陽冰書聽松二字
石横廣二尺三寸高一尺四寸五分篆書在無錫縣惠山

聽松

按錫山志慧山寺有石床在殿前月臺下長可五尺
廣厚半之上平可供偃仰故名石床項側有聽松二
篆字傳是唐李陽冰筆蒼潤有古色斷非陽冰不能
唐皮日休詩殿前日暮高風起松子聲聲打石床是

據趙本校

也雍正十六年三月余率同志往搨此書一時觀者列
如堵牆盡塵埋經久莫有過而拂拭者驟見提搨故
遂驚爲僅事也右有楷跋十數行日久磨蝕不可復
識悵怩良未有已 竹雲題跋

元結墓碑
碑高八尺廣三尺九寸厚一尺一寸五分四面刻面背均十七行左右側均四行共四十二行行三十三字至三十五字不等正書在魯山縣學

唐故容州都督兼御史中丞本管經略使元君表墓碑
銘 并序

金紫光祿大夫行湖州刺史上柱國魯郡開國公顏
真卿撰并書

嗚呼可惜哉元君君諱結字次山 皇家忠烈義激
文武之直清臣也蓋後魏昭成皇帝孫曰常山王遵之
十二代孫自遵七葉王公相繼著在惇史高祖善禕
皇朝尚書都官郎中常山郡公曾祖仁基朝散大夫
襃信令襲常山公祖利貞霍王府參軍隨鎮改襄州父
延祖清靜恬儉歷魏成主簿延唐丞思閑輒自引去以
魯縣商餘山多靈藥遂家焉及終門人謚曰太先生寶
應元年追贈左贊善大夫君聰悟宏達倜儻而不羈十
七始知書乃受學于宗兄 先生德秀嘗著說楚賦

禄山二字趙本臆改

闕奏以下十五字趙本缺

十數人以下五十餘字趙本缺後云以下缺者仿此

三篇中行子蘇源明駭之曰子居今而作眞淳之語難
哉然世自澆浮何傷元子天寶十二載舉進士作文編
禮部侍郎陽浚曰一第汙元子耳有司得元子是賴遂
登高科及羯胡首亂逃難于猗玗洞因招集鄰里二百
餘家奔襄陽　肅宗異而徵之值君移居讓溪乃寢
乾元二年李光弼拒史思明於河陽　肅宗欲幸河
東聞君有謀略虛懷召問君悉陳兵勢獻時議三篇
上大悅曰卿果破朕憂遂停乃拜君右金吾兵曹攝
監察御史充山南東道節度參謀仍於唐鄧汝蔡等州
招緝義軍山棚高晃等率五千餘人一時歸附大壓賊

境於是思明挫銳不敢南侵前是泌南戰士積骨者君
悉收瘞刻石立表命之曰哀丘將吏感　無不勇勵璽
書頻降威望日崇時張瑾殺史翽於襄州遣使請罪君
爲聞奏特蒙嘉納乃眞拜君監察仍授部將張遠帆
瀛等十（以下缺五十七字）數人將軍屬荆南有專殺者呂諲爲節度使諲
辭以無兵　上曰元結有兵在泌陽乃拜君水部員
外郎兼殿中侍御史充諲節度判官君起家十月超拜
至此時論榮之屬道士申泰芝誣湖南都（以下缺十六字）防禦使龐承
鼎謀反并判官吳子宜等皆被決杖推官嚴郢坐流俾
君按覆君建明承鼎獲（以下缺五字）免者百餘家及諲卒淮西節度

趙本無頁字

使王仲昇爲賊所擒裴茂與來瑱交惡遠近危懼莫
誰何君知節度觀察使事經八月境內晏然　今上
登極節使罷後者例加封邑（以下缺十六字）君遜讓不受遂歸養親特
蒙襃獎乃拜著作郎遂家于武昌之樊口著自釋以見
意其略曰少習靜（以下缺十二字）于商餘山著□□□□□□難于
猗玗洞著猗玗子三篇將家讓濱乃自稱浪士著浪說
七篇（以下缺十五字）及爲郎時人以浪者亦漫爲官乎遂見呼爲漫郎
著漫記七篇及家樊上漁者戲謂之聱叟□□□□□
□□□又以君漫浪於人間或謂漫叟歲餘　上以
君居貧起家爲道州刺史□□州爲西原賊所陷人十

無一戶幾滿千君下車行古人之政二季間歸者萬餘
家賊亦懷□□不敢來犯既受代百姓詣闕請立生
祠仍乞再留觀察使奏課第一轉容府都督兼侍御史
本管經略使仍請禮部侍郎張謂作甘棠頌以美之容
府自艱虞以來所管皆固拒山　君單車入洞親自喻
撫六旬而收復八州丁陳郡太夫人憂百姓詣使請留
大曆四季夏四月拜左金吾衛將軍兼御史中丞本管
使如故君矢死陳乞者再三　優詔褒許七季春正
月朝京師　上深禮重方加位秩不幸遇疾中使臨
問者相望夏四月庚午薨于永崇坊之旅館春秋五十

朝野震悼焉二子以方以明能世其業名雖著而官未
立以其季冬十一月壬寅虔葬君于魯山青嶺泉陂原
禮也嗚呼君其心古其行古其言古躬是三者而見重
於今雖擁旄麾幢揔戎於五嶺之下弥綸兼憲對越於
九天之上不爲不遇然以君之才之德之美竟不得專
征方面登翼太階而感激者不能不爲之太息也君雅
好山水間有勝絶未嘗不[illegible]路登覽而銘賛之感中行
見知之恩及亡至今分宅以恤其子其不□□□此類
中書舍人楊炎常袁皆作碑誌以抒君之德業故吏大
廮陶令劉袞江華令瞿令問故將張滿趙溫張協王進與

等感念恩舊皆送喪以終葬竭貲礱石頒垂美以述誠
貞卿不敏嘗忝次山風義之末尚存盡往敢廢無媿之
辭銘曰
次山斌斌王之藎臣義烈剛勁忠和儉勤炳文華國孔
武寧屯宰性直眞方秉心貞淳見危不撓臨難遺身倪倪
全德今之古人奈何𢊁賢賫志莫申罩士立表垂聲不
泯
元結碑顏魯公撰并書按唐書列傳結後魏常山王
遵十五世孫而碑與元氏家錄序皆云十二世葢史
之誤又碑與元和姓纂云結高祖名善禕而家錄作

善禘未知孰是也金石錄
右容州都督元結表墓碑顏魯公書四面刻字與宋
廣平李含光及家廟碑式相同後題大歷下闕一字
據魯公行狀稱大歷七年除湖州此碑署湖州刺史
必在七年以後矣唐書元結傳稱曾祖仁基寧塞令
而碑云褒信令又稱[illegible]祖再調春陵丞而碑云歷
魏成主簿延唐丞皆[illegible]潛研堂金石文跋尾
碑舊在青條嶺予近所見搨本葢魯山李居來家所
藏持以贈予者字間有剝泐證以舊志所載全文讀
之始無遺缺碑云曾祖仁基朝散大夫褒信令傳乃

作寧塞令次山父延祖歷魏城主簿延唐丞傳僅云
再調春陵丞而已春陵漢舊縣宋景文書唐人仍襲
用舊名使其歷官所在後世幾不可考殆非例也元
和郡縣志春陵故城在延唐縣北十里景文于傳書
之其亦用古之過而遂僻澀如是與凡史以紀實也
作尋常文字猶不宜遷就其詞況于成一代之史以
俟後世其毋益滋之惑而大失眞與碑載次山起家
爲道州刺史爲西原賊所陷人十無一戶纔滿千今
傳云遺戶裁四千攷次山舂陵自序道州舊四萬餘
戶經賊以來不滿四千傳所書當據此文而碑云戶

饑滿千真卿在當時手自傳錄理亦不謬然或更有所本與殆亦詩人靡有孑遺之謂與次山祖傳云諱亨字利貞碑惟云利貞由避肅宗諱不書授堂金石跋

容州都督元結表墓碑大歷□年十月立其文與新唐書本傳略同宋祁當即據此爲之惟碑云祖利貞史云祖亨字利貞碑云充山南東道節度參謀史作西道碑云猗玗洞史作猗玗洄碑云將家讓濱史作瀼濱蓋傳寫之誤李義山作元結文集後序云見憎于第五琦元載故其將兵不得受作官不至達母老不得盡其養母喪不得終其哀碑獨不述其事者以

同時忌諱而新唐書則應採錄此事乃僅襲碑文何也碑云葬君于魯山青嶺泉陂原今在縣城北三十里青嶺俗名青條嶺也中州金石記

銘載道士申泰芝誣湖南都防禦使龐承鼎謀反并判官吳子宜等皆被決殺推官嚴郢坐流俾君按覆君建明承鼎獲免者百餘家新唐書結本傳不載此事惟附于嚴郢傳方士申泰芝舊唐書作奉芝以術得幸肅宗遨遊湖衡間以妖幻詭衆姦贓鉅萬潭州刺史龐承鼎按治帝不信召還泰芝下承鼎江陵獄郢具言泰芝左道云云帝怒叱郢去卒殺承鼎流郢建州與誌銘符舊唐書呂諲傳龐承鼎因奉芝入奏主長沙勢之遣使奏聞輔國黨奉芝召奉芝赴闕既得召見具言承鼎曲加誣陷詔鞫承鼎誣罔之罪据是則奉芝不過指承鼎爲誣陷何至帝怒不已必致之死地以銘考之奉芝乃誣承鼎謀反傳殆未具其實也後承鼎竟得雪奉芝竟以贓敗流死亦由結建明承鼎而新舊史皆于結本傳不書其疎甚矣銘載淮西節度使王仲昇爲賊所擒裴茂與來瑱交惡事亦見來瑱傳董作棟魯山縣志

按此碑顏魯公文集載其文今取以互校有不同

者碑云高祖善禕集作善褘曾祖仁基朝散大夫集作朝請宗兒先生德秀集無先生二字鄉果破朕憂同傳集破下有賊字招輯義軍集招作招感望日崇集作日隆部將張遠帆集無帆字將家讓濱集作瀼濱作甘棠頌以美之集無頌字君單車入洞集作單軍七年春正月集無春字二子以方以明集無以方二字躬是三者而見重于今集見重作身重擁旄麾幢集作擁旌而感激者不能不爲之歎息也集無者不能三字銘詞率性貞方集作方直秉心真淳集作貞純賁志莫申集作素志莫

伸凡此皆集本刻訛也結所歷官新唐書傳俱同舊書無傳惟禮部侍郎陽浚傳作湯浚山南東道節度參謀傳作西道將家讓濵傳作瀼濵與顏集同陽浚湯浚不能定其孰是山南東道作西道則史誤也碑下文云仍於唐鄧汝蔡等州招輯義軍此四州皆屬山南東道則不應爲西道參謀矣讓濵作瀼濵据九江志瀼溪在瑞昌縣南唐元結嘗居此自號瀼溪浪士其詩云尤愛一溪水而能存讓名自當作瀼爲是然碑前云讓溪後云讓濵兩皆作讓或亦以結詩有存讓名之語似亦可通也碑云後魏

昭成皇帝孫曰常山王遵之十二代孫下云自遵七葉王公相繼著在惇史高祖善禕云云高曾祖考本身加以上世七葉正十二代也昭成皇帝者北魏太祖平文帝之子諱什翼犍据魏書昭成子孫列傳昭成子壽鳩之子遵太祖初有佐命勳賜爵略陽公平中山拜尚書左僕射加侍中遷州牧封常山王攷昭成帝稱代王建元建國始于晉咸康四年戊戌自此下推至結當天寶十二載癸巳舉進士之年計之得四百七十五年除昭成父子二代約七十五年則自遵至結約四百年不過十

二代而已不至有十五代則傳誤也碑云父延祖以魯縣商餘山多靈藥遂家焉魯縣本隋大業初廢魯州置縣唐初改魯山縣自三代至六朝皆謂之魯陽此稱魯縣者仍隋舊名也魯山縣志大義山又東北爲壺山壺山又東南爲商餘山元結演興詩商餘山有太靈古祠集古錄目云元結隱居教授于商餘之肥溪据此碑則隱居教授者不自結始矣碑云及終門人私謚曰太先生謚法無太字太與泰同說文大也通也私謚殆取義于此不必拘于法也碑云結始知書乃受學于宗兄先生

德秀此即元德秀也宗兄之稱始見於此新唐書德秀傳爲河南人蓋與結同姓而不同系故稱之爲宗兄德秀傳則稱族弟結是旣爲同姓即可稱同族矣宗兄而又謂之先生者以其受學也德秀傳稱德秀卒族弟結哭之慟或曰子過哀禮歟結曰若知禮之過而不知情之至大夫高行吾哀之以戒荒淫貪佞綺紈粱肉之徒耳觀此可以見古人師生兄弟之至情矣碑云嘗著說楚賦三篇中行子蘇源明駭之新書蘇源明傳但云初名預字弱夫不著其號中行子傳云源明嘗告杜甫鄭虔

其最稱者元結梁肅即此源明駁人之誤矣云唐鄧汝蔡等州招輯義軍山棚高晃等率五千餘人一時歸附傳則云降劇賊五千高晃等不過當兵亂之時結山寨以自保一鬪招輯率衆歸附正見其義而傳乃以剿賊加之此史文之失實也碑云虔葬君于魯山青嶺泉陂原虔葬二字他碑未見魯山縣志歇馬嶺又東南為青嶺在今縣治北三十里碑稱君之碑誌為中書舍人楊炎常袞所作此碑則故吏劉袞等竭資礱石而立之唐書楊炎傳炎由禮部侍郎知制誥遷中書舍人與常袞並

掌綸誥常袞傳言天寶末及進士第由太子正字累為中書舍人兩人之官中書舍人傳皆無年月不能定其撰碑誌之在何年則此碑之立亦不能定今以其碑稱七年正月朝京師四月薨其年冬十一月葬遂系於大歷七年

金石萃編卷九十八終

金石萃編卷九十九

賜進士出身　誥授光祿大夫刑部右侍郎加七級王昶譔

唐五十九

黃石公祠記

碑高五尺六寸二分廣三尺八寸五分二十行行三十一字隸書碑題及撰人二行額題濟州穀城黃石公祠記九字並篆書在東阿縣穀城山

黃石公祠記

布衣趙郡李阜撰

秦滅六國遂并區宇張良哀韓之亡怒秦之暴義感
天地降神於圯神授良之書良為帝之師滅秦報

韓成功遂志祠黃石於濟北穀城之山下蓋謂是矣世用其道傳祠此山惟德之馨亦福不替天寶歲夏六月旱既太甚遍走羣望密雲卷而復舒零雨濛而不降太守河東裴公聚黃髮而咨謀曰山川神祇有不舉乎聞斯行諸夙夜展祭祀事未畢感而遂通自寅及未澤潤千里吁其靈也夫聖哲立灋制君子脩理道莫不順承
天則祇畏神明以天視無私神功不測或殄覆昏暴或孚右明德與時推移未始有極盍將輔其善必聽於人昔夏之興也崇山降焉殷之興也岯山次焉周之興也岐山鳴焉漢之興有圯橋之事　我唐之興

有霍山之異今古不爽謂之神志聰明正直而弌者也惟秦政滅德用刑賈人從欲寃痛在下馨香不登祚及二世毒流四海與天自絶惟神不獨有開必先祝降寶命故其書極　天之際備興亡之端子房將有行也師焉而以言酌消息於盈虛通擬議於變化楚漢之勢功利相百　天威扶乘人謨叶贊覩釁而動極深研機發八難銷六國之印招四入定重明之業以斷天下之疑以奪敵國之計正　乾坤之位發日月之光所謂被堅執鋭其功狗也居守饋粮其功人也運籌帷幄之中決勝千里之外其功神也此其大者豈徒

効祉發祥於州里之間其方今淳風允塞休徵荐臻意者謂宜上聞有以旌異嘗學舊史敢記所知

碑陰

碑陰十三行行十五字隸書末後書人一行篆書

前試義王府倉曹參軍裴平書

穀城下黄公祠實在濟之東阿　代宗季年濟陽廢而東平兼領之所稱河東裴公卽故郡守名序所題趙郡李卓卽今臺長棲筠頃歲馬公炫自郎官出牧少與臺長交契莫逆嘗勤雨於廟不覩所記迺搜李文以勒貞石每歎曰所謂經國文章者其在茲乎未及畢而謝病言歸今二千石郭公岑尚德是務蹤成厥美旬曹掾韋騰戎曹掾俞黄中郡之良也承命集事殿中侍御史高陽齊嵩聆而嘉之故紀云

唐大歷八年七月十五日建

碑側

一行隸書

雨止子郭登庸過此題記

右黄石公祠記祠在東阿縣史記所謂濟北穀城山也唐天寶中郡守裴序禱雨有應布衣李卓爲文記之卓卽栖筠之初名也記成未刻至大歷八年馬炫

爲郡守始勒諸石工未畢而謝病去後守郭岑實蹤成之是時栖筠已爲御史大夫矣潛研堂金石文跋尾

記首行列題及稱布衣趙郡李卓撰皆小篆文與碑陰書者爲一手也卓卽棲筠傳稱世爲趙人此記亦云趙郡又棲筠族子華每稱有王佐才士多慕向始居汲共城山下華固請舉進士俄擢高第此記云布衣蓋其初服如是與傳可相証記畧叙天寶歲夏旱太守河東裴公禱祠致雨因言祠事始末云秦滅六國遂并區宇張良哀韓之亡怒秦之暴義感天地降神于圯神授良之書良爲帝之師云云東坡留侯論

謂世不察以爲鬼物者當沿于此矣太守之名百官志天寶元年改刺史曰太守是也族子華即李華見新唐書文蓺列傳云字遐叔趙州贊皇人　記文列殿中侍御史高陽齊嵩紀前試義王府倉曹參軍裴平書平見宰相世系表未著其官稱表或有所遺嵩見金石錄雙廟記即爲所撰也記載穀城下黃公祠實在濟之東阿元宗季年濟陽廢而東平兼領之元和郡縣志東阿天寶十三載廢濟州縣屬鄆州州即東平郡記載趙郡李卓即今臺長樓鈞唐書傳樓鈞世爲趙人代宗引拜爲御史大夫記當大歷八年故以臺長目之而樓鈞前名卓史文失紀記載頃歲馬公炫自郎官出牧少與臺長交契莫逆嘗勸雨于廟不覩所記乃搜李文以勒貞石未及畢而謝病言歸馬燧傳兄炫字弱翁少以儒學聞隱蘇門山不應辟召至德中李光弼鎮大原始署掌書記常參軍謀光弼器焉刑部郎中（舊書奏授北部刑部郎中）田神功帥宣武署節度判官授連潤二州刺史據是記炫自郎官出牧蓋以刑部郎中爲鄆州刺史而傳僅稱連潤二州非也炫隱蘇門山與樓鈞始居共城山下地既相比意二人交契當在此時故記爲言之與後有句曹掾韋騰

戎曹掾俞黃中名句曹戎曹亦不見百官志（授堂金石跋）此碑側有郭登庸過此題記一行乃明人所題也李北海嶽麓寺碑陰有郭登庸題字爲前明提學（山左金石志）

按此碑在東阿縣穀城山東阿縣志云城之東爲小泰山東郭門枕之百步而近由小泰而北五里爲黃山即穀城山也山海經曰縞羝之首東望穀城之山注曰山在濟北穀城縣西張良所與圯上老人期矣今所有者非其故黃石而山巔大石方數丈如印色頗黃故魏土地記以爲穀城出文石蓋其山石大抵多黃有文采也山之前二里許黃石公祠在焉祠下有古柏可千餘年物也此碑在祠中爲祈雨感應而作但言天寶歲夏六月旱而不詳天寶之何年祈雨者但稱太守河東裴公而不著其名禱雨能應亦徵太守之誠而山東通志東平州志但有河東裴識爲節度使即晉公之子而不及太守裴公賴此碑陰知太守爲裴序志乘之漏略如此碑云我唐之興有霍山之異舊唐書高祖紀師次靈石縣營於賈胡堡隋武牙郎將宋老生屯霍邑以拒義師會霖雨積旬餽運不給高

祖命旋師太宗切諫乃止有白衣老父詣軍門曰余爲霍山神使謁唐皇帝曰八月雨止路出霍邑東南吾當濟師高祖曰此神不欺趙無恤豈負我哉八月辛巳高祖引師趨霍邑斬宋老生平霍邑碑語正指此事碑云被堅執銳其功狗也居守饋糧其功人也運籌帷幄之中決勝千里之外其功神也語本漢書蕭何傳碑陰云元宗季年濟陽廢而東平兼領之新唐書蘇源明傳源明天寶間及進士第出爲東平太守是時濟陽郡太守李俊以郡瀕河請增領宿城中都二縣以紓民力二縣隸

東平魯郡者也於是源明議廢濟陽析五縣分隸濟南東平濮陽詔河南採訪使會濮陽太守崔季重魯郡太守李蘭濟南太守田琦及源明俊五太守議于東平不能決既而卒廢濟陽以縣皆隸東平是濟陽之廢由于蘇源明也

丁思礼竪心經碑記

碑高五尺八寸五分廣二尺一寸五分分作四截書上截心經十七行行十七字次截記十六行行十九字三截五行皆尼僧名下截十六行行八字至十一字不等行書

摩訶般若波羅蜜多心經 經文不錄

□□□□□□□大道難量無廣乘則不知其求歸無漸教則莫詳其啓發□□□□□□□也□□□□□□也爰有清信士丁思礼碩德純孝諒直彰仁□□□□詞林□□早揚儒訓曷□釋流宿殖善□一門深入妻朱氏芳蘭佳秀智炬恒暉雖染世塵常樂□□往因東邁路屆□濟遇見石碑顆壞弥極于時稽顙遂發願言敬鐫阿弥陀佛一鋪蜜多心經一卷願則彼作碑在此修竭力盡忠繼踵前跡竪雖殊異功乃無差百福莊嚴檀波□一是時也惠風□響曙色舒輝緇黃駢闐衣冠霧集且以珠投濁水便乃澄清日出浮雲皎然開霽發於內而應乎外起於微而至乎極休哉幽靈寶相標

德皃爲碑板永□不息其詞曰

□士修兮聖作□立靈相兮尋覺路摽豊碑兮色身求了心證兮登淨土

大唐大曆八載七月廿一日竪

右在第二截

徐州沛縣□□□夏□□□□村衆 □□

在村有□□□□堂子无人看□□□村士商議請到一尼省崇□□□修造如有愚徒□□□□□並是村衆□爲主一任□□修造諸舍及□功德□□

治平二年三月十五日記

後建立大殿□座具施主姓名如後
趙□□　李□　□勤　趙景　趙簡　□真
杜文　金諫　杜乂　成□
許欽　劉氏　韓氏　□謹
淨明村郃綺榮　王行若　李氏
右在第四截
□像主　妙智
□管事
尼　妙□　妙□　妙善
妙德　妙嚴

大宋國崇寧元年二月丁酉日記
右在第三截
碑側
三行行書
□□□度左僕射轄冠軍大將軍行右清□
□府□開國公食邑五百戶上柱國夏侯□
貞元十五年孟春之月於此主務故記之耳
按碑書尅爲碑板尅卽刻通用字碑板之稱始見
于此

文宣王廟新門記

據原碑阮本校

碑下截二字失連額高六尺一寸三分廣三尺二十
行字數不計隸書額題文宣王廟門記六字篆書在
曲阜孔廟

文宣王廟新門記
朝散大夫撿挍祠部員外郎兼侍御史裴孝智撰
前義王府倉曹參軍裴平下丹篆額
成域中之大歸天下之往曰王二者應麐以宰物酌旹
以觀化威聲雷霆號令風雨不嚴人理合自然之運不
行家至契如神之速德叶物於幽明道徜徉於古始無
爲無事其大矣哉洎乎澆淳旣變仁義斯起偃息庠序
棲遲洙泗憲章萬物之首馳騁百王之末清頹波於幽

厲扇儒術於殷周故春秋作而賊亂懼風興刪而廉恥
生美韶護而湛瀸之音息行揖讓而莊敬之心勸夫子
聖者歟名與日月周流業與乾坤終始隱焉而光闇然
而彰命服衮裳累代稱王曲阜聖人之鄉也先是閟宮
霞敞正殿岑立簾以環堵邃其臺門巍若化造疑如□
動允所謂淹中之勝槩闕里之全模刺史孟公休鑒德
潤尊師道肥希聖研精百氏□□□言夜火非官曹之
燭春桑絶附枝之詠判官郡功曹盧瞳以文發身以清
撿物搏通□□□數四科惟此祠廟厥初層搆朱戶半
傾雕甍中落難名之闕奧造次可遊如在之□□□□□

易覯將何以克恭過位加敬及庭於是孟公首之盧公
翊之因命縣大夫兼大□□□□□裴公新其南門書
時也公名有象育元含眞廣學攻文始登甲科吏于舒
二人□□□□□等吏于兖二人悅服蕃可大之用爲
致遠之資由是庀廼程具乃役不斬伸□□□□□
山之石償以日而給功不時而就大屋橫亘雙扉洞開
丹栱繡桷膠葛固□□□□□景飛檐駢邐而棲
霧扃鑰既固享獻聿修官吏唯肅淸之謹邑人無藝瀆
□□□□□席及階而升數仞之牆由戸而入君
子以非孟公之化不行非盧公之□□□□□□

不成三事叶同□底于善孝智不敏儒家之流徒挹春
秋舍菜之禮□□□□□□誌不腆之文俾刊
永貞之石時大曆八季十二月一日也

碑側

厚四寸題名四
人三行隸書

朝議郎行令上柱國李子嵩建
文林郎尉曹晉卿
文林郎守丞張隱琴　朝議郎行主簿姜崇晉

碑陰

題名二段一段在陰額三行正書
左讀一段在陰上截三行正書

兖海沂密等州節度觀察使兼御史大夫鄭漢璋咸通
九年八月廿九日題

右在額

曲阜縣尉敬叔度
貞元十五年孟春月廿三日題
鄆府東平縣尉郜來庭

右在上截

右碑文二十行行三十五字下截尚有二字爲趺所
掩難於施拓碑文裴孝智撰孝智見唐書宰相世系
表官至都官郎中裴平書碑不曰書而曰下丹又題

碑之一例也平工篆隸是年七月先書黃石公祠記
文云判官郡功曹盧曈案郡功曹郡爲州異名當稱
司功參軍事今碑稱功曹者兖州爲大都督府故別
於他州稱功曹也判官則節度使有之蓋以都督府
置員歟閎宮霞敝敝字錢辛楣少詹以爲蔽之省集
韻蔽敝二字互相通碑陰有貞元十五年咸通九年
題名鄉皆遺之碑側題縣令尉丞簿姓名亦裴平所
書也山左金石志

按此碑篆額六字分二行字縱二寸橫一寸額字
之小無逾於此題字處上銳當銳處懸一珠左右

據碑校過

二龍繞之漢碑畫龍形皆如馬四足奔馳此碑與
後世之蟠龍無異碑之刻二龍捧珠者始見于此
其文自九行以後缺左下角斜向上今以他石補
之而無文故缺者自三字至九字也其前每行失
揭二字則闕里文獻考載此文可以錄補裴平前
書黃石公祠記結銜云前試義王府倉曹參軍此
碑無試字而仍有前字則非見任官或省試字非
官序有加也碑書多別體如往作徃曲作由處作
羪雙作隻徒作徔皆不見於他碑至以韶護作韶
護想由筆誤闕宮霞㪣義不可曉曲阜志闕里文

獻考俱釋作霞㪣於義爲安然碑實是㪣字或是
㪚省或是㪣誤皆不可知碑陰題名不詳其所爲
何事鄭漢璋等事蹟亦無攷

干祿字書
碑下截斷缺凡兩面一高七尺八寸五分一高六尺九寸七分俱廣四尺七寸五分書分五層三十三行行九字正書額題顏氏干祿字書六字篆書在潼川府

朝議大夫滁沂豪三州刺史上柱國贈祕書監顏元
孫撰
第十三姪男金紫光祿大夫行湖州刺史上柱國魯
郡開國公眞卿書

史籀之興備存往制筆削所誤抑有前聞豈唯豕上加
三盖亦馬中闕五迨斯以降舛謬寔繁積習生常爲弊
滋甚元孫　伯祖故祕書監貞觀中刊正經籍因錄
字體數紙以示讎校楷書當代共傳號爲顏氏字樣懷
鉛是賴汗簡攸資時訛頓遷歲久還變後有羣書新定
字樣是學士杜延業續修雖稍增加然無條貫或應出
而靡載或詭衆而難依且字書源流起於上古自改篆
行隸漸失本眞若總據說文便下筆多礙當去泰去甚
使輕重合宜不揆庸虛久思編緝頃因閑暇方契宿心
遂參校是非較量同異其有義理全僻罔弗畢該點畫

金石萃編卷九十九　唐五十九　三

小虧亦無所隱勒成一卷名曰干祿字書以平上去入
四聲爲次□□□□□□□□具言俗通正三體□□□□□□□□□三體
偏旁同者不復廣出謂惡□氏回名之類是也白字有相亂因而附
爲謂彤形宄究䘒䘒之類是也所謂俗者例皆淺近唯籍帳文案券
契藥方非涉雅言用亦無爽儻能改革善不可加所謂
通者相承久遠可以施表奏牋啓尺牘判狀固免詆訶
若須作文言及選曹銓試兼擇正體用之尤佳所謂正者竝有憑據可以施著
述文章對策碑碣將爲允當進士考試理宜必遵正體明經對□贊合經注本文
碑書多作八分任□詢舊則有此區別其故何哉夫筮仕𥌓光惟人
所急循名責實有國恒規既考文辭兼詳翰墨昇沉是

繫安可忽諸用捨之間尤須折衷目以干祿義在茲乎
綆短汲深誠未達於涯涘岐多路惑庶有歸於適從如
曰不然請俟來哲
文刻全書後不錄
有唐大曆九季□□□寅正月庚子□□□□□午眞
卿於湖□□□□東廳院書之
柳公權對穆宗□□□□曰心正則筆正□□□雖公
權時以筆□□□書法理固如是□□□魯公筆蹟
乃知公□□言不妄魯公忠正□□功名事業列于
國□□全德偉行英風義□□映千古文學之外□

□隸書大小二體筆□□勁如服介冑如冠□□凛
凛乎若詣盧杞□□希烈有不可犯之勢□其心畫
所寓誠可畏而仰之往由左宦臨牧吳興暇隙書干
祿字樣鐫刻于石傳示後生然石刻在刺史宅東廳
院傳之惟艱故世罕得善本而蜀士大夫所見惟板
刻尤鮮得其眞　府尹　龍閣　宇文公比刺
湖州得魯公所書與楊漢公所摹二本特爲精詳於
是俾以楊蜀二本參校若顏書之刓缺者以二本補
焉不可推究者闕之令通顏書之士摹勒刻石於頖
使學者矜式且欲所傳之廣壬戌八月旣望成都句

詠記
右干祿字樣別有模本文注完全可備檢用此本刻
石殘缺處多直以魯公所書眞本而錄之爾魯公書
刻石者多而絶少小字惟此注最小而筆力精勁可
法尤宜愛惜而世俗多傳模本此以殘缺不傳獨余
家藏之　右干祿字樣模本顏眞卿書楊漢公模眞
卿所書乃大歷九年刻石至開成中遽已訛缺漢公
以謂一二工人用爲衣食之業故摹多而速損者非
也蓋公筆法爲世楷模而字畫辨正譌繆尤爲學者
所資故當時盛傳於世所以模多爾豈止工人爲衣

食業邪今世人所傳乃漢公模本而大歷眞本以不
完遂不復傳若顏公眞蹟今世在者得其零落之餘
藏之足以爲寶豈問其完不完也故余并錄二本並
藏之亦欲俾覽者知模本之多失眞也集古錄
歐陽文忠言漢公模本多失眞則不然今觀此書精
隱勁媚殊得顏眞楊自以爲不差纖豪信矣然文忠
又云干祿之注持重舒和而不局促余輒易之曰持
重而不局促舒和而含勁氣迺盡魯公筆意也東觀餘論
右顏魯公干祿字書辨別字之正俗及通用亦閒有
析其義者云干祿者蓋唐以書取士也而公眞書小

字之傳於後者亦獨見此耳東里集

此顏魯公干祿字書也按成都句詠跋公嘗刺湖州此刻初在其宅東廳後翻刻蜀中予所得乃全帖然缺平聲字雖上聲亦不完豈是二石或一石而兩面書之予所得者乃其半邪或所謂刓缺而不可推究者邪然不應缺之之多也書盛於晉顧多破壞其體魯公此本特正其繆誤以惠學者則其書名豈特妙於筆墨而已詠所書與公書頗類豈嘗師公而得其髣髴者邪匏翁家藏集

余讀顏魯公家廟碑知公世有書學及覽顏秘監干

祿字書益信蓋秘監於公爲伯父其所辨證偏傍結構雅俗燦然而公於此書尤加意幾無一筆縱緩余故識而藏之以爲臨池指南書曰干祿蓋唐以書判取士故耳弇州山人四部稿

序稱第十三姪男眞卿書按顏氏家訓曰兄弟之子北土多呼爲姪案爾雅喪服經左傳姪名雖通男女竝是對姑之稱晉世以來始呼叔姪晉書王湛傳濟才氣抗邁於湛畧無子姪之敬書姪而又加男此唐人之俗稱也柳宗元祭六伯母文亦自稱姪男　戴侗六書故曰爾雅女子謂晜弟之子曰姪喪服傳曰姪丈夫婦人報又曰謂吾姑者吾謂之姪賈公彥疏曰姪者對姑之稱若對世叔雖得言昆弟之子不得言姪也春秋傳曰姪其從姑潘岳楊仲武誄姑姪繼隕正用此所謂通男女之稱又曰齊靈公娶于魯曰顏懿姬無子其姪鬷聲姬生光又曰臧宣叔娶于鑄生賈及爲而死繼室以其姪生紇今人謂兄弟之丈夫子亦曰姪非也古者兄弟之子皆曰子漢書疏廣與其兄子受父子竝爲師傅後漢書蔡邕與其叔父質得罪上書自陳亦曰言事者欲陷臣父子晉書謝安傳安與兄子元父子皆著大勳世說江左殷太常父子亦謂殷融與其兄子浩　史記武安侯傳往來侍酒魏其跪起如子姪疑當時未有稱姪者漢

書作子姓禮記喪大記注子姓謂衆子孫也列子秦穆公謂伯樂曰子姓有可使求馬者乎史記外戚世家既驩合矣或不能成子姓　朱子語類姪字本非兄弟之子所當稱當稱從子爲是自曾祖而下三代稱從子高祖四世而上稱族子金石文字記

顏魯公干祿字書在開成間石本已有刓缺至歐陽公爲集古錄稱楊漢公橅本並多漶漫此蜀本勒石於紹興壬戌其去歐公時又百有餘年矣卷中自陽庚二韻而後類多淩亂失次又嘗見寶祐間郴陽本近日吳門鏤板以行與蜀本小有同異而唐韻之淆紊畧無是正豈開成楊刻即已譌誤耶抑誤自紹興

耶又何以蜀楚兩本並誤耶至蜀刻凡脫歲凡蚌手從手及注中並上小誤或由傳摹失眞觀此則其於用筆結體更無足言矣吾友金慕齋閣學籤識前後位置不爽此石至今尚存雍正癸丑同年顧觀察稼軒宦蜀歸會以見貽較此稍遜蓋此本當是百年前舊搨慕齋宜善藏之恐後此并不多覯也汪由敦松泉文集

干祿字書一卷唐顏元孫撰元孫杲卿之父眞卿之諸父也官至滁沂濠三州刺史贈祕書監大歷九年眞卿官湖州時嘗書是編勒石開成四年楊漢公復摹刻於蜀中今湖本已泐闕蜀本僅存宋寶祐丁巳

衡陽陳蘭孫始以湖本鋟木　國朝揚州馬曰璐復宋槧翻刻之卽此本也然證以蜀本率多譌誤如卷首序文本元孫作所謂伯祖故祕書監乃師古也蘭孫以元孫亦贈祕書監遂誤以爲眞卿稱元孫而以序中元孫二字改爲眞卿以就之曰璐亦承其譌殊爲失考其他闕誤亦處處有之今以蜀本互校補闕文八十五字改譌體十六字刪衍文二字始稍復顏氏之舊是書爲章表書判官作故曰干祿其例以四聲隸字又以二百六部排比字之後先每字分俗通正三體頗爲詳核其中如虫蟲啚圖商商凍凍截然兩字而云上俗下正又如皃古貌字而云貌正皃通韭之作韮曶之作葢葘直是俗字而以爲通用雖不免千慮之失然其書酌古準今實可行用非詭稱復古以奇怪釣名者四庫全書總目提要

按豪州据唐書地理志濠州鍾離郡濠字初作豪元和三年改从濠韓退之有徐泗濠三州節度掌書記廳石記洪慶善攷退之作記在貞元十五年因據唐志以證俗本作濠之誤而吳曾能改齋漫錄駮之且引杜佑通典稱濠州北齊爲西楚州隋改曰濠州因濠水爲名而唐因之佑上通典在貞元十年其書初

不見豪字以此知韓文作濠者爲是今攷此碑元孫結銜稱滁沂豪三州刺史豪不从水旁石刻分明可以徵信又廣韻豪字下注州名古鍾離國隋改爲州廣韻本於孫愐愐撰唐韻在天寶十載足徵其時州名不从水也李吉甫元和郡縣志亦云武德五年杜伏威附改濠州濠字中間誤去水元和三年又加水焉正與唐志相合杜氏通典偶漏不載而吳乃據以議歐志之失豈其然乎潛研堂金石文跋尾

魯公書石遍天下其存蜀者僅武連逍遙樓三字至南部縣離堆摩厓記已泯劍州中興碑則紹興初攝

州事吳玕摹刻而費少南跋之四川新舊志不復舉其名矣干祿碑見潼川州志謂公自書在州學予惟歐陽公以謂干祿書眞本開成中石已訛缺世所傳者乃楊漢公摹本潼安得有此亟訪之尊經閣下碑石厚尺餘穴兩旁如貫綍之制其正面則表裏刻之碑下斷一尺餘宋人跋已不完跋首言干祿碑在湖州刺史宅東廳蜀士大夫所見惟板刻鮮得其眞府尹龍閣宇文公比刺湖州得公所書缺以下州職官志宇文氏三人昌齡雙流進士時中成都進士峒成都人修治學校四川科第志無時中名惟費著氏族譜

言宇文氏凡六院其自廣都院者閩中粹中虛中迭登第時中賜進士第後以直龍圖閣知潼川即是跋所云府尹龍閣者矣虛中以建炎初使金被留遇害與時中爲兄弟行碑之立當在建炎紹興之際容訪足本再考之吳省欽白華前稿

金石文字記收得此本証其序稱第十三姪男眞卿書推明姪男爲當時俗稱語不爲無據然魯公臨書亦少有訛舛證之說文繫傳云此書壟字改未爲牙冤字轉冂爲向鄰正體也而謂之訛隣俗謬也反謂之正益爲病矣蓋徐氏所訂已如此惜余未覩全本爲一詳攷也又徐氏謂顏元孫作干祿字書其從孫眞卿書之于石案序旣云第十三姪男家廟碑又云生我伯父諱元孫則從孫殆從子之訛傳鈔者不及審也爲附正于此授堂金石跋

按顏元孫干祿字書一卷見唐志此碑題額標首皆作字書集古錄因楊漢公跋題曰字樣非也元孫杲卿之父兩唐書並附見杲卿傳碑首題朝議大夫滁沂豪三州刺史上柱國贈秘書監顏元孫撰據傳但云歷官長安尉太子舍人亳州刺史卒此云滁沂豪三州刺史與顏氏家廟碑所述正同

則劉歐兩史略也次題第十三姪男金紫光祿大夫行湖州刺史上柱國魯郡開國公眞卿書攷家廟碑敘顏氏世系自後齊黃門侍郎之推生思魯愍楚游秦三子思魯生勤禮其兄弟行又有師古相時育德三人勤禮生昭甫敬仲殆庶無卹少連務滋辟彊七子昭甫生元孫惟貞二子元孫生春卿杲卿曜卿旭卿茂曾五子惟貞生闕疑允南喬卿眞長幼輿眞卿允臧七子是元孫爲眞卿之伯以杲卿兄弟雁行數之眞卿應居十一而云第十三姪者或統男女計之或尙有諸兄早殤廟碑所

不及也此碑叙云元孫伯祖故秘書監者卽顔師古師古爲勤禮之兄故稱伯祖耳云貞觀中刊正經籍因録字體數紙以示讎校楷書當代共傳號爲顔氏字樣又云後有羣書新定字樣是學士杜延業續修二書皆不見於著録蓋是書旣出之後較師古延業所著特爲詳善而二書遂以不傳也顔於宋齊隋唐閒皆爲著族以簪紱世家至開天時更以忠節顯名天下然顔氏自之推以後類能研覃經史著書立說而於六書聲韻之學尤有專長其所撰述此書之外載隋唐兩志經解小學類

者則有之推急就章注一卷訓俗文字略一卷筆墨法一卷愍楚證俗音略一卷師古匡謬正俗八卷急就章注一卷眞卿韻海鏡源三百六十卷餘如之推家訓書證篇游秦漢書决疑師古漢書注諸書皆於小學家言再三致意是則一門著作多有淵源其討論之功非止旦夕元孫字書繁簡得中辨證確鑿爲歷代楷模者宜也唐制取士之法兼及書判有小學科此書剖析正俗便於蒙誦故以干祿命名書分平上去入四聲所列字以韻之先後爲次統分通正俗三等其例凡六有舉二字

而注上俗下正者功功之類是也注上通下正者蒙蒙之類是也亦有二字並正者躬躳之類是也有兼舉二字而分疏其義者童僮之注上童幼下僮僕之類是也有舉三字而注上中通下正者聦聰聰之類是也注上俗中通下正者茲兹玆之類是也雖通卷未必折衷至當盡合六書之義然唐承六朝之後書體譌謬百出得是書綜其大概以津逮學者實足以輔翼經史且其時三蒼字林凡將勸學飛龍諸書尚存采擇旣博說或不同未可槩以許氏說文律之也原碑爲魯公刺湖州時所

書刻於大歷九年開成中楊漢公嘗有摹本集古録兼收兩碑已云原碑殘缺過多則自宋而後寖已不顯今楊漢公本亦不可見而湖州府志猶存其跋云太師魯公忠孝全德儀型古今存道没身煥乎國史文學之外尤工隷書盡鍾繇之精能極逸少之楷則頃因左宦曾牧茲郡才大事簡居多餘閒録干祿字樣鐫於貞石仍許傳本示諸後生一二工人用爲衣食業晝夜不息刓缺遂多覩姪禹頊牧天台懼將磨滅欲以文字移於他石貲用且乏不能克終漢公謬忝榮陰獲覩墨妙得以餘

倖成禹之意自看摹勒不差纖毫庶筆蹤傳於永永時開成四年六月廿九日凡一百六十字玩謬甜棠陰獲覩墨妙諸語是漢公所摹之本仍在湖州而此碑後刻紹興壬戌成都句詠跋稱府尹宇文公比刺湖州得曾公所書云云則宇文所摹自在蜀中故至今潼川學宮猶存其石輿地碑目稱于祿字書湖州有二一在墨妙亭一在曾公祠者謂原碑及漢公本也元談鑰吳興志稱于祿字書今在墨妙亭者其時原碑已亡僅據漢公摹本而言也鄭元慶湖錄論此碑乃謂輿地碑目所云郎

楊漢公宇文時中所摹之二碑談志在紹興之後何以止載其一則元慶誤以宇文摹本爲在湖州而反疑談鑰之陋其謬甚矣宋金兩史皆有宇文虛中傳而無時中傳四川通志但於職官志載時中名注云成都人據元費著氏族譜則時中與虛中爲兄弟行以直龍圖閣知潼川與碑悉合而不言其嘗刺湖州且時中身爲刺史留心古蹟如此當時善政必有可紀者而湖州府志名宦傳不載并郡守表亦無其名何歟碑字方整有法度尚存曾公遺意句詠跋所云令通顏書之士摹勒刻石

者信非虛語而鮑翁集直謂詠所書與公顏頡頏則誤也詠跋又謂蜀士大夫所見惟板本是南宋初已有登諸梨棗者其後寶祐丁巳陳蘭孫亦嘗以是書雕板尚存於世近揚州馬曰璐所刊干祿字書即用宋本然其中謬誤不一而足誠如　四庫提要所云者今石刻雖已斷缺而可見之處猶有十之七八以校陳氏之本迥有徑庭昶嘗手錄其文詳加校定偏旁點畫一依原碑行付剞劂冀復顏氏之舊焉

又按宋婁機有廣干祿字書五卷見中興藝文志

爲廣顏書而作書錄解題稱機熟於小學嘉泰中教授資善堂景獻時爲惠國公數問字畫之異因爲此書續唐之舊故仍干祿之名既而悟其非所以施於朱邸乃傅會以干祿百福之義則婁氏標題之意雖欲自別於元孫而其書大旨不必有異可知所謂五卷者或分上下平上去入聲爲五部耳惜其書不傳不得一校此本也

盧朝徹謁嶽廟文

碑高四尺二寸廣三尺四寸五分文九行字數二十八至三十不等正書在華嶽廟

謁嶽廟文

唐大歷九年甲寅季春□□生明華陰令盧朝徹下車
散齋浹日精意揀擇元辰吉蠲饋饎靡愛斯□□脩祀
事端笏祠宇搢紳奠饋敢告
金天王粤山嶽祀　天聰□□直豈實禍淫寧眞祚德
朝徹不佞獲領茲縣職監洒埽躬備陳薦顧嗟菲□任
受愚蒙清是　家風所遺方乃　天誘其衷與衆
雖合於時不容向老□□如何遭逢抱拙恬澹委運窮
通竭力於政　王降百祿稍私其身　王肆□□福謙
害盈則卹　嶽靈不識不知何敬神爲拜手稽首兮氣

莫敢怠□□啐酒兮儼然有待松柏颼颼兮□寂若來
容觭森森兮髣髴如在
文正書微損十餘字此爲唐時守令蒞任謁廟之詞
元張養浩著三事忠告言故事牧民官既上必告境
內所當祀之神宜以不賄自誓庶堅其遷善之心卽
此義也授堂金石跋
按盧朝徹兩唐書無傳文皆用韻詞意簡質有云
清是家風所遺方乃天誘其衷與衆雖合於時不
容可見其世守清正而有不諧于俗之槩也陝西
通志令長卷亦不爲立傳

朝陽巖銘

石高三尺九寸廣二尺五寸六分十一行行二十二字隸書在零陵縣巖內

唐元次山朝陽巖□
永泰丙午中自□□至零陵　其郭中有水石之異泊
舟尋之得巖與洞□戲巖洞此兆之形勝也自古蒙之
亦無名稱以其東向遂以命之焉以攝刺史獨孤愐爲
吾蒍闢榛莽復攝刺史竇泌爲創制茆閣于是朝陽水
石始爲勝絕之名也而刻銘巖下以眎來世銘曰
於戲朝陽怪異難狀蒼□半山如在水上朝陽水石可
謂幽奇岩下洞□洞中泉垂彼高岳絕厓深洞寒縱僻
□幽遠猶宜往焉況郡城井邑巖洞相對无人修賞竟

使彝穢刻銘巖下問我何爲欲零陵水石世人有知
昔甲寅中龜零邑後學田山玉書石
按唐書地理志永州零陵郡屬淮南西道有零陵
縣又有祁陽縣縣有浯溪此銘序云永泰丙午中
自□□至零陵泐二字或是祁陽或卽浯溪也唐
書元結傳代宗立丐侍親歸樊上顏眞卿撰墓碑
亦云今上登極拜著作郎遂家於武昌之樊口則
或自樊口至零陵亦未可知代宗初立改元廣德
凡二年改元永泰至二年十一月改元大歷此云
永泰丙午中當在十一月以前尚是永泰也甲寅

爲大歷九年𥡴次山題銘後九年矣下題零邑後
學田山玉書石後學之稱始見于此

金石萃編卷九十九終

據趙本原碑校

金石萃編卷一百

賜進士出身　誥授光祿大夫刑部右侍郎加七級王昶譔

唐六十

王忠嗣碑

碑高一丈三尺三寸廣五尺九寸四十二行行九十字行書在渭南縣鄉賢祠

唐故朔方河東河西隴右節度御史大夫贈兵部尚書
太子太師清源公王府君神道碑銘并序
銀青光祿大夫守中書侍郎同中書門下平章事集
賢殿崇文館大學士修國史潁川郡開國公元載撰
金紫光祿大夫門下侍郎同中書門下平章事　太
清太微宮使廟諱文崇廟諱館大學士上柱國齊國公王
縉書
太中大夫行少府少監集賢殿學士趙惎篆額
廟諱宗再受命宅帝位三十有五載兵加幽都討平匈奴
大將軍載戈稅弓來朝獻功　天子勞旋告成廻
慮西戎迺制詔丞相御史咨尒朔方河東節度支度採
訪使安北單于大都護御史大夫清源公王忠嗣統我
六師万口皆全磔裂單于封狼居山歸馬漠南列郡祁
連撫茲北荒厥功茂焉犬戎睚眦作虐西裔攘據石堡
漢獵青海皇天震怒以時致罪公拜稽首敢留

圭誅猖狂先零國怨家讎建牙榆溪樹羽河源東綴飛
狐西醆陽闕本天下勁兵制緣邊万里徂長轂動雷驅
旌旄變播千雲蔽地欻流沙而瞰烏弋吸崑崙而瞰濛
汜方且繕完補䏎勸穡戒車圖全遺近功盡敵非一戰
陳章立論別白甚明以孤特之姿失貴臣之意安祿山
保奸伺變忌公宿名李林甫居逼示專嫌公不附寖營
平之奏沮樂毅之謀內隟外讒陰中交訕卒從吏議竟
羅大獄雖釗溫肆爪牙之毒而哥舒有折檻之爭辯牙
門之至冤逢匡石之排妬黜守汚上沒于漢東迴我橫
海鱗年終四十五羯胡□□并雲朔荏禍幽燕縱鳴騎

於兩都拔大艱於區宇悲夫父　龍顏之英主感
風雲之早契散禍於微圖堅在脆乹坤改施忠邪易地
讁放蕭落離披困畏人之云亡邦國殄瘁狩　皇
輿於巴蜀刼　宮廟於虵虺□倒持而授柄豈天
意與人事　今上撫軍用公舊校士留殘憤
將有餘雖謂諸葛之猶生走仲達而知懼及肅清京土
正位　北宸傷悼鼓鞞載感風烈追贈兵部尙書
太子太師邊吏增氣三軍激節蓋念功悼枉國之任也
義明運詘神所勞也公本太原祁人六代祖仕後魏爲
靑州刺史北齊爲白道鎭將五代祖隨周武帝入關署

爲翊掾因徙家于鄭今爲華陰人也皇考諱海賓九原
太守安撫朔方諸蕃部落兼豐安軍使開元二年七月
以騎士屯蕭關盛秋臨垌牧禿髮舉卌万衆東踰狄道
郭知運節制隴右委稼畯寇嬰城不動遂得踐圍西使
騁掠馬牛爟火照平涼羽書驚朔塞公召將按計事皆
曰衆寡不敵利病相懸濟河外之兵徵涼州之援公以
爲羌虜入盜吞噬腹心掃□□而西歸不崇朝而事去
方爲四夷恥終遺大漢羞職守封壃身爲障蔽辭難就
易進熟偷安而無後咎儻責者徵諸公誰不樂此乃拔
勇簡材輕齎盆馬有氣敢往不滿千人雷動飈移自辰

徂亥舂六百里突掩賊營縱吾奇兵乘彼不意披猖受
戮橫潰宵馳終夜追奔遲明會食勦歸師於濠□殲困
獸於達毗祿轥之所殘戈矛之所斃積屍將崆峒併厚
漂血與洮河爭流氣盛忘銜擲之虞戰酣無存變之意
蒼黃顚仆落於戎手亦足以暴威武於天下憺洪稜於
蠻貊五十年間犬羊遷迹不敢覘邊以取當咸皆失地
而遠客勳暎古烈名垂壯籍初　肅宗省書
瘵朝問故流悼偉其心而大其節哀其歿而念其忠襃
贈開府儀同三司安北大都護俾給事中倪若水乘馹
弔祭命許國公蘇頲爲之文以致意焉輕車介士麾兒

屬將飾柩護喪封墳寵葬公之道閔年初九歲　詔復
朝散大夫尙輦奉御持令中貴扶入內殿意苦而羸形
絕地辟哀而迸血沾衣左右動容　上亦
歔欷因撫而謂曰此去病之孤吾當壯而將之万戶侯
不足得也衣之以朱紱錫名曰忠嗣部曲主家後宮收
視每隨諸王問安否獨與　肅宗同卧起
至尊以子育儲后以兄事公亦唯專唯直不傾不
墮未嘗廷目孰云有過每歲　天子□戎整旅冬
狩秋田翼鑾奉車越莽淩阡挌麟長楊掩兎黃山鼙履
輕狡流離往還斫鼎益奮搏擿無前出而有獲多不自

賢
上旣知公有日磾之純固加李廣之材
氣義形於主確然秉志少而侍中慮不省事乃試守代
州別駕大同軍戎副于法大豪鬪門自鬻賣功老將俯
伏聽令涼秋八月乘乾草腓方佯白登外馳突長城下
單戈指虜輕騎犯胡有向必摧能當輒破往往射鵰者
居公掌握中匈奴憚邊不敢抵□　肅宗□
上泣曰王忠嗣□材敢戰必恐亡之卽日
徵還守未央衛尉入侍之歲時方就冠　元獻皇
太后降家人之慈盛擇配之禮命之主饋恩情甚厚公
以讐恥未雪激憤逾深每對案忘餐或獨居掩涕

肅宗雖欲大其伸而全其屈終亦觀其志而感
其衷俾以中郎將官從徐公蕭嵩出塞但使遍知四夷
事飽習軍陣容不得先敵行無令當一隊且有後命虜
其天闕枕戈假寐如　詔三年及徐公將入覲京師改
轅張掖公□□以歸報願一甘心乃候月乘風卷旗鞭
馬精兵七百弩深入鬱摽川遇贊普牙官戲更角武戈
鋋山立介馬雲屯霧雨忽開旌旗相接將校失色猶欲
引馳公謂一足未發追射且盡無敢妄動觀吾破之乃
超乘貫差當前皆廢吐蕃九將臨高整旅公陷胷走腹
曲折廻旋取白馬於衆中捨大黃而益振肩倚膝踦蹈

猶壓玘龠軼機駭群擠亂墜提刀四顧如土委地網決
網漏遠誅久矣旣伐且吊當而勿喜芟夷之又蘊崇焉
係梟之亦焚燎焉執訊獲醜何啻數千牽牟藜駒殆將
萬計擁戎州以入塞積京觀而徐廻幕府上功貳師奏
狀
上益歎息　詔令凱旋
天子御勤政樓親閱軍實太常稽憲度獎援執金吾
上亦多元戎因爲右丞相仍令圖寫置於座
隅自茲厥後恒當重任趙承先之敗於慼皆也隻輪不
返公度紫乾河虜其全部復失亡之車重栻肴望之輯
鹽泉也戎侵宇下三師受擒公獨潰堅圍護經時之板

□佐安王之臨遼碣也用武於盧龍塞朝鮮盛刊壘之
功□光乘之征騶驪峽也會援於李陵臺河朔受全軍
之惠初佐戎關隴分鎮河湟一之歲拔新城走莽布支
烽壘燒積聚二之歲開九曲奪三橋梁洪河浰西游縱
雷鼓勇士厲指甃振耀傍徨塞衮開元之末擁旄汾代
天寶之始兼統朔方獯鬻內離九姓橫叛大單于控弦
度漢聲言□附援悉蜜引弓乘後剋□會師中使遠聞
帝思返蕩受降盡狄屈指猶遲亟央急
裝　天書百下公以爲出壃之任得守便宜冒頓
北方之強未嘗屈折叛胡畏服大種不輕用兵勢闔言

甘可虞他變盛師臨木剌致餽出蘭山會垢并容兩存
□□全□□重問壁堅營無名王大人到轅門受事絕
單車疋馬報候吏前期防寄慮周詐窮情見果穹廬桀
驁將侵鎬及方右地郅支已解仇交質幾欲圖戒大禍
寧唯嚮化未醇於是設間以攜其從肆諜以離其約二
虜不合道□遠舍　天子使繡衣御史問後將軍
不念中國之費乘機之速其上畏懦優遊之故且陳支
解戎醜之謀苟事得其中卯將軍素料又句奴何時可
滅公條對不羈之虜易以討破難以兵碎彼有乖離之
漸我知貪利之戒威加幽荒武暢陰海□□歸德不二

三歲因白逗留未決之狀備列平戎一十八策璽書還
報從公所晝突厥前有畏漢之偪後有事讐之恐縮衄
遷徙散亡貧破遭羅瘃墮之患傍緣諭告之辝朝不及
夕以俟王師受言而去者什二三委蕃而降者五千帳
明年秋引軍度磧定計乘虛至多羅斯壞巢焚聚涉汨
昆水下將降旗皆倒戟自殘輿尸請命斬白眉可汗之
首傳買橐街繫葛督祿娑匐可敦獻於闕下阿波達干
持愛妾宵遁乘六羸突圍嘯聚東蕃追脅小種立烏蘇
爲君長自尊任爲賢王保薩河□以據丁零古塞謂中
國有磧鹵之限官軍無可到之期按甲休徒轝鮮高會

思歸故地卒復大名間歲方暮嚴冬仲月公出□道誓
衆自單于北伐俾僕固懷恩阿布斯爲鄉導覘視井泉
命王思禮李光弼爲遊軍收羅服聽顧万里若餓頃過
山川如枕席豈百舍之敢休不再旬而履狄夜駈胡馬
暗合戎圍自丑至辰頭駈面縛乘無物故士蓄餘怒驚
虜全國永清朔土告類上帝薦功　皇祖三
代之盛獫狁孔熾方叔吉甫駈之而已勤霍僊衛蒙亦
終斃□□築怨糜漢償費雖張愿列三城衛公擒頡利
纔過乘冰之勢但雪涇陽之恥則自命將已來肅將天
刑誅而不伐素定廟勝陣而不戰龍荒絕貴種大漠無

兂即亢字与吭通

王庭悏武節而振天聲未有如公之比公始以馬邑鎮
軍守在代北外襟帶以自隘弃奔衝而壓國河東乃城
大同於雲中徙清塞横野張吾左翼朔方則并受降爲
振武築靜邊雲內直彼獯虜巨防周設崇墉万堵開陽
閂陰拓跡爰土藏山掩陸磅礴固護西自五原東暨漠
陽南並陰山北臨大荒聯烽接守乘高掎要塞風揚沙
絕漠起鳥懸數於瞬息傳致於晷刻虜譁黃不得雜其象
秋毫無以逃其狀犲襲侵與牧馬敢淩遽而南向冰河
風牡車甲鱗萃誰何疆理千長百帥秦將鎟於降虜漢
卒羈於戎騎公乃衡懸華裏勢分衆寡由中制外長御

遠駕悏我朔邊有如彼圖難於易又如此當秉鈞之顧
國也巧文傷詆網密事藂借公爲資動搖　國本
諷操危法言酷意誣雖丞相置辟猶驚獄吏而貫高長
者竟出吾王成公謫居人無不恨方逆胡之圮亂也意
并河東僞築雄武常山臨代飛狐扼塞制夷夏之兂撫
峭函之背徵鄰請助邀公赴會將欲詭遇買歡冀得兵
留鎮癈公先期應　詔未覲而退奏論本末之難指切
未然之戒危辭洩漏凶黨交害摘抉排折俾公終敗公
之始仕也自家移孝孤童被識策慮奮發義勇偪億其
受任也厲三軍之氣同万夫之力致誅則百蠻球振武

則暴强服支離約已盡悴事國嗚呼哀哉惟公明邁激
聊信廉仁勇機敏神速內和外重處盛權不得以非理
撓臨大節不可以危亡動道將世迕器與時屯折衝猒
難之臣旅踵及身不淄不磷之堅挫於刀筆之前此慷
慨義烈之士所以掩泣而流漣剝我依仁受賜託姻逮
予守官秉策司勳運恒功在誠存理寃明沒河渭蒼口
古原左掌太華邪睨鴻門刊銘路隅庶慰精魂其詞曰
古人有言兵者凶器戰實危事三代爲將道家所忌得
非好勝樂殺欺降嗜利絕域到李杜郤悲起每原始而
要終吾固知其所以温温清源幼窮　聖君勇必

顧禮質而能文擢剛爲柔塞口解紛破虜忘口平戎讓
勳肅致天討義誅不順密謀神斷四回六奮火烈風掃
運馳電震捨服解網知成示信首膽歸堯三苗格舜有
守矜功謂之不克并堙木刊孰云非賊唯後將軍古訓
是式先計後戰貴和賤力哀勝不敢持全制極遭罹口
故頗僻反側蒼鷹厲吻雖鷙爭食顛倒靜邁汨隳白黑
威暴都頼功寮即墨浩歌滄浪飲恨南國希仁聖之遐
暢兮亦管誅而蔡殛謂賢哲之悔亡兮顏與冉又不得
桓尊周而滅項猶存功而掩惡苟思人以愛樹將十世
而宥直如爲虞而報讐使口讒而失職顧洏城以流慟

按潘誄而太息賈生徒驚於糺纆北叟焉知其倚伏松
㓚玉鈇直冈貞蹶竟埋干將終碎明月宿草陳根蕪沒
蒼墳垂清風於頌石與終古而存存
大曆十年四月三日建
唐朔方河東河西隴右節度使清源公王忠嗣碑所
記事與史不甚異其文詞瑣冗無足多者繙于書稱
名家與李邕相伯仲弇州山人稿
忠嗣歿于天寶初碑立于大歷十年元載撰文王縉
書載忠嗣女夫縉王摩詰兄也石墨鐫華
清源不獨忠勇敢戰其策石堡料祿山皆深謀早見

非一將之識也獨爲林甫所惡陰使誣告明皇不察
論死非哥舒翰以官爵贖罪幾至不免然猶貶死史
稱工於謀國拙于身圖其然哉元載清源女夫也其
筆力庸冗固爾不言林甫排陷何也史稱忠嗣華州
鄭人碑稱華陰人碑監州城西三十里赤水道南又
南高原即其塚也余猶及布氈其下頗極穹窿追琢
之妙非今人可及側刻水獸尤奇異怪偉益令人遠
想唐人畫蹟不覺色飛萬歷間渭南崔令君邦亮忽
移置縣城之西道北不知何故金石存
按忠嗣初名訓賜今名李林甫惡之陰使人誣告欲

奉太子帝怒付三法司鞫治應死哥舒翰請以官爵
代贖罪貶漢陽太守久之遷漢東郡年四十五而卒
碑多不詳忠嗣功在社稷知祿山有亂萌不免以讒
死史官惜之碑文宏麗其敘述處多與史合至云借
公爲資動搖國本成公謫居人無不恨以四語易史
傳敷行微而顯矣金石後錄
王海賓戰死靑海西元宗育孤於禁中恩隆寵渥千
載下爲之飲血況身受其賜者乎清源之不爲身謀
亘有以也特元宗始厚而終薄始任賢而終信讒亦
始治而終亂然而社稷無隕唐祚再安用舊日之部

曲成光復之大功其一念誠懇夫固有人人深者矣
來齋金石刻考畧
史稱忠嗣與皇甫惟明輕重不得貶東陽府左果毅
爲李林甫所惡貶漢陽太守碑皆不及之舊唐書敘
元載王縉官爵較詳亦無載封潁川郡公縉太微宮
使齊國公事是史碑兩失之可互証而兩得之者也
崇元館本崇元學天寶二載置大學士一人以宰相
爲之領兩京元元宮及天下道院攷嵩陽觀聖德感
應頌石臺孝經李林甫陳希烈等題名並同新史百
官志及縉本傳並稱爲崇賢館者誤關中金石記

按載封許昌縣子見於唐書本傳其進封潁川郡公傳却失書王縉封齊國公新史亦未書也載以中書相領集賢殿崇文館大學士縉以門下相領宏文崇元館大學士史所謂宏文集賢分隸中書門下省也崇文館置大學士則百官志所未詳吐蕃者南凉禿髮利鹿孤之後音轉爲吐蕃故碑稱吐蕃爲禿髮潛研堂金石文跋尾

舊書忠嗣太原郡人家于華州之鄭縣新唐書云忠嗣華州鄭人今案碑五代祖隨周武帝入關署馮翊掾因徙家于鄭今爲華陰人所錄較詳于史而史特

就其占籍之始言之宜參之此碑爲據也紀功與史同然其文頗贍麗可喜蓋亦所謂當時體也碑僅磨泐數字細推皆可識唐石刻之幸完整無缺者如是碑亦不多見其爲後人取資多矣授堂金石跋

按碑敘忠嗣先世但有六代祖五代祖述其由太原祁徙家華州鄭之由而不稱其諱下云皇考諱海賓而不及其高曾祖唐書宰相世系表太原王氏有大房二房皆無忠嗣名故其先世無攷父海賓舊唐書云爵太谷男碑不書新傳亦無兩傳皆云贈左金吾大將軍碑作開府儀同三司安北大都護

據洪蓁本校

舊傳又云開元十八年又贈安西大都護恐碑云安北卽此也碑云元獻皇太后降家人之慈盛擇配之禮命之主饋恩情甚厚元獻太后者元宗后楊氏生肅宗及寧親公主其後寧親下嫁張說之子垍碑所謂擇配主饋之語所未詳也其餘碑敘歷官戰功諸事蹟大較與兩傳合而文繁句冗意爲辭掩讀之不易了了碑無薨年以舊傳攷之在天寶八載其贈兵部尚書在寶應元年而碑立于大歷十年則距其薨二十七年至撰書者元載王縉其同居相位亦在寶應廣德之間則自撰書當

在其時書後又距十餘年而始立石也

眞化寺尼如願墓誌

石高廣俱二尺二寸八分二十七行行二十八字蓋題唐國師故如願律師謚大正覺禪師誌銘十六字並正書

大唐眞化寺多寶塔院故寺主臨壇大德尼如願律師墓誌銘并序

勑撿挍千福寺法華道場沙門飛錫撰

隴西秦昊書

大曆歷十年歲次乙卯五月廿九日律師薨于長安眞化寺之本院律師法諱如願俗姓李氏隴西人也申公之

襃簪裾之盛眞豈寶乎律師天生道牙自然神秀十一
詔度二十具圖弥沙塞律其所務也分氍之義不
沫折金之理斯在律師僅登十臘聲實雨高邀臨香壇
許不見允望之儼然卽之溫然其慧也月照千潭其操
也松寒萬嶺乃曰威儀三千吾鏡之矣度門八万復焉
在哉遂習以羅浮雙峰無生之觀位居元匠矣
我皇帝慕聖君臨千佛付囑　貴妃獨孤氏葛蕈蘊
德十亂匡　時受道　紫宸登壇　黃屋因
賜律師紫袈裟一副前後所錫錦綺繒帛凡數千疋以
旌其高躅乎盈庭了無是相道何深也由此　勅書

曁筵　中使相望　御馬每下於　雲霄天花
屢點於玉砌締構多寶塔繕寫蓮華經環廊繚絙金刹
耀耀題　御札光赫宇宙皆　吾君之特建亦
貴妃之爲　國宏哉噫律師擲鉢他方應遽還於
靜室散花上境何便往於香天顏貞如生若在深定曲
肱右脇湛然已滅春秋七十六法夏五十六具以上聞
皇情憫焉中使臨吊賻贈之禮有加常等律師
累聖欽若三都取則意澹江海心閑虛空而今而後恐
難繼美於戲　六宮誰授其髻寶八部孰示於衣珠
覺路醒而却迷人花茂而還落哀哉弟子長樂公主与

當院嗣法門人登壇十大德尼常眞勅賜弟子證道政
定證果寺大德凝照惠照凝寂悟眞資敬寺上座洪演
寺主孝因律師眞一遠塵法雲寺律師遍照等凡數千
人則懿戚相門愛道花色而爲上首忽亶宗匠如覩鶴
林卽以其年七月十八日奉　勅法葬于長安城
南畢原塔之禮也素幡悽於道路丹旐慘於郊原式揚
國師敢爲銘曰
紫袈裟者彼何人已了如來清淨身登壇不向　明
光殿去去應超生死津
廣平程用之刻字

按銘云律師薨于長安眞化寺師諱如願俗姓李
氏隴西人也申公之裔僧尼之化未有稱薨者此
如願爲隴西人又爲申公之裔必是宗室之女故
其化也稱薨以別之唐書宗室傳申公無考銘又云貴妃獨
孤氏葛蕈蘊德十亂匡時葛覃作葛蕈殆借用字
獨孤氏爲代宗貴妃大歷十年薨追冊爲皇后諡
曰貞懿唐書后妃傳不詳獨孤氏之薨在何月此
銘則云律師薨于十年五月葬于七月而文稱獨
孤氏爲貴妃可知獨孤氏之薨在七月以後矣銘
又云弟子長樂公主主爲肅宗長女始封長樂從

封宿國下嫁豆盧滋傳不云其師事如願也銘又
云奉勅法葬于長安城南畢原長安志畢原在萬
年縣西南二十八里法葬二字始見于此

裴遵慶碑

碑拓下截未全不知所缺幾字廣四尺
四寸二十四行字數不計正書在洛陽

□□□□光祿大夫□□□□□□□□□□東郡
貞□□□□□□
朝議大夫□□□卿□□國史充禮□□□□□□
□□□國楊縮文
易坤之爲義臣道也君子履之文言曰直方大不習□

不利又曰陰雖有美含之以從王事然後以黃中通理
之道下闕終則受黃裳之吉矣安貞應地者其順矣乎公
□□□□□□□□□□□□在□爲伯益若寺上下
在周爲非子下闕□□□□字重□□□□□□□因其
生也濟物之慶垂名□□□□□□□□□河東著族
其後始大以至于大下闕逮先考贈司空□□ 君重之
以明義虞□□公公少而□□□□□□□□□□□
於近究未而必慎其初嘗□下闕□足以盡□則□然矣
介昮者君子之所□□□□□□爲寶□□□□□□
□□而不察解禍以門蔭授興寧陵下闕□之功用刑者

必求其意□法者□極於文□□□□□□疑□□□
□□□□□□加徒役辭□翻動文致於理下闕體□自
前脩□批案云才辯不足□八威力不□□□□□□
□□□□□□省□□□□□□□別曹奪已□之下缺
□外□轉司勳吏部郎皆掌曹事前古宫省而久任中
代□□□□□□□鄉里之□□□□□□□掄材之
亘尊下闕□□□萌難□隱匿□環訛爲□結投刃不惑
應茲而□□自□□□不自尊其□□□問望已□於
公輔矣丁內下闕□太守外□□中權□擾私欲□求
不給則□□□貶守□□□□稱措□□□□□郎中

至德初□□賊庭將下闕賀於朝□拜給事中累遷尙書
右丞兵部戸部□掇吏部□郎□□之後以擢□□
□之道□而多端公鑒以□下闕季除吏□侍郎平章事
時寇戎未平□國多務□以數變生害穀以不逼爲急
公□□□□敬□之信不擅其利不下闕則□而□溫雅
□浮詭□□矜伏諷諫見□□內懼□□□□□□爲
文□惟左右近□□記劇□之疎數莫知其下闕食一百
戸又追先□□之德寵贈正司以□勉焉公以季當賜
杖禮有懸車不矜□□□□□簿守官之節固請退下闕
上難□□至□太子少傅又以官制□明選曹求舊還

除吏部尚書遷右僕射再□□□□八願也公咊順積
中□（下闕）欲進之□及踐大任彝自喜之色當其未可審
其體而能安當其可蹈其□而不失每□安危故事與
替舊章諭同（下闕）□極上列祭□實賦養不加厚謙以自
持酒醴之歡儉故能廣林泉之□□□□□惠愛以合
親施舍以周給古之（下闕）以大曆十秊拾月二十九日薨
於□秊縣升平里之私弟以明秊二月二十□日□□
于東都萬安山之舊塋　□謚曰□□公禮也
詔使□□蕺客護喪卿大夫庶僚百吏追送于國門
之外生榮殁哀人理至矣有子太子（下闕）□踐德之□□

□抱□之□□□□之義以文見託論譔□□□□□不□
其銘曰
天生萬物有蕺有則人之秉彝好□□□□空之天古
訓是式知□知□有嚴有翼懿善同龤敬□奉職五刑
恤□（下闕）□□是力□□□□□自□□□□□□
其直是非□□□□□□□□盈虛與時消息□□□
□哀榮同域（下闕）
右唐裴遵慶碑唐書列傳載遵慶所歷官甚簡略以
碑考之其尤著者自吏部郎出為濮陽太守貶符陽
郡徵拜禮部郎中而史不載肅宗朝拜給事中累遷
尚書右丞兵部戶部侍郎再授吏部而史但言為吏
部侍郎而已又史云遵慶薨時年九十餘碑云年八
十五碑云遵慶謚貞孝而史無之皆其闕誤也（金石錄）
寶刻類編有右僕射裴遵慶碑云楊綰撰盧曉隸書
大歷十一年二月立在洛今碑缺年月及書撰人名
知郎是也碑記遵慶歷官許于本傳云以門蔭授與
寧陵丞棨遷大理丞外□轉司勳吏部郎丁內難去
職免喪以太守外□至德初□□賊庭將趨行在故
太尉清賀於朝遷拜給事中累遷尚書右丞兵部戶
部□校吏部□郎黃門侍郎平章事就加金紫光祿

食一百戶□□太子少傅□□吏部尚書遷右僕射
并領□□云云皆與史不甚異遵慶有二子向會宰
相世系表云向吏部尚書會都官郎中（中州金石記）
裴府君遵慶唐書列傳並取之此碑而載此君歷官
頗簡略金石錄已指其疏然碑言轉司勳吏部郎又
遷兵部戶部侍郎傳並亦未之及趙氏既摘言兵部
而戶部仍不為傳文舉遺當更依碑為據也碑于論
蕭克濟罪案云才辯不足聚人今傳以才辨作財賦
語太寡易恐失其實（授堂金石跋）
按此碑拓既不全而存者文多缺沕如金石錄所

稱自吏部郎出爲濮陽太守貶符陽郡徵拜禮部
郎中薨年八十五謚貞孝趙氏皆及見之而今盡
泐矣碑前但有撰人楊綰而無書人恐亦泐也碑
題尙存貞字當即是謚貞孝之貞字也唐書宰相
表及楊綰傳綰以大歷十二年遷太常卿充禮儀
使拜中書侍郎同中書門下平章事集賢殿崇文
館大學士兼修國史今碑於楊綰結銜但存朝議
大夫字卿字國史充禮字可据傳以補碑之缺也
新書裴遵慶傳云字少良此碑有字重二字似其
字上爲重字非少字然碑上下皆泐不足据也碑

不見其敘上世但云逮先考贈司空而不著其名
兩傳又不敘其父宰相世系表則遵慶之父諱惓
字翁喜杭州刺史河東縣男而不載贈司空碑云
批案云才辯不足口人威力不口口口据新傳舊傳無云邊將蕭先濟督役苛暴役者有醜言有司以
大逆論遵慶曰財不足聚人力不足加衆焉能反
此傳語如是也而授堂辨之云今傳以才辨作財
賦語太竄易恐失其實不知授堂所据何本唐書
而以才辨作財賦也碑云食一百戸又追先口口
之德寵贈正司以口勉焉此敘其封邑及贈父司

空之事是時遵慶與告老則已官尙書右僕射何
以祇食一百戸疑碑有訛泐也碑云薨于萬年縣
升平里之私第長安志昇平坊西北隅有東宮藥
園尙書右僕射裴遵慶宅注引國史補曰遵慶罷
相知選朝廷優其年德令就第注官自宣平坊牓
引士子以及東市兩街時人以爲盛事此可補碑
傳之所未及也

据原碑校過

王履清碑

碑僅存上截連額高六尺六分廣三尺四寸二十三行每行字數無考正書篆額在高陵

唐故同朔方節度副使金紫光祿大夫試太常卿兼慈

州刺史汪府君神道碑
朝散大夫行河中府功曹參軍上柱國賜緋魚袋上谷
侯冕撰
府君諱履清字履清京兆萬年人也王惟聖後系出田
宗闕下也五代祖立行工部郎中吏靈夏蕞潭等四府都
督封晉陽闕下早世考尙賓歷原州參軍事定遠城兵曹
參軍贈金紫光祿大夫闕下藝尙德業脫畧諸子憲章五
經處吏事也能果斷居朋友也無忌闕下以桓文之勳伊
呂之重開建大府　邦家長城知其名而辟之闕下
中山亭三道營田等務致使後來難繼前政口知慙豈止

充牣當時苟闕下力賓夫恤弟疾篤割其股肉則所都廑
草上之風矣秋麥兩歧靈芝闕下旌別府君課効多此類
也以前後功累遷官凡十五任而至金紫光闕下汾陽王
以吉昌濁河上流邊郡善地戎州夷落易動難安永言
緝綏闕下帝可其奏仍乘傳之郡又敷異術載宣吉祥猛
獸渡河而去境感我善闕下兩穗卿雲炳而五色瑞圖騈
披臺使攸屆於是歸不之　詔藏在闕下命賢愚同
歸以大廟諱十一年正月廿四日遘疾不起薨于官舍之
正寢享闕下兄履堅朝散大夫守豐州長史弟履濟朝散
大夫守慈州別駕長子綸朝闕下葬合度以十二年二月

廿日還葬于高陵之奉正原禮也名成於代官達於闕下
匪敢愧詞迺爲銘曰
聖祀百世奔世其昌有嬀之後言育于姜陳宗不守命
氏惟王滔滔秦淮爲我闕下世濟其美芬芳竹素昳宕杞
梓君家盛事不可勝紀　天步未清闕下上介鄯
有仁兄歧麥挺秀靈芝發生　邊郡逝胡邑無完郛荆
棘誰剪豺狼未馴闕下皇帝曰俞　下車幾何甚愛更作
允文允武爰究爰度畜牧新秦謳歌簿闕下盛孝子負土
嘉承有晔吉凶同域生死一貫倏忽長逝嗚呼永歎
舊业還葬遠道闕下日羽葆秋煙一掩黄泉于萬億年

大廟諱十二年二月二十日建
太
按文云恤弟疾篤割其股肉是兄療弟疾而封股
和藥也此事世不多見因拈出之

高力士殘碑
碑僅存上截連額高六尺四寸五分廣五尺三十行每行字數無攷行書額題大唐故開府儀同三司贈揚州大都督高公神道碑二十字篆書
唐故開府儀同三司兼內侍監闕下
尙書駕部員外郎知　制誥韓闕下
初有適越者請觀南方之樂主人爲之歌馮賓曰遠矣

闕下後衰而復起一飛冲天伯服有子不在外其爲中貴
乎不在闕下焉之先有自北而南者自宋懷化□業以至
於嶺五嶺之表推□闕下子智戣爲高州刺史智戴爲恩
州刺史智□爲潘州刺史威有□闕下襲位象賢□禮主
祀守封且有舊□□□代祿使有□□□察□闕下天子
廣錫類之恩覽先賢之狀初贈潘州刺史又贈廣州大
都督闕下侍玉階　則天矜其覆巢知必成器選內官
而母之命近侍以闕下窺大寶不利王室已成禍梯
闕諱宗□然提劍而起公實勇□闕下卿宰臣因以決事中
立而不倚得君而不驕順而不諛諫而不犯闕下也公弱

□(歲)之日太夫人□□(諾)于南荒服還陳晨昏問絕折萎之
教闕下而至稱觴拜慶兄弟鴈行自閤傲而就養□城當
代罕有終堂之闕下官卑乞廻所授　上允其請時議
稱多君子曰此所謂事親之闕下車駕幸三山宮　天
子講藝呈材威戎夸狄有二鵰食鹿□□闕下飲羽而片
雲徐下壯六軍而增氣呼万歲以動天　英主愜心
闕下而平之臨(夫)大事而有大功皆此類也□(歷)□□(款博士)□士內
□(府)闕下(今)今朝散大闕下首爲監遷冠軍鎮軍輔國驃□(騎)大將軍
開府儀同三司封齊國公闕下使歷官□(從)任五十餘年從
蒙塵□□□(梁)□□□(法)□(駕)歸長安一心貫闕下可得而聞□(也)

上□初□(避)□請□(出)□□□□□(匡)之心常在　魏闕下
□(朗)州龍興寺享年七十有□□□□(之)喪至於滅性斬
□(刺)之痛何闕下偝葬　泰陵□(以)□(寶)□(應)□□(年)□(四)□(月)□□日安
厝成其志也夫人呂氏(齋)闕下而不遷嗣子□(正)□(議)□(大)□(夫)前將
□(佐)□(少)□(監)南海郡開國公□(承)悅禮謂猶□(子)闕下旅有加(奉)□(孝)□(謹)
□(不)□□□(刊)貞□(石)□(之)文用紀□陵之側　大君□(有)命□(俾)
闕下
惟公之□(本)南(海)□□□□(得)□(藏)□家傳擁旄有焉之後遂
育于高　惟闕下惟公之□(貴)出入　□□(宸)□(宮)□(闈)□(父)□事偕
陛日□(親)歷載五紀□(奉)□(紱)　□闕下惟公之□(孝)達于□(神)□(明)

□(撫)□(膺)万里自越阻京爰及風樹□(備)其哀榮　惟公闕下(勳)
會合風雲□(厄)□(盜)□□(命)□(戈)□(矛)□(紛)紛一麾而□克定□(祓)□(氛)
惟公之節□(淩)闕下□(剿)□(平)　二聖晏駕□(長)□(號)□(鼎)□(湖)哀而遂
□(絕)□(痛)□(入)黃□(壚)　惟公之葬(美)　泰(陵)闕下
大歷十二年歲次丁巳五月辛亥朔十一日辛酉奉
勅□
右內侍監高力士碑石已中斷失其下截每行止存
二十餘字文稱馮盎子智戣爲高州刺史智戴爲恩
州刺史智玳爲潘州刺史攷唐書盎傳惟有智戴及
智彧無智戣智玳亦不云智戴爲恩州刺史皆其漏

畧也史稱寶應元年力士自巫州赦還見二帝遺詔
北向哭歐血而卒不云卒於何所此碑云朗州龍興
寺蓋其卒之地也潛研堂金石文跋尾
碑載力士莅官遷冠軍鎮軍輔國驃騎大將軍舊唐
書本傳不紀鎮軍輔國唐書但云累驃騎大將軍皆
于文爲畧力士幼與母相失唐書云嶺南節度使得
之瀧州汲古閣本作隴州　舊唐書云嶺南節度使于潘州求
其本母麥氏送長安兩地微異考力士既爲潘州人
則母先失而後歸士嶺南節度訪而得之亦或然也
舊唐書寶應元年三月會赦歸至朗州遇流人言京

國事始知上皇厭代力士北望號慟嘔血而卒蓋哀隕卽在朗州矣碑云薨于朗州龍興寺較史更爲詳實授堂金石䟦

按碑云□窺大寶不利王室已成禍梯元宗□然提劍而起公實勇□此卽傳稱先天中預誅蕭岑等事唐書元宗紀開元元年七月太平公主及岑義蕭至忠竇懷貞謀反伏誅傳稱力士以功超拜銀靑光祿大夫行內侍同正員碑載車駕幸三山宮有二鵰食鹿又云歛羽而片雲徐下壯六軍而增氣呼万歲以動天此似從幸狩獵等事而兩傳皆不書碑文又泐不能得其詳也碑云夫人呂氏舊傳載開元初瀛州新傳作河間呂元晤作吏京師女有姿色力士娶之爲婦碑又云嗣子□□□□前將□□□南海郡開國公□悅禮此是力士之嗣子名悅禮爵南海郡公者兩傳亦不載舊傳稱力士卒于寶應元年二月銘詞有二聖晏駕之語二聖謂元宗肅宗也碑立于大歷十二年距其卒十六年蓋代宗時追念其保護先朝之功贈官陪陵而表其墓也

李元靖先生碑

碑已斷裂約高一丈餘廣三尺二寸五分厚一尺四分四面刻前後各十九行兩側各四行行皆三十九字正書在句容縣茅山玉晨觀

有唐茅山元靖先生廣陵李君碑銘并序

金紫光祿大夫行湖州刺史上柱國魯郡開國公顏眞卿撰并書

先生姓李氏諱含光廣陵江都人本姓弘以孝敬皇帝廟諱改焉廿一代祖紘江夏太守避王莽徙居晉陵遂爲郡人高祖文疑陳桂陽王國侍郎曾祖榮皇朝雷州司馬祖師龕隱居以求其志徙于江都父孝威博學好古雅修彭聃之道与天台司馬練師子微爲方外之交尤以篤愼著于州里考行議謚曰正隱先生母琅邪王氏賢明有德行先生孩提則有殊異晬日獨取孝經如捧讀焉羈丱好靜處誦習墳典年十八志求道妙遂師事同邑李先生遊藝數年神龍初以淸行度爲道士居龍興觀尤精老莊周易之深趣執卷過哀卪不嘗甘旨之味食唯穬麥而已封植膳羞皆出其手號毁骨立親族莫不傷之開元十七年從司馬練師於王屋山傳受大法靈文金記一覽無遺綜覈古今該明奧旨元宗知先生偏得子微之道乃詔先生居王屋山陽臺觀以繼之歲餘請居茅山纂修經法

頻徵皆謝病不出天寶四載冬乃命中官賫璽書徵之
既至延入禁中每欲諮稟必先齋沐他日請傳道法先
生辭以足疾不任科儀者數焉　廟諱宗知不可強
而止先生嘗以茅山靈跡蕪焉將墜真經祕籙亦多散
落請歸修葺乃特　詔於楊許舊居紫陽以宅之仍
賜絹三百疋法衣兩副香鑪二具　御製詩及序以
餞之又禁於山側採捕漁獵食葷血者不得輒入公私
祈禱咸絕牲牢先生以六載秋到山是歲　詔書三
至遲澤頻繁輝映崖谷初山中有上清真人許長史楊
君陶隱居自寫經法歷代傳寶時遭喪亂散逸無遺先
生奉　詔搜求悉備其跡而進上之先時　廟諱
宗將求大法請先生爲師先生竟執謙沖疾辭而還泉
七載春　元宗又欲受三洞真經以其春之三月
中官齋璽書云其月十八日勉受經誥是日於大同殿
虔修其事遂遙請先生爲元師并賜衣一襲以申師資
之禮因以廟諱靖爲先生之嘉號焉仍　詔刻石於華
陽洞宮以志之是歲夏五月隱居先生合丹之所有芝
草八十一莖散生於松石之間　詔俾先生与中官
啟告靈仙緘封表進夏又　詔以紫陽觀側近二百
戶太平崇元兩觀各一百戶並蠲其官傜以供香火秋

七月又徵先生既至請居道觀以養疾九載春辭歸舊
山其季夏六月前生靈芝之所又產三百餘莖煌煌秀
異人所莫覩先生又圖而奏之是歲冬又徵先生於紫
庭別院館之十載秋先生又懇詞告老　御製序詩
以餞之十有一載先生奉　詔与門人韋景昭等於
紫陽之東鬱岡山別建齋院立心誠肅是夜仙壇林間
遍生甘露因以上聞特　詔嘉異初隱居先生以三
洞真法傳昇元先生昇元付體元先生體元付正一先
生正一付先生自先生距于隱居凡五葉矣皆總襲妙
門大正真法所以茅山爲天下道學之所宗矣於戲是
非可齊也物我均焉生死可忘也覺夢同焉如此者何
域心於變化之際哉先生以大廟諱己酉歲冬十一月十
有四日遁化於茅山紫陽之別院春秋八十有七其十
二月八日門人赴喪而至者凡數千人號奉冠舃遷窆之
于雷平山之西嶓還命以松棺竹杖木几水瓶香奩香
鑪壘於藏內門弟子等仰奉嘉猷克遵儉德先生識思
真淳業行高古道窮情性之本學冠天人之際所以優
游句曲鬱爲王者之師出入明庭特寵有輿之賚
是知順風而問咎稱於黃帝望山而請今見於
廟諱宗矣又博覽羣言長於著撰嘗以本草之書精明藥

物事關性命難用因脩著音義兩卷又以老莊周易為
宗靜之書著學記義略各三篇內學記二篇以續仙家
之遺事皆名實無違詞旨該博初先生幼季頗工篆籒
而隸書尤妙客或賞之云賢於其父因投筆不書
玄宗詔山人王玻強請先生楷書上經一十三紙以
補楊許之闕先生能於陰陽數術之道而不以藝業為
能極於轉鍊服食之事而不以壽養為極但冥懷素朴
妙味元津非夫博大之至人孰能盡於此真卿乾元二
季以昇州刺史充浙江西節度欽承至德結慕徽遂
專使致書於茅山以抒誠懇先生特令韋鍊師景昭復

書於真卿恩眷綢繆足勵超然之志然宗師可仰望紫
府而非遙王事不遑寄白雲而攸遠泉大曆六年真卿
罷刺臨川旋舟建業將宅心小嶺長庇高蹤而轉刺吳
興事乖夙願徘徊郡邑空懷尊道之心瞻望林巒永負
借山之記而景昭泉郭閎等以先生茂烈芳猷願銘金
石乃邀道士劉明素來託斯文真卿与先生門人中林
子殷淑還名韋渠牟常搜采真之遊緒闡含一之德敢
強名於巷黨曷足辨於鴻蒙其詞曰
抱一混莊八之紀綱先生以之氣王神強乃敵元首元
門以彰乃為帝師帝道惟康甘露呈瑞靈芝効祥上士

云感高風載揚鶴返仙廟雲蒨帝鄉退歸而老妙識行
藏德本無累道心有常寔曰形解孰云坐忘伐石表墓
勒銘傳芳谷變陵遷厥跡弥光
大曆十二季夏五月建　渤海吳崇休鐫
紹興丁巳五月十有四日大風折顏碑雷溪沈作舟
扶起之
魯公好仙術不待書麻姑壇已也按李含光者陶隱
居裔凡五世其事絕無可紀獨人謂其隸法勝乃父
遂斷不作襍差近摩耳弇州山人稿
茅山元靜先生碑一顏魯公楷書并文一唐柳識文

張從申書李陽冰篆額世號三絕碑俱在直隸應天
府句容縣茅山考槃餘事
碑稱隱居先生以三洞真法傳升元先生升元付體
元先生體元付正一先生正一付先生自先生距隱
居凡五葉矣今考之隱居先生者梁陶宏景升元為
王遠知體元為潘師正正一為司馬子微三人唐書
有傳惟元靖無之予嘗遊茅山至玉晨觀其前有雷
平池池南為伏龍岡元靖葬其上碑今在觀中四周
皆刻文字道士以亭覆之金薤琳瑯
予嘗遊茅山過雷平池登伏龍岡弔先生墓慨然有

遺世之想碑中所謂靈芝甘露固不可復得即鬱岡
山齋壇仙院亦改舊觀惟穹碑屹峙聲施至今金石後錄
魯公以大歷六年罷刺撫州七年九月至東京除湖
州刺史十二年爲此碑於時年六十有九先是乾元
二年由昇州刺史充浙西節度使兼江寧軍使致書
元靜與之締交越十年而元靜死又八年而公爲之
作碑留元剛年譜系碑於大歷八年誤也是年春三
月元載伏誅召公爲刑部尚書而此碑書於五月猶
稱湖州刺史當由刑部尚書之命猶在五月後耳
原碑斷於宋紹興七年丁巳不知何時毀去今茅山

所有碑乃是覆刻筆畫細瘦全乏魯公雄健之氣且
字之訛者七十餘處而原碑不可復得矣盧舟題跋
乾隆壬子秋錢辛楣先生語予云向游茅山至玉晨
觀訪顏魯公書元靖先生碑已糜碎尚存二十餘片
道士不知寶愛委諸糞土瓦礫之場恐妙蹟不復留
人間矣並出游山記示予予竊惟辛楣以訪碑出游
隨處表章舊蹟而茲復向予諄諄者蓋以拾殘補缺
爲守土者責也予公冗不暇入山札句容縣學兩廣
文徐君彬俞君獻搜尋殘碑督工椎搨越月來報言
此石見存觀中者半屬壘床支竈砌地鋪階及附近

居民家供在書案者檢來共得二十三片嘗運至學
舍藏貯但四面刻字難以架空磊豎並郵到搨本六
十紙計存一千四十餘字經辛楣詳加考訂其完全
之字僅得七百六十有六其殘缺者正面三百六十
一字右側八十六字背面三百三十三字左側五十
九字計其殘缺字八百三十有九以硃書補注之適
賈人挾此碑宋搨本至其文字與辛楣考訂無異而
神采尤爲煥發予且喜且驚豈知予相需之殷來索
重價耶抑魯公之靈默默相之耶乃償賈人直付姚
東樵以鈌字鈎勒上石期成完璧又恐膠合以還舊

觀日久仍不免有摧裂之虞今仍於玉晨觀中築石
臺兩行將殘碑及補石分別大者爲一行小者爲一
行排置臺上其兩行之頂亦砌石覆蓋俾免散失又
以文字顛倒另縮小字勒碑於旁以爲後人敘次之
據復建石亭以覆之爰偕僚友捐廉以襄其事茲因
工竣而爲之記汪志伊記

按碑在茅山玉晨觀雲笈七籤紀洞天福地第八
曰句曲山洞周迴一百五十里名曰金壇華陽之
洞天在潤州句容縣屬紫陽眞人治之江寧府志
茅山在句容縣東南四十五里初名句曲山又名

巳山皆以形似名吳越春秋禹巡天下登茅山以朝諸侯更名爲會稽茅山記秦始皇三十七年遊會稽還登句曲今茅山北垂有艮常泰望諸山以始皇名也漢有三茅君得道於此因謂之三茅峯梁陶宏景亦隱居此山道書以爲第八洞天第一福地唐六典江南道名山之一曰茅山山以三茅君得名漢茅盈元帝時隱句曲山學道遇至人授以仙術盈弟衷爲西河太守固爲執金吾各棄官來就兄皆得道世稱三茅君者是也玉晨觀在大茅峯下舊傳高辛氏時展上公于此得仙其後周有郭眞人巳陵侯漢有杜廣平東晉有楊眞人許長史梁有陶宏景唐有李元靜南唐有王貞素俱在此得道梁爲朱陽觀唐太宗時爲華陽觀明皇時爲紫陽觀宋祥符初改今額王圻續文獻通考仙釋考道家姓氏不載李含光歷代道家統紀惟載天寶六載五月詔茅山紫陽觀取側近百戶太平崇元二觀各一百戶並蠲免租稅差科永充修葺洒掃語與碑所載合但據碑則紫陽觀側近是二百戶續通考疑脫二字也其餘碑文所載俱無攷碑敘元靖先世二十一代祖宏不見於漢書高

祖文毀陳桂陽王國侍郎文毀陳書無傳桂陽王者陳書列傳諱伯謀字深之世祖第十三子也太建中立爲桂陽王七年爲明威將軍置佐史所謂王國侍郎者蓋郎佐史之屬也碑云先生以大歷己酉歲遁化己酉爲大歷四年道家辭世謂之遁化始見于此碑稱元靖各種著撰惟本草音義二卷新唐書藝文志著錄餘如老莊周易學記義略諸篇皆不載碑云先生工篆籀隸書客云賢子其父因投筆不書是其父孝威亦能書也今檢書譜無其名碑云貞卿乾元二年以昇州刺史充浙江西節度唐書稱無浙江西節度據唐書顔眞卿傳是浙江西道節度使此碑舊文原是充浙西節度充字上泐一字殆亦碑賈宋搨本見有闕字因於浙字下妄增江字耳

金石萃編卷一百終

據原碑校

金石萃編卷一百一

賜進士出身　誥授光祿大夫刑部右侍郎加七級王昶譔

唐六十一

無憂王寺寶塔銘

碑高九尺六寸廣四尺四寸四分三十三行行七十四字正書在扶風縣

大唐聖朝無憂王寺大聖眞身寶塔碑銘并序

徵事郎殿中侍御史內供奉賜緋魚袋張彧撰

弘（宏）農楊播書

夫萬物混成天地恒其數一眞妙用龍象演其教教也者因言以見性數也者任氣而爲名　我釋迦闍兩儀應三世步蓮臺而清風自扇攀桂樹而白月□□故能□□根牙□宏頓漸高懸佛日遠照昏衢了緣扣寂合大空而泯相從有入無破羣迷以登覺眇矣邈矣古哉實哉有若此寺大聖眞身寶塔者　摩伽王之系孫阿育王之首建也噫如來滅後報應斯在究乎其容則卌二相形焉□乎其變則八萬四千所明焉或曰華夏之中有五印扶風得其一也雖靈奇可覩而載紀莫標日者漢□□□齊梁□□遭時毀歇晦跡丘墟營□不□□□無□□祥異氣往往間出故風俗謂之聖冢焉空傳西域之草獨享中人之薦厥有太白一二三沙門

攝心住持得□（堅）清淨其始遠也望而□之其少近也□而信之周流一方礴礴□里□□色□□瑞光通宵更雄達曙不散者久之矣咸請奉（奉）以身命碎於微塵精誠克孚指掌斯獲驗其銘曰育王所建因以名焉　大魏二年岐州牧小冢宰□拔育以爲□□□古名同於今□制舊規𠜂新意廣以臺殿高其閈閎度僧以資之刻名以紀之隋開皇中改爲誠實道場仁壽末右內史李敏復修之廢其銘矣煬皇帝嗣位省□下伽藍□□（火）□（晉）燒禪□□□□發（廢）其□逐□□以州□寶□而配焉我聖唐太宗文武皇帝鳳鳴中天龍躍北朔吊萍舉以問罪次漳川而犒師欽承靈蹤宿布虔懇一戎遂定載路□□□德□年□曰（爲）法門□□京城□十四大德□□沙彌□□□曰（十）□舊大德以輔□贊有功也僧徒濟濟□百其衆梵宇巘巘數千其多貞觀五年二月十五日岳伯張德亮曰（目）覲神光□□及物□上章奏精□（感）動天有　□以望雲曰（宮）寢殿门施焉古所謂三十年一開則歲穀稔而兵戈息自育至顯德五年蓋三十霜矣八部瞻仰再□開發卽以其年二月八□□□□□□□□奉迎護舍利覩其曰（氣）□（盈）玉潤皎潔冰淨靈不可掩堅不可磨寸餘法身等虛空而無盡一分

功德比恒沙而莫量示不思議之致也　二□親
造九重寶函櫬以□□□□□□□□□□府□□
五百疋□□復益令增修有禪師惠恭意方等遵
睿旨購宏材徵窵縣之工□蓬壺之妙容□匠而蔵
製獻全摹以運斤不日不月載營載葺且□□□谷□
隈□□□□□襟帶八川□□山□□□□隱□
□面太白之羣峯陽烏矯其翅由是危檻對植曲房分
起欒櫨疊拱枕坤軸以盤鬱梁棟攢羅拓乾崗而抱闕
適將□會□□　□□□宗師　□□佛之記□域
中之□□寂上之因豈□□乃瓌琦嗇□豐麗穹崇崷
立杖一柱以戴天蜿蜒霞舒揭萬楹而捧日　則
天聖后長安四年　勅大周□□□□□□鸞
臺□□□□□公暲同往開之□□作□七日行道
跼蹐荷擔於東都明堂而陳其供焉　萬乘焚
香千官拜慶雲五色而張蓋近結城樓日重光以建輪
遠浮郊樹□□□□□□□□□□□□□□□□
□　□□岐陽施絹三千疋景龍四年二月十一
日中宗孝和皇帝旌爲　聖朝無憂王寺題舍利
塔爲　大聖眞身寶塔度僧四十九□□□□□□
□□□□□□□□□□一□□鎭□□□□□變

化□□之謂聖陰陽不測之謂神況每欲開臨皆呈異
相或風煙歎欲蕩覆河山或雷雨震驚杌動天地倏往
而香花戾止□□□□□□　我肅宗文明
大聖大宣孝皇帝纘承丕緒恢復盛業德包有截化揔
無垠以澤及四海爲勳華以功□□□□□□□□□
□□□□□□□□初五月十□日　□僧法
澄中使宋合禮府尹崔光遠啟發迎赴內道場
聖躬臨□晝夜苦行從正性之路入甚□之門以其年
七月一日展如初□□□□本□□□□　詔□
□□像一鋪□事金銀之具□百□□□爪髮玉簡及
瑟瑟數珠一索金襴袈裟一副沉檀等香三百兩以賻
之道俗瞻戀攀緣號訴哀聲振乎林薄痛□乎海裔
故得□源嗚咽□□□□□□光□　我漢室
人□□□□之頃寺之門樓及鍾經等閣及東西行廊
星霜始改冈克厥構有元響上人者禪林之秀也壞衣
味道抑欷□眞□大慈悲聿宏製之寔多喜捨□□□
□有輪奐□□□□有璧茨而未盡□□沙門法鈞
者法將之雄也上座唐興寺主法聆臬都維那澄演等
蓮華之粹也同力致冄誓相爲謀□□□以營之又結
括以成之層簷□□□□□□□雲□□□□崇崇焉

極樂之所也嗟夫八音希聲大覺無形或芬芬馨馨或
杳杳冥冥如髣髴兮有靈有靈有道有道則壽考凡八
莫□□萬物於自然故達士樂全眞而□□□□□□
□□□相交□王李公□忠□心居其泊志處其約或
謇謇諤諤或汪汪綽綽若昂藏之野鶴野鶴得性得性
則常靜凡人莫不繫百寶於□□故　□公秉廉
讓以莅政□□□□□□剋己復禮人焉而勸□
□懲惡人焉而懼任□□善人焉而悅務農省稅人焉
而康君子曰不肅而威不嚴而教龍門講德載揚元□禮
□之風馬首行春更隳里嵩之兩員足□□□□□□□

□衛□□□綴□□略□□□□孤懸隴□□稜劒□長倚
天外而已在少尹時則有若撿挍刑部員外郎兼侍御
史張公增少尹撿挍司勳員外郎兼侍御史丘公鴻漸
並□□□□□□□□幕□□有若侍御史內供
奉梁公傑侍御史內供奉姜公邑高監察御史裏行嚴
公霍秘書省校書郎掌書記韓公計皆人倫之傑也或
間氣逸發或含章挺生騰□□鴛鳳爭飛□□則
□□□暎本□兵馬使開府儀同三司侍中監李奉忠
文武呈才風雲合變英威獨斷問望孤高監軍使左監
門衛大將軍焦奉超武畧濟時忠□□　□□□□

□寵冠　兩朝□□□□□□量宏深清□際卓絕事
膺宰命尤著吏能共叅　元戎之佐喜聞微妙之偈
以爲命者身之質身者命之資法本皆如性應無著筏
喻□□□□□□□□□樹□□福相与□簡□□
頌□詞曰
我佛在兮廿獨尊我佛化兮道長存流正法兮不二門
赫惠日兮破重昏摩伽國兮□□□□□□□□□
仰大□兮遍□□金□兮□□□度衆僧兮施百納
□□□□□職心清淨兮眼不雜伏騰猿兮救怖鴿
混丘墟兮將如何絕榛棘兮与營蓑觀變現兮信轉多

□□□□□□□□□□兮□□過呼洞穴兮見釋迦
邦伯奏兮發　睿旨屢開迎兮歸　帝里捨
珍玩兮具法喜騈星宮兮勢崛起會天人兮浴定水偉
嘉祥兮爭効祉　□□□兮□光明
我尹忠兮□克清踐福地兮□□生對眞容兮忘
□情琢巨石兮讚休禎歷曠刼兮揚善聲
大曆歷十三年歲次戊午四月□丑朔廿五日辛□建
刻字□秀
困學紀聞曰舊史德宗紀貞元六年岐州無憂王寺
有佛指骨寸餘先是取來禁中供養二月乙亥詔送

還本寺此迎佛骨之事也韓愈傳云鳳翔法門寺有護國眞身塔內有釋迦文佛指骨一節寺名與前不同閻若璩駁之曰法門寺卽無憂王寺紀載非一手故其名互異說非也關中金石記

右無憂王寺大聖眞身塔銘文云貞觀五年至顯德五年蓋三十霜矣顯德蓋顯慶之譌書碑者稱恒農楊播而不署官攷之史楊炎父播舉進士退居求志明皇召拜諫議大夫棄官歸養肅宗時卽家拜散騎常侍號元靖先生播蓋自託於逸民之流故不稱官也炎鳳翔天興人而播自題恒農者舉其族望如顏稱琅邪徐稱東海之類潛研堂金石文跋尾

碑爲徵事郎殿中侍御史內供奉賜緋魚袋張彧撰宏農楊播書宰相世系表楊氏初裔孫播世居扶風子炎相德宗者卽其人也但表言世居扶風而此稱宏農舉族望以自異也其序扶風地舊有聖冢驗其銘曰育王所生因以名焉大魏二年岐州牧少冢宰拓拔□修葺臺殿隨開皇中改爲成實道場仁壽二年右內史李敏讓修之重磨其銘唐自太宗問罪薛舉師次漳川欽承靈蹤及貞觀五年牧伯張德亮又加崇飾中宗旌爲聖朝無憂王寺題舍利塔爲大聖寶塔肅宗以□□五月十□日□□中使宋合禮府尹崔光遠啟發迎赴內道場舊唐書肅宗紀乾元三年二月癸丑以太子少保崔光遠爲鳳翔尹秦隴節度使是也王縉傳代宗令僧百餘人于宮中陳設佛像經念誦謂之內道場不知內道場已起于肅宗時矣授堂金石跋

按此碑題曰大唐聖朝無憂王寺大聖眞身寶塔碑銘據碑文則無憂王寺之額是中宗所題其在隋時爲誠實道場唐武德年間改爲法門寺碑云奉以身命碎于微塵精誠克孚指掌斯獲又云寸餘法身等虛空而無盡似卽所謂手指骨也舊唐書德宗紀貞元六年岐州無憂王寺有佛指骨寸餘先是取來禁中供養正月乙亥詔送還本寺岐州者本魏周所置舊名隋改扶風郡唐初復置岐州至德初升爲西京鳳翔府不知貞元時紀何以仍稱岐州也陝西通志載法門寺在扶風縣北二十里唐書地理志扶風縣本漳川武德二年析岐山縣置貞觀八年更名碑稱太宗聖帝弔薛舉以問罪次漳川而犒師則扶風之法門寺正卽太宗犒師漳川之地與碑合也詳玩碑文指骨藏塔中

三十年一開顯慶五年開後至長安四年復往開之肅宗時又啟發迎赴內道場紀所謂先是取來禁中供養者正指肅宗啟發之事非憲宗所迎之骨也邵氏聞見後錄古塔四層葬佛手指骨一節唐憲宗盛儀衛迎入禁中卽韓吏部表諫者塔下層爲大有石芙渠工製精妙每芙渠一葉上刻一施金錢人姓名殆數千人宮女姓名爲多又刻白玉像所葬佛指骨置金蓮花中隔琉璃水晶匣可見又明人張杰撰碑記云法門寺者唐憲宗迎佛骨之所也元和十四年詔改爲法雲寺勑學士張

仲素撰碑今此碑立于大歷十三年不但在憲宗迎佛骨之前三十餘年且距德宗貞元六年送還本寺亦有十一年則是憲宗迎佛骨之事非此碑所稱之佛骨也困學紀聞但疑無憂王寺與法門寺名不同而不知佛骨是兩事閻若璩謂法門寺卽無憂王寺是矣而亦不辨佛骨之是一是二皆未詳考此碑者也此碑撰文者張彧無傳可攷書者楊播卽楊炎之父傳載肅宗時卽家拜散騎常侍號元靖先生則當書此碑時已拜散騎常侍矣炎傳又稱炎居父喪廬墓側號慕不廢聲有紫芝白雀之祥炎三世以孝行聞門樹六闕古所未有是播亦以孝行聞而門樹二闕矣炎傳又云宰相元載與炎同郡炎又元出也故擢炎吏部侍郎史館修撰會載敗坐貶道州司馬唐書宰相表元載權知門下省事在大歷四年載誅在大歷十二年至十四年八月德宗初卽位召炎爲門下侍郎同中書門下平章事然則炎之歷官居相位皆在大歷四年以後其時父喪以起復則播卒在大歷四年以前而此碑立于十三年播卒已逾十年是書碑在前立碑在後也碑載肅宗藏骨塔中有瑟瑟

數珠一索以賻之博雅云瑟瑟碧珠也本草云瑟瑟卽寶石碧者方以智通雅今寶石出西番回鶻諸坑井內雲南遼東亦有之紅者名刺子碧者名靛子唐人謂之瑟瑟卽此也唐書于闐國傳德宗遣內給事朱如玉之安西求玉于于闐得瑟瑟百斤蓄瑟瑟爲時所寶如此碑末行四月口丑朔廿五日辛口建沕二字据廿五日干爲辛則朔日是丁丑廿五是辛丑也碑避諱書用作冎世作廿泯作泹

段行琛碑

據金石續鈔校

碑高一丈一寸二分廣五尺二寸四分
二十六行行五十二字正書在汧陽縣

大唐贈揚州大都督段府君神道碑銘并序

朝請郎檢校尚書刑部員外郎兼鳳翔少尹侍御史

賜緋魚袋張增書

朝議郎行鳳翔府□□縣尉李同系篆額

巨唐大曆己未歲春正月段府君之子四鎮北庭涇原
鄭潁等州節度使開府儀同三司御史大夫張掖郡王
曰秀實追琢貞石光昭先考展孝思旌休烈也夫流源
者其源長德充者其後大更八姓而至膺五福府君其
人□君諱行琛字行琛宗周柱史垂其裔前漢都尉昌
其業太尉之威懷戎落驃騎之光啟冀方四燕兩魏高
位碩德扶疎於史牒者向二百人以至高門平原忠武
王孝先弼亮北齊奄荒東夏恢武經而抗衡西帝揆文
教而師尹南宮會門德濬初罹否運播遷隴坻度地背
堂隮□望姓在周辟奉朝請入隨直文林館靖恭厥位
獲沒　先朝大父操握機未發早齡即世考達從
調夏官藝極龍豹致果爲毅職統熊羆皆保家之良主
府君生知六行之美學究五經之奧既齒鄉賦高摽甲
科翛翛獨躍於鵷衣從事仍屈於黃綬學有著位我實
當之郡有子弟我實誨之自隴及岐鼎新儒行雖東里

子產西蜀文翁誠存物應蓋未之比厥有成績聞於家
邦猒名位而知止賁丘園而用晦　我國
家雖右斷匈奴之臂時脩大刑於絕漠之表旁求百夫
之特永清萬里之外府君顧謂子張掖王曰尔居能服
勤性成惟孝出可承命遊且有方□穴不探龜組何獲
尔之□昆介弟可以供指使我之先人遺業可以終餘
齒處不擇事安貧敗名曰□慈以激昂俾宣力以勤遠
君子謂府君知愛子之道矣王投筆占募馳駰徂征坐
籌必勝之畧動獲前禽之利洎□宦登通貴佐律副軍
銀章已綰玉關未入府君溫其在邑□且有儀九流百
氏經耳輒誦四憂十義因心必達然猶深居自珍與物
爲春希言中倫知機其神內葆光以恬眞外行簡以依
仁□□奉親之祿欲養而不待身寄有涯之生遷化而
無愳天寶九載夏之季庨遘疾於汧陽御史里之第乙
酉奄歸無物其季於斯七十五稔夫人樂平狄氏吳山
縣丞哲之第六女心婉志柔靜專動直承筐而蘩衍其
實主奠而敬恭無忒下壽初登先時永逝門子祥頴仲
子秀成季子□頴等柴立長號穭謀宅兆明年春孟庨
辛亥遷皇祖及諸父之無後者偕葬於隴山東麓栢谷
掌次列三墳同施一域送終之禮備矣屬歲振天□塵

勣鈔本作勲

驚荊門徵會沙場之右殄殲鐵額之醜王飛鄆及□(匹)既
國擗地崩心夷凶難遂於情禮哭墓復隨於軍
清海裔又牧同中一莅疲人荐彰丕績廣德二年秋九
月乙未　詔追贈府君祕書省著作郎夫人太原
縣太君　恩深歿後之寵慶表生前之訓
上又以王翊亮一節綏御□(匕)戎致位崇獨坐之班咸(成)軍
雪多壘之恥大曆(歷)十年夏五月　詔加贈府君婺
州刺史夫人太原郡太夫人十一年冬舊使尚書左僕
射扶風郡王馬璘遺疾弥留表王請貞師律　詔
仍遷御史大夫既操二重之權克施五利之策平涼安

定函荷其亭育先零罕幵遙服其威信四封無聳三務
有成十三年五月　命朝丹禁面疆戎索
帝曰朕翁孫也俾寫真麟閣稟秇而遣焉及季夏壬寅
又贈府君楊州大都督夫人忻國太夫人榮親揚名二
美兼著傳曰子之能仕父教之忠詩曰維其有之是以
似之見於府君矣雖封樹無改而銘頌未刊過聽謬採
於鄒蕘脩詞愧陳於貿要銘曰
於穆端士神所勞矣貞惠資身義方訓子育德無倦徇
名知止宜其後昆式是繁祉繁祉伊何後昆□(則)然西服
戎胡東定幽燕殊勣(續)克著湛恩上延贈光三錫慶洽重

泉熊軾增寵牛崗啟繇北控汧源西弭隴岫列塋如始
紀□(石)增舊淑德清規終天永茂
大曆(歷)十四年閏五月庚□(寅)朔十三日壬午建
此碑名不著而書法遒逸豐美極是當家書者爲張
增增無書名亦可以知唐人能書者多矣非此碑則
後世不知有增也按碑行琛者忠烈公秀實父忠烈
兄弟四人長祥顏次公次秀成次同顏史傳不著因
爲拈出碑又不署撰文者姓名豈卽張增耶忠烈公
汧陽人碑在汧陽完好可搨趙明誠金石錄又有一
碑云楊炎撰蕭正書與此不同而却無此碑豈段公

有二碑耶書之以俟考　石墨鐫華
此碑人以其非名家也搨者少故石尚全然字固非
惡可以覩唐日文明之盛又何必名家後可存也余
于唐碑多有采錄此更罕得但碑中敘府君之沒張
掖以軍事未見含斂猶之可言至于葬事褒于昆弟
已爲不情乃赴闕出鎮多歷年所未見展墓之請兄
予終制之思卽唐世之不體臣衷亦王之緩于論主
此中曲折覽之閟人及觀宋之名賢永叔阡標瀧岡
全未目見長公自舉進士迨司玉局終身未嘗入蜀
松楸邱墓何以爲心則軍旅之交介冑之士更何多

焉然獨云時制太嚴拚職非易至我朝恤念臣勞士
君子欲仕則仕欲歸則歸有何功令之束中尙有父
母在堂數十年奉諱方八里門者其視唐宋諸人更
媿矣書以志慨墨林快事
此碑標題揚州字作楊攷開成尙書石經淮海惟揚
州字亦從木則是時兩字通用矣關中金石記
段府君行琛太尉秀實之父也碑敘其世系云曾門
德濬初罹否運播遷隴坻新唐書所稱秀實曾祖師
濬仕爲隴州刺史留不歸卽其事也然碑指爲行琛
曾祖於秀實爲高祖而傳仍以爲曾祖且碑言播遷

則已非從仕也又其歷官如碑所指亦惟在周辟奉
朝請入隨直文林館更無所謂刺史也凡此皆疑傳
文爲誤碑云曾門德濬下言大父操考達則德濬卽
行琛曾祖名唐人重嫌忌必非敘他文直犯其家諱
者而傳稱曾祖師濬德誤作師亦宜以碑爲正也行
琛以碑言天寶九載夏之季序遘疾至乙酉奄歸無
物攷秀實本傳李嗣業爲節度使而秀實方居父喪
表起爲義王友充節度判官嗣業傳爲北庭行營節度使亦在收復東都之
後然則嗣業爲節度已當至德改元爲天寶之十四
載通鑑上命河西節度副使李嗣業將兵赴行在下

言以秀實自副將之其語可案據而傳謂居父喪卽
在此時推之碑言天寶九載者蓋誤并失考也通鑑
天寶十載右威衛將軍李嗣業勸仙芝宵遁別將汧
陽段秀實詬嗣業執其手謝之還安西言于仙芝以
秀實兼都知兵馬使爲己判官是嗣業爲右威衛將
軍而秀實爲判官距天寶九載父卒方閒一歲正居
喪時也于事爲得其實授堂金石跋
按此碑書者張增篆額者李同系唐書皆無傳惟
書譜引金石表並列其名亦但据此碑則無他書
可攷矣碑云大歷己未春正月段府君之子四鎭

北庭涇原鄭潁等州節度使開府儀同三司御史
大夫張掖郡王曰秀實追琢貞石光昭先考舊唐
書段秀實傳云德宗嗣位就加檢校禮部尙書張
掖郡王新書傳云代宗幸陝勸白孝德入援知奉
天行營事孝德薦爲涇州刺史封張掖郡王德宗
立加檢校禮部尙書此碑立于大歷十四年閏五
月其時德宗初卽位而碑已有張掖郡王之封蓋
張掖之封在代宗時至德宗嗣位但加檢校禮部
尙書舊唐書誤併于德宗嗣位之後此則新書與
碑合也碑不書檢校禮部尙書者當在立碑以後

也碑稱高祖曰高門曾祖曰曾門未見他碑正字通言世族盛著曰門望引韓顯宗疏云門望者祖父之遺烈碑殆取斯義也碑又稱其長子祥穎曰門子則本周禮春官小宗伯其正室皆謂之門子注謂將代父當門者也然亦未見他碑碑云高門平原忠武王孝先弼亮北齊奄荒東夏北齊書段榮傳長子韶字孝先小字鐵伐天保五年（北史作四年）封平原郡王（北齊書脫平字此從北史）薨謚忠武此碑不曰韶而曰孝先蓋以字行也北齊書傳又稱韶長子懿字德猷第二子深字德深第三子德舉第四子德

衡第七子德堪北史傳則云元妃所生三子懿深亮懿字德猷深字德深亮字德堪而皆不及德濬碑云曾門德濬初罹否運播遷隴坻度地肯堂鬱□望姓蓋是歲年遷居隴中歷仕周隋與孝先離居已久故齊書傳不爲載入不知其爲第幾子唐書段秀實傳亦云曾祖師濬（師字誤）仕爲隴州刺史留不歸更爲汧陽人可互證也懿深亮皆元妃所生則德濬非同母又諸子皆字德某則德濬亦其字也大父操諸傳皆無攷考達舊唐書段秀實傳云官左衛中郎碑則云從調夏官也兩唐書傳皆

稱秀實性至孝六歲母疾水漿不入口七日疾有間然後飲食時號孝童碑故云府君顧謂子張掖王曰爾居能服勤性成惟孝出可承命遊且有方也碑云門子祥穎仲子秀成季子□穎等而不載叔子蓋即秀實已列于前也碑云大歷十一年冬舊使尚書左僕射扶風郡王馬璘遘疾彌留表王請貞師律詔仍遷御史大夫兩傳俱云十一年璘疾甚不能視事請秀實攝節度副使兼左廂兵馬使尋拜秀實涇州刺史兼御史大夫四鎮北庭行軍涇原鄭潁節度使與碑合也碑未行閏五月庚

□朔沕一字以下文十三日壬午推之乃庚午也

茅山紫陽觀靈寶院鐘欵識

鐘之高與圍不知凡幾許茲就其有字者計之共五稜橫廣一尺五寸四分前一區廣五寸五分後四稜廣七寸統計十二行行七字六字八字不等正書

維唐大歷十四年歲次己未□月戊辰朔十五日壬□
□□金□□□□村將仕郎前宣州□水縣尉□□等
六十餘戸共鑄洪鐘一口用銅一百七十斤永充供養
行者徐恬
茅山紫陽觀靈寶院
大丘門

按在孫本上

按戊辰朔爲大歷十四年六月十五日爲壬午也

殷府君夫人碑

碑兩面刻連額高七尺七寸五分廣二尺二寸三分各九行兩側各四行每行並二十九字正書額橫題唐錢唐丞殷君夫人顏君之□十二字篆書在河南府玉虛觀

有唐故杭州錢唐縣丞殷府君夫人碑
第十三姪男金紫光祿大夫行湖州刺史上柱國魯
　郡公眞卿撰并書
君号□定瑯邪臨沂人□□黃門侍郎□□□□□□
□　皇朝秦王記室□曾府君之曾著作郎□□□賢
□□□□□□□□□　皇曹王侍讀贈華州刺史

昭甫府君□□□□□□□□□□□□□慧明達發
乎天均孝仁敬□迴出人表精究□□□□□□□□
□□□□□□其在家也九族仰其壼儀其移天也六
□□□□□□□□□□□□□□□太夫人殷氏□
□□之才膺大家之選□□□□□□□□□□□□
□□元孫府君□子□□惟貞府君藐焉始□□□□
□□□□□□□□□□□擅□名碑側下闕□□□□
□□□□□□□之不登□秩每□文□族祖濬武平
一呂因李□陳□□□朝內弟曜卿允南姨弟劉璀
族弟□同賦詩多擅警絕之句六女長適□□生安陸

介銓孝養於君次適王元□著漢春秋次適蔡九言生
□□□□□爲當代之冠次適顏昭粹粹女適司勲
郎□□□□才器爲海內□□□□欽生濯季淮幼
適我兄闕疑仁□□□□□□□度爲君感□□□
□□及女娉眞卿童禑時特蒙君教言毓奇□□□
□延壽王孫□□□龍□□淹造化篇五都賦不幸
開元廿五季秋七月有五日以隨□□□成□剔□尉
之公館享季八十四粤以明季春正月合祔于東□□
□山之玉寶□禮也嗚呼君全德內充慈仁外被才明
可以□博士法碑側下闕

金石補遺云四面環刻字徑三寸碑書第十三姪男
上柱國魯郡開國公眞卿撰文并書年月缺在河南
府道居寺天王殿前新自地中掘起者按道居寺乃
玉虛觀道紀司也字音訛耳河南府志
右杭州錢唐縣丞殷君夫人顏氏碑首云君號□定
瑯邪臨沂人北齊黃門侍郎之推府君之元皇朝秦
王記室思魯府君之曾著作郎集賢學士勤禮府君
之孫文中又稱秘書監元孫府君太子少保惟貞府
君自父祖以上皆稱府君而直書其名所謂臨文不
諱也篇中不稱夫人而稱君亦變例也稱曾元而去

孫字與漢尹宙碑同唐書殷踐猷傳族子成己晉州長史初母顏叔父吏部郎中敬仲爲酷吏所陷率二妹割耳訴冤敬仲得減死及成己生而左耳缺云蓋此碑乃知卽魯公之姑其二妹者一爲宜芳令裴安期妻其一則殘缺不可辨矣殷君之名殘缺不見寶刻類編載顏魯公書有殷履直夫人顏氏碑開元二十六年立在洛陽疑卽此碑也夫人以開元二十五年卒明年正月祔葬此碑乃魯公爲湖州刺史時追立蓋在大歷間潛研堂金石文跋尾

金石畧載眞卿書獨遺此碑寶刻類編有顏眞卿書殷履直夫人顏氏碑卽此碑四面書字多磨滅其稱殷君云皇朝秦王記室缺二字府君之曾眞卿稱第十三姪男盎其姑也金石補遺云在河南府學道居寺天王殿前新自地中掘出者按此碑已見寶刻類編則非新出中州金石記

碑四面鐫字半已損滅其序夫人號缺一字定而不書諱字蓋婦人不以名行雖表墓之文亦不輕布如此又言夫人贈華州刺史昭甫府君季女與魯公之父爲同母而生者宜魯公臨文之愼也授堂金石跋

按此碑兩面兩側同環刻今搨本失兩側非全文也顏魯公集不載此文無從校補矣額題唐錢唐丞殷君夫人顏君之碑夫稱殷君而夫人稱顏君横題碑首他碑未見文內殷府君名泐不可見杭州府志職官表有唐錢唐縣丞殷履直云見寶刻類編當卽其人前題第十三姪男金紫光祿大夫行湖州刺史上柱國魯郡公眞卿撰并書兩唐書顏眞卿傳眞卿之封魯郡公在代宗嗣位之初其官湖州刺史在元載當國之日此碑文內雖云開元廿六年合祔而立碑當在大歷末年也碑直敘夫人事文內於殷府君不甚詳則此碑爲夫人作蓋是府君先卒已葬而夫人以開元廿五年卒明年乃合祔也自開元廿六年至大歷末相距四十年而後立此碑則碑爲諸孫所立矣碑敘夫人不稱諱某而云号口定亦例之變下述夫人先世郎眞卿之先世而文亦不避祖諱可以見當時臨文之體文多缺泐以眞卿撰家廟碑攷之云黃門侍郎者北齊給事黃門侍郎待詔文林館平原太守隋東宮學士諱之推也云皇朝秦王記室口魯府君之曾者秦王記室諱思魯也云著作郎口口口賢下闕乃著作郎修國史夔府長史贈虢州刺史勤

據原碑校

禮也云曹王侍讀贈華州刺史昭甫府君者即眞卿之祖本名顯甫工篆籀草隸書與內弟殷仲容齊名高宗侍讀曹王屬贈華州刺史也曹王諱明太宗第九子此先世之可攷者也碑又云太夫人殷氏據魯公文集載曹州司法參軍祕書省麗正殿二學士殷君墓碣銘云君諱踐猷字伯起陳郡長平人五代祖不害高祖英童曾祖聞禮祖令言父子敬君長妹蘭陵郡太夫人眞卿先妣也此碑所稱太夫人殷氏似自敘其母然則顏與殷累世迭爲婚媾矣碑此下敘姓名有稱內弟者有稱姨弟者稱謂多他碑未見又夫人生六女適某某皆列其姓名亦始見此碑後云開元廿五年卒于□尉之公館公館二字亦栩見中州金石記謂此碑巳見寳刻類編而疑河南府志新自地中掘起之說爲非蓋寳刻類編撰于宋時此碑當自宋以後入土至近時新出也

顏氏家廟碑

碑連額高一丈一尺四寸四分廣五尺三寸二十四行行四十七字碑陰同側廣一尺二寸各六行行五十二字並正書額題顏氏家廟之碑六字篆書在西安府學

錢本成作成

唐故通議大夫行薛王友柱國贈祕書少監國子祭酒太子少保顏君廟碑銘并序

第七子光祿大夫行吏部尚書充禮儀使上柱國魯郡開國公眞卿撰并書

集賢學士李陽冰篆額

爵孔悝有夷鼎之銘陸機有祠堂之頌皆所以發揮祖德敷演家聲故君子之觀其銘也旣美其所稱又美其所爲無而稱之是誣也有而不述豈仁乎論而譔之敢不祗懼君諱惟貞字叔堅其先出于顓頊之孫祝融融孫安爲曹姓其裔邾武公名夷甫字顏子友別封郳爲小邾子遂以顏爲氏多仕魯爲卿大夫孔門達者七十二人顏氏有八戰國有率燭秦有芝貞漢有異肆安樂其後罹亂譜諜淪亡魏有斐盛盛字叔臺青徐二州刺史關內侯始自魯居于琅邪臨沂孝悌里生廣陵太守給事中葛繹貞子諱欽字公若精韓詩禮易尚書學者宗之生汝陰太守護軍襲葛繹子諱默字靜伯生晉侍中右光祿大夫西平靖侯諱含字宏都隨元帝過江巳下七葉葬在上元幕府山西生侍中光祿勳西平定侯諱髦字君道事具孝行傳生州西曹騎都尉西平侯諱綝字文和生宣成太守御史中丞諱靖之字茂宗生巴陵太守度支校尉諱騰之字宏道善草隸書有風格梁

錢本作五篇

武帝草書評云顔騰之賀道力並便尺牘少行於代生
輔國江夏王參軍諱炳之字叔豹以能書稱生齊持書
御史兼中丞諱見遠字見遠和帝被弑一慟而絕梁武
深恨之事見梁周北齊書生梁鎮西記室參軍諱協字
子和感家門事義不求聞達元帝著懷舊詩以傷之撰
晉仙傳三篇日月災異圖兩卷文集廿卷見梁書生北
五
齊給事黃門侍郎待詔文林館平原太守隋東宮學士
諱之推字介著家訓廿篇冤魂志三卷證俗音字五卷
文集卅卷事具本傳黃門兄之儀周御正御史中大夫
麟趾學士隋文輔政不署矯詔索璽又拒之出為集州

刺史新野公後朝朔望引至御榻曰見危授命臨大節
而不可奪古人所重何以加卿事具周書弟之善隋葉
令子孫見于後黃門生 皇秦王記室諱思魯懸楚
遊秦小記室字孔歸君之曾祖也隋司經校書東宮學
士率子弟奉迎義旗於長春宮招瓜州拜儀同博學善
屬文自為父集序國史稱溫大雅在隋與思魯同事東
宮彥博與愍楚同直內史省彥將與遊秦同典校祕閣
二家兄弟各為一時人物之選少時學業顔氏為優其
後職位溫氏為盛溫氏譜亦載焉生勤禮字敬君之祖
也幼而朗悟識量宏遠工於篆籀尤精詁訓解褐校書

時錢本作時

錢本特作持

郎與兩兄師古相時同時為宏文崇賢學士弟育德又
於司經技定經史當代榮之 太宗嘗令師古譔
崇賢學士以兄弟特命蕭鈞讚之曰依仁服義懷文守
一履道自居下帷終日業彰素里行成蘭室鶴鑰馳稱
龍樓委質著作郎修國史夔府長史贈虢州刺史生昭
甫李名闕敬仲殆庶無恆少連務滋辟強昭甫字周卿君之
父也幼而穎悟尤明詁訓工篆籀草隸書与內弟殷仲
容齊名而勁利過之特為伯父師古所賞重每有註述
必令參定嘗得古鼎廿餘字舉朝莫識盡能讀之
高宗侍讀曹王屬贈華州刺史眞卿表謝 肅

宗批答卿之乃祖當為碩儒既高倚相之能遂有臧孫
之後不墜其業在卿之門生我伯父諱元孫泉君伯父
聰穎絕倫尤工文翰舉進士考功郎劉奇特摽牓之由
是名動海內累遷太子舍人 元懿宗監國專學令
畫嘗和遊苑詩批云孔門稱哲宋室聞賢翰墨云捷莫
之與先歷滁沂豪三州刺史贈祕書監君仁孝友悌少
孤育舅殷仲容氏蒙教筆法家貧無紙筆与兄以黃土
掃壁木石畫而習之故特以草隸擅名天授元年糊名
考判入高等以親累授衢州參軍与盈川令楊炯信安
尉桓彥範相得甚歡又選授洛州溫縣永昌二尉每選

皆判入高科侍郎蘇味道以所試示介衆曰選人中乃
有如此書判嗟歎久之遂代兄爲長安尉太子文學以
清白五爲訪察使魏奉古等所薦五郎初開盛選寮屬
拜薛王友柱國伯姊御史大夫張知泰妻魯郡夫人亡
將葬數家占君不宜臨壙君哭而拒之曰豈有忘手足
之痛牽拘忌而忍自絶乎弗從其季秋七月才生明遘
疾而殁教義者隱而傷焉与會稽賀知章陳郡殷踐猷
吳郡陸象先上谷寇泚河南源光裕博陵崔璩友善事
具陸據所撰神道碑累贈祕書少監國子祭酒太子少
保眞卿表謝　肅宗批答云卿之先人德行優著

學精百氏藝絶六書頻擢甲科屢升循政曳裾王府名
右鄒枚載筆春宮道高徐阮旣而壽乖華髮器紆青雲
業載史臣慶傳令子追存盛美襃贈崇班且旌善於義
方俾揚名於有後豪州生春卿杲卿曜卿旭卿茂曾春
卿工詞翰倜儻有吏材蘇頲舉茂才優師丞杲卿文理
清峻所居有聲太常丞攝常山太守祿山反捡其心手
開土門拜衛尉卿兼中丞城陷杲卿叱詈　遂被鉤舌
支解而終贈太子太保謚曰忠節眞卿表謝　肅
宗批答云自羯胡猖狂入我河縣所在官吏多受迫脅
卿兄以人臣大節獨制横流或俘其謀主或斬其元惡

嘗以救兵懸絶身陷賊庭傷若無人歷數其罪手足寄
於鋒刃忠義形於顏色古所未有朕甚嘉之曜卿工詩
善草隸十五以文學直崇文館淄川司馬旭卿善草書
允山令茂曾好屬文詁訓仁厚絶衆犍爲司馬君生闕
疑允南喬卿眞長幼輿眞卿允臧闕疑仁孝有吏能精
詩傳善剖判杭州參軍允南仁孝有清識工詩人多誦
其佳句善草隸与春卿杲卿曜卿同日於銓庭爲侍郎
席建侯所賞達奚珣薦爲左補闕眞卿時爲殿中正至
三拱　法座蹈舞而衣袂相接者三故允南賦詩
云誰言百人會兄弟也霑陪歷殿中膳部司封郎中司

業金鄉男喬卿仁和有吏幹富平尉眞長清直早世幼
輿方雅有醞藉通班漢左清道兵曹眞卿早孤蒙伯父
泉允南親自教誨舉進士歷校書　制舉醴泉尉陟
清白長安尉三院御史四爲大夫六爲尙書再爲採訪
節度充禮儀使光祿大夫魯郡公允臧敦實孝悌有吏
能　制舉延昌令監察充朔方衣資使殿中三爲侍
御史中允江陵少尹荊南行軍豪州及君孫泉明佐父
開土門彭州司馬威明邛州司馬季明子幹沛詡頗誕
及外孫博野尉沈盈盧逖並爲逆胡所害各蒙贈五品
京官濬好屬文翹華正頵慈明都水使者頍好五言技

書頵仁孝方正明經大理司直嶺南營田判官執巹九
日不食顗河陽尉顗鳳翔叅軍頍工小楷洗馬頎恭仁
奉禮郎竝早卒逝紘方義主簿泉靚竝浚鑾蘘明微明
德明未仕通明獲嘉尉將明昌明尉克明崇文明經衛
客標膀之翹有德行文詞華原主簿準溧水尉覬頗工
文襄陽尉覲有文行宏文進士顥仁友淸白常熟令封
金鄉男頲淸介勤學侍郎蔣冽賞其判京兆兵曹蘘金
鄉男峴仁純常熟主簿任城男頎浚儀尉須淸源尉頂
幹辦揚府法曹願長厚淸白朝邑尉顥左率倉曹碩祕
書正字顏有吏幹歙州錄事叅軍曲阜男頗好爲詩富

陽尉顒好爲文常州叅軍竝粗有所立君之諸祖諸父
羣從揚庭蹟竝侍讀强學益期竝學士中和至誠敬仲
大智温之澂之澹之瑨挺援撰温泳陵竝明經康成强
學希莊日損隱朝鄰幾知微舒說順勝式宣韶竝進士
制舉有意中和邈庭希莊至刺史利仁明天文欣期元
淑景靈竝拔書兖庭注後漢書嘉賓千里昇庠匡朝怡
滔渾允濟搢邈龍不器防有文詞博古少連恭敏惇學
行敬仲温之以孝聞潤有風義晃鏻邈迢以淸白稱其
餘咸著官族不獲悉數洪惟累祖之耿光丕業有若子
泉宏都之德行巴陵記室之書翰特進黃門之文章祕

缺三字

缺三字

監華州之學識肇自曾國格于　聖代紛綸盛美遂
舉集于君君能述遵前人不敢失墜□□□事以忝聿
修宜其克饗尊榮爲淸廟不祧之主眞卿幸承遵訓叨
受　國恩旣荷無疆之休敢揚不朽之烈銘曰
系我宗邾顏公子封郳曾附庸亞孔聖浴沂風判青徐
給事中蘐營柳渡江楓侍兄疾感虵童隣火斷珥貂重
施七葉傳孝恭武□□□司從便尺牘繼負蟲慟君難
儹而終谷記室游湘東嗟御正稟稜忠泉黃門擅文雄
三部長事東宮四穆叔吏牢籠袞華州詁訓通小祕監
盛名鴻維少保文翰工莅畿赤五袞崇登望苑友桂叢

三超贈保儲躬流兖盛廟貌融永不祧垂無窮
建中元季歲次庚申秋七月癸亥朔鐫畢八月巳未
眞卿蒙　恩遷太子少師冬十月壬子男頵封沂
水縣男碩新泰縣男姪男項承縣男頹費縣男頎鄒
縣男微軀官階勳爵竝至二品子姪八人受封無功
無能叨竊至此子孫敬之哉

碑後額

正書十行　行九字

高祖記室君國初居此宅虢州君舍人君侍焉堂今置
廟也高祖妣殷夫人居十字街西北壁第一宅祕書監

君禮部侍郎君侍焉虢州君居後堂華州君於堂中生
焉今充神廚少保君堂今充齋堂廳屋充亞獻終獻齋
室
顏眞卿之隸書李陽冰之古篆二俱奇絕也好古之
士重如珠璧自唐室離亂其碑倒於郊野塵土之內
更慮年深爲牧童稚叟之所毀壞且夫物不終否能
者卽與有都院孔目官李延襲者眞好古博雅君子
也特上告知口府郎中移載入於府城立於　先聖文
宣王廟庶其永示多人流傳千古乃命南岳夢英大
師秉筆書記時太平興國七年八月廿九日移

朝散大夫行殿中侍御史通判永興軍府事師頑
朝散大夫行尚書考功員外郎權知永興軍府事柱
國李準重立
右顏氏家廟碑顏眞卿撰并書眞卿父名惟貞仕至
薛王友眞卿其第七子也述其祖禰羣從官爵甚詳集古錄
右顏魯公家廟碑石刻四面環轉在關中後廟殿宋
初有李延襲者語郡守移置之結法與東方畫像贊
相類而石獨完善少殘缺者覽之風稜秀出精彩注
射勁節直氣隱隱筆畫間吁可重也天寶間安氏跳

天柱折而力扶之者郭尙父張睢陽平原與常山四
耳顏氏獨擅其二碑之所以重者寧獨書哉弇州山人稿
余嘗評顏魯公家廟碑以爲今隸中之有玉箸體者
風華骨格莊密挺秀眞書家至寶而其文比之生平
所結撰尤自詳雅以語顏氏之後人則又其家至寶
也今年冬吾州別駕小山君以家乘來乞敘始知爲
公之裔孫播於茶陵者因舉以歸之弇州山人續稿
陸士龍有言文以述祖德爲美故三代彝器皆孝子
慈孫爲其祖父而立者魯公此碑蓋近之矣又此碑
後有太平興國七年八月二十九日重立李延襲記

十七字篆書乃夢英手筆蓋此碑倒於郊野延襲告
於上官移載入於府城立於文廟故自記之也夫以
顏氏之物子孫不能守而後之人爲之移徙樹立則
不惟顏公之名節可重而字畫亦不容泯矣然則爲
人子孫思以稱述先德而異世之後欲圖不朽者可
以思矣蒼潤軒碑跋
碑文自父以上竝直書其名而加諱字其他伯叔羣
從悉名之尋讀張燕公集有唐贈并州刺史先府君
碑首曰府君諱隲字成隲范陽方城人也又有周通
道館學士張府君墓誌乃說之曾祖也首曰君諱弋

字嵩之范陽方城人也又曰君即太常卿隆之曾孫
徵君子犯之孫河東從事俊之子又有唐處士張府
君墓誌乃說之祖也曰曾祖徵君諱子犯祖河東郡
從事諱俊父通道館學士諱弋竝直書其名而加諱
字唐文粹載陳子昂我府君有周居士文林郎陳公
墓誌文曰公諱元敬字某五世祖太樂生高祖方慶
方慶生曾祖湯湯生祖通通生皇考辯又有梓州射
洪縣武東山陳居士墓銘序曰君諱嗣字宏嗣太樂
即君之高祖父也生曾祖方慶生祖湯生皇考迥君
即迥之第二子也竝直書其名惟父加一諱字劉禹
錫集有子劉子自傳曰曾祖凱官至博州刺史祖鍠
殿中丞侍御史父諱緒浙西鹽鐵副使贈吏部尚書
亦惟父加一諱字白居易集有故鞏縣令白府君事
狀曰高祖諱建曾祖諱士通祖諱志善父諱溫公諱
鍠即居易之祖又曰長子諱季庚襄州別駕事具後
狀其襄州別駕府君事狀曰公諱季庚字某鞏縣府
君之長子即居易之父李翺集有皇祖實錄一篇其
首曰公諱楚金蓋古人臨文不諱而子昂禹錫自祖
以上不加諱字又所謂不逮事王父母則不諱者也
今人自述先人行狀而使他人填諱非古也　文有

云子泉宏都之德行子泉即顏淵也避唐高祖諱金石
文字記
魯公書高祖記室君國初居此宅云云共八十五字
人不知摹搨塵土封翳予拂拭摹出碑前後皆二十
二行每行四十七字左右旁皆六行每行五十字字
此前後面畧小額字又差小　來齋金石刻考畧
自秦造分隸以至東漢增減任意譌舛相錯篆籀古
法遂以大壞魏晉之間鍾王繼起風會雖於是而開
然未能有所是正暨乎六朝壹亂之餘譌以滋譌遞
相傳染日以鄙倍唐興太宗高宗相繼右文書學漸
歸於正虞褚諸公出雖未能盡加刊削然六朝謬體
蓋已十去七八矣延百餘年顏元孫作干祿字書魯
公極力揚扢之於是書體廓然大正每作一字必求
與篆籀吻合無敢或有出入雖其作草亦無不與篆
籀相準蓋自斯喜來得篆籀正法者魯公一人而已
評者譏魯公書真不及草草不及稿以太方嚴爲魯
公病豈知寧樸無華寧拙無巧故是篆籀正法此家
廟碑乃公用力深至之作當是時公年已七十有二
去其死李希烈之難不過五年年高筆老風力遒厚
又爲家廟立碑挾泰山巖巖氣象加以俎豆肅穆之

意故其爲書莊嚴端慤如商周彝鼎不可逼視少師告亦書於是年而風度開明如端人正士冠裳珮玉蓋書家廟則精神肅敬少師告則意緒堂皇故書雖出於一時而韻趣迥別有如此也碑經五季之亂倒於永興郊野宋初太平興國七年都院孔目李延褫者始告於殿中侍御史師頏知永興軍府事李準移植學宫書環四面其後一面字較清朗然比於元刻氣味今古迥絶意其棄擲郊野時經樵夫牧豎毁壞李延褫以舊本重刻而後序未之詳耳元本兩側字形畧小余特擴而大之令與前後齊一以便觀覽又

李陽冰篆額之後有碑陰一小方詳敘立廟規則而知而搨者絶少余并臨於後文闕四字據都穆金薤琳瑯補足之於是家廟碑由篆額以迄碑陰都二千八百二十八字無一字闕後有夢英楷跋并李延褫蒙跋亦夢英所書盡皆臨之經始於雍正七年八月至九月廿有五日乃完即日覡書其後　禮不逮事父母則不諱王父母魯公少孤故於勤禮昭甫兩世不稱諱則不諱王父母之義也其於父則稱諱者則禮所謂死則諱之者也然不逮事父母於王父母且不諱乃自欽至思魯十二世又稱諱何歟服絶於高祖廟制親盡則祧以親而言思魯爲魯公高祖親未盡宜稱諱則勤禮昭甫於公益親尤宜稱諱而碑不稱諱若執不諱王父母之義則祖既不諱自祖以上槩不必諱而各加諱字殊無義例蓋魯公徒以思魯以上尊故宜稱諱而不準諸禮故多所未合又意在行文不及按點故稱與不稱皆不免錯出耳顧寧人金石文字記謂碑自祖以上並直書名而加諱字蓋未詳察之故若今人自述先人行狀而使他人填諱爲不合於臨文不諱之義則顧氏之辨可謂卓已

按宣和書譜李陽冰字少温趙郡人官至將作監其

書名每作𠌫說文冰魚陵切凝本字徐鉉云今作筆陵切以爲冰凍之冰陽冰蓋取海賦陽冰不冶之義故字少温猶韓文公名愈而字退之也今人每稱李監爲陽凝不讀仌者便以爲誤實則當爲冰凍之冰若云陽凝則於少温之義無取其所以書𠌫者以仌字獨書難以成文故隸楷皆從冰猶主字篆當從丶獨書不成文故皆從鐙主之主也今魯公家廟碑書冰作冰并於冰省一筆其非凝可知不然不應以目前好友誤書其名如此虛舟題跋

右騐太子少保顏惟貞廟碑唐書稱眞卿爲師古五

世從孫以此碑證之魯公乃崇賢學士勤禮之曾孫師古與勤禮爲親兄弟則魯公於師古爲從曾孫不得云五世從孫也廣韻顏姓出琅邪本自魯伯禽支庶有食采顏邑者因而著族又邾武公名夷字曰顏故公羊傳稱顏公後遂爲氏然則琅邪顏氏出自姬姓與曹姓之顏源流各別碑稱邾武公名夷甫字顏子友別封郳爲小邾子遂以顏爲氏多仕魯爲卿大夫魏有青徐二州刺史盛始自魯居于琅邪臨沂孝悌里與廣韻異魯公自云官階勳爵竝至二品予以史證之太子少師官也光祿大夫階也皆從二品上

柱國勳也魯郡開國公爵也皆正二品　又顏氏家廟碑陰額上題字凡十行八十五字亦魯公所書記改堂爲廟室神廚之事爾雅四達謂之衢謂交道四出者今俗所謂十字街也然北史李庶傳劉家莊七帝坊十字街東南此碑亦云殷夫人居十字街西北壁第一宅則十字街之名亦古矣號本从号今从乎亦體之別者　潛研堂金石文跋尾

碑魯公自敘歷譜其世系所出以逮子姓號爲詳備然載先出于顓頊之孫祝融孫安爲曹姓其裔邾武公名夷甫字顏子友別封郳爲小邾子遂以顏爲氏

顧亭林案左傳襄十九年齊侯娶于魯曰顏懿姬其姪鬷聲姬注曰顏鬷皆姬母姓當云母氏則顏之爲姬姓爲魯族審矣姓譜曰顏姓本自魯伯禽支子有食采顏邑者因以爲族其出于邾之說本自圖稱葛洪蓋徒見公羊於邾有顏公之稱而不考之于左氏也莒之犂比公豈必爲犂彌之祖乎案魯公當承其家學如師古註急就篇顏氏魯伯禽支庶食采顏邑因著族又顓頊之後封邾邾武公名夷父字顏公羊傳謂顏公其後遂稱顏氏故魯公臨文不檢已爲後人所詆而世尤妄爲牽附乃于己之所祖而肆誣焉抑何惑歟又碑敘之儀則謂黃門

兄今北史云之推弟之儀魯公去隨未遠又上書不過五世此必有所據史載之推二子長曰思魯次曰敏楚碑作愍楚敏與愍音同故通用之若之儀碑載出爲集州刺史新野公北史于之儀拒命下云出爲西疆郡守及踐極詔徵還京師進爵新野郡公開皇五年拜集州刺史較碑頗詳而進爵亦稍有先後此尤可互見乃足覩其全者故亦不可不兼取資也　授堂金石跋

按此碑魯公爲其父立廟而建碑以紀之也子爲父立廟而碑題曰顏君文中亦多稱君又金石之

一例也文實正書而夢英記乃謂之隸書古八楷
字多謂之隸書唐六典校書郎正字所掌有五一
古文二大篆三小篆四八分五隸書八分石經碑
用之隸書典籍表奏公私文疏用之惟其爲楷書
始可用于表奏文疏也東魏時有文覺寺碑楷書
也而題曰隸書夢英之語同其例也文敘先世云
出于顓頊之孫祝融融孫安爲曹姓其裔邾武公
名夷甫字顏子友別封郳爲小邾子遂以顏爲氏
通志氏族畧顏氏曹姓顓帝元孫陸終第五子曰
安安裔孫挾周武王時封之于邾爲魯附庸至于

夷父字顏公羊謂之顏公子孫因以爲氏據圖稱
陳留風俗傳及葛洪要字皆如此云但謂顏爲武
公然邾自顏六世至文公蘧蒢始有爵謚武公之
號未必然也王儉譜云顏氏出自魯侯伯禽支庶
食采顏邑因氏焉眞卿尚書譜云未知儉何所憑
故當依圖葛二家及舊譜爲定據此知魯公已自
不主王儉出自伯禽之說鄭氏復不檢左傳齊侯
娶魯顏懿姬之語而皆專主顏氏爲曹姓也但氏
族畧以安爲祝融之孫顓頊元孫之子據碑則安
爲顓頊之元孫據史記顓頊生子窮蟬又生稱稱

生卷章卷章生重黎卽祝融吳回吳回生陸終陸終
生子六人五曰曹姓則與鄭氏合然曹姓是吳回
之孫非祝融之孫又不同也碑云孔門達者七十
二人顏氏有八敘孔門弟子之顏姓者曰顏回字子
淵顏無繇字路顏幸字子柳顏之僕史記云字叔家語字子叔顏噲
字子聲顏何史記云字冉家語云字稱顏高史記云字子驕家語云名產今本家語作
顏刻字子驕顏祖史記云祖字襄家語云顏相字子襄凡八人又據李鍇
尚史引呂覽有顏涿聚史記作濁鄒左傳作顏庚齊大夫初梁
父之大盜也學于孔子爲天下名士以終其壽史
記孔子世家云弟子三千身通六藝者七十有二

人如顏濁鄒之徒受業者甚衆則是涿聚亦孔門
弟子之姓顏氏者而史記弟子列傳無其人此碑
但云八人涿聚亦不在其列矣碑云戰國有率燭
泰有芝貞漢有異肆安樂戰國策有顏斶齊宣王
見之曰斶前斶亦曰王前按顏斶春秋後語作王蠋萬姓統譜併合爲顏
蠋未見有所謂率燭者芝貞異肆亦無攷安樂字
公孫魯國薛人家貧爲學精力官至齊郡太守丞
見前漢書儒林傳碑云魏有斐盛盛卽詳本碑斐
見三國魏志附倉慈傳云京兆太守濟北顏斐注
引魏畧云斐字文林有才學黃初初爲黃門侍郎

後爲京兆太守遷平原太守吏民啼泣遮道車不得前碑云盛生欽欽生默默生含含生髦欽默皆附見晉書顏含傳而事蹟不詳含在晉書孝友傳云少有操行以孝聞兄畿死復活含絕棄人事躬親侍養兩兄繼殁次嫂樊氏因疾失明醫人疏方須鬚蚺膽無由得之有青衣童子持青囊乃蚺膽也童子出戸化成青鳥飛去此碑銘詞所謂侍兄疾感蚺童者指此然云兄疾與傳異含後歷官累遷光禄勳三子髦謙約髦歷黄門郎侍中光禄勳含喪在殯鄰家失火移棺紼斷火將至而滅斂以爲淳誠所感碑所謂事具孝行傳者如此碑云髦生綝綝生靖之靖之生騰之騰之生炳之炳之生見遠見遠生協協生之推之儀之善之儀爲之推弟碑云黄門見者疑碑經重刻致誤梁書顏協傳父見遠博學有志行齊和帝鎭荆州以見遠爲錄事參軍及卽位于江陵以爲治書侍御史兼中丞高祖受禪見遠乃不食發憤數日而卒協博涉羣書工草隸世祖鎭荆州轉正記室吳郡顧協亦在蕃邸府中稱爲二協卒世祖爲懷舊詩傷之云宏都多雅度信乃含賓實鴻漸殊未昇上才淹下秩傳與碑參攷互有詳畧

又傳云協撰晉仙傳五篇碑作三篇爲異北齊書顏之推傳云之推九世祖含据碑當爲八世祖梁書協傳云七代祖含則于之推爲八世祖此云九世者誤也父協梁湘東王繹鎭西府諮議參軍梁書傳作緦釋褐湘東王國常侍又兼府記室名與官彼此互異世善周官左氏學之推早傳家業甚爲西府所稱繹以爲其國左常侍加鎭西墨曹參軍繹自立以爲散騎侍郎累官平原太守齊亡入周大象末御史上士隋開皇中太子召爲學士碑不敘大象之官傳不載究魂志證俗音字二書各有畧也周書之儀傳字子升官爵與碑同有文集十卷碑所畧碑云之推生思魯君之曾祖思魯生勤禮君之祖勤禮生昭甫君之父思魯兩唐書附見師古傳勤禮昭甫俱無攷碑所載國史稱温大雅在隋與思魯同事東宮彥博與愍楚同直内史省彥將與遊秦同典校祕閣二家兄弟各爲一時人物之盛二家兄弟者卽謂思魯與弟愍楚遊秦温大雅與弟彥博字大臨大有字彥將今檢兩唐書顏温諸傳俱不載此國史語蓋史家畧之矣碑云昭甫明詁訓工篆籒草隸書與内弟殷仲容齊名又云君少孤育舅殷仲容氏蒙教筆法殷仲容爲君之舅則爲昭甫之妻

兄弟而上文有內弟之稱儀禮舅之子注云內兄
弟也爾雅姑舅之子爲內兄弟昭甫稱殷仲容爲
內弟則昭甫之子不當稱爲舅矣据碑陰稱高祖
妣殷夫人是思魯之妻夫人之兄弟勤禮當稱舅
兄弟之子勤禮當稱內兄弟兄弟之孫昭甫當稱
內兄弟或者昭甫更娶殷夫人兄弟之孫則君當
稱仲容爲舅也又魯公之母亦殷氏見前殷君夫
人碑若然則顏氏三世娶于殷矣書小史載顏元
孫少孤養于舅殷仲容家尤善草隸仲容以能書
爲天下所宗人造請者縢盈几輒令代遺元孫爲

君之兄是兄弟並育于舅氏而書法並爲舅氏所
授矣碑云君與會稽賀知章陳郡殷踐猷吳郡陸
象先上谷寇泚河南源光裕博陵崔璩友善唐書
傳賀知章字季眞越州永興人唐書地理志越州永興縣儀鳳二年
置天寶元年更名蕭山屬會稽郡碑稱會稽者從郡名與族姑子陸象先善
肅宗爲太子授祕書監善草隸殷踐猷郎仲容從
子字仲起與賀知章陸象先韋述最善授祕書省
學士陸象先蘇州吳人元方子尤知名元宗朝累
官太子少保源光裕相州臨漳人乾曜族孫亦有
名由中書舍人累官鄭州刺史崔璩博陵安平人

元暐子官終禮部侍郎惟寇泚無攷碑云豪州生
春卿杲卿曜卿旭卿茂曾豪州者卽元孫官滁沂
豪三州刺史長子春卿次杲卿唐書傳春卿十六
舉明經拔萃高第調犀浦主簿轉蜀尉蘇頲在蜀
爲長史被譖繫獄爲攖欄賦自託頲遽出之据碑
則頲爲春卿舉主也春卿終偃師丞臨終捉眞卿
臂曰爾當大吾族顧我不得見以諸子諉汝眞卿
主其昏嫁是春卿有子而碑未晰也杲卿字昕開
元中與兄春卿弟曜卿並以書判超等吏部侍郎
席豫咨嗟推伏据碑則同日試超等者尚有曾公

之兄允南也杲卿後死祿山之難自旭卿以下羣
從俱無傳碑云君生闕疑允南喬卿眞長幼輿眞
卿允臧凡七子而眞卿爲第六子此碑首行稱第
七子所未詳也眞卿本傳云帝崩以爲禮儀使代
宗以大歷十四年五月辛酉崩十月己酉葬此碑
立于建中元年七月距葬後已踰半年而結銜尚
云充禮儀使殆猶未解此職也碑書茂生明爲才
生明崇班爲崇斑或是借用或重刻之訛唐書宰
相世系表不列顏氏故關中金石志特据此碑及
晉兆齊唐諸顏氏傳攷定爲曾公世系列于志中

而考證未備茲故纓述之

據原碑
趙本校

金石萃編卷一百二

賜進士出身誥授光祿大夫刑部右侍郎加七級王昶譔

唐六十二

景教流行中國碑

碑高四尺七寸五分廣三尺五寸三十二行行六十二字正書在西安府

景教流行中國碑頌并序

大秦寺僧景淨述

朝議郎前行台州司士參軍呂秀巖書

粵若常然眞寂先先而无元（元）（元）窅然靈虛後後而妙有總玄樞而造化妙衆聖以元尊者其唯 我三一妙身无元眞主阿羅訶歟判十字以定四方鼓元風而生二氣暗空易而天地開日月運而晝夜作匠成万物然立初人別賜良和令鎭化海渾元之性虛而不盈素蕩之心本無希嗜洎乎娑殫施妄鈿飾純精閒平大於此是之中隟冥同於彼非之內是以三百六十五種肩隨結轍競織法羅或指物以託宗或空有以淪二或禱祀以邀福或伐善以矯人智慮營營恩情役役茫然無得煎迫轉燒積昧亡途久迷休復於是 我三一分身景尊弥施訶戢隱眞威同人出代神天宣慶室女誕聖於大秦景宿告祥波斯覩耀以來貢圓廿四聖有說之舊

法理家國於大猷設 三一淨風無言之新教陶良用
於正信制八境之度鍊塵成眞啟三常之門開生滅死
懸景日以破暗府魔妄於是乎悉摧棹慈航以登明宮
含靈於是乎既濟能事斯畢亭午昇眞經留廿七部張
廟諱化以發靈關法浴水風滌浮華而潔虛白印持口字
融四照以合無拘擊木震仁惠之音東禮趣生榮之路
存鬚所以有外行削頂所以無內情不畜臧獲均貴賤
於人不聚貨財示罄遺於我齋以伏識而成戒以靜愼
爲固七時禮讚大庇存亡七日一薦洗心反素眞常之
道妙而難名功用昭彰强稱景教惟道非聖不廟諱聖非

道不大道聖符契天下文明 太宗文皇帝光華啟
運明聖臨人大秦國有上德曰阿羅本占青雲而載眞
經望風律以馳艱險貞觀九祀至於長安 帝使宰臣
房公廟諱齡總仗西郊賓迎入內翻經書殿問道禁闈深
知正眞特令傳授貞觀十有二年秋七月詔曰道無常
名聖無常體隨方設教密濟羣生大秦國大德阿羅本
遠將經像來獻上京詳其教旨廟諱妙無爲觀其廟諱宗生
成立要詞無繁說理有忘筌濟物利人宜行天下所司
卽於京義寧坊造大秦寺一所度僧廿一人宗周德喪
青駕西昇巨唐道光景風東扇旋令有司將 帝寫眞

轉摸寺壁天姿汎彩英朗景門聖迹騰祥永輝法界案
西域圖記及漢魏史策大秦國南統珊瑚之海北極衆
寶之山西望仙境花林東接長風弱水其土出火綄布
返魂香明月珠夜光璧俗無寇盜人有樂康法非景不
行主非德不立土宇廣闊文物昌明 高宗大帝克
恭纘祖潤色眞宗而於諸州各置景寺仍崇阿羅本爲
鎭國大法主法流十道國富元休寺滿百城家殷景福
聖廟諱年釋子用壯騰口於東周先天末下士大笑訕謗
於西鎬有若僧首羅含大德及烈並金方貴緒物外高
僧共振廟諱綱俱維絕紐 廟諱宗至道皇帝令寧國等

五王親臨福宇建立壇場法棟暫橈而更崇道石時傾
而復正天寶初令大將軍高力士送 五聖寫眞寺
內安置賜絹百疋奉慶睿圖龍髯雖遠弓劍可攀日角
舒光天顏咫尺三載大秦國有僧佶和瞻星向化望日
朝尊詔僧羅含僧普論等一七人與大德佶和於興慶
宮修功德於是天題寺牓額戴龍書寶裝璀翠灼爍丹
霞睿扎宏空騰凌激日寵賚比南山峻極沛澤與東海
齊深道無不可所可可名聖無不作所作可述 肅
宗文明皇帝於靈武等五郡重立景寺元善資而福祚
開大慶臨而皇業建 代宗文武皇帝恢張聖運從

王帳當是玉帳

事無為每於降誕之辰錫天香以告成功頒御饌以光
景衆且乾以美利故能廣生聖以體諱元故能亭毒
我建中聖神文武皇帝披八政以黜陟幽明闡九疇以
惟新景命化通諱元理祝無愧心至於方大而虛專靜而
恕廣慈救衆苦善貸被羣生者我修行之大猷汲引之
階漸也若使風雨時天下靜人能理物能清存能昌歿
能樂念生響應情發目誠者我景力能事之功用也大
施主金紫光祿大夫同朔方節度副使試殿中監賜紫
袈裟僧伊斯和而好惠聞道勤行遠自王舍之城聿來
中夏術高三代藝博十全始效節於丹庭乃策名於王

帳中書令汾陽郡王郭公子儀初總戎於朔方也
肅宗俾之從邁雖見親於臥內不自異於行間為公爪
牙作軍耳目能散祿賜不積於家獻臨恩之頗黎布辭
憩之金罽或仍其舊寺或重廣法堂崇飾廊宇如翬斯
飛更効景門依仁施利每歲集四寺僧徒虔事精供備
諸五旬餧者來而飰之寒者來而衣之病者療而起之
死者葬而安之淸節達娑未聞斯美白衣景士今見其
人願刻洪碑以揚休烈詞曰　眞主无諱元湛寂常然擢權
輿匠化起地立天分身出代救度無邊日昇暗滅咸證
眞諱元　赫赫文皇道冠前王乘時撥亂乾廓坤張明

明景教言歸我唐翻經建寺存歿舟航百福偕作萬邦
之康　高宗纂祖更築精宇和宮敞朗遍滿中土眞
道宣明式封法主人有樂康物無災苦　諱元宗啓聖
克修眞正御牓揚輝天書蔚映皇圖璀璨率土高敬庶
績咸熙人賴其慶　肅宗來復天威引駕聖日舒晶
祥風掃夜祚歸皇室祓氛永謝止沸定塵造我區夏
代宗孝義德合天地開貸生成物資美利香以報功
仁以作施暘谷來威月窟畢萃　建中統極聿修明
德武肅四溟文淸萬域燭臨人隱鏡觀物色六合昭蘇
百蠻取則道惟廣兮應惟密強名言兮演三一　主

能作兮臣能述建豐碑兮頌元吉
大唐建中二年歲在作噩太蔟月七日大耀森文日
建立　時法主僧寧恕知東方之景衆也
右碑下及東西三面皆列彼國字式下有助檢校試
太常卿賜紫袈裟寺主僧業利檢挍建立碑石僧行
通雜于字中字皆左轉弗能譯也按碑三一妙身元
元眞主阿羅訶者教之主也大秦國上德阿羅本者
于貞觀九年至長安也京兆府義寧坊建大秦寺度
僧廿一人貞觀十有二年也此即天主教始入中國
自唐至今其教徧天下矣予讀西域傳拂菻古大秦

國居西海上去京師四萬里與扶南交阯五天竺相
貿易開元盛時西戎冒萬里而至者百餘國輒貢經
典迎入內䌷經殿遂使異方之教行于中國然惟建
寺可以度僧計當時寺五千三百五十八僧七萬五
千二十四尼五萬五百七十六凡兩京度僧尼御史
一人涖之僧尼出踰宿者立案止民家不過三宿九
年不還者編諸籍甚嚴也今天下寺不常建而僧尼
遂至無筭何耶金石錄補
今在西安城西金勝寺內明崇禎閒西安守晉陵鄒
靜長先生有幼子曰化生生而雋慧甫能行便解作

合掌禮佛二六時中略無疲懈居無何而病微瞑笑
覛脩然長逝卜葬於長安崇仁寺之南掘數尺得一
石乃景教流行碑也此碑沉埋千年而今始出質之
三世因緣此兒其淨頭陀再來耶則佳城之待沈彬
開門之俟陽明此語爲不誣矣見頻陽劉雨化集中
字完好無一損者下截及末多作佛經番字來齋金石刻考
略
大秦卽梨軒說文作麗軒漢書西域傳所稱犂靬條
支臨西海者是也後漢書云以在海西故亦云海西
國水經注恆水又逕波麗國是佛外祖國也法顯曰

恆水東到多摩棃軒國卽是海口釋氏西域記曰大
秦一名棃軒道元據此葢以棃靬爲卽波麗矣攷條
支卽波斯國魏書云地在忸密之西東去棃靬猶一
萬里長安志義寧坊有波斯寺唐貞觀十二年太宗
爲大秦國胡僧阿羅斯立應是大秦僧人入中國之
始合之碑則云于義寧坊造大秦寺兩國所奉之教
略同故寺名通用耶阿羅斯碑作阿羅本當是敏求
之誤關中金石記
右景教流行中國碑景教者西域大秦國人所立教
也舒元輿重岩寺碑穢夷而來者有摩尼焉大秦焉

秋疑祆字神焉合天下三夷寺不足當吾釋氏一小邑
之數今摩尼祆神祠久廢不知所自獨此碑叙景教
傳授頗詳葢始於唐初大秦僧阿羅本攜經像至長
安太宗詔所司於義寧坊造寺一所度僧廿一人高
宗時崇阿羅本爲鎮國大法主仍令諸州各置景寺
其僧皆削頂留鬚七時禮讚七日一薦所奉之像則
三一妙身无元眞主阿羅訶也今歐羅巴奉天主耶
穌溯其生年當隋開皇之世或云卽大秦遺教未審
然否後題大蔟月七日大耀森文日建立所云大耀
森文亦彼教中語火綄布卽火浣布也潛研堂金石文跋尾

萬歷間長安民鋤地得唐建中二年景教碑士大夫習西學者相矜謂有唐之世其教已流行中國問何以爲景教而不知也按宋敏求長安志義寧坊街東之北波斯胡寺貞觀十二年太宗爲大秦國胡僧阿羅斯立又云醴泉坊之東舊波斯寺儀鳳二年波斯三卑路斯請建波斯寺神龍中宗楚客占爲宅移寺于布政坊西南隅祆祠之西冊府元龜天寶四載九月詔曰波斯經教出自大秦傳習而來久行中國爰初建寺因以爲名將以示人必循其本其兩京波斯寺宜改爲大秦寺天下諸州郡宜准此此大秦寺建

立之緣起也碑云大秦國有上德曰阿羅本貞觀九祀至于長安十二年秋七月于京師義寧坊建大秦寺阿羅本卽阿羅斯也寺初名波斯儀鳳中尚仍舊名天寶四載方改名大秦碑言貞觀中詔賜名大秦寺夷僧之誇詞也舒元輿重巖寺碑云合天下三夷寺不足當吾釋寺一小邑之數釋寺唯一夷寺有三摩尼卽末尼也大秦卽景教也祆神卽波斯也今据元輿記而詳考之長安志曰布政司西南隅胡祆祠武德四年立西域胡天神也祠有薩寶府官主祠祆神亦以胡祝稱其職東京記引四夷朝貢圖云康國

有神名祆畢國有火祆祠疑因是建廟王溥唐會要云波斯國西與吐蕃康居接西北拒佛菻卽大秦也其俗事天地日月水火諸神西域諸胡事火祆者皆詣波斯受法故曰波斯教卽火祆也宋人姚寬曰火祆字從天胡神也經所謂摩醯首羅本起大波斯國號蘇魯支有弟子名元眞居波斯國大總長如火山後化行于中國然祆神專主事火而寬以爲摩醯首羅者以波斯之教事天地水火之總故諸胡皆詣受教不專一法也大秦之教本不出于波斯及阿羅訶者出則自別于諸胡碑言三百六十五種之中或空有以

淪二或禱祀以邀福彼不欲過而問焉初假波斯之名以入長安後乃改名以立異地志稱默德那爲回回祖國其教以事天爲本經有三十藏凡三千六百餘卷西洋諸國皆宗之今碑云三百六十五種肩隨結轍豈非回回祖國之三十藏與若末尼則志磐統紀序之獨詳開元二十年敕云末尼本是邪見妄稱佛法旣爲西胡師法其徒自行不須科罰大歷六年回紇請荊揚等州置摩尼寺其徒白衣白冠會昌三年秋敕京城女末尼凡七十二人皆死梁貞明六年陳州末尼反立毋乙爲天子發兵禽斬之其徒不茹

葷酒夜聚婬穢畫魔王踞坐佛爲洗足云佛上大乘我乃上上乘盎末尼爲白雲白蓮之流于三種中爲最劣矣以元輿三夷寺之例覈而斷之三夷寺皆外道也皆邪教也所謂景教流行者則夷僧之黠者稍通文字膏脣拭舌妄爲之詞而非果有異于摩尼祆神也（錢氏景教考）

右錢氏景教考曰大秦曰回回曰末尼大秦則范蔚宗已爲立傳末尼因回回以入中國獨回回之教種族蔓衍士大夫且有慕而從之者其在唐時史固稱其創邸第佛祠或伏甲其間數出中渭橋與軍人格

鬭奪含光門魚契走城外而摩尼至京師歲往來西市商賈頗與囊橐爲姦李文饒亦稱其挾邪作蠱浸淫宇內則其可絕者匪特非我族類而已作景教續考

回回之先即默德那國國王穆罕默德（四譯館考作謨罕驀德）生而靈異臣服西域諸國尊爲別諳援爾華言天使也而天方古史稱阿丹奉眞宰明諭定分定制傳及後世千餘載後洪水泛濫有大聖努海受命治世使其徒衆四方治水因有人焉此去阿丹降世之初盎二千餘歲後世之習清眞之教者乃更衍其說曰阿丹傳施師師傳努海海傳易卜剌欣欣傳易司馬儀儀傳母撒撒傳達五德德傳爾撒爾撒不得其傳六百年而後穆罕默德生命曰聆聽猶言封印云

按唐之回紇即今之回回回紇之先爲匈奴元魏時號高車或曰勅勒曰鐵勒其見於魏收李延壽宋祁之史班班可攷異端之徒剏爲荒忽幽怪之談以欺世而眩俗如天方古史云云者其尤可軒渠者也又言國中有佛經三十藏自阿丹至爾撒凡得百十有四部如討剌特（降與母撒之經名）則逋爾（降與達五德之經名）引支納（降與爾撒之經名）皆經之最大者自穆罕默德按經六千六百六十六章名曰甫爾加尼此外爲今清眞所誦習

者又有古爾阿尼之寶命眞經特福西爾噶最之噶最眞經特福西爾咱吸堤之咱希德眞經特福西爾白索義爾之大觀眞經密邇索德之道行推原經勒瓦一合之昭微經特卜綏爾之大觀經侏僑昧任不可窮詰而其彜在四驛館者回回特爲八館之首問之則云書兼篆楷草西洋若土魯番天方撒爾兒罕占城日本眞臘瓜哇滿剌加諸國皆用之夫篆楷草爲吾中國書法之次第其徒特借以神其誕幻而顧倒道而行迮道而說以爲得天之明諭噫是何其無忌憚之甚也今以其教之在中國者而考之隋開皇

中國人撒哈八撒阿的斡思葛始以其教來故明初用回回歷其法亦起自開皇至唐元和初回紇再朝獻始以摩尼至其法日晏食飲水茹葷屏湩酪見新唐書回紇傳二年正月庚子請於河南府太原府置摩尼寺許之見舊唐書憲宗紀明洪武時大將入燕都得秘藏之書數十百冊稱乾方先聖之書中國無解其文者太祖勅翰林編修馬沙亦黑馬哈麻譯之而回回之教遂盤互於中土而不可復遺矣至於天方則古筠沖地舊名天堂又名西域其國本與回回為鄰明宣德間乃始入貢而今之清真禮拜寺遂合而一之念禮齋課朝五之類月無虛夕異言奇服招搖過市而恬然不以為怪其亦可謂不齒之民也已道古堂文集

按此碑原委景教考言之已詳潛研跋謂今歐邏巴奉天主耶穌或云即大秦遺教据碑有判十字以定四方之語今天主教常舉手作十字與碑言似合然　日下舊聞考載天主堂搆于西洋利瑪竇自歐邏巴航海九萬里入中國崇奉天主云云歐邏巴在極西北須從海中大西洋迤西而南經小西洋大南洋抵占城瓊島泊交廣以達中土有九萬里之遠也若大秦國以　本朝職方會覽四裔圖說諸書攷之大秦一名如德亞今稱西多尔在歐邏巴南雖陸路可通而甚遼遠似不能合為一也杭氏續考專論回回之教其說亦詳然謂唐之回紇即今之回回說亦未然唐之回紇即回鶻其地與薛延陀為鄰距長安祇七千里若回回有祖國以今職方諸書攷之在古大秦國之東一名伯尔西亞今稱包社大白頭番與回紇隔遠亦不能合為一也碑稱大秦國上德阿羅本兩唐書西域傳所載諸國惟拂菻一名大秦然無一語及景教入中國之事唐會要稱波斯國西北距佛菻即拂菻則波斯在拂菻之東南故長安志所載大秦寺其初謂之波斯寺玩天寶四載詔書波斯經教出自大秦則所謂景教者實自波斯而溯其源於大秦也唐書西域傳波斯距京師萬五千里其法祠祆神與唐會要語同然亦無所謂景教者祆神字當从示从天讀呼煙切與从夭者別說文云關中謂天為祆廣韻云胡神所謂關中者統西域而言西北諸國事天最敬故君長謂之天可汗山謂之天山而神謂之祆神延及歐邏巴奉教謂之天主皆以天該之唐傳載波斯國俗似與今回回相同

據趙本校

玄宗下缺一字

代宗一缺一字

此碑稱常然眞寂戢隱眞威亭午昇眞眞常之道
占青雲而載眞經舉眞字不一而足今所建回回
堂謂之禮拜寺又謂之眞教寺似乎今回回之教
未始不源于景教然其中自有同異特以彼教難
通未能剖析姑備錄諸說以資博攷至碑稱景教
景字之義文中只二語云景宿告祥懸景日以破
暗府是與景星景光臨照之義相符然則唐避諱
丙以景代丙亦此義歟

不空和尚碑

碑高八尺三寸五分廣四尺一寸八分
二十四行行四十八字正書在西安府

唐大興善寺故大德大辯正廣智三藏和尚碑銘并序

銀青光祿大夫御史大夫上柱國馮翊縣開國公嚴
郢撰
銀青光祿大夫彭王傅上柱國會稽縣開國公徐浩
書

和尚諱不空西域人也氏族不聞於中夏故不書
玄宗□知至道特見高卬詑　肅宗
代宗三朝皆爲灌頂國師以玄言德祥開
右　至尊　代□初以特進大鴻
臚褒表之及示疾不起又就臥內加開府儀同三司肅

曆下缺二字

爲下缺一字

缺一字

缺一字

錢本九月下即接以字

錢本作傳於

缺一字

缺一字

國公皆牢讓不允特錫法号曰大廣智三藏大曆□□
夏六月癸未滅度於京師大興善寺　代宗
爲□廢朝三日贈司空追謚大辯正廣智三藏和尚荼
毗之時□遣中謁者齋　祝文祖祭申如在
之敬　睿詞□切嘉薦令芳禮冠羣倫舉無
與比明年九月　□以舍利起塔於舊居寺
院和尚性聰朗博貫前佛萬法要指緇門獨立邈邈
其無雙稽夫眞言字義之憲度灌頂升壇之軌迹
爲佛之速應聲儲祉之妙天麗且弥地普而深固非末
學□能詳也敢以概見序其大歸昔金剛薩埵親於毗

盧遮那佛前受瑜伽最上乘義後數百歲傳於龍猛菩
薩龍猛又數百歲□於龍智阿闍梨龍智傳金剛智阿
闍梨金剛智東來傳於和尚和尚又西遊天竺師子等
國詣龍智阿闍梨揚搉十八會法□化相承自毗盧遮
那如來眺於和尚凡六葉矣每齋戒留中道迎善氣登
禳皆荅福應較然溫樹不言莫可記已西域隘巷□爲
奔突以慈眼視之不旋踵而爲伏不起南海半渡天吳
鼓駭以定力對之未移晷而海靜無浪其生也母氏有
毫光照燭之瑞其殁也精舍有池水竭涸之異凡僧夏
五十享年七十自成童至于晚暮常飾其具坐道場浴

缺一字
缺一字
缺一字
缺一字

蘭焚香入佛知見五十餘年晨夜寒暑未曾須臾有傾
搖懈倦之色過人絶遠乃如是者後學升堂誦說有法
者非一而沙門惠朗受次補之記得傳燈之旨繼明佛
日紹六爲七至矣哉於戲法子永懷梁木將紀本行託
余勒崇昔承微言今見几杖光容眇漠壇宇淸愴篹書
昭銘口子何讓銘曰
嗚呼大士右我　三宗道爲　帝師秩爲儀
同昔在廣成軒口順風歲逾三千復有肅公瑜伽上乘
眞語密契六葉授受傳燈相繼述者㨿之爛然有第陞
伏狂爲水息天吳慈心制暴慧口降愚寂然感通其可

測乎兩楹夢奠雙樹變色司空寵終辯正旌德　天
使祖祭　宸衷悽惻　詔起寶塔舊口之隅
下藏舍利上飾浮屠跡殊生滅法離有無刻石爲偈傳
之大都
建中二年歲次辛酉十一月乙卯朔十五日巳巳建
右唐不空碑自明皇以後職官不勝其濫下至佛氏
老子之徒亦皆享高爵祿故不空始爲特進大鴻臚
封之肅國公旣殁又贈司空嗚呼名器之輕一至於
此昔舜命伯禹作司空異於是矣金石錄
舊唐書王縉傳曰初代宗喜祠祀未甚重佛而元載

杜鴻漸與縉喜飯僧徒代宗嘗問以福業報應事載
等因而啟奏代宗由是奉之過當嘗令僧百餘人於
宮中陳設佛像經行念誦謂之內道場其飲膳之厚
窮極珍異出入乘廄馬度支具廩給每西蕃入寇必
令羣僧講誦仁王經以禳寇虜苟幸其退則橫加錫
賜胡僧不空官至卿監封國公通籍禁中勢移公卿
爭權擅威日相凌奪凡京畿之豐田美利多歸於寺
觀吏不能制僧徒雖有藏姦畜亂敗戮相繼而代宗
信心不易乃詔天下官吏不得箠曳僧尼又見縉等
施財立寺窮極壯麗每對揚啟沃必以業果爲證以

爲國家慶祚靈長皆福報所資業力已定雖小有患
難不足道也故祿山史思明毒亂方熾而皆有子禍
僕固懷恩將亂而死西戎犯闕未擊而退此皆非人
力所能制也帝信之愈甚公卿大臣旣推以業報則
人事棄而不修故大歷刑政日以陵遲有由然也五
臺山有金閣寺鑄銅爲瓦塗金於上照耀山谷計錢
巨億萬縉爲宰相給中書符牒令臺山僧數十人分
行郡縣聚徒講說以求貨利代宗七月望日於內道
場造盂蘭盆飾以金翠所費百萬又設高祖以下七
聖神座備幡節龍傘衣裳之制各書尊號於幡上以

識之昇出內陳於寺觀是曰排儀仗百寮序立於光順門以俟之幡花鼓舞迎呼道路歲以爲常其傷教之源始於縉也史傳所言佞佛之弊至切故具錄之

按此碑不空以一胡僧而官至特進大鴻臚開府儀同三司肅國公遂爲後代沙門授官之祖吁亦異矣

冊府元龜載不空贈官詔曰大道之行同合於異相王者至理總歸於正法方化成之齊致何儒釋之殊塗故前代帝王罔不崇信法教宏闡與時偕行特進試鴻臚卿大興善寺三藏沙門大廣智不空我之祖師人之舟楫超詣三學坐離於見聞修持萬行常示於化滅執律捨縛護戒爲儀繼明善教之志來受人王之請朕在先朝早聞道要及當付囑常所歸依每每執經內殿開法前席凭几同膠序之禮順風比崆峒之問而妙音圓演密行內持待扣如流自涯皆悟滌除昏妄調伏魔冤天人洗心於度門龍鬼受職於神印固以氣消災厲福致吉祥當有命秩用申優禮而得師爲盛味道滋深思復强名載明前志夫妙界有莊嚴之土內品有果地之儀本乎尙德敬順時典可開府儀同三司仍封肅國公贈司空謚曰大辨正廣智不空三藏和尙　又言大歷三年二月興善寺不空三藏上言因修寺塔下見古埏得一小棺長尺餘發視有十餘重棺皆金寶裝飾中有舍利骨及佛髮一條每棺一鎖規製妙絶有殷仲文題贊其說近怪仲文爲桓元侍中領左衛將軍安帝反正出爲東陽太守未至關中不可以欺里巷之儒而代宗乃出寶輿具威儀迎入內道場奉之何哉　洪邁容齋三筆曰自唐代宗以胡僧不空爲鴻臚卿開府儀同三司其後習以爲常至本朝尙爾元豐三年詳定官制所言譯經僧官有授試光祿鴻臚卿少卿者請自今試卿者改賜三藏大法師試少卿者賜三藏法師

詔試卿改賜六字法師少卿四字並冠以譯經三藏久之復罷金石文字記

不空得總持門靈異甚多故不獨伏象澄海數事如值大旱京兆尹蕭昕請致雨空咒畫龍投曲江白龍尺許振鱗出水亘天昕鞭馬疾驅奔及十步暴雨驟至比至永崇里已決渠矣元宗嘗名術士羅公遠同至便殿校功力殿石瑩滑師借遠如意遽擲窣羅再三取之不得上起不空曰三郎勿取此影耳因舉手示羅如意又西蕃寇西涼詔不空入誦仁王密語神兵見於殿庭西涼果奏東北雲霧中見神兵鼓噪蕃

部有金色鼠皆咋絶弓弦城坳幻光明天王怒睍蕃
帥大奔帝敕諸道城樓置天王像此其始也又邱山
有蚍頭若邱陵見不空乞度遂欲陷河雒決所居不
空授戒說法且曰昔以瞋深受此苦報今復忿恨吾
力何及當思吾言此身自捨旬月遂死澗中不空多
祕密法當時甚著碑荒落不稱余所見尚多遺忘故
少爲筆削附載于此 史金石

碑中斷裂首題銀青光祿大夫御史大夫上柱國馮
口縣開國公嚴郢撰銀青光祿大夫彭王傅上柱國
會稽口開國公徐浩書新唐書郢本傳盧杞引郢爲
御史大夫其階與勲爵皆未及浩本傳德宗初名授
彭王傅 神道碑云皇上登寶位徵拜彭王傅 而階銀青亦未之及會稽
下缺字於時進封郡公當爲郡字也 授堂金石跋

顔魯公書朱巨川告身

告身二通裝本高一尺二寸横廣與行數俱不計字大小多寡亦不等告正書鄧文原等三跋俱行書

尚書吏部

起居舍人試知 制誥朱巨川 用父蔭太子洗馬奏合結脩林郎正字任試大理司直兼豪州鍾離縣令經考貳並上任兼監察御史經考參並中中任右補闕內供奉經考肆壹中參年勞考并準大歷十四年六月一日及今年正月五日制并行事加階明經加兩計壹拾陸階合正陸品上敘

右壹人擬朝議郎

正陛品上行起居
舍人試知
制誥
尚書左僕射闕
開府儀同三司守尚書左僕射知省事上柱國臣 希逸
光祿大夫行吏部尚書上柱國吳郡開國公臣 眞卿
朝議郎權知吏部侍郎賜緋魚袋 臣 說
正議大夫吏部侍郎 未上
銀青光祿大夫行尚書左丞
朝議大夫吏部侍郎上護軍[illegible]縣開國男賜紫金魚袋 未上

朝議郎權知吏部侍郎賜緋魚袋臣說等言謹件朱巨川王容關播
謝良輔獨孤鄖等伍人擬階如右謹以申聞謹奏
建中元年八月廿二日朝議郎守尚書吏部郎中賜緋魚袋臣王定上
朝議大夫守給事中臣崔容讀
銀青光祿大夫守門下侍郎同平章事上柱國臣楊 炎省
侍中 闕
聞押
告朝議郎行起居舍
人試知制誥朱巨川
計奏被

旨如右符到奉行

主事　意

郎中　定　令史

書令史

建中元年八月　日下

右建中元年告身

勑典掌王言潤色鴻業必資純懿之行以彰課最之績久更其職用得其才朝議郎行尚書司勳員外郎知制誥朱巨川學綜墳史文含風雅貞廉可以勵俗通敏可以成務自司綸翰屢變星霜酌而不竭時謂無對今六官是總百度惟貞才識兼求尒其稱職膺茲獎拔是用正名光我禁垣實在斯舉可守中書舍人散官如故

建中三年八月十四日

太尉兼中書令臣在使　完

銀青光祿大夫守中書侍郎同中書門下平章事臣張使

通直官朝議郎守給事中賜緋魚袋臣關播奉　行

通直官朝議郎守給事中賜緋魚袋臣關播奉行

奉

勑如右牒到奉行

建中三年六月十五日

侍中　闕

銀青光祿大夫守門下侍郎同平章事扎

正議大夫行給事中審

月日時都事

吏部尚書　闕　左司郎中

朝請大夫權判吏部侍郎范陽郡開國公　翰

吏部侍郎　闕

尚書左丞　闕

告朝議郎守中書舍人朱巨川奉

勑如右符到奉行

主事　怡

判郎中　滋　令史侯朝

書令史

建中三年六月十六日下

右建中三年告身

唐告多出善書者之手亦足以見一代文物之盛矧魯公道義風節師表百世其所書尤可寶也至大辛亥仲春廿又二日古浩鄧文原書

右顏魯公書朱巨川告郎宣和書譜所載者上有高宗乾卦紹興圖書而魯公之書益東坡先生已嘗論之矣不惟愛翫抑見唐代典故之式尤爲可尚龍集辛亥仲秋朔喬簣成題

此唐德宗建中三年六月給授中書舍人朱巨川告身符年月職名之上用尚書吏部告身之印計二十九顆世傳爲顏魯公書按唐式書符令史事也代宗之喪魯公以吏部尚書爲禮儀使楊炎惡其直換太子少師領使事及盧杞益不容改太子太師併使罷之是時適在閒局而其忠義書法巍然爲天下望巨

川欲重其事時求公書亦如今世士大夫得請誥勅封贈多求善書者操筆同一意也米元章書史載朱巨川告顏書其孫灌園持入秀州崇德邑中余以金梭易之劉涇得余顏告背紙上有五分墨裝爲秘玩王詵篤好顏書遂以韓馬易去此書今在王詵處宣和書譜載顏書亦有朱巨川告今卷中並無宣和印記獨存梁太祖御前之印前後歷縫有宋高宗乾卦紹興印耳豈舊藏御府靖康之亂散落人間南渡收訪應募者截去本朝璽跋邪然五代時既入御府則宋時不應在灌園處豈王詵所得乃別本邪不可得

而知矣此卷作字雖小而與東方朔贊用筆同其爲顏書無疑告中細書不知出何人唐制惟侍中中書令爲眞宰相其曰同中書門下平章事雖行宰相事而未爲眞中書以後藩鎮節使多授中書令故勅後細書首行云太尉兼中書令臣在使完是年四月盧杞忌張鎰出之鳳翔故第二行云守中書侍郎同中書門下平章事臣張使其第三行云守給事中臣關播奉行杞愛播和柔易制是年十月即同平章事矣牒後細書首行云侍中闕第二行云守門下侍郎同平章事杞即盧杞也又吏部正員尚書一人侍郎二

人其屬有四曰吏部司封司勳考功吏部郎中一人掌文官階品朝集祿賜告身尚書左右丞各一人掌辨六官吏戶禮左丞總焉兵刑工右丞總焉故牒尾尚書侍郎左丞俱云缺而云判吏部侍郎范陽郡開國公翰者盧翰也後此二年爲興元元年正月亦進同平章事符後書云判郎中滋者劉滋也貞元二年正月遂從吏部爲左散騎常侍末後書令史不名益可驗此告非令史筆矣一展閱間而唐之典故歷歷可考且魯公書得其背紙墨跡尚裝爲秘玩況眞跡邪宣何如其寶愛之也正德丁丑五月望日陸完跋

按告身之制通典載唐法選集而試書判既試而銓身言已銓而注擬先簡僕射乃上門下省給事中讀之黃門侍郎省之侍中審之然後上聞主者受旨而奉行焉各給以符而印其上謂之告身今驗建中元年告身內有吏部郎中王定上字給事中崔容讀字門下侍郎同平章事楊炎省字侍中闕當有某人審字此行之次有聞字次有被旨奉行字皆與通典合朱巨川于建中元年官行起居舍人三年守中書舍人而告並階朝議郎唐六典朝議郎正六品上起居舍人從六品上中書舍人

正五品上凡階卑擬高曰守階高擬卑曰行巨川在元年階朝議郎而官行起居舍人以正六品上階擬從六品上官是階高擬卑也故曰行至三年仍階朝議郎而官守中書舍人以正六品上階擬正五品上官是階卑擬高也故曰守階官皆與六典合兩告中惟三年勅典掌王言云云是顏書其元年告列眞卿行吏部尚書銜名三年告不列盖已在閒局矣元年告凡數目字作壹貳等字而年月皆作一二是元宗先天時詔改之制也唐書百官志王言之制七二曰制書大除授用之四曰發

趙本挍過

勅授六品以上用之制有詞勅無詞此二告元年者無詞授六品以上也三年者雖亦六品以上而仍謂之勅雖曰勅而有詞殆中書舍人之官異于常格歟朱巨川兩唐書無傳元年告銜名有尚書左僕射知省事希逸者即侯希逸也舊唐書傳希逸平盧人寶應元年討平史朝義加撿挍工部尚書私艱去職大歷十一年起復檢校尚書右僕射上柱國封淮陽郡王永泰元年因與巫者夜宿于城外軍士乃閉之不納希逸奔歸朝廷拜撿挍右僕射久之加知省事新傳則云夜與巫家野次李

正己閉關不內遂奔滑州名還檢校尚書右僕射知省事兩傳不同据此告希逸列銜是左僕射非右僕射在建中元年非永泰元年且永泰紀元在寶應廣德之後大歷之前非大歷後舊傳誤

顏魯公奉使帖

石高五尺一寸四分廣二尺三寸五分分作三截上截書十一行行七字下截像中截跋十二行行十四字並行書唐重跋正書在同州府學

眞卿奉命來此事期未竟止緣忠勤無有旋意然中心悢悢始終不改游子波濤宜得斯報千百年間察眞卿心者見此一事知我是行亦足達於時命耳

人心無路見
時事只天知
觀此筆蹟不顯歲月以事實攷之葢使李希烈時也
希烈以建中元年陷汝州盧杞建議遣公奉使至正
元元年八月丙戌公不幸遇害困躓賊庭者逾二年
刃加於頸而色不變度無還期誓不易節葢書此以
自表云重旣摹公之像於蒲繪而祠之又訪得此石
本狀貞老矣公以乾元元年自同徙蒲至奉使時垂
三十年氣節不衰而狀貞非昔也乃刻石而寘之祠
室俾觀者有考焉

靖康元年七月壬申朝散郎秘閣修撰知同州軍州
事唐重書
魯公行書奉命來此事期未竟止緣忠勤無有旋意
又作二語云人心無路見時事只天知宋刻同州下
有公小像不知原刻在何處 石墨鐫華
公使逆藩逼以僞相羈囚憤懣甘死待日內無可屈
之志前無可任之途循省身世思憶君國千愁萬緒
莫從告語寄之此圖申以數語用示後人即遙訣君
父痛哉未嘗不百拜展卷淚淫淫承睫下也坐令逆
徒兇焰頓化叙宗則此象此字之傳固人心天理之
不容泯亦造物之呵護引延留爲正氣之類置榜樣
也夫上可以格之天下可以感逆賊及數百世之人
之遠而一堂之近平生合姓之忠義不足以信之君
而破奸相之謀公何遇之不幸也然丁此遇而後完
大節于八十之年公即無心以自表暴而天若有以
就之又何恨乎 墨林快事
右顏魯公像并奉使蔡州書在同州府宋靖康元年
七月秘閣修撰知同州唐重所刻題云重既摹公之
像於蒲繪而祠之又訪得此石本狀貞老矣公以乾
元元年自同徙蒲至奉使時垂三十年節氣不衰而

狀貞非昔也乃刻石寘之祠室俾觀者有攷焉案魯
公以貞元元年乙丑爲李希烈所害時年七十六則
乾元元年戊戌年止四十九故二像鬢眉不無壯老
之別重字聖任眉州彭山人建炎初以天章閣直學
士知京兆府與金人戰城陷死之葢忠義得之性成
宜其有慕於魯公也 潛研堂金石文跋尾
案魯公以興元元年奉使貞元元年八月廿四日死
難唐書本紀以爲八月丙戌獨行狀以爲興元元年
者非 重字聖任自署爲朝散郎秘閣修撰知同州
軍州事攷重以右諫議大夫疏斬蔡京父子遷中書

舍人言宰輔當先補外爲宰相所惡落職知同州傳
不載其爲秘閣修撰當是略也是年金兵破晉絳重
度不能守開門縱州人使出自以殘兵數百守城金
兵疑其有備不渡河而返尋擢天章閣待制即其時
事矣後爲京兆府路經略制置使爲金將婁室所攻
城陷殉節攷欽宗本紀金破晉絳乃是年九十兩月
事也婁室破京兆軍乃高宗建炎二年正月事也重
在同州繪公圖像刻置祠堂是其忠義之氣根于天
性觀此圖者不特使眞卿英靈千載不沫重之氣節
亦於是乎可見矣 關中金石志

按此碑據曾公年譜以爲興元元年書據曾公碑
銘云興元元年八月三日薨于蔡州之難行狀云
貞元元年八月二十四日希烈幽殺之新唐書本
傳不書薨日舊傳則云興元元年八月三日與碑
銘同公之奉使新書本紀及傳皆不書年月舊書
本紀特書建中四年正月庚寅李希烈陷汝州甲
午遣顏眞卿宣慰李希烈軍是希烈之陷汝眞卿
之奉使皆在建中四年唐重以陷汝州在建中元
年關中金石記以奉使在興元元年皆誤也兩書
傳載眞卿先爲袁傒所排次爲楊炎所惡最後爲

盧杞所忌數遣人問方鎮所便將出之會李希烈
陷汝州杞乃奏顏眞卿四方所信使諭之可不勞
師旅上從之李勉密表固留又遣逆于路不及至
河南河南尹鄭叔則勸不行荅曰君命可避乎既
見希烈宣詔旨就館希烈逼使上疏雪已眞卿不
從每與諸子書但戒嚴奉家廟恤諸孤訖無它語
希烈屢遣人或說或脅皆怒叱之乃拘眞卿守以
甲士掘方丈坎於廷傳將阬之眞卿曰死生分矣
何多爲張伯儀敗齎旌節首級至眞卿慟哭投地
會其黨周曾康秀林等謀襲希烈奉眞卿爲帥事

洩曾死拘送眞卿蔡州龍興寺眞卿度必死乃作
遺表自爲墓誌祭文指寢室西壁下曰此吾殯所
也興元後王師復振賊慮變遣將辛景臻安華至
眞卿所縊殺之眞卿之書此帖當即與作遺表墓
誌祭文同時眞卿前以直道取忌于小人後以忠
貞被拘于逆賊所遇之境艱苦備嘗千磨百折而
不變節帖中所謂中心悢悢始終不改游于波濤
宜得斯報數年中情事盡在此四語中後人可以
想見也傳載眞卿被害在興元元年王師復振之
後則其書此帖自在興元以前既不能確定其時

據古碑證文校 據趙本校 字旁加圈者證文所同

祇可系于被害之年

吳嶽祠堂記

碑高六尺一寸廣二尺七寸二十一行行二十六字行書篆額在隴州西鎮吳山廟

將仕郎行太子正字□□冷朝陽書

唐興元元年十月十一日國之元輔鳳翔隴右□原四鎮北庭兼管內副元帥司徒兼中書令西平郡王李公晟有事于　吳山之祠虎暢前驅鳥隼之旗昇降林嶺不疈不呼縈雲拂嵐以届于祠下公遂以　神之□□告于座客□□忝備賓佐管文記之任操觚染翰恭而書之初相國京公鎮鳳翔□常以中軍委□□□□名

横軼倫伍大曆四年厲天降災沴不雨踰時土山方焦大木成陸封內山鎮分官禳祈　命公禱于　吳山公於是氣肅體虔桂酒瓊筵公告神以災沴　神饗公之吉蠲明能通幽□在俄頃雲油雨霈霶霈優渥沃瘠膏□□社必濡既息且房歲□大熟遠□起□人成異之由是公心有所奉動符冥應招神戶卅人供灑掃之事其後扙　王命提偏師救亂于蜀陘翦戎于邛僰曾不踰時弨弓反旆繼以叛將擁衆兩河繹騷公鼓行而東且討且援洹水盡敵魏橋制勝兵未及而趙北圍解氣有餘而清苑凱旋壁渭川則殷若長城復　皇都則□如破竹冥符幽贊於是乎在無何優　詔拜公上公極人臣之寵且以西門之務委焉公本之禮經山在封內者得崇祀典況　吳山德於我乎具以　上聞特請褒異　詔使中使孟希价持衆賜神錦袍金帶夫人花冠等焜耀祠宇發揚幽昧山鎮之秩□于方岳矣徵諸故事當開元廿八年　詔使正議大夫內常侍寶元禮賜食致祭至天寶八年哥舒翰拔石堡破蕃蠻封神爲成德公至德乾元之間累有褒□□爲　天嶽王則神之宣力有自來矣人或以公襲之威神駭于視聽公異以爲　吳嶽者含蓄雲雨蟠厚地而柱蒼旻天地

之山也李公持頓定傾蘇羣生而戴　天子社稷之山也與夫高嶽巨鎮均功並用肸蠁氣合何其佐哉鍾鼓樂之苾芬薦之人神欣欣既晝斯夕亘矣山之廣袤載于方志略而不述所述者公之感通與其年月敢學舊史實而無華掌書記朝散大夫殿中侍御史內供奉于公異奉　命爲記

按唐書是年五月二十八日副元帥李晟復京師七月十三日德宗至自興元八月晟至鳳翔斬叛卒王斌等及涇帥田希鑒此則以其年之十一月祭告吳山而掌書記于公異爲此文也碑中所云相國涼公

鎮鳳翔者李抱玉也金石文字記
右記于公異撰冷朝陽書爲李西平于興元元年十
月有事吳山而作也按晟傳德宗遣張少宏口詔進
晟尚書左僕射同中書門下平章事此記云鳳翔隴
右涇原四鎮北庭兼管內副元帥司徒中書令西平
郡王而不以僕射平章入銜豈叙後之官爵略前所
加而不書耶抑進至三公則解僕射平章耶唐制率
以僕射平章遥授藩鎮殆爲虛名晟拜鳳翔則爲節
度以中書令出鎮與僕射平章迥別矣舊書兼鳳翔
尹新書遣四鎮北庭皆當以碑爲正記又追述李抱

玉鎮鳳翔日以中軍委晟禱嶽雨降今晟亦鎮鳳翔
復舉祠事文筆之工只三四語盡西平偉績通鑑載
公異草露布至梁州上覽之感涕卽其人也朝陽書
遒媚可愛非俗手可及金石錄補
按吳嶽卽西鎮周禮雍州其山鎮曰嶽山孫炎曰
雍州鎮有吳嶽山亦名吳山水經注汧水發南山
西側俗以此山爲吳山山海經吳山三峯秀出雲
霄山頂相捍望之常有落勢漢書地理志右扶風
汧縣吳山在西古文以爲汧山唐書地理志隴州
吳山縣本長蛇縣貞觀元年更名有西鎮吳山祠

陝西通志西鎮吳山廟在隴州南七十里吳嶽山
下唐李晟鎮鳳翔時旱禱雨應有侍御史內供奉
于公異記卽謂此碑也禱雨事是李抱玉非李晟
通志失考隋書禮儀志開皇十六年正月祀西鎮
吳山造神廟此建廟之始也冊府元龜天寶十載
正月封吳山爲成德公二月己亥遣大理少卿李
楨祭吳嶽山成德公至德二年二月帝在鳳翔改
汧陽郡吳山爲西嶽增秩以祈靈助此封祀之始
也舊唐書元宗紀天寶十載但載正月癸丑遣祭
嶽瀆海鎮而不書封吳山神事惟文獻通考載天

寶十載封嶽山爲成德公其八載但云九州鎮山
除入諸嶽外並宜封公而無封吳山成德公之文
此碑云天寶八年哥舒翰拔石堡破蕃蠻封神爲
成德公据唐書紀傳翰之拔石堡是八載六月事
若因翰戰功而封吳山神又不應在正月是諸書
與碑牴牾未能明也碑又云至德乾元之間累有
褒口口爲天嶽王通考但云至德二載勑吳山宜
改爲吳嶽祠享官屬並準五嶽故事不云封天嶽
王也此碑紀興元元年十月十一日李晟祠吳山
之事晟銜云鳳翔隴右口原四鎮北庭兼管內副

元帥司徒兼中書令西平郡王據舊唐書本傳此
銜乃興元元年六月七月兩次所加其尚書左僕
射同中書門下平章事乃正月所授至三月又加
檢校右僕射兼河中尹河中晉絳慈隰節度使又
兼京畿渭北鄜坊丹延節度招討使至四月又加
京畿渭北鄜坊商華兵馬副元帥碑皆不爲敘入
蓋晟時在鳳翔則敘鳳翔之新銜其前銜自不槩
敘金石後錄未及審也碑云相國凉公常以中軍
云云舊傳云大歷初李抱玉鎮鳳翔署李晟爲右
軍都將今碑作中軍似當從碑碑云救亂蜀陲翦

戎邛僰是德宗即位之初吐蕃寇劒南晟將神策
兵往救因留成都數月事碑云叛將擁衆兩河繹
騷云云即田悅王武俊等魏州趙州之戰及勤王
退賊收復京城等事碑與傳皆合傳稱興元元年
七月德宗至京師晟亦入朝賜里第田園女樂鼓
吹紀功勒碑尋兼鳳翔尹蓋自復至鳳翔至是乃
有祠吳山之事也舊傳稱晟字良器隴右臨洮人
新傳作洮州臨潭人攷唐書地理志洮州臨洮郡
屬隴右道州有美相縣貞觀四年徙治洪河城以
故地置旭州五年又置臨潭縣八年廢旭州以臨

潭屬洮州是兩傳籍異而實同也撰記者于公異
兩唐書傳公異吳人文章精拔建中末爲李晟招
討府掌書記興元元年收京城公異爲露布上行
在德宗覽之泣下既而曰不知誰爲之或對曰于
公異之詞也上稱善久之通鑑載其事語蓋本此
碑敘其官階朝散大夫殿中侍御史內供奉兩傳
皆略書者冷朝陽兩書無傳惟李嘉祐有送冷朝
陽及第歸江寧詩知其爲江寧人

大岯山銘

石橫廣五尺八寸五分高三尺二寸五分三十四行行字數十八至二十四不等行書在濬縣

大岯山銘 并序

判官相州司戶叅軍李沛撰

攝□陽縣令陳□鄉書

巨唐興元末下　詔徵天下兵將大有事於淮西遲速
等□於是焉在　我魏博節度使工部尚書御史大夫
駙馬都尉田公選百金之士馬步五千悉甲而遣委銀
青光祿大夫試殿中監兼御史中丞符公惣之洎貞元
元年春一月畢會于大梁久之未進以其年冬十有一
月□都統撿挍司空同中書門下平章事懷德郡王汴
宋節度劉公中令諸軍曰元兇李希烈曷□爲惡罔□

口天流毒淮右以逆亂干 神器以暴殄錯口命罪浮
于口口禍口于覆宗 上以德柔之以仁綏之如豺如
狼口口廻心盎不得已而至于用兵猶尚盤桓伺其間
口然後口將口天威曷尔有衆尔所不曷其於尔躬有
罪 公由是夙夜祗懼恭行 明命長口口野口口
口口口次於許之扶溝口口而守口之以雄戟勁弩堅
之以深溝高壘口口口口口口口口追誨口及負芒刺于
背口戰慄于口常口外虞不遑內事二年夏四月口口
口變霜刃口發身分蔡下首懸稾街浹辰之間天下如
金同文口規口夷一貫雖虞格有苗軒庭涿鹿 口

者之師口口口口口不是過也五月有 詔會大梁洪班
賞勞以還師飫酒淮海金帛山積既醉而凱歌者動
以萬計事畢口口口轅口口口口口口口屯大岯洗
兵刷馬示以無事卷旗虹藏口口口口伏口口口口口
口口馬援南征建標於銅柱衛口北伐勒石於燕然安
口厠於昔賢口多口於茂實顧謂沛曰此 皇上之威
德口口座之不續無迹可乎沛從軍口年備口口口敢
不如命刊石立銘
口口口春口口藏口口口口口口口山裂壤口
口猖狂地所不載天其口亡 皇赫斯怒口樂萬方徵

兵諸侯出師勤口殫我口司翼尔鷹揚朝渡孟津夕次
大梁深溝口右高壘頳陽有心無戰神口乃殛向化者
口覆宗者賊宇宙口一車書同則振旅關闢全軍口口
昔我往矣口口口今我來思口勳銘山山口口河
流口口垂口口口此河石
碑爲平李希烈銘功之詞劉昫唐書德宗本紀云興
元元年十一月癸卯宋亳節度使劉洽與曲環破希
烈之衆於陳州俘斬三萬級生擒賊將翟崇暉以獻
戊午劉洽大破希烈之衆擒其僞相鄭賁等五人以
獻希烈遁歸蔡州汴州平碑所云大都統檢校司空

同中書門下平章事懷德郡王汴宋節度劉公卽洽
也碑又云二年夏四月同戚口變霜刃口發身分蔡
下首懸稾街又云五月有詔會大梁洪班賞勞以還
師卽指李希烈爲其牙將陳仙奇所殺并誅其妻子
仙奇以淮西歸順之事亦與史合中州金石記
按大岯山禹貢作伾史記作邳禹貢東過洛汭至
于大伾傳曰山再成曰伾爾雅釋山云再成英一
成岯李巡曰山再重曰英一重曰岯書傳與爾雅
不同蓋所見異也禹貢錐指薛士龍曰大伾山許
愼說今黎陽之黎山今按岯伾二字說文俱無伾

字下引詩以車伾伾坏字下云邱再成者與孔傳同並無薛所稱語慎有五經異義或出其中水經注有兩大伾山其云又東逕大伾下又東合汜水者此大伾山在汜水縣西一里非禹貢之大伾其云又東北至濬縣西南古宿胥口大伾山在其東北其南岸則滑縣者乃禹貢之大伾卽此碑所稱大伾山也濬縣在大名府西南一百八十里今屬河南衛輝府河南通志云山在濬縣東南二里卽今碑所在也碑撰書人俱無攷劉洽兩唐書亦無傳惟于德宗紀興元元年十一月書劉洽破希烈之事但舊紀稱洽爲宋亳節度使新紀略其官惟于正月戊戌書劉洽爲汴滑宋亳都統副使三月丁酉書劉洽權知汴滑宋亳都統兵馬事舊紀並略之碑云魏博節度使工部尚書御史大夫駙馬都尉田公卽田緒也舊唐書德宗紀興元元年四月己巳魏博行軍司馬田緒殺其帥田悅詔緒爲魏州長史魏博節度觀察使新唐書田承嗣傳云田悅早孤母更嫁平盧戍卒悅隨母轉側淄青間承嗣得魏訪獲之委以號令裁處皆與承嗣意合及長命悅知節度事帝因詔悅爲節度使後乃更

議如七國故事悅國號魏僭稱魏王阻兵凡四年狂愎少謀從弟緒手刺殺之緒字緒承嗣第六子下令軍中曰我先王子能立我者賞衆推緒爲留後詔卽拜緒節度使貞元元年以嘉誠公主降緒拜駙馬都尉李希烈平以功賜一子八品官碑所載緒官紀傳皆略之碑云銀青光祿大夫試殿中監兼御史中丞苻公卽符璘也舊書傳符璘者田悅之將初馬燧李抱眞李艽等破田悅于洹水燧等進屯魏州時悅與李納會于濮陽因請助兵納分麾下數千隨之至是納爲河南諸軍所逼徵兵于悅悅遣璘將三百騎護送之納兵旣歸遂悉其衆降于燧遷璘試太子詹事兼御史中丞封義陽郡王但據傳則璘爲田悅率兵赴濮州非爲田緒異也碑云二年五月詔會大梁賞勞還師此事不見于本紀破希烈之功李晟爲最著劉洽率兵盤桓日久僅止拒守扶溝間有俘獲大都曲環之績爲多至希烈之誅假手牙將陳仙奇並非兵力所致則洽亦無大功可錄宜乎史不爲立傳而李沛乃勒銘大岯比于銅柱燕然幕官喜諛若此可歎

據偃師金石記校
偃師記尚有碑陰一篇應另鈔

也碑無歲月當即是貞元二年五月

張延賞碑

碑高九尺三寸廣約四尺二十五行行六十字隸書篆額在偃師縣經周寨

唐故贈太保張公神道碑

□□□□銀青光祿大夫□尙書戶部□郎闕下
貞元三年秋七月壬申丞相張□薨于位冬十月乙酉
□□于闕下□其□□里嗚呼往□□□哀可極□殁□
□□□□□諱□□□字延賞河闕□□□闕下□
部尙書中書令□□□□都督謚曰恭肅□輔
□□□開元之□□□□□□□闕下臣器公而薦□

□□名寶符　諱宗名見奇之且思□□□□
□□□解褐闕下太師闕下深於知□□□歎異□□姻
好闕下城邑闕下鎭北都公□□□兼□尹守□拜給事中
散闕下□□闕下□節度闕下建中□□□輦轂駐　蹕□
郊□□□□□進封闕下□時都邑闕下重□□故□□
□□□□□□□□□□闕下之望□□
□□□總戎闕下心□功□闕下□□聽遠邇相□□
之□時情所闕下弔賻有加　□□護喪事闕下□□
聞□闕下泫云尒太闕下□□緐□□□□□知禁德
禮闕下康□□□□如東周之禮其在荆楚闕下□愛成頌
皆因俗施政□□□□□闕下其闕下叔山甫成中興之
業而□□□闕下□□□□若星□□□□山岳斯可謂
殁而不朽者□詩云□□□□闕下備盡彝□之孝遺令
簿葬布衣瓦器以終予志□□□□□□□闕下目所及
皆爲實錄其詳則　制詔□□□□□□及闕下
太保□氏□□□□□軒轅□□□□闕下□□
皇天太保嗣烈克光前闕下厥□闇闔懷思周愛甘棠荆
淚空碑況闕下
內作將作官馬瞻刻字幷模勒

右贈太保張延賞碑首云貞元三年秋七月壬申丞

相張公薨于位又云冬十月乙酉葢其葬之日趙氏金石錄題爲貞元三年七月似未諦審其文矣文云太師又云歎異申以姻好謂苗晉卿以女妻之太師者晉卿贈官也後云祁國夫人太師其下剝落不可識祁國葢延賞妻封号太師亦謂晉卿也前兩行曼滅不見撰書人姓名趙德甫謂趙贊撰歸登書登善分隸有名於貞元元和閒延賞子宏靖碑亦登所書見於寶刻類編今不可得矣潛研堂金石文跋尾

億按碑刻鈌甚前人皆未收及近韓太初始訪得之其文略可成句有貞元三年秋七月丞相張公薨於

位與新唐書德宗紀宰相表並合又載公諱延賞字
延賞按本傳延賞初名寶符賜名曰延賞今碑下截
寶符字完好其云思恭肅之德錫玆嘉名即其事也
然傳不言字延賞又延賞生平歷官碑字僅可見有
入拜給事中又有歷御史中丞證之史文亦不遺此
惟碑云以公力竭誠追封魏國公則有所未及此亦
足補史之疎也碑言遺令薄葬以布衣瓦器可謂儉
而中禮者矣偃師金石遺文記

按碑文約一千五百字今存者三百餘字賴標題
有張公字文有延賞字知為張延賞碑据金石錄

以此碑為貞元三年趙贊撰歸登八分書趙贊無
傳歸登舊唐書傳云字沖之吳人大歷七年舉孝
廉高第貞元初復登賢良科歷遷工部尚書贈太
子少保有文學工草隸此碑立于貞元三年是登
舉賢良科時也寶刻類編載張延賞子宏靖碑亦
登所書宏靖卒于長慶四年距書此碑又三十八
年則登亦躋高年矣集古錄又載百巖大師懷暉
碑歸登篆額則登工書不獨草隸也延賞為嘉貞
之子嘉貞官戶部尚書中書令益州長史都督謚
恭肅今碑敘嘉貞官謚有泐字可据補也碑云鎮
北都公□□□兼□尹守□拜給事中散闕下鎮北
都者王思禮也思禮請為從事延賞遂為太原少
尹兼行軍司馬北都副留守代宗幸陝除給事中
碑有散字或是散騎常侍然兩傳皆無此官碑云
建中□□□輦轂駐蹕□郊傳稱建中末駕在山
南延賞貢奉供億頗竭忠力碑之所見可參攷者
祇此餘俱詳兩書傳中又延賞與父嘉貞子宏靖
曾孫彥遠累世皆有書名書譜並載之彥遠法書
要錄序稱曾祖少禀師訓妙合鍾張尺牘尤為合
作此碑既缺泐而本傳但稱其博涉經史而已不

云工書也因附識之

金石萃編卷一百二終

據趙本校
据古碑證文校

疑趙以碑文汝行諸字誤釋於此不可据也

金石萃編卷一百三

賜進士出身 誥授光祿大夫刑部右侍郎加七級王昶撰

唐六十三

李元諒頌

碑連額高一丈五尺五分廣六尺二寸四分三十二行行六十五字隸書額題大唐鎮國軍隴西節度使右僕射李公懋功昭德頌二十字篆書在華州治大門內

大唐潼關鎮國軍隴右節度使檢挍尚書右僕射兼御史大夫華州刺史武康郡王李公楙功昭德頌并序

中大夫行中書舍人上騎都尉昌平縣開國男張濛撰

朝散大夫守衛尉少卿淮陽縣開國男韓秀弼書

朝散大夫守宗正寺丞李彝篆額

聖唐九葉 皇帝平內盜攘外夷 中興□圖以祟□業乃命潼關鎮國軍節度使撿挍尚書右僕射兼御史大夫舉州刺史武康郡王李元諒整兵隴右分鎮京西 朝野訢以爲宜軍州翕而益重復我洮罕期在於茲□謂公星辰之精山河之靈或穆英明爲 國而生者也於是行軍司馬兼御史中丞董叔經以州人感公救其塗炭荷公拯其瘵厲露表羣言讚干雲□曰臣聞鼓天下之大節莫先於忠義御天下之

證文作一壇 即壇字

大難莫出於才能奏勳庸播金石以爲天下表莫盛於碑版然則 陛下寶臣元諒雄傑英勇沉斷明謀虎牙之望夙成龍額之封果及武有七德而克用爲摸文有九功而能舉爲法故輝燭方邵糺禕韓彭桓桓然猶 國之功皆可揭而昌言也昔 陛下簿狩郊甸爰奔巴梁虵虺畜而毒生豺貙飽而害作內興宮闕叢與譸張何望之鑾掘咸林敬釭窺覷蒲坂同逆相扇傾陷臣州元諒時以散員副戎開鎮無一壞之士無一旅之衆感憤而發招輯白徒斬賊使於潼津破賊將於敷谷禁勝連擊遂克□池閭闔載安室

家相慶此其侚 國之功一也勇而重閑以備不虞創□墉隍是徵板幹環廻襃於術郭延袤載於通衢與防馳突之鋒戾窒掠牢之掠四封輻湊不震不驚益兒豎棄顧之憂壯義夫西討之勢此其侚 國之功二也州之□備自昝其空乃剔鑊鼓爲兵撤甌甗爲甲剡篙櫓爲弩栽蓍葦爲排嚴約誓於五申肅部隊於三令勞逸斯共甘苦必分德以導其懷刑以齊其力義以敵其憤□以□其□由是士皆觸方樂公戰矣此其侚 國之功三也籍馬蒐乘補卒濟師始編簿者二千終載書者一萬進次昭□稟令於副元帥之軍剗屯□泰

證文馳下作又
證文作蛸師

分援於□可孤之□元兇怙梟犯我中營或靡旍而來
或掉鞅而去因其去也霆激飆衝分翼夾馳覆其陣血
鬪滻川之水屍膏灞岸之田狡勢遂窮不能復振此其
侚　國之功四也蒼茫　御苑横矗長雲推百堵
而洞開擁三軍而徑入姚令言望旗而潰張光晟弃甲
而奔轂騎爭追若燎于藪賊泚憂迫躬率全軍馳其恂
恂之徒拒我堂堂之衆一鼓而北□死真寧氛祲廓而
黃道淸腥穢消而彤庭肅□師章敬都邑晏如迎
大駕復於咸秦還大兵戢於陰晉此其侚　國之
功五也李懷光阻河□□□□戈鋋北連絳臺南拒黃
巷選□方之健將保朝邑之離宮　陛下特
詔攻圍重鞠戎旅揔干經畧丕冒□凉或掎擊其救兵
或邀絕其餫卒力殫命窒困乃求降未戢當路之豺且
簗吠籬之犬此其侚　國之功六也進屯河縣接邏
關橋雖竹纜已焚而木舋將渡大憝知窘猶懷鬪心桀
暗出奇牽於有勝遲明遇伏□物無歸□蹙窮城自絞
中閻三條□□三輔斯寧此其侚　國之功七也戎
羌不道俶擾西陲驟掠邠涇突入鹽夏狃其擴猾瀞暑
仍留苟不用權若何攘暴迺勵我鷹揚之旅棄其馬瘠
之時張皇軍形□□□逸然後排烽結隊加竈翻營師

未逾於洛源寇已遑於河曲此其侚　國之功八也
婁婁蕃虜匿詐求和重違修睦之言用許尋盟之約諸
軍畢會是獨沉疑陳其不誠請以爲備且曰古者諸侯
相見兵衛不撤警也今犬羊反覆未可以端信待之乃
拒平凉二十所里柵爲壁壍□壕設晉師敎前之伏修
楚臣勁後之殿練銳三千涉涇式遏旣而升壇將歃果
以惡來聲若河翻勢如山進望我旗鼓驚貽而還禦侮
之道旣酄折衝之威亦著此其侚　國之功九也巨
原縣𨳡在涇隴西壓窮邊翟彼煙塵剪爲荆棘
□□經畝啓　命典功遂發軫而遽行卽建摽而特
起恢其制度峻以規摸役不二旬隱然茁立乃修廬井
乃闢田疇商旅□通□庸偕附烽候交於塞表保障連
於峽□□周築虎牢漢憑馬邑遏于亂畧曾何足云此
其侚　國之功十也　朝廷所以降丕命策高勳
重位以崇之豐爵以榮之歌鍾以樂之邸宅以寧之自
建中以來衛　社稷之臣秉旄鉞之將除宰輔董戎
外其孰能疇□於此哉兇明允篤賢勤於理要淸恕以
康黎獻簡恤以裕公私推信□□敬讓簿九賦勵三農
抑浮寙之風興廉正之教一年而人知禁二年而人知
惠三年而人知燮四年而人知誦夫然□安可使楙功

毋字不可從

昭德沉隱無聞者歟頷□舉人蒙之樂石　制曰可
於是耆壽荔非昇古沙門釋僧惠道士游方外□千乃
心萬乃□喜從所欲祈我筆端乃約奏章以纂成績公
本名元光姓駱氏武威姑臧人蓋□軒帝孫降居安息
高陽□□酉宅姑臧僕射元魏之股肱武衛　巨唐
之牙爪巨濟其賚公又昌明而弱歲羈孤感於知己□
□□之族從駱統之□□鎮潼關□五年矣旣申武節
克建戎勳　天子以敦淳可親誠明可信更
名錫氏以昭實焉書所謂踐修厥猷靈承于寵者矣若
夫挍功王府讓德侯家雖馮異□言已傳□於舀歲而

吉甫作頌庶鼺美於今辰詞曰
洸洸武康兮有虔秉鉞即戎臨敵兮原火烈烈隊如星
兮陣如雪進如流兮止如截轉電激兮衝風發壞苑垣
兮復宮闈旣東征兮又西伐鼛鼓雄兮才氣傑滌昏霾
兮掃妖孽河瀆淸兮渭源澈功旣成兮　恩亦結倚
鐵防兮賫金穴□山麓兮敷水溢惠汪濊兮威凛冽庶
叱安兮群盜絕彝□□兮歌大耋城窣雲兮營偃月望
麾幢兮想旌節樹豐碑兮頌英悊詞不媿兮勳不滅
貞元五年十月十一日建
明萬歷六年冬十一月二十一日賜進士第華州知
州丹陽石□麟重建

李元諒者駱元光賜姓名也以朱泚之亂能鎮定華州將徙治隴右故華州人感之行軍司馬董叔經請于天子立碑述頌也張濛撰韓秀弼分書秀弼手筆固是君家尚書公嫡派而碑頌駱公詞無虛溢并可重也駱公封武康郡王謚莊威舊史不收見新唐書此所謂事增于前者乎　石墨鐫華

李元諒本安息安氏少養宦官駱奉先冒姓駱名元光鷙敢有謀會朱泚之亂能鎮定華州張濛述頌所謂昭德摅功皆實錄也韓秀弼分書當兵戈雲擾碑

復琢磨精工儼然巋然不爲苟就亦足占中興之兆萬歷初碑卧廢署草閒人多蔵其上永昌石公元麟來守華州移置郡衙　金石史

舊唐書李元諒傳元諒本名駱元光嘗在潼關領軍積十數年軍士皆畏服德宗居奉天賊泚遣僞將何望之輕騎襲華州刺史董晉弃州走望之遂據城將聚兵以絕東道元諒自潼關將所部乘其未設備徑攻望之遂拔華州望之走歸元諒乃修城隍器械召募不數日得兵萬餘人軍益振以功加御史中丞賊泚數遣兵來寇輒擊卻之遷華州刺史兼御史大夫

潼關防禦鎮國軍節度使與副元帥李晟進收京邑
力戰壞苑垣而入遂復京師賜姓李改名元諒官終
隴右節度使金石文字記
碑序元諒徇國之功十皆隱約其詞與舊書合彬彬
郁郁有初唐風新書云贈司空謚莊威碑不之及豈
立于元諒未卒時耶舊書初加檢校工部尚書新書
實封五百戶皆碑所遺金石後錄
元諒本姓安氏出自武衛大將軍與賁文稱武衛巨
唐之爪牙者即此元諒爲潼關鎮國軍隴右節度使
檢校尚書右僕射唐書以爲檢校尚書左僕射者非

也文中云陛下薄狩郊甸爰幸巴梁何望之璺掘咸
林檄鉦窺覦蒲坂者謂德宗幸奉天朱泚將何望之
等襲華州刺史董晉棄城走元諒自潼關引兵援其
城是也云進次昭應稟命于副元帥之軍列屯光泰
分援于尚可孤之壘者謂尚可孤以襄鄧兵五千次
藍田元諒屯昭應賊兵不能踰渭是也時李晟爲京
畿渭北商華兵馬副元帥云姚令言望旗而潰張光
晟弃甲而奔賊泚憂窮竄死眞寧者謂賊將姚令言
與晟兵遇十闘皆北張光晟以精兵壁九曲距東渭
橋密與晟約降泚引殘軍西走至寧州爲朱惟孝等

所斬是也時元諒與渾瑊尚可孤等皆從晟軍云李
懷光阻河距命陛下特詔攻圍重鞫戎旅者謂懷光
反元諒與馬燧渾瑊韓游瓌等進討也懷光將徐廷
光素易元諒侮斥其祖父元諒與游瓌約即日斬之
所稱才殲當道之豺且蹀吠籬之犬者應指此云蕃
戎匿詐求和諸軍畢會是獨沉疑陳其不誠請以爲
備者謂吐蕃請盟詔元諒軍潘原韓游瓌軍洛口援
渾瑊會平凉盟吐蕃刼盟事也云距平凉二十里所
柵爲壁塹爲壕設晉師敖前之伏修楚臣勁後之殿
皆與史本傳合此貞元三年事也葢更隴右節度即

在其時云依其制度峻以規模役不二旬隱然岳立
乃修廬井乃闢田疇者則元諒修治良原隍堞闢田
數十里使士卒墾治諸事水經注曰河水自潼關東
北流水側有長坂謂之黃巷坂潘岳西征賦溯黃巷
以濟潼今二書巷皆作卷此云北連繹臺南抵黃巷
可以証其誤矣碑在華者華人思其功請于朝故作
此頌也　文苑英華有任華送李彜宰新都序云宗
室後進有以學術辭藻著稱者彜也少好學通九流
百家之言善屬文有大節召試西掖與莊若訥高郢
同入高等執政以彜大人在蜀故授新都以榮之

文內有行軍司馬董叔經攷唐書藝文志博經一卷
貞元中董叔經上墨池編云唐開汾河記董叔經書
卽此人 關中金石記

姜嫄公劉廟碑

碑連額高七尺二寸廣三尺二寸一分二十八行行四十九字行書篆額在邠州城南本廟內

姜嫄公劉新廟碑
太中大夫行中書舍人上輕車都尉賜紫金魚袋高
郢撰
節度巡官將仕郎試大理評事張誼書
處士張瑄篆額

姜嫄者炎帝之後有邰氏之女姓姜字嫄帝嚳之元妃后稷之母也公劉者后稷之曾孫周文王之十代祖也姜嫄嘗出遊見距跡而履之載震載夙時維后稷以居然生子心所不康初寘之隘巷再寘之平林三寘之寒氷皆有以全度者旣而收之遂名之棄生有赫靈之異長有躬稼之勤洪施於人以濟粒食堯乃命爲農師而封諸邰農師實后稷也古初造物首出羣理事必口之本言必天地之際當虞舜之時稱禹平水土𢍏布五教稷播百穀咎繇明五刑地平天成萬代永賴舜以奮庸命禹禹讓于稷契咎繇及以元后命禹禹獨讓于咎繇曰朕德罔克人不依咎繇邁種德德乃降黎人懷之茲大禹所以言天意永命之所歸也夏有天下載祀四百禹之祚也商有天下載祀六百𢍏之祚也周有天下載祀八百稷之祚也自時厥後百王澆季而咎繇口積累在天天祚永歸有所底止乃以無疆之曆命
我聖唐盛德大業与天地准追視三代猶指掌矣昔者周口文武之烈本於后稷后稷之生本於姜嫄故詩曰厥初生人時維姜嫄后稷之子曰不窋失官而奔於戎狄不窋之孫曰公劉口口於豳居以平西戎以篤前烈故詩曰篤公劉于邠斯館是知姜嫄有德於周公劉有德於豳先賢所出立祠舊矣 我國家稱秩元祀咸秩無文山川鬼神亦莫不寧而姜嫄公劉之廟舊制卑陋湫隘在市非所以崇明祀敬鬼神也貞元四口口口邠寧節度觀察使撿挍刑部尙書兼御史大夫朗寧郡王張公獻甫戎醜是膺授鉞而至肅肅
王命維公將之烈烈征師維公成之略地千里亭鄣嚴於外敵行一戰弓矢橐於內牟乘眭而知禮風俗康而狎野覩此二廟獨爲匪安公曰噫精潔莫重於明神喧鄙莫甚於市廛奈何雜處乎夫小人者知鼓舞之事神而不知褻狎之慢神知事神之求祐而不知慢神之

賈禍茂草一去遺塵萬祀使口而無知則已若曰有知
而喧闐瀆易之俾中夫札瘥夭昏之患者得非長吏慈
惠之不足耶乃以不忍人之心行不忍人之政且爲神
口旣而卜遷粤以貞元六年十一月九日作新廟於南
郭焉地則郊野之閑左水右山有清謐之勝材則楙遷
之至上棟下宇非徵斂之煩口則農務之隙量功命日
無妨奪之弊移嘉木而樹之考良辰而落之神於是嚴
威而獨乎所處人於是祗惕而遠乎所瀆是惠人於無
過之地而寧神於不怒之境仁爲己任不亦厚乎夫神
聰明正直者也唯忠肅恭懿乃能承之順此而祭不必

多品故雖澗谿之毛口汙之水而君子率是四德陳於
二簋行之以禮奉之以蠲潔之以齋達之以和則神可
得而事焉祐可得而致焉夫子曰丘禱久矣抑爲口口
尙書張公以文武之憲純一之良知無不爲忠也正色
師下肅也執事有恪恭也擇善而從懿也自先幽州大
夫以來一門四人口口口方纖暉勳績爲　時心膂
所資非他忠肅恭懿而已用能承　天之寵
獲神之勞以屛　王室以揚家聲也宜哉祠成三
歲矣而銘記尙闕將恐寖遠失其所由乃陳梗槩爰此
刊刻辭曰

何賢乎姜嫄曰克生后稷何賢乎后稷曰克降農殖后
稷之道至今賴之姜嫄之德如何勿思何賢乎　公劉曰
肇宅幽土何口口幽土曰平戎之所乃今乃古有廟有
宇宇亦旣卑廟亦旣摧闐闐朝合躢塵暮開蚩蚩羣吒
屑屑徘徊瀆禮非敬犯神有災取寧戾止理化咸集財
豐衆和暴禁兵戢惟此墻屋公私必葺卿伊明祠風雨
所及是度是築乃遷乃立奉　我皇德達于有神
揚　神之威靜乎虜塵亦惟正直克贊忠純勒銘
玆庭永示邑人
節度判官殿中侍御史韋丹建立

廟在今邠州城南邠寧節度觀察使張獻甫所遷故
當時稱曰新廟而高郢爲文予昔以尙書郎出使寧
夏道邠謁廟其後稍上有履迹平（爾雅大野曰平俗作坪非）乃姜
嫄履巨人迹所在予爲大書履迹平三字俾州官刻
寘廟側蓋州人但知有廟而少知乎此故表而出之
（金薤琳琅）
郢事李懷光能引譬忠義不爲勢屈卓然名臣獨爲
相時不能制王叔文輩耳文尤冗弱殊無足稱張蒞
于書家不甚著此書不及王縉而畧似柳公權曰
存也（石墨鐫華）

碑云姜嫄嘗出遊見跡而履之按毛公註生民詩履
帝武敏歆之句曰帝高辛氏之帝也敏疾也從于帝
而見于天將事齊敏也以爲從高辛氏郊禖求子而
生后稷其說本自明白至鄭氏箋云帝上帝也敏拇
也祀郊禖時有大人之跡姜嫄履之足不能滿其拇
指之處心體歆歆然如有人道感已遂有身而生子
說殊怪誕益出于司馬子長本紀歐陽公謂稷契非
高辛之子毛公于史記既不取其履足之怪而取其
訛謬之世次第毛公趙人爲河間獻王博士在司馬
子長之前數十年未必見史記世次而世次之說出

于世本其書在宋時已亡矣朱紫陽豳風集註云后
稷生不窋不窋生鞠陶鞠陶生公劉而史記止云不
窋卒子鞠立鞠卒子公劉立無下陶字集註云自公
劉居豳後十世而太王徙居岐山之陽十二世而文
王始受命與史記合而此碑云公劉者周文王之十
代祖也未知何據金石後
唐書稱獻甫從渾瑊討朱泚累遷至金吾將軍檢校
工部尚書不及刑部爲邠寧後加檢校尚書左僕射
不及封邠寧郡王並史之缺誤當從碑爲是關中金石記
獻甫封朗寧郡王新舊史俱失載李氏自言出於伯

陽而伯陽爲庭堅之裔故天寶初尊咎繇爲德明皇
帝此碑敘三代承禹稷契之祚而咎繇積累在天天
命乃歸於唐蓋以此也都元敬金薤琳瑯嘗載其文
石今已損失三十餘字前兩行空處攙入明人范文
光題石潛研堂金石文跋尾
德宗紀貞元四年九月庚申吐蕃寇寧州邠寧節度
使張獻甫敗之今碑所載戎醜是膺授鉞而至是其
事也碑後云自先幽州大夫以來一門四人幽州張
守珪也四人者則獻誠獻恭及煦與獻甫當時伐閱
之盛若此可謂濟美矣授堂金石跋

按陝西通志姜嫄祠在邠州城外太王祠右唐節
度張獻通志誤憲甫建即此廟也通志又引名山藏云
洪武十八年八月載邠州姜嫄公劉之廟於祀典
則自唐以後及明以前皆不列祀典矣此碑撰文
者高郢書者張誼篆額者張瑄新唐書傳高郢字
公楚衛州人李懷光引佐邠寧府懷光誅李晟表
其忠馬燧奏管書記召拜主客員外郎遷中書舍
人碑即書于此時張誼張瑄無傳立碑者韋丹新
傳云丹字文明京兆萬年人蚤孤從外祖顏眞卿
學擢明經歷官咸陽尉張獻甫表佐邠寧幕府願

宗爲太子以殿中侍御史召爲舍人其立此碑在
召爲舍人之前佐邠寧幕府時也碑云姜嫄者姓
姜名嫄說文云周棄母字也史記嫄作原周本紀
云有部說文作邰氏女曰姜原注引韓詩章句曰姜姓
原字或曰姜原謚號也梁玉繩人表攷謂原本作
嫄生民傳箋姜姓嫄名史記集解謂嫄是字及謚
號者非諸說互異如此乾隆四十九年逆回滋擾
紀督兵過邠親至此廟此碑尚存而廟甚頹廢安
得有如張獻甫其人者爲之塗墍耶

李抱眞德政碑

碑高一丈四尺廣七尺四寸二十八行行五十四字行書在長治縣

口義軍節度支度營田兼澤潞磁邢洺等州觀察處置
等使光祿大夫檢校司空同中書門下平章事兼潞州
大都督府長史上柱國義陽郡王李公德政碑銘并序
銀青光祿大夫守門下侍郎 口口門下平章事上
柱國隴西縣開國伯董晉奉 勅撰
銀青光祿大夫守戶部尚書口度支及諸道鹽鐵轉
運等副使上柱國扶風郡開國公班宏奉 勅書
朝散大夫守口口府長口口陽縣開國男韓秀弼奉
勅篆額

唐口元臣曰義陽郡王抱眞字口口 皇開
府儀同三司涼州都督河蘭鄯廓瓜沙甘肅九州大摠
管申國公衛仁之元孫開府儀同三司左武衛大將軍
永之曾孫口兵部尚書懷恪之孫贈太子太保齊管之
子蓄河岳之秀業祖考之慶克生鴻才以佐
元后殊勲茂績可得而稱也公軆口執口抱素專直咸
厲霜雪氣淩雲霓沉毅足以建功寬裕足以安衆召公
相武之口申伯翊宣之口尚父六韜之竒夷吾九合之
業口口口冠公皆口之口口從父兄故相國抱玉所重
期以遠大薦于 肅宗授汾州別駕儻固

懷恩之平史口也伐口口之功口口口口口口口口口口
口口口口口潛懷異圖口鬆衝口冠憤激忠口闗道口
口口口口 闗潰其口口而口口疾顛汾滸庭定口以
口口口口口口口口口拜殿中少監口口口口兼御史中
丞口陳鄭懷澤潞等五州節度口口 恩光荐及
輝口口口口不口口口恩有陳讓 口口
口口澤州刺史兼侍御史充節度副使口内五州都團
練使澤人欣欣如戴父母公虔奉 聖旨
專精吏職一年而流口口口口口二年而軍給人集威
淳俗乂時屬散卒聚鍾鼓口肆其猖狂口以驅口議者

請兵遂之公謂之曰□□禀元和以生奉五常以□□
不□順無不懼逆理亂之道□之于政政□則□□興
仁義著政□則刑罰滋盜賊起使其叛亂是德之不脩
也始務□□豈可加兵乃□□禍福□門□□開泰之
□□□□□□□巖□□勞□等□風載揚遂遷懷州
剌史澤人□思之□□□□懷人來蘇之慶霈若膏
□□政未幾懷如澤焉　天子寵文翁之
能旌龔遂之美以節使司徒公□□于西乃授撿挍祕
書□兼侍御史權知行軍司馬□澤潞節度支度營田
觀察處置使留後仍知潞州大都督府事公以

殊恩倚任留務□□□□化源獨□心計乃約故實
□□□□□□□安物□□□養農省徭以息孤惸均
調以資士卒孝悌聞於鄉黨學校興於里閭刑戮廢於
□□鞭朴弛於官署閫境之內不日□而化□建中元
年特授節制并廉察本道兼領潞州大都督府長史練
勤王之師修守土之備內勸耕食外□武□布
大君之誡以睦藩□導　□□之化以釋危
疑由是　上澤得以下流下情得以上達
君臣無間致于太和公之力也屬軍戎之後蟲旱
□災公請□神祇憂□于□精感而飛蝗越境誠懇而

零雨應期稼穡獲全異於他部古之循吏何以加焉公
前後歷官以十八政再爲侍御史中丞尚書常侍三領
郡守一登亞相兩踐端揆封義陽郡王食實封六百戶
命爲丞弼同平章事俾平水土兼領司空量宏
而深□達而明常執□□□寵不求援而取貴□題輿
登補袞簡自　皇□爵爲元臣非德及蒼生
忠貫白日□何以臻此潞之緇黃耆□詣　闕
陳請頌勒貞石　帝嘉乃誠　詔
門下侍郎平章事董晉撰文以昭其功銘曰
皇矣　上帝降祚　有唐蘊粹孕靈克生

義陽明明　天子賢能是擧乃　命
義陽鎮于上□烈烈義陽惟　國之楨□若□□隱如
長城用極于正性根于忠英風外馳明謨內融
王度克遵惠此罷人以德代刑散澆爲淳軍以威□
兇□□懾恢振　皇綱輔弼　天
業　帝曰抱貞允文允武俾登鼎鉉錫之
茅土名高方召道冠申甫刊石紀功用篤終古
監工上黨縣□郭□仁
有元至正五年冬至日奉議大夫潞州知州張埜仙
佈化得斯斷碑於岱嶽廟瓦礫中重建於此故記之

耳

右李抱眞德政碑攷新舊唐書地理志五代職方攷磁州字無从心者此碑礠字點畫分明又天祐十一年澤州開元寺神鐘記亦作此礠字州縣之名當從其時本稱史臣秉筆任意更易非得石刻何由決其然否此金石之有益於史學也 潛研堂金石文跋尾

按此碑無歲月金石錄系于貞元九年云有碑陰行書今失搨也碑爲董晉撰班宏書韓秀弼篆額而皆云奉勅文亦云帝嘉乃誠詔門下侍郎平章事董晉撰文以昭其功而兩唐書德宗紀及李抱

眞傳皆不書其事舊唐書德宗紀貞元十年正月己亥昭義節度使檢校司空平章事李抱眞請降官乃授檢校左僕射六月壬寅李抱眞卒舊傳亦云十年六月卒新書本紀不書抱眞卒本傳不書卒年而于宰相表則誤書卒于九年此碑所紀皆抱眞未卒以前之語則金石錄以爲九年當必有據也撰文者董晉字混成河中虞鄉人結銜爲門下平章事宰相表載其罷相爲禮部尚書在九年五月本紀同碑不署禮部尚書官可知其撰文在九年五月以前矣書碑者班宏衛州汲人傳載貞元

據唐文百篇校

八年以宏專判度支使而無守戶部尚書之官碑書扶風郡公傳所未及其卒也在八年七月据此則書碑又在八年七月以前矣今不能確定姑從金石錄附于九年篆額者韓秀弼與秀實秀榮兄弟並以八分擅名諸書皆無可攷此碑署銜曰朝散大夫□□府長□□陽縣開國男据廣德二年書臧希晏碑題曰朝議郎守衛尉少卿淮陽縣開國男則此所泐封縣乃淮陽也墨池編載其所書有元待聘碑李齊物碑鄭叔清碑裴曠改葬碑李元亮功德頌李晟先廟碑而不及此碑之篆額則

此碑久不傳於世矣抱眞碑泐其字新書傳云字太元碑載其高祖脩仁曾祖永祖懷恪父齊管皆無傳所載抱眞歷官兩書稍畧惟新傳云繇倪國公進義陽郡王碑則畧其公爵傳又稱抱眞自貞元初朝京師還鎭會天下無事乃好方士有孫季長爲治丹因讓司空還爲左僕射餌丹二萬三千丸而卒讓司空是貞元十年正月事此碑尚是在潞鎭時所立也

張敬詵墓誌銘

石高廣一尺六寸六分十九行行二十一字正書在洛陽

錢本作少卿張君

唐故鴻臚少卿□□□君墓誌銘并序

鄉貢進士河東薛長儒撰

張氏之先運籌博物風靡萬代公其裔焉公諱敬詵馮翊同川人也 皇朝左金吾衛大將軍太常卿元長府君之孫 皇朝中散大夫撫州長史崇讓府君之次子公禮度淸曠育德含章蘊燕樂佐理之謀猷懷吳周匡弼之骨梗弓裘不墜文武攸稱淸貫克序加朝請大夫以博雅周才授鴻臚少卿以公忠推德錫金章紫綬東都副留守河南尹裴公諝命公爲押衙奉上以忠貞撫下以信義休聲遐著寮友欽之方申呂父之榮遽樂劉

貞之疾以貞元十年八月廿三日卒於洛陽縣永泰里之私苐春秋六十八以其年九月廿四日窆於瀍澗之陽邙山之新塋禮也嗣子三人曰淋重淋威淋齊皆年始能言昂昂逸足有女五人長女從緇隸寧剎寺次歸杜氏三女歸王氏兩女尙幼夫人樊氏淋順傳芳霜明勁節移天墜翼同穴後時哭不絕聲撫孤增慟永懷陵谷爰託松銘其詞云

神理茫茫兮徵明忽幽人世營營兮生勞死休更相泣送兮萬古千秋隴樹白楊兮悲風颸颸

碑云窆於瀍澗之陽邙山之新塋蓋以鴻臚少卿爲河南尹裴諝命爲押衙卒而葬于洛陽也中州金石記

張君有夫人合葬墓誌銘書其上世及此君占籍歷官名字皆互異此誌稱東都副留守河南尹裴公諝命公爲押衙以時攷之謂晉公也授堂金石跋

按張敬詵及其祖元長父崇讓兩唐書皆無傳誌云東都副留守河南尹裴公諝句命公爲押衙舊唐書裴諝傳諝字士明河南洛陽人天寶間舉明經補河南府參軍丁父喪居東都祿山陷二京東都收復遷太子司議郎未嘗爲東都副留守河南尹授堂乃以諝字爲請字以裴公爲晉公是節裴

度也兩唐書裴度傳度係貞元五年舉進士其歷官亦未嘗爲東都副留守河南尹斷非碑所指之裴公則或仍是裴諝而官有碑傳不同耳誌載子三人女五人長者從緇是出家爲尼也次皆著其所適族較他志爲詳

諸葛武侯新廟碑

碑高六尺八寸二分廣四尺二寸三分二十三行行三十七字正書在沔縣

蜀丞相諸葛忠武侯新廟碑銘并序

山南西道節度行軍司馬撿挍尙書刑部員外郎□□御□沈迴撰

節度推官將仕郎試太常寺協律郎元錫書

皇帝御極貞元三祀時乘盛秋 府王左僕射馮翊嚴口揔帥文武將佐洎掌口突歸之旅疆理西鄙營軍汧陽先聲馳於種落伐謀息其狂狡于時威武震疊虜騎收跡塞垣蕭條烽爟滅焰士無保障之役馬無服轅之勞重關弛𢷬邊穀棲野我師惟揚則有餘力乃昇高訪古周覽原隰修敬茲廟式薦馨香光靈若存年祀浸遠雖簫鼓曲奏邑里祈禳而風雨飄飖祠堂落搆土階徵數尺之崇庭除無袤丈之隙登降不能成禮牲玉不得備陳頹墉露宵灌木翳景樵蘇亙往麋鹿走集

馮翊曰丞相以命世全德功存季漢遺風餘烈顯赫南方丘壠口山實在茲地荒祠偏倚廟貌詭製非所以式先賢崇祀典也乃發泉府徵役徒撤編萱雜蘩薄是營是葺衆工鼜至纔以高墉牖閣芻牧增以峻宇昭示威神英英昔賢像設如在翼翼新廟日至而畢顧謂小子揚摧前烈銘于廟門曰在昔君臣合德與造功業有若伊尹相湯呂望輿周夷吾霸齊樂毅昌燕是八君子皆風雲元感垂裕來世嘗以爲阿衡則尊立聖主天下樂推尚父則止譬口口諸侯同舉管氏籍强齊之力宗周無令王樂生因建國之資燕昭爲𢀡主君臣同道僅能成功惟武侯遭時昏亂羣雄競起高光之澤已竭桓靈之虐在人過先主之短促値曹魏之雄富能以區區一州介在山谷駈羸卒輔孱主衡擊中原撐拒强敵論時則辛癸惡稔語地則燕齊勢勝遷夏殷者未可按功霸桓昭者不足侔力向使天假之年理兵渭汭其將席卷西邑底綏東周祀漢配天不失舊物矣洪伐彰彰宜冠今古偉軼前烈其誰曰不然武侯名跡存乎國志今之口書姑務統論大畧敍我新意至於備載爵位追述史傳非作者之意也今則不書其銘曰

桓靈濟虐雲海横流羣雄蝟起毒蠚九州天旣厭漢人思代劉沸渭交爭存亾之秋其誰存之時惟武侯伊昔武侯跪足南陽退藏於密不曜其光有時有君將排垢氛魚脫溪泉龍躍風雲先主纘緒天下三分馥馥德馨悠悠清塵前哲 後口心跡增口建茲新廟式是粢琖

大唐貞元十一年歲在乙亥正月庚午朔十九日戊子建

是碑今已改鑿甚多如掌爟曲鼜等字皆從明搨本按正止讎下舊本已泐今作獨夫二字不可從竹崦盦金石目錄

文稱貞元三年府王左僕射馮翊總帥者謂舒王誼
爲荆襄江西沔鄂節度諸軍行營兵馬都元帥也錫
字君貺見世系表關中金石記
按諸葛武侯廟在漢中府寧羌州沔縣東五里三
國蜀志諸葛亮傳亮疾病卒遺命葬漢中定軍山
因山爲墳冢景耀六年春詔爲亮立廟于沔陽裴
注引襄陽記曰亮初亡所在各求爲立廟朝議以
禮秩不聽百姓遂因時節私祭之于道陌上言事
者或以爲可聽立廟于成都後主不從步兵校尉
習隆中書郎向充等共上表曰亮德範遐邇勳蓋

季世蒸嘗止于私門廟像闕而莫立使百姓巷祭
戎夷野祀非所以存德念功述追在昔者也今若
盡順民心則瀆而無典建之京師又偪宗廟臣愚
以爲宜因近其墓立之于沔陽于是從之此卽舊
廟也碑不詳新廟所在漢中府志載諸葛武侯墓
在沔縣南十里定軍山下水經注沔縣故城南對
定軍山諸葛亮之死也遺令葬于其山舊廟卽在
墓前今廟在城南五里是距舊廟五里也此碑撰
文者沈迴書者元錫兩唐書俱無傳唐書宰相世
系表錫爲司儀郎延祚之曾孫綿州長史平叔之

孫吏部員外郎挹之子錫字君貺與宰相元稹同
系表祗載其官淄王傅而此碑結銜乃爲節度推
官將仕郎試太常寺協律郎又據韓文考異衢州
徐偃王廟碑韓愈撰福州刺史元錫書集古錄廣川書跋並
作徐放書韓文考異作元錫是錫又嘗官福州刺史矣碑云府
王左僕射馮翊嚴□疆理西鄙營軍沔陽嚴下泐
一字陝西通志云唐貞元十一年左僕射嚴武增
修有記卽謂是碑則所泐者乃武字也武爲挺之
之子兩唐書傳稱挺之爲華陰人嚴氏有馮翊華
陰二望碑稱馮翊者舉其舊望也惟碑有左僕射

之官兩書嚴武傳所無且舊傳稱武卒于永泰元
年杜工部年譜亦同不應貞元三年嚴武尚在是陝西通
志與碑不合關中金石記定爲舒王誼唐書宗室
傳舒王誼初名謨昭靖太子子德宗愛其幼取爲
第二子其爲沔鄂節度在李希烈反之時正貞元
三年事宜乎合矣而亦未嘗有左僕射之官且與
馮翊嚴□義亦無着希烈之亂在淮蔡舒王謨爲
節度在沔鄂卽今湖北漢陽府沔陽州非陝西漢
中府之沔縣則關中金石記亦不確也碑敘伊尹
呂望夷吾樂毅只四人而云八君子亦不可曉

據趙本校
據原碑校
據洪纂本校

閒字疑悞 洪纂本閒下作聲

會善寺戒壇記

碑高三尺八寸三分廣二尺九寸四分十六行行二十八字隸書在登封

嵩山會善寺戒壇記
汝州刺史兼御史中丞陸長源撰
河南陸郢書并篆額

嵩高得天下之中也所謂名山福地異人靈跡往往而有漢晉問高僧植貝多子於西峯一季三花因為浮圖遂為寰中之眞境又有雨阜中斷豁為石門飛流縈回吹噴薄喬木森竦以布護先是有高僧元同律師一行禪師鏟林崖之欹傾塡乳竇之穽窾甃玉立殿結瓊搆廓梅檀爲香林琉璃爲寶地遂置五□正思惟戒壇思惟者以佛在貝多樹下思惟因名貝多爲思惟□三花之義在此自河洛□塵塔廟崩褫上都安國寺臨壇大德乘如脩慈業廣乘律道尊志度有緣灣庇群動慨兹堙墜遂爲 聞□尋有 詔申命安國寺上座藏用聖善寺大德行嚴會善寺大德靈珎惠海等住持每季建方等道場四時講律藏用上人逸□偏尋高情□遒美殿塔之嚴麗賞泉石之勝絕其跡不朽其教益寧於是鍾梵相問幡蓋交蔭豈獨鑪峯名嶽空記遠公之行浜洲精舍重述道林之跡時貞元十一祀龍集

乙亥大火西流之月也
塡闕大德燓空 道響 了眞 道覺
登封縣令徐暈
寺主懷賁 都維那明□ 前都維那幽蘭
鄺譚農楊誠刻

在會善寺戒壇汝州刺史兼御史中丞陸長源撰河南陸郢書按袁宏道遊嵩紀稱其隸法道逸今觀其書雖遜瀋碣然筆頗秀健陶宗儀書史會要亦稱郢善書詳見趙明誠金石錄說嵩寶刻類編及朱長文墨池編俱有此碑碑云漢晉間有高僧植貝多于西峯一年三花因爲浮圖按太平寰宇記引嵩高山記云漢有道士從外國將貝多子來於嵩岳四脚下種之并立浮圖今有四樹與衆木有異一年花白色其香甚佳與碑云高僧不合蓋傳聞異詞也陸長源新唐書有傳中州金石記

碑首行陸長源列銜有云汝州刺史兼御史中丞考之新唐書本傳惟由汝州刺史爲汴行軍司馬昌黎集董晉行狀貞元十二年八月上命汝州刺史陸長源爲御史大夫行軍司馬今長源作記當貞元十一年已稱兼御史中丞然則入汴時長源蓋由中丞復

進爲大夫而史皆缺不載其後題年月乃云貞元十
一祀龍集乙亥大火西流之月變年爲祀而猶書龍
集乙亥皆依古爲文長源好奇如是授堂金石跋
按碑爲陸長源撰陸郢書并篆額長源字泳祖吳
人其爲汝州刺史新唐書本傳不著何年舊傳則
在貞元十二年之前此碑立于十一年其時正在
汝州也書史會要稱其善書歐公集又載其官汝
州時以殷仲容書流杯亭侍宴詩絕代之寶乃爲
之造亭立碑自記其事於碑陰此則長源在汝之
軼事也陸郢無傳碑載貝多子一年三花爲漢晉

間高僧所植嵩高山記則云漢有道士從外國將
來王子年拾遺記則云少室山有貝多樹俗云漢
世野人將子種于此是高僧道士野人所傳不同
皆僧之稱謂也又齊民要術引嵩山記云嵩高寺
中忽有思維樹即貝多也一年三花以貝多爲思
維樹語與碑合而云忽有則不言栽植之人又與
諸說異矣一行禪師見舊唐書方技傳初一行求
訪師資以窮大衍至天台山國濟寺國濟誤當作國清聞
一院僧於庭布算聲而謂其徒曰今日當有弟子自
遠求吾算法已合到門一行承其言而趨入稽首

請法盡受其術武三思慕其學行就請與結交一
行逃匿以避之尋出家爲僧隱于嵩山師事沙門
普寂碑所云鏟林崖之歊傾壇乳竇之峂窱者即
此時事也建碑在七月而云大火西流與他碑別

鹽池靈慶公碑

碑高七尺八寸八分廣三尺八寸四分二十五行行五十一字正書在安邑縣

大唐河東鹽池靈慶公神祠碑并序

將仕郎太常博士崔敖撰

將仕郎前試大理評事韋縱書并篆額

地絡之紀莫宗於河陰潛之功兗敞亏匯旣畧太華浸

湉中條嶽瀆宣精融爲巨滀肇有元命靈(元)珪告成惟其
潤下乃生舄鹵鹽池之數有九七在幽朔二跂河東皇
穹陰騭兆人眷祐中土因飲食以致其味節和齊以調
其心滇滇天池寔曰鹽澤幅圓百里澄澈萬頃元極積
數太鹹爲鹺其墟實沉其宿畢昴其漕砥柱其關巔軨
后祇寶之設以重險謙順成量潤溪攸鍾涵風蓄雷終
古不息湧若山外連爲海門所以帝乙建社而臨之王
豹遷都而擴之埶其重輕以曜富有在昔山澤委于虞
衡周制無征漢方盡斡務其尊禧蓋用抑商少府所戶
均其權量群族自占築廬環之業傳祖考田有上下畢

錢本潛字上有為字　鈔本無

理其埤水營其高五夫爲塍塍有渠十井爲溝溝有路
泉之爲畦釃之爲門潰以渾流灌以殊源陰陽相蒸清
濯相孕動物潛爲蠶爲陶工溜平而凝莫見其朕雪野
霜地積如連山羡湧區域歸于塗潦泉貨之廣没於齊
人　皇家不賦百三十載　（元）獻宗御國五
十季姦生剿丘爟火逼鎬　嗣聖受命以兵靜
之孽菝崤洛封豕燕豬却猰犹亏絕漠歪昆夷亏窮荒
亶其　宸威風動八極調發之費仰於有司雖田
征盐加而軍實不足遂收鹽鐵之筭置榷酤之官以攉
合經以貨聚衆畫野摽禁壍川爲壕西籠解梁左篠安

邑乃滌瘍圖乃完廥倉畢其陽功以謹秋備度土定食
止於中州濟亏擴汾爰距隴坂東下京鄭而抵于宛鮍
連其檣葦擊其轂終歲所入二百千萬供塞垣盡敵之
賞減天下太半之租然後傳亏甸人納亏醢人有形有
散以宴以祀每仲夏初吉爲墠而饗之懿夫明徵厥有
前誌　中宗反政崇朝而復鹹大（壁）鸞窮霖巨漲
而不涂誠宜命秩視彼封君　先皇帝薦靈慶
以彌神索氤氳而建廟拖諸侯之法服鏘泮懸之清樂
籍二郡之版六百綠亏司池故得浮榮光結顥氣沖其
德正其味粒重英以表稔花四出而呈瑞陳陳相因非

空格錢本亦缺
錢本馮公輿

秭載可能計矣貞元九季冬　天子親祀
明堂大裘而　郊孝道昇聞百蠻頓首粟帛之賚及
於鰥惸癃政惟和達于遐邇戶部尚書裴公延齡奠三
壤之差□（均）九州之賦鐵皷之貢林鹽之饒凡晉人是輸
以河中爲會府遂表職方郎中兼侍御史馮公□（輿）推其
全材委以大計詔曰俞輿往哉汝諧乃駐車蒲城以馭
羣吏分命前永樂縣丞張巨源前鄭縣丞蕭曾率屬而
臨之洎十一季秋九月裴公薨今戶部侍郎蘇公弁繼
之以馮公成績有聞禮任如舊度支又以前脩事府司
直陸佐知解縣池前大理評事韋縱知安邑池惟職方

空格錢作上

領地官之外攉惟許直守制使之成算姦氣不作阜財
有經十三季四月五日兩池官吏及畦戶等請勒豐碑
揚兹利澤感和羡之訓心遊傅氏之巖稽近臨之詞氣
對郇瑕之邑微臣作頌式贊新宮頌曰
浩浩靈池冠亏水行蒼茫太陰滲漉純精惟澤在□（晉）与
時爲程禱食而竭福儉而盈　巨唐君臨坤順乾
貞寘勒其官坎德効靈海眼通波河源伏脈千里一氣
瀦爲廣斥雲漢照臨玉繩下直曰雨曰風以凝以積自
我天産惟其口食斯皇　元后乃聖乃神旣絜
浮沉亦修明禋大禮畢舉大樂畢陳馮公負來克諧神

空格錢本作署
元造

八登牲廟壖庢瞥池瀕既醉既飽馮公則欣蕭張行優
陸韋德隣有□署有屬伊馮之賔仰彼龘造垂於無垠
皇運天長頌聲日新
貞元十三年歲次丁丑八月甲寅廿日癸酉建
碑陰
高廣與碑同三層書上記二十九行行十八字
中下皆人名中七行下十四行行字不等行書
靈慶公神堂碑陰記
五老山人劉宇撰并書
天作□樞神將宅焉神者何靈化之眞宰者也夫神之
俶落寔日鹽宗闔閭禱之不在祀典　元皇朝有

元老韓公滉之惣邦賦以大鹹之功康濟是慱上以供
宗廟之費下以代田野之租昇聞于　天討加
禮秩　帝曰可於是冊爲靈慶公俎豆之數視於
淮濟享謁之期載在　□府及故東都留守禮部尚書
崔公縱頃知河中院以神之舊宮僻在幽阻既崇其禮
宜敞康居是用遷置于斯乃鎸殿堂開像設面蠻淪之
積水跨邐迤之重崗陰陰森森容衛畢備列幸夨辟儼
然如生雖水府靈居未之若也今職方郎中兼侍御史
馮公典纂其是職推致信讓無小無大報之以德頃以
天人不雨草木無輝農夫愁怨慮失其歲職方於是齋

心累辰親執牲帛將至誠之德告靈化之源嘗不崇朝
而雨斯足如是者數四是則人有德於神神亦有德於
人德交歸焉政是用長宜其建石表異徵文紀靈是以
有太常博士崔君之頌也逮夫石自他山而至文自奉
常而來知解縣池詹事府司直陸位事以道自集商以
仁自來知安邑池大理評事韋縱財以淸自豐吏以明
自肅此二君者以爲職方之精意可達於明神如之何
不奉㝵乃相與就其磨礱以棟宇自朔及望揭焉而
舉洪範曰潤下作鹹夫敍讚靈慶公陰潛之功亦所以
表　聖皇澤及於萬姓者也恐其頌或有闕乃俞

山客重紀於碑陰
貞元十三年七月二日記
戸部侍郎判度支蘇弁
專知度支河中院朝散大夫檢校尚書職方郎中兼
侍御史上柱賜緋魚袋馮典
專知度支解縣池宣義郎前守絳州龍門縣令賜緋
魚袋橋寰
專知度支安邑池將仕郎前試大理評事韋縱
度支河中院巡官奉義郎前京兆府昭應縣主簿
遇

度支河中院巡官宣義郎前行舉州下封縣尉崔震
兩池都巡檢官宣德郎前行同州郃陽縣尉楊尗與
鹽口勘會官將仕郎前守絳州萬泉縣主簿崔季常
方集勘會官儒林郎前行晉州神山縣尉崔士衡
鹽宗勘會官朝散郎前行廬州舒城縣尉張伷
東郭勘會官宣德郎前行寧州司田參軍賈公幹
方集場官朝請郎前試左衛兵曹參軍李文質
常滿場官朝議郎前試秘書省校書郎元昭慶
鹽北場官文林郎前邛州大邑縣丞韓偘
青鼻場官朝議郎前行抗州司士參軍李廣成

鹽宗監官朝議郎行監賜紫金魚袋楊日新
分雲場官將仕郎前守絳州稷山縣主簿高峯
柳谷檢閱官承務郎試左領軍衛兵曹參軍韋馮
紫泉場官宣義郎前行河中府猗氏縣尉韋厚正
下封場官儒林郎試右威衛兵曹參軍郗翊
資國場官將仕郎試率更寺主簿崔阡
鹽池神廟新碑既立因覩有唐昔勒豐碑偃側甚危
懼其傾仆斯爲可惜迺樹立於廟庭之右姑目紀其
歲月焉
大元至元二十七年八月二十日解鹽司副使亢澤

解鹽司判官郭榮
令蘇之紀尉畢大紀戊寅季冬望日同謁　祠下
此段左行
唐書叛臣傳大歷中淫雨壞河中鹽池味苦惡韓滉
判度支慮減常賦妄言池生瑞鹽王德之美代宗
疑不然命蔣鎮馳驛按視鎮內欲結滉故實其事表
置祠爲號池曰寶應靈慶云又地理志安邑縣有鹽
池與解爲兩池大歷十二年生乳鹽賜名寶應慶靈
池以傳及此碑證之則志作慶靈者誤也舊唐書德
宗紀貞元十二年九月戶部尚書判度支裴延齡卒

碑云十一年秋九月薨未詳孰是碑爲鹽池官吏所
建宜不誤矣 潛研堂金石文跋尾
碑記爲將仕郎太常博士崔敖撰將仕郎前試大理
評事韋縱書新唐書宰相世系表崔氏淸河小房有
敖與敦敷汶敏列一格韋氏皷城公房有縱左金吾
衛兵曹參軍今碑所署即其人記載元宗御國五十
年收鹽鐵之筭置摧酤之官云云舊唐書食貨志云
自天寶末兵興以來河北鹽法羈縻而已曁元和中
皇甫鎛奏置稅鹽院同江淮兩池權利人苦犯禁據
此碑言代宗時因兵興已置榷酤則鹽法非止爲羈

糜已記後載貞元九年戶部尚書裴公延齡以河中爲會府洎十一年秋九月裴公薨今戶部侍郎蘇公弁繼之唐時兩池置官署備于此延齡首籠利權以毒天下而其爲之佐者又數人本傳惟言貞元八年遷戶部侍郎判度支凡設謀鉤距肆爲剥蝕皆已悉書而酤鹽在河中獨不及之又八年爲戶部侍郎至九年已歷尚書史於其轉官更失紀皆疎也新唐書本傳同碑稱裴公薨在貞元十一年延齡傳作十二年蓋史誤弁本傳裴延齡卒德宗聞其才特開延英面賜金紫授度支郎中副知度支事遷戶部侍郎依前判度

支與碑所記符記前云中宗復政崇朝而復鹹大歷陰霖巨漲而不淡蔣鎮傳鹽池爲潦水所入其味多苦韓滉慮鹽戶減稅詐奏雨不壞池池生瑞鹽當時固以欺飾爲之而踵事者又勒之頌詞以長其僞然則敖之文雖瞻腴固非實也授堂金石跋

按此碑陽爲頌陰爲記頌爲崔敖撰韋縱書并篆額記爲劉宇撰書頌刻于貞元十三年八月廿日記刻于貞元十三年七月二日是記先刻矣然記內已言有崔君之頌恐其頌或有闕乃命山客重紀于碑云重紀又似記爲後出者而乃先刻之何也鹽池靈慶公神祠在山西解州安邑縣山西通志云池神廟在鹽池內唐大歷十二年建十三年韓滉奏解池產瑞鹽請置神祠賜號曰寶應靈慶池神曰靈慶公張濯撰記貞元十三年修太常博士崔敖撰頌貞元十七年四月知解縣池陸仕安邑池韋縱立池神祠頌碑崔敖撰文据此則似崔敖撰頌在十三年立碑在十七年敖又別爲撰文然此碑有頌并序而別無他文實是十三年建無十七年字通志語所未詳也韓滉奏瑞鹽即碑所謂先皇帝薦靈慶以號神索氤氳而建廟粒重英

以表稔花四出而呈瑞据碑則建廟在前瑞鹽在後通志語亦不合碑陰有舊宮僻在幽阻是用遷置于斯之語則是遷建非重修也但未詳舊址所在通志則云廟在鹽池內貞元十三年修而不言遷建亦與碑不合碑陰云元老韓公滉之摠邦賦以大鹹之功康濟是博請加禮秩于是冊爲靈慶公舊唐書韓滉傳大歷六年改戶部侍郎判度支此即摠邦賦之時也傳不載奏請封靈慶公事惟云大歷十二年秋霖雨害稼諸縣損田三萬一千一百九十五頃即碑所謂大歷窮霖巨漲而不淡

也碑敘搉鹽之制云皇家不賦百三十載元宗御
國五十年嗣聖受命却玁狁于絕漠走昆夷于窮
荒調發之費軍實不足遂收鹽鐵之筭置搉酤之
官是搉鹽始于代宗時也舊唐書食貨志開元元
年十一月河中尹姜師度以安邑鹽池漸涸師度
開拓疏決水道置爲鹽屯公私大收其利此卽搉
鹽之始矣食貨志又言自天寶末兵興以來河北
鹽法羈縻而已者蓋祿山之亂河北跋扈朝廷之
法有所不行故謂之羈縻非謂直至元和中始置
搉酤且卽如其言則天寶已前之不羈縻亦可搉

見授堂似未詳玩耳碑云泉之爲畦釃之爲門又
云兩池官吏及畦戶等請立豐碑河東鹽法有畦
地畦戶其名始見此碑山西通志鹽法卷內云畦
地始見唐崔敖言又柳宗元言溝塍畦畹交錯輪
囷宋元符四年開二千四百餘畦百官入賀池之
有畦自唐宋時已然池如仰盤畦居灘際地勢南
卑于北畦旁各開水爲港長與畦等汲引水上畦
底如砥邊封爲埂中復留塍以段分之此治畦之
法也又唐時就山海井竈之地置監院游民業鹽
者爲亭戶免雜徭此卽畦戶也碑自撰書人及碑

陰官屬姓名惟蘇弁兩唐書有傳餘俱無傳弁傳
云字元容京兆武功人裴延齡卒德宗聞其才授
度支郎中副知度支事承延齡之後以寬代煩虐
人甚稱之遷戶部侍郎判度支是在貞元十二年
九月後也

濟瀆廟北海壇祭器碑

石高四尺八寸五分廣二尺九寸十八行行二十九字隸書在濟源縣

濟瀆廟　北海壇二所新置祭器沉幣雙舫雜物之
銘并序　器物名數題在碣之陰也

朝散大夫行河南府濟源縣令張洗字濯纓撰

有唐六葉海內晏然偃革□□崇乎祀典封茲瀆爲清
源公建祠於泉之初源也置瀆令一員祝史一人齋郎
六人執魚鑰備灑掃其北海封爲廣澤王立壇附于水
之濱矣　天子以迎冬之日命成周內史奉祝文
宿齋毳冕七旒五章劍履玉珮爲之初獻縣尹加繡冕
六旒三章劍履玉珮爲之亞獻邑丞鷩冕加五旒無章
亦劍履玉珮爲之終獻用三牲之享　邦之大事
先在祀乎濯纓不才謬領茲邑下車入廟每事皆問主
者有云俎豆素闕弊難悉數其尤者有五北海望壇臨
事壘土朽槾一歲而費數金爲勞之甚其弊一也二所

祭器凡百有二十二事至時請於上寮轉載入洛去來三百餘里仍以稅緡酬之積有歲時不知窮極其弊二也沉幣雙舫文以車取沁河渡口之舟往返之勞結綵之飾其弊三也兩壇位席百領有餘戶至誅求爲擾非潔其弊四也牀榻乃至匕箸器用之類門到斂索事終存亡太半其弊五也旣革前弊輒爲之銘銘曰

竊寐求思如神有知大風離披壞木於斯八吏驚駭念玆悟玆（前年夏及今年春大風壞楸榥數株）爲余有意廟中無備沉幣雙舫二壇祭器子來悅使所惜皆遂覲者閱闔事無闕焉刻之于石以俟後賢是時也貞元十

有三年

碑陰

石高廣與前同前後十四行行字自二十八至三十五不等正書

濟瀆　北海壇二所新置祭器及沉幣雙舫雜器物等一千二百九十二事

沾二　簠簋四　俎盤十　罇六　豆卅二　籩卅二　簠八　簋八　罍二　洗二　酒爵十二　杓四　燈盞一百六十牧　沉幣雙舫舩一　新造塼壇一　副壇席七十領　五幅幔兩口　氈四領　四尺毯子四　浴斛一　方毯子八　蒲合廿領　丈六床兩張　八尺床一十六張（內三張綿）　連心床一張　四尺床子八　繩床十（內四倚子）　油畫臺盤二（一方五尺一八尺）　素一小臺盤一　八尺牙盤二　火爐床子一　竹床子一　燈臺四　柒盆子二　竹衣楪四　木衣楪三　鹿木枕四　粘板二　草函一　鞍楪一　櫃一（并鑷）　門簾一　帳簾一（並紫綾緣）　盆子卅牧　水罐十　長杓八　馬杓二　刷箒三　鑷一具　竹燈臺子一百六十牧　新口床席二領（碧綾緣）　椀二百箇　疊子五十隻　盤子五十隻　朱盤兩面　昆崙盤四面　細匙筯五十張雙　麁匙筯五十張

雙　柒杓子六　五尺單一條

舊什物　釜兩口　煮羊脚鑊一　鐺大小八口　油鐺子一　小鑊子一　鏉二口　火爐一　大盆二　小瓮五　中盆二　小盆子六　水罐九　食棧五　甑三　長杓四　馬杓二　八尺床子四　四尺床子四三　故食床一張　長連床一張　雜木竹歷床兩張　間簾一　鈎三　熏籠一　巾一條　廁口口　麁茶椀子八牧　茶鍋子一并風爐全　茶碾子一　香爐二　酒海一　毁門鏁一具　剉碓一具（并頭刃）

唐制附祭北海於濟源此碑記新作祭器事碑文乃

濟源令張洗字濯纓所撰簡古有體裁一洗駢儷之
習洗與韓退之同時文體已矯傑如是金石文字記
集古錄有此碑明都穆金薤琳瑯亦載其文而遺其
碑陰又遺器物名數題在碣之陰也十字第一行北
海壇二所脫二所兩字僂革口儒上闕一字以爲闕
二字及以沁河爲池河以俟後賢爲以待皆賴有原
刻証之碑云沽二者即站有云柒盒子柒杓子者柒
本漆字艸書後人又變爲正字故山海經漆本或作
柒也中州金石記
新唐書百官志云五岳四瀆令各一人正九品上掌

祭祀有祝史三人齋郎各十三人較之碑所紀益倍
其數不知何時增益爲之也或志文他有所據今亦
未能詳也碑又云北海封爲廣澤王天子以迎冬之
日命成周內史奉祝文宿齋云云濟源唐舊屬洛州
故成周內史爲之攝祭禮儀志祭北海及濟于河南
是其事也然志文不詳其儀數洗字濯纓而題云濯
纓不才謬領茲邑臨文自稱其字非用謙之道也授堂金石跋

按濟源廟北海壇並在河南懷慶府濟源縣西北
河南府志云北海之建壇說者謂濟瀆泉脈通北
海故於此建廟然檢舊唐書禮儀志云祭于洛州
新唐書禮樂志云在河南不云濟脈通北海也濟
水源流詳見達奚珣遊濟瀆記碑濟瀆之封清源
公在元宗天寶六載唐自高祖至元宗爲六世故
碑云有唐六葉也壇廟定制歲以立冬日致祭內
史爲初獻縣令亞獻邑丞終獻而供祀器具假之
洛陽自濟源南至洛陽皆須陸運碑故云轉轂入
洛去來三百餘里也壇廟祭祀官事也必假器于
鄰郡且必以稅緡酬之可見唐時制度之簡陋如
此稅舒芮切以物遺人也非假物之義若假物則

當用貰字舒制切貸也貸與假同義貰與稅聲近
俗因相沿以假貸爲稅碑所稱稅緡謂以緡錢償
其假物之資也稅字蓋始見此碑碑陰所載器物
名亦有可資考訂者如燈盞俗名也許渾詩云小
殿燈千盞而此碑已有之毯子俗名也其字見廣
韻而此碑已有之衣架名見爾雅架本从木不必
加木于旁故廣韻玉篇不收槕字而此碑有之床
竹歷俗名也釜鬲謂之歷不可施于床或者是床
隔隔从鬲鬲與歷同音因謂之歷而此碑已有之
蒲合廿領未詳何物廁于床毯之間疑即蒲席禮

明堂位周以蒲芍註云蒲謂合蒲此或倒互爲蒲
合酒海見白香山詩就花枝移酒海而此碑已有
之浴斛疑卽浴斗亦卽浴盤也副壇廗七十領廗
當蓋切音帶玉篇云邪席也集韻云屋邪似用以
衛壇者疊子厠于椀後卽今俗名碟子疊有重累
之義碟音舌集韻云治皮也不與碗同類今俗作
碟非也惟崑崙盤其名無攷茶字作荼與爾雅合
帚字加竹見廣韻惟幣字作帤幅幔帳簾不从巾
旁而从心熏籠作勳籠又攷字四處宜作枚似皆
小訛碑無書人姓名撰者張洗兩唐書無傳碑無
歲月据金石文字記作貞元十三年

金石萃編卷一百三終

據原碑校

金石萃編卷一百四

賜進士出身 誥授光祿大夫刑部右侍郎加七級王昶譔

唐六十四

鄭楚相德政碑

碑連額高八尺六寸廣四尺二十四行行字數四十至四十四字不等行書篆額在澄城縣

大唐同州澄城縣令鄭公德政碑銘并序

司封郎中集賢殿學士□□(陳京)撰

衛尉卿鄭雲逵書

鄉貢進士姜元素篆額

□□□□□之政咸勤東京之事寂明共理邪邑必難□
□不獨孝宣二千石之選也 我國家鑾(玄)敢至化稽對

前謨□□□□自邇□□實先二輔載首屬城恒寧厥
人多□於理不有卓異曷飈頌歌未通神明誰鏤□石
迺(由)是□□十一年秋閏八月□□□□辛巳 詔□(諭)銘紀
左馮翊澄城令鄭楚相功德于其理所之南門也澄人
謂余□從艮□謬□□殿飽循吏之事業聆采詩之風
謠求成其文寔美公□□字叔敖鄭州滎陽人高祖元
胄 皇朝□大夫祠部郎中曾祖慈力 皇朝議大夫
蔡州刺史祖敬賓梓州通泉□□考琨與州南宮尉累
葉盛德咸稱能賢□□後人□變□子既冠試吏逢時

屢遷及壯佐州遇守方鈌拾紫大綬假□兩轄名盈利
權道猷曠貴念代游之□□□巨卿之□□□以幅巾
諸生修剌先進醇粹流藻馨香立言德成敢雄□奏用
中擢秀才第爲東觀挍書郎勞□□於遺編勉□士以
主壽愛仙家於早歲安緌氏以彌年秩滿從□□□殊
□發長安尉而至于宰是邑也致□天瑞本人和氣□
□懷順□□性革當用財而離居縣撤屋而周□用簡
成驗□□□役諭閭廢積論蕩狹愛俾縣衡以□占偶
踐更□□□敏樹柔桑阜蕃多稼讓隣終畝并力從□
順祈報以登□□禮節□息宴井列□闊□□投艱寒

煥異宜男女半道戒鑿□厚商利遠邇會盧之義肇周
八家不窮之養□行四□□□蔬□豐恒□□□諸圃
者放於園公三畝具存百本咸□生生之理脩赫赫之
名成鴻細□□□眷載考厚藏不□之寵盡□有益之
祠枯泉由靈而□出鷙蟲抱義而大□此又感會靈元昧
之可紀□也令口□□□禱□散俸廩於□□里□訪善良之
疾苦降服馬於鄉亭此又顧懷隱微之所可□流者也統齊
多方宗諸元□臻於□□□於洽平人閑歲安□□
雲明鷄犬攸聞火烟闔境表率王甸圖像連城□□□
理道之至歟是皆根於□心□□□操軼倫先時劇職

□歲九賦疾如影響利用卷舒摛詞則宣章練政則居
□□函　詔除褒者遂冠□文行之其猶子□太傅伯
部尚書之徵□□□　崔君□寵乃賚聞言於獻狀詢
績□□據於是百姓孫士良等報德誠明請命　朝省
而斯頌作焉詞曰
吞有賢令兮爲鄭父文雅楊班兮學齊魯執業操刀兮
是新部更宅闢戶兮調舊宇家多令□兮□□□野播
□苗兮皴鍾畝泉異貳師兮亦我澍獸同安成兮不吾
禦西海少婦兮愼莫渡潁川四君兮敢爲□螭黿爰伐
兮題廣路崔嵬靡泐兮偉終古

左司郎中宇文邈修功善狀　守令白潛成立
貞元十四年正月廿五日建　姜濬摸勒并刻字
鄭公字叔敖字上當碑裂處缺一字即撰字上亦裂
一據趙目而知其爲陳京也碑云百姓孫士良等報德
誠明請命朝省斯頌作焉殆奉詔立碑曾下考功而
非後世士民擅立去思也金石後錄
鄭君字叔敖渤其名案文中有云詔京銘紀左馮翊
澄城令鄭楚相功德于其理所之南門則其名爲楚
相矣京字慶復官至秘書少監集賢學士見柳宗元
行狀關中金石記

碑殘泐金石文字記云公字叔敖鄭州滎陽人而不得其名今案碑前列鄭楚相名故下惟云字叔敖而名不再見顧氏殆失檢也鄭君初擢秀才第爲東觀校書郎授長安府至于宰是邑百姓孫士良等請命刊省斯頌作爲後文言左司郎中宇文邈修功善狀蓋唐自武后聖歷二年制州縣長吏非奉有勅旨毋得擅立碑于是凡以政績將立碑者具所紀之文上尚書考功有司而攷其詞今此碑猶可案也驗實則人無溢美準勅立益有風勸余故錄之以見唐制如此宇文邈載宰相世系表爲御史中丞者當卽其人

授堂金石跋

按此碑撰者陳京及篆額之姜元度兩唐書皆無傳惟書人鄭雲逵署銜曰衛尉卿舊傳云滎陽人元和元年拜右金吾衛大將軍歲中改京兆尹新傳云元和初爲京兆尹皆不言其官衛尉卿唐書百官志亦無衛尉卿官名唐六典左右金吾衛大將軍掌宮中及京城晝夜巡警之法注云後漢掌宮外及京師盜賊水火考按疑事衛尉巡行宮中執金吾徼巡宮外相爲表裏所以戒不虞也考漢書百官公卿表衛尉秦官掌宮門衛屯兵後漢書百官志衛尉卿一人掌宮門衛士宮中巡徼事是唐之左右金吾衛大將軍所掌同于漢之衛尉卿雲逵署銜用古官名耳此碑立于貞元十四年觀雲逵自署則其官右金吾衛大將軍不在元和元年疑兩傳誤也碑云□□十一年秋閏八月□□□辛巳上泐二字乃貞元也下泐三字閏八月爲乙丑朔則辛巳乃十七日也高祖元肖曾祖慈力祖敬賓宰相世系表有鄭敬賓別一人考琨唐書表傳皆不載陝西通志名宦傳有鄭叔敖貞元元年授長安尉後宰澄城民思慕之立石以識卽謂此碑也通志直作叔敖是未驗碑有楚相字碑不詳尉長安在何年可据以補碑所未備末云宇文邈修功善狀他碑紀德政者所無

據偃師金石遺文記校

董晉碑

碑高九尺五分廣三尺九寸每行約六十字現存二十四行餘剝蝕不可考行書額題唐贈太傅董公神道碑九字篆書在偃師縣經周寨

□□□□□節度副大使知節度□□□□下闕□汴州

諸軍事兼汴州刺史上柱國隴西郡開國公贈太傅下闕

朝議郎守中書舍□下闕

皇太子侍書正□□下闕

漢興五代孝武思理膠西相陳天人之際王道闕下□□
□□□□□□□□□□□□重承衛之崇啓心宣力
作牽慶士陟恪宗工能紀其列公闕下□疚□□之□□
□□□初　肅宗受端命以合兵車思欲去□
□於湯火闕下□□視□□□□□□采章　□宗
御天下乃清□□□爲文憲彌□陪□闕下奉常□□□
　令上建皇極□脩□紀思代天工俾寧方闕下□
□平章事居五年□禮部尚書□□　□□遷兵部
分正鬳□闕下□□□□沛□亳□等州觀察處置□□
□五年二月□丑薨于位□□闕下□□□□優之也初

公以祠部郎爲出疆從事北方之強□□闕下□□□之
勇沛□餘力其爲大府未浹日而理乃珥貂□□闕下
□以□□亞相使于北河其往也薊門不開山東多壘
習俗□□闕下□□□□□□謀因以爵沒憑軾
有勞扈　蹕而旋益□闕下□□□□□□□
□□□而不贖其爲相也□戴闕下□□□□□陳於
□□　□不可悉數弁章□□然後得請其扌封闕下□
□□　上以爲陳留□□郊□非□闕下□□長
城□□蘊在靈府悍將□□□□□□諸侯闕下□
□□□□□□一邦之人得□□闕下□□□□□□□

□諸侯自膠西而闕下□□□□□□□新浦主簿贈
闕下而無貴闕下祝□□□文學行義克闕下於□□闕下□□
人京兆韋□闕下年無闕下

碑陰

拓本僅有下截二十餘行行約二十字漫滅者多茲就顯明者錄之

闕上司拜殿中侍御史四遷□中書舍人歷工闕上命至右
補闕主客員外郎有高文至性不幸闕上乃纂集其文刻
于左方以脩遺闕禮闕上二年土壤咸闕三年家闕上于室
爰丘墟爲閭里散災禝爲和闕上車□□十省其五郡邑
實備三臡其闕上取以歸揚子七縣之衢也列爲小闕上逾

周月如有二天化洽數州闕上□相□國作旱歲之霖今
　公闕上□□□□□□不言而衆事舉正色而羣心
服邊鎮闕上江□□剡木爲舟用五行潤下之功息闕上不
疾而速性命之際融正氣以發闕上令而□若親臨再相
天地之宜三隶闕上
闕上用罝典刑士吏自清乃設堤防禁遏闕上大化四流歸
朝執憲專賛　皇猷闕上有□□去□□□□季□□□
穀焚蔬人化於　公闕上□□五□而人不知　公與其
敎我箱千斯闕上□精□□平政均滔滔蜀江來自天闕上
□□□明□□統□師旅弛張柵戍不戰闕上留授鉞又

命富人闕下
億按碑中截剝蝕文斷已不屬韓太初得張太保碑
因附石有此碑質之於余余命及門李於岸摹搨以
歸就其中可尋繹者攷之斷其爲董晉也碑載肅宗
受端命以合兵車思欲去元元之湯火下有覩草及
琛章等字唐書本傳肅宗幸彭原上書行在拜秘書
省校書郎待制翰林蓋謂此也碑載代宗御天下乃
淸吏職以爲文憲彌綸下有奉常字攷舊書晉本傳
歷秘書太府太常少卿又云德宗嗣位改太常卿韓
文公集董公行狀遷秘書少監歷太府太常二寺亞

卿下又云又爲太常卿令奉常卽太常也碑與行狀
合惟本傳言德宗立授太府卿而不及太常此宜以
碑爲詳者也碑載今上建皇極以修人紀思代天工
有門下平章字又有居五年除禮部尚書字遷兵部
字分正字節度汴宋亳潁等州觀察處等字本傳貞
元五年以門下侍郎同中書門下平章事又云罷爲
禮部尚書以兵部尚書爲東都留守皆與碑合惟汴
宋亳潁觀察處置等使史畧而不書舊書惟言汴宋
亦不及亳潁亦惟碑獨與行狀符也碑載十五年二
月丁丑公薨於位行狀亦云十五年二月三日薨於

位碑又載初公以禮部郎爲出疆從事卽傳所謂李
涵持節送崇徽公主於回紇署晉判官其事同碑又
載以祭酒亞相使於北河其往也薊門不開山東多
壘卽傳所謂改國子祭酒宣慰恒州其事同碑載拜
章八上然後得請卽行狀所云退以表辭者八方許
之而傳又不及此又宜以碑補也碑在府志以爲佚
不可得又入洛陽內今以韓君喜事故余得收而誌
之以正方志之疎竝使太傅墓地亦有聞於後豈非
幸哉金石攷定此碑爲權德輿撰而書尤險勁惜莫
存其名按題銜有皇太子侍書碑載貞元十五年字

則碑爲石刻建立又在十五年後矣時已去順宗卽
位不遠其時王伾嘗爲太子侍書蓋卽其人也偃師金石遺文記

無垢淨光塔銘

碑連額高一丈二尺五分廣五尺二十三行行四十四字正書篆額在福州府

皇帝降誕日爲　國建無垢淨光塔銘并序
攝觀察推官宣義郎前行秘書省挍書郎□承宣撰
昔如來以善惡無所勸爲之說因果修因果者無所從
爲之存像教像教設而功德爰立因果著而報應彰明
至於聚沙亦獲多福矧□□縱廣之高大其功德曷可

思量哉惟　唐貞元己卯歲孟夏四月旬有九日
聖君降誕之辰也煌煌乎溥天之大慶率土之盛事窮
祥絶瑞畧而不該八神幽贊品類歡樂口自京邑逹于
海隅各獻珎寶以賀　昌運先是　觀察使栁公
監軍口魚公相與言曰聞夫西方之聖者口崇福
之本至仁之教故報　君莫大於崇福崇福莫大
於樹善樹善莫大於佛教教之本其在浮圖口口口
今皇帝道邁往初澤漸無垠天下之人登壽域樂太平
者二十有一年于兹矣含氣之類尙猶知感矧臣子之
心口當于兹辰焉於是會釋徒謀建置作爲浮圖以搭

名之夫塔者上口諸天下鎭三界影之所蔭如日月之
照破昏爲明鈴之所響如金石之奏聞聲生善如是諸
福盡歸　口口謀之既臧相顧踴躍顧力口果事
無不諧齋心至誠三卜皆吉相地面勢依山憑高摽勝
槩于南方跨上游於福地食　王祿者樂於檀施
荷　帝力者悅而獻工役無告勞功用斯畢
皇帝嘉焉　御扎題額錫名貞元無垢淨光之塔屹
然峻然高立雲外霄盤而星象可接金牓而鸞鳳交馳
從何處生如踊諸地路金剛而難壞與刼石而齊堅取
舍利以實其中口口口以表其外俾夫觀覽者名号斯

識瞻禮者利益居多異夫經營之初鑿礬之始周其基
阯下現盤石五色口口口口口口口口意將靈祇先有所待
盤石之上又生異表瑩澈氷淨淋灕玉顔如物之牙櫱
然攢植訊諸博識得未曾有非　口孝之感動神祇
之協贊則何以有斯靈異乎況　河東公以仁德鎭
撫海隅庶安　魚公以忠口口　口口口輯睦二
臣協心一方康寧建彼崇塔赫然丕績上以資
大君無疆之福下以遂口生口口口口口口口口亦
至矣盡利諸貞石以示于將來小子備從事之末奉銘
敘之　命豈知竺乾之道空爲口口之口口口

瞻彼靈塔巍巍崇崇疑自地踊若將天通作鎭海隅高
摽閩中影護下界形儀太空金盤口口口口口口口口
口口贊兹盛功俟其建之臣子之忠口口口福之
聖壽無窮
貞元十五年歲次己卯口口口口口口口
福建等州都團練觀察處置等使朝請大夫使持節
都督福州諸軍事守福州刺史口
福建監軍使朝議郎行内侍省内府局丞員外口同
正員上柱國賜緋魚袋魚口
右貞元無垢淨光塔銘今在福州府梁克家三山志

云石塔寺在州西南貞元十五年德宗誕節觀察使柳冕以石造塔賜名貞元無垢淨光庚承宣爲記即此碑也碑末題福建等州都團練觀察處置等使朝請大夫使持節福州諸軍事守福州刺史以下皆闕以三山志證之知所闕者爲兼御史中丞及柳冕姓名也次一行題監軍使朝議郎行內侍省內府局丞員外置同正員上柱國賜緋魚袋魚獻獻字剝落止存右一筆今據三山志補之志所書魚獻結銜字多譌脫文又當據碑爲正耳碑中基阯字避諱作棊與慈恩寺基公塔銘正同 潛研堂金石文跋尾

按碑云貞元已卯歲孟夏四月旬有九日聖君降誕之辰唐書本紀德宗以貞元二十一年正月崩年六十四推其生在天寶元年至貞元已卯年五十八寺僧爲皇帝誕辰建造浮圖僅見此碑當時佛教流行天下以建塔寓祝釐之意當不止一處而福州距京師遠數千里僻處海隅此碑獨流傳至今撰文者庚承宣無傳書者柳冕唐書傳稱冕字敬叔博學富文辭貞元十三年兼御史中丞福建觀察使此碑正在福州時也冕官福州置萬安監索部內馬驢牛羊畜牧之民間怨苦坐政無狀

據偃師金石記校
據金石續鈔校

代還然則碑稱其以仁德鎮撫海隅庶安者亦過譽矣

徐浩碑

碑高一丈八寸廣四尺九寸五分三十四行行八十字正書在偃師縣學

大唐故銀青光祿大夫彭王傅上柱國會稽郡開國公贈太子少師東海徐公神道碑銘 并序

朝議郎守河南少尹飛騎尉賜緋魚袋張式撰

次子朝□□□南□□□□□□□□□□

書并篆額

惟天陰騭下土俾宏相導降聖啓運生賢佑時猶三光五行晷度盈朒之無愆候也當

玄宗開元□後景化昭融遴建明德大旌文學□□□盪□ 肅宗嗣位首革艱運方備□則□功□難議獄□死□ 代宗□□□ 今上纂丕圖參任二柄以康億兆 會稽公歷奉 四后周旋五紀各因其會振耀長才有潤色皇猷之□□□納□之直□□□□流之□威懷□德之□□外統□□□□卿開國承家分□□上所不至者未昇鼎司儒流展用亦已厚矣 公姓徐氏諱浩字季海東海郯人隋杭州

唐縣令澄之□孫　皇朝逸人□□之曾孫益州□
□縣尉贈吏部侍郎師道之孫銀□□祿大夫□州刺
史贈□散騎常侍嶠之之子稟命于天稟訓于先稟氣
于山川國器斯全輔之沉研無得而□譽爲通賢年十
五□經術首科昇□始□□□山□□□□卑時
論稱之無何□□俾□□賢□□大學士燕國公説
□之滄溟□代宗師嘗覽　公應　制喜雨賦及五
色鵠賦兼和　製箏詩曰後進之英今知所在賞歎
□□□爲上聞賜帛出於中禁依聲播於樂府無翼而
飛遠□□□□□□是愛其才□其□始終□□進太

子校書集賢殿待詔改肇縣尉尋拜右拾遺張守珪之
節制幽薊恩冠諸侯欽承□□特□幕賓陳□優遂其
請授□□□□□府君憂□際補京兆府司□參
軍□□□藜□濱於滅無復宦情□□逾年勉從親故
之諭起就常調授河南府司錄轉河陽令先是有晻昧
疑獄繫囚六十八　公下車□縣□□□□□□□
□□□□□□□□□燃燃如也桐□遺愛碑頌□□
□□□□議郎東都留守□□辟從其事有河□俾八
僞作符命埋深谿而表異滋拱木以徵年然後假獻歲
之辰矯　元元之□審言□□□□□□□□以

得之□雷同之□矣□云祚聖□以□□□既悅於
聽聞史箳方裁於簡册　公明徵篆□立辯乖訛
正大謬於已然折羣言於獨□既而致□悉驗□姦遷
金部員外郎轉都官郎中□□南□補□□□□□□
求成俗事多詐濫吏亦□□公□□□□□□□□
信義必行於夷獠廉平可動於鬼神五嶺百越頌聲四
合同詣方面請建旌德碑都督張九皐□之飛章朝議
以爲主聖臣忠□□　□德□人到于今歌之轉
刑部郎兼司農□□□□兵部□□□□□幽□始
禍寓縣興師　公以官在職司志當靜亂馳馹詣闕陳

謨納忠度向背於兵鋒算隄防於地理慮先物表機變
□□　天子□□方□大□奸□忌害□□
□□除□□刺史□施郎路　皇情□寤念嶺桐之□
信□剖竹之非輕乃加本州防禦使錫金印紫綬及京
師失守　翠輦西巡成都築受養之宮□□□□
之制□□　公詣　行在所拜中書舍人集賢殿□
□時　鑾輿□復□詔急宣尤資倚□之能多類□
□之□　公虔恭　法□□□　天顏□管風
生落牋泉灑皆如□□特邁□鋒　上□其□□□
□□以本官兼尚書右丞封□□縣開國□喪亂既平

□□及正輔宣　天子之孝奉揚君
父之慈　寶宗降孝感光□之誥
肅宗□至道□□之□□□官之□□□三
接□□獨以□文□□□□代文□之盛孰可儔其
類歟當時以陷賊衣冠正名同惡百辟□議三司定刑
其徒三□將寘重典　公上引大□□□□□□□□
輕之義近□侯□□□於輦轂　太□唯罪□
人越□□□□□狄仁傑議誅元惡而□國章有素故
事斯在詞簡理要端如貫珠百寮傾聽無復異論廷諍
□進覽獲減論李輔國憑寵恃□□臣□□□□將授

左散騎常侍□□□□公□陳□□由官邪名不□
□□□□□之地□從顧□之□授非其人期不奉
制有命改授大詹事且曰將來命官若此者皆許以
聞然蹇諤之誠幸伸於一□而浸潤之譖□中於多□
□□□□□遂貶盧州長史　代宗踐
祚公論勃興□□復中書舍人加銀青光祿大夫集賢
殿學士□知院事尋遷工部侍郎楊脊微病久政□□
於南海焉崇道陰姧伺□盜據新□以爲□鉞□□□
公□可拜嶺南道節度觀察等使兼御史大夫　公
折簡飛書先□大信順流鼓□以示不疑見□者皆目

按居上當是比字原本作北儷師記作此疑音悞也

此選補徐郎中之名也父母至矣復何所求既而傾巖
洞以□命□戈鋋而□□□□□人跡罕通□□
風蕩其□□無□舉□□□□□□復□庶□
而□□之□□年有□部之拜復兼集賢學士嘗領東
都選務銓第舉科凡百□流拔奇者一人郎□兆□宰
輔□□□年郎□□□齊公□人爲洞鑒深識皆此類
也□□□德□不掩□□□執法□所繩又舉□州別
駕　皇上登寶位徵拜彭王傅加會稽
郡開國公食邑二千戶覩風儀之可法□□□之□
□□□□□欲以論□之□□之□明年薨於長安永

寧里之私第享齡八十□第加等贈太子少師□焉
公□□之興中和所蘊智周顯晦行茂家邦班固謂董
仲舒公孫□倪寬以儒□□□□□□□似□□
□□□□媿於前賢先府君擅書□嘗授筆法□□
□□草隸兼優開元天寶之閒傾王帛刻琬□□□
二妙而已議無優劣以王右軍父子擬焉始□□□
爲中書舍張□□□□□定□不復以禮□□懷故
□□英□孰非□友□□□□□我吹噓所以□登石
渠再踐西掖□更臺省出□旌旆九遷而碩望弥高三
蠅而輕痕不汙賓實本末信中庸之君子歟　公以進

標一作留

隆金石續鈔作朗

中三年四月廿五日□以其年十一月葬于東都偃師
縣先塋之左□洎貞元十五年□□□□宰王畿之□
安遂爲□府法曹掾瑫玫舉進士未第伯仲之存者四
人現嘗以家傳遺文俛叙其志曰史諫藏諸□□墓版
閟於幽扃□惟世□□□□未□紀功□□□□□
□□□百代朝□夕殞□□無恨國有干戈之□家有
□□□之戚□□未就垂廿年辭將涕從禮以情潋則聖
人所謂揚名於後代以顯父母者揚已之美與揚親之
美□孝子也其□先□顧□□寂之請□□□□□
銘曰

□南有截□□□□中蟠會稽旁浸海浙含風蘊玉浴
日孕月象合粹靈氣生才哲才哲伊何惟 會稽公克
□克亮克孝克忠□□宏謀王謝高風賓探其奧實□
其蹤一其 □□□□□□直□邁温重威儀抑抑乃
辯姦謟羣兇去慝載讞典刑刀鋸減息內外更踐畢高
稱職績著縑緗受啇邦國二其 會稽之文代天爲言藻
繪 皇猷俶宏 化□□□變律□澤□寬邃劇淵
□疾如雷奔宣明日月□翊乾坤敷暢大號親親尊尊
草隸兼善鍾張抗論一臺二妙獨耀吾門三其 會稽之
武非謂暴虎建旆鞠旅□綏南土南土兇殘民痛里殫

金石續鈔作代

我一作成

播一作銘

盜□乘□餘□□□□以□□□誠□亂□謂□戈我
□揮翰翰墨□經人肖輯學四其 會稽之終翰苑其空
宸扆輟悼邦人輟春摧摸遺草景行中庸文雅道
喪誰其□□□周之東天地之中邙洛□□舟車會通
故塋新壟□□□□勒□□德悠悠不窮五其
貞元十五年歲次己卯十一月辛丑朔廿四日□□
建
表姪前河南府參軍張平叔題諱
河□屈□ 吳郡□□□刻字
右彭王傅會稽郡公徐浩碑亡其下截每行止存三

十九字其文河南少尹張式撰書石者據金石錄爲
浩之次子峴字畫遒勁猶能步趨家法碑稱其歷官
甚詳其爲太子校書集賢殿待詔改鞏縣尉拜右拾
遺又授河南府司錄代宗時再兼集賢殿學士皆史
所未載傳稱越州人碑云東海郯人者舉其族望也
又按肅宗子彭王僅薨於肅宗朝子鎮爲常山郡王
無嗣王彭者憲宗子彭王惕受封在大中六年距浩
卒已久唯高祖子彭王元則之曾孫嗣王志暕或其
時尚存而季海爲其傳乎 潛研堂金石文跋尾
碑云除襄州刺史加本州防禦使賜金印紫綬及京

師失守云云是浩自襄陽防禦使遇安祿山之難遂
從明皇在蜀授尙書右丞新舊唐書旣遺浩趨行在
之事舊書則云安祿山反出爲襄陽太守本郡防禦
使賜以金紫之服誤以安祿山反在浩爲防禦之前
又云肅宗悅其能加兼尙書右丞亦誤以元宗爲肅
宗矣碑又言當時以陷賊衣冠正名同惡百辟會議
三司定刑其徒三千將寘重典公廷諍三進竟獲減
論是浩當時救陷賊官有力與李峴議同此實不朽
之事史俱不載何也浩墓在偃師故碑云葬于東都
偃師縣先塋之左今移碑至學懼其日久遂致迷失

也實刻類編云彭王傳徐浩碑張式撰次子峴正書
并篆額表姪張平叔題諱貞元十五年十一月立在
洛今缺峴名墨池編稱徐峴善書工行草石曼卿得
其石刻屢稱於人其書信有父風中州金石記
億按碑剥缺不完今依其可見者云浩東海郯人殘
唐書浩本傳作越州人地理志郯雖屬越然遠以越
概包之郯縣不若此碑爲紀實也碑書其上世有隋
杭州錢塘縣令澄之元孫皇朝逸人缺敬之曾孫缺
州九隴縣尉贈吏部侍郎師道之孫銀青光祿大夫
洛州刺史嶠之之子地里志九隴屬彭州此碑州字

上缺字宜作彭碑敘浩歷官有進太子校書集賢殿
待詔改鞏縣尉尋拜右拾遺傳旣不悉載而下遂云
進監察御史裏行辟幽州張守珪幕府歷河陽令以
碑證之張守珪陳乞優遂其請進監察御史授河南
府司錄轉河陽令則進監察御史在應辟以後而傳
書在前又不言授司錄皆史文之疏也碑又敘遷金
部員外轉都官郎中缺有嶺南請建精德碑與吏爲
嶺南選補使合下又敘轉刑部郎兼司農少卿又轉
吏部缺幽陵始禍寓縣與師加本州防禦使賜金印
紫綬缺拜中書舍人集賢兼尙書右丞封會稽縣開

國缺代宗踐祚缺中書舍人加銀青光祿大夫集賢
殿學士別知院事尋遷工部侍郎又拜嶺南道節度
觀察等使兼御史大夫云云以較本傳亦詳略互異
碑又云始自登朝爲中書令張曲江所器而傳惟云
張說稱其才曲江之於燕公並有見知之譽獨載燕
公何也碑後題銜表姪前河南府參軍張平叔題諱
顧亭林記顏氏家廟碑云今人自述先人行狀而使
他人塡諱非古按此則唐人已有是矣　府志引金
石攷貞元十五年張式撰次子峴書今碑列峴書者
已剥缺偃師金石遺文記

碑後題銜稱表姪前河南府叅軍張平叔題諱新唐
書食貨志戸部侍郎張平叔議榷鹽法弊請官糶鹽
可以富國李渤傳載度支使張平叔斂天下逋租昌
黎集論鹽法事宜狀議張平叔所奏蓋其歷官叅之
此碑皆可畧見然終爲一計臣而已題諱之古前跋
已言之近校潛研堂金石跋尾謂周益公跋初寮王
左丞贈曾祖詩末題通直郎田椽塡諱據爲宋人已
有之不知唐固有之而錢君未見此碑全本也又麻
衣子神字銘有云南陽貢士李珩塡諱碑由李滶曾
獮談二男李滶曾遠書文時父巳没矣因於親諱倩

人塡之君子之於名終其愼如此浩碑爲次子峴所
書固猶是也（授堂金石跋）
按此碑張式撰次子某書并篆額銜名俱泐式附
舊唐書張正甫傳云正甫之兄大歷中進士登第
式子元夫傑夫徵夫又相繼登科大和中文章之
盛世其稱之而不載其守河南少尹碑載浩之高
祖澄曾祖口口祖師道隋唐書皆無傳舊唐書浩
傳僅稱其父嶠（字脫）之官至洛州刺史碑於州刺史
上泐一字据傳是洛字据偃師金石遺文記作洺
字新書傳稱嶠之善書以法授浩而不書其官各

有所畧也碑稱師道官益州口口縣尉泐其縣名
而偃師遺文則爲九隴二字上文州字上泐一字
以爲九隴縣屬彭州宜作彭字此搨益州字甚明
唐書地理志彭州濛陽郡垂拱二年析益州置碑
似舉其未析之州名也法書要錄載徐浩古蹟記
云臣先祖故益州九隴縣尉贈吏部侍郎師道臣
先考故洛州刺史贈左常侍嶠之眞行草皆名冠
古今無與爲比墨池編稱師道字太眞會稽人少
有至行不干仕進裴行儉辟賓幕授九隴尉棄官
歸隱及終謚曰文行先生精于翰墨嶠之字惟嶽

純孝積學嘗面誚張易之而佐佑五王迎立中宗
歷趙潤洛州刺史正書行書遒媚有楷法所載較
碑傳加詳而其官洺州洛州諸書互異此搨磨泐
不能定其孰是矣通志金石畧書史會要皆稱浩
次子峴兩唐書浩傳皆不載其子宰相世系表又
無浩一系而碑則云伯仲之存者四人曰璲瑠玟
璲之上文泐不可見玟之下文曰現嘗以家傳遺
文俛敘其志云云似即書碑之次子則當作現字
與伯仲名同从玉然諸書皆从山作峴亦不能定
也兩傳稱浩越州人墨池編稱師道會稽人會稽

屬越州碑則稱東海郯人固是舉其族望然攷之
徐姓以國爲氏伯益之子若木受封于徐氏族畧
云卽今泗州臨淮碑作東海郯人者已不能詳其
緣起至遷居會稽又不知在何代宰相世系表不
著會稽一系惟据浩封會稽郡公可知其居越已
久矣傳稱浩典選部多積貨財又嬖其妾干政事
爲時論所貶而碑則云九遷而碩望彌高三黜而
輕痕不汚諛墓之文不足徵大率如此碑立于貞
元十五年十一月廿四日距其建中三年卒葬又
十八年碑云垂廿年者舉成數也廿四日下泐二

字是月辛丑朔則廿四日是甲子也

晉太原王公碑

碑高一丈一寸七分廣四尺四寸二十五行行五十六字正書在蒲州府臨晉縣

道閾十八代祖晉司空河東太守猗氏侯太原王公神
道碑并序
裒孫鐃州刺史顔撰
華州刺史□滋篆額
□□□□□韋縱書
始祖無名　道之出也曾孫有國周之宗也夫國有開
必先粵若后稷播種烝人乃粒周之先也積仁成德積
德成聖以□文王周公與天地□□乃繼爲家聖焉周
禮周易與日月俱懸元著爲家法焉開國德澤之源流
爲國制度之□□俾□□不易萬□□□豈□三十代
中八百季内而□厥後子孫因王顯姓始自四十一代
祖周平王孫赤其父泄未立而卒平王崩赤當嗣爲□
父桓□□廢而自立用赤爲大夫及莊王□□赤遂奔
晉晉用爲并州牧自赤至竈八代代牧并州竈生喬至
文釗十六代□前八□代襲封晉陽侯文釗生叔儁叔
儁生伯□伯□生乇乇河東太守征西大將軍乇生卓
卓字世盛歷魏晉爲河東太守遷司空封猗氏侯夫人

河南裴氏父仲賢任雍州牧卓翁年七十九薨於河東
□屬劉聰石勒亂太原晉陽不遂歸葬葬河東猗氏縣
焉晴才猗氏爲桑泉縣今司空塚墓在縣東南解□城
西□□至今子孫族焉自古太原王也亦猶潤州上元
縣有瑯邪鄉後魏定氏族僉以太原王爲天下首姓故
古今時諺有鼎蓋□□□□蓋海内□族著姓也　我
卓翁葬河東子孫成族□生將相而太原之望獨不鼎
蓋河東著姓乎況本枝奔葉金輝玉映洪源長派碧海
清漣□□婚者戚屬□之澄而爲□□絶貪蔭者□稅
不暇□而□衆□緣軍府而耳順方免負終身之耻戊

磧右而萬里交鋒□夾死之峕更接□□之□□出九
流之外蓋魏地波盜廹而使之然也開元中左丞相張
公說越認范陽封燕國公大廱初左相緒叔越認瑯邪
封齊國公□河東□承太原顯望久矣□□□緒叔齊
公沒之而□□□□如□齊兩公皆閱世大賢社稷重
器尚余爲也况中智已下薄俗者乎又見近代太原房
□□顯姓之祖始自周靈王太子晉瑯邪房譜亦云太
子晉後且晉平公聞周太子生而異使師曠朝周見太
子太子年方十五曠謂太子色赤太子謂曠曰吾後三
秊上賓于帝果十八而仙得□□元精□降□□□賓

則知秊未十五已是神仙矣豈於三年之中而始同凡
有嗣息邪是□爲修□□務神奇祖先競稱太子晉後
□其安妄歟凡稱太原王者無非周平王之孫赤之後前
已詳之閱矣桑泉房隋奉朝請善翁善之子□□翁官
至開府儀同三司車騎將軍河北道大揔管見隋書墓
今有碑僧曇延育奇表身長八尺見高僧傳蒲州桑泉
人也或有延公讃曰德與天全身與佛半桑泉房幽州
都督元珪翁廣州都督方□翁□□德光時左補闕智
閱伯戶部員外郎岳靈叔猗氏房右丞維叔左相緒叔
俱偉文曜世或有□緒叔詩曰人間左相□天下□□

詩人謂□□□□□□□鄕房安西北庭二節度正見
叔武德冠時如入仕 朝廷□舍或一出官州邑十室
二三通文武舉選僅不以屋有□□□□□□□□□
□□不已之慶流于無窮也然因官婚或棄鄉族迷失
宗望亦往往而在晉司徒昶翁誠宗人曰若結婚姻如
暴貴無□□□□□□□□□□□□□□代不仕不
學不看客失婚無譜不葬無墳墓不修仁若是□事三
代皆淪 小人也戒之愼之房孫顏由進士官□□除
洛陽令□□□州入大理少卿拜御史中丞出豳州刺
史常歎 大道久隱澆醨時極合於正經揭道字爲志

於子史揭□□□翼成□□□□□□□□□□□□
□□□碑銘聞於朝卓翁塚墓古有碑廟直下宗子四
縣離居每秊用□月七日□合來祭干戈動來廢至□
□□□□其□□□□□□□□□□□□□□□□
子孫日失其序顏寶永痛力建豐碑有四義焉一歸流
遷者之心二□迷宗者之望三□旌□者之□四□□
□者之□
太原一宗晉代三公甍時世□葬此河東孫謀克著祖
慶所鍾顯魂凜凜遺塚崇崇
唐貞元十七秊□□□□□□月□□朔□□□□

口建

按碑爲王顔撰口滋篆額韋縱書王顔兩唐書無傳篆額者滋泐其姓乃袁滋也軒轅鑄鼎原碑銘州刺史王顔撰華州刺史袁滋書結銜與此同但彼是書碑此則篆額耳亦可見顔撰而滋書者多也韋縱上結銜五字全泐宰相世系表縱官左金吾衛兵曹參軍鹽池靈慶公碑署銜爲將仕郎前試大理評事此所泐者祇五字不知其何官也碑文大意謂太原王氏世皆謂出自周靈王太子晉氏族畧世系表皆同不知太子年十五已是神仙至十八上賓于帝不應三年之中遂有嗣息今考太原王氏始自周平王孫赤其父泄未立而卒平王崩赤當嗣爲口父桓口口廢而自立用赤爲大夫及莊王時赤遂奔晉晉用爲并州牧自赤至鑑八代代牧并州至文釗襲封晉陽侯元孫卓歷魏晉爲河東太守封猗氏侯薨葬河東猗氏隋析猗氏爲桑泉縣今冢墓在縣東南此卽顔之本支所自出也稽之唐書宰相世系表所載太原王氏先世及大房二房子孫無一合者可知其與同時之太原氏族皆不同系矣史記周本紀平王崩太子洩父蚤死

立其子林是爲桓王不云洩父又有子赤亦不云林廢赤而自立且太子名洩父與碑之單名泄者不同并州牧晉國未嘗有此官名周莊王時赤奔晉其時曲沃武公方強滅晉侯緡而獻寶器於釐王赤所奔必是曲沃然考之晉國諸臣未有其人碑所載諸人史皆無傳可攷隋書地理志河東郡猗氏縣西魏改曰桑泉後周復焉開皇十六年更置桑泉縣碑云今冢墓在縣東南桑泉縣地自天寶十三年省屬臨晉今臨晉縣屬蒲州府山西通志陵墓卷載晉司空王卓墓在臨晉縣東南二十里城西村有王顔樹神道碑卽謂此碑今司空冢墓在臨晉縣東南解古城西二里碑曰卓翁塚墓古有碑廟文載邑志而晉紀乘不載司空王卓葢亦謂王卓無攷矣碑稱猗氏房右丞維叔左相縉叔則兩唐書有傳維縉兄弟稱之爲叔當與顔同系然檢宰相世系表以維縉爲河東王氏系其源不從卓始其流又不及顔之本支皆所未詳要之顔撰此碑自必無誤其追溯源流亦必有據或所傳各有不同未可据他書以疑碑也碑有云左丞相張公說越認范陽左相縉越認瑯琊越認二字殆是

越次而認他族之義乎則認族之說始于此矣然据唐書張說傳稱其先自范陽徙河南更爲洛陽人宰相世系表張氏自後漢世居武陽犍爲其後有諱宇者官北平范陽太守避地居方城迨晉張華二子禕韙禕子孫徙居襄陽韙子孫自河東徙洛陽即說之系也然則說之先世本由范陽徙洛陽與認族者異碑云越認其義究未詳

軒轅鑄鼎原銘

碑高七尺二寸五分廣三尺九寸十三行行廿二字篆書其陰分三截上截釋文廿一行行十二字中截表二十行行廿一字下列官名十五行行九字並正書在閿鄉縣

軒轅黃帝鑄鼎原碑銘　序

惟天爲大惟帝堯則之惟　道爲大

黃帝得之南華口曰　道神鬼

神帝生天生地　黃帝守一口口三墳

以治人之性命迺鑄鼎茲原鼎成上昇得

神帝之道原有爲谷之變銘紀鑄鼎之神

銘曰

道口神帝帝在子人大哉上古　軒轅

爲君化人以　道鑄鼎自神漢武秦皇

仙冀徒去　道日遠失德及仁世惟

我口纂德爲隣方紹昌運

皇天所親　唐與茲原口常鼎新

銘并序一百三十七字

虢州刺史口原王顔撰

華州刺史兼御史中丞陳郡袁滋書

唐貞元十一年歲次辛口正月九日癸

卯建

碑陰釋文

惟天爲大惟帝堯則之惟　道爲大惟　黃帝得之南華經曰　道神鬼神帝生天生地　黃帝守一氣衍三墳以治人之性命迺鑄鼎茲原鼎成上昇得神帝之道原有爲谷之變銘紀鑄鼎之神銘曰

道口神帝帝在子人大哉上古　軒轅爲君化人以道鑄鼎自神漢武秦皇仙冀徒勤去　道日遠失德及仁恭惟　我唐　纂德爲隣方始昌運

皇天所親　唐興茲原名常鼎新

銘并序一百三十七字

虢州刺史太原王顔撰

華州刺史兼御史中丞陳郡袁滋書

唐貞元十口年歲次辛口口月口口朔口日建

右上一列

進□□□表

臣顔言　國家虔奉　道源天下久安

聖化伏見能事必舉善跡必旌臣所部湖城縣界有

鑄鼎原是　軒轅皇帝鼎成上仙之所□詳史冊縣

有昇仙宮寺具見圖經獨此□原曾無表記微臣愚

見是千古所遺歷代□循以至□日只有鑄鼎原名

莫知陳跡所在臣今□於原㝡高處刻石表之當石

直下更須穿地□實去月廿八日本縣令房朝靜縣

鎮遏將常寔□知官軍將□晏等同於原上選地□

穿穿將四尺得玉石□□是一□□時□□□所□

今作四段有懸珮孔子二其日縣令所由等狀送到

州臣送觀察使使牒却令州司自進臣以此□合有

碑記千古所無臣輒云爲自疑妄動今幸得此珮伏

喜不妄微臣測度恐是　黃帝上昇之時□□遺

墜之物臣撿筭韡帝記　黃帝去今六千四百三十

年□以天下有道地不藏珎今千尺荒原一穿得寶

且是　□□□物應見

聖明之代微臣不勝驚喜慶忭之至其玉珮謹以函

盛差朝請□行司兵□軍暢賞隨表奉進伏望頒示

朝廷宣付史館臣顔無任誠惶誠恐頓首頓首謹言

貞元十□年□月十□日□□□□□□□□□□□

□□□□□□□□□

右中一列

録事參軍裴□

司功叅軍張□

湖城縣令房朝靜

弘農縣令李日豊

湖城縣丞□遇

湖城縣尉吳圻

湖城縣尉史謹

鎮遏將守左武衛中郎將常寔

專知官同十將試殿中監杜晏

同勾當官右廂副將守左金吾衛左執戟闞晏

河東裴宣簡書　王雅刻字

右下一列

虢州刺史王顔撰華州刺史袁滋籀書其作銘在貞

元十一秊九月至十七秊韋諷復書識其後以籀爲

篆葢古者均謂之篆至秦篆旣分始以史籀所書爲

籀也其曰得玉石佩於原上溺地四尺獲之黃帝太
今六千四百三十年謂此上升時小臣遺墜物也此
則恡矣廣川書跋
碑見廣川書跋其字甚劣又寫轅爲轅地爲坔得爲
得氣爲𠒛衍爲衍墳爲壙升爲陞秦爲秦皆別字按
从車之字不當爲車地从也不當从宅𠒛字不知所
据管子輕重戊處戲作造六峜以迎陰陽汗簡气部
有𠒛云氣字出淮南王上升記俱似此𠒛字疑有譌
謬然不知其正文何若也衍从水不當从彡墳从卉
不當从尸从𢀳此字音其升俗作陞秦从𢍮不當从夽此秦

字所從又碑云南華經曰寫曰爲日則刊者之誤云失
德乙仁說文乙云古文及秦刻石及如此乙非籀文
而滋以爲籀書觀其餘文字亦未能合籀書之載在
說文者甚多滋作小篆尚多別體安能知籀乎乃劉
眴唐書良吏傳稱袁滋工籀書雅有古法葢耳食之
言矣碑刻于貞元十七年滋爲華州刺史兼御史中
丞劉眴書稱拜尚書右丞知吏選事出爲華州刺史
兼御史中丞潼關防禦使鎮國軍使在貞元十九年
來年夏不知何也中州金石記
廣川書跋以爲韋諷書今摩滅王顏表云云按史記

封禪書申公曰黃帝采首山銅鑄鼎於荊山下鼎既
成有龍垂胡髯下迎黃帝上騎羣臣後宮上者七十
餘人龍乃上去餘小臣不得上乃悉持龍髯龍髯拔
墮黃帝之弓百姓仰望黃帝既上天乃抱其弓與胡
髯號故後世因名其處曰鼎湖其弓曰烏號魏土地
記云宏農湖縣有軒轅黃帝登仙處元和郡縣志云
湖城縣荊山在縣南卽黃帝鑄鼎之處今閿鄉卽漢
湖縣地故荊山在焉中州金石記
按碑在河南陝州閿鄉縣太平寰宇記閿鄉本漢
湖縣地有閿鄉津云縣三十里因津以名縣唐貞

觀元年縣屬鼎州八年州廢屬虢州其屬陝州則
自宋太平興國二年始也黃帝鑄鼎之所在荊山
舊在湖城縣唐書地理志湖城有覆釜山一名荊
山今在閿鄉縣南三十里河南通志閿鄉縣城東
南一十里有鑄鼎原爲黃帝採首山銅鑄鼎之所
卽此碑所稱鑄鼎原也黃帝鑄鼎之說後世多疑
之襄平李鍇撰尚史黃帝贊曰世傳黃帝實仙去
不死如皇覽古今注世紀諸說棼如而鑄鼎騎龍
且自史遷發之今槩不具載所謂史遷發之者指
封禪書也而五帝本紀但載黃帝獲寶鼎不云鑄

鼎也太史公亦自言百家言黄帝其文不雅馴薦
紳先生難言之則其事本不可信唐時好道歷久
不衰庸臣貢諛遂有表上玉珮之事而立碑以紀
亦可慨已碑銘王顏撰袁滋篆書在碑陽銘詞釋
文王顏進表及虢州官屬題名並正書在碑陰末
題河東裴宣簡書則廣川書跋謂韋諷復書識其
後皆不知所書何文也王顏韋諷裴宣簡兩唐書
俱無傳袁滋爲華州刺史新唐書傳不著何年舊
書傳則在貞元十九年來年夏是二十年也傳稱
十九年韋臯通西南夷命滋持節充入南詔使來

年夏使還乃出爲華州刺史韋臯傳載十七年吐
蕃北寇靈朔令韋臯出兵自八月至十月大破蕃
兵生擒論莽熱獻于朝德宗本紀獻論莽熱在十
八年正月至十九年五月吐蕃遣使論頰熱入朝
則滋之使南詔當即在此時此碑建立歲月惟廣
川書跋以爲貞元十七年其實碑但存貞元十字
以下並泐其爲十七年本無明文然據碑陰王顏
進表存十字而泐文在下則又非二十年立矣今
從廣川跋系于十七年滋善篆書金石錄有尚書
省新修記元和八年立滋篆額也韋諷書碑僅見

廣川書跋諷嘗攝閬州錄事參軍少陵有詩送之

李廣業碑

碑高一丈三寸廣四尺九寸四分二十七行行五十四字行書在三原縣

唐故劒州長史贈太僕少卿汝州刺史隴西李公神道
碑銘并序
正議大夫行尚書刑部侍郎上柱國原武縣開國男
□□□□□□□□□
朝議郎使持節華州諸軍事守華州刺史□□□
□□防禦□□□賜□□魚袋□□□
夫蹈道而不獲乎上育德而不尊其位有之矣在西漢

鈔本于公義氣下缺

有東海于公在東漢有□□□其□也□範□福
好德□□乃知道者善之□德者福之□苟茂其道豊
其德而福不在乎其身必鍾其後嗣稽之行義質諸聖
□墓□德於□陳者　李公其人矣公諱廣業字□□隴
西成紀人也惟　我景皇帝仕魏八柱國唐國公
公五代祖也若后稷肇封將嗣八百之運□海州刺史
亮惟　我神堯皇帝受　昊穹靈命行敦敘之典
追封鄭王贈司空公高祖也若夫□沒廿方受勾□之
□　皇朝□□□行臺尚書□州牧淮安王神通公曾
祖也若毛畢佐周翦商功參十亂　皇朝左驍衛將軍

淄川郡王孝同公王父也□　皇太后臨朝□朱虛□
祿□之竊威□平□以定國　皇朝雲麾將軍遂公之
烈考也原夫□道元氣之化成也融而爲川澤結而爲
山阜崇功大業之□美也散而爲英雄聚而爲哲賢惟
公　祖曾盛烈昭配　上元儲孕福裕鬱生才彥
□□中庸□□□郊□□服膺一善以□□能年踰弱
冠□□□□□　天子有事于　郊丘宗室
陪位國慶覃恩釋褐授寧州參軍□而就列□□□□
後以序遷左威衛□□參軍右金吾衛□曹參軍許州
扶溝縣丞右羽林司階　王府典軍渭州別駕劒州長

史□□體道沖□□□政□□□□服□□□□
□□□□抱關之祿故□□□百輒自退焉珪組貴胄
□有慙德本仁爲行施之則誠於　□爲忠在親爲
孝□歲丁　雲麾憂□□□節力能□□□□滅性甘
淡□□入無所加涓俯就禮經□裳外釋莅官居處動
思揚名敬慎膚體歸於□□□□鄉里過於刑賞信□
□朋□非久要　公以微言既絕是非莫分春秋經旨
仲尼所志三代之禮家分糅雜淹中之說最荷孔氏故
暢二□□義成一家師法□□情性□□樂道以開元
十八年八月二日終于劒州官舍春秋五十有一以其

年十二月遷祔于京兆府三原縣□原鄉之北原先塋
禮也嗚呼以　公之成德也宜其臻□□登□位而年
屈中壽位窮綱佐仲尼有喪予之歎其在茲乎厥後□
□□□□□□□□□□□□□□　□□□□□
□□□□少卿□州刺史嗚呼生得天爵之貴歿有
廟亨之尊盛矣哉闕里之□也　公之元子□□
皇戶部尚書河東朔方六道節度都統□□間秀風雲
毓德當葬阜盜國之際揔齊晉勤　王之師隱如長城
□固盤石灸子□□　皇金吾衛大將軍兼□□舍人
□□□□□□□□□巡　禁衛玉帳增威宣導

王言彤庭讓德　公之元孫錡即地官之冢嗣也今任
浙江西道都團練觀察處置及諸□鹽鐵轉運等使銀
青光祿大夫檢校禮部尚書使持節潤州諸軍事潤州
刺史兼御史大夫天挺俊哲才爲時生承先王丕構之
□貽燕翼無窮之烈出作藩垣入爲柱石揔摧筦轉
之任亘吳楚服嶺之封事絕爭承賦皆合徹利澤浹天
下衣食贍□歸□蕭□□□□河內□□□□□
惟　皇祖懿德爲代師範琬琰未刻光靈不揚謂雲
逵嘗學舊史廢闕前脩故纂□緒業□□銘表其詞曰
憲憲李公稟氣沖清涉廿居厚閑邪性情□仁爲重擴

德無形貟之致遠克舉而誠服膺中庸樂□□□□言
□□忠孝□致書□□□□□當味隱霧豹文瑞時麟
趾德猷福履翼子謀孫祉流道廣慶北高門光光前烈
顯顯後昆于□定國陳類長□于陳伊何□□而盛惟
□□之奕代流慶後之二葉俱登八命官同曳履職
傳戎柄樹善貽遠厥配孔明至德叅化蒼穹□禎封表
□□榮耀佳城刻頌貞石將來作程
貞元廿年歲次甲申十一月壬申朔十三日□申建
長史名廣業曾祖淮安王神通父雲麾將軍璲子爲
鄒統國貞貞子庶人錡也以錡顯故立碑碑立之未

五年而錡用叛僇矣夫一傳而子死事再傳而孫忝
叛不亦大逕廷哉碑辭多泐闕不可讀書法極清婉
可翫集古金石諸書俱遺之因志其略（弇州山人四部稿）
廣業即孝同之孫爲劍州長史長子國貞爲王元振
所害者亥子若水仕金吾衛大將軍通事舍人功名
俱不顯以國貞子錡貴始樹此碑考之史國貞原名
若幽而附若水于李齊物傳云齊物族弟不言爲國
貞親弟又孝同碑云有子璡此碑云雲麾將軍璲公
之烈考則廣業家世歷歷可尋至錡以叛遂亡王元
美謂書撰人皆不可考今碑中有云謂雲逵嘗學舊

史云云而前署撰者官刑部侍郎當是鄭雲逵殘雲
逵正與李錡同時撰文亡疑但碑又云上柱國原武
縣開國男雲逵傳不及或史畧之耳書者則誠不可
考書法直是徐浩敵手（石墨鐫華）
右碑云祖淄川王孝同烈考雲麾將軍璲據孝同碑
云子璡此云璲豈孝同有二子耶抑璲有二名耶撰
文應是鄭雲逵逵與錡同時以禮部侍郎爲李晟軍
司馬而碑之署撰處隱隱有侍郎字信爲雲逵也陝
西趙子函石墨鐫華及馮孝廉文錫皆云相傳爲徐
浩書觀其筆致頗似會稽此碑楮墨工好波磔未泐

署撰處確然爲雲逵撰并書等字後一行則袁滋篆
額也近搨殘闕過半不可句讀（金石錄補）
在三原縣北與淄川郡王孝同碑近杜甫贈劍州李
長史廣業詩使君高義驅今古寥落三年坐劍州但
見文翁能化蜀焉知李廣未封侯路經灧澦雙蓬鬢
天入滄浪一釣舟戎馬相逢更何日春風回首仲宣
樓（來齋金石刻考略）
唐書宗室傳鄭孝王亮仕隋爲海州刺史宗室世系
表則云趙與郡守此碑與傳合碑云神堯皇帝贈亮
司空又稱神通爲海州牧皆新舊史所失載也廣業

父璲表稱左衛將軍而碑稱雲麾將軍亦當以碑爲正 潛研堂金石文跋尾

按碑泐撰書人姓名撰人爲鄭雲逵則文內已有雲逵字可據金石錄補以爲前行是雲逵撰書後行是袁滋篆額今驗其結銜有華州刺史字袁滋官華州刺史一見於軒轅鑄鼎原碑再見於晉太原王公碑一是書碑一是篆額則此碑定爲袁滋篆額無可疑也唐書表傳載李廣業不詳事蹟但云劍州長史而已此碑雖間有缺泐其存者多可讀也廣業之五代祖卽高祖之祖追尊太祖景皇

帝生八子次子昞卽高祖之父第八子亮卽廣業之高祖追封鄭王宗室表謂之大鄭王房自曾祖以下並見於表傳而事蹟多畧碑稱廣業以春秋經旨仲尼所志三代之禮家分樑雜故暢二口口義成一家師法是廣業于春秋禮經皆有著述矣今檢兩唐書經籍藝文禮類無考惟春秋類新書藝文有李氏三傳異同例十三卷注云開元中右威衛錄事參軍失名朱氏經義考亦列此書而未詳撰人之名今據碑則李氏之官與廣業同又廣業卒于開元十八年與所謂開元中者時代亦合

据趙本校

疑所稱李氏卽廣業也此書晚出故不爲舊唐書所收而行世不久故晁陳二家亦未著錄也元子次子碑皆泐其名以表證之國貞若水也兩唐書皆有傳

楚金禪師碑

碑高七尺四寸二分廣四尺一寸八分三十二行行字數不等正書在西安府

唐國師千佛[福]寺多寶塔院故法華楚金禪師碑

紫閣山草堂寺沙門飛錫撰

正議大夫行中書舍人翰林學士柱國東海男賜紫金魚袋吳通微書

潭碧千丈無隱月容松青萬嶺莫靜風響夫德充于內而聲聞于天者有以見之於禪師矣禪師法諱楚金程氏之子本廣平郡今爲京兆之盩厔人焉祖宗閥閱存而不論母渤海高氏夜夢諸佛是生禪師眞可謂法王之子者也行素顏玉神和氣清七歲諷花經十八講花義三十講多寶於千福四十八 帝夢於九重上覩法名下見金字詰朝使問罔不有孚聲沸江海登唯京轂於是傾玉帛引金繩千梁攢空一塔聳漢廻廊飛閣無不創焉風起而鈴鳴半天珠懸而月生絕頂淸淨眼耳駿奔香花度如恒沙而無所度者有之矣嘗於翠

徵悟眞捫蘿靈趾乃曰此吾棲遁之所遂奏兩寺各建
一塔咸以多寶爲名度緇衣在白雲昭其靜也矧夫心
洞琉璃思出常境工人杍匠僉訝生知毗首所未悟斑
輸所愕視若然則浮屠之化善珠之教風靡千界皆禪
師之力豈止眞丹五天而已哉禪師雲雷發空谷之響
金石吐鏗鏘之音吟詠妙經六千餘遍寶樹之下髣髴
見於分身靈山之上依俙覩於三變心無所得舌流甘
露瑞鳥金碧捿于手中天樂淸泠奏于空際凡諸休應
皆不有之乃曰法本無物□界□物長而不宰其在茲
焉若非法花三昧亭自衡陽正觀一門傳乎台嶺安能

金石萃編卷一百四　唐六十四　四

汪爲王之法駕廻　聖主之宸聰承明□□
六宮　后妃長跪於　御筵天花每散而不
著顱宗題額　肅宗賜幡鵲返雲中住香樓而不
下龍蟠天上挂金剎而常飛玉衣盈箱璽書滿篋寫千
經滴瀝而垂露答　萬乘渙汗之渥澤夔龍貂冕
下　黃道以整襟隱逸高僧入靑蓮而抑寂微塵
知識如從百城而至無邊勝士若自千花而來豈榮冠
於一時亦厭饕於佛在也雖林茂鳥歸人高物向澄渟
天地之鏡委曲虛空之姿無來乃來不往而往所作已
訖吾將去乎有夢繩座前迎諸天獻菓輿以乾元二年

七月七日子時右脇薪盡火滅雪顏如在昭乎上生於
安養之國矣享齡六十二法臘三十七　天子憫
焉中使弔焉尋　勅驃騎大將軍朱光暉監護郎
以其年八月十二日法葬于長安城西龍首原法華蘭
若塔之禮也於戲禪師齠年詔度初配龍興中歲觀心
問關于福罷玉柄葆天光悟炎宅淸涼駕一乘獨邁乃
夢塔從地涌因用摸焉今之所製抑有由矣至若神光
熠耀於其顚聖燈明滅於其下晝普賢則舍利飛筆會
羣釋乃卿雲澹空頂中之血刺爲經王衣裏之珠指呈
堅士當其無有其用不立心境同乎大通彼五位之因

金石萃編卷一百四　唐六十四　五

□我摩尼之何有豁如也縑纊皮革多由損生□□□
布寒加艾納慈至也若乃降龍之鉢解虎之枝蓮花之
衣甘露之飯凡諸法物率多　勅賜不住於相咸
將施焉室不貯於金錢堂每流乎香積澹然閑任爲
天人師允所謂利見於大雄釋門之亞聖者也又
曰吾自知終於六十有二矣爾曹誌之以其言驗其實
宛如也噫八部增怛萬國同哀有　詔令荼毗遵
天竺故事於是金棺閉香木燒玉兎馴白鶴唳霧咽松
櫝風悽郊坰月飛靑天無照靈夜法花弟子當院比丘
慧空法岸浩然等表妹萬善寺上座契□譚萬善寺建多

寶塔比丘尼正覺資敬寺建法華塔比丘尼奔吒利等
眞白凡數萬人悲化城之不住痛寶所而長往貝葉繙
手執指宗通金磬發林誰宣了義以予分座　御
榻同習天台爰託斯文鏤之貞石式揚眞古敢不銘云
天上雲飄海中日出如何落照大明奄失蓮花之外別
有蓮花寂廓之表又逢寂廓法離去來道無今昨松門
一塔兮誰爲寂寞寂而常照死而不亡其響彌高兮其
德彌彰白鶴雙雙飛香郁郁明月旣出更無星宿
建塔國師奉　勅追謚號記　以貞元十三年四
月十三日左街功德使開府邠國公竇文場奏乞
先師楚金是臣和尚於天寶初爲國建多寶塔置法華
道場經今六十餘祀僧等六時禮念經聲不斷以歷
四朝未蒙旌德伏乞　聖慈特加謚號以廣
前修奉　勅宜賜謚曰大圓禪師中書門下准
勅施行者今合院梵侶敬承　恩旨頂奉修
持用資　皇壽將恐代隔時遷眞縱蹤靡固輒刊碑
未以紀芳猷遠追鷲嶺之風聿光不朽之跡
貞元廿一年歲在乙酉七月戊辰朔廿五日壬辰建
廣平宋液撰刻
按賈氏談錄言道徽爲學士工行草然體近吏中朝

士大夫效習之謂爲院體此碑清圓有餘遒勁不足
卽所謂院本體非耶弇州山人稿
在墨洞魯公多寶塔碑陰岑參有登千福寺楚金禪
師法華院詩卽此來齋金石刻考略
右楚金禪師碑楚金天寶初建多寶塔置法華道場
乾元二年卒貞元十三年以中官竇文場奏勅追謚
大圓禪師文場官左街功德使開府邠國公新舊書
本傳所未載也唐自貞元四年罷崇元館大學士後
復置左右街功德使東都功德使修功德使摠僧尼
之籍及功役大率以中官爲之其見于史者吐突承
璀仇士良田令孜楊復恭見於石刻者竇文場梁守
謙楊承和皆是也唯復恭稱左右街功德使後題貞元廿一年七
月廿五日是歲爲順宗永貞元年以八月改元故碑
猶稱貞元也云七歲諷花經十八講花義謂法華經
也熠耀卽熠燿眞縱卽眞蹤潛研堂金石文跋尾
碑載禪師廣平程氏法諱楚金歿以乾元二年七月
七日子時具書其諸多靈跡並及恩遇之隆勅驃騎
大將軍朱光暉監護舊唐書呂諲傳肅宗卽位於靈
武諲馳行在內官朱光輝李遑驟薦有才代宗紀收
捕越王係及內官朱光輝馬英俊等禁錮之碑所稱

朱光暉者是其人但職宜從日依碑文爲正碑爲紫閣山草堂寺沙門飛錫撰正議大夫行中書舍人翰林學士上柱國東海男賜紫金魚袋吳通微書通微本傳自壽安縣令入爲金部員外郎召充翰林學士尋改職方郎中知制誥改禮部郎中尋改中書舍人据碑文題銜爲翰林學士時巳行中書舍人不應改禮部後始轉此官也又階勳與爵傳亦失載並宜以碑補之　追謚楚金禪師別爲記文附刻碑末文云貞元十三年四月十三日左街功德使開府邠國公竇文場奏千福寺先師楚金是臣和尚云云文場見舊唐書載文場與霍仙鳴並掌禁軍竇霍之權振於天下而文場自爲左神策軍護軍中尉又累加驃騎大將軍按之碑所記歷官爵勳皆未及也新書本傳同 授堂金石跋

按碑云工人杍匠僉謌生知杍字見集韻同梓本工也又見汗簡古尙書据周書梓材篇疏云梓亦作杍此即汗簡所引也碑又云屬徒衣布寒加艾納慈至也艾納似可以禦寒者考艾納見廣志出西國似細艾又有松樹皮上綠衣亦名艾納可以和合諸香燒之能聚其煙青白不散唐宋諸家詞賦多言其香而未有及禦寒者殆唐時吉貝花未盛行中土僧徒不服縑纊皮革用艾納以禦寒此或別是一艾納抑或以艾納之衣中皆不可知碑稱楚金七歲諷花經十八講花義法花三昧稟自衡陽止觀一門傳于台嶺云云蓋其精研法華本于天台智顗之教故稱台宗然於上生安養則又兼習淨土者也

金石萃編卷一百四終